Revisiting Public Administration

다시 보는
행 정 학

박순애

박영사

책을 발간하며

    관악에서 행정학을 강의한 지 19년째를 맞는다. 학기 수로는 이십여 회에 달하는 강의를 지속하면서 수강생들에게 늘 미안했던 것은 학부 신입생 과목임에도 불구하고 교재 없이 피피티로 수업을 진행했다는 점이다. 각론서를 중심으로 행정학의 핵심 내용을 전달하고 유관 행정사례를 소개하던 강의방식에서 2010년 이후부터는 course pack 형태의 교재를 만들어 배포하기도 했지만, 실제 책으로 출판되기까지는 그 이후 10년이 더 걸린 셈이다. 책을 발간하는 이 순간에도 이 책의 학문적 완성도에 대해 거듭 고민을 하였지만 오로지 수강생들의 학습에 도움을 주기 위해 출판을 결심하였다.

    1984년 풋내기 행정학도로서 저자가 수강했던 행정학개론 첫 수업 시간은 아직도 뇌리에 생생하다. 行政과 行政學은 명확히 구분해야 한다며 고시 준비를 위해 이 수업을 신청한 학생은 나가달라던 元老 교수님의 말씀은 상당한 충격이었다. 당시 함께 입학한 동기들 130명 중 절반 이상은 행정고시라는 청운의 뜻을 품고 행정학과를 선택한 수험생이었기 때문이다. 추측건대 보편적 원리를 추구하는 학문적 세계와 사회적 수요에 즉각 대응해야 하는 정책 현장을 구분하려는 학계 우위적 사고의 발로가 아니었을까. '행정학 입문'부터 '지식정보사회의 행정', '공공행정의 이해'로 과목 이름은 바뀌었지만, 수강생 중 상당수의 학생이 공직을 생각하면서 저자의 수업을 듣고 있음을 잘 알고 있다. 저자는 첫 수업 시간에 정부나 공공분야의 직무에 관심이 있는 학생들 또는 정부의 역할과 기능에 대한 교양 지식을 습득하고자 하는 학생이라면 누구든 환영한다는 인사말로 강의를 시작한다. 학문과 현장 실무를 분리해서 보던 스승의 고답적 시각에서 상당히 진일보한 발언처럼 보이지만 정작 수업을 통해 학생들이 필요한 답을 얻어가는지는 아직 미지수다.

    공무원으로 재직하는 동기들을 만나면 가끔 우스갯소리로 물어보는 질문이 있다. 30여년 전 행정고시를 준비할 때 행정학 교과서에 나온 내용을 제대로 이해하고 답안을 썼는지. 행정학에 담겨있는 지식은 경영학에서 다루는 맥도날드 사례나 현대자동차 사례와는 달리 체감의 접점이 넓지 않은 추상적 내용이 대부분이기 때문이다. 그러나 모든 행정 현상은 국민의 세금을 기반으로 한다는 점에서 민주주의의 근간인 교양시민이라면 반드시 주목해야 하는 분야이다. 행정학은 공공부문에서 나타나는 제반 현상, 정부조직과 공무원, 예산을 수반하는 각종 정책, 중앙부처와 산하기관 간의 관계 등에서 발생하는 행정 현상을 연구 대상으로 하는 학문이다. 즉, 공공문제의 파악 및 해결 능력을 강화하고 효율적인 정부운영을 통해 지속가능한 국가발전에 기여하는 것이 행정학의 목적이라고 할 수 있다.

    본서는 이러한 관점에서 접근한 행정학 교양 입문서로 총 13장으로 구성되어 있다. 제1장에서는 행정과 행정학의 개념, 행정부의 구조, 행정과 정치 및 경영의 관계를 설명하고 있다. 제2장에서는 행정학의 태동에서부터 행정이론의 발전과정을 정치·사회적 현상과 연계하여 설명하였다. 제3장에서는 행정학에서 추구하는 공공성, 형평성, 효율성, 민주주의 등 다양한 행정가치를 소개하고, 가치 간의 상충 문제를 다루었다. 제4장에서는 조직구조의 개념 및 체계, 전통적 계층제적 조직부터 수평적·매트릭스 조직까지 다양한 조직유형을 소개하고 있다. 제5장에서는 행정학에서 가장 많은 연구가 이루어지는 조직행태를 중심으로 인간의 욕구와 동기에 관한 이론들을 소개하고, 리더십과 추종자 정신(followership)을 함께 다루었다. 제6장에서는 공직체계와 더불어 채용에서부터 퇴직에 이르기까지 정부의 인력관리를 경력개발 관점에서 살펴보았으며, 7장에서는 공직자가 준수해야 하는 행정윤리와 정치적 중립에 대해 다루고 있다.

    제8장에서는 정책의 개념 및 구성요소와 함께 정책의제설정부터 정책결정, 정책집행, 정책평가 및 환류 단계까지 순차적으로 설명하고 관련된 정책이론을 소개하였다. 제9장에서는 국가재정으로서 조세 및 예산의 개념과 기능을 설명하고, 예산제도의 발전과정과 함께 예산이론을 검토하였다. 제10장에서는 정부 및 다양한 주체를 통해서 생산되는 공공서비스의 개념과 유형 및 공공서비스 공급방식을 소

개하였다. 제11장에서는 지방자치와 분권화의 이론적 배경을 논한 후, 행정적·재정적·정치적 분권화를 다루었다. 제12장에서는 공공갈등의 유형과 문제해결을 위한 다양한 갈등관리기법을 소개하였고, 마지막으로 제13장에서는 정부운영 효율화를 위해 도입된 민간의 기법을 설명하고, 성과관리제도를 단계별로 개관하였다.

이 책이 완성되기까지는 수많은 조력자가 있었기에 가능했다. 석사생으로 첫 강의조교를 맡았던 황덕연 박사부터 교통대학교 탁현우 교수, 강의조교에서 공무원으로 경력을 이어간 은승환, 윤지은 사무관, 현재 중앙부처에 재직하는 이기영 과장께도 감사의 마음을 전한다. 본격적인 저서작업의 시작은 강의 녹취록과 피티를 종합해서 초고를 정리해 준 강원대 이광훈 교수 덕분이다. 최종원고가 완성되기까지 김권식, 손지은, 이동성, 최진섭, 오현주, 나혜영, 최경희, 최은영 박사가 각 장별로 검수를 하였으며, 신나윤 박사, 이혜연, 문소영, 박철언, 박지선, 홍재형, 지예슬, 전명진, 현승숙 연구원이 인용과 참고문헌 정리에 도움을 줬다. 편집과정에 도움을 준 이다경, 장수민, 원석찬, 김상우, 이한나 원생께도 감사의 마음을 전한다. 워낙 오랜 기간 저서 작업이 진행되다 학생들에게 배포된 복사본과 유사한 문서가 발견되기도 해서 오해와 우려의 소지가 없는 바는 아니지만 새로운 지식의 창출과 전달보다는 강의를 위한 교재로서 활용하고자 하는데 이 책의 목적이 있음을 널리 이해해주기 바란다.

눈 쌓인 관악캠퍼스에서
저자 박순애

참고문헌 또는 인용이 부적절한 부분에 대해서는 저자(psoonae@snu.ac.kr)에게 알려주시면 수정·보완하겠습니다.

차 례

제 1 장

행정이란

제2장

행정학이론의 발달

제 3 장

행정가치

제 4 장

행정조직론

제 5 장

행정행태

3절 리더십 이론 152

제 6 장

인사행정론

1절 인사행정의 개념 및 운영원리 172

2절 인사행정의 구조 179

제 7 장

행정윤리

제 8 장

공공정책론

제 9 장

재무행정론

제10장

공공서비스론

제11장

지방자치론

제12장

갈등관리론

제13장

성과관리론

제1장

행정이란

제1장 행정이란

"Administration is the most obvious part of government; it is government in action; it is the executive, the operative, the most visible side of government, and is of course as old as government itself."

Wilson(1887: 198)

1절 행정이란 무엇인가?

본 장은 행정의 본질을 명확히 이해하기 위한 출발점으로써, 행정의 개념 및 특성을 파악하고, 그 범위를 탐색하는 것을 목적으로 한다. 이를 위해 행정의 정의를 바탕으로 정부의 개념을 살펴보고, 정부관의 변화에 따른 정부의 역할 및 범위, 기능과 구조의 변화에 대해 알아본다. 나아가 행정과 이를 둘러싼 제반 환경 간의 관계를 논의하고, 행정 현상을 연구하는 학문으로서 행정학의 특성을 고찰한다. 다음으로 행정과 정치, 행정과 경영의 유사점과 차이점을 탐구함으로써 행정의 영역을 보다 구체적으로 규명한다.

1. 행정의 정의

행정(行政: public administration)은 고대 국가에서부터 현재에 이르기까지 오랜 역사 속에서 인류 사회의 가장 핵심적 요소 중 하나로서 존재해 왔다. 인간은 태어나면서부터 죽을 때까지 행정의 영향을 받으며, 우리 주변에서 일상적으로 일어나는 많은 현상들이 행정과 밀접하게 관련되어 있다. 따라서 행정은 마치 공기와 같이 필수불가결한 하나의 사회적 실체(entity)라고 할 수 있다.

일찍이 Waldo(1955)는 '행정'을 하나의 문장으로 정의 내리는 것은 불가능하다는 점을 지적한 바 있다. 행정이란 시대적 배경이나 사회적 상황과 유리되어 존재할 수 없기 때문이다. 즉 행정은 특정한 시기의 시간적·공간적인 특성을 반영하는 바 보편적인 형태로 존재한다고 보기 어렵다는 것이다. 예컨대 과거의 행정이 조세, 국방, 치안 등 한 국가가 존속하기 위해서 가장 기본적으로 요구되는 분야에 한정되었다면, 현대사회에서의 행정은 경제개발, 환경보전, 교육, 보건, 복지 등 사회 전반적인 영역에서 그 기능이 다양하고 복잡해졌으며 규모 또한 방대해졌다.

따라서 행정의 성격과 범위를 규명하기 위해서는 행정에 대한 명확한 개념 정의가 선행되어야 하며, 이를 위해 다양한 행정 개념에 공통적으로 내재하고 있는 관념이 무엇인지를 살펴볼 필요가 있다. 이와 관련하여, Wilson(1887)은 "행정은 법률의 체계적이고 구체적인 집행"이라 하였고, White(1926)는 "행정은 국가 목표 성취를 위해 사람과 물자를 관리하는 것"이라 하였다. 그리고 Waldo(1955)는 "행정은 공적 목표의 성취를 극대화하기 위한 합리적 행동"이라는 측면에 초점을 두어 행정의 개념을 설명하였다. 다음으로 국내 연구에서 제시되고 있는 행정의 개념들을 살펴보면, 박동서(2000)는 행정을 "정치권력을 배경으로 정책형성 및 구체화를 이룩하는 행정조직 중심의 집단행동"으로, 백완기(2000: 3)는 "특정의 목적을 달성하기 위해서 두 사람 이상이 모여 협동하는 행위"로 규정하였다. 정용덕(2001: 8)은 "공공의 문제를 해결하기 위한 사회공동체 구성원들의 집합적 노력", 정정길(2006: 174)은 "공식적 권위를 배경으로 수행되는 행정기관에 의한 국정관리활동"으로 정의하였다. 유민봉(2006: 6)은 행정을 "정부가 사회의 공공가치를 실현하기 위하여 인적·물적 자원을 확보하고 관리해서 국민에게 재화와 서비스를 제공하는 활동"으로 정의하였으며, 권기헌(2009: 4-6)은 "행정이란 정치권력을 배경으로 하여 정책을 형성하고 이를 합리적으로 집행하는 협동적 집단행동"이라 하였다. 한편, 오석홍(2013: 93)은 "행정은 국민의지의 표출로 형성되는 국가목표의 성취를 위해 수임받은 권력을 바탕으로, 봉사, 이익배분, 조정, 규제 등에 관한 정책의 형성에 참여하고 이를 집행하는 활동"이라 하였고, 이종수 외(2014: 24)는 행정을 "공공문제를 해결하기 위한 정부의 구조와 활동, 그리고 상호작용"으로 정의하였다.

이상과 같은 다양한 행정의 개념 정의들이 공통적으로 포괄하고 있는 내용으로는 공식적 권위, 행정기관, 공익, 국가 목표, 공공문제 해결, 정부활동, 인적·물적 자원 확보 및 관리, 정책집행, 공공서비스의 생산과 분배 등을 들 수 있다. 이러한 공통요소를 바탕으로 행정의 개념을 구체적으로 설명하면 다음과 같다.

첫째, 행정이란 개인이나 일부 집단이 자력으로 해결하기 어려운 공공문제를 해결하고 궁극적으로 국민의 안녕과 복지를 증진시키는 것을 목적으로 하는 협동행위이다(Simon et. al., 1950). 이는 행정이 국방, 치안, 환경, 교육 등 공공서비스의 생산 및 분배를 위한 정책을 형성하고 집행하는 전반적인 과정임을 의미한다. 둘째, 행정은 법적으로 규정된 권력을 부여받은 행정기관 및 정부 관료제(bureaucracy)에 의해 수행된다. 이러한 공식적 권한을 바탕으로 행정은 기업 및 개인에 대하여 규범을 준수하도록 하고 제재를 가하는 등의 강제력을 행사할 수 있다. 최근 국가가 일방적으로 주도하는 통치라는 의미를 내포하는 '정부(government)'라는 용어 대신 사회 각 부문과의 수평적 네트워크를 강조하는 '거버넌스(governance)[1]'라는 개념이 강조되며 공적 의사결정 및 집행에 있어서 시민사회와 시장 등 민간 영역의 역할이 확대되고 있다. 이처럼 행정과정에 참여하는 주체들이 다양화됨에 따라, 정부 영역과 시장 부문, 그리고 사회 각 분야들 간 네트워크를 형성하고 이를 관리하는 것 또한 행정의 범위에 포함될 수 있게 되었다. 그러나 이러한 거버넌스 하에서도 행정을 수행하는 중심 주체는 여전히 정부로 통칭되는 행정기관으로 남아있다(Jessop, 2002).

이상에서 서술한 다양한 측면의 특성을 고려하여, 이 책은 행정을 다음과 같이

---

1) '정부'는 "공식적 권위에 의해 뒷받침되는 활동"임에 비해, '거버넌스'란 "공유된 목표에 의해 뒷받침되는 활동"으로서 정부조직뿐만 아니라 비공식 및 비정부적인 기구들도 포괄하는 용어이다(Thoenig, 1997).

정의한다:

> "공공문제의 해결 및 공익 달성을 위해 직·간접적으로 국민이 위임한, 정부의 관리·운영 활동."

이와 같은 개념 정의는 행정활동이 '정치적 행위로서의 성격'(Dimock & Dimock, 1964)과 함께 '관리적 행위로서의 성격'(Gordon, 1978)을 종합적으로 지니고 있음을 의미한다. 즉 행정은 공공의 재화와 서비스의 생산 및 분배와 관련된 정부조직의 관리·운영 방식('관리적 측면'의 정의)인 동시에, 공적 권한 및 정치적 영향력을 배경으로 이루어지는 국가통치 행위('정치적 측면'의 정의)라고 볼 수 있다.

이 책에서의 행정 개념은 행정의 주체로서 일차적으로 공적 권위를 부여받은 '정부'가 수행하는 활동에 초점을 맞추고 있다. 물론 현대 민주주의의 삼권분립 원칙상 한 나라의 가장 중요한 권력주체인 입법부와 사법부 그리고 행정부 모두 행정의 기능을 일정 부분 갖추고 있다.[2] 또한, 앞에서 언급한 공공문제 해결을 위한 집합적 활동으로서의 거버넌스라는 개념을 고려한다면, 공공조직이나 공적 활동을 수행하는 시장 및 시민사회 영역 행위자들 역시 행정의 참여자로 볼 수 있다. 하지만 이 책에서는 전통적 의미의 정부인 행정부(the executive branch)의 활동에 초점을 두고 행정의 개념을 고찰하고자 한다.

2. 정부의 역할과 구조

1) 정부의 개념

전통적인 의미에서 행정의 기본 주체는 정부이다. 정부의 개념은 크게 두 가지로 살펴볼 수 있다. 먼저, 넓은 의미에서의 정부는 국가의 통치체제 내지 권력구조를 지칭하며, 대통령제와 의원내각제 등으로 구분할 수 있다. 대통령제를 취하고 있는 우리나라의 경우, 삼권분립의 원리에 따른 입법부, 사법부, 행정부의 권력구

---

2) 예컨대 우리나라의 국회사무처 혹은 법원행정처 같은 조직들은 입법 및 사법 활동과 관련된 행정지원 기능을 담당하고 있다.

조가 바로 넓은 의미의 정부에 해당한다.

한편, 좁은 의미의 정부는 앞서 살펴본 삼권분립의 원리 하에서의 입법부, 사법부와 구별되는 행정부를 의미한다. 구체적으로, 행정권을 실행하는 주체인 행정부 및 관료기구, 그리고 이들 조직과의 상호작용이 좁은 의미에서의 정부이다.

2) 정부의 역할 및 범위

정부가 어떠한 역할을 해야 하며 그 범위는 어디까지인지에 대해서는 다양한 견해가 존재한다. 예컨대 진보주의나 보수주의 등의 이념에 따라 바람직한 정부의 모습에 대한 선호가 달라질 수 있으며, 이와 같은 정부 역할 및 범위에 대한 관점은 시대적으로 많은 변천과정을 거쳐 왔다.

자유방임주의가 팽배하였던 19세기에는 정부가 국방, 치안 등 최소한의 국가 질서 유지만을 담당하고, 나머지 영역에서는 국민들의 자유를 최대한 보장하는 것이 최선인 것으로 여겨졌다. 즉 정부의 본질적 기능은 국가의 안전 보장, 치안 유지 등을 통하여 국가를 존립시키고 대외적으로 주권국가를 대표하며, 통치기구 및 권력구조의 한 부분을 구성함으로써 국가를 형성하는 것이었다. 이러한 정부관은 애덤 스미스(Adam Smith)의 자유방임주의 경제사상을 그 배경으로 하는 것이었으며, 이러한 관점에서 국가는 개인의 자유와 시장 질서를 수호하는 '작은 정부' 혹은 '야경국가'로서의 역할만을 담당하는 데 그치는 것이 바람직한 것으로 인식되었다.

그러나 20세기에 들어서면서, 산업혁명에 따른 급속한 경제발전과 더불어 등장한 다양한 사회문제들이 정부가 해결해야 할 과제로 등장하게 되었다. 예컨대, 독점적 산업자본의 등장, 빈부격차의 심화, 실업자의 대량 발생 등 이른바 '시장실패'로 인한 문제 등이 이에 해당한다. 이에 더하여, 두 차례에 걸친 세계대전이 발발하고 1929년 대공황이 시작되면서, 정부가 보다 적극적인 역할을 담당해야 한다는 인식이 강화되었다. 특히 이 시기 동안 정부 규모 및 범위의 확장에 따라 대두된 '큰 정부' 혹은 '복지국가(welfare state)' 현상과 더불어 공공부문의 운영에서 정부 관료제가 주도적인 역할을 수행하는 '행정국가(administrative state)' 현상이 심화되었다.

그러나 1980년대에 들어서 '복지국가' 혹은 '행정국가'의 한계가 드러나게 되었으며, 정부가 시장실패를 해결하기 위하여 수행한 활동들이 오히려 시장에 더 큰 폐해를 가져왔다는 '정부실패'에 대한 인식이 팽배해졌다. 무분별한 복지혜택의 증대에 따른 정부의 재정적 부담 및 예산집행의 비효율성 등의 문제가 심각해짐에 따라, 국민은 정부의 무능력함에 대해 비판적인 태도를 갖게 되었으며 정부에 대한 불신이 고조되었다. 이에 정부의 규모와 역할을 줄여야 한다는 "작은 정부" 논의가 신자유주의 사상의 유행과 더불어 다시 힘을 얻게 되었다. 대표적으로, 20세기 말 영국의 대처 수상과 미국의 레이건 대통령은 "작은 정부론"에 입각하여 정부의 기능을 축소하고 규제를 완화하여, 공공 부문을 민영화하는 등의 정부 개혁을 시도하였다.

최근에는 제4차 산업혁명의 도래와 세계화의 진전 등으로 인하여 국가 간 경쟁이 심화되면서 국가의 경제발전에 있어서 바람직한 정부의 역할 및 범위를 어떻게 규정해야 하는지에 대한 논쟁이 여전히 지속되고 있다. 현대 사회에서 정부는 경제발전, 균형복지, 환경보전, 안전보장 등 국가공동체 차원의 목표를 달성하는 한편, 이러한 과정에서 발생하는 갈등으로 인한 사회 제반 영역에서의 긴장을 해소함으로써 국민들에게 더 나은 삶(better life)을 보장할 것을 요구받고 있다.

3) 행정부의 구조

정부의 구조는 국가의 통치권력 혹은 권력구조를 구성하고 있는 각 기관들 사이의 기능과 권한의 분배를 통해 알 수 있다. 넓은 의미의 정부는 입법부, 사법부, 행정부를 포함하지만, 이 책에서는 좁은 의미의 정부인 행정부에 초점을 맞추어 살펴보고자 한다. 행정부의 조직구조는 크게 헌법기관과 비헌법기관으로 나뉠 수 있다. 헌법기관에는 대통령, 국무총리, 감사원, 국무회의, 국가안전보장회의, 민주평화통일자문회의 등이 있는데, 이러한 기관들은 헌법에 그 설립의 근거가 규정되어 있다는 점에서 기관의 영속성이 보장된다. 이에 반해 비헌법기관의 경우 그 설립 근거가 정부조직법 혹은 개별법에 의해 규정되어 있기 때문에 행정수요의 변화와 정권교체 등에 따라 정부조직의 개편이나 통폐합이 빈번히 이루어진다. 중앙행정기관은 특별한 규정이 있는 경우를 제외하고 부, 처, 청으로 구성되며, 2020년 현재

〈그림 1〉 정부조직도(2020년)

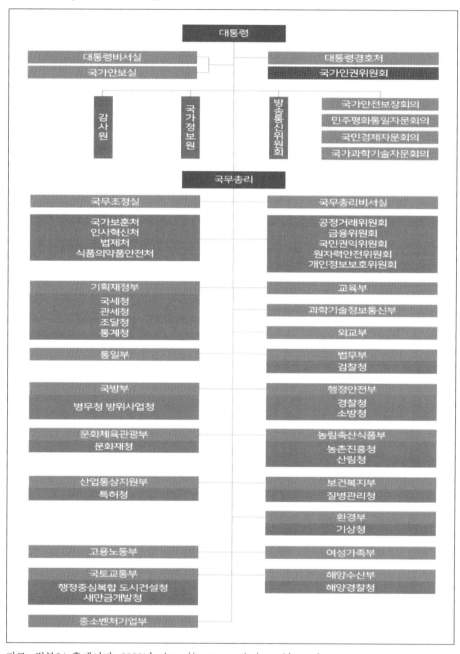

자료: 정부24 홈페이지, 2020년 http://www.gov.kr/portal/orgInfo

18부 5처 18청으로 이루어져 있다[3](<그림 1> 참조).

3. 행정의 환경

행정은 진공 속에서 이루어지는 것이 아니며 다양한 환경 가운데 존재하면서 각 영역들과의 상호작용을 통하여 변화한다. 행정을 일종의 시스템(system)으로 본 다면(Bounding, 1968), 행정은 환경으로부터 투입물(input)을 받아들이고, 그것을 산출물(output)로 전환(conversion)하여 환경에 영향을 미친다. 따라서 행정과 환경의 상호영향 관계 속에서 행정을 둘러싼 제반 환경을 정확히 인식하고 그에 적절히 대응하는 것은 보다 성공적인 행정을 실현하기 위하여 반드시 필요하다.

행정을 둘러싸고 있는 환경은 다차원적(multi-dimensional)이고 다층적(multi-level)이다. 차원(dimension)에 따라서는 정치·법적, 사회·문화적, 경제적, 기술적 환경 등으로 나누어 볼 수 있으며(Rainey, 2009: 91) 그 수준(level)에 따라서는 글로벌(global), 국가수준(national), 지방수준(local) 등으로 구분할 수 있다.

1) 정치적·법적 환경

행정체제는 정치체제의 하위체제로서 정치적 환경의 영향을 받을 수밖에 없다. 대통령, 중앙정부, 지방정부 등으로 구성되는 행정부는 입법부인 국회, 정당 및 기타 정치적 행위자들과 상호영향을 주고받는다. 과거 권위주의 정부의 정치적 환경은 비교적 단순하고 정태적이었으나, 민주화 이후에는 대통령 중심의 일원적인 통치 환경이 점차 다원화되었으며, 국가의 주요 의사결정에의 시민 참여가 활발해짐에 따라 정치적 환경의 복잡성과 불확실성이 심화되었다. 특히 과거에 이른바 '통

---

3) 정부의 구조는 수직적(vertical) 그리고 수평적(horizontal)으로 다음과 같이 구분될 수 있다. 우선, 수직적 차원에서는 중앙행정기관과 지방정부로 나눌 수 있다. 지방정부는 광역자치단체와 기초자치단체로 이원화되어 있는데, 여기서 광역자치단체는 특별시, 광역시, 도, 특별자치도/시로 구성되어 있고, 기초자치단체는 시, 군, 자치구로 이루어져 있다. 다음으로 수평적 차원에서 행정부가 포괄하는 영역은 크게 정부부문과 준정부부문(공공기관)으로 분류될 수 있다. 이상의 내용에 대한 상세한 설명은 9장(공공서비스론) 및 10장(지방자치론)의 해당 부분에 서술되어 있다.

법부(通法部)'라는 오명을 얻었던 국회의 입법권이 점차 강화되고 있음은 근래에 들어 의원발의 법률안의 폭발적인 증가를 통해서도 알 수 있다(<그림 2> 참조). 또한 국회는 입법활동뿐만 아니라 행정부의 예산규모를 결정하는 권한을 바탕으로 정책과정에서 영향력을 크게 증대시켜 왔다.

<그림 2> 우리나라 법률안 발의 추세 (단위 : 건)

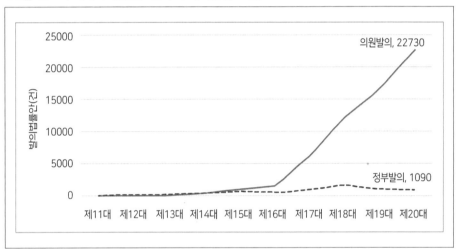

주1) 제11대 국회(1981.4.11.~1985.4.10.); 제20대 국회(2016.5.30.~2020.5.29.).
주2) 제20대 국회의 경우 2020.2.23.까지의 자료를 바탕으로 작성됨.
자료: 국회 의안정보시스템(http://likms.assembly.go.kr/bill).

한편, 행정은 법의 집행이며, 행정의 주체로서 정부는 법에 의해 구성되는 기관이다. 즉 헌법 및 행정법 등 관련 규정에 따라서 각 기관이 구성되고 임무가 부여된다. 예컨대 지방자치법의 실시로 인해 1991년 지방의회가 수립되었고, 1995년부터 지방자치단체장이 주민에 의해 직접 선출되면서 지방정부가 수행하는 지방행정이 국민들의 일상생활에 큰 영향을 끼치고 있다. 최근에는 공공정책 부문의 갈등해결과정에 있어서 법원이나 헌법재판소의 판결이 중요한 역할을 담당하게 되면서, 사법부가 행정에 미치는 영향력 또한 커지고 있다.

한국 행정의 법적 환경에서 주목할 부분은, 법의 이상과 현실의 괴리이다. 유럽이나 미국은 시민사회를 기반으로 법치국가 원리가 확립되어 온 오랜 역사를 지니고 있지만, 한국은 해방 이후 서구의 근대화된 법제도를 도입하는 과정에서 실제 행정 현실이 이러한 법제도의 이상을 실현하지 못하고 있다는 평가를 받고 있다. 법을 제정하는 단계에서부터 이해관계자 및 일반 시민들의 의견을 충분히 수렴하지 않고, 현장의 상황이 고려되지 않은 법과 제도가 만들어질 경우, 수범자의 준법정신이 약화될 뿐만이 아니라 궁극적으로는 법의 권위와 제도에 대한 신뢰성 자체가 저하될 수 있다는 점에 문제의 심각성이 있다.

2) 경제적 환경

경제적 환경은 정부와 시장, 생산자와 소비자, 경영인과 근로자의 상호작용에 의해 형성된다. 경제적 환경을 구성하는 대표적 현상인 인플레이션, 실업, 경제양극화, 외환 및 투자관련 이슈 등은 국내 및 국제 경기상황, 물가, 이자율, 실업률, 저축률, 임금상승률 등 각종 경제지표를 통해 파악된다. 이러한 지표들은 정부의 정책입안과 행정운영에 반영되며, 이는 다시 경제지표에 영향을 미치게 된다.

1970−80년대 우리 정부는 경제개발계획의 추진 및 사회기반시설의 건설 등 적극적인 경제정책을 통해 세계적으로도 유례를 찾아보기 어려울 정도의 고속 성장을 이끌어내는 데 견인차 역할을 담당하였다. 이와 같은 경험을 통해 '강한 국가'의 유산(legacy)을 갖게 된 우리나라의 경우, 각종 경제 현안을 시장의 자율기능에 맡기기보다는 정부가 적극적으로 시장에 개입하는 특성을 보여 왔다. 그러나 1990년대 이후 10% 이하로 떨어진 경제성장률은 2000년 이후 5% 미만의 경제성장률로 고착화되면서 저성장시대의 도래에 따른 불확실성 속에서 정부기능의 효율적 관리가 요구되고 있다.

우리나라 경제적 환경의 불확실성은 정치적 환경에 의해 심화되는 경우가 많다. 즉, 경제정책이 '경제논리'가 아니라 '정치논리'에 의해 결정되는 경우가 자주 나타난다. 예컨대 경제성장 과정에서 형성된 정부−기업 간 유착관계는 차치하고라도, 선거에서 승리하기 위해 정당과 정부가 선심성 경제정책을 남발하여 경제를 왜곡시키거나, 시장경제를 기반으로 하는 우리의 경제시스템에서 용인되기 어려운 반(反)시장적 입법이 시도되는 경우가 발생한다. 문제는 이러한 과정에서 정부에 대한 신뢰성이 저하되면 결과적으로 행정이 직면하게 되는 경제적 환경이 더욱 어려워지게 되는 악순환이 반복될 수 있다는 점이다. 따라서 이러한 경제적 환경의

〈그림 3〉 우리나라 경제 성장률 추이

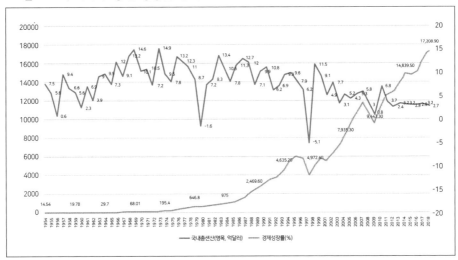

자료: 통계청, KOSIS 국가통계포털(https://kosis.kr/index/index.do).

변화 양상에 대응하기 위한 행정의 정확한 역할이 무엇인지를 잘 분별해내기 위해서는, 시장 원리에 대한 국민적 공감대가 확보되어야 하며 동시에 개별 정책에서 추구하는 목적을 이러한 현실의 경제 질서와 조화시킬 수 있는 통찰력과 지혜가 필요하다.

3) 사회·문화적 환경

저성장 및 경제 불황으로 인한 빈부격차·양극화 문제도 우리 행정이 풀어야 할 중요한 과제이다. 소득불균등 지표인 지니계수는 가처분소득 기준으로 1990년 0.256에서 2018년에는 0.345로 높아져 우리나라의 빈부격차가 심화되고 있음을 보여준다. 또한, 중위소득 50% 이하의 인구가 차지하는 비중을 나타내는 상대적 빈곤율도 1990년 7.1%에서 2018년에는 16.7%로 상승함에 따라, 중산층(중위소득 50%-150%)이 차지하는 비중은 1995년 75.3%에서 2018년에는 58.6%로 급감하는 등 소득의 양극화가 진행되고 있다(통계청 KOSIS 국가통계포털, https://www.kosis.kr).[4]

---

4) 1990년, 95년은 전체가구에 대한 통계가 부재하여 도시 2인 이상 가구 기준임. 최근 10년을 살펴보면 기초연금 확대 등 사회안전망 강화를 위한 정부지출을 늘리면서 위에 언

　사회의 기본구조에 있어서 인구구성의 변화 역시 행정에 큰 도전이 되고 있다. 저출산과 고령화로 인한 생산성 둔화의 문제와 고령인구부양 및 의료비 증가 문제, 각종 사회보험에 따른 재정건전성의 문제는 행정이 시급히 해결해야 할 과제로 부각되고 있다. 또한, 영유아, 노인 및 사회적 약자의 삶의 질 향상 요구가 증가함에 따라 공공 복지서비스 제공방식에도 근본적인 변화의 필요성이 제기되고 있다. 이와 같이 변화하는 사회적 환경 속에서 발생하는 공공문제와 사회변동에 대한 중장기적이고 종합적인 예측과 대응이야말로 행정에 요구되는 중대한 사명이다.

　사회를 구성하는 개인이나 집단의 사고 및 행동양식 역시 행정에 영향을 미친다. 1987년의 정치적 민주화 이후 우리 사회에 도래한 변화의 물결로서 시민사회의 성장을 들 수 있다. 권위주의 정부의 시대가 종언을 고하게 되면서 국민의 기본권에 대한 관심이 높아지고, 사회 각 분야의 다양한 목소리가 정치와 행정에 투입되게 되었다. 이와 더불어 시민단체나 비정부기구(NGO) 등의 증가로 나타나고 있는 시민사회의 성장은 민주주의의 가치실현이라는 행정의 새로운 역할을 요구하고 있다. 하지만 이러한 시민사회 성장에 따른 참여증대는 조정, 타협, 양보라는 시민정신이 내재화되지 않은 상태에서 이념적 분열과 이해관계의 대립이라는 심각한 갈등양상으로 변질되는 경우가 빈번하였다. 이에 따라 행정은 과거에 경험하지 못했던 새로운 형태의 복잡한 문제에 직면하게 되었다.

4) 기술적 환경

　급변하는 기술적 환경의 불확실성은 행정조직의 구조와 과정 및 활동에 큰 영향을 미친다. 예컨대 정보통신기술과 관련된 환경변화를 기회로 삼아 1970년대 후반부터 추진되어 온 전자정부 구축사업은 행정의 투명성과 효율성을 증대시킴으로써 국가발전에 많은 기여를 해 온 것으로 평가된다. 전자정부의 구축은 단순히 최신 정보기술을 행정에 도입하는 것을 의미하는 것이 아니라, 정부조직 자체의 개혁과 업무프로세스의 개선 등 다양한 요인과 연계되어 진행되는 총체적인 정부혁신

급된 소득분배지표는 다소 개선되고 있는 상황이다.

의 과정으로 이해되어야 한다.

오늘날 정보통신과 교통수단의 지속적인 발달은 세계를 하나로 묶는 개방형 글로벌 시대를 형성하였으며, 정보통신기술과 인공지능의 결합은 사회 전반 시스템의 자동화와 무인화를 급속하게 발달시켰다. 스마트폰의 성장은 하나의 소셜 미디어 기술이 또 다른 기술과 연결되고, 그로 인하여 새로운 기술을 만들어내는 디지털 컨버전스, 즉 기술융합 현상으로 진화하고 있다.

하지만 기술진보가 반드시 장밋빛 미래를 보장하는 것만은 아니다. 예컨대 사이버 범죄발생 건수가 2018년 149,604건으로 2001년 대비 4.5배 이상 증가하였고 (경찰청통계연보, 2019), 개인정보를 활용한 보이스 피싱 피해 신고 건수 역시 2018년 에는 70,218건으로 2010년 대비 약 14배 정도 증가하였다(금융감독원, 2019). 최근에는 로봇, 인공지능 등 최신 과학기술의 급속한 발달로 인하여 제4차 산업혁명 시대가 열리고 있는데, 이와 같은 기술적 환경의 변화에 행정이 얼마나 적절히 대응하는지가 한 국가의 흥망성쇠를 좌우하게 될 것이다.

5) 행정환경의 다층성

세계화(globalization)가 심화되면서 행정은 단순히 한 국가 영역 내의 문제뿐만 아니라 국경을 초월하는 글로벌 이슈들을 해결해야 하는 압력에 직면하고 있다. 오늘날 국제관계는 국가 단위의 상호작용을 넘어 비국가행위자(non-state actors)의 영향력이 점차 증대되고 있다. 탈레반이나 이슬람국가(Islam State) 등 종교 근본주의 테러집단의 발호, 메르스와 신종 코로나 바이러스 등 집단 감염병의 창궐은 기존 국가 수준 행정의 문제해결 능력과는 또 다른 차원의 과제를 던지고 있다. 또한 ICT의 발달로 시공간을 초월하여 전 세계인들이 소통과 교류를 할 수 있게 되면서 행정이 당면한 국내외적 환경은 더욱 복잡한 양상을 띠게 되었다. 더불어 정부 정보시스템에 대한 외부의 침입 및 공격 등으로 행정시스템 전체가 마비되는 등의 위험성도 상존하고 있다.

현재 우리나라가 개발도상국을 대상으로 진행 중인 공적개발원조(ODA) 사업 역시 수혜자가 타국민이라는 점에서 행정의 지평이 국가차원을 넘어 확장된 것으로 볼 수 있다. 이와 더불어 세계 각 국에서 진행되어 온 분권화(decentralization) 및 지방화(localization) 현상 또한 중앙정부 차원을 넘어 지방 수준의 행위자들까지 공공문제 해결에 참여하게 되는 촉매제로 작용하고 있다. 이처럼 행정환경이 지방 수준, 국내 수준, 그리고 글로벌 수준 등으로 다층적(multi-level) 양상을 띠게 되면서 글로컬리제이션(glocalization), 즉 세계화와 지방화가 동시적·복합적으로 이루어지는 모습도 볼 수 있다.

4. 행정학의 연구영역

행정학(行政學: The study of public administration)은 행정 현상을 연구하는 사회과학의 분과학문이다. 앞에서 살펴본 것처럼, 행정 환경의 다차원적·다층적 요소들로 인해 행정이 당면한 수많은 난제(wicked problem)들이 날로 복잡성을 더해가고 있다. 전통적으로 행정학은 정부활동과 관련된 연구영역에 한정되어 학문적 발전을 거듭해 왔다. 그러나 현대 행정은 정치, 경제, 사회, 법 등 여러 분야와 국내외적 수준을 넘나드는 문제들을 해결할 것을 요구받고 있다. 즉 행정학은 인접 사회과학인 정치학, 경제학, 사회학, 심리학, 법학 등에서 연구해왔던 지식들을 소화함은 물론, 다양한 지식들을 종합적으로 이해하고 문제해결에 유용한 실천적 처방을 제시해야 하는 학문적 요구에 직면해 있다. 이처럼 본질적으로 행정학은 다학제적(inter-disciplinary) 종합학문이며, 처방적 응용학문이다. 이러한 학문적 특성으로 인하여 행정학은 과학성과 기술성을 동시에 추구해야 하는 결코 쉽지 않은 과제를 부여받고 있다. 여기서 과학성이 가치중립적 연구방법을 활용하여 이론이나 원리·법칙의 정립을 추구하는 것이라면, 기술성은 이론이나 원리·법칙을 적용하여 실천적 응용이나 가치지향적 처방을 도출해내는 것을 의미한다.

이처럼 행정학은 문제해결을 위한 실용적 지식을 추구한다는 점에서 불가피하게 다학제적 성격을 가질 수밖에 없다. 이로 인하여, 행정학 고유의 학문적 영역이 무엇인가에 대한 의문이 제기되기도 하는데 이를 소위 행정학의 '정체성 위기(identity crisis)'로 일컫는다.

하지만 달리 생각해보면, 어느 하나의 분과학문적 시각으로만 해결하기 어려운 현대사회의 복잡한 공공문제에 대한 근원적 처방을 추구함에 있어서 다양한 접근방식을 활용할 수 있다는 점에서 오히려 다학제적 종합학문으로서의 행정학의 존재 의의를 찾을 수 있다. 공공행정이 당면한 현실문제 해결을 위해 인접학문에서 축적한 지식을 응용하여, 과학적 방법론에 따라 대안을 탐구하는 행정학이야 말로 우리 사회가 절실히 필요로 하는 지식을 제공할 수 있는 기회의 학문이라고 할 수 있다.

행정학의 연구영역은 포괄 범위 그리고 연구초점에 따라 다음과 같이 분류할 수 있다(Golembiewski, 1977). 우선, 행정학의 외연적 포괄 범위, 즉 연구거점(locus) 혹은 '소재(where)'에 따라서 다음과 같은 구분이 가능하다. 첫째, 협의의 행정 영역은 정부(government) 특히 행정부(executive)가 하는 제반 활동이다. 둘째, 광의의 행정 영역이란 행정부 이외에 입법부나 사법부 그리고 여타 공공조직 중에서 관료제의 구조 및 행태적 특성을 갖는 조직을 포함한다. 이에 비해 최광의의 행정 영역은 공공문제의 해결을 위한 집합적 노력의 차원에서 정부나 의회 및 사법부 영역을 넘어 민간 부문인 시장 그리고 시민사회까지 포괄하는 의미로서 거버넌스의 개념으로 파악된다.

한편, 행정학의 연구초점(focus) 혹은 '대상(what)'을 중심으로는 크게 네 가지로 분류해 볼 수 있다. 첫째, 구조(structure)의 측면으로서 법제도, 목표, 공식적·비공식적 절차 등에 대한 관심이다. 둘째, 인간의 행태(behavior) 측면에서 행동, 동기, 태도, 가치관, 성격 등에 주목한다. 셋째, 가치(value) 측면에서 공익, 민주성, 효율성 등 행정의 기저가 되는 근본적인 철학을 탐구한다. 넷째, 행정의 환경(environment)에 대한 관심으로서 정치, 경제, 사회, 문화 등이 행정에 미치는 영향을 파악한다.

이상에서 살펴본 연구영역을 기초로 행정학의 학문적 체계를 분석하면 다음 <그림 4>와 같이 나타낼 수 있다. 즉, 행정학의 세부 영역은 구조와 행태 측면에서 각각 조직, 인사, 재무 분야로 구분될 수 있으며, 이와 함께 행정환경 속에서 발생하는 공공문제 해결을 위하여 행정이 수행하는 활동인 정책 역시 행정학의 중요한 연구영역이다. 특별히 행정이 추구하는 가치로서 공익과 민주성 및 효율성은 더 좋은 정부(better government) 구현을 위한 중요한 시금석이라 할 수 있다.

〈그림 4〉 행정학의 체계

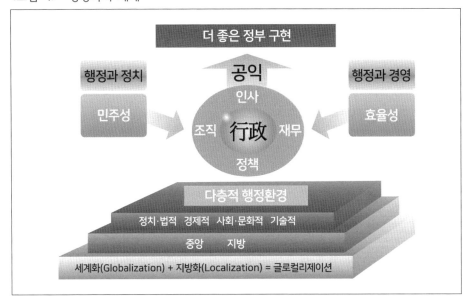

2절 행정과 정치 · 경영

1. 행정과 정치

1) 행정과 정치의 차이점: 정치 · 행정이원론

행정과 정치의 관계 및 상호 간의 경계를 어떻게 규정할 것인가에 대해서는 연구자의 철학적 배경이나 시대 환경의 변화 등에 따라 다양한 견해가 제시되어 왔다. 민주주의 정치체제 하에서, 정치는 국민들의 의사를 수렴하고 국민을 대표하여 국정 운영의 중요 방침을 결정하는 것으로 볼 수 있고, 행정은 이러한 정치과정을 통해 마련된 정책을 실행하는 행위를 의미한다. 이처럼 정치를 정책결정, 행정을 정책집행으로 파악하는 견해를 정치 · 행정이원론이라 한다. 정치 · 행정이원론에서 바라보는 정치와 행정의 상호관계 및 특징은 다음과 같다. 정치는 국민의 선호 및 이해관계가 조정·형성되는 의사결정과정에 주로 관심을 두고 있는 반면, 행정은 정치에서 결정된 국민의 의사를 구체적으로 집행·실현하는 과정에 초점을 맞추고 있다. 따라서 정치는 행정의 목적적 가치를 대변하는 영역으로서 행정보다 형식적으로 우위에 있는 것이며 행정은 수단적 성격을 갖는다.

또한, 정치는 가치판단과 선택의 문제와 밀접한 관련이 있다. 정치의 영역에서 일어나는 정책결정은 주로 정치적 이념과 이해관계 등 다양한 행위주체들의 가치 간 갈등과 충돌 및 타협의 과정에서 이루어진다. 따라서 정치의 영역은 가치의 개입 및 판단이 필연적이며 다양한 세력 간의 영향관계라는 권력현상에 대한 분석을 통해 파악되고 이해될 수 있다. 반면 행정의 영역은 정치에 비하여 상대적으로 가치가 배제되거나 혹은 가치중립적 요소가 강하게 나타난다. 정치의 영역에서 선택되고 결정된 가치와 목표를 실제로 구체화하고 실현하는 것이 행정의 책무라고 보는 정치·행정이원론의 관점에서 본다면 행정의 본질은 권력현상이 아닌 관리현상, 즉 주어진 가치와 목표를 달성하기 위하여 필요한 수단과 자원들을 효율적으로 동원하여 적절히 집행하고 배분하며 운용하는 일이라고 할 수 있기 때문이다.

2) 양자 간 유사점: 정치·행정일원론

앞에서 살펴본 정치·행정이원론의 주장과는 달리 현실에 있어서 정치와 행정의 영역 간 경계선을 명확히 식별하는 것은 쉬운 일이 아니다. 이처럼 현실 속에서 정치와 행정 양자는 절대적 구분이 가능한 별개 영역이라기보다는, 상호 밀접히 연계되어 하나의 연속선상에 존재하는 것으로 파악하는 것이 정치·행정일원론의 입장이다.

정치와 행정의 관계는 각각의 주체인 의회와 행정부의 관계에서 보다 구체적으로 나타난다. 각 국가의 권력구조의 형태가 대통령제인지 혹은 의원내각제인지에 따라 의회와 행정부의 관계가 달라질 수도 있다. 하지만 어떤 형태의 국가구조를 취하든지 시민들의 복지수요 및 각종 사회문제에 적실한 대응을 위해 행정부의 입법권한, 규제권한이 폭넓게 활용되고 있는 실정이다. 따라서 오늘날 정치·행정 관계에 관한 일반적인 견해는 '행정의 정치적 성격'을 전제로 양자 간 상호불가분의 관계를 인정하고 있다. 다시 말해, 정치와 행정은 서로 격리된 별개의 영역에 존재하는 현상이 아니고 상호 밀접한 관련성을 지니며, 특별히 행정은 정치권력의 배경 하에 정치체제를 유지하기 위하여 수행되는 현상으로서의 의미를 갖는다고 할 수 있다.

현대 행정국가에서는 행정부 역시 정책결정 기능을 수행하는 것이 현실임을 고려할 때, 행정활동에도 정치적 책임이 따른다는 점을 인식할 필요가 있다. 따라서 입법부의 행정통제 강화 및 시민참여 활성화 등을 통하여 민주주의와 관료제 양자 간 상호견제와 균형 및 조화를 이루어 가는 것이 중요함을 알 수 있다.

우리나라의 경우 과거 정부 주도의 경제개발 시기에는 대통령에게 권력이 집중된 권위주의 체제로 사실상 입법부에 대한 행정부의 상대적 우위현상이 지속되어 왔다. 하지만 1987년 민주화와 함께 헌법이 개정된 이후 점차 입법부인 국회의 권한이 확대되는 민주주의의 공고화 과정을 겪게 되었다. 이 과정에서 나타난 여러 시행착오를 통해서 알 수 있는 교훈은 결국 바람직한 정치·행정 관계는 권력분립의 원칙에 기반하여 각 영역의 본래 기능을 담당함과 동시에 상호 유기적인 협력이 이루어지는 동태적 관계라는 것이다.

〈그림 5〉 행정의 의미

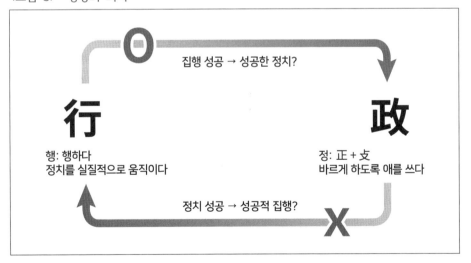

<그림 5>에 나타난 바와 같이 행정이라는 한자를 풀어보면, '行'이란 움직이다, 집행하다는 의미가 담겨 있으며 '政'은 바를 정(正)과 칠 복(攵: 타격, 강제의 뜻), 즉 '바른 것을 만들어가다'로 풀이할 수 있다. 다시 말하면, 바른 것을 만들어가는 '정치'를 실제 작동하게 구현해내는 것이 바로 '행정'이다. 결국 올바른 정치가 존재한다고 해서 행정이 항상 성공적으로 이루어지는 것은 아니다. 행정이란 단순히 정치적 의사결정의 기계적 집행이 아니며 정책의 성공을 위해서 필수불가결한 부분이라 할 수 있다.

2. 행정과 경영

1) 행정과 경영의 유사점: 공사(公私)행정일원론

20세기 후반에 접어들면서 비대해진 정부부문의 비효율성에 대한 비판이 심각하게 제기됨에 따라 행정 영역에 민간 경영 부문의 시장원리를 도입하여 효율성을 제고하려는 노력이 다양하게 시도되어 왔다. 대표적인 예가 바로 1980년대 이후 전세계적인 행정개혁의 물결을 이끌고 있는 신공공관리론(New Public Management)의 입장이다. 이러한 경향과 함께 행정과 경영의 경계가 모호해짐에 따라, 행정과 경영의 유사성은 무엇이며 양자의 경계는 무엇인지에 관한 논의가 이루어져 왔다. 소위 공사(公私)행정일원론에 의하면 행정(공공행정)[5]과 경영(사행정)은 공동 목표 달성을 위한 협동행위라는 측면에서 유사성을 가지는데, 이는 구체적으로 다음과 같은 측면으로 나타난다.

첫째, 행정과 경영의 관리기술적 성격이다. 두 영역 공히 목표를 설정하고, 목표를 수행하기 위하여 자원을 관리하고, 이를 적절히 배치하고, 성과를 평가하는 등의 과정을 통해 과업을 수행한다. 그리고 합리적인 기준에 따라 최선의 대안을 선택하기 위한 의사결정행위라는 점에서 행정과 경영은 공통의 속성을 지닌다. 또

---

5) 우리나라의 경우 행정과 공공행정이 엄밀한 구분 없이 혼용됨에 반해, 영어로 administration 은 공공행정(public administration)과 사행정(business administration)을 공히 지칭하는 용어이다.

한, 양자 모두 계획수립, 통제, 의사소통, 의사결정, 인사관리 및 리더십 등 관리의
제반 과정을 통하여 효율적인 목표의 달성을 추구한다.

둘째, 행정과 경영의 관료제적 성격이다. 두 영역 모두 대규모의 조직을 가지
고 공동의 목표달성을 추구한다. 두 영역에서의 조직은 계층제로서의 관료제적 특
성을 지니고 있으며 관리의 제반 과정을 통해 운영된다. 따라서 양자 모두 조직의
관리(management)라는 공통점을 지닌다.

셋째, 행정학이 독자적인 학문의 영역으로 성립되는 과정에서 경영학의 원리
를 상당부분 원용한 점을 들 수 있다. 행정학에 경영학 내용이 도입된 이유는 행정
에 있어서 효율성을 추구하기 위함이었다. 이는 최근의 신자유주의 조류에 근거를
둔 것으로 정부의 비효율성을 제거하고 성과를 극대화하고자 하는 다양한 노력 과
정에서 민간 기업의 경영 논리를 도입하면서 더욱 본격화되었다. 우리나라의 경우
1998년 외환위기 이후 행정 부문에서도 비용 효율성을 강조하였으며, 반면에 기업
역시 사회적 책임성(CSR: Corporate Social Responsibility)을 요구받고 있다. 나아가 공·
사행정의 혼합영역도 등장하는 등 행정과 경영 양자의 경계선이 모호해지는 중첩
영역이 나타나고 있다.

2) 양자 간 차이점: 공사(公私)행정이원론

앞에서 살펴 본 공사(公私)행정일원론과 같이 행정의 관리적 측면에 주목할 경
우 경영과의 유사성은 더욱 부각된다. 하지만 행정과 경영 간에는 여러 측면에서
개념적으로나 실제적으로 차이점 또한 존재하는바, 이를 명확히 인식하는 것이 행
정의 범위를 획정하고 개념을 정의함에 있어서 필수적이다. 구체적으로 행정(공공
관리)과 경영(민간관리)의 상대적 차이점을 살펴보면 다음과 같다(Greene, 2005). 첫
째, 공공부문에서 관리자는 민간부문에 비해 상대적으로 단기적 시계(short time
horizons)의 제약을 받게 된다. 예산과정과 정치적 압력이 일정한 시간적 범위 내에
서 행해지기 때문이다. 둘째, 공공부문의 리더십은 민간부문에 비하여 상대적으로
지속되는 기간이 짧다. 특히 고위 공직의 경우 임기가 정해져 있더라도, 하위직 공
무원에 비해 상대적으로 빈번한 리더십 교체가 일어난다. 셋째, 공공부문의 성과를
측정하는 것은 때로 모호하고 임의적이기 쉽다. 또한 공공서비스 공급의 비용과 수

익에 대한 분명한 평가기준을 마련하기 어려우며, 금전적인 동기부여 요인 또한 적다. 넷째, 공공부문의 관리자는 직원관리에 대한 재량권이 민간부문에 비해 적은데, 이는 고용, 해고, 승진, 임금, 교육훈련 등에 관한 법적 규율이 존재하기 때문이다. 다섯째, 공공부문에서 시행하는 프로그램은 효율성이나 경쟁적인 성과 등의 협소한 목표보다는 주로 형평성, 공정성, 합의 등 보다 폭넓은 사회적 가치를 추구한다. 여섯째, 국민들은 공무원이 직무수행에 있어 사기업의 직원보다 더 공정하고 책임감 있고 정직하기를 기대하며, 언론도 사기업보다 공공부문의 의사결정 및 업무수행에 더 주목하고 비판한다. 일곱째, 정치적 환경 하에서 공무를 수행하는 공공부문의 관리자는 이해관계자를 설득하고 정치적 정당성을 확보하는데 노력을 기울여야 한다. 여덟째, 공무원은 입법부, 사법부와 같은 행정부 조직 외부로부터 국정방향을 제시받거나 철저한 감독의 대상이 되기도 한다.

이상과 같이 행정과 경영의 상대적 차이점을 발견하는 것에서 한 걸음 더 나아가, 양자의 본질적 차이점을 강조하는 견해가 있다. 공사행정이원론이라 불리는 이러한 입장은 행정과 경영의 본질적 목적이 상이함을 강조한다. 다시 말해, 행정은 사회 전체가 공동으로 목표하는 공적 가치의 실현을 목적으로 하는 데 반해, 경영은 효율성의 원리에 입각하여 궁극적으로 기업의 이윤 극대화를 추구한다는 것이다. 이는 일찍이 세이어의 법칙(Sayre's Law)으로 알려진 "공사행정은 모든 중요하지 않은 점에 있어서 근본적으로 같다"(Sayre, 1958)는 주장과 일맥상통한다. 이를 반대로 해석하면 중요한 점에서는 근본적으로 다르다는 의미가 된다. 여기서 말하는 '중요한 차이점'이란 행정이 존재하는 근본적인 이유이자 본질적 목적이 바로 공익, 공공성 등 공공의 가치 추구라는 것이다. 즉 효율성 제고를 위해 행정의 영역에 경영의 원리를 도입하여야 한다는 명제가, 행정의 목표가 경영과 마찬가지로 사익 추구로 전환되는 것을 의미하는 것은 아니라는 의미이다. 요컨대 행정은 본질적 목표로서 공공의 가치를 추구하며, 이를 보다 효율적으로 달성하기 위한 수단으로서 경영의 관리기법을 도입하는 것으로 보아야 할 것이다.

3. 행정과 정치·경영의 상호관계

　지금까지 행정과 정치, 행정과 경영 간의 유사한 측면을 파악함과 동시에 각각의 차별성을 고찰하였다. 이와 같은 삼자 간의 관계는 행정학의 연구영역을 통해서도 살펴볼 수 있다. 우선, 행정학은 한 국가를 운영하고 통치하는 제반 기구인 조직 및 제도를 일컫는 의미로서의 행정을 연구대상으로 할 수 있다. 이와 같이 국가를 구성하는 제도적 장치로서 통치기구의 작동원리를 행정으로 파악할 경우, 국가 공권력이 행정에 미치는 영향에 관하여 정치와 행정의 유사성과 차별성에 대한 인식이 요구된다. 한편, 조직의 경영 및 관리 방식에 초점을 두어 정부 및 공공조직의 운영원리를 행정학의 연구영역으로 볼 수도 있다. 이처럼 조직관리 혹은 운영 방식의 측면에서 국가가 국민에 제공하는 공공재 서비스와 관련된 활동을 행정으로 인식하는 경우, 조직의 관리 방식에 있어 공공부문과 민간부문이 갖는 유사점과 차이점에 관한 행정과 경영 간의 개념적 구분이 중요한 의미를 갖게 된다.

　행정활동은 법적·공식적인 권위를 기반으로 수행되며, 의회, 정당 등 정치적 권력에 의한 제약을 받게 된다. 이와 같이 행정이 법적·정치적 환경의 영향하에서 공공의 재화와 서비스를 생산하고 공급함에 따라 경직성 및 비효율성을 갖게 될 경우, 경영의 효율적인 관리기법을 도입할 수 있다. 결론적으로 행정은 정치과정을 통해 반영된 국민의 주권적 의사를 실현하는 활동이면서, 동시에 결정된 목표를 달성하는데 보다 효율적인 수단을 찾는 과정으로 볼 수 있다. 이러한 활동과정에서 행정은 정치·경영과 밀접한 관계를 형성한다. 이와 같은 행정의 양면적 특성, 즉 정치적 성격과 관리적 성격을 동시에 고려한다면, 행정과 정치·경영 간의 관계를 개별적으로 격리된 별개 영역으로 이해하기보다는 상호 영향을 주고받는 개방체제로 이해하는 것이 타당할 것이다. 따라서 시대별 패러다임 혹은 국가별 상황에 따라 정치적 성격이나 민주성의 가치가 강조되거나 관리적 성격 혹은 효율성의 가치가 행정 현상에서 상대적으로 더 주목받을 수도 있음을 유의해야 한다. 즉 행정의 특성이 고정불변의 절대적인 실체라기보다는 상황이나 조건에 따라 달라질 수 있다는 상황론적(contingent) 관점이 필요하다. 결국 행정이 정치 및 경영과의 관계를 현실 속에서 어떻게 설정하는가는 민주주의 정치체제와 자본주의 시장경제체제를 근간으로 하고 있는 행정의 숙명적인 과제라고 할 수 있다.

[읽을거리] 공기업, 부실의 책임과 처방전

공기업 부채 급증과 재정건전화에 대한 우려가 많다. 최근 정부가 공기업 개혁에 대한 목소리를 높이는 것도 그 때문이다. 그러나 정권이 바뀔 때마다 같은 말을 들어왔기에 '파부침선(破釜沈船)'의 각오로 공공기관을 정상화하겠다는 부총리의 발언에도 그리 믿음이 가지 않는다.

정부의 엄포를 믿지 못하는 이유는 개혁의 칼자루를 쥔 정부와 개혁의 대상인 공기업이 '공범 관계'에 있기 때문이다. 역대 모든 정권이 공기업을 국정과제 수행의 도구로 활용했다. 조국근대화와 경제적 자립을 기치로 내세웠던 박정희 정부부터 활기찬 시장경제와 글로벌 코리아를 지향했던 이명박 정부에 이르기까지 공기업의 역할과 규모는 계속 커졌다. 그러니 공기업이 급증하는 부채의 원인을 자기 잘못이 아니라 정부사업 탓으로 돌릴 만도 하다.

공기업도 한때 '모범 기업'인 적이 있었다. 그러나 시대흐름에 부응하지 못하면서 천덕꾸러기 신세가 됐다. 1960년대 최고의 직장이었던 석탄공사는 변화하는 에너지정책에 대응하지 못해 만성적자에 시달리고 있다. 전 세계 에너지업계의 큰손으로 불리던 석유공사와 가스공사는 지난 정권 무분별한 해외투자로 빚더미에 올라앉았다. 토지주택공사, 도로공사, 수자원공사의 주요 사업은 이미 공급포화 상태로 기존 시설의 유지보수만 하는 수준으로 사업을 줄여야 할 형편이다. 특히 140조 원에 달하는 토지주택공사의 부채는 역대 정부의 주택 정책과 결코 무관하지 않다. 한국전력공사, 철도공사 등 다른 공기업도 오십보백보다. 원가 이하로 공급하는 산업용 농업용 전력, 만성적인 적자노선 운영, 사업성 없는 해외투자 등으로 고질에 걸려 자발적 경영효율화를 기대하기 어려운 실정이다. 공기업의 이런 태생적 구조적 한계가 방만경영과 도덕적 해이를 부채질했다.

결국, 무리한 국책사업을 추진했던 정부도, 경제적 타당성이 없는 지역사업에 앞장섰던 국회도, 원가에 못 미치는 서비스 요금으로 풍요를 즐겼던 국민까지 우리 중 누구도 공기업 부실의 책임에서 자유로울 수 없다. 그러나 이런 핑계로 부채 증가를 합리화할 수는 없다. 해당 공기업의 기관장과 비상임이사를 포함한 임원진, 회계감사기관, 경영평가단의 책임은 더욱 막중하다. 경영에 관한 핵심 의사결정자로서, 재정상태 및 경영실적을 평가하는 외부 통제장치로서 그 역할을 제대로 수행하지 못했기 때문이다. 재무위험이 높은 해외사업 확장이나 채권 발행 등 부채원인행위를 결정할 때 이사회에서는 어떤 논의를 했는지, 부채가 급증한 공공기관의 회계감사기관은 재무제표를 보고 뭐라고 했는지, 경영평가단은 부채가 증가한 기관의 경영성과와 주요 사업을 어떻게 평가했는지 각자의 책임을 명확하게 규명할 필요가 있다.

　11월 기획재정부가 실시한 '국민이 원하는 공공기관' 여론조사 결과, 공공기관 개혁 과제 1순위는 '부채대책 마련'이었고, 정보공개 등을 통한 부채 원인 파악이 가장 중요한 관리방안으로 제시됐다. 이에 따라 정부는 부채를 성질별로 구분해 원인 분석정보를 누구나 쉽게 확인할 수 있도록 경영정보 공개시스템을 개편하겠다고 밝혔다. 책임경영을 위해 당연하고도 필요한 조치다

　공공부문에서 어떤 종류의 재화와 서비스를 생산하는 것이 적절한지는 각국이 처한 경제수준과 시대적 상황에 따라 변하게 마련이다. 유가공 식품조차 시장에서 생산하기 어려웠던 시절 농어촌개발공사는 산하 20여 개의 자회사를 통해 국민들의 먹거리를 제공했다. 그러나 경제성장과 더불어 우리는 지금 중화학공업은 물론 항공, 통신, 금융서비스까지 시장에서 효율적으로 공급받을 수 있는 시대에 살고 있다. 그러나 공기업은 환경변화에 맞춰 사업을 축소하기보다는 사업다각화라는 이름으로 사업영역을 확장하면서 정원을 유지하거나 오히려 늘렸다.

　두 번의 세계적인 경제위기에도 버티던 디트로이트가 파산한 것이 올여름이다. 파산의 원인은 자동차 산업의 쇠퇴라는 외부요인도 크지만 방만한 재정집행이라는 디트로이트 내부문제도 무시할 수 없다. 먼 나라 일이 아니다. 공공기관 스스로 뼈를 깎는 자구노력과 구조조정을 해야 한다. 시대적 소명을 다한 공기업은 퇴출시켜야 하며, 기술혁신과 생산원가 절감, 그리고 서비스 개선이 필요한 공기업은 경쟁체제로 바꿔야 한다. 공기업을 살리는 처방전은 그것밖에 없다.

출처: 박순애(동아일보, 2013.12.20.)

◈ 참고문헌 ◈

경찰청. (2019). 경찰청통계연보.

권기헌. (2009). 행정학. 박영사.

금융감독원. (2019). 2018년 보이스피싱 피해액, 역대 최고수준! 보도자료.

박동서. (2000). 행정, 한국행정학회온라인사전(http://www.kapa21.or.kr/epadic/).

백완기. (2000). 행정학. 박영사.

오석홍. (2013). 행정학. 박영사.

유민봉. (2006). 한국행정학. 박영사.

이종수 외. (2014). 새행정학 2.0. 대영문화사.

정용덕. (2001). 현대국가의 행정학. 법문사.

정정길. (2006). 행정학의 새로운 이해. 대명출판사.

통계청. KOSIS 국가통계포털(https://www.kosis.kr).

Bounding, K. E. (1968). David Easton. A Systems Analysis of Political Life. New York: John Wiley, 147−149.

Dimock, M. E., & Dimock, G. O. (1964). Public administration. New York, Holt Rinehart and Winston.

Golembiewski, R. T. (1977). Public Administration as a Developing Discipline: Part 1 : Perspectives on past and present, Routledge, 1st edition.

Gordon, G. J. (1978). Public administration in America. New York: St. Martin's Press.

Greene, J. D. (2005). Public administration in the new century: A concise introduction. Wadsworth/Thomson Learning.

Jessop, B. (2002). The future of the capitalist state. Cambridge: Polity Press.

Rainey, H. G. (2009). Understanding and Managing Public Organizations, Jossey−Bass, 4th editions.

Sayre, W. S. (1958). Premises of public administration: Past and emerging. Public Administration Review, 18(2): 102−105.

Simon, H. A. (1950). Smithburg, Donald W., and Thompson, Victor A. Public

Administration. New York,, Alfred A. Knopf.

Thoenig, J. C. (1997). Peters Guy B: The future of governing: four emerging models. Politiques Et Management Public, 15(2): 145 − 146.

Waldo, D. (1955). The Study of Public Administration, New York: Random House.

White, L. D. (1926). Introduction to the Study of Public Administration. New York: Macmillan Co.

Wilson, W. (1887). The study of administration, Political science quarterly, 2(2), Reprinted in Political Science Quarterly, 56, December 1941, 481 − 506.

제2장

행정학이론의 발달

제2장 행정학이론의 발달

In the traditional conception of "public administration," the fundamental
responsibility of public managers was to develop efficient programmatic means for
accomplishing well-defined goals … In contrast, our conception of "public
management" adds responsibilities for goal setting and political management to the
traditional responsibilities of public administration.

Moore(1983: 1-2)

1절 행정학의 역사적 개관

행정현상 및 행정에 대한 저작물은 고대 이집트나 바빌로니아, 고대 중국, 그리
스, 로마 등 인류 문명 초창기부터 존재해 왔으나(Shafritz & Hyde, 2012: 3), 현대적 의
미에서의 행정학은 19세기 말 미국을 중심으로 시작되고 발전해 왔다. 행정학의 각
사조는 미국 당대의 정치·경제·사회·문화적 현실을 반영하여 성립·변화되어 왔다.
따라서 행정학의 발달과정을 고찰하기 위해서는 미국의 역사적인 배경을 이해할 필
요가 있다. 즉, 행정학의 주요 이론과 접근방법들은 각 시대에 각 사회가 당면한 문제

들에 대한 최적의 해결방안을 찾기 위한 노력으로 제시되어왔다. 이로 인해 행정학은 다학제적 종합학문이라는 성격을 지니게 되었으며, 지금도 계속해서 인접 사회과학의 논리와 경험을 흡수하면서 현실에 기반한 이론 정립이 이루어지고 있다.

Kettl은 "21세기를 맞이하는 시점에서의 행정(Public Administration at the Millennium)"이라는 논문에서 행정학의 역사를 크게 네 시기로 나누어 기술하고 있다(Kettle, 2000: 8-13). 이는 즉 정치·행정이원론이 대두된 행정학의 태동기(Tension, 1887-1915), 과학적 관리론 등 정통행정학의 성립·발전기(Scientific Management, 1915-1940), 정통행정학에 대한 비판기(Critical Self—Examination, 1940-1969), 다원화기(Centrifugal Forces, 1969-현재)의 구분이다. 구체적으로 살펴보면, 우선 행정학 태동기의 주요 이론으로는 엽관주의와 실적주의 및 정치·행정이원론이 있다. 정통행정학의 성립·발전기에는 조직운영의 효율성을 추구하는 과학적 관리론과 함께 절약과 능률을 중시하는 관리과학인 행정관리론이 발달하였다. 하지만 이러한 정통행정학은 다양한 차원의 비판에 직면하였다. 특히, 대공황 등 경제여건의 변화로 정부의 규모가 팽창하면서 행정의 역할에 대한 관심이 제고됨에 따라 정치·행정일

〈그림 1〉 행정학 주요 사건

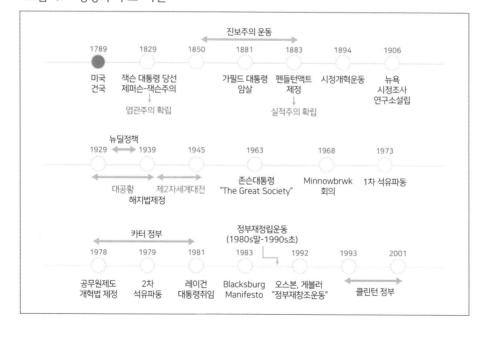

원론이 대두하게 되었고, 과학적 관리론에 대한 비판으로서 인간관계론이 등장하였다. 이후 행정환경의 급격한 변화에 대응하기 위한 학문적 노력의 결과로서 행정이론의 다원화가 이루어져 왔다.

　　<그림 1>은 미국 사회의 주요 사건과 행정의 역사가 궤를 같이함을 보여준다. 이처럼 행정학의 이론적 다양성은 미국 사회의 당대 문제를 해결하기 위한 행정학의 실천적 처방을 모색한 연구결과라 볼 수 있다. 요컨대 행정학의 발달과정은 행정의 환경인 민주주의 정치체제와 자본주의 시장경제 변화에 끊임없이 영향을 받아 왔으며, 특히 행정이 갖는 정치적·관리적 특성 가운데 어떠한 요인이 더 중요한가에 따라 그 구체적인 양상이 달라져 온 것으로 볼 수 있다.

　　행정학은 정치학에 뿌리를 두고 있는 협의의 행정이론과, Taylor의 과학적 관리론에 기반한 조직이론을 중심으로 발달되어왔다. 협의의 행정이론은 정치와 행정의 관계 또는 정치체제에서 관료제의 위상 등에 관한 이론이고, 조직이론은 관료제와 행정조직 관리 등에 관한 이론이라 할 수 있다. 이러한 행정이론의 발달은 미국 사회의 역사적 사건과 문제 그리고 행정기능의 변화에 대응하여 이루어진 것으로, 이하에서는 <그림 2>와 같이 미국 행정학의 발달단계를 4단계로 구분하고 각 시기마다 행정이론과 조직이론이 어떻게 변화해 왔는지를 살펴본다.

〈그림 2〉　행정학의 발전단계

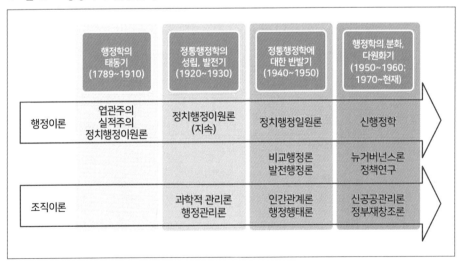

2절 행정학의 태동기

미국은 영국 및 유럽 각지에서 절대군주의 종교박해를 피해 이주해 온 이민자들이 세운 나라이다. 1789년 건국 당시 미국인들은 국가의 절대적 권위에 비판적이었으며 사회 전 영역에 있어 가급적 국가의 개입을 최소화해야 한다는 인식을 가지고 있었다. 따라서 미국 행정은 근본적으로 무국가성(statelessness) 혹은 약한 국가성을 전제로 발전하였다. 또한, 사회가 강력한 국가에 의하여 지배되기보다는, 여러 독립적인 이익집단이나 자발적 결사체들 간의 경쟁 및 협력에 의하여 운영되는 것이 바람직하다고 보는 다원주의(pluralism) 사상이 미국 행정이론의 기초라고 볼 수 있다(Waldo, 1980; Dunleavy, 1982: 218).

그러나 자유주의 정치철학의 이념에 따라 최소의 행정이 최선의 정부(Government is best which governs least)라 믿었던 제퍼슨주의(Thoreau, 1966: 224)[1] 하에서의 엽관주의가 심각한 문제를 야기하였다. 이에 따라 행정의 정치적 중립과 효율성을 높이기 위한 제도와 행정이론이 출현하게 되었다.

1. 엽관주의의 등장과 폐해

미국은 건국 당시 북부 상공업자 계층을 중심으로 한 연방주의자와 남부 농장·지주 세력을 중심으로 한 분리주의자 간의 이해관계 대립으로 심각한 갈등이 존재하였다. 초대 대통령으로 취임한 George Washington은 초기에 공직에의 적격

---

1) 대표적인 연방주의자인 Hamilton은 미국이 정치적·군사적으로 강국이 되기를 원했고 공공선(public good)의 실현이라는 국가목적 달성을 위한 강력한 중앙정부의 필요성을 역설하면서 능동적인 행정을 주장하였다. 이에 반해 분리주의자인 Jefferson은 정부가 존속하는 유일한 목적은 일반국민(grass root)의 행복 증진이며, 이를 위해 개인의 권리와 자유가 극대화되어야 함을 주장하면서, '최소의 정부가 최선의 정부'이므로 정부를 제한하는 것이 민주주의 달성을 위해 필요하다고 보았다(오석홍, 2013: 532; 이종수 외, 2014: 58).

여부를 바탕으로 인사정책을 펼쳤으나, 집권 후반기에 접어들면서 정책갈등 해소를 위하여 자신과 정치적 신념을 공유하는 연방주의자들로 정부를 구성하였다(Rosenbloom, 2014: 33).

이러한 경향은 Andrew Jackson이 미국의 제11대 대통령으로 당선된 이후에 더욱 강화되었다. Jackson 대통령은 자기 세력을 끌어들이기 위하여 국민과의 약속을 실현한다는 명분하에, 공무원 직위의 25%를 경질하고, 행정조직을 재편하여 자신을 지지하는 인사들을 주요 공직에 임명하였다. 이는 실제로는 자신의 지지기반을 확보하기 위해서였다. 이처럼 잭슨 대통령은 "승자에게 전리품(戰利品)이 귀속된다"는 사상, 즉 집권정당의 추종자들을 정당활동에 대한 공헌도에 따라 정치적 보상으로서 공직에 임명해야 한다는 원리인 엽관주의(spoils system)를 적극 수용하였다. 본래 엽관주의는 집권당에 충성하는 자들에게 공직을 부여함으로써 정부 내의 단결과 응집을 도모하는 한편, 공직자의 교체를 통해 기준에 미달되는 자를 정기적으로 퇴출하고 공직을 국민들에게 개방함으로써 공무담임의 기회를 보다 많은 사람에게 제공할 수 있다는 취지에서 도입되었다. 이에 잭슨 대통령은 기존에 동부 상류계층이 독점하고 있었던 관직을 서부 개척민을 포함한 일반 대중들에게도 개방하기 위해 "민주주의의 실천적인 정치 원리"로 엽관주의를 채택하고 인사행정의 공식적인 기본원칙으로 도입하였다(Rosenbloom, 2014: 43-49).

그러나 1850년대를 전후하여 엽관주의의 폐해에 대한 비판이 제기되기 시작하였다. 전문성이 부족한 정당인이 공직에 채용되면서 행정의 비효율이 초래되고, 정당에 대한 충성도를 기준으로 공직을 배분하는 방식이 정치적인 부정부패를 야기한다는 것이었다. 19세기부터 미국은 산업화·도시화가 진전되고 급속한 경제성장과 국제적 지위의 향상으로 새로운 정치·사회적 문제들에 직면하게 되면서 행정영역에서 다루어야 할 문제들도 다양해지고 복잡한 양상을 띠게 되었다. 그러나 전문성이 부족한 정당인이 채용되어 정부운영은 비효율적이었고 정경유착과 보스중심의 정당정치로 부패가 만연했으며, 국민들의 요구에 제대로 대응하지 못하여 공공서비스의 질도 낮은 수준에 머물러 있었다. 특히, 엽관주의로 인한 폐해가 매우 심각하였다. 당시에는 부패한 정당정치가 엽관주의를 통해 행정에도 막대한 영향력을 행사하고 있었다. 이로 인해 행정부는 무능하고 비효율적이라는 비판을 받게 되었다.[2)]

2. 실적주의의 대두

엽관주의의 폐해를 어떻게 개선할 것인가에 대해, 정당이나 시민단체, 일반국민 여론 간의 합의가 이루어지지 못함에 따라 개혁 논의는 상당기간 표류하게 되었다. 이러한 상황 속에서 1881년 외교관 자리를 기대했으나 얻지 못한 Charles Guiteau가 James Garfield 대통령을 암살하는 사건이 발생했고, 이 사건을 계기로 엽관주의를 개혁하려는 움직임이 본격적으로 시작되었다(Weir, 2013: 32). 이에 행정의 질을 제고하고 부정부패를 해소하기 위하여 공직개혁운동과 진보주의운동이 시작되었고, 그 결과 1883년 펜들턴법(Pendleton Civil Service Act)이라는 공무원 임용법이 제정되었다[3]. 동 법은 정치적 중립과 인사제도의 실적주의를 확립하고 전문성 확보를 위한 실무지식을 확인하기 위해 공무원 채용시험제도를 도입하였으며, 공무원 인사관리를 위한 초당적 위원회를 설치하는 등 행정의 정치적 중립과 인사제도에 있어서의 실적주의(merit system) 확립을 골자로 하는 것이었다(Boyer, 2007: 457).

실적주의란 공무원 개개인의 임용결정이 각자의 성취도나 능력, 자격 등 실적(merit) 수준에 따라 이루어져야 한다는 원칙이다. 이를 통해 공직수행의 조건과 보상이 공무의 지속성과 공무원의 역량 향상에 기여할 수 있도록 함으로써 행정의 민주성과 형평성을 추구하고 공무원의 권익을 보호할 수 있다(오석홍, 2013: 535; Nigro & Nigro, 2006: 26). 펜들턴법 제정 후 개혁 초기에는 공무원의 90% 정도가 여전히 친분에 의해 임명·해고되었으나, 개혁 20여 년 후에는 전 공무원의 60% 이상이 실적주의에 의해 관리되는 등 실적주의(merit system)가 점차 정착되었다(유민봉·임도빈, 2007: 55-59).[4]

---

2) 제7장 행정윤리 232, 읽을거리 "공공부문의 부패, 트위드의 교훈" 참조.
3) 펜들턴법(The Pendleton Civil Service Act)은 공무원 제도개혁위원회의 당시 위원장이었던 펜들턴(Gorge H. Pendleton)의 이름을 딴 것이다. 펜들턴법은 공무원 임용의 정치적 중립을 담보하기 위한 방안으로 독립기관 설치(인사위원회), 공개시험제 확립, 공무원의 정치운동 및 정당자금(patronage) 제공금지를 명시하고 있다.
4) 실적주의의 확립은 미국의 공무원 임용기준에 정치활동을 금지하는 해치법(Hatch Act) 제정에도 기여하였다(Hays & Reevees, 1984: 1-6).

3. 행정학의 태동: 정치·행정이원론

실적주의 확립과 더불어 미국 행정학의 탄생과 성장을 촉진하는 데 기여한 또 다른 요인으로는 1870년대부터 시작된 지방정부 개혁운동인 시정개혁운동(municipal reform movement)을 들 수 있다. 1894년 결성된 전국도시연맹과 1906년 설립된 뉴욕시정연구소(New York Bureau of Municipal Research)는 시정개혁운동을 전개하는 과정에서 핵심 역할을 수행하였다(이종수 외, 2014: 59). 특히 뉴욕시정연구소는 좋은 정부 구현을 위해 행정업무에서 능률(efficiency)과 절약(economy)을 실천할 수 있는 과학적 방안을 개발하여 다른 도시에 전파함으로써 낭비와 부정부패를 척결하는데 주도적 역할을 하였다. 무엇보다 공공사업의 지속성을 위해 비당파성과 비정치성을 강조한 점이 행정학사에 큰 기여라고 볼 수 있다(Hopkins, 1912: 244). 시정개혁운동의 방향을 설정하는 데 영향을 미친 Goodnow는 국가의 의지를 표명하고 정책을 구현하는 것이 바로 정치이며, 이를 실행하는 것이 바로 행정이라고 하여 정치·행정이원론을 체계화하였다(Goodnow, 2017: 18).[5] 이로써 행정학이 학문적으로 성장할 수 있는 계기가 마련되었다.

Wilson도 1887년에 집필한 *The Study of Administration*을 통해 정치·행정이원론을 주창하였다. Wilson의 연구는 정당정치가 행정의 과정에 개입하지 못하도록 함으로써, 행정의 효율성을 제고하고 나아가 행정이 전문성을 갖출 수 있도록 목표를 설정하였다. Wilson의 정치·행정이원론에 따르면, 행정과 정치의 영역은 그 본질이 다르기 때문에 서로 분리되어야 하며 행정은 효율성과 전문성을 추구하는 기술적·관리적인 영역이다. 즉 정치가 선거활동이자 의회에 의한 입법활동으로서 정부활동에 대한 폭 넓은 계획을 수립하는 것이라면, 행정이란 정치부문에서 결정한 내용을 구체적으로 집행하는 것이라고 보았다. 따라서 Wilson에 의하면 행정의 본질은 관리이고, 행정학 연구의 목적은 정부가 성공적으로 할 수 있는 일은 무

---

5) 미국정치학회의 초대 회장 Goodnow는 「정치와 행정(*Politics and Administration*)」(1900)에서 정치와 행정을 '국가의 의지 표현과 그 의지의 집행'(expression of the state and the execution of the will)으로 표현함으로써(Shafritz & Hyde, 1987: 1–3) 정치·행정이원론을 주장하였다.

엇이며 그 일을 어떻게 가장 효율적으로 실행할 수 있는지를 모색하는 것이라고 할 수 있다. 행정학이 성립되기 이전의 행정은 정치학의 한 부분으로 간주되었으나, Wilson의 연구 이후에는 행정과 정치의 분리 필요성이 제기되었고 이 과정에서 행정학의 독자성 문제가 논의되기 시작했다.

　　정치·행정이원론의 주요 내용을 요약하면 다음과 같다. 첫째, 정치·행정이원론은 정치와 행정을 비교적 명확하게 구별한다. 특히, 행정에 대한 정치의 개입을 배제할 것을 강조한다. 즉, 행정이 당파적 이익에 따라 좌우되는 것을 시정하고, 정치적으로 중립적인 행정집행이 가능하게 하고자 한다. 둘째, 정치·행정이원론은 행정을 정책의 효율적 집행이라 파악한다. 정치·행정이원론의 관점에서 행정은 전문적이고 효율적인 관리를 가능하게 하는 기술로 인식된다. 셋째, 정치·행정이원론은 1880년대에 횡행하던 엽관주의를 극복하고, 미국 연방의 공무원 임용법인 펜들턴법의 통과와 함께 직업 공무원제와 실적제도가 확립되는 데 기여하였다.

　　이러한 정치·행정이원론은 현대적인 공무원 제도를 확립하는 기초이론을 제공하고 독립된 학문으로서의 행정학을 정립하는 기반을 마련하였다는 의의가 있다. 또 행정의 정치적 중립을 강조함으로써 부패 및 행정의 비효율과 낭비를 방지할 수 있는 관료제의 발전에 기여하였다는 평가를 받는다(Wilson, 1887). 그러나 정치·행정 이원론 이후 행정학의 관심을 조직과 관리문제에 집중시킴으로써 행정의 본질을 약화시켰다는 비판을 받게 된다.

3절　정통행정학의 성립·발전기

　　1900년대 초부터 정치·행정이원론을 토대로 행정활동의 고유영역을 규정하는 과학적 원리와 합리적인 관리기법의 탐구가 본격화되면서 정통행정학이 성립되었다. 이는 민간부문의 조직관리기법을 행정에 적용하려는 노력으로 볼 수 있다. 다음에서는 정통행정학 정립에 영향을 준 대표적인 이론으로 과학적 관리론과 행정관리론을 살펴본다.

1. 과학적 관리론

과학적 관리란 과업관리(task management)를 과학적으로 수행함으로써 생산성을 높일 수 있다는 이론으로, 정통행정학의 기초이론을 형성하는데 기여하였다. 과학적 관리론은 Taylor가 1911년에 집필한 『과학적 관리의 원리(*Principles of Scientific management*)』이후 논의가 확산되었으며, 20세기 전후 과학적 관리운동으로 확산되면서 미국 사회에 지대한 영향을 준 이론이다. 경영의 기본원칙은 고용주들의 최대 수익을 확보하는 것으로, 과학적 관리의 핵심은 주어진 작업을 달성하는데 최선의 방법이 존재한다는 가정 하에, 가장 빠르고 효과적이고 피로감이 적은 방식을 통해 생산력을 향상시키는 것이다(Taylor, 2012; Guy · Rubin, 2015: 86).

인구가 팽창하고 산업화가 급속히 진행되던 1900년대 초, 미국 제조업체들의 제품생산 및 인사체계는 상당히 조악한 수준이었다. 예컨대 작업장에서 일하는 근로자들은 각자의 취향에 따라 각각 다른 도구를 구입하여 사용하였으며, 기계속도는 그 업체의 일선 감독자가 마음대로 조정하였다. 훈련 역시 조직적이지 못하여 전임자가 하던 일을 현장에서 직접 보고 배우는 정도에 불과하였고, 감독자가 인사권을 전담하여 채용 · 해고하는 등 노동자들에 대한 부당한 횡포가 심하였다. 또한 일을 어떻게 처리하고 타부서의 업무와 어떻게 연계할 것인지를 현장에서 직접 결정하였으며, 사무업무와 생산업무가 혼재되어 있었다(Greif, 1991: 320).

이와 같은 배경에서 Taylor는 공장노동자의 능률향상을 위한 현장연구에서 시작하여 기업경영의 능률화를 위한 과학적 관리를 주장하였다. '시간과 동작연구'(time and motion study)[6]에서 볼 수 있듯이 Taylor의 과학적 관리론은 생산성을

---

6) 미국의 조직경영분야에서 어떻게 하면 시간을 효율적으로 쓸 것인지에 관한 수많은 연구를 촉발시킨 테일러는 조직관리자들이 주먹구구식 작업관리방식에서 벗어나 과학적 관리(scientific management) 기법에 근거한 정밀한 작업시간관리를 하도록 제안하였다(Taylor, 1947: 30−31). 과학적 관리론의 기본원칙은 다음의 네 가지로 정리된다. 첫째, 경영진은 노동자들의 능력을 파악하고, '시간과 동작연구'(time and motion study)를 통하여 과업을 달성하기 위한 최선의 방법(the one best way)을 모색해야 한다. 둘째, 각 업무가 요구하는 육체적, 정신적, 심리적 특성에 따라서 노동자들을 과학적으로 선발하여야 한다. 셋째, 노동자들의 동기부여를 위하여 생산성에 따른 금전적인 혜택을 주어야 한다. 넷째, 경영진들이 업무 절차와 작업의 진행상황에 대하여 더 많은 책임을 지도록 작업이 재분배되어야 한다.

향상시키기 위한 방법으로 작업을 분업화하는 데에 중점을 두었다. Taylor는 이성적인 근로자라면 자기의 수입을 최대로 확보하려 할 것이고, 그 최대 수입은 그 사람의 신체적 능력에 따라서 결정된다고 믿었다. 그의 '시간·동작 연구'는 해당 과업의 숙련자를 대상으로 작업에 필요한 기본동작과 소요되는 시간을 측정하여, 느리고 쓸모없는 운동을 모두 제거한 최선의 작업방법(a single best method)을 고안하는 것이다(Hassan, 2003: 33). 따라서 경영자의 임무는 '일정 시간길이'를 고려하여 설비투자액, 근로자, 원자재 등의 생산요소를 최적 결합한 후 이를 상품으로 전환하여 시장에서 파는 것이다. 즉, 시간은 객관적으로 측정될 수 있기 때문에 통제 및 관리 가능한 자원의 하나이고(Ancona et al, 2001: 515), 시간의 소유권자와 비소유권자가 있음을 전제로 하며(Blyton, 1989), 경영자는 시간의 소유자인 노동자로부터 시간을 구매하여 이를 통제한다는 발상에 기초하고 있다.

Taylor는 과학적 관찰과 분석을 통해 발견한 최선의 관리원칙을 지키는 것이 과학적 관리라고 생각했다. 그는 노동자들의 작업태도나 근무규율의 준수, 공·사 구분의식 등을 근본적으로 개혁시킴으로써 고도성장 이후 미국에 만연한 불경기를 극복할 수 있다고 주장하였다(Taylor, 1947). 이러한 과학적 관리론의 기법들은 헨리 포드에 의해 조립식 공정(Assembly line) 생산방식에 적용되기도 하였으며,[7] 이후 정통행정학의 성립과정과 효율을 강조하는 조직이론 발전에 중요한 토대가 되었다.

2. 행정관리론

1910년 이후 정치·행정이원론에 기반하여 행정활동 고유의 영역에 적용되는 과학적 원리와 합리적인 관리기법 연구가 본격화되었다. Gulick, Urwick, Fayol 등 행정관리학파(Administrative management school) 학자들은 자연과학 분야의 엄정한 과학성을 행정조직연구에 도입하고자 하였다. 이들은 미국의 기업경영에 적용되던 과학적 관리법을 행정에 적용하려 노력하였고, 이에 행정에서의 조직관리층이 준수해야 할 경영관리의 원리(principles of administration)가 태동하게 되었다.

---

7) 이러한 관점은 지금까지도 조직에 대한 경영관리기법(Operations Research, Just in time management) 연구로 이어지고 있다.

　　행정관리론의 선구자는 프랑스의 광산회사 경영자 Fayol로, 그는『산업경영의 일반원칙』(1916)을 통해 관리활동의 중요성과 일반원칙을 제시하였다. Fayol의 책이 영미학계에 소개된 이래, 최초의 행정학 교과서인 White의『행정연구입문』(1926)과 Willoughby의『행정의 원리』(1927)에 반영되어 정통행정학을 구축하였다. 이후 Gulick과 Urwick은 1937년에 집필한「행정과학논집」을 통해 조직관리의 원리와 기준을 제시함으로써 정통행정학의 집대성을 이루었다(Gulick & Urwick, 1937). 행정관리론자들은 관료제 조직의 최고관리층이 조직을 설계하고 관리하는데 필요한 원리를 제시하고자, 능률을 기본가치로 설정하고 조직단위들의 구조적 관계와 분업, 관리기능의 유형과 관리과정 등 조직에 관한 원리들을 발전시키는데 주력하였다. 행정관리론은 크게 두 가지 계보로 발전하였는데, 과학적 관리법의 논의를 직접적으로 받아들이고 있는 '사무관리론'과 조직의 능률적 관리를 위해 공통적으로 적용될 수 있는 조직원리를 탐구하는 '조직관리론'으로 분화되어 발전하였다(이종수 외, 2012: 105).

　　과학적 관리론과 행정관리론은 정치와 행정의 성격을 이질적인 것으로 보는 고전이론의 입장에 기반하여 생산의 능률성 향상을 목표로 하였다는 점에서 유사하다. 그러나 과학적 관리론이 근로자의 작업방식과 의식의 변화를 통해 목표를 달성하고자 했던 것과 달리, 행정관리론은 관리자의 관리방식을 개선함으로써 조직의 목표달성을 향상시키고자 하는 차이가 있다. 이러한 과학적 관리론과 행정관리론은 '절약과 능률' 개념을 등장시킴으로써 좋은 정부의 행정가치를 제시했다는 의의가 있다. 이로써 1920년대에서 30년대 미국 행정학은 정치·행정이원론과 관리과학적 성격을 특징으로 하는 정통행정학을 정립하게 되었다.

4절　정통행정학에 대한 비판기

　　정통행정학에 대한 비판은 1929년 대공황 이후 정부역할의 확대과정에서 형성되기 시작하였다. 경제 대공황과 제2차 세계대전 등 일련의 상황을 거치면서 미국의 관료조직 규모와 기능은 급속히 팽창하였고, 이러한 과정에서 정통행정학이 가정하고 있는 기본 전제들은 비판에 직면하게 되었다[8]. 이에 따라 1940년대는 정통행정학에 대한 성찰과 새로운 관심의 시대가 전개되었는데, 그 초점은 정치·행정이원론과 가치중립적 가치관 그리고 행정원리의 보편성과 과학성에 대한 비판으로 집중되었다.

입법과정에서 행정의 영향력 확대와 정치·행정이원론이 현실의 행정실태를 설명하기에는 한계가 있다는 비판에 직면하면서 정치·행정일원론이 대두되었다. 이에 따라 정치·행정이원론에 기반하여 행정의 가치중립적 원리를 탐구하던 행정관리론은 비과학적이라는 불신을 받게 되고, 행정이론의 과학화를 추구하는 논의들이 등장하게 된다. 인간관계론, 행정행태론, 행정국가론, 비교·발전행정론은 정통행정학을 각기 다른 시각에서 비판하고 대안을 제시하고 있으나 행정학의 과학성을 높임으로써 일반화된 행정이론을 개발하고자 하는 노력의 일환으로 대두되었다는 공통점이 있다.

1. 정치·행정일원론

경제대공황과 제2차 세계대전 이후, 국내외 문제해결을 위한 미국 정부의 역할이 확대됨에 따라 행정이 정책의 단순 집행역할을 한다는 가정은 비판받게 되었다. Roosevelt 행정부는 문제적 상황을 극복하는 과정에서 뉴딜정책 등 적극적 역할을 수행하였고, 현실의 요구에 대응하는 과정에서 행정부와 입법부의 권력관계가 변화하였다. 즉, 행정의 복잡화로 인해 위임입법이 증가하여 행정부가 실질적인 정책내용을 좌우하는 경우가 증가하는 등 행정부의 정책형성기능 및 집행상의 재량권이 확대되었다. 이에 따라 정통행정학의 토대가 되었던 정치·행정이원론의 현실적합성 문제 그리고 행정의 본질이 무엇인가에 대한 문제가 제기되었고, 정치와

---

8) 정통행정학의 기본 전제들은 다음과 같다(이종수 외, 2014: 153). 우선 인간과 조직은 합리적이고 경제원칙에 따라 행동한다. 조직은 목표달성을 위한 합리적이고 기계적인 장치로, 경제적 목표를 달성하기 위해 존재한다. 경제적 목표는 생산을 극대화하는 것으로 분업의 원리 등 과학적 방법을 발견하고 적용함으로써 달성할 수 있다.

행정을 상호 간의 긴밀한 관계성 속에서 파악하는 정치·행정일원론이 대두되었다 (Appleby, 1949). 정치·행정일원론의 대표연구자 Appleby는 『거대한 민주주의(*Big Democracy*)』에서 현실에서 행정과 정치의 관계는 연속적, 순환적, 정합적이기에 실제 정책형성 과정에서 정치와 행정을 구분하는 것은 적절하지 않고 결합적 관계를 형성해야 한다고 주장하였다(Appleby, 1945).

정치·행정일원론에서 "행정"(administration)은 정책결정을 포함하는 광범위한 개념으로 다뤄진다. 정치가 정책결정을, 행정이 정책집행을 수행한다는 기존의 믿음과 달리 현실적으로는 정부 관료들에 의해 정책이 형성된다고 지적함으로써, 행정의 정책형성 기능을 강조한다. 입법부와 사법부가 미래를 위한 정책들을 만들기는 하지만 독점적이지는 않은데 행정부는 그 미래를 위한 규칙들과 법이 현실적으로 어떻게 적용될 수 있는가 등에 있어 끊임없이 결정해야 하는 상황에 놓이기 때문이다. 또한, 정치·행정일원론은 행정이 정치적 특성을 지님으로써 정치와 공통의 속성이 존재함을 강조한다. "경영"(management)은 정책결정과 집행이 혼합되어 있음을 의미하지만, 공행정과 사행정 사이의 가장 큰 차이는 공행정의 정치적 성격에 기인한다. 사행정에서의 정책결정은 수요−공급의 법칙이나 경쟁 등에 영향을 받는데 반해 공행정에서의 정책결정은 항상 정치적 결정을 요하고 정치적 상황에 이르게 된다(Appleby, 1949: 6-25). 따라서 정치·행정일원론에서 강조하는 정치는 당파적인 측면의 의미라기보다 정책결정에 초점을 두고 있다.

2. 인간관계론

과학적 관리론은 능률적 생산기술과 지식체계를 확립함으로써 산업조직에 획기적 변화를 가져왔지만 인간을 합리적 도구로 가정하고 기계적 원리(mechanistic principles)에 기반하여 조직을 관리함으로써 자발적 생산성을 저하시켰다는 비판을 받게 되었다. 특히 노동자의 근무환경과 복지 대신 생산성 향상에만 관심을 보여 비인간적이라는 오명을 쓰게 되었다(정정길, 2006).

이에 대한 반성으로 인간관계론(human relations school)이 새롭게 각광을 받게 되었다. 인간관계론은 미국의 Elton Mayo가 이끄는 연구팀이 호손(Hawthorne)공장에서 1927년부터 1932년까지 수행한 실험을 계기로 독자적인 학파로 인정받게 되었다. 연구자들은 Taylor의 과학적 관리법에 따라 시행된 전등의 밝기가 작업장 근로자들의 생산성 향상에 미치는 영향을 연구하기 위해 피실험자들의 작업행태 변화를 관찰하였다. 그 결과 작업장 전등이 밝아질수록 생산성이 더 높아지는 것을 발견하였으나 연구가 종결된 이후에는 그 효과가 사라짐에 따라, 조명의 밝기와 노동 생산성 사이에 지속성이 없음을 알게 되었다. 후속연구에서 Elton Mayo(1946)는 전등 밝기가 생산성을 증가시킨 것이 아니라, 실험자들이 보인 호의의 관심이 피실험자들의 행태에 영향을 미치고 있음을 밝혀냈다. 즉, 생산성 향상에 있어 종업원들의 감정적 요인이 중요하게 작용하고 있음을 보여줌으로써, 관리적 사고에 변화를 가져오게 되었다(Roethlisberger and Dickson, 1939).

호손실험(Hawthorne Experiments)

호손실험은 미국 시카고에 있는 벨(Bell) 전화기 제조사인 Western Electric Company의 호손공장에서 5개년(1927−1932)에 걸쳐 종업원을 대상으로 행해진 인간관계에 관한 임상실험이다. 호손실험은 조도가 생산성에 미치는 영향을 실험한 조명실험(1924), 작업시간, 간식제공 등 작업조건의 변화에 따른 생산성을 연구한 계전기 조립작업 실험(1927−1929), 공장의 관리방식 개선을 위해 종업원을 인터뷰한 면접실험(1928−1930), 집단구성의 과정과 행동 특징을 조사하기 위한 배전기권선작업 관찰 실험의 단계로 진행되었다(Mayo, 1946: 53−56).

호손실험에서 얻은 중요한 발견을 요약하면 다음과 같다. 첫째, 생산능률은 종업원의 사회적·심리적 요인들의 영향을 받는다. 다시 말해 물리적 작업환경이나 조건, 작업의 난이도보다 종업원이 자신의 직업, 동료와 상사 그리고 회사 전체에 갖는 태도와 감정이 작업의 생산능률에 미치는 영향이 크다는 것이다. 계전기 조립작업 실험에서 나타난 생산성 향상은 물리적 작업환경보다 인정에 대한 충성 등 심리적 요인의 영향이 컸다. 둘째, 비경제적 보상과 처벌들은 종업원의 감정과 직업 만족도의 수준을 결정하는데 중요하게 작동한다. 셋째, 이와 같은 태도와 감정은 작업장 분위기와 밀접한 관련이 있으며, 생산성은 조직의 팀워크와 협동 정도 그리고 감독자의 관심과 연관되어 있다. 넷째, '비공식적 집단'(informal organization)의 중요성으로, 과학적 관리론자들에게는 인정받지 못했던 비공식 집단은 집단규범을 만들어 구성원의 태도와 작업상 행동에 결정적인 영향을 미쳤다. 배전기 권선작업 관찰결과, 신념이나 감정을 기초로 하는 자생적 조직이 형성되고 있었으며, 작업장 내에 비공식 조직이 만들어낸 행동기준과 규율이 강력하게 작동하고 있었다. 다섯째, '인간은 왜 일하는 가?'라는 기본적인 물음과 관련하여, 과학적 관리론의 '경제인'에서 인간은 사회적 욕구를 강하게 지니고 있다는 '사회인'으로의 전환을 가져왔다.

그러나 호손실험은 다음의 한계들로 비판받고 있다. 우선, 조사방법론이 비과학적이며, 충분한 양의 자료에 근거하여 결론을 도출한 것이 아님에도 불구하고 연구결과를 지나치게 일반화하는 경향이 있다. 둘째, 환경적 요인들에 대한 고려가 부족하며, 인간의 특정한 면만을 부각해서 보는 반면, 합리적 '경제인'의 가정에 대해서는 지나치게 부정적이다. 셋째, 비공식조직을 지나치게 강조함으로써 공식조직에 대한 관심이 희박하다. 넷째, 인간관계를 조직과 환경과의 조화 및 변화관계의 측면에서 다루기보다, 조직 및 구성원의 내재적인 측면에만 초점을 두고 있다. 조직의 목표는 전적으로 내적 요인에 의해서 달성된다고 가정함으로써, 조직의 외적환경에 대한 적응과 변화에 대한 전략을 수립할 수 없었다. 다섯째, 조직 내 구성원 간 협동과 원활한 관계를 강조함으로써, 갈등에 대한 건설적 대응방법과 갈등의 긍정적 측면을 경시하고 있다. 여섯째, 조직과 구성원들을 서로 견제하는 관계로 인식함으로써 서로가 발전할 수 있는 선의의 경쟁관계로 작용하고 있음을 간과한다.

출처: Mayo, 1946.

호손실험을 통하여 근로자 간 인간관계라는 새로운 요소의 중요성이 대두되었고, 인간관계론이 조직이론의 중요한 학파 중 하나로 자리매김하는 계기가 되었다. 인간관계론은 사람들의 태도·가치관·감정 등의 사회심리적 요소들을 중시하는 이론으로서, 이들은 과학적 관리론의 인간에 대한 시각 그리고 이에 기반을 둔 동기유발에 대한 가정이 잘못되었음을 비판한다. 과학적 관리론은 인간을 본질적으로 게으르고 이기적인 존재로 설정하고, 당근과 채찍을 활용하여 일을 하도록 유인해야 한다고 주장하나, 인간의 동기유발은 화폐 이상의 다양한 욕구들에 영향을 받으며, 외적 환경뿐 아니라 내부적 요인에 의해서도 결정된다는 것이다. 다시 말해 근로자는 기계부품이 아니라 감정과 심리적 안정을 추구하는 인간이기 때문에 근로자 자신에 대한 인정감, 원만한 동료 관계 및 소속감, 소집단의 중요성 등이 작업능률 향상에 기여하는 요인이라는 것이다.

인간관계론이 주는 시사점은 노동의 생산성이 근로자의 만족도에 따라 좌우될 수 있다는 점이다. 즉 생산성은 개인의 생리적 능력만이 아니라 작업집단의 비공식적 · 사회적 패턴, 집단적 규범 등 비경제적인 요소들에 의해서도 영향을 받으므로, 조직구성원들의 활발한 의사소통 및 의사결정에의 참여가 생산과정에서 중요한 의미를 갖게 되는 것이다. 이러한 인간관계론은 조직구성원의 내면 심리에 대한 관리기법 등 인간행동을 설명하는 풍부한 지식의 축적을 통해 조직이론의 발전에 기여하였다(Roethlisberger & Dickson, 1939).

3. 정통행정원리에 대한 비판

정치 · 행정이원론의 비현실성이 부각되면서, 이원론을 전제로 가치중립적인 원리를 탐구했던 행정관리론에 대한 비판이 제기되었다. Simon은 행정관리론이 제시한 '과학적' 원리들이 짐작이나 격언(proverb) 또는 기술(art)에 불과하며 과학(Science)이라 볼 수 없음을(Simon, 1951: 20), Waldo는 행정학에 참다운 원리가 없다고 비판하였다(Waldo, 2007: 163). 이들은 행정원리의 보편성과 과학성에 의문을 제기한 것이나, 그 비판과 대안은 서로 다른 방향으로 발전하였다.

1) Simon의 행정행태론

Simon의 행태과학은 행정관리론이 주장하는 관리의 원리(principles of administration)에 대한 비판으로 등장하였다. 그는 정통행정학이 마치 격언(proverb)처럼 관리의 원리들을 제시하지만, 개선안을 채택할 때 어느 것이 적절한지 알려주는 과학적 타당성은 제공하지 못한다고 비판하였다(Simon, 1951: 20-21). Simon은 행정관리론이 제시하는 행정원리, 즉 전문화 원리, 명령 통일의 원리, 통솔 범위의 원리 등이 상호 모순되고 있으며,[9] POSDCORB 또한 고려되어야 할 여러 상황들을 배제한 채 상황에 따라 관리의 문제를 진단하고 기술하는 수준에 불과하다고 비판하였다. 따라서 Simon은 가치와 사실을 구분하고, 보다 과학적인 방법을 활용하며, 기준에 따른 상황분석, 의사결정, 상호 모순되는 경우 중점을 두어야 하는 비중 제시에 관한 연구가 필요하다고 강조하였다(Simon, 1951: 20-60, 73).

Simon(1951)은 *Administrative Behavior*에서 조직 내 인간의 행태와 의사결정 과정을 경험적 조사방법으로 분석함으로써 행정학 분야의 행태론 정립에 기여하였다. 행태론의 주요 내용은 다음과 같다.

첫째, Simon은 행정현상의 핵심을 조직에 속한 개인의 의사결정 행태로 보고, 행정이론이 올바른 의사결정을 위한 원리들을 제공해야 한다고 주장하였다. 그는 능률 향상을 위해 구조의 구성을 강조하는 과학적 관리론과 달리, 행정에 참여해서 영향을 미치는 인간의 동기와 행동을 중심으로 행정현상을 이해하고자 하였다. 이에 따라 행태론은 개인, 집단, 조직의 행태와 의사결정과정을 대상으로 인간행태를 이해하고 조직의 효과성을 높이는 관리지식을 제시함으로써 조직이론의 기초를 제공하고 있다.

둘째, 행태론은 가치중립성(value neutrality)을 추구한다. 이들은 가치(value)와 사실(fact)을 구분하고, 과학성을 높이기 위해서는 가치를 연구대상에서 제외해야 한다고 주장한다. Simon은 관찰 가능한 사실로부터 얻어낸 지식만이 과학성을 갖기에 가치판단이 배제된 행동만을 지식의 근거로 삼아야 한다는 것이다. 행정학은 정해진 목표를 달성하기 위한 최선의 방법을 찾아내고 실행하는 것이기 때문에 사실현상이지 당위적 판단(ought)을 내리는 가치 현상이나 윤리 현상이 아니라는 것이다.

셋째, 인간은 기억의 한계, 습관, 심리적 환경 등의 영향으로 인해 제한된 합리성에 근거한 행동을 하게 된다. 조직은 제한된 합리성을 가지고 있는 개인의 결정을 종합하기도 하지만, 개인의 행위에 제한을 가하기도 하면서 개인행동의 합리성

---

9) 대표적으로 명령 통일의 원리는 자발성이나 전문화의 원리와 모순된다. 이 내용 또한 후절에서 다룰 것이다.

을 제고하는 역할을 수행한다(Simon, 1997: 110-117).

넷째, 행태론은 보다 정확한 과학적 방법의 적용을 위해 계량적 접근이나 기법을 활용한다(정정길, 2006: 57). 이들은 인간행태의 규칙성을 경험적으로 관찰하고 가설을 검증함으로써 현상을 설명, 예측하는 이론을 개발한다. 따라서 자료의 신뢰성과 타당성 그리고 비교 가능성을 담보할 수 있는 기법으로 계량화를 추구하는 경향이 있다. 이러한 Simon의 연구는 행정학의 연구방법론, 조직론, 의사결정모형론을 발전시키는 계기가 되었다.

2) Waldo의 행정국가론

Simon을 중심으로 행정원리의 과학성에 대한 비판이 전개되던 시기에, Waldo는 행정관리론의 한계 그리고 실증주의자들이 강조하는 과학성 모두에 문제를 제기하였다. Waldo는 『행정국가론(*Administrative State*)』에서 Gulick이 제기한 효율성 개념을 비판하면서 정통행정학에 참다운 원리가 없다고 주장하였다(Waldo, 2007: 202). 그는 정통행정학의 효율성 추구는 기업행정의 가치가 행정에 여과 없이 유입된 것으로, 사기업 영역에서 개발된 관리이론을 공공부문에 적용할 경우, 심각한 문제가 야기될 수 있음을 비판하였다. 때문에 잘못된 가치체계를 수정하고 민주행정이론의 발전을 위해 목표로서의 민주성과 수단으로서의 효율성을 바람직하게 연계할 필요가 있다고 강조하였다(Waldo, 2007: 17). Waldo는 Dimock을 인용하면서 행정학의 새로운 가치로 사회적 효율성과 민주성 개념을 제시하고 있다. 정통행정학 시대에 중요한 가치로 여겨졌던 기계적 효율성(mechanical efficiency)은 금전적 측면의 효율성을 강조하는데 반해, 사회적 효율성(social efficiency)은 행정의 사회적 목적 실현, 다원적 이익들의 통합조정, 행정조직 구성원의 인간적 가치 실현 등을 추구하는 개념이다(Dimock, 1936: 116-133; Waldo, 2007: 197에서 재인용).

Waldo는 가치와 사실의 구분을 전제로, 행정학이 사실의 영역만을 연구해야 한다고 주장한 실증주의에 대해서도 비판하였다. 행정은 이미 가치가 개입된 이념적 성격으로, 가치문제가 배제된 과학성 위주의 행정학은 현실적이지도, 사회문제 해결을 위한 능력도 없다고 주장하였다(Waldo, 2007: 180). 인간이 자연질서 안에 존재한다는 점에서 일련의 행정문제를 과학적 방법으로 접근할 수는 있지만, 행정은

궁극적으로 무엇을 할 것인가라는 가치와 깊게 연결되어 있다는 것이다. Waldo는
행정이 추구해야 할 가치로 개인주의, 민주주의, 자유, 평등 그리고 평화 등을 제시
하고 있는데(Waldo, 2007: 71-73), 행정에서 가치문제에 대한 시각은 이후 가치와 윤
리문제를 부각하는 신행정학 논의의 기반이 된다.

4. 비교·발전행정

1950년대에는 Gaus와 Riggs 등을 중심으로 생태론적 접근방법10)을 활용하여
환경이 행정에 미치는 영향을 연구하였다. 정통행정학은 행정부를 둘러싼 정치경
제적 환경 내지 관료제 조직의 효율적 관리에 초점을 맞춰왔다. 그러나 국제정치
질서 속에서 미국의 위상이 점차 강화됨에 따라, 국내 환경과 조직에 국한되었던
연구 영역이 점차 확장되어 국제적 차원의 문제해결까지 포괄하게 되었다. 우선 제
2차 세계대전 이후 서구 국가들의 식민지들이 독립하게 되면서 미국과는 생태적 요
인을 달리하는 신생독립국에 미국식 행정을 적용하는데 한계가 있음이 드러나자,
미국 행정학이 보편적이고 과학적이라는 믿음에 의문이 제기되었다. 이에 신생독
립국의 행정체제에 영향을 미치는 맥락을 고려하여 어디에나 통용 가능한 과학적
행정이론을 구축하고자 비교행정론(comparative administration)이 연구되었고, 개발
도상국의 발전전략과 처방을 연구한 발전행정론(development administration)이 등장
하였다.

1) 비교행정론

비교행정이론은 각 나라의 행정을 비교분석함으로써 행정학의 과학성을 높이
고 보편적 행정이론을 개발하기 위한 노력으로 대두되었다. 제2차 세계대전 이후

---

10) 행정이 환경적 요인에 의해 영향을 받는다는 행정생태론(ecology)에 의하면 행정현상은
   행정을 둘러싸고 있는 환경과의 상호의존 속에서 이해되어야 한다. 예컨대 행정생태론자
   인 Gaus는 7가지 환경적 요소로서, 주민(people), 공간(place), 욕구와 이념(wishes and
   ideas), 사회적 기술(social technology), 물리적 기술(physical technology), 성격(personality),
   재난(catastrophe)을 들고 있다(Gaus, 1947: 8−9).

세계는 미·소 냉전이 확대되었고 강대국들은 진영 확대를 위해 신생국들을 포섭하는 경쟁을 벌였다. 이를 위해 선진 강대국들은 신생국이 자국의 행정조직이나 제도를 채택하도록 지원하였으나, 원조의 결과는 대부분 실패로 나타났다. 이에 따라 선진국의 행정이론과 제도에 대한 재검토와 함께, 신생국에서 서구적 행정이 실패하는 원인 규명에 대한 연구가 확대되었다. 이에, 신생국가들의 정치, 경제, 사회, 문화적 특성을 조사하고, 미국 행정환경과의 비교를 통한 행정이론 적용 가능성을 분석하는 연구가 시작되었다.

비교행정론의 대표 학자인 Riggs는 그동안 행정학이나 정치학에 이용되어 온 모형이 선진국을 대상으로 한 연구결과물이기 때문에, 그것을 발전도상국에 응용할 경우 실패의 가능성이 높음을 지적했다. 그는 인간사회가 전통적 농업사회(agraria)로부터 점차 고도로 전문화된 분화모형(diffracted model)인 현대 산업사회(industria)로 전환되어가는 것으로 보고, 농경국가도 산업국가도 아닌 개발도상국을 분석하기 위한 모형으로, '프리즘 모형'(Prismatic Model)을 제안하였다. 프리즘 모형은 전통적 사회를 연구하는 데 적합한 융합적 사회모형(fused society)과, 발전된 서구 공업사회를 분석하는 데 유용한 분화적 사회모형(refracted society)의 중간형이라 볼 수 있다. 즉, 전통사회에서는 벗어났으나 현대 산업사회로 진입하지 못한 전환기적 사회(transitional society)의 특성을 설명하고자 프리즘 모형을 설정한 것이다(Riggs, 1964: 30). Riggs는 이 모형을 통해 개발도상국의 특징을 밝혀내고자 했으며, 행정구조와 기능의 관계에 주목하여 과도기적 사회의 행정모형을 구축하고자 하였다.

이렇듯 비교행정은 여러 나라의 행정체제와 형태를 연구함으로써 시대를 초월할 수 있는 행정이론을 만들고자 한 학문적 노력이라 할 수 있다(정정길 외, 2006: 67). 그러나 환경을 강조한 나머지 행정의 독자성을 과소평가해 종속변수로 취급한 데에 문제가 있었다(이종수 외, 2012: 111). 비교행정론은 각국이 처한 현실적 행정환경을 이해하는 것이 중요함을 일깨워주는 동시에, 국가발전계획을 수립하고 이를 집행하는 과정에서 보다 행정의 역할을 강조하는 발전행정론(development administration)을 탄생시키는 이론적 토대로 작용하였다.

2) 발전행정론

발전행정은 행정이 환경의 영향을 받기도 하지만, 행정 자체의 독자성을 지니기 때문에 행정이 환경에 미치는 영향을 파악할 필요가 있다는 문제제기에서 시작되었다. 발전행정론은 신생국의 원조계획을 수립하는 과정에서 부분적으로 논의되었으나 이후 미·소의 '동서 냉전(cold war)' 시기에 급속하게 발전하였다. 제2차 세계대전을 전후하여 미국은 동남아 독립국가에 민주주의체제 우월성을 확보하고자 하였으나, 대상 국가들의 정치적 혼란과 군사 독재 등으로 인해 당초 소련에 비해 압도적 우위를 점하겠다는 미국의 목표는 기대 이하의 성과를 산출하였다. 이에 발전행정론은 먼저 원조를 받아들이는 신생국의 행정체제가 원조를 감당할 만한 역량을 갖추어야 함을 인식하고 행정기술을 기술원조 범주에 포함하여 전수하였다. 즉, 발전행정(administration of development)의 관리라는 목표를 달성하기 위해 이를 주도할 수 있는 현실적 원조전략을 개발하는 데 기여하였다. 리그스(F.W. Riggs), 와이드너(E.W.Weidner), 에스만(M.J. Esman) 등에 의해 전개된 발전행정론은 국가발전을 촉진하는 수단으로서 행정의 역할과 원조사업을 관리하기 위한 전략에 초점을 둠으로써 정책지향성을 갖게 되었다(Weidner, 1964: 199-200; 이종수, 2013: 111).

5절 행정학의 다원화기

정통행정학과 이에 대한 비판 및 대안적 관점들이 등장하면서 이론적 풍요를 누리게 된 행정학은, 미국의 경제적 번영과 불황, 다양한 정치·사회적 사건들의 발생 및 변화 양상에 따라 더욱 다양한 관점 및 접근방법들이 등장하게 되면서 백가쟁명(百家爭鳴)의 시기에 접어들게 되었다. 이러한 행정학의 다원화는 행정환경의 변화와 이론적 패러다임의 부재라는 배경에서 나타났다.

미국은 뉴딜정책과 제2차 세계대전을 거치면서 연방관료제가 급속히 팽창하였고, Johnson 대통령 시기 '위대한 사회(The Great Society)' 구현을 위한 사업시행으로 각종 사회복지제도가 신설되면서 연방정부의 역할과 규모는 괄목하게 증대되었다.

그러나 정부 역할이 급격하게 팽창함에 따라 민주주의 원리 훼손을 우려하는 목소리가 커졌고, 행정기관과 공무원의 책임성 확보, 정부의 사업성과 등에 있어 문제가 제기되었다. 이론적 측면으로는 연방정부 팽창에 대한 설명 그리고 바람직한 행정에 대한 길을 제시해줄 이론이 요구되기 시작하였다. 정치·행정이원론, 행정관리론 등은 이미 많은 비판으로 설명력을 잃었고, 정통행정학을 비판하면서 등장한 인간관계론, 정치·행정일원론 등은 거대한 정부에 대한 견제를 지지하는 근거를 제공하는데 한계가 있었다.

한편에서는 급증하는 정부 프로그램의 성과에 대한 관심 증가로 정책연구에 대한 붐이 일어났고, 정책결정의 영향범위가 넓어지고 그 중요성이 높아짐에 따라 바람직한 정책결정에 대한 요구가 증가하였다. 이러한 배경 아래 Lasswell(1951)이 발표한 "정책지향(The Policy Orientation)"에서 정책학이라는 용어가 사용되었고, 이후 정책에 필요한 지식과 정책과정의 합리성을 향상시키기 위한 정책연구가 행정학의 주요 연구분야로 자리잡게 되었다. 그러나 광범위해진 행정영역의 실제와 이론을 통합시킬 연구나 접근방법이 나타나지 않으면서 행정학은 주변 학문의 영향을 받아 다원화되기 시작하였다(오석홍, 2013: 16-17; 이종수 외, 2014: 63)

1. 신행정학

제2차 세계대전 이후, 미국은 베트남 전쟁에 대한 반전운동, 인종갈등과 소득불균등 심화, 도시폭동 등 많은 사회적 혼란을 경험하였다. 이러한 사회적 배경은 신행정론(New Public Administration)이 태동하는 현실적 계기를 제공하였다(Marini, 1971: 346-347). 당시 행정학은 미국이 베트남에서 전쟁을 수행해야 하는 명분과 근거에 대해서는 논의하지 않고, 단지 전쟁에서 승리할 수 있는 효율적인 국방행정관리기법을 제공하는 데에만 몰두하고 있었다. 또 빈곤과 실업 등 사회문제 해결을 위해 시행했던 프로그램들이 실패로 나타나게 되자, 정부에 대한 불신과 실망이 높아지고 새로운 행정에 대한 요구가 높아진 것이다. 신행정론은 기존의 행정이론들이 현실문제에 대한 치유능력을 결여하고 있다는 문제의식에서 출발하였다.

신행정학의 단초가 된 제1회 미노브룩 회의(Minnobrook Conference, 1968)[11])에서 젊은 소장학자들은 미국의 격동하는 사회상황과 기존 행정이론의 타당성을 분석하고 행정의 정체성 위기 문제를 제기하면서, 이에 대한 대안으로 사회적 형평성, 인본주의 철학, 적실성 있는 행정연구, 사회 변동에의 대응성 등을 강조하는 규범적 이론 중심의 새로운 방향을 제시하였다. 이처럼 신행정론은 소장 학자들과 실무자들이 전통적 행정이론의 적실성에 대한 문제제기로 새로운 관점과 방향을 모색하고자 한 운동으로 출발하였으나, 그 대안에 대한 접근방법과 관점은 광범위한 다양성을 띄고 있었다(Waldo, 1971). 신행정학이 지닌 이질성과 다양성 속에서 새로운 패러다임으로써의 본질은 가치와 윤리문제의 부각, 그리고 현실적합성 있는 행정의 방향이었다.

신행정학은 관료들이 단지 위로부터 주어진 정책목표를 가장 효율적인 방법으로 달성하는 것이 책임을 다하는 것이라는 명제에 대해 의문을 제기하였다. 가치와 윤리의 문제에 대한 고민 없이는 미국 사회가 당면한 사회적 문제들, 즉 부, 자원, 기회의 그릇된 분배와 이로부터 파생되는 사회적 형평성[12])(social equity)의 왜곡 및 인권유린 등을 해결할 수 없다는 인식이 널리 확산되었다. 따라서 신행정이론은 가치중립성을 표방한 행태이론이나 절차적 중립성을 강조한 전통행정학을 비판하고, 행정이론의 새로운 방향성으로 규범적 성격을 강조하였다. 신행정학은 행정의 역할이 사회·경제적으로 불리한 입장에 있는 계층에 대하여 보다 나은 행정서비스를 보다 많이 제공하는 것이라 보았다. 또한, 행정학이 당면한 현실문제의 해결에 중점을 두고 현실적합성(relevance) 있는 이론을 개발하여 행정학의 실천적 성격 회복을 위해 정책문제 지향적인 행정학이 되어야 한다고 주장하였다(Mosher, 1975:

---

11) 1968년 Waldo의 후원으로 개최된 미노우브룩(Minnowbrook) 회의에는 젊은 학자들과 실무가들이 참가하였으며, 논의된 주요 주제들은 ① 행정의 적실성, ② 후기 실증주의, ③ 급변하는 환경에의 적응, ④ 새로운 조직의 구조, ⑤ 고객을 중심으로 하는 조직 등이다 (Marini, 1971: 15). 즉 행정학은 논리실증주의로부터 벗어나, 현실에서 제기되는 사회문제에 적실성 있는 응답을 할 수 있어야 하며, 관료제 조직구조에 대한 대안의 모색과 더불어 고객중심의 행정이 되어야 한다는 것이다.

12) Frederickson은 절약과 능률을 중시하는 기존의 행정학 논의에서 형평성(equity)에 대한 고려가 이론적·실제적으로 간과되어 왔다고 주장하면서, 절약과 능률 외에 형평을 행정의 주요 가치기준으로 제시하는 사회적 형평성 이론을 제시하였다(Frederickson, 1990: 228).

161-165). 이러한 가치와 현실에 대한 견해를 통합하여, 신행정론자들은 정부의 사회적 목적과 관련된 가치로 사회적 형평을 강조한다. 때문에 행정연구는 취약 계층의 복지서비스 향상을 위한 역할 모색과 기여 방안 등(Frederickson, 1990: 228) 사회적 형평성을 실현시키기 위한 수단과 관리방안들을 개발하고 적용해야 함을 강조한다.

2. 신공공관리론

1970년대 두 차례의 석유파동으로 인플레이션과 경기침체가 가속화되면서 미국을 비롯한 선진국에서는 재정적자와 함께 과도하게 팽창된 정부부문의 비효율성이 해결되어야 할 과제로 부각되었다. 이에 국민들은 정부능력에 대한 불신감이 팽배해지면서 조세저항운동을 일으키고 행정학의 지배적 위치에 있던 관료제 패러다임은 심각한 도전에 직면하였다. 세계화 추세에 따른 국가경쟁력 강화에 대한 요구가 증가하였고,[13] 행정의 관리적 측면이 다시 강조되는 등, 일련의 위기과정에서 민간부문의 장점인 기업가적 사고와 경영기법을 도입하여 정부조직에 내재한 경직성을 완화함으로써 행정의 효율성을 제고할 수 있다는 신공공관리론(NPM: New Public Management)이 등장하였다(Hood, 1991: 3).

신공공관리론은 정부역할 축소와 시장기능 증대를 추구하는 신자유주의 이념을 기반으로, 정부조직의 계층제적 통제, 규정 및 절차 등이 정부의 비효율성을 초래한다고 비판한다. 여기서 신공공관리는 정부에 시장주의적인 경쟁 원리를 도입하고 기업가적 방식으로 정부를 운영하는 것으로, 중앙집권적 통제를 완화하고 기업가적 조직문화를 창출하며 고객에의 대응을 중시하는 고객중심주의 도입을 의미한다(정정길, 2006: 110-111). 시장주의는 신자유주의적 정신에 입각하여 기존의 독

---

13) 1973년과 1979년에 발생한 석유파동으로 인플레이션과 경기침체가 가속화되고 정부의 재정압박이 계속되었다. 이러한 국제정세에서 영국의 대처 정부(1979.5 – 1990.11)는 신자유주의(neo – liberalism) 이념에 기초하여 "작고 강한 정부"를 위한 일련의 개혁 프로그램, 소위 대처리즘(Thatcherism)을 시행하였다. 이에 따라 중앙정부가 시장질서의 수호자(the guardian image of the states)로 등장하여 관리의 효율성을 극대화하고 지방정부의 비효율성을 제거하기 위하여 정부지출 삭감, 공무원 인력 감축, 규제 완화, 민영화 등을 실시하였다.

점적 공공서비스 제공방식에 가격 메커니즘, 인센티브 및 경쟁원리 등의 시장 기제를 최대한 적용하려는 것이다. 관리주의는 정부에 민간부문의 경영기법을 도입하고, 계층적인 관료조직의 과도한 내부통제를 완화시켜 행정을 성과 위주로 운영하려는 시도이다. 나아가 정부 관료는 민간기업과 같이 공공부문의 기업가(CEO)가 되어 고객지향적 가치를 구현해야 한다는 것이다. 이를 통해 중앙집권적 통제를 완화하되 결과에 중점을 두며, 기업가적 조직문화를 창출함으로써, 효과적이고 시민의 요구에 대응적인(responsive) 정부를 구현할 수 있다고 주장한다.

이러한 배경 하에서 미국의 카터(Carter) 행정부는 공무원제도개혁법(Civil Service Act, 1978)을 통해 고위관리직(Senior Executive Service) 제도를 신설하고 새로운 근무성적평정제도 및 실적급제도(merit pay system)를 도입하는 등, 경쟁의 원리 및 민간경영기법을 도입하였다(Milakovich · Gordon 2003: 317-320). 또한 레이건(Reagen) 행정부는 민간경제의 활성화를 위해 정부경비 감축과 민간활동에 대한 정부개입을 축소함으로써 본격적인 신자유주의적 경제정책(Reaganomics, 레이거노믹스)을 추진하였다. 소득세법 간소화, 진입규제철폐, 한계세율 인하 등을 통해 정부활동에 대한 통제를 강화하고, 연방정부의 역할을 축소하는 대신 주정부와 지방정부의 역할과 책임을 증대시켰다. 또한 정부사업을 기업인의 시각에서 평가한 그레이스 위원회(Grace Commission)를 운영함으로써 정부부문의 비효율성을 지적하고 민간부문의 관리방법을 도입하여 능률성을 제고하도록 권고하였다. 작은 정부를 지향하던 미국 정부는 공공부문으로의 진입규제를 완화하여 기업들의 경쟁을 자극하고 복지비 등의 정부경비를 줄여 기업의 세금부담을 경감함으로써 투자를 적극 장려하고, 이러한 투자의 증가는 곧 고용의 증대와 실업의 감소로 연결되어 복지문제가 해결된다는 보수주의적 논리와 정책을 실행하였다(이종수 외, 2014: 64-65; Pfiffner, 1999: 225).

이처럼 신공공관리론은 행정이 고객인 시민에게 양질의 서비스를 제공하고 효율성의 가치를 추구해야 함을 일깨워주었다. 또한 여러 국가들이 행정조직에 다양한 민간 경영기법을 도입하는 계기로 작용하였다. 그러나 민간 관리기법이 공공부문에 적용되는데 한계가 존재하고, 효율성을 중시하는 시장모형을 정부부문에 그대로 적용할 경우 형평성과 같은 민주적 가치실현이 위협받을 수 있다. 또한 정부가 단순히 시민에 대한 서비스 제공자로 인식되어 국가적 과제가 배제될 가능성이 높아질 수 있으며, 공공서비스 제공에 민간부문이 참여하면서 정부의 책임성이 약화될 수 있다는 비판을 받게 되었다(정정길, 2006: 110-111).

3. 정부재정립 운동

1970년대 행정과 직업공무원제에 대한 불신이 높아지면서 공직에 대한 정치적 통제가 강화되자 이에 대한 반작용으로 1980년대 후반부터 직업공무원제를 옹호하는 목소리가 커졌고, 정부를 재발견해야 한다는 주장이 등장하였다. 이러한 정부재정립 운동(Refounding Goverment) 하에서, 미국에서는 1983년 '블랙스버그선언(Blacksburg Menifesto)'[14]이 나왔다. 동 선언은 미국 Virginia Tech University의 행정학과 교수 Wamsley, Goodsell, Wolf, Rohr, White가 공동 주창하였으며, 미국행정학회 연례학술대회에서 소개한 후 Refounding Public Administration을 통해 확산되었다. 당시 미국 사회의 과도한 관료공격(bureaucrat bashing), 반정부어조 등 행정의 존재이유와 정당성을 침해하는 문제를 지적하고 그 원인 중 하나로 행정학 연구의 문제, 즉 관리과학 위주의 연구로 인해 규범적 문제와 행정의 정당성을 밝히는 연구가 간과되어왔음을 제시하였다.

동 선언은 효율성 제고를 목표로 한 정부조직의 민영화 경향 속에서 퇴색되어가고 있는 시민의식을 회복하는 것이 중요함을 일깨웠으며, 단순한 관리와 구별되는 행정 개념의 중요성을 강조하였다. 즉 행정이란 시민들에 대한 사명감을 바탕으로 하는 천직(vocation)이며, 행정가는 단순한 대리인(agency)이 아니라, 시민들에게 부여받은 권위를 통해 모든 시민들을 위해 모든 시민들과 함께 일하는 특별한 시민이기에 비판적이고 의식적인 수탁자(trustee)로서 역할을 수행해야 한다고 주장하

---

14) "… Those of us in the Blacksburg project do not see the problem as a 'broken government' that can be fixed by a good dose of patent medicine borrowed from business…. As a trustee the Public Administrator must strive to look beyond both the political pressures of the day and a degrading self-image of mere instrumentalism. … 'critically conscious': purposive in pursuit of the public interest and in maintaining the democratic governance process but disciplined by the rule of law and constitutional tradition of limited government …"(Wmasley·Wolf 1996: 4; Newbold·Rosenbloom 2016: 115).

였다.

블랙스버그 선언은 당시 유행하던 반관료적 성향에 대응하여 미국 행정의 정당성을 밝히려는 논의를 활성화하는데 기여하였다. 특히 정부 재창조(reinventing government) 개념이 국정지표로 선택되면서 효율성이 강조되고 민영화가 확대되는 상황에서, 행정의 공공성을 부각시켰다는데 의의가 있다(Wamsley et al., 1990)

4. 정부재창조론

1990년대 초반 정부는 고정된 것이 아니라 지속적으로 변화하며, 행정부에서 진행되고 있는 변화는 정부재창조의 한 형태라는 주장이 등장하였다(Osborne & Gaebler, 1992). Osborn과 Gaebler는 정부가 정치성, 독점성, 민주성, 개방성 등을 이유로 기업처럼 운영될 수 없으며 정부의 문제는 공무원들의 무능이 아닌 정부의 구성체제 때문이라고 지적하면서, 미국이 당면한 문제를 해결하기 위해서는 새로운 형태의 정부가 필요하다고 주장하였다. 이는 단순히 기업의 운영체제를 도입하는 것으로는 불충분하며, 기업가적 정부를 구현할 수 있는 정부 재창조의 10가지 원칙을 제시하였다(Osborne & Gaebler, 1992: 19-22). 정부 재창조의 10가지 기본원칙은 첫째, 촉진적 정부, 둘째, 지역사회가 주도하는 정부, 셋째, 경쟁적 정부, 넷째, 사명 지향적 정부, 다섯째, 성과 지향적 정부, 여섯째, 고객 지향적 정부, 일곱째, 기업가적 정부, 여덟째, 미래에 대비하는 정부, 아홉째, 분권적 정부, 열 번째, 시장 지향적 정부이다. 정부재창조론은 Clinton 행정부에 정부운영의 이론적 기초를 제공하였으며, 신자유주의적 국제사회의 분위기 속에서 새로운 패러다임으로 자리잡게 되었다.15)

---

15) 우리나라에서는 노무현 정부 시절 '선진혁신국가건설'을 비전으로 제시하고 정부혁신을 추진하였다. 2004년 설치된 정부혁신지방분권위원회에서는 정부혁신의 로드맵을 구상하고 그 전략과 대안을 제시하였는데, 행정개혁의 목표는 효율적인 행정, 봉사하는 행정, 함께하는 행정, 투명한 행정, 그리고 깨끗한 행정이다(정부혁신지방분권위원회, 2005: 92). 이러한 참여정부의 개혁은 정부의 효율성과 신뢰, 시민에의 대응성을 중요시하고 있다는 점에서, 전세계적으로 확산되고 있던 신공공관리론의 영향을 받았음을 알 수 있다.

5. 뉴거버넌스

　　미국과 소련의 체제 경쟁이 막을 내리는 탈냉전기에 접어들면서 세계화, 민주화 및 정보화가 빠르게 진행되었다. 이 과정에서 국가적 차원(National Level)에서는 개인과 시민사회, 시장과 이익집단의 역할이 증대되었고, 글로벌 차원(Global Level)에서는 국제기구, 다국적 기업과 NGO 등의 영향력이 확대되었다. 이에 따라 기존에 정부(government)가 독점적으로 수행하였던 공공서비스 제공이나 공공문제 해결과정에서 시장 및 비영리부문과의 협력적 네트워크(network)를 적극 활용해야 할 필요가 대두되었다.16) 국가적 의사결정과정에서 국내외의 시민사회에 형성된 다양한 종류의 자발적 조직들이 전문성과 자원을 가지고 영향력을 확대하며 적극적으로 참여하게 되었고, 정부가 국가적·국제적 문제를 해결하기 위해서는 이들과의 긴밀한 파트너십을 필요로 하게 되었다. 즉, 새로운 네트워크의 등장으로 기존의 체제가 파편화되어 갔으며, 행정학에서 구분되던 공공과 민간의 역할에 대한 경계가 모호해져 갔다(Hyden et al., 2004: 13; Kjaer, 2004: 27). 이러한 환경변화 속에서 정부와 시장 그리고 시민사회 간의 불평등하고 위계적(hierarchical) 관계를 각 부문들의 자발적 협력과 상호 협조체제로 전환하여 효율성과 민주성을 동시에 제고하고자 하는 새로운 패러다임으로 뉴거버넌스론(New Governance)이 대두되었다(김석준 외, 2000: 33-42).

　　뉴거버넌스는 기업과 시민사회가 공공부문에 참여하고 사회적 책임을 분담하는 '새로운' 국정운영방식(governance)이며, 근본적으로 국정운영에서 정부의 영향력이 상대적으로 약화되는 동시에 시민사회, 시장의 영향력은 증가함을 의미한다.17) 과거 전통적인 정부 중심의 국가운영 방식에서는 정치와 행정을 분리하고 행

---

16) 정부가 공식적 권위를 통해 지지되는 활동인 반면, 거버넌스는 공유된 목적에 기반하여 지지되는 활동이다(Rhodes, 1996: 657). 따라서 공식적 권위가 없어도 효과적으로 기능하는 규칙적 기제가 있는 영역에서는 정부는 없더라도 거버넌스(governance without government)는 있을 수 있다.

17) 거버넌스(governance)란 용어는 정부의 역할에 따라 통치(government), 관리(management), 조절(regulation), 조종(steering) 등의 개념으로 사용되고 있다. 자치와 참여를 통해 함께 다스린다는 의미에서 '공치(共治)'로 이해되기도 하며, 협력하여 관리경영한다는 의미로 '협치(協治)'라 사용되기도 한다. 몇몇 학자들은 거버넌스(governance)를 정부의 역할과

정활동의 효율성을 극대화하기 위하여 위계적 권위와 기능적 전문화를 통한 정부 조직 운영과 관리를 추구해 왔다. 하지만 뉴거버넌스 논의에서는 정부가 단독으로 공공의 문제를 해결하는 방식에 한계가 있음을 인식하고, 정부·시민사회·시장 등 공동체 운영 주체들이 상호 간의 신뢰를 바탕으로 네트워크와 파트너십을 통하여 협치(協治)를 하는 것이 보다 바람직하다고 본다.

뉴거버넌스론은 공공문제 해결에 시민참여가 중요하다는 인식을 확산시켰으나, 이론적으로는 여전히 개념적 불명확성이 존재하며 현실적으로도 시민사회와 시장 부문이 미성숙한 국가나 사회에는 적용하기가 어렵다는 한계를 지닌다.

6. 신공공서비스론

신공공서비스론은 폐쇄적이고 집권 지향적인 전통행정학 그리고 기업가적 운영방식을 강조하는 신공공관리론을 모두 비판하면서 대두되었다. 대신 신공공서비스론은 사회적 형평성과 대응성, 거버넌스의 확대와 민주적 시민의식을 실현하기 위한 행정을 강조한다(오석홍, 2005).[18]

Denhardt와 Denhardt(2000)가 제시한 신공공서비스론의 주요 원칙과 내용을 살펴보면 다음과 같다.

첫째, 정부역할은 신공공관리론에서 제기하는 사회의 방향잡기가 아닌 서비스를 제공하는데 초점을 두어야 한다(Serve, rather than steer)고 주장한다. 현대 사회의 복잡성과 다양한 이해관계자 간 상호작용의 예측 불가로 정부와 관료 역할의 변화가 필요하며, 관료는 이해관계자들을 논의의 장으로 모아 공공문제 해결에 대한

집행방법을 기준으로 구분하기도 한다. Pierre와 Peters는 정부가 중심적인 역할을 하는 올드 거버넌스(old governance)와 정부와 시민사회 간의 네트워크를 강조하는 뉴거버넌스(new governance)로 구분한다(이명석, 2002: 324; Pierre·Peters, 2000).

18) 신공공서비스론은 개인의 이익 극대화를 넘어 공익적 관점에서 시민참여 거버넌스를 강조하는 민주적 시민이론(democratic citizenship), 원자화되는 사회에의 새로운 대안으로 공동체주의와 의사결정과정에 시민들이 적극적으로 참여해야 함을 강조하는 커뮤니티 시민사회 모델(models of community and civil society), 객관적 효율성 중심의 전통적 조직이론이 아닌 사회적 형평성과 대응성을 중시하는 조직인본주의(organizational humanism) 그리고 열린 담론에 입각하여 공공의 대화를 강화하고자 하는 담론이론(discourse theory)에 뿌리를 두고 있다(Denhardt & Denhardt, 2000: 552-553).

협상과 중재 그리고 갈등 해결의 역할을 담당해야 한다.

둘째, 공익에 대한 관점으로 공익은 행정의 부산물이 아닌 행정이 추구해야 할 목적(The public interest is the aim, not the by−product)이다. 공익이 무엇인가는 정치지도자나 관료들에 의해 주어지는 것이 아닌 대화와 공적 담론을 통해 형성된다. 따라서 정부와 관료는 공익의 개념을 공유하고 집합적 개념을 설정하는데 기여해야 하며, 목표는 빠른 해결책을 찾는 것이 아니라 공유된 이익과 책임을 만들어내는 것이라는 점에서 정부는 진실된 담론의 장을 형성하고 시민참여를 지원하는 역할을 해야 한다.

셋째, 집합적 비전을 실현하기 위해서는 전략적 사고와 민주적 행동(Think strategically, act democratically)이 필요한바, 비전 달성을 위한 구체적 단계는 정부에 맡겨두는 것이 아닌 당사자들의 참여를 통해 실행해야 한다. 정부는 시민들이 프로그램에 참여하고 시민 리더들을 폭넓게 배양함으로써 자긍심과 책임감을 기르고 협업과 공동체를 창출할 수 있는 기회를 제공해야 한다.

넷째, 시민을 대할 때 관료는 단순히 '고객'의 요구에 응하는 것이 아니라 시민과의 협업을 통해 신뢰를 구축하는 데 초점을 두고 시민에게 봉사해야 한다(Serve citizens, not customers). 정부는 '고객'의 단기적 이익에 우선적으로 대응하는 것이 아닌, 보다 광범위하게 정의된 시민들의 필요와 이익에 대응해야 한다.

다섯째, 실제 공무원의 책임성은 정치인이 정책을 결정하고 관료들은 집행을 한다는 전통 행정이론의 논의보다 훨씬 복잡하다(Accountability isn't simple). 실제 행정가들은 법의 제정과 개정 그리고 집행 등 정책과정에 개입하고 있으며, 이는 행정가들이 복잡한 가치 갈등에 놓일 수 있음을 의미한다. 따라서 행정가들은 혼자 결정을 내리기보다 시민들의 참여를 독려하여 시민과 공동체적 책임감을 형성해야 한다.

여섯째, 생산성을 우선시하는 신공공관리론을 비판하면서 생산성보다 사람에게 높은 가치를 부여한다(Value people, not just productivity). 신공공서비스론도 생산성 개선 등을 중요시하지만, 사람에 대한 존중을 바탕으로 한 협력과 공유된 리더십이 장기적 성공의 핵심 요소라는 점에서 공적 동기와 가치에 기반하여 행동할 수 있도록 하는 것이 중요하다.

일곱째, 신공공서비스이론은 기업가적 정신보다 시민권과 공공의 이익에 보다 중요한 가치를 부여한다(Value citizenship and public service above entrepreneurship). 공무원은 기업가가 아닌 거버넌스 과정에서 책임 있는 참여자로서의 역할을 담당하며[19] 이를 위해 사업에 대한 충분한 이해를 바탕으로 자원을 관리하고, 시민과 지역사회를 그 과정에 연계시켜야 하며 지역사회를 위해 무엇이 최선인지 공무원이 단독으로 결정하는 것이 아니라 담론과 시민참여를 통해 위기와 기회를 발견함으로써 대응한다(Denhardt & Denhardt, 2000: 553-557).

신공공서비스론은 효율성과 생산성을 우선시하던 신자유주의적 정부운영의 방향을 시민참여를 통한 공유가치의 창출과 달성으로 선회하는 계기를 제공하였다. 그러나 이상적 행정에 대한 규범적 가치는 강조하는데 비해 목표달성을 위한 수단적이고 기술적 전문성을 제시하지 못함으로써 시민권과 공익가치 실현을 위한 구체적 방안이 미흡하다는 한계를 보인다.

6절 요약

행정학은 행정을 둘러싼 환경의 변화와 시대적 문제해결을 위해 연구내용과 방향을 발전시켜왔다. 엽관제의 폐해로부터 행정의 지속성을 유지하기 위해 실적주의를 도입하면서 정치·행정이원론의 기반이 마련되었고, 정치적 성향을 배제한 과학적 관리론을 기반으로 조직기능과 원리를 탐구하는 정통행정학이 정립되었다. 이후 Simon과 같은 행태론자들은 논리 실증주의적 접근에 따라 행정학의 과학화를 주장하였고, 이는 행정학이 추구해야 하는 가치의 문제를 다루지 못한다는 비판을 받게 된다. 1960년대 월남전과 흑인폭동문제 등 국내외적 환경의 변화로 정부가 해결해야 할 문제가 폭발적으로 증가함에 따라 정책분석과 정책과정을 연구하는 정

---

[19] 신공공관리론은 생산성 확대를 강조함으로써 추구해야 할 목표를 협소화하는 한계를 보였으나, 행정가는 공적 자원의 관리인(Kass, 1990), 공공조직의 관리자(Terry, 1995), 시민권과 민주적 담화의 촉진자(Chapin and Denhardt, 1995), 공동체 참여의 촉매자(Denhardt and Gray, 1998), 일선 업무의 리더(Vinzant and Crothers, 1998)로서 역할을 수행함으로써 시민에게 봉사하는 책임을 받아들여야 한다(Denhardt & Denhardt, 2000: 557).

책학이 부상하였고, 가치문제를 행정학의 중심 논의로 제기하는 신행정학이 등장하였다. 그러나 1970년대 이후 정부의 재정악화 문제를 해결하고 공공부문에 참여하는 다양한 주체들과의 협력이 필요하게 됨에 따라 신공공관리론과 뉴거버넌스론, 신공공서비스론 등 행정이론의 다원화기를 맞이하게 되었다.

<표 1>은 행정학이 시대별로 필요한 행정과제를 해결하는 과정에서 새로운 패러다임을 형성하고 발전되어 왔음을 보여준다. 이렇듯 행정학은 행정의 존재이유와 가치를 무엇으로 설정하는가에 따라 행정의 지향점, 원리, 범위 및 역할이 변화되어 왔음을 알 수 있다.

〈표 1〉 미국 행정학의 시기별 특성과 주요 내용

	현실문제의 변화	행정학의 연구대상과 초점	새로운 이론 및 접근방법
행정학의 태동기 (1789– 1910년대)	엽관주의 폐해(부정부패, 비효율성) '가필드 대통령 암살사건' 발발 정부에 대한 회의적 태도 시정개혁운동(municipal movement)	좋은 정부 구현을 위한 논의 확대 좋은 정부: 능률과 절약 행정과 정치 분리 필요성 대두 행정:효율성과 전문성을 추구하는 관리적 영역	실적주의 정치·행정이원론
전통행정학 성립·발전기 (1920– 30년대)	인구팽창 및 산업화의 급속한 진행 기업경영에 과학적 관리법 도입 → 기업경영능률 확대	행정 고유 영역의 활동을 규율하는 과학적 관리기법 탐구 본격화 행정의 기본가치: 능률 행정조직의 능률 향상 방안: 최고관리층의 조직설계, 관리기법 연구	과학적 관리론 행정관리론 등장: 사무관리론, 조직관리론으로 분화·발전
전통행정학 반발기 (1940– 50년대)	경제대공황발생, 뉴딜정책추진 → 행정의 역할, 범위 확대 과학적 관리론 한계: 노동환경 저하, 노사갈등, 자발적 생산성 저하 등 제2차 세계대전 후 신생국 원조 확대와 실패	정책결정에서 행정부 역할·기능 확대 → 정치·행정이원론의 비현실성 논의 등장 행정에 대한 사회심리적 연구 발달 행정원리의 보편성·과학성 비판 전개 가치·사실 분리, 논리실증주의 도입	정치행정일원론 인간관계론 행정행태론 행정국가론 비교행정론 발전행정론
행정학의 분화 및 다원화기 (1950년대– 현재)	베트남 전쟁, 흑백갈등 등 관료제 팽창, 정부 역할 확대 1970년대 후반 석유파동으로 경제불황 지속, 재정적자 심화 정부 비효율성 문제 부각, 정부불신, 작은 정부 지향	[행정학 연구의 다원화] 사회문제 대응의 적절성 문제 제기 → 행정의 가치(형평성), 역할 연구 필요성 대두 과도하게 팽창된 정부부문의 비효율성 해결, 민간부문 장점(기업가적 사고, 경영기법) 도입 공공부문 참여자들과의 사회적 책임 분담	신행정론 정부재정립 신공공관리론 뉴거버넌스론 신공공서비스론

◈ 참고문헌 ◈

김석준·이선우·문병기·곽진영. (2000). 뉴거버넌스 연구, 서울: 대영문화사.

오석홍. (2005). 한국의 행정, 서울: 법문사.

_____(2013). 인사행정론, 서울: 박영사.

유민봉·임도빈. (2007). 인사행정론, 서울: 박영사.

이명석. (2002). 거버넌스의 개념화: 사회적 조정으로서의 거버넌스, 한국행정학보. 36(4): 185－205.

이종수 외. (2012). 새행정학, 서울: 대영문화사.

_____(2013). 새행정학, 서울: 대영문화사.

_____(2014). 새행정학, 서울: 대영문화사.

정부혁신지방분권위원회. (2005). 참여정부의 행정개혁.

정정길. (2006). 행정학의 새로운 이해, 대명출판사.

Ancona, D. G., Okhuysen, G. A., & Perlow, L. A. (2001). Taking time to integrate temporal research, Academy of Management Review, 26(4), 512－529.

Appleby, P. H. (1945). Big Democracy, AA Knopf New York.

Appleby, P. H. (1949). Policy and administration, Alabama: University of Alabama Press.

Boyer, P. S., Clark, C. E., Halttunen, K., Kett, J. F., & Salisbury, N. (2007). The Enduring Vision: A History of the American People, Volume Ⅰ: 1877, Elghth Edition. Wadsworth, Cengage Learning.

Blyton, P. (1989). Time and labour relations. Time, Work and Organizations, 105－131.

Chapin, L. W., & Denhardt, R. B. (1995). Putting "citizens first!" in orange county, Florida. National Civic Review, 84(3), 210－217.

Denhardt, R. B., & Denhardt, J. V. (2000). The new public service: Serving rather than steering. Public administration review, 60(6), 549－559.

Dimock, M. E. (1936). Public Corporations and Business Enterprise, Public administration, 14(4): 417－428.

Dunleavy, P. (1982). Is there a radical approach to public administration?, Public

Administration, 60(2), 215－233.

Frederickson, H. G. (1990). Public Administration and Social Equity. Public Administration Review, 50(2), 228－237.

Gaus, J. M. (1947). Reflections on Public Administration, University of Alabama Press, 253(1), 1－153.

Greif, M. (1991). The Visual Factory : Building Participation Through Shared Information. CRC Press.

Goodnow, F. J. (2017). Politics and Administration: A Study in Government, New York: Routledge.

Gulick, L. H., & Urwick, L. H. (Eds). (1937). Papers on the science of administration. New York: Institute of Public Administration, Colombia University.

Guy, M. E., & Rubin, M. M. (Eds.). (2015). Public Administration Evolving : From Foundations to the Future. Routledge.

Hassan, R. (2003). The chronoscopic society: Globalization, time, and knowledge in the network economy, 17, Peter Lang Pub Incorporated.

Hays, S. W., & Reeves, T. Z. (1984). Personnel management in the public sector. William C Brown Pub.

Hood, C. (1991). A public management for all seasons? Public administration, 69(1), 3－19.

Hopkins, G. B. (1912). The New York bureau of municipal research. The annals of the american academy of political and social science, 41(1), 235－244.

Hyden, G., Hydén, G., Mease, K., & Mease, K. (2004). Making sense of governance: empirical evidence from sixteen developing countries. Lynne Rienner Publishers.

Pfiffner, J. P. (Ed.). (1999). The managerial presidency (No. 4). Texas A&M University Press.

Pierre, J. & Peters, B. G. (2000). Governance, Politics, and the State(Political Analysis), St. Martin's Press, 1－231.

Kass, H. D. (1990). Stewardship as Fundamental Element in Images of Public Administration. In Images and Identities in Public Administration, edited by H. Kass and B. Catron, 113－30. Newbury Park, CA: Sage Publication.

Kettl, D. F. (2000). Public administration at the Millennium: The state of the field, Journal of public administration research and theory, 10(1), 7－34.

Kjaer, A. M. (2004). Governance, Polity Press USA and UK

Lasswell, H. D. (1951). The policy orientation. Communication Researchers and Policy－Making.

Marini F. (1971). Toward a new public administration. Scranton : Chandler Publishing Co.

Mayo, E. (1946). The human problems of an industrial civilization. Boston : Division of Research Graduate School of Business Administration, Harvard University Press.

Milakovich, M. E., & George, G. J. (2003). Public Administration in America. Wadsworth Publishing; 8th edition.

Moore, M. H. (1983). A Conception of Public Management

Mosher, F. C. (Ed.). (1975). American public administration: Past, present, future. University of Alabama Press.

Newbold, S., & Rosenbloom, D. H. (Eds.). (2016). The constitutional School of American Public Administration. Taylor & Francis.

Nigro, L. G., Nigro, F. A. & Kellough, J. E. (2006). The New Public Personnel Administration. Wadsworth Publishing: 6th edition.

Osborne, D., & Gaebler, T. (1992). Reinventing government: How the Entrepreneurial Spirit is Transforming the Public Sector. Reading, Massachussetts: A William Patrick Book.

Rhodes, R. A. W. (1996). The new governance: governing without governance, Political Studies, vol. 44(4), 652－667.

Riggs, F. W. (1964). Administration in developing countries: The theory of prismatic society. Houghton Mifflin.

Roethlisberger, F. J., & Dickson, W. J. (1939). Management and the Worker, Cambridge, (Mass.) Harvard Univ. Pr., erstmals.

Rosenbloom, D. (2014). Public administration: Understanding management, politics, and law in the public sector, McGraw－Hill Higher Education.

Shafritz, J, M., & Hyde, A. C. (1987). Classics of Public Administration, 8th Edition. WADSWORTH Cengage Learning.

Shafritz, J, M., & Hyde, A. C. (2012). Public Administration: Classic Readings, Cengage Learning.

Simon, H. A. (1951). Administrative Behavior, New York: Macmillan, Inc.

Simon, H. A. (1997). Administrative Behavior(4th ed.). New York, NY: Free Press.

Taylor, F. W. (1947). Scientific management, comprising Shop management, the Pinciples of Scientific Management, Testimony before the Special House Committee, New York: Harper.

Taylor, F. W. (2012). The Principles of Scientific Management. The Floating Press.

Terry, L. D. (1955). Leadership of Public Bureaucracies: The Administrator as Conservator: The Administrator as Conservator. Routledge.

Thoreau. H. E. (1966). Walden and Civil Disobedience. Edited by Owen Thomas, New York: Norton.

Waldo, D. (1971). Public Administration in a Time of Turbulence, Chandler Publishing Co. in Scranton.

Waldo, D. (1980). The Enterprise of Public Administration. Novato, California: Chandler & Sharp Publishers, Inc.

Waldo, D. (2007). The Administrative State: A Study of the Political Theory of American Public Administration, New York: Routledge

Wamsley, G. L., Bacher. R. N., Goodsell, C. T., Kronenberg, P. S., Rohr, J. A., Stivers, C., ⋯ & Wolf, J. F. (1990). Refounding public administration. SAGE Publications, Incorporated.

Wamsley, G. L., & Wolf, J. F. (Eds.). (1996). Refunding democratic public administration. Sage

Weir. R. E. (2013). Workers in America: A historical encyclopedia encyclopedia(Vol. 1). ABC−CLIO.

Weidner, E. W. (1964). Technical assistance in public administration overseas: The case for development administration (No. 169). Chicago: Public Administration Service.

Wilson, W. (1887). The Study of Administration. Political Science Quarterly. 2(2): 197−222.

제3장

행정가치

제3장 행정가치

"Public values remain analogous to the principles of common law — an ambiguous but potentially viable set of criteria for action and accountability."

Jørgensen & Bozeman(2007: 377)

1절 행정가치의 개념 및 의의

　　행정은 바람직한 가치(價値, values)의 실현을 그 목적으로 한다.[1] 가치는 바람직한 것과 옳은 것, 즉 당위(ought to)에 관한 관념으로써 인간의 행동에 영향을 미치는 힘을 지닌다(오석홍, 1995: 21). 따라서 행정가치(administrative values)란 행정이 지향하는 이상적인 목표이자 지도원리로, 행정활동이 무엇을 해야 하는지에 대한 원칙과 기준을 논의할 때 궁극적으로 추구해야 할 목표이자 중요한 판단의 근거이다. 행정가치는 행정이 추구해야 할 바람직한 지향점이 무엇인지를 규정함으로써,

---

1) 행정가치와 유사한 용어로는 행정이념, 행정철학 등이 있다. 행정이념(idea)이란 행정의 이상적인 형태에 대한 관념과 그것의 실현을 위해 실천을 요청하는 규범적 행동경로(임의영, 2009: 147)로서, 행정활동이 보편적으로 추구해야 할 지향점이자 지도원리(guiding principle)이다. 이 책에서 행정이념은 행정가치와 동의어로 사용한다.

기존 현실을 판단하고 미래 변화 방향을 제시하는 기능을 한다.

일반적으로 행정가치는 정책의 목표나 지향점의 구체적 내용에 따라 다양한 유형으로 존재한다. 행정이 추구하는 가치들은 행정활동을 수행하기 위해 이루어지는 의사결정과정에서 합리적인 가치판단의 기준으로 작용하고, 공무원의 행동지침 및 방향을 제시하는 역할을 한다. 이러한 행정가치가 중요하게 부각되는 까닭은 사회문제 해결을 위한 행정적 처방을 내릴 때에는 경험적인 것을 넘어 규범적인 것까지 고려해야 하기 때문이다.

이는 '옳은 것' 또는 '해야 하는 것'에 대한 규정이 절대적인 것인가 아니면 상대적인 것인가에 대한 논의로 귀결될 수 있다. 이 중 절대론의 입장에서 가치의 성격을 논하는 관점을 의무론(deontology), 상대론의 입장에서 가치의 성격을 규명하는 관점을 목적론(teleology)이라고 한다(Frankena, 1989; 황경식 역, 2003: 42).

우선 의무론은 옳고 그름에 관한 보편적인 원칙 혹은 법칙이 선험적으로 존재한다고 간주한다. 따라서 보편적 원칙은 특정한 상황의 조건 혹은 변화, 행동의 결과와 무관하다. 의무론을 보다 명확하게 논의하기 위해 자주 활용되는 이론이 바로 Rawls(1971)의 배분적 정의와 정책의 공정성에 대한 이론이다. Rawls는 옳고 그름의 문제는 행동의 결과에 의해 결정되는 것이 아니라 보편적인 윤리원칙에 의해 결정되는 것이며, 따라서 사람들은 개인의 이익과 무관하게 무엇이 옳은지를 일반적인 관점에서 결정해야 한다고 주장한다. 한편, 의무론적인 행정가치는 구체적인 정도에 따라 세분화가 가능하다. 즉, 행정가치 중 정의, 공익, 자유, 형평과 같이 행정의 근원적 개념과 관련된 가치들은 본질적 행정가치(inherent value)로 구분할 수 있고, 민주성, 효율성, 합법성, 합리성 등과 같이 상대적으로 구체적인 절차나 행동 양식 등을 규정하고 있는 경우, 혹은 사회가치의 배분절차와 관련이 있는 경우에는 절차적·행정관리적 가치로 분류할 수 있다(황경식, 1982: 207).

반면 목적론은 가치의 상대성을 중시한다. 즉, 목적론의 입장에서는 행동의 결과 또는 성과를 도덕적인 판단의 기준으로 삼는다. 즉, 어떤 원칙 혹은 행동이 개인이나 사회에 바람직한 결과를 발생시킨다면, 옳은 것으로 간주된다. 따라서 사회적 환경에 따라 옳은 것에 대한 판단이 달라질 수 있다. 목적론을 가장 명확하게 설명해줄 수 있는 논의는 바로 공리주의(utilitarianism)이다. 공리주의는 '최대 다수의 최대 행복'을 핵심 원리로 삼아, 인간 사회에 최대의 이익 혹은 선(善)을 야기하는 행동을 옳은 것으로 규정한다. 즉, 가치를 평가하는 데 있어 선험적이고 보편적인 원리는 없으며 상황적인 조건과 행동에 따른 비용과 편익의 비교를 통하여 '바람직한' 가치인가를 판단할 수 있다는 것이다(정정길, 2006: 277).

요컨대 행정가치는 사회 구성원들이 공동으로 달성하고자 하는 궁극적인 가치 또는 바람직한 행위의 판단기준이 선험적·보편적으로 존재하는가 혹은 그렇지 않은가에 따라 의무론적 관점과 목적론적 관점으로 유형화 할 수 있다[2]. 즉, 의무론적 관점은 바람직함의 판단기준이 선험적으로 존재한다고 보기 때문에, 행위 판단의 기준은 변하지 않는 어떤 규칙이 있다고 말하고 있는 것이고, 목적론적 관점은 그 행위로 달성되는 결과를 행위의 판단기준으로 삼는다.

행정가치를 분류함에 있어서도 이러한 기준을 적용할 수 있다. 행정행위의 의사결정 판단기준이 되는 행정가치는 그 규칙이 추상적이고 본질적인 부분을 다루

〈그림 1〉 학자별 행정가치 유형분류

오석홍	중요한 가치								
	민주성	능률성	효율성	합법성	생산성	자유	평등	정의	사회적 형평성
정정길	공익	행정의 지도원리							
		능률성		효과성		공평성		민주성	합법성
유민봉	공공성	공익	행정이념						
			합법성		민주성		형평성	능률성	효과성
이종수 외	본질적 행정가치					수단적 행정가치			
	공익	정의	형평성	자유	평등	합리성	효율성 효과성	민주성	책임성	합법성
Rosen bloom	헌법적 가치					관리적 가치			정치적 가치
	헌법 정신	적법 절차	평등	형평	실재적 권리	경제성	능률성	효과성	대표성	대응성	책임성
박순애	본질적 행정가치			절차적 행정가치			수단적 행정가치		
	정의, 형평성, 자유·공익, 공공성			책임성, 합법성, 민주성			효과성, 효율성		

자료: 오석홍, 2014, 149－152; 이종수 외, 2014: 107－117; 정정길, 2006: 193－263; 유민봉, 2012: 115－146.

2) 행정가치라는 개념은 본래 체계적인 분류를 가지고 탄생한 것이 아니기 때문에, 학자들마다 분류하는 기준이 다르다. 그런데 행정가치가 행위의 판단기준으로서 제시되는 개념임을 염두에 둔다면, 이를 연구하는 학문인 윤리학의 분류를 차용하는 것이 바람직한 것으로 보인다.

고 있다면 본질적 가치로, 규칙들이 상대적으로 구체적인 절차나 행동 양식 등을 규율함으로써 행정행위가 지켜야 하는 원리를 제시하고 있다면 절차적·수단적 가치로 분류할 수 있다. 절차적 행정가치가 민주성, 합법성, 합리성 등과 같이 행정활동과정에서 지켜야 할 지도원리를 제시하고 있다면, 수단적 행정가치는 효율성, 효과성과 같이 행정행위의 결과를 기준으로 삼는 행정의 지도원리를 의미한다.

2절 본질적 행정가치

본질적 행정가치란 행정을 통해 달성하고자 하는 궁극적인 가치 그 자체를 의미한다. 행정이 공적 활동을 통해 국민 공동의 이익을 실현함으로써 '옳은 것'을 달성하는 것이라 한다면, 우리는 기본적으로 공적인 것(공공성), 국민 공동의 이익(공익), 옳은 것(정의)이 무엇인가라는 물음을 던질 수 있다. 이 절에서는 행정이 추구하는 본질적 가치로서 공공성과 공익, 사회정의가 의미하는 바가 무엇인지를 심층적으로 고찰함으로써 각 개념의 범위와 방향을 어떻게 설정하는가에 따라 행정의 지향점과 개입범위가 달라질 수 있음을 이해한다.

1. 공공성

공공성(公共性, publicness)을 글자 그대로 해석하면 사회 구성원 전체에 일반적으로 관련되는 성질을 말한다. 일상생활 속에서 '공공성'은 '공익'과 함께 빈번하게 구호처럼 사용되지만, 실제 자세히 그 내용을 들여다보면 개념의 광대함과 복잡성으로 인하여 한마디로 정의하기 어려운 개념임을 알 수 있다. 그러나 공공성의 개념과 의미는 행정활동의 범위와 특징 그리고 방향성을 설정한다는 점에서 상당히 중요하다. 때문에 학자들은 공공성의 의미를 보다 명확하게 이해하기 위한 노력을 해왔는데, 이는 크게 사적(私的)인 것과 구분되는 속성으로 공적(公的)인 것의 특징

을 구별하는 방법과 공공성의 구성요소를 검토하고 그 의미를 탐색하는 방향으로 진행되어 왔다.[3]

1) 공·사 비교를 통한 공공성의 개념

공공성의 직접적 개념화가 어렵다는 문제로 인해, 공공성의 의미를 보다 명확히 이해하려는 방법으로 사적(私的) 부분과의 비교를 통해 공적 개념을 구체화하는 노력이 일반적으로 선행되었다.

Been과 Gaus는 사적인 것과 공적인 것을 구분하는 기준으로 ① 접근성, ② 주체, ③ 이익을 제시하는바, 정보나 자원 공간 등에의 접근 가능한 정도가 높을수록, 공직자가 활동하는 경우, 추구하는 목적이 공익인 경우 공공성을 갖는 것으로 판단한다(Benn & Gaus, 1983: 11). 이와 함께 Haque는 공공서비스의 공공성 판별 기준으로 ① 전통적인 공사구분에 적용되어왔던 각종 기준들, 즉 불편부당성, 공개성, 평등성과 대표성, 독점성과 복잡성, 사회적 영향력, ② 서비스 수혜자의 구성, ③ 소유권의 형태나 시민들의 참여권한 정도, ④ 사회적 영향이나 외부효과의 크기, ⑤ 공적 책임성이나 공공통제성, ⑥ 공적 신뢰의 정도 등 여섯 가지 요소를 들고 있다(Haque, 2001: 66-67; 소영진, 2008: 35). 또한, Rainey는 공사조직의 비교연구를 통해 공공행정조직의 특징을 정리하고 있는데, 공조직의 법적, 정치적, 경제적 환경의 제약사항을 도출하고 그러한 제약이 조직 효과성 저하에 미치는 영향에 주목한다(Rainey, 2003: 12, 56).

한편 Wamsley와 Zald 그리고 Bozeman은 공사행정의 차이를 넘어선 차원론적 접근(dimensional approach)을 통해 정치와 시장이 상호작용하는 과정에서 조직의 공공성 정도를 파악하고 있다. Wamsley와 Zald는 공공조직의 공공성을 정치적·경제적 측면에서 접근한다. 조직의 정치적 성격은 소유권을 중심으로 구분하고, 경

---

3) 공공성을 개념화하기 위해 public의 어원과 사전적 의미를 고찰하는 연구들도 있다. Mathew(1984)는 공공성의 개념정의가 어려움을 지적하면서, public과 private의 어원탐색을 통해 공공성의 개념을 이해하고자 하였다. public의 라틴어 어원인 'pubes'이란 개인의 행동이 다른 사람에게 줄 수 있는 영향을 이해하는 능력 혹은 자신의 입장만이 아닌 전체를 볼 수 있는 능력인 성숙성(maturity)을 의미하는데 비해, private이란 박탈(to deprive), 부족 혹은 모자람을 의미하는 라틴어 'privatus'에서 유래하였으며 인간으로서의 자격이 없는 상태를 말한다(Mathew, 1984: 122; 임의영, 2008: 416에서 재인용).

제적 성격은 재원(funding)의 성격에 따라 달라진다. 공공조직은 재원을 국가예산에 의존하고, 민간조직은 시장에서 재원을 조달한다. 이러한 소유권과 재원에 따라 아래와 같은 네 가지 성격의 조직유형으로 분류될 수 있다(Wamsley & Zald, 1973: 8; 김근세, 2008: 473-475).

〈표 1〉 Wamsley & Zald의 공·사 조직 유형구분

	공적 소유권	사적 소유권
공적 재원	중앙 및 지방정부	청소년수련관 등 위탁시설
사적 재원	공기업 대중교통 서비스	민간기업

자료: Wamsley & Zald, 1973: 10.

Bozeman은 공·사 조직 간의 경계가 불명확해짐에 따라 특정 조직이 지닌 공적인 성격의 정도를 판단할 수 있는 기준을 마련하고자 했다. 이를 위해 공조직의 복잡성을 공공성퍼즐(publicness puzzle)로 개념화하는데, 한쪽 극단을 공공성(publicness)으로, 반대편 극단을 민간성(privateness)으로 설정함으로써 공공성을 유형구분이 아닌 연속성을 갖는 '정도(degree)의 차이'로 환원하였다[4](Bozeman, 1987: xi). 즉, 상대적으로 공공성에 가까워지는 경우는 예를 들어 투입 면에서 정치적 권위에 의해 특정 조직이 영향받는 정도가 증가하거나 또는 결과 면에서 생산하는 재화나 서비스의 공적 가치가 높아지는 경우를 들 수 있다.

공·사 비교를 통해 공공성을 밝히고자 하는 연구들은 정통행정이론에서 민간(private)에 상반되는 개념으로 공공성을 이해하거나, 공공선택이론에서 공조직의 특성 분석을 통해 효율성을 높이려는 연구방향과 맥을 같이한다. 이러한 접근은 행정의 속성을 밝힘으로써 행정 개입의 범위를 이해하고 공조직의 특징이 무엇인가를 파악하는데 의미가 있다. 그러나 공공성을 가치중립적으로 다룸으로써 행정이

---

4) 그는 공공과 민간을 포함하는 모든 조직은 양극단 사이의 연속체(spectrum) 가운데 어느한 지점에 위치한다고 보고 "모든 조직은 공적이다(all organizations are public)"라는 명제를 제시하였다(Bozeman, 1987). 즉 어떤 조직이 경제적 권위보다 정치적 권위에 의해상대적으로 더 영향을 받게 되면 그 조직은 공공성이 크다고 볼 수 있다.

추구해야 할 가치규범의 의미를 파악하는 데 한계가 있다. 때문에 최근의 공공성 논의는 보다 포괄적이면서 가치적 의미를 담기 위해 공공성의 구성요소들을 토대로 공공성의 이념을 파악하고자 한다.

2) 공공성의 구성요소

공공성은 단순히 '공적인 어떤 성질'이라는 사전적 정의를 넘어 다양한 측면의 요소를 포함하고 있는 다차원적 개념으로, 사회적 환경, 시대적 배경, 지역적 상황, 문화적 차원 또는 이론적 시각에 따라 다르게 규정될 수 있다. 따라서 공공성의 여러 개념적 요소들을 종합적으로 분석하여, 추상적인 공공성 개념을 보다 구체적으로 파악해나갈 필요가 있다.

국내·외 학자들이 제시하는 공공성의 구성요소들을 살펴보면, 공공성 개념이 매우 다의적으로 사용되고 있음을 보여준다. 그럼에도 공공성 개념에 대해 공통적으로 일치하는 속성이 있는데 바로 정부관련성, 개방성과 접근성, 공익성이다.

첫째, 정부관련성은 공공성을 법적 지위에 따라 정의하는 것이다. 주체를 통해 공·사를 구분하는 방식으로, 국가가 직·간접적으로 하는 활동이 공적 성격을 갖는다고 봄으로써 공공성 개념을 정의하는데 보편적으로 통용되는 방식이다[5].

둘째, 개방성과 접근 가능성은 재화나 서비스가 다수의 사람들에게 보편적으로 적용되는 경우로, 공공성을 공중(the public)의 의미로 해석하는 것이다. 비배제적이고 비경합적인 공공재와 서비스를 공적이라고 이해하는 것은 공공성을 개방성과 보편적 접근성(accessibility)의 의미로 이해하는 입장이다.

셋째, 공익을 공공성의 구성요소로 파악하는 것이다. 앞서 살펴보았던 정부관련성이나 접근성이 행위의 주체와 방법에 관한 것이라면 공익은 행위의 목적과 관련된 것으로, 공공성의 의미를 설명하는 방식이다. 공익을 공공성의 핵심 요소로 보는 학자들은 공공성을 방법적 측면의 '민주주의'와 내용적 측면의 '사회정의'로 구분하는데(임의영, 2010: 4; 소영진, 2008: 58-62), 가치규범으로서 공공성의 의미를 강

---

5) 그러나 공공성의 핵심을 정부관련성으로 이해하는 것은 공공성을 결과적으로 해석하는 것으로, 어떤 사안에 정부개입이 필요한가에 대한 방향과 그 개입이 적절했는가에 대한 판단의 기반을 제공하지 못한다는 한계가 있다.

조하는 이들은 보다 많은 다수에게 혜택이 가도록 하는 공익을 공공성의 핵심 내용
으로 본다.

이상의 논의를 종합하면 행정가치로서의 공공성이란 그 바람직한 속성이 보
다 잘 실현되는 것을 지향하는 동태적인 개념으로써의 실천적 함의를 가지고 있으
며 그 핵심내용이 공익임을 알 수 있다.

2. 공익

공익(公益, public interest)은 국민 구성원들에게 이익이 되는 것을 의미하며, 근
대사회 이후 공익은 정부의 존재이유와 바람직한 국가행정의 궁극적 가치판단 기
준으로 간주되어왔다(정용덕, 2015: 116). 그러나 공익이 구체적으로 무엇이고 행정
이 추구해야 하는 가치로서 공익이 무엇이어야 하는가에 대한 내용은 공익에 대한
시각과 시대별 정치적·환경적 여건에 따라 달라져왔다. 공익에 대한 대립적 시각
은 공익을 구성원 개개인의 이익을 넘어선 공동체 전체 차원으로 접근하는 방법(실
체설)과 공동체 개별 구성원들의 이익을 바탕으로 접근하는 방법(과정설)으로 구분
할 수 있다.

Meyerson와 Banfield은 공익을 일부 공중(public)의 목적보다 전체 공중의 목
적을 위하는 것으로 이해한다(Meyerson & Banfield, 1955: 322). 공중의 목적이 무엇을
의미하는가에 대해서는 일원적 공익 개념과 개인주의적 공익 개념으로 구분한다.
일원적(unitary) 공익개념은 전체 공중에게 해당되는 유일한 일련의 목적들이 존재
한다고 보는 시각이다. 이는 공중이 그 자체의 이익을 공유한 사회적 유기체라고
보거나 또는 전체 공중의 목적은 공중의 모든 구성원들이 공유하는 이익의 집합이
라고 볼 때 가능하다. 개인주의적 공익개념은 전체 공중이 공유하는 목적에 부정적
이며, 공익을 개개인 목적들의 집합으로 이해한다(Meyerson & Banfield, 1955: 323-
324).

이러한 구분은 전체 공동체의 이익이 존재하는가에 대한 상이한 해석인 공익
실체설과 과정설로 이해할 수 있다(정정길, 2006: 293-335). 우선, 실체설은 공익을 사
익과 구분되는 별개의 실체라고 간주한다. 사회는 개인의 단순한 집합이 아닌 하나

의 유기체이기 때문에 사익과 별도로 공동선(common good)이 선험적·규범적으로
존재한다는 것이다. 이러한 관점에 따르면 국가의 모든 행위는 공익의 관점에서 이
루어지며 개개인은 공익의 범위 내에서 사익을 향유할 수 있기 때문에 공익과 사익
간의 갈등은 발생하지 않는다.

　따라서 실체설의 관점에서 행정의 역할은 객관적으로 존재하는 정책 대안들
가운데 공익을 극대화할 수 있는 최선의 대안을 발견하는 것이 된다. 그러나 이러
한 실체설은 현실의 행정현상의 복잡성을 간과한 주관적이고 추상적인 이론이라는
비판을 받는다. 또한 공익의 실체가 있다고 전제할 때 어디까지가 사익이며 공익과
사익의 경계를 어떻게 획정해야 하는지, 그 구체적인 내용이 무엇인지, 그리고 이
것을 누가 규정할 수 있는 것인지에 대해 답하기 어렵다. 또한 자칫 소수의 권력자
가 공익의 실체를 결정하게 될 경우에 반(反)민주적 결과를 초래할 수도 있다는 점
도 경계해야 한다.

　한편, 과정설은 공익의 실체에 대한 존재 여부가 아니라, 공익을 구체적으로
실현시키는 과정에 주목한다. 과정설은 의사결정과정에 참여하는 이익집단들을 구
체화된 국민으로 설정하고, 공익을 정책결정과정에서 만들어지는 것으로 여긴다.
즉, 대립되는 집단들이 서로 타협하고 이해를 조절한 결과로서 정책이 결정되고,
이렇게 결정된 정책의 내용이 공익의 실질적인 내용이 되므로, 공익은 객관적으로
존재하는 것이 아니라 정책결정과정에서 만들어진다는 것이다. 그러므로 공익의
증진이나 극대화를 위해서는 정책결정과정의 합리화가 필수적이라고 할 수 있다[6]
(Schubert, 1960: 223-224). 공익과정설에 의하면, 개인의 이익과 별개로 사회전체에
게 좋은 단일의 공공선이란 있을 수 없으며, 공익은 다원적이고 다양한 이익집단의

---

6) Meyerson와 Banfield(1955)의 공익분류와 달리, Schubert(1960)는 공익개념을 합리주의,
　이상주의, 현실주의의 측면에서 구분한다. 첫째, 합리주의자(rationalist)들은 국민이 주권
　자로서 정책결정자들에게 결정권을 위임하는 동시에 정치적 책임을 확보하도록 하는 간
　접민주주의 원리에 따라 정책결정이 이루어질 때 공익이 보장된다고 주장한다. 둘째, 이
　상주의자들(idealist)은 정책과정에서 결정자가 자신의 선입견을 버리고 완전하고 합리적
　인 자연법에 의거하여 양심에 따라 결정함으로써 공익의 달성이 가능하다는 것이다. 이
　는 Meyerson와 Banfield의 일원적 공익개념과 유사하다. 셋째, 현실주의자(realist)에 따르
　면 소수의 이익집단이나 조용한 다수(silent majority)를 보호하기 위한 제도나 수단을 마
　련함으로써 행정과정에서 모든 이익집단들이 충분히 의견을 표명할 수 있고, 상호경쟁할
　수 있는 절차 및 방법을 강조하게 된다. Meyerson와 Banfield의 개인주의적 공익개념과
　유사한 입장이다.

민주적·정치적 타협과 참여를 통하여 조정되고 결정되는 집단과정의 산물이다. 따라서 공익은 민주주의와 시장경제 하의 개인이나 집단들이 자신들의 이익과 선호를 증진시키기 위해서 자유롭게 사익을 추구하는 경쟁과정에서 극대화될 수 있다.

그러나 과정설의 전제조건이 현실에서는 충족되지 못하는 경우가 대부분이라는 점을 고려할 필요가 있다. 예컨대 공익의 문제를 개인의 자유로운 선택에 맡기는 경우 공공재가 과소공급될 수 있으며, 개인의 이익 극대화는 사회적 자원의 고갈을 가져오는 공유지의 비극을 초래할 수 있다. 또 정치적 의사결정과정 자체에 본질적으로 가치 갈등, 권력관계, 비합리성 등의 요인이 작용하며, 조직화된 이익집단들이 과다 대표되는 등 개개인의 의사가 제대로 반영되지 못하는 것이 현실이다. 따라서 공익을 사익의 단순한 합으로 보고 양자 간의 본질적 차이가 없다고 보는 과정설의 인식에 한계가 있다는 비판이 존재한다.

실체설과 과정설이 주장하는 공익개념의 차이는 공무원 역할에 대한 상이한 입장으로 나타난다. 실체설에 따르면, 개발도상국에서 경제사회발전을 선도하는 공무원은 공익을 적극적으로 발견하고 실현하는 역할을 한다고 볼 수 있다. 이에 비해 과정설의 관점에서 보면, 공익은 관료가 독단적으로 결정하는 것이 아니라 국민으로부터 위임받는 것이며, 따라서 공무원의 역할은 민주주의 사회에서 다양한 이해집단이 그들의 이익을 의사결정과정을 통해 반영될 있도록 제도나 기제를 확보하는 것이다.

하지만 실체설과 과정설은 모두 각각 제한적 관점에서 공익 개념을 설명한다는 점에서 현실의 공익 개념을 구체화하는 데에는 어려움이 있다. 그러므로 두 이론 간 상호비판과 이에 대한 대응논리 속에서 양자의 장·단점을 파악함으로써, 공익의 개념을 종합적인 시각으로 파악해야 할 것이다.

앞서 살펴본 공익(public interest) 개념이 행정의 존재이유와 규범적 가치판단 기준으로서 행정의 역할을 제시하고 있다면, 아래에서 살펴볼 정의와 형평성의 개념은 바람직한 행정의 지향점으로써 공동선(public good)의 구체적 내용과 방향을 제시한다.

3. 정의

정의(正義, justice)는 '옳다'는 의미를 담고 있는 가치로서, 개인의 행동윤리는 물론 공동체의 질서에도 포괄적으로 적용되는 개념이다. 이러한 의미에서 정의는 행정활동의 바람직한 방향과 내용을 설정하는데 필요한 핵심 가치이다. 때문에 정의가 무엇을 의미하는가를 밝히려는 노력들이 고대 그리스 이후 수 십 세기 동안 계속되고 있다. 일찍이 Platon은 정의를 인간의 4개 덕(德) 가운데 내적 성품으로서 가장 중요한 것으로 간주하였고,[7] Aristotles는 정의를 보편적 정의(general justice)와 특수한 정의(special justice) 두 가지 형태로 구분하는데, 전자는 집단적 이익 즉, 정치공동체 전체에 대한 공동선과 관련된 것이며 후자는 개인 간 경쟁의 대상이 되는 외재적 가치의 공급 즉, 형평성의 문제와 깊이 연관되어 있다(Höffe, 2004: 29-30).[8] Rawls는 사상체계의 제1덕목을 진리라 한다면, 사회제도의 제1덕목은 정의라고 함으로써 정의를 인간행위의 최고 덕목으로 간주하고 있으며, 정의 실현을 위한 중요 원리로 평등과 자유를 제시한다(Rawls, 1971: 3).

이렇듯 정의를 개념화하는 논의를 살펴보면 그 중심에 사회적 재화 또는 기회의 분배와 관련된 형평성 개념이 자리잡고 있음을 알 수 있다. 행정학의 핵심 이념으로 사회적 형평성을 주장한 Frederickson은 형평성을 정의와 동일한 개념으로 이해하고 있으며[9](Frederickson, 1980: 30), Rawls(1971)의 '공정으로서의 정의론'에서 그 이념적 정당성을 찾고 있다.

한편, 사회질서 유지와 국민 행복을 위해 형평성과 정의가 필요하다는 것에 대

---

7) 플라톤은 인간의 영혼을 이성, 의지, 격정으로 구분하고, 각 부분의 덕을 지혜, 용기, 절제로 명명하였다. 정의는 각 부분별 영혼이 이상적으로 조화를 이룬 상태를 의미한다는 점에서, 가장 중요한 덕으로 간주된다(정대성, 2013: 140).

8) Aristotles는 특수한 정의를 배분적 정의와 교정적 정의로 구분한다. 전자는 돈과 명예와 같은 가치를 자질에 따라 평등한 비율로 배분하는 것으로, 이는 자질이 없는 자에게 불평등한 배분을 하는 것은 정당하다는 것을 의미한다. 교정적 정의는 경제적·사회적 불평등이 야기되었을 경우, 국가가 개입하여 이를 평준화시키는 것을 의미한다(최명관, 1984: 143- 149).

9) Frederickson은 형평성의 사전적 정의를 발췌하여 다음과 같이 정의한다. "형평성은 인간과 인간의 상호작용을 규제하는 공정성과 정당성 그리고 올바른 대우의 정신과 습관을 의미한다. 따라서 그것은 자연권이나 정의와 동의어이다"(Frederickson, 1980: 30).

해서는 대부분 동의하고 있으나, 그것이 무엇인가에 대해서는 다양한 논의가 진행되어왔다. 개인의 자유와 권리를 최우선의 가치로 여기는 자유지상주의자들은 평등을 위한 국가 개입이 옳지 않다고 주장하고(Nozick, 1974: 10-11), 다른 일련의 학자들은 사회·경제적 불평등을 바로잡기 위해 자유와 평등이 모두 중요하고, 이를 위한 국가 개입이 필요하다고 주장한다(Rawls, 1971; Sandel, 2009; Sen, 1992). 정의에 대한 이러한 상이한 시각은 사회적 존재로서 인간이 갖는 기본가치인 자유와 평등을 어떻게 이해하고 설정하는가에 기반하고 있다. 따라서 여기에서는 정의와 형평성 개념을 이해하기 위해 자유와 평등의 개념을 살펴보고, 정의의 원리를 모색하는 논의들을 고찰한다.

1) 형평성

형평성은 행정이 어떠한 규범적 원리에 따라 행동해야 할 것인가에 대한 중요 가치로, 행정학에서는 1960년대 말 신행정학 운동과 함께 행정이 추구해야 할 새로운 이념 중 중요한 행정가치로 자리잡았다. 영어로 equity, 즉 형평성(衡平性) 또는 공평성(公平性)은 일반적으로 '동일한 것은 동일하게 그리고 다른 것은 다르게 취급하는 것'이 바람직하다는 의미로 사용된다. 즉, 형평성은 무조건적인 평등을 강조하는 것이 아니라 정당한 근거가 있는 불평등의 개념이 내포되어 있다. 때문에 형평성의 개념은 공정한 불평등(just inequality)이 무엇인가를 논하는 정의론과 긴밀하게 연관되어 있으며, 이는 자유와 평등에 대한 시각에 따라 다양하게 논의된다. 왜냐하면 정의론은 사회 구성원 개인의 좋은 삶과 사회공동체의 삶이 조화를 이루는 원리를 모색하는 것으로(임의영, 2007: 4), 개인의 자유와 사회구성원의 평등 중 어느 것을 중시하는가에 대한 관점에 따라 상이한 원리를 제시하고 있기 때문이다. 때문에 공정한 불평등을 논하는 정의론을 살펴보기에 앞서 자유와 평등의 개념을 이해할 필요가 있다.

(1) 자유

자유(自由, freedom)는 국가에 의해 개인의 자유가 침해되지 않고 개인이 실천적 행위 주체로서 권리를 소유하고 있음을 의미한다. 이러한 자유 개념은 절대왕정

이후 등장한 근대국가를 중심으로, 인간은 누구나 천부인권을 가지며 인간의 자유와 권리가 가장 중요하다는 자유주의 사상에 기반한다.

Berlin은 자유를 소극적 자유와 적극적 자유의 두 개념으로 구분하고 있는데 (Berlin, 1969: 118-134; 이종수 외, 2014: 111-112), 소극적 자유(negative freedom)란 개인이 자신의 욕구를 추구하는 과정에서 특정한 유형의 제약과 간섭이 없는 상태를 의미하고, 적극적 자유(positive freedom)는 특정 개인이 자아실현을 성취할 수 있도록 보장해주는 자유를 의미한다. 즉 소극적 자유, 또는 '국가로부터의 자유(freedom from state)'란 개인과 국가 간에 국가의 간섭을 배제하거나 최소한의 간섭에 그칠 것을 요구하는 반면, 적극적 자유 혹은 '국가에의 자유(freedom to state)'는 개인의 자아실현에 장애가 되는 세력이나 사회구조 등 제반 요소를 제거하기 위해 국가의 적극적 개입이 필요하다는 입장이라고 할 수 있다.

소극적 자유는 정부활동의 기본원칙이 권력 남용으로부터 시민적 권리와 경제활동을 보장하는 것이라 보며, 따라서 국가와 경제 영역을 엄격히 분리하면서 국가의 경제개입 최소화와 재산권 및 시장의 효율성을 강조하면서 평등보다는 재산권과 같은 개인의 권리를 우선하는 것이다(안병영 외, 2007: 8). 반면, 적극적 자유는 현대 복지국가의 정치이념으로부터 발달한 가치로서 모든 계층이 인간다운 삶을 누릴 권리가 있고, 이러한 권리를 달성하지 못한 상태를 자유의 제한이라고 본다.[10]

(2) 평등

평등(平等, equality)이란 모든 인간은 동등하며 사람들 간에는 차별이 있어서는 안 된다는 원칙을 말하지만, "무엇에 대한 평등인가"에 대해서는 논쟁의 대상이 되어왔다(Sen, 1992: 9). 평등은 수량적 평등과 비례적 평등(Aristoteles, 384-422BC; Leyden, 1985: 4), 결과의 평등과 과정의 평등(안병영 외, 2007: 12) 등으로 학자에 따라

---

10) 우리 헌법 각 조항에서는 신체의 자유부터 집회 결사의 자유까지 광범위하게 자유권적 기본권을 보장하고 있다. 또한 헌법 제37조 제1항에서는 "국민의 자유와 권리는 헌법에 열거되지 아니한 이유로 경시되지 아니한다"고 규정함으로써 현행 헌법에 명시적으로 규정되지 않았을지라도 인간으로서의 존엄과 가치 실현에 필요한 개인의 자유와 권리는 국민의 기본권으로 보장한다. 나아가 헌법에 명문 규정은 없지만 인간으로서의 존엄과 가치를 실현하는 국민의 자유와 권리를 헌법 제10조의 '행복추구권'으로 보장하고 있다.

다양하게 구분되고 있는데, 이러한 논의를 종합하면 평등은 수량적 평등(numerical equality), 기회적 평등(equality of opportunity), 비례적 평등(proportionate equality)으로 대별할 수 있다.

첫째, 수량적 평등은 모든 사람을 능력이나 욕구 등에 무관하게 사회적 자원을 똑같이 분배하는 것으로서 결과적 평등에 해당한다. 예컨대 일정한 연령에 해당되면 일률적으로 지급되는 아동수당, 노인수당 등 일정한 조건에 따라 보편적으로 지급되는 사회보장 급부 등이 결과적 평등과 관련된 사례라고 할 수 있다. 둘째, 기회적 평등은 특정 결과를 얻을 수 있도록 과정상의 기회를 동일하게 부여하는 것으로, 이를 보장하기 위한 제도로는 의무교육이나 공무원 선발시험 응시자격 부여 등을 들 수 있다. 셋째, 비례적 평등은 개인의 욕구나 노력, 공헌, 능력 등에 따라 사회적 자원을 차별적으로 배분하는 가치로서 앞서 살펴본 형평성의 개념에 해당되며, 그 예로 사회보험제도 등의 복지제도가 있다(양승일, 2013: 1).

한편, 평등과 유사한 개념인 공평(公平)은 수평적 공평과 수직적 공평으로 구분한다. 전자는 모든 사람이 인간의 존엄성 측면에서 동등하기 때문에 기계적으로 균등하게 보상한다는 가치('같은 것을 같게')로 수량적 평등과 같다. 반면, 수직적 공평성은 사람들이 인간의 존엄과 인격을 갖는다는 점에서는 같지만, 인간 개개인의 욕구와 노력, 능력과 공헌이라는 측면에서 차이가 있을 경우, 다르게 보상한다는 가치('다른 것을 다르게')로서 공평한 불평등성, 즉 비례적 평등과 형평의 개념으로 볼 수 있다(양승일, 2013: 2).

근대 입헌주의 헌법의 기본원리로서의 평등권, 즉 '법 앞에서의 평등'이란 행정부 및 사법부가 법을 적용·집행할 때는 물론, 입법부가 법률을 제정하는 경우에도 그 내용이 합리적 근거나 이유 없이 특정인이나 집단에게 차별대우를 하는 것이어서는 안 된다는 것이다. 이와 같은 평등권은 합리적 이유 없이 국가로부터 차별대우를 받지 아니하는 소극적 권리인 동시에, 평등한 보호를 국가에 요구할 수 있는 적극적 권리이다.[11]

이상에서 살펴본 것을 근거로, 자유와 평등은 어떻게 정의하는가에 따라 그 개

---

[11] 우리나라의 헌법 제11조는 모든 국민이 법 앞에 평등하다고 명시함으로써 정치·경제·사회·문화적 생활의 모든 영역에서 성별, 종교, 사회적 신분 등을 사유로 하는 차별을 금지하는 규정도 있다.

념이 상충할 수 있다. 형평성은 자유와 평등에 유연성을 조절하는 개념으로, 동등한 자유(equal liberty)와 합당한 평등(just equality)을 의미한다(차하순, 1983: 222). 자유와 평등은 형평성의 원리에 의해 유연하게 해석됨으로써 조화를 이룰 수 있고, 이러한 조화를 통해 공동체적 삶과 개인의 좋은 삶을 일치시킬 수 있는 가능성을 확보할 수 있다. 단, 정의를 규정하는 원리와 내용은 다양하게 나타나는바, 아래에서는 올바른 사회질서와 공동선(public good)이 무엇이고 어떻게 달성할 것인가를 모색하는 정의론을 살펴본다.

2) 정의론

정의는 사회적 재화와 기회를 분배함에 있어 적절한 균형을 이루는 이상적 상태를 지칭하기 위해 사용된 것으로(Lumer, 2005: 464; 정대성, 2013: 140 재인용), 정의론은 이러한 이상적 상태에 도달하는 원리를 모색하고 있다. 여기서는 행정학의 규범적 가치로 사회적 형평성을 주장한 신행정학자들이 그 이념적 근거로 제시하고 있는 Rawls의 정의론을 중심으로 정의의 원리를 고찰한다.

Rawls는 정의를 사회제도의 최고 덕목으로 설정하고, 『정의론(A Theory of Justice)』을 통해 개인의 권리와 의무 그리고 적절한 분배의 몫을 정하는 원리를 제시하고 있다. 재화의 "부족 상태"와 재화를 차지하기 위한 "이해관계의 상충"이 존재할 때 정의의 문제가 발생한다고 보고(Rawls, 2003: 184), 재화를 분배하는 정의의 원리를 제시한다. Rawls는 자유주의적 정의론의 관점에서, 어떠한 이유로도 침해될 수 없는 동등한 인간의 권리가 있다는 것이 정의로운 사회제도의 기본적인 전제라고 주장하였다. 그리고 이를 구현할 수 있는 정의의 두 원칙을 다음과 같이 제시한다(Rawls, 2003: 52). 먼저 정의의 제1원칙인 기본적 자유의 평등 원칙(the principle of equal basic liberties)은 모든 사람은 타인의 자유를 침해하지 않는 범위 내에서 최대한의 자유를 누릴 동등한 권리를 가짐을 말하며, 이는 시민 개개인이 정치적 주권자로서 동일한 자유를 누릴 수 있도록 보장하는 원리이다.

정의의 제2원칙은 사회·경제적으로 인정될 수 있는 정당한 불평등이 만족시켜야 할 조건들이다. 사회·경제적 불평등에 관한 정의의 제2원칙은 다시 두 가지 하위 원칙으로 나누어진다. 그 첫 번째는 공정한 기회 균등의 원리이다. 이는 사회·

경제적 불평등의 근원이 되는, 모든 직무 및 지위에 대한 접근에 있어서 기회 균등이 공정하게 이루어져야 한다는 원리이다. 이때 사회·경제적 불평등은 부수적으로 발생하게 된다. 두 번째 하위 원칙은 차등의 원칙이다. 이는 즉 사회적 권력이나 경제적 부(富)는 그 사회에서 가장 혜택을 받지 못한, 즉 가장 불리한 처지에 있는 사람에게 최대한의 혜택이 돌아가도록 해야 한다는 이른바 '최소극대화(maximin)원리'를 의미한다. 결국 정의의 제2원칙에 따르면 자유와 기회, 부와 소득, 인간의 존엄성 등 한 사회의 모든 가치가 최대한 평등하게 배분되어야 하고, 가치들의 불평등한 배분은 그 사회의 최소 수혜자에게 유리한 경우에만 정당화 될 수 있다는 것이다. 이와 같은 정의의 원칙을 정당화하기 위해 Rawls는 '원초적 입장(original position)'이라는 최초의 계약상황, 즉 '무지의 베일'[12](veil of ignorance)로 가려진 상태에서 사회구성원들은 보편적으로 인정할 수 있는 정의의 원칙에 합의하게 된다고 보았다[13](Rawls, 2003: 52-56).

　이러한 Rawls의 정의론은 개인의 정치적 주권이 평등하게 부여되면 더 이상 국가개입이 필요하지 않다고 주장(Nozick, 1974)하는 자유지상주의자들의 시각에서 벗어나, 정치적 주권자로서의 모든 시민들이 삶을 영위하는 데 필요한 기초적 재화로서(권혁주, 2016: 244) 사회적 평등개념을 도입했다는데 의미가 있다. 그러나 Rawls의 정의론은 인간에게 필요한 기초적 재화에 대한 이론적 논의의 한계와 여전히 개인주의를 강조하고 있다는 점에서 비판을 받는다.

　이와 관련하여, Sen은 공동체 내의 정치적 주권자로서 삶을 살기 위해서는 최소한의 역량(capability)과 기능수행(functioning)을 위한 자원의 소유가 필요함을 주장함으로써(Sen, 1992) Rawls가 설명하지 못하는 사회적 평등의 내용을 제시하고 있다. 또 Sandel은 Rawls가 설정한 개인에 대해, 자유롭고 독립적인 개체가 아니라 역사와 문화를 통해 구성된 개인을 설정하고, 공동체, 역사, 문화에 대한 개인의 도덕적 의무를 강조하고 있다. Sandel에 의하면 정의란 덕의 함양 및 공동선의 추구 과

---

12) 개인이 자신의 사회적 신분, 재산, 지적 능력, 건강, 심지어 자신이 속한 사회의 경제적·문화적 성격에 대해 전혀 알지 못하는 상태를 말한다.
13) 이와 같은 롤스의 정의관은 자유방임주의에 의거한 전통적 자유주의와 생산수단의 사회적 소유를 강조하는 고전적 사회주의라는 양 극단을 지양하고, 자유와 평등의 조화를 추구하는 입장을 취한 것이었으나, 우파들은 평등을 지향하는 롤스의 정의관이 자유의 제한을 초래한다는 점에서, 좌파들은 '바람직한 불평등'이 아닌 '완전한 평등'을 추구해야 한다는 점에서 롤스의 정의관을 비판하였다(Sandel, 2009: 199).

정에서 어떤 삶이 좋은 것인가를 함께 고민하고 이견을 받아들일 수 있는 문화가 전제되어야 하는 것으로서, 단순히 선택의 자유를 확보하거나 공리를 극대화하는 것만으로는 정의로운 사회를 만들 수 없다고 주장한다(Sandel, 2009: 343, 361).

　이상에서 살펴본 논의들은 인류의 역사 속에서 발전되어온 '정의'라는 개념이 행정활동의 규범적 판단기준으로 작용할 수 있음을 시사해주고 있다. Rawls에 따르면 정의란 단순히 개개인의 이익들의 총합의 극대화라는 공리주의적 입장을 넘어, 모든 인간에게 공정한 기회가 제공되어야 하며 나아가 사회적 약자들에 대한 혜택 역시 고려되어야 함을 의미한다. 또한 Sandel에 의하면 정의의 개념은 절차적 공정성은 물론 개인의 도덕 함양 및 공동선의 추구라는 가치의 조화로 확장될 수 있다.

4. 본질적 행정가치 간 관계

　행정의 본질적 가치인 공익, 공공성, 정의, 자유와 평등이 그 자체로서 행정활동의 최종적인 목적이 되는 근본원리라는 점에는 이론의 여지가 없다. 여기서 공익(public interest)을 순전히 사적인 이익만이 아닌 것이라고 파악할 경우 공적인 것, 즉 공공성(publicness)과 개념적 유사성을 갖게 된다. 그리고 이러한 공공성 개념의 핵심을 구성하는 것이 정의와 형평성 개념이라고 볼 수 있다.

　하지만 앞에서 설명한 것처럼 각각의 개념들이 구체적으로 의미하는 바는 이론적 관점이나 현실적 상황에 따라 가변적일 수 있다. 또한, 오늘날에는 사익을 추구하는 이익집단들이 그들의 주장을 관철시키기 위하여 공익 혹은 공공성의 실현을 구호로 내세우는 경우가 많다. 나아가 정의라는 가치도 구체적인 현실에 적용될 경우 무엇이 정의로운가를 판단하는 기준이 보다 자유 지향적인지, 평등 지향적인지에 따라 내용상 상호 충돌하는 지점이 있을 수 있다. 따라서 본질적 행정가치에 대한 지속적인 고찰을 통하여 각각의 개념들을 보다 명확하고 적실성 있도록 재해석해 나갈 필요가 있다.

3절 절차적·수단적 행정가치

절차적·수단적 행정가치는 본질적 행정가치를 실현할 수 있도록 하는 도구적·수단적(instrumental) 가치로, 행정의 지도원리라 할 수 있다. 구체적으로 민주성, 합법성, 합리성, 책임성, 투명성 그리고 효율성과 효과성이 이에 해당된다. 이러한 가치들은 실제 행정활동에서 직면하는 다양한 의사결정과정에서 가치판단의 기준이자 구체적 지침의 역할을 하며, 어떤 가치가 우선하는가는 시대의 흐름이나 구체적 상황에 따라 달라질 수 있다.

1. 절차적 행정가치

절차적 행정가치는 행정활동을 수행함에 있어 지켜야 하는 구체적 절차나 행동양식을 규율하는 가치로, 민주성, 합법성, 합리성, 책임성, 투명성이 있다. 민주성과 합법성 그리고 합리성은 근대 국가가 출현하면서 오랜 기간동안 행정작용을 규율하는 원리로 작용해 왔으며, 책임성과 투명성은 보다 구체적이고 적극적인 원리로서 비교적 최근에 중요시되고 있는 개념이다.

1) 민주성

민주성(民主性, democracy)은 국민주권의 원리에 의거하여 정치 및 행정에의 국민 참여가 보장되고, 국민을 위하여 행정이 이루어지는지를 측정하는 척도라 할 수 있다(박동서, 1994: 478). 행정의 민주성은 정치제도 및 사상으로서의 민주주의(民主主義)보다 협의의 개념으로, 행정행위의 기준을 민주적인 합의에 근거해야 한다는 원칙이자 행정과정에서 국민의 의사와 요구를 수용하고 이를 행정에 반영하여 국민에게 봉사하고 책임을 지는 것을 의미한다. 그러나 행정의 민주성을 공익과 공공선의 실현을 목적으로 하는 내용적 측면으로 범위를 확장시킬 경우, 민주성은 행정의 본질적 가치와 밀접한 관련을 갖게 된다. 예컨대 앞에서 살펴본 공익과정설 역시 민주적인 의사결정 및 절차, 공정경쟁, 다수결의 존중, 게임의 규칙, 대표성, 의견교환의 공개성, 전문가적 지식과 기술의 보장 등 다양한 이익들이 균형 있게 대변될 수 있는 합리적이고 정당한 과정을 중시한다. 그러나 공익과정설은 공익이라는 가치가 형성되는 연원을 밝히는 데에 설명의 초점을 둔다. 반면에 절차적 행정가치로서 논의되는 민주성은 협의의 민주성, 즉 행정의 과정 측면에서의 민주주의 실현에 주목하는 개념이다.

절차적 행정가치로서의 민주성은 그 적용범위에 따라 행정관료제 조직 내부의 관계, 그리고 행정을 둘러싼 외연과의 관계로 나누어 볼 수 있다(안병영 외, 2007: 15). 우선, 행정조직의 대내적 민주성(organizational democracy)이란 조직 간 또는 부처 간, 그리고 조직 내에서 조직구성원들의 민주적이고 동등한 참여와 관련된 개념이다. 즉 대내적 민주성은 조직 내 민주주의의 실현을 추구하는 것이다. 대내적 민주성은 조직 내 의사결정에의 참여 중시, 자율적 업무처리, 자유로운 의사소통 및 다수 의사와 동등한 수준의 소수 의사존중, 행정체제의 분권화, 결정권한의 하부위임, 합의에 의한 갈등해결, 평등성, 타인의견의 존중, 우호적 분위기, 자아실현 욕구의 충족을 위한 조직관리 등을 통하여 달성할 수 있다.

한편, 대외적 민주성이란 공식적 행정조직 외부의 이해관계자들이 행정조직의 목표설정과 계획수행에 참여하는 것을 말한다. 구체적으로는 행정과 정치사회의 관계, 그리고 시민사회와의 관계로 나누어 볼 수 있다(정무권, 2011: 53). 정치사회와의 관계 측면에서 대외적 민주성은 행정에 대한 정치적 통제를 가능하게 하는 다양한 제도들(임명된 정치인, 의회통제, 당정협의회, 위원회 등)과 관련이 있다. 이는 대의민주주의 체제의 원리인 '주인 – 대리인'의 관점에서 비롯된 개념이다. 한편, 시민사회와의 관계 측면에서 대외적 민주성은 다양한 시민사회 조직들과 행정관료 간의 민주적 소통을 통해 정책결정이 이루어지는 것을 의미한다. 이를 위해서는 정책결정에 참여할 수 있는 다양한 제도들이 뒷받침되어야 한다.

결론적으로 행정의 민주성은 정치적 차원에서 국민주권의 원리 및 대의민주주의가 행정에까지 확장되는 것을 의미하며, 이는 행정조직 내부에서의 민주주의 실현은 물론, 행정과 외부와의 관계에 있어서의 민주주의 실현까지도 포괄하는 개넘이다. 따라서 행정의 과정 및 결과의 투명성과 공개성을 바탕으로, 이해관계집단들이 의사결정과정에서 활발하게 참여하는 제도적 장치를 마련하는 것이 행정의 민주성을 실현하는 시금석임을 알 수 있다.

2) 합법성

합법성(合法性, legality)이란 행정의 모든 활동이 법률과 법적 절차에 따라 이루어져야 함을 의미한다. 영미법계의 적법절차 원칙과 대륙법계의 법치주의 원리는 국가의 권력작용을 지배하는 일반원리로 행정의 합법성과 관련이 있다.

우선, 적법절차(適法節次, due process of law)의 원칙은 개인의 권리를 보호하기 위하여 설정된 일련의 법적 절차들을 의미한다. 적법절차의 원칙은 영미법계의 국가에서 전제적 권력에 대응하여 국민 개개인의 인권을 보장하기 위한 원리로 발달되어 왔다. 역사적으로 보면 국법에 의하지 않으면 자유인의 재산과 법익을 침해할 수 없다고 규정한 영국의 마그나 카르타(대헌장) 제39조에서부터 어떠한 주도 미국 시민의 특권이나 면책권한을 제한하는 법을 강제할 수 없으며 적절한 절차 없이 개인의 생명·자유·재산을 빼앗을 수 없다고 규정한 미국 수정헌법(1868년) 제14조에 이르기까지 헌법상 기본원리의 하나로 인정되었다.

한편, 법치주의(法治主義, rule of law)는 폭력 또는 통치자의 자의가 아닌 법이 지배하여야 한다는 국가원리로서, 명확하게 규정·공포된 법에 의해 국가권력이 제한·통제되는 것을 핵심으로 한다. 본래 국왕의 절대권력을 견제하기 위한 이념과 제도로 발전해온 법치주의 원리에 따라 행정과 사법은 의회가 제정한 법에 의한 지배를 받게 되었다. 그러나 이러한 법치주의 원리는 의회가 미리 정해진 절차를 거쳐 법을 일단 제정하기만 하면 그 법의 목적이나 내용은 문제 삼지 못한다는 '형식적' 법치주의로 변질되기도 하였다. 이러한 형식적 법치주의는 의회를 장악한 다수파의 횡포나 대중을 선동하여 등장한 독재자의 권력남용을 견제하는 데 실패하였고, 오히려 절대권력자의 통치권을 강화하는 데 일조하게 되었는데, 그 대표적인 예가 히틀러의 나치독일 시대이다. 독일의 히틀러는 법을 통치의 수단으로 오용하여 개인의 자유와 권리를 탄압하였는데, 이처럼 형식적 법치주의가 여러 폐해를 초래함에 따라 제2차 세계대전 이후에는 '실질적' 법치주의 개념이 발전하게 되었다.

즉 공권력의 행사가 비록 형식적으로 법률에 기초를 두고 있다고 하더라도, 그 법률 자체의 내용이 정당하지 않다면 이는 '외견적 법률주의'로서 법치주의를 벗어난다고 판단하는 것이다. 요컨대 형식적 법치주의는 '합법성' 자체에만 초점을 두었던 반면, 실질적 법치주의는 단순한 법의 지배가 아닌, "정당한" 법의 지배를 추구한다. 즉 행정이 법에 부합해야 함은 물론, 법이 내용적으로 정당성(legitimacy)을 갖추어야 함을 의미한다.

우리나라의 헌법은 국가의 권력남용으로부터 국민의 기본권을 보호하고자 하는 법치국가의 실현을 기본이념으로 한다. 또한 우리 헌법 제12조 제1항 후문[14] 및 제3항[15]에 적법절차의 원칙을 명문화하여 독자적인 헌법원리로 수용하고 있다. 이와 같은 헌법원리는 형식적 절차와 함께 실체적인 법률내용에서도 합리성과 정당성을 갖추어야 한다는 의미로서, 모든 입법작용 및 행정작용[16]에 이르기까지 광범위하게 적용된다.

결론적으로 합법성이란 법률이 정한 절차는 물론 그 실체적인 내용 역시 정당성을 갖춘 것이어야 한다는 것으로 이해해야 한다. 따라서 공무원이 행정활동과정에서 기존 법령을 소극적 태도로 형식적으로만 준수한다거나, 과도한 재량권을 행사하여 법령의 취지를 저해하는 것, 국민의 권리침해 상황에도 불구하고 법률의 미비를 이유로 방치하는 것 등은 합법성이라는 행정가치의 진정한 의미를 퇴색시키고 오용하는 것이라 할 수 있다.

---

14) "누구든지 법률에 의하지 아니하고는 체포·구속·압수·수색 또는 심문을 받지 아니하며, 법률과 적법한 절차에 의하지 아니하고는 처벌·보안처분 또는 강제노역을 받지 아니한다."

15) "체포·구속·압수 또는 수색을 할 때에는 적법한 절차에 따라 검사의 신청에 의하여 법관이 발부한 영장을 제시하여야 한다. 다만, 현행범인인 경우와 장기 3년 이상의 형에 해당하는 죄를 범하고 도피 또는 증거인멸의 염려가 있을 때에는 사후에 영장을 청구할 수 있다."

16) 행정활동에 있어서의 법치주의는 법치행정의 원리로 나타나며 다음의 세 가지로 나눠볼 수 있다. 첫째, 법률의 법규창조력이란, 국민의 대표로 구성된 의회가 정립하는 법률만 법규로서의 구속력을 가진다는 의미이다. 둘째, 법률우위의 원칙은 소극적 의미에서 법률에 위반하는 행정작용을 금지하는 것을 뜻한다. 셋째, 법률유보의 원칙은 적극적으로 법률에 근거를 둔 행정작용만을 허용하는 것이다.

3) 합리성

합리성(合理性, rationality)은 근대사회의 등장을 상징하는 광의의 개념으로 사용되기도 하고, 개인의 선택행위를 판단하는 협의의 개념으로 사용되기도 한다(임의영, 2006: 983). 행정학 분야에서의 합리성은 행위가 궁극적으로 목표달성에 최적인 수단이 되는가를 판단하는 개념으로 사용되는바, 여기서는 행정조직에서의 의사결정 합리성에 대해 논의한 Simon의 합리성 개념과 정책결정과정에서 어떻게 합리성을 확보할 것인가에 대해 논하는 Diesing의 합리성 개념을 살펴본다.

Simon은 행위자의 가치체계에 의거하여 바람직한 결과를 가져오는 대안을 선택하는 것으로 합리성을 이해하면서, 행정이론의 핵심을 합리성으로 설정하고 있다(임의영, 2005: 991-993). 고전적 행정이론에서는 능률성을 중요시하고 있는데, Simon은 능률성이 바람직한 상태를 나타내는 개념으로는 볼 수 있으나, 행동의 원리 즉 '어떻게'를 말해주지 못한다는 것이다. 그는 특정 목표를 달성하기 위한 '의사결정의 합리성'이 '어떻게'에 대한 답을 제공하고 있다는 점에서 행정이론의 핵심적 관심사가 되어야 한다고 주장한다(Simon, 1976: 210). Simon은 행동노선 및 대안선택과 관련하여 합리성을 실질적·내용적(substantive) 합리성과 절차적(procedural) 합리성으로 유형화하고 있다(Simon, 1964; 1976; 1978).

우선, 실질적·내용적 합리성은 주어진 목표를 달성하는데 최선의 대안을 선택하는 경우를 말하며, 이는 완벽하게 합리적인 의사결정을 통해 달성 가능하다. 즉 정책결정과정에서 최선의 대안이 선택될 경우 그 정책은 실질적으로(substantively) 합리적인 것이 된다. 그러나 Simon은 불완전한 지식이 지배적인 현실세계에서는 목표달성을 극대화하는 최선의 선택이 어렵다고 지적하였다. 현실에서는 인간의 인지능력의 제약, 대안 탐색 및 선택을 위해 소모되는 시간과 비용 및 대안의 집행가능성에 대한 고려 등으로 '제한된 합리성(bounded rationality)' 하에서 의사결정이 이루어지는 경우가 대부분이다. 즉, 주어진 상황이나 절차에 따라 제한된 범위 내에서 만족할 만한 대안을 선택하게 되는 것이다.

Simon은 이러한 현실적인 의사결정과정을 반영하여 기존의 경제적 합리성이나 완전한 합리성의 개념과 대비되는 개념으로 '절차적 합리성'을 제시하였다. 여기서 완전한 합리성의 개념은 주어진 목표와 제약조건 하에서 최선의 수단을 선택하는 행위의 '결과'에 초점을 맞추는 반면, 절차적 합리성은 일정한 기준이나 가치판단 또는 의사결정에 도달하는 수단을 선택하는 절차가 합리적인 경우에 달성될 수 있다.

반면 Diesing(1962)은 합리성을 기술적, 경제적, 법적, 정치적 합리성으로 구분하면서, 정치와 필연적인 관계에 있는 행정구조에서 의사결정의 합리성을 확보하기 위한 방안을 밝히고 있다. 정치적 합리성(political rationality)이란 '정치적으로 바람직한 가치를 극대화하거나, 이의 손실을 극소화하는 것'을 의미하며, 효율성 등 경제적 가치를 중시하는 개념인 경제적 합리성과 대비되는 개념이다(Diesing, 1962: 201).[17] 즉 경제적 합리성은 후술하는 효율성 및 효과성과 관련이 있는 개념이고, 정치적 합리성은 민주성 등의 정치적 가치와 연관된 개념이라고 이해할 수 있다. 즉, 개인적 의사결정에서 인간의 인지적 한계에 초점을 맞춘 사이먼의 절차적 합리성 개념을 집단적 의사결정에 적용한 것을 정치적 합리성으로 볼 수 있다(김철회, 2012: 126-127). Diesing은 의사결정구조의 합리화를 통해 정치적 합리성을 달성할 수 있다고 보았는데, 가치나 이해갈등을 타협하고 조정하는 과정을 정치라고 이해할 때, 의사결정과정에서 이해관계자의 참여가 보장되고, 의사결정과정이 개방적이어야 한다는 조건이 충족될 때 정치적 합리성이 달성된다고 할 수 있다(Diesing, 1962: 177-178)[18]. 이상에서 살펴본 행정의 절차적 가치로서의 합리성은 그 밖의 다른 수단적 가치들을 달성하기 위한 전제조건으로 파악할 수도 있다.

4) 책임성

책임성(責任性)이란 특정 대상에 대해 권한을 위임받은 자가 자신의 행위를 그

---

17) Diesing(1962)에 의하면 기술적 합리성(technical rationality)은 어떤 수단이 목표를 얼마나 잘 달성하는지, 즉 목표와 수단 간 인과관계의 적절성인 효과성(effectiveness)을 의미하며, 경제적 합리성(economic rationality)은 목표달성뿐만 아니라 비용의 절약도 포함하게 되어 효율성(efficiency)과 동일한 의미이다. 이에 비해 정치적 합리성은 당사자 간의 타협(compromise)에 의하여 최선의 대안이 마련되고 선택됨으로써 향상될 수 있다.

18) 정치적 합리성의 판단기준으로는 의사결정을 방해하는 모순적 요소들을 조화시키는 능력, 상호 반대 세력 간의 균형을 이룰 수 있는 능력, 다양한 집단과 개개인의 신념과 가치를 포용하고 조화시킬 수 있는 능력, 위협이 되는 요소들에 반대하거나 이를 억압하거나 제거할 수 있는 능력 등을 들 수 있다(Diesing, 1962: 177-178; 김항규, 2006: 393 재인용).

대상에게 설명하고 정당화해야 하는 사회적 의무로서, 행정의 책임성이란 법적·윤리적 또는 기술적 기준에 따라 행정활동을 해야 함을 의미한다(Romzek & Dubnick, 1987: 7). 이러한 책임성은 정부활동이 국민요구에 부응하는 정도를 의미하며, 또 정부활동으로 인해 국민이 손해를 입은 경우 그에 대해 책임을 묻는 것이다.

우리말로는 책임성이라는 용어의 분화가 별로 이루어지지 않은데 비해, 영어로 행정의 책임성은 'Accountability, Responsibility, Responsiveness' 등으로 정의되고 있다(Harmon, 1971; Romzek and Ingraham; 2000). 세 가지 용어를 구체적으로 살펴보면 다음과 같다. 첫째, 책무성 또는 법적 책임성(legal accountability)은 행정의 업무 및 조직 계층제와 관련된 법률적, 제도적 책임의 영역에서 한정적으로 사용된다. 이는 법적 권위를 보유한 상위 기관이 관료에게 요구하는 행위를 성실히 이행하는 것으로서, 행정활동 상에 문제가 발생할 경우 제도적 또는 법적 책임을 지거나 그에 대한 처벌을 받는 것을 말한다. 둘째, 도덕적 책임성(moral responsibility)은 사회가 관료에게 요구하는 윤리적 기준을 준수해야 하는 도의적·자율적 책임을 의미한다. 즉, 공직자는 법이나 제도가 강제하지 않는 경우에도 공동체 의식과 구성원들 간의 신뢰를 바탕으로 능동적이고 자발적으로 행정활동을 수행함으로써 공복으로서의 책임을 져야 한다는 것이다. 셋째, 대응성(responsiveness)은 관료들이 정치인, 일반 국민, 고객 집단과 같은 외부의 이해관계자들이 요구한 사항이나 필요에 적절히 대응하는 것을 의미한다.

한편 행정책임성의 전통적 유형은 Friederich의 내재적 책임성과 Finer의 외재적 책임성으로 구분하여 살펴볼 수 있다. Friederich는 현대 국가는 정해진 목표로서의 행정을 단순히 집행하는 것 뿐 아니라 정책결정 등에 대해서도 포괄적인 책임을 져야 하기 때문에, 사법부나 입법부와 같은 외부통제로는 행정의 책임성을 확보하는 것이 어렵고 전문가 집단으로서 행정인의 자율적 통제를 강조하였다(Friedrich, 1940: 10-11). 즉 내재적 책임은 관료들이 내면의 가치기준에 따라 합리적 대안을 선택하고, 국민의 요구와 정서에 부응해야 하는 민주적·정치적·윤리적 책임을 강조하고 있는 개념이다. 이에 비해 Finer는 국민이 선출한 대의기구에 따른 공무원의 외재적 책임을 강조하고 있다(Finer, 1941: 336). 그는 행정에 대한 외부통제의 필요성 그리고 행정인이 사법부, 입법부 또는 국민에 대해 지는 법적·제도적 책임을 강조하였다. 하지만 행정의 전문성 또는 재량행위로 인하여 외재적 책임이 내재적 책임으로 전환될 수 있음을 지적하였다(Finer, 1941: 342).

　　Romzek & Dubnick(1987: 9)은 통제의 원천 및 통제의 수준을 기준으로 책임성의 유형을 네 가지로 구분하였다. 외부통제는 공공기관 외부에서 구체적인 법적 권한을 가진 자나 일반 국민을 통해 이루어지는 통제를 의미하며, 내부통제는 공공기관 내부에서의 감사, 직업윤리 등을 통한 통제를 의미한다. 통제수준으로 구분할 경우 법에 의한 통제나 관료제의 명령체계에 따른 통제는 높은 수준의 통제에 해당되고, 직업윤리나 도덕적 의무감에 기반한 통제는 낮은 수준에 포함된다. 이상의 두 가지 기준들을 조합하면, <표 3>과 같이 네 가지 유형의 책임성을 분류할 수 있다.

〈표 3〉　책임성의 유형

		통제의 원천	
		조직 내부	조직 외부
통제의 수준	높음	관료적(bureaucratic)	법적(legal)
	낮음	전문직업적(professional)	정치적(political)

자료: Romzek & Dubnick(1987: 9).

　　첫째, 관료적 책임성은 상급자의 명령이나 지시, 조직 내 절차 및 내부 규율 등에 복종할 책무를 의미한다. 조직 내부 통제가 이루어지고 계층제적 관계 속에서, 상급자는 부하에 대한 관리감독의 의무가 있기 때문에 관료들의 자율성이 낮다. 둘째, 법적 책임성은 관료가 외부인이나 집단과의 의무적인 관계 속에서 법적 제재와 계약상 책임을 갖는 것을 의미한다. 관료들의 법적 책임성을 확보하기 위한 장치에는 사법적 심사, 회계감사, 의회의 통제 등이 있다. 셋째, 전문가적 책임성은 전문기술이나 지식을 가진 관료들이 업무에 관하여 갖는 재량권과 자율성에 대한 신뢰를 바탕으로 한다. 관료들은 전문가로서의 사회화, 개인적 신념, 교육훈련, 업무 경험 등을 통하여 내재화된 규범에 근거하여 전문가적 의사결정을 내려야 한다. 넷째, 정치적 책임성은 행정조직의 외부 이해관계자들, 즉 선출직 정치인, 고객 집단 및 일반 대중들에 대한 관료들의 대응성(responsiveness)을 강조하는 개념이다. 정치

적 책임성이 강조될 경우, 정부의 대표성에 기여할 수 있는 반면, 정실주의(favoritism)
와 부패를 촉진시킬 위험성도 존재한다.

　　이상의 논의를 종합하면 행정의 책임성은 기본적으로 행정부 및 관료가 지녀
야 할 도덕적 · 법적 의무이다. 도덕적 의무는 행정부와 행정인이 행해야 할 적극적
책임을 의미한다면, 법적 의무는 최소한의 소극적 책임이라고 할 수 있다. 책임성
이란 행정행위의 결과와 성과에 대해 정보를 제공하고 그것이 정당함을 설명할 '책
임을 지는 자'와, 제공받은 정보를 바탕으로 행위의 적정성에 대한 판단을 내리는
'책임을 묻는 자'를 전제하는 개념이다. 다시 말해, 행정의 책임성은 관료들이 직무
수행 과정에서 법률, 규칙, 그리고 도덕적 · 윤리적 규범에 따라서 행동해야 할 의무
는 물론, 정치기관의 위임을 받은 행정기관이나 관료가 국민에 대하여 지는 책임까
지 포괄하는 개념이다.

5) 투명성

　　투명성(transparency)은 행정의 집행과정 및 의사결정과 같은 공적 활동이 외부
로 드러나는 것을 뜻한다. 따라서 투명성에서 가장 중요한 요소는 '공개'인데, 이는
책임성 논의에서 부분적으로 제시되던 소극적 의미에서의 정보공개 개념에서 외부
자가 공개된 정보에 입각하여 목소리를 내고 내부자의 결정을 평가할 기반 조성까
지 포함하는 정부개혁의 핵심 가치이다. 이러한 투명성의 의미를 살펴보면, 투명성
은 한편으로 개방성(openness)과 접근성(access)을 통해 정부와 시민의 소통을 확대
하고 다른 한편으로 공무원의 부정부패를 방지하기 위한 중요한 가치임을 알 수 있다.

　　이 중 공무원의 부정부패 문제는 독점적 정부권력 하에서 자의적 재량권을 자
유롭게 행사할 때 발생할 가능성이 높다. 따라서 정부의 권한 범위와 활동 내역을
투명하게 공개하면 이러한 부패를 적정 수준에서 예방할 수 있다(이종수 외, 2012:
173) 이를 위해 다양한 제도들이 운영되고 있는데, 예를 들어 정부 위원회 등에 민
간인의 참여를 의무화함으로써 정부 의사결정과정의 투명성과 개방성을 높이거나,
시민의 고발을 통해 부당한 결과의 발생과정을 조사하고 그 결과를 외부에 공표하
는 옴부즈만제도도 여기에 해당된다. 최근 공공기관의 정보공개 범위 확대와 의무
적 정보공시제도 등도 이러한 노력에 포함될 수 있다.

투명성과 관련이 깊은 가치 개념으로는 '청렴성'과 '이해충돌'의 문제가 있다. 청렴성은 공무원 개인의 사적 이익을 배제하고 공직이 요구하는 높은 수준의 윤리적 가치에 대한 헌신적 준수와 실천을 의미한다(Dobel, 1999: 21-22). 따라서 투명성 확보는 청렴성의 확보를 위한 최소한의 전제 조건이라 할 수 있다.

6) 절차적 행정가치 간 관계

이상에서 살펴본 절차적 행정가치인 민주성, 합법성, 합리성, 책임성, 투명성은 모두 본질적 행정가치를 실현하기 위한 도구적 기능을 한다는 데 공통점이 있다. 하지만 각각의 가치들은 내용적 측면에서 차이를 보인다. 민주성과 책임성은 행정활동 및 공무원 행동의 사전적·사후적 준거기준이며, 합리성은 어떤 행정 활동이 민주적이고 책임성 있는 것인지를 판단하기 위해서는 최소한 비합리적이지 않아야 된다는 점에서 다른 가치들의 전제 조건이라고 볼 수 있다. 한편, 합법성은 절차적 측면에서는 법치행정의 규범적 판단기준이면서 동시에, 실질적 측면에서는 법의 내용이 합리성, 민주성, 책임성 등과 같은 가치들을 담아야 한다는 것으로 파악될 수 있다.

2. 수단적 행정가치

수단적 행정가치는 행정행위의 결과가 담보해야 하는 원리로 효율성과 효과성이 있다. 효율성이 행정이 정해진 목표를 어떻게 하면 적은 비용으로 달성할 수 있는가의 경제성을 강조하는 개념이라면 효과성은 목표의 달성도를 강조한다는 측면에서 공익의 실현이라는 의미를 내포하고 있다.

1) 효율성

효율성(效率性, efficiency)은 주어진 자원을 통해서 서비스를 효율적으로 생산하고자 하는 개념으로, 노력이나 시간, 비용 등의 투입은 최소로 하고, 이를 통해 얻어지는 성과, 소득 등 산출은 최대로 하여야 한다는 의미를 갖는다. 이러한 효율성 개념은 윌슨의 행정개혁 시대부터 최근의 신공공관리론까지 미국 행정학에서 가장 중요한 가치로 여겨져 왔다(정정길, 2006: 240). 효율성은 연속적인 과정 속에서 투입, 과정, 산출을 고려하는데, 예를 들어, 정책이 최소비용으로 최대의 효과를 나타냈다면 효과적인 정책으로 평가될 수 있으며, 효율성 개념을 기준으로 정책대안을 비교할 경우 정책 및 서비스에 투입되는 비용과 기대되는 효과를 구체적으로 나타낼 수 있다(박순애 외, 2017: 81). 단, 효율성을 어떻게 측정하는가는 효율성을 어떻게 구분하여 개념화하는가에 따라 상이하다는 점에서 효율성 개념에 대한 논의들을 살펴본다.

일반적으로 효율성 개념은 절대적 효율성(absolute efficiency)과 상대적 효율성 (relative efficiency)으로 구분하는데(유금록, 2004: 19), 전자는 관심대상이 되는 경제주체의 활동결과를 투입대비 산출의 비율로 파악한 것으로서, '취업인원수/교육수료인원수'와 같이 물리적인 단위나 비율로 표시된다. 이에 비해 후자는 생산활동 주체들이 만들어낸 효율성 중에서 최고주체와 비교를 하는 상대적인 비율로서, 최고수준의 효율성을 100% 혹은 1로 잡고 표준화한 값이다.

또한 '배분적 효율성(allocative efficiency)'은 민간부문과 정부부문 간 또는 정부기관들 간에 파레토 최적[19]이 달성된 상태를 의미하고(최병선, 1992: 158-159), '생산적 효율성(productive efficiency)'이란 미시적 차원에서 단위사업 간의 통합조정, 단위사업별 투입요소의 결합 양태, 단위사업의 투입－산출구조 개선 등과 같이 생산요소의 결합을 다른 방식으로 개선하거나 개별 조직 내에서 기술의 도입이나 경영과정 등의 개선을 통해 경영효율성을 제고하는 것을 말한다.[20]

이러한 효율성의 기준들은 정책 및 서비스를 측정 평가하고, 대안을 식별할 수 있는 척도를 제공한다(남궁근, 2017: 590). 만약 특정 기준의 효율성에 부합한 결과가 발생했다면 그러한 정책 및 서비스는 바람직한 정책으로 평가할 수 있다.

---

19) 효율성을 판단하는 기준이 되는 파레토 최적(pareto optimum) 상태란 다른 사람의 후생을 감소시키지 않고는 누구의 후생도 증대시키는 것이 불가능하도록 자원이 효율적으로 배분되어 있는 상태를 말한다(최병선, 1992: 158－159).

20) 개인이나 조직 등이 경영효율성을 제고하기 위한 동기나 유인의 부재로 인해 생산성 향상 노력을 하지 않거나 게을리 함으로써 발생하는 비효율성을 X－비효율성(X－inefficiency)이라 한다(Leibenstein, 1966: 392).

2) 효과성

효과성(效果性, effectiveness)은 행정 혹은 정책사업의 목표달성도(degree of goal achievement)를 의미하며, 정책 서비스의 결과 및 영향력을 포함한다. 효율성이 산출단위당 투입비용을 측정함으로써 제한된 자원으로부터 산출의 극대화를 추구하는 개념인데 비해, 효과성은 실적을 행정목표와 대비시킴으로써 목표－수단의 계층적(hierarchy) 목표달성도를 의미한다.[21] 효과성 개념은 1960년대 미국이 발전도상국 지원 과정에서 목표 설정과 그 성과에 관심을 두면서 주목받게 되었다(이종수 외, 2014: 114). 효과성은 비용이나 투입요인을 중시하는 효율성과 달리, 온전히 정책의 근본 존재이유로서 목표를 얼마나 달성했는가에 관심을 둔다. 즉, 목표달성을 위해 정책 대안이 어느 정도 기여했는지를 측정함으로써 효과성을 평가하는데, 예를 들어 고속도로 완공을 행정활동의 산출로 본다면, 빨라진 교통흐름은 이러한 행정활동의 결과 또는 효과로 볼 수 있다(Dunn, 2015: 196; 박순애 외, 2017: 80).

효과성은 행정목표의 달성 정도를 의미한다는 점에서 목표를 무엇으로 설정하는가에 따라 그리고 분석단위를 어떻게 선택하는가에 따라 효과가 달리 평가될 수 있다. 효율성은 가시적으로 나타나는 직접 목표인 산출을 측정하고, 그것을 파레토 최적이라는 명확하고 일정한 판단기준을 통해 평가할 수 있는 개념이다. 반면에 효과성은 행정기관의 최종적인 목표와의 관계에서 그 성취수준을 평가해야 하기 때문에, 분석단위의 선택이 쉽지 않다. 행정목표는 사회의 가치관을 반영하여 변화하는 특성을 갖기 때문에, 효과성의 판단기준은 가변적일 수 있다. 특히 효과성은 비용을 감안하지 못한다는 한계가 있는데, 아무리 효과가 좋은 대안도 비용이 과다하게 소모되면 바람직스럽지 못할 수 있다(정정길, 2006: 206). 또한 행정목표는 대부분 추상적이고 화폐단위로 측정이 어려운 경우가 많다는 한계도 있다.

그럼에도 넓은 의미의 효과성은 행정에서 중요한 가치로 작용하고 있다. 다양

---

21) 투입에 대한 산출의 비율은 효율성(능률성), 그리고 기준목표에 대한 산출의 비율은 효과성임에 비하여, 생산성(生産性, productivity)이란 투입 대비 산출을 극대화하는 동시에 그 산출이 주어진 목표를 달성하는지를 측정하는 것으로서, 최종 산출의 양적 측면을 의미하는 효율성과 질적 측면을 의미하는 효과성을 통합한 개념으로 볼 수 있다. 즉 생산성이란 최소의 투입으로 최대의 산출을 추구하되(효율성) 그 산출이 애초에 설정한 목표나 기준에 비추어 얼마나 바람직한 효과를 미쳤는지를(효과성) 나타내는 복합적 개념이다(Mail, 1978: 6).

한 사회문제들의 발생과 그 문제의 올바른 해결이 중요해지고 있는 현실에서 효과성은 결국 정책문제의 해결 정도를 의미한다. 문제의 성격과 상황에 따라 중요시되는 행정의 가치가 달라지지만, 행정이 사회문제의 공적개입을 통해 바람직한 가치 실현을 그 목적으로 한다는 점에서 사회문제를 어느 정도 해결했는가를 의미하는 효과성은 여전히 중요한 행정원리로서의 의미를 갖는다.

4절 행정가치 간 갈등의 조화

이상에서 살펴본 바와 같이, 다양한 행정가치들이 존재하며 각각의 가치들이 상호 조화되는 경우도 있지만 때로는 가치들 간 상호 충돌 혹은 갈등이 발생할 수도 있다. 이 경우, 공익이나 정의 등과 같은 궁극적인 행정목표를 달성하기 위해서 여러 절차적·수단적 가치들 중에서 어느 것을 선택할 것인가? 특별히 가치들 간 상충관계가 있을 때 어느 것을 선택하는 것이 바람직한가? 아니면 충돌하는 가치들 간에 상호 조화를 이루도록 할 방법은 없는가? 이러한 질문은 사회문제의 복잡성과 이해당사자들 간의 갈등이 심화되어가는 현대 사회에서 행정이 풀어가야 할 난제라고 할 수 있다.

행정학에서는 다양한 가치들 가운데 시대적·사회적 문제해결에 가장 적합한 가치를 탐구해야 한다. 예컨대 주로 효율성과 같은 가치에 중점을 두는 경제학, 경영학에서는 당면 문제를 측정 가능한 화폐적 단위로 분석한 후, 최소비용을 투입함으로써 최대효과를 산출하는 대안을 선택하는 것이 일반적이다. 그러나 행정학에서는 효율성뿐만 아니라 공정성, 사회적 형평성 등 복수의 가치들을 동시에 고려하여 문제의 해결책을 찾아야 하는 경우가 많다. 또한 갈등 해결방안을 찾는 과정에서 정부 공무원이나 전문가들의 의견과 함께 일반시민들의 민주적인 선호도 반영될 수 있도록 하는 의사결정과정이나 제도적 절차가 필수적이다.

그러면 행정가치들 간에 상충관계가 존재할 때 어느 가치를 선택해야 할 것인가? 물론 행정가치는 그 우선순위를 엄격하게 매길 수 있는 것이 아니라 상호보완적·상대적 특성을 가진다. 또한 행정이 위치한 시공간적 환경의 역사적·정치적·상황적 요인 등에 따라 그 평가기준이 달라지므로 특정한 맥락에 따라 우선되어야 할 가치가 달라질 수도 있다. 그럼에도 불구하고 행정가치를 선택할 때에 적어도 다음의 세 가지 원칙을 평가의 기준으로 고려해볼 수 있을 것이다. 첫째, 행정가치 선택의 주체(subject) 측면에서 행정가치의 선택은 국가나 지배권력층이 아니라 국민의 선택이 되어야 한다. 둘째, 실질적(substantive) 내용 측면에서 국민을 위한 행정가치를 선택하여야 한다. 이를 위해서는 행정가치들 간의 위계를 고려하여 그 내용상 본질적 가치가 수단적 가치보다 우선한다는 원칙을 견지할 필요가 있다. 셋째, 행정가치를 선택하는 절차적(procedural) 측면에서, 국민에 의한 의사결정이 이루어짐으로써 일반국민의 선호가 충분히 반영될 수 있어야 한다. 다시 말해, 독재자 혹은 소수 그룹이 일방적으로 의사를 결정하는 것이 아니라, 관련 이해당사자들, 그리고 가급적이면 더 많은 시민들의 의견을 수렴하여 의사결정과정에 반영하는 것이 바람직하다고 볼 수 있다. 결론적으로 다양한 행정가치들은 행정이 견지하고 추구하는 행동의 기준이자 원리로서, 구체적인 상황에 따라서 동등한 수준에서 혹은 우선순위를 달리하여 적용되는 것으로 볼 수 있다.

◈ 참고문헌 ◈

김근세. (2008). 신공공관리론과 공공성, 윤수재·이민호·채종헌 편, 새로운 시대의 공공성 연구, 469－487, 서울: 법문사.

김철회. (2011). 정치적 합리성과 경제적 합리성의 조화를 통한 공감형 R&D 재원배분원칙과 기준. 한국행정학회 하계학술발표논문집, 2011, 1－14.

김항규. (2009). 행정철학. 제4정판. 대영문화사.

권혁주. (2016). 한국의 사회갈등과 사회통합 방안: 사회구조적 관점에서. 행정논총, 54.

남궁근. (2017). 정책학: 이론과 경험적 연구. 서울: 법문사.

박동서. (1994). 한국행정의 연구. 서울: 법문사.

박순애 외. (2017). 공공부문의 성과측정과 관리. 고양: 문우사.

백완기. (2007). 한국행정과 공공성. 한국사회와 행정연구, 18(2), 1－22.

소영진. (2008). 공공성에 대한 다양한 시각, 윤수재·이민호·채종헌 편, 새로운 시대의 공공성 연구, 32－63, 서울: 법문사.

유금록. (2004). 공공부문의 효율성 측정과 평가: 프런티어분석의 이론과 적용. 대영출판사.

안병영·정무권. (2007). 기획특집논문: 민주주의, 평등, 그리고 행정: 한국행정 연구를 위한 이론적, 경험적 함의를 찾아서. 한국행정학보, 41(3), 1－40.

양승일. (2013). 복지정책의 가치체계. 온라인 행정학사전.

이종수 외. (2014). (새)행정학 2.0. 서울: 대영문화사.

임의영. (2003). 공공성의 개념, 위기, 활성화 조건. 정부학연구, 9(1), 23－52.

임의영. (2006). 합리성의 행정철학적 논의구조와 H.A. Simon의 합리성 개념. 한국행정논집. 18(4): 981－1002.

임의영. (2007). 사회적 형평성의 정의론적 논거모색: R. Dworkin 의 '자원평등론'을 중심으로. 행정논총, 45.

임의영. (2008). 신행정학과 공공성, 윤수재·이민호·채종헌 편, 새로운 시대의 공공성 연구, 414－440, 서울: 법문사.

임의영. (2009). 행정이념의 이해, 이민호·윤수재·채종원 편, 한국행정이념과 실용행정, 145－177, 서울: 법문사.

임의영. (2010). 공공성의 유형화, 한국행정학보 44(2): 1－21.

오석홍. (1995). 행정과 가치, 행정논총, 33(2): 21−38.

오석홍. (2014). 행정학, 서울: 박영사.

유민봉. (2012). (한국)행정학, 서울: 박영사.

정대성. (2013). 평등 자유주의적 정의 이념의 철학적 함의와 그 한계에 대해. 해석학연구, 31, 139−159.

정무권. (2011). 행정민주주의와 공공성: 심의 민주주의와의 접목. 사회과학연구, 50(2), 33−80.

정용덕. (2015). 문명 발전을 위한 국가 행정 제도화 시론: 공익 개념을 중심으로, 행정논총, 53.

정정길. (2006). 행정학의 새로운 이해. 서울: 대명문화사.

차하순. (1983). 형평의 연구: 17·18세기 유럽정치사상을 중심으로, 역사학보, 103(0), 220−227.

최명관. (1984). 니코마코스 윤리학. 서울: 서광사.

최병선. (1992). 정부규제론. 서울: 법문사.

Berlin, I. (1969). Four Essays on Liberty, Oxford University Press, 박동천 역. (2006). 「(이사야 벌린의)자유론」, 서울: 아카넷.

Benn, S. I., & Gaus, G. F. (Eds.). (1983). Public and private in social life. Taylor & Francis.

Bozeman, B. (1987). All organizations are public: Bridging public and private organizational theories. Jossey−Bass.

Dobel, J. P. (1999). Public integrity.

Diesing, P. (1962). Reason in society: Five types of decisions and their social conditions.

Dunn, W. N. (2015). Public policy analysis. Routledge.

Finer, H. (1941). Administrative responsibility in democratic government. Public administration review, 1(4), 335−350.

Frankena, W, K. (1989). Ethics. Pearson Education Inc. 황경식 역. (2003). 「윤리학」 서울: 철학과현실.

Frederickson, H. G. (1980). New public administration. Tuscaloosa, AL.

Harmon, M. (1971). Normative Theory of Public Administration. in F. Marini(eds.), Toward a New Public Administration. Scranton, Penn.: Chandler.

Höffe, O. (2004). GERECHTIGKEIT, 박종대 옮김. (2004). 「정의: 인류의 가장 소중한 유

산」, 서울: 이제이북스.

Jørgensen, T. B., & Bozeman, B. (2007). Public values: An inventory. Administration & society, 39(3), 354−381.

Leibenstein, H. (1966). Allocative efficiency vs. "X−efficiency". The American Economic Review, 56(3), 392−415.

Von Leyden, W. (1985). Aristotle on equality and justice: His political argument. Springer.

Mali, P. (1978). Improving total productivity. Wiley.

Mathews, D. (1984). The public in practice and theory. Public Administration Review, 44, 120−125.

Meyerson, M., & Banfield, E. C. (1995). Politics, Planning, and the Public Interest; The case of Public Housing in Chicago. New York: Free Press.

Nozick, R. (1974). Anarchy, state, and utopia (Vol. 5038). New York: Basic Books.

Rainey, H. G. (2003). Understanding and managing public organizations. John Wiley & Sons.

Rawls, J. (1971). A Theory of Justice, Cambridge: Harvard University Press. 황경식 옮김. (2002). 「정의론」, 서울: 이학사.

Rawls, J. (2003). A Theory of Justice, Cambridge: Harvard University Press.

Romzek, B. S., & Dubnick, M. (1987). Accountability in the Public Sector: Lessons from the Challenger Tragedy. Public Administration Review, 47(3), pp. 227−238.

Romzek, B. S., & Ingraham, P. W. (2000). Cross pressures of accountability: Initiative, command, and failure in the Ron Brown plane crash. Public Administration Review, 60(3), 240−253.

Sandel, M. J. (2009). Justice: What's the Right Thing to Do, London: Penguin Books.

Sen, A. (1992). Equality: Reexamined. Cambridge: Harvard University Press.

Simon, H. A. (1964). Rationality, in Gould, J. y Kolb, W. L. (eds), A Dictionary of the Social Sciences, The Free Press, Glencoe, IL, pp. 573−574.

Simon, H. A. (1976). From Substantive to Procedural Rationality. In Spiro J. Latsis(ed.), Method and Appraisal in Economics, 129−148. Cambridge: Cambridge University Press.

Simon, H. A. (1978). Rationality as Process and as Product of Thought. American Economic Review: 1−16.

Schubert, G. A. (1960). The public interest: A critique of the theory of a political concept. Glencoe, Free Press.

Wamsley, G. L. and Zald, M. N. (1973). The Political Economy of Public Organizations: A Critique and Approach to the Study of Public Administration, Lexington, Massachusetts : Lexington Books.

제4장

행정조직론

제4장 행정조직론

"Specific organization structures are recommended depending on the extent of uncertainty and equivocality faced by the organization from its technology, departmental interdependence, and environment."

Daft & Lengel(1986: 555)

1절 조직이란 무엇인가

1. 조직의 개념

조직(organization)은 현대 사회의 모든 분야에서 찾아볼 수 있는 보편적인 사회적 집단으로 대학, 병원, 정부기관, 기업, 종교 및 시민단체 등 어디에나 흔히 존재하며, 그 종류도 매우 다양하다. 다양한 조직의 종류만큼 조직의 속성과 특성에도 차이가 존재하기 때문에, 학자들은 각 조직의 공통적인 요소를 바탕으로 조직의 정의를 제시한다.

Weber(1947: 221)는 "폐쇄되어 있거나 규칙에 의해서 외부인의 출입이 제한되는 사회적 관계"로, Etzioni(1975: 79)는 "목표를 성취하기 위해 인위적으로 만들어진 일종의 구조적 사회단위"로 정의하였다. 또한, March & Simon(1958: 2)은 "인간들의 상호작용의 집합체로서 일종의 사회제도"로, Presthus(1962: 7)는 "일종의 사회축소판(miniature societies)으로서 가치를 실현하기 위한 구조물"로, Barnard(1968: 72)는 "사람들의 의식적이고 목적 지향적인 협동행위"로 조직을 정의하였다. 이러한 조직의 여러 정의를 통합하여 Daft(2004: 11)는 조직을 "공동의 목표를 달성하기 위해 설계된 구조로서 외부 환경과 연결되는 사회적 개체(social entities)"로, 그리고 오석홍(2018: 70)은 "인간의 집합체로서 일정한 공동목표의 추구를 위하여 의식적으로 구성한 사회적 체제"로 정의하고 있다.

기존에 논의되어 온 조직의 개념요소들을 바탕으로 이 책에서는 조직을 "공통된 목표를 달성하기 위하여 구성원들이 그들의 행위를 의식적으로 조율하는 집합체"로 규정한다. 이 정의에서 조직과 조직이 아닌 것을 구분해주는 개념요소를 찾아 볼 수 있다. 우선 조직이란 특정한 공통의 목표를 달성하기 위한 집단을 말한다. 따라서 개인들로 구성된 집단이라 할지라도 어떤 목표 없이 우연히 모인 것일 경우에는 조직이라고 보기 어렵다. 또한, 우리가 조직이라고 부르는 실체는 대개 조직의 내부 구성원과 외부인을 나누는 분명한 경계를 가지고 있다. 이러한 경계는 조직 내부 참여자들에게 지속적으로 부여된 역할과 지위에 의해 규정되며, 이는 동시에 조직구조를 형성하게 된다.1) 조직의 경계는 조직과 환경을 구분해주는데, 조직을 환경으로부터 차단된 폐쇄체제로 바라 볼 경우 조직의 경계가 매우 뚜렷한 반면 조직을 환경과 상호작용하는 개방체제로 간주할 경우 유동적이고 자유로운 경계가 나타나게 된다.

이와 같은 조직의 개념 정의를 바탕으로 할 때, 조직의 주요 구성요소는 고유의 "목표" 및 "구성원"과 그들 간의 공식·비공식적 관계인 "구조" 그리고 조직의 경계(boundaries) 밖의 외부 "환경"을 들 수 있다(Scott, 2003: 3-30). 여기서 조직목표(organizational goal)란 조직이 달성하려는 미래의 바람직한 상태나 조건 및 산물로

---

1) 물론 조직과 비조직을 구별하는 기준이 항상 명확한 것은 아니다. 폭력단(street gangs), 친교집단(friendship groups), 사회운동(social movements)에서 흔히 나타나는 시위대들은 특정한 상황과 맥락 속에서는 단순한 집단을 넘어 조직으로 변화하기도 한다. 최근 정보기술의 발달로 활성화된 온라인상의 그룹들을 조직으로 볼 수 있을 것인지를 판단하기가 더욱 애매모호할 수 있다. 이처럼 조직의 개념이 정태적으로 고정불변의 것이 아니라는 점에서, Weick(2015)은 조직화(organizing)라는 단어를 사용하면서 조직이란 의미형성(sense making)이라는 동태적인 과정에서 만들어지는 산물이라고 개념화하였다.

정의된다. 이것은 조직에 속한 개인들이 갖는 목표와는 별개로 조직 자체가 갖는 목표이다. 조직목표는 개별 구성원들이 공동으로 추구하는 것이며, 앞으로 달성되어야 하는 미래지향적인 개념인 동시에, 현재 조직이 해야 할 일에 방향과 정당성을 제시하는 기능을 한다. 조직이 그 목표를 달성하는 정도를 조직효과성(organizational effectiveness)이라 한다. 조직의 환경은 조직을 둘러싸는 모든 외부 조건으로 조직에 실제적 또는 잠재적으로 영향을 미치는 모든 것을 의미한다. 조직의 주요 구성요소 중 조직구조와 조직구성원(조직인)이 조직 및 조직이론의 핵심적 요소이다. 본 장에서는 그 중 조직구조에 대해 집중적으로 살펴보고, 조직구성원과 이들의 행태에 대해서는 다음 장에서 논의한다.

2. 조직론의 내용 및 접근방법

조직론은 조직을 구성하는 요인 및 속성을 규명하고, 조직 내부의 현상과 조직 내부－외부 환경 간 관계 및 조직효과성 등을 분석하기 위한 이론이다. 조직 현상은 여러 학문분야에서 중요한 연구 주제로 다루어지고 있다. 예컨대 연구대상 측면에서, 정부 또는 공공조직을 연구대상으로 하는 행정학과 기업조직을 연구하는 경영학이 있다. 또한, 조직을 바라보는 관점에 따라서 조직 자체의 구조나 조직들 간의 관계 등을 연구하는 조직사회학, 조직에 속한 인간의 심리와 행태(behavior)에 초점을 두는 조직심리학, 경제학의 주요 가정과 방법론을 분석도구로 사용하는 조직경제학의 학문 분과가 발달하였으며, 조직 현상의 본질을 권력 작용으로 파악하는 정치학적 관점, 조직에 도입된 정보기술(IT)의 영향을 탐구하는 공학분야에 이르기까지 다양한 시각의 연구가 진행되어 왔다.

일반적으로 조직론은 크게 두 가지 하위 분야로 나뉜다. 조직 자체를 분석단위로 두고 조직의 내부 구조 및 외부 환경 간 관계를 분석하는 조직구조론(organizational structure)과 조직 내 개인의 행태적 특성 및 상호작용을 연구하는 조직행태론(organizational behavior)이 그것이다.[2] 이와 같이 조직론은 조직 현상의 구

---

2) 이를 조직 내의 개인의 행태를 연구하는 미시조직론과 조직전체의 수준에서 조직을 분석하는 거시조직론으로 구분하기도 한다(이창원·최창현, 2005: 58).

조와 작동기제(mechanism)에 대한 이론적 탐구 및 경험적 분석을 통하여 조직의 문제를 진단하고 조직관리에 있어 개선방안을 처방함으로써, 조직 자체의 발전과 조직에 속한 개인의 자아실현을 목적으로 한다.

2절 조직구조의 개념 및 체계

1. 조직구조의 개념

"조직구조(organizational structure)란 조직 구성요소 및 조직 구성원들 사이에 확립된 관계 유형(established pattern of relationships)"으로서, 복잡한 조직에서 구조는 주요 요소 또는 하부체제와 하부체제들 간의 관계의 유형이 확립되면 결정된다(Rosenzweig, 1979: 198). 이러한 개념 정의는 조직이 갖는 두 가지 측면을 부각시킨다. 첫째는 조직구조의 결과적 측면으로서, 조직의 기능, 권한 및 책임 등이 어떻게 배분되고 조정되는지에 관하여 조직구성원 사이에 성립되어 있는 관계의 틀이다.[3] 둘째는 과정적 측면으로서 조직구성원들의 행동 또는 상호작용이 반복되면서 그것이 일정한 패턴으로 굳어지면 그 또한 조직구조가 될 수 있다.[4] 따라서 조직구조는 조직목표 달성을 위한 수단으로서, 직무의 배분 및 의사전달의 연결통로가 되며, 구성원들 간의 역할, 지위, 권력, 규범을 규정한다.

역할, 지위, 권력, 규범은 조직구성원들의 상호작용에 영향을 미치는 기초적 요소이다.[5] 첫째, 역할(role)이란 조직 내 특정 위치의 구성원에게 기대되는 행동의 범주를 의미하며, 인간의 행동을 유형화하는 것이다. 둘째, 지위(status)란 어떤 사회

---

3) 특정한 조직의 구조를 알 수 있는 대표적인 방법은 조직도(organizational chart)를 살펴보는 것이다. 조직도란 조직의 공식구조를 단위조직과 하위단위로 나누어 그린 도표로서, 조직구조가 어떻게 설계되어 있는지 그리고 조직 목표수행을 위해 필요한 과업들은 무엇인지에 대한 정보를 제공한다.

4) 조직구성원들이 어떤 신념이나 믿음에 따라 일정한 상호작용을 지속·유지하게 될 때 그것이 비록 비공식적일지라도 조직구조로서 작용할 수 있는 것이다.

5) 이와 같이 조직구조가 구성원들의 상호작용, 즉 행태(behavior)에 영향을 미친다는 점에서 조직구조와 조직행태의 논리적 연결고리를 발견할 수 있다(오석홍, 2011: 288－289).

체제 속에 개인이 점하는 위치의 상대적 가치로서, 계층화된 체제 내에서의 등급을
의미하며 동기유발과 통제수단이 된다. 셋째, 권력(power)이란 타인이나 다른 집단
의 행동에 영향을 미칠 수 있는 능력으로서, 역할과 지위의 실제적 효력을 뒷받침
한다. 마지막으로, 규범(norm)은 역할, 지위, 권력의 실체와 상호관계를 규정하는
기능을 한다(오석홍, 2011: 288-289).

　이상과 같은 조직구조에는 어떠한 유형들이 있으며, 각 유형들은 어떠한 특성
을 갖는가? 그리고 어떠한 요인들이 조직구조의 형성에 영향을 미치는가? 이러한
연구주제들과 관련하여 조직구조론의 핵심적 내용을 이루는 조직구조의 체계는
<그림 1>과 같이 나타낼 수 있다. 조직규모, 기술, 조직환경의 상황적 요인이 복
잡성, 공식성, 집권성이라는 조직의 특성에 영향을 미치며, 이러한 특성들이 조직
구조의 유형을 결정짓는다.

〈그림 1〉 조직구조의 체계

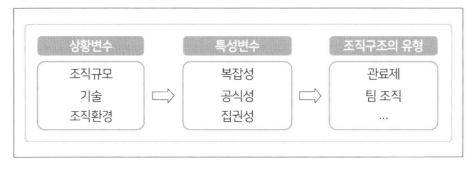

2. 조직구조의 체계

1) 조직구조의 특성변수

　조직구조는 다양한 변수의 조합에 따라 그 형태가 달라질 수 있다. 조직의 구
조적 특성을 측정하고 설명하기 위해 사용되는 대표적인 변수에는 복잡성, 공식성,
집권성이 있다. 즉 이러한 세 가지 변수들의 조합을 통해 조직구조의 특성을 파악
할 수 있다.

첫째, 복잡성(complexity)이란 조직의 목적달성을 위한 활동이 얼마나 분화되어 있는지를 의미한다. 조직의 복잡성은 조직의 계층 단계와 조직구성원의 과업 범위 등에 의해 결정되는데, 이는 수직적·수평적·공간적 분화의 정도로 구분될 수 있다(Rainey, 2009: 209; Organ & Bateman, 1991: 596). 수평적 분화(horizontal differentiation)란 과업이 여러 단위부서로 분업화 및 전문화되는 것을 의미하며, 이에 따라 조직은 기능, 사업, 제품, 고객 등을 기준으로 부서를 편성한다. 다음으로 수직적 분화(vertical differentiation)는 조직 내 계층의 수와 관련된 개념이다. 상하관계가 분명한 위계적인 조직의 경우 계층마다 지위와 역할에서 차이가 존재한다. 마지막으로 공간적 분화(space differentiation)는 장소적 분산 혹은 지역적 분화라고도 불리며, 조직의 물리적 이용시설이나 구성원 등이 지리적으로 분산되어 있는 정도를 의미한다(유민봉, 2005:382-383).

둘째, 공식성(formalization)이란 조직의 규칙 및 조직구성원의 과업수행 임무가 문서화되어 있는 정도를 의미한다. 즉, 공식성은 조직의 구성원이 언제, 무엇을, 어떻게 해야 하는가를 규정하고 있는 직무의 표준화 정도를 나타내는 개념으로서 구체적으로 ① 업무수행절차가 성문의 규율과 규칙들로 표준화되어 있는 정도, ② 업무나 활동이 표준화된 규칙 혹은 절차에 따라 처리되는 정도, ③ 표준화된 규칙이나 절차에 의해 행동을 규율하는 정도, ④ 공식적인 문서·명령을 통해 보고 및 의사소통이 이뤄지는 정도를 의미한다. 일반적으로 공식성의 정도가 높은 조직에서는 구성원들이 직무활동 내용을 명확히 규정한 직무기술서나 조직 규칙 및 절차 등에 따라 업무를 수행하게 된다. 공식성을 통해 직무수행의 예측 가능성을 높이고 나아가 고객에게도 공정성을 기할 수 있다. 하지만 공식성이 높을수록 구성원의 재량권은 줄어든다(Rainey, 2009: 175).

셋째, 집권성(centralization)이란 조직 내에서 의사결정 권한이 집중되어 있는 정도를 말한다(Rainey, 2009: 174). 즉 공식적 권한이 조직의 상위계층에 집중되어 있고, 하위계층의 구성원들에게는 작업에 대해 최소한의 발언권만이 허용되는 구조적 성향을 집권성이라고 한다. 구체적으로 조직 내에서 권한이 집중 혹은 분산되어 있는지, 그리고 의사결정이 어느 위치에서 이루어지는지에 따라 집권성 정도를 파악할 수 있다. 예컨대 조직 의사결정이 주로 상위계층의 관리자에 의해서 내려진다면 집권성이 높은 것이고, 하위계층 관리자에게도 의사결정의 권한이 주어진다면 분권성이 높은 것이라 볼 수 있다. 집권화된 조직은 업무의 통일성과 통제 및 조정의 요구가 높을 때 유리하지만, 분권화된 조직에 비해 운영상의 경직성이 상대적으로 높고, 환경변화에 역동적으로 대응하는 데에 제약이 따른다.

<그림 2> 조직도에서 조직의 수평적·수직적 분화와 조직과업 및 임무의 공식성을 확인할 수 있다.

〈그림 2〉 복잡성과 공식성의 예시

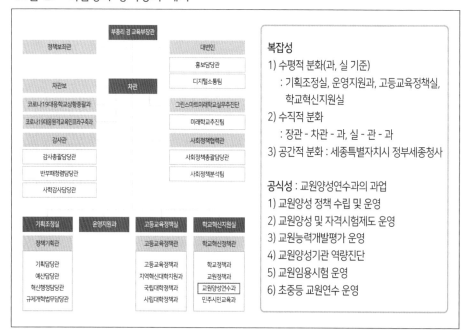

자료: 교육부 홈페이지(https://moe.go.kr/sub/info.do?page=0604&m=0604).

2) 조직구조의 상황변수

앞에서 조직구조의 특성은 복잡성, 공식성, 집권성이라는 세 변수를 기준으로 파악할 수 있음을 살펴보았다. 그렇다면 왜 조직마다 그 구조가 달라지는가? 다시 말해 조직마다 구조적 특성에 차이가 나는 데에 영향을 미치는 요인은 무엇인가? 이러한 요인을 조직구조의 영향요인 혹은 상황(contextual)변수라고 한다. 대표적인 상황변수로는 조직규모, 기술, 조직환경을 들 수 있다.

우선, 조직규모는 조직의 크기를 지칭하는 개념으로서 조직구성원의 수, 물적 장비나 시설의 규모, 재정적 자원의 크기 등으로 측정할 수 있다(Kimberly, 1976: 574, 582, 588). 조직규모가 커질 경우 업무가 표준화되고 기계적으로 운영되며 복잡화 및 분화가 일어난다. 이렇게 분화된 조직들은 때로는 본래의 조직목표와 상반되거나 역기능을 초래하기도 한다(오석홍, 2011: 319-325).

둘째, 기술이란 투입물을 산출물로 전환하는 과정 혹은 도구로서, 조직이 자원6)을 투입하여 산출물로 전환시키는데 필요한 정보, 장비, 기법, 절차 등을 의미한다. 조직마다 고유의 목표 및 특성에 따라 사용하는 기술이 다른데, 그 기술의 내용에 따라서 조직구조가 달라질 수 있다(Daft, 2014: 501-502).

셋째, 조직환경(organizational environment)이란 조직을 둘러싸고 있는 모든 외부 조건을 의미한다. 조직환경은 조직이 목표를 달성하기 위해 여러 기능을 수행하는 과정에서 조직과 끊임없이 상호영향을 주고받는다. 예컨대 조직이 위치하고 있는 장소 등의 공간적 환경이나 조직이 존재하는 시점 등의 시간적 환경에 따라서도 조직의 구조가 달라질 수 있다. 조직이 환경에 적응하여 생존하고, 나아가서 조직성과를 향상시키기 위해서는, 환경의 변화와 복잡성을 반영한 조직구조가 필수적이다(Daft, 2004: 143; 오석홍, 2011: 720-744).

3절 조직구조의 유형

1. 조직유형의 분류기준

조직구조의 특성변수들을 이용하여 조직구조를 구분하고자 한 시도로서 기계적 구조(mechanistic structure)와 유기적 구조(organic structure)의 구분이 있다(유민봉, 2005: 391-393). 먼저 기계적 구조는 상세히 규정된 직무, 업무 절차와 관련된 많은

---

6) 여기서 자원(resources)이란 조직의 목표달성을 위해 조직구성원들의 직무를 수행하는 데 활용하는 돈, 인력, 원료, 지식, 정보, 능력, 평판 등과 같은 다양한 형태의 유무형의 자산(assets) 및 역량(capabilities)을 포함하는 개념이다(Barney, 1991: 101; Organ & Bateman, 1991: 487).

규칙과 규정, 상하 수직적인 의사전달체계, 집권적 권한과 통제 등을 특징으로 하며, 복잡성, 공식성, 집권성이 높은 조직구조라 할 수 있다. 이러한 기계적 구조는 안정된 환경, 반복적·정형화된 업무에 적합하며, 내적 통제에 따른 예측 가능성이 장점이다. 기계적 구조의 전형적인 예로 고전적 관료제 조직을 들 수 있다.

유기적 구조는 기계적 구조와 반대되는 특성을 지닌다. 신축적이고 탄력적인 업무, 유동적인 규칙과 규정, 개방적이고 자유로운 의사전달 체계, 분권화된 권한 등을 특징으로 하여 복잡성, 공식성, 집권성이 낮은 조직구조이다. 이러한 유기적 구조는 동적 환경, 비정형화된 업무에 적합하며, 환경에 대한 뛰어난 적응성이 장점이라 할 수 있다. 후술할 팀제, 매트릭스 조직, 위원회 조직 등에 이러한 유기적 구조의 특성을 가지고 있다.

기계적 구조와 유기적 구조는 개념적으로 구분되는 모형이라고 할 수 있으며(유민봉, 2005: 393), 실제로는 양자를 극단으로 하여 그 사이 어딘가에 위치하는 조직구조를 갖는다. 어느 조직이 더 효과적이라고 단정할 수 없으며 상황을 고려하여 적합한 구조를 고려하는 것이 타당하다.

2. 고전적 조직구조

1) 조직구조 설계의 고전적 원리

조직구조의 설계 혹은 편성을 어떠한 방식으로 하는 것이 바람직한가에 대하여 조직이론가들은 다양한 조직원리(organization principle)를 제시해 왔는데, 그 중 Taylor(1911)의 과학적 관리론 및 Fayol(1949), Urwick & Gulick(1937) 등의 행정관리론을 기반으로 하는 원칙들을 일반적으로 고전적 원리라 지칭한다[7](<표 1> 참조). 이와 같은 고전적 조직원리는 현대 조직에서도 여전히 그 기본원리가 적용·유지되고 있다는 점에서 구체적으로 살펴볼 필요가 있다(오석홍, 2011: 362-377).

---

7) 조직구조 설계의 고전적 원리들 가운데 공통된 요소를 종합해보면 계층제의 원리, 분업의 원리, 조정의 원리, 통솔범위의 원리, 명령통일의 원리, 부성화의 원리 등이 있다.

〈표 1〉 조직구조 설계의 고전적 원리

Taylor(1911)의 과학적 관리의 4가지 원리	Fayol의 조직관리의 14개 원칙	Urwick & Gulick의 관리자의 7가지 기능
− 근로자의 작업요소 관리에 있어 주먹구구식 방식을 지양하고 체계적·과학적 방식을 활용함 − 과학적으로 작업자를 선발하고, 훈련·교육시킴으로써 잠재력을 개발함 − 과학적 원리의 적용을 위해서는 근로자의 협력이 중요함 − 관리자와 근로자간 일과 책임의 균등 배분을 통해 관리를 최소화함	− 분업(division of labors) − 권한(authority) − 규율(discipline) − 명령의 통일성(unity of command) − 지휘의 통일성(unity of direction) − 공동목표 우선(general interest) − 보상(remuneration) − 집권화(centralization) − 계층제(line of authority) − 질서(order) − 공정성(equity) − 고용안정(tenure of personnel) − 창의(initiative) − 집단의식(esprit de corps)	• POSDCORB − 기획(Planning) − 조직(Organizing) − 인사(Staffing) − 지휘(Directing) − 조정(Coordinating) − 보고(Reporting) − 예산(Budgeting)

자료: Taylor(1911), Fayol(1949), Urwick & Gulick(1937); 오석홍(2018: 14−20)을 바탕으로 재구성

첫째, 계층제(hierarchy)의 원리는 목적과 기능에 따라 권한이나 책임을 상하로 나누어 직무를 등급화하고, 각각의 단위사무를 직무상 지휘·감독 관계에 위치시키는 원리이다. 계층제에서는 계층 간의 명령과 복종관계를 분명히 하고, 명령이 조직의 상위계층에서 하위계층까지 도달하게 하여 지휘·감독 권한이 확립된다. 권한 위임은 계층제의 기본 전제가 되며, 통솔범위의 원리, 명령통일의 원리 등과 관련이 깊다.

둘째, 분업(division of work) 또는 전문화(specialization)의 원리는 능률성을 극대화하기 위해 조직의 업무를 세분화하고 기능별로 나누어서 한 개인이 수행할 수 있는 과제단위로 구성하는 원리이다. 일반적으로 분업화에 따라 전문화가 촉진되고, 전문화가 진전되면서 생산성이 향상된다. 그러나 한편으로 전문화가 지나치게 진행될 경우 조직규모가 커지고 복잡해져서 업무의 조정이 어려워질 수도 있다.

셋째, 조정(coordination)의 원리는 조직구조의 분화로 인해 전문화된 각 구성원의 개별적인 노력을 통합시키는 원리로서 조직 내부의 통일성을 기하기 위해 필

요한 원리이다. 조정을 위해서는 권한과 책임의 범위를 분명히 하고, 조정기구를 조직 내에 설치하거나, 업무에 대하여 더 많은 권한과 책임을 갖고 있는 상급자가 업무를 분담하고 있는 하급자의 행동통일을 유도하는 등의 노력이 필요하다.

넷째, 통솔범위(span of control)의 원리란 한 사람의 상관이 관리할 수 있는 범위에는 한계가 있기 때문에, 적정한 수의 부하나 하부조직을 가져야 한다는 것으로서, 그 적정한 수는 조직과 상황에 따라서 달라진다. 과거에는 한 사람의 상관당 5~6명의 부하직원이 적정하다고 판단되었으나 IT기술의 발달로 적정 통솔범위가 넓어지고 있다. 한편 통솔범위는 업무의 특성에 따라 달라진다.

다섯째, 명령통일(unity of command)의 원리란 조직 내에서 각 구성원이 한 명의 직속상관으로부터 명령을 받고 보고를 해야 한다는 것을 의미한다. 명령통일이 될 경우 명령과 보고의 대상이 명확하기 때문에 조직구성원들의 책임소재가 분명해지고, 의사소통의 혼란을 최소화할 수 있다는 장점이 있다. 한편 명령통일의 원리가 효과적이기 위해서는 적정한 통솔범위를 유지할 필요가 있다.

여섯째, 부성화(departmentation) 혹은 부서편성의 원리란 업무분화가 확대되어 부서와 직무가 늘어남에 따라 상호작용의 빈도와 갈등 및 조정비용이 증가하기 때문에, 업무의 성질이 비슷하거나 서로 연관된 업무들끼리 묶어 조직단위들을 구성해야 한다는 원리이다.

2) 대표적 고전 모형: 관료제

조직설계의 고전적 원리에 따른 조직구조는 기능별로 집단화된 피라미드형 구조이다. 이러한 조직구조는 통솔범위가 좁고, 명령은 통일되어 계통에 따라 전달되며, 권한의 배분은 집권화되어 있다는 특징을 갖는다. 이러한 조직구조의 대표적인 형태가 바로 관료제(bureaucracy)이다. 관료제는 독일의 Max Weber(1947)[8]가 집단 혹은 조직 내의 직무를 계층적으로 구분한 이상형[9](ideal type)으로 제시한 이후,

---

8) Weber(1864~1920)가 관료제에 관한 논문을 발표한 것은 1911년이었으나, 미국에서 영어로 번역·출간된 것은 1947년이었다.
9) 이상형이란 현실에 존재하는 실체의 공통적 속성을 추상적인 모형으로 정립한 것을 의미한다. 즉 반드시 이념형이 현실에 그대로 나타나지는 않을 수 있으나, 복잡한 현실을 단순화시켜서 이해하기 용이하도록 하는 역할을 한다.

대규모의 행정관리 활동을 수행하기 위해 설계된 조직구조 유형을 지칭하는 보통명사가 되었다. 관료제는 정부조직에 국한되어 나타나는 구조적 특징이 아니라, 민간조직에서도 나타날 수 있으며 다음과 같은 특성을 지닌다.

첫째, 관료제는 법규와 같은 공식적 규범을 통하여 개인의 권한과 관할범위를 규정한다. 둘째, 관료제에서 모든 임무수행은 문서에 의해 이루어진다. 셋째, 관료제는 임무수행의 비개인화라는 특성을 지닌다. 조직구성원은 임무수행 시 개인의 사정이나 성격, 특성 등과 무관하게 규칙에 의해 정해진 본인 직위의 담당자로서 해당 직위의 목표달성에 충실해야 한다. 넷째, 관료의 전문화와 전임화(專任化)를 특징으로 한다. 즉, 전문적 관료를 채용하여 이들이 관료로서 평생 종사하도록 한다. 다섯째, 관료제는 피라미드 형태의 구조를 지니고 있다. 이러한 계층제적 조직구조는 권한 및 책임의 수준에 따라 상위와 하위계층 간 직무상 지휘·감독관계를 설정하고, 조직 내에서 상명하복(上命下服) 형태의 의사소통 경로가 된다. 마지막으로 관료제는 계선기관과 참모기관을 구분한다.

한편, 관료제의 계층제적 구성원리 중 계선기관과 참모기관의 개념은 보다 명

〈그림 3〉 우리나라 중앙행정기관의 계층제 조직구조

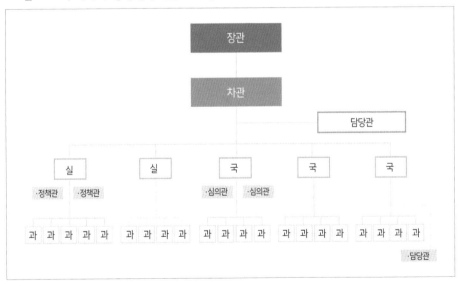

자료: 행정자치부 정부조직관리정보시스템(https://org.mois.go.kr/org/external/about/intro_sub04.jsp).

확히 구별하여 이해할 필요가 있다.[10] 일반적으로 조직은 목표달성 기능을 수행하는 계선기관과 이러한 계선기관을 지원하는 참모기관을 포함하고 있다. 계선기관(line services)은 행정의 목적달성을 위한 주된 업무를 수행하는 집행기관으로서, 집행과정에서 최종적 책임을 지고 명령과 의사를 전달하며, 명령·복종의 관계를 지니고 있는 수직적인 조직구조를 의미한다.

이에 비해 참모기관(staff services)은 계선기관이 기능을 원활하게 수행하여 조직목표를 달성할 수 있도록 간접적으로 지원한다. 기획, 통제, 인사, 회계, 법무 등 전문분야의 자문기능 수행을 통해 참모기관은 조직목표 달성에 간접적으로 기여하고 계선기관의 역량 제고에 기여하지만, 명령·집행·결정에 대한 독자적인 권한을 갖지는 않는다. 고전적인 조직이론에 의하면 직접적인 명령권한은 계선기관만이 보유하는 것이며 참모기관은 간접적으로 지원기능만을 수행하고 직접 명령할 수

〈표 2〉 계선기관과 참모기관의 장단점

	계선기관	참모기관
장점	- 권한과 책임의 한계가 명확하여 능률적 업무수행 - 단일기관으로 구성되어 신속한 의사결정 - 업무가 단순하고 비용이 적게 드는 조직에 적합 - 강력한 통솔력을 행사할 수 있음	- 기관장의 통솔범위를 확대 - 전문적인 지식과 경험을 활용하여 합리적인 지시와 명령을 내릴 수 있음 - 수평적인 업무의 조정과 협조 가능 - 조직이 신축성을 가질 수 있음
단점	- 대규모의 조직에는 계선만으로는 부족하고 업무량이 과다해짐 - 조직의 장이 주관적·독단적 조치를 취할 우려 - 특수분야에서 전문가의 지식과 경험을 이용할 수 없음 - 조직이 지나친 경직성을 가짐	- 조직의 복잡성으로 조직 내의 알력과 불화가 생길 수 있음 - 기관 설치·운영시 경비가 증대됨 - 책임을 지지 않으므로 참모와 계선이 서로 책임을 전가할 우려 - 의사전달의 경로에 혼란 초래 가능

자료: 유종해, 1985: 453-454.

---

10) 이와 같은 계선과 참모기관의 엄격한 구별은 군대조직에서 전형적으로 찾아볼 수 있다. 예컨대 대통령-사령관-군단장-사단장-연대장-대대장-중대장-소대장 등으로 이어지는 지휘·보고체계를 계선이라 한다. 이러한 계선기관을 지원하기 위하여 인사, 정보, 작전, 군수, 민사 등을 담당하거나 법무관, 의무관, 군목(army chaplain), 헌병 등 전문적인 분야의 자문 기능을 하는 조직을 참모라고 한다.

있는 권한은 없다. 그러나 오늘날 대부분의 정부조직은 계선과 참모기능 각각의 역할의 일부를 모두 수행하고 있는 경우가 많다(오석홍, 1999: 436; 김종성, 2007: 167, 171 재인용).

[읽을거리] 우리나라 중앙행정기관의 구성체계

1. 부·처·청의 법률적 의미

중앙행정기관은 원칙적으로 정부조직법에 의해 설치된 부·처·청을 말하며, 국가행정사무를 담당하고 그 관할권의 범위가 전국에 미치는 기관을 말한다.

첫째, 행정각부는 대통령 및 국무총리의 통할 하에 고유의 국가행정사무를 수행하기 위해 기능별 또는 대상별로 설치한 기관이다.

둘째, 처는 국무총리 소속으로 설치하는 중앙행정기관으로서 여러 부에 관련되는 기능을 통합하는 참모적 업무를 수행하는 기관이다(2019년 현재 인사혁신처, 법제처, 국가보훈처, 식품의약품안전처).

셋째, 청은 행정각부의 소관사무 중 업무의 독자성이 높고 집행적인 사무를 독자적으로 관장하기 위하여 행정각부 소속으로 설치되는 중앙행정기관이다.

2. 보조기관(계선조직)

계선조직인 보조기관은 "행정기관의 의사 또는 판단의 결정이나 표시를 보조함으로써 행정기관의 목적달성에 공헌하는 기관"(행정기관의 조직과 정원에 관한 통칙 제2조 제6호)으로 정의되고, 차관·차장·실장·국장이 있으며, 실장(고위공무원단 '가'급)·국장(고위공무원단 '나'급)의 명칭은 대통령령이 정하는 바에 따라 본부장·단장·부장·팀장 등으로 달리 정할 수 있도록 규정하고 있다(정부조직법 제2조 제3항).

실·국·과는 수행 직무가 비교적 동질적인 단위업무로 구성된다. 첫째, '실'은 중앙행정기관의 주요 업무의 종합적 조정을 관장하는 조직으로서, 실 밑에는 12개 이하의 '과' 또는 업무 특성에 따라 3개 이하의 '정책관' 설치가 가능하지만, 국, 본부, 단, 부 등은 둘 수 없다. 둘째, '국'은 중앙행정기관의 소관업무를 기능적으로 분담하며, 4개 과 이상의 필요한 업무량이 있을 때 설치가능하다. 셋째, '과'는 실·국의 소관업무를 기능적으로 분담하기 위해 설치하고, 3급 또는 4급 공무원을 과장으로 보한다. 정원은 10명 이상을 원칙으로 하며, 업무성격에 따라 일부 조정은 가능하나 최소 7명 이상이어야 한다.

---

3. 보좌기관(참모조직)

참모조직인 보좌기관은 "행정기관이 그 기능을 원활하게 수행할 수 있도록 그 기관장이나 보조기관을 보좌함으로써 행정기관의 목적달성에 공헌하는 기관"으로 정의된다(통칙 제2조 제7호). 구체적으로는 장관과 차관을 직접 보좌하기 위한 차관보와, 중앙행정기관의 장, 차관·차장·실장·국장 밑에서 정책의 기획, 계획의 입안, 연구·조사, 심사·평가 및 홍보 등의 업무를 수행하며 그를 보좌하는 기관(정부조직법 제2조 제5항)인 정책관, 기획관, 심의관, 담당관 등이 있다.

출처: 행정자치부 정부조직관리정보시스템,
http://org.mois.go.kr/; 김종성, 2007: 173 – 177.

---

3) 고전적 조직구조에 대한 비판

고전적 조직구조에 대해서는 다음과 같이 이론적·실천적 측면에서 비판이 제기된다. 먼저 이론적 측면에서 고전적 조직구조 관점은 기본적으로 조직을 폐쇄적으로 보고 있으며, 조직과 환경의 상호관계 또는 비공식적 측면을 간과한다는 비판을 받는다. 특히, Simon(2013)은 고전적 조직구조 형성에 바탕이 되는 원리들은 보편적인 법칙(law)이 아니라 단지 비과학적인 격언(proverbs)에 불과하며, 각각의 원리들이 상호 모순적이기도 하고 현실의 조직구조 설계에 있어 구체적인 처방을 제시하지 못한다고 비판하였다.

구체적으로 고전적 조직구조의 설계원리에 대한 이론적인 비판과 이에 대한 대안은 다음과 같이 정리해 볼 수 있다. 첫째, 고전적 조직구조는 분업으로 인해 관할범위가 협소한 반면 구성원의 전문 역량을 강화하는 측면이 있기 때문에 책임을 더욱 확대하는 조직구조를 처방할 필요가 있다. 둘째, 권한집중 및 강력한 계층제적 구조는 개인의 자유와 자발성 상실 등의 문제를 야기하므로, 참여와 조직민주화, 저층구조를 통한 분권화가 요청된다. 셋째, 명령통일이 가능하거나 바람직한 경우에는 명령통일의 원리를 적용해야 하지만, 여러 조직단위들이 복합적인 사업을 공동으로 수행하는 경우나 긴밀한 정보교환 및 협조가 요구되는 경우에는 복수의 상관으로부터 명령을 받는 것이 필요하다. 넷째, 업무를 법에 따라 공식적으로 처리할 경우 합법성과 정당성은 확보되지만, 규정이 외부 환경의 변화를 따라가지 못할 경우 문서주의의 폐해, 조직경직성 등이 발생하게 되므로 상황에 따라서는 재량권을 확대할 수 있는 처방이 요구된다.

한편, 실천적 측면에서는 고전적 구조형성의 원리에 입각한 합법적 권위체계인 관료제의 역기능과 관련하여 조직이 경직화되고, 구성원의 자율성과 창의성을 억압하여 비민주성을 띤다는 비판이 제기되고 있다. 이러한 비판에서 관료제라는 용어는 단순히 계선적 조직구조 형태만을 의미하지 않고 여러 가지 비효율과 병폐를 양산하는 조직이라는 부정적 의미로도 사용되고 있다. 기존에 논의되어 온 관료제의 역기능 및 병리현상(bureaucratic pathology)을 살펴보면 다음과 같다.

첫째, 높은 공식성으로 인해 야기되는 문제들로 목표대치와 동조과잉, 레드테이프 현상 등이 있다. 목표대치(goal displacement) 현상이란 관료들이 업무수행 시 정책목표보다는 행정규칙이나 절차를 더 중요시하게 되는 것을 말한다. 즉 관료들이 외형적이고 양적인 실적에 집착하는 나머지 조직의 궁극적인 목표를 외면하게 되는 현상이다. 또한, 기술적으로 필요한 정도를 넘어 규칙의 엄격한 적용과 준수가 강요될 경우 관료들이 특정한 규범에 지나치게 동조하게 되는 '과잉동조'(overconformity) 현상을 조장하게 된다(Merton, 1940; 오석홍, 2014: 108 재인용). 특히 공무원이 상관의 지시나 선례가 옳든 그르든 이에 맹목적으로 복종하는 '상명하복'이 지나칠 경우 과잉동조 현상이 나타나게 된다. 이와 함께 구조의 경직성, 규칙과 절차의 강조는 레드테이프(red-tape) 현상, 즉 불필요하거나 비효율적인 형식주의(formalism) 및 문서주의를 양산할 수도 있다.

둘째, 관료제에서는 높은 복잡성의 문제로 인한 훈련된 무능과 할거주의가 나타날 수 있다(Veblen, 1914; 오석홍, 2008: 118-119 재인용). 훈련된 무능(trained incapacity)이란 한 가지의 지식이나 기술을 전문적으로 습득하고 기존 규정을 준수하도록 훈련받은 관료가 달라진 상황에는 더이상 적합하지 않음에도, 경직적으로 기존에 훈련된 전문성을 고수함으로써 발생한다. 다시 말해 훈련된 무능은 관료제의 구조가 전문화, 세분화됨에 따라 특정 업무만을 반복적으로 다루는 공무원이 다른 분야에 대해선 문외한이 되는 현상이다. 한편, 관료제 조직의 복잡성으로 인해 하위조직들이 자기 부서만의 이익을 중요시하고 타부서와의 조정과 협조를 등한시하는 등 조직 전체의 이익을 고려하지 못하는 조직 할거주의(sectionalism) 행태를 보이는 문제가 나타날 수도 있다(Selznick, 1949; 김태룡, 2007: 223 재인용).

셋째, 높은 집권성이 야기하는 문제로는 권위주의적 행태의 조장 및 인간적 발전의 저해 등이다. 집권적이고 권위주의적인 통제는 고위직 관료들의 지위중심적인 특권을 강화하고 하위직 관료들의 불신과 불안감을 조성할 우려가 있다. 이로 인해 구성원들의 창의적이고 적극적인 노력을 억제시킬 수 있고, 조직의 탄력적인 운영이 어려워진다. 뿐만 아니라 구성원의 창의성, 자발성, 자주성의 억제는 궁극적으로 조직구성원들의 인간적 발전과 자아실현을 저해할 가능성이 있다.

이와 같이 관료제가 비판을 받기도 하지만 관료제의 역할을 무시할 수는 없다. 특히 우리나라의 경우 비약적인 경제 및 사회 발전에 있어 관료제가 큰 역할을 한 것이 사실이다. 1980년대 관료제 옹호론이 제기되었는데 대표적인 예로 Goodsell은 *The Case for Bureaucracy*라는 저서에서 비판론자들의 견해와 달리 관료들은 전반적으로 보면 업무를 잘 수행하고 있으며, 다수의 국민들도 정부 관료제의 서비스에 만족하고 있다는 사실을 과학적 데이터를 토대로 주장하였다(Goodsell, 1994; 김병섭·강혜진, 2015: 116 재인용). 이념형으로서의 관료제는 공평무사, 규칙준수, 능률성을 특징으로 한 공익실현의 가장 효과적인 장치라 할 수 있는데, 실천적 차원에서 관료제의 부차적인 원리에 매몰되어 오히려 역기능 및 병폐현상이 발생할 우려가 있는 것이다. 현재에도 지속되고 있는 정부 구조의 대표적인 형태가 관료제라면, 무조건적으로 비판하기보다는 올바로 작동할 수 있게끔 하려는 노력이 필요한 것이다.

3. 현대적 조직구조 모형

권한과 책임의 명확화, 고도의 직무세분화, 수직적인 명령체계와 계층적 지배관계로 특징지어지는 고전적 관료제 구조는 기계적 구조에 해당한다. 이에 대비되는 유기적 구조가 보완적인 조직구조가 될 수 있으며, 대표적인 조직유형으로는 애드호크라시(adhocracy)가 있다. Bennis(1969: 45)는 애드호크라시를 '문제해결을 위해 다양한 전문지식과 기술을 가진 사람들로 구성된 임시 조직으로 환경의 변화에 적응력이 강한 특성을 가지고 있다(이창원·최창현, 2005: 611 재인용).

일반적으로 애드호크라시는 다음과 같은 특징을 갖는다(Toffler, 1970; 유민봉, 2005: 383-386 재인용). 첫째, 조직은 생성, 변동, 소멸할 수 있으며 상황적응성이 강조되고 조직과 환경 사이의 경계는 개방적 체제로 이해된다. 둘째, 권한과 책임의 탄력성, 분권적인 의사결정, 수평적이고 인격적인 상호작용, 개방적 지위, 임무와 능력 중시, 공개적 의사전달, 집단적 문제해결 등이 강조된다.[11] 관료제 모형의 한계를 수정·보완하기 위하여 유기적 조직의 특성을 갖는 대안적(alternative) 모형으로 위원회 조직, 팀 조직, 매트릭스 조직, 네트워크 조직 등이 있다.

1) 위원회 조직

위원회란 특정한 문제에 대해 상이한 견해를 조정하고 집단적인 판단을 이끌어내기 위해 복수인으로 구성되는 합의제 기관이다(Hicks & Gullett, 1976: 332). 즉, 독임제처럼 1인이 최종 의사결정을 내리는 1인 지배형(monocracy)과 달리, 위원회를 구성하고 있는 다수인의 합의에 의해 결정하는 다수지배형(polycracy) 조직이라고 할 수 있다. 위원회 조직은 전통적인 관료제 조직에 비하여 의사결정 측면에서 덜 집권적이고, 비공식적인 업무처리절차의 허용수준이 상대적으로 높고, 업무분화 측면에서도 비교적 단순하다. 위원회 조직은 특정한 주제를 심의·토의하고 복수인이 집단적으로 의사결정에 참여하여 책임을 지며, 합의내용은 가결이나 부결로 표현하는데, 합의방식은 원칙적으로 다수결, 예외적으로 만장일치에 따른다.

위원회 조직은 의사결정 권한이 상층부에 집중된 계층제와 달리, 위원 간의 합의에 기반하여 의사를 결정한다. 이를 통해 의사결정의 민주성과 전문성을 제고하고, 이해관계자의 참여를 보장한다는 장점이 있다. 반면 의사결정의 신속성이 저해되고 다수인의 참여로 인해 조정·감독비용의 증가를 가져오며, 독임제에 비해 책임성이 저하될 수 있다는 단점이 있다. 이와 같은 위원회 조직은 이해관계 조정을 위한 시민참여의 제도적 수단으로 활용될 수 있고, 기존 관료제 조직이 추진하는 정책의 공정성 및 정당성을 확보하는 데에 기여할 수도 있다. 하지만 관료들이 위원회의 결정 사항임을 내세워 자신들의 책임을 회피할 수 있기 때문에 이를 경계할 필요가 있다.

---

11) 그러나 애드호크라시 모형은 실제 존재하는 조직의 형태라기보다는, 관료제 모형의 반대쪽 극단에 위치한 반관료제(反官僚制)의 이상형(ideal type)으로서, 관료제 모형을 보완하는 처방적 아이디어의 일환으로 볼 수 있다.

[읽을거리] 행정기관 위원회

우리나라 행정기관 위원회는 "위원회, 심의회, 협의회 등 명칭을 불문하고 행정기관의 소관 사무에 관하여 자문에 응하거나 조정, 협의, 심의 또는 의결 등을 하기 위하여 복수의 구성원으로 이루어진 합의제 기관"을 말한다(행정기관 소속 위원회의 설치·운영에 관한 법률 제2조). 현재 설치·운영되고 있는 정부위원회의 경우 근거법령을 기준으로 헌법상 위원회와 법률상 위원회로 양분할 수 있다. 헌법에 규정된 합의제적 위원회 기관은 국무회의, 감사원, 선거관리위원회 등을 들 수 있다. 법률에 의한 위원회의 종류는 정부조직법 등의 규정에 따라 상임위원이나 직제에 관한 규정이 법령에 정해져 있는 행정위원회와 그렇지 않은 자문위원회로 구분된다. 2018년 기준으로 법률과 대통령령에 근거한 총 558개의 정부위원회가 설치·운영 중에 있으며, 이 중 대통령, 국무총리 및 중앙행정기관에 설치된 행정위원회가 37개, 자문위원회가 521개이다.

행정위원회(administrative committee)는 행정부에 소속되어 있지만 어느 정도 독립된 지위를 누리면서 집행권을 갖고 행정관청적인 성격을 갖는 합의제 행정기관을 말하며, 독립기관인 국가인권위원회, 대통령 소속 방송통신위원회, 그리고 국무총리 소속인 금융위원회, 공정거래위원회, 국민권익위원회 등이 있다. 행정위원회는 사무국 등 하부조직을 설치할 수 있으며, 법률이 정하는 바에 따라 행정기능과 함께 규칙을 제정할 수 있는 준입법적 기능 및 이의 결정 등 재결을 행할 수 있는 준사법적 기능을 수행하는 경우도 있다.

자문위원회(advisory committee)는 행정기관의 자문에 응하여 전문적인 의견을 제공하거나, 자문을 구하는 사항에 관하여 심의·조정·협의하는 등 행정기관의 의사결정에 도움을 주는 위원회를 말한다. 자문위원회는 원칙적으로 사무기구를 둘 수 없고 대부분 비상설로 운영되며, 그 의사결정은 일반적으로 위원회가 소속된 행정청이 집행한다. 그 종류로는 첫째, 정책결정자에 대해 단순의견을 제시하는 순수자문위원회로서 각 행정기관에 있는 정책자문위원회들이 그 예이다. 둘째, 정책결정이나 행정처분에 있어서 사전심의가 필요한 사항을 심의하는 심의위원회가 있다. 중앙도시계획위원회, 식품위생심의위원회, 중앙약사심의위원회 등이 있다. 셋째, 행정권한 사항 중 법령에서 위원회의 의결을 거치도록 정한 사항을 심의하는 의결위원회가 있다. 예를 들면, 대통령 소속의 경제사회발전노사정위원회 및 통일준비위원회, 국무총리 소속의 정부업무평가위원회 및 중앙징계위원회, 기획재정부 소속 공공기관운영위원회, 고용노동부 소속 최저임금위원회 등이 있다.

출처: 조석준·임도빈, 2016: 190-192; 행정안전부, 2017: 1-8;
행정자치부 정부조직관리정보시스템(http://org.mois.go.kr).

2) 팀 조직

팀(team) 조직이란 상호 보완적인 기능을 가진 소수의 전문 인력들이 공동의 목표를 달성하기 위해 업무수행 상의 책임을 공유하는 조직단위를 의미한다(Katzenbach & Smith, 1992: 5). 일반적으로 계층제 조직은 수평적 통합 및 조정이 어렵기 때문에 이러한 문제점을 해결하기 위해, 팀 조직은 소수의 인원으로 조직을 구성하고 업무의 계획에서부터 실행에 이르기까지 모든 과정에 자율성을 부여한다.12)

팀 조직은 환경변화에 신속하게 대응해야 할 필요성이 높아짐에 따라, 관료주의 병리 현상을 타파하기 위해 등장하였다. 따라서 팀 조직은 주로 오래된 조직보다 신설 조직인 경우, 조직환경이 안정적이기보다 불안정적이고 동태적인 경우, 조직이 수행하는 과업이 복잡·복합적인 경우에 적합한 경우가 많다. 팀 조직을 구성하는 구성원들의 관계는 수직적이라기보다는 수평적이다. 예컨대 팀 조직을 주도하는 상급자인 팀장은 구성원들과 상하관계를 이루지 않고, 한 명의 팀원으로서 각 구성원들의 업무 및 관계를 조정하는 역할을 수행한다.

팀 조직은 다음과 같은 장점들이 있다. 첫째, 관료제에 비해 계층이 축소되어 신속한 의사결정이 가능하다. 둘째, 권한 이양을 통해 조직의 유연성을 제고할 수 있다. 셋째, 팀별로 업무를 수행하기 때문에 팀이 계획과 통제의 주체가 되므로 조직의 간소화를 기대할 수 있다. 마지막으로, 팀 구성원에게 인사권, 재정권과 같은 권한을 부여함으로써 조직을 보다 탄력적으로 운영할 수 있어 조직구성원에게 동기부여가 용이하다. 그러나 일반적으로 팀 조직은 일상적인 환경에서 정형화되고 반복적인 업무를 처리하는 조직이나 대규모의 조직의 운영방식에 전면적으로 적용하기에는 한계가 있다.

---

12) 팀 조직의 유형 가운데 프로젝트 팀(project team) 또는 태스크 포스(task force)는 한 가지 특정한 임무만을 전문적으로 해결하기 위하여 소집되어 과업이 해결된 후에는 해체되는 임시조직이다. 이는 시간적인 제약으로 다양한 전문가들이 상호 협력해야 하는 상황에 적합한 조직구조이다. 태스크 포스는 기관장 임의로 설치 및 해산이 가능하고 직제에 반영되지 않는 비공식 조직인 경우가 많다. 이러한 태스크 포스는 조직의 자원과 노력 등을 단기간 내에 집중 투입할 수 있고, 한시적인 프로젝트 수행 중에 신속하게 의사결정을 할 수 있다는 장점이 있는 반면, 프로젝트가 성공하기 위해서는 팀원의 역할이 중요하므로 팀원의 개인적인 부담이 크고, 프로젝트 팀과 원래의 소속 조직 사이에서 역할 갈등이 생길 수도 있다는 한계가 있다.

[읽을거리] "팀제가 만능, 환상 버려라"

발 빠른 의사결정을 위해 팀 중심의 경영이 세계 기업들 사이에 유행하고 있지만 팀 제도가 만능이라는 생각은 위험하다고 영국 경제주간지 이코노미스트가 19일(현지시간) 보도했다. 팀 중심 경영은 구매, 설계, 생산, 영업, 재무, 마케팅 등 기능적으로 나뉘어 있는 기존의 수직 서열화 구조를 파괴하고, 특정 제품이나 임무를 중심으로 여러 직무의 사람을 모아 팀을 꾸리는 것을 말한다. 소비자 취향과 제품 주기가 빠르게 변하면서 스타트업(신생 벤처기업)에서 주로 나타난 팀 중심 경영이 제너럴일렉트릭(GE), IBM, 시스코 등 대기업을 비롯해 미 육군과 병원 등으로 확산되고 있다.

컨설팅업체 딜로이트는 최근 '글로벌 휴먼캐피털 트렌즈 2016' 보고서에서 "팀 중심 경영이 기업의 최대 화두가 되고 있다"며 집중 조명했다. 하지만 기업 구조를 팀 중심으로 개편한다고 지금까지의 문제가 모두 해결되는 것은 아니라고 이코노미스트는 지적했다. 팀 리더가 뚜렷한 방향을 제시하지 않으면 방황하기 쉬운 것이 팀 구조다. 또 창의성과 책임감을 갖고 의견을 제시하기보다 누군가의 의견에 편승하는 집단순응사고도 흔히 나타난다. 리 톰슨 노스웨스턴대 켈로그경영대학원 교수는 "팀이 잘 운영되면 좋지만 그렇지 않으면 오히려 혼란이 커지고 잘못된 의사결정이 내려질 수 있다"고 말했다. 많은 기업의 경영진과 인사담당자들이 팀제 도입의 필요성은 느끼지만, 구체적으로 어떻게 운영해야 하는지는 모르고 있다.

딜로이트가 130여 개국 7,096명을 대상으로 벌인 설문조사에서 '여러 부서의 사람이 팀을 꾸려 함께 일하는 방법을 이해하고 있다'는 응답은 12%에 불과했다.

출처: 한국경제 2016.03.20.

---

3) 매트릭스 조직

매트릭스(matrix) 구조란 기능부서 및 사업부서가 수직·수평적으로 상호 결합된 구조를 의미한다. 기능구조(functional structure)는 동일한 부문의 일을 1인의 부서장 하에 관리하는 것으로 기업의 경우 생산, 연구개발, 인사, 재무, 마케팅 부서 등으로 조직화하는 것이다(이창원·최창현, 2005: 556-563). 사업구조(project structure)는 업무가 서비스의 내용이나 지역 또는 고객집단별로 분할되어 각각의 하부사업에 대해 업무에 필요한 자원과 권한이 부여되는 형태이다(Daft, 2004: 105). 매트릭스 조직은 기능구조를 한축에, 사업구조를 다른 한축에 결합한 형태로서, 계층제 조직의 안정성과 프로젝트팀의 기동성 양자를 효과적으로 활용한 조직으로 볼 수 있다 (<그림 4> 참조).

<그림 4> 매트릭스 조직구조

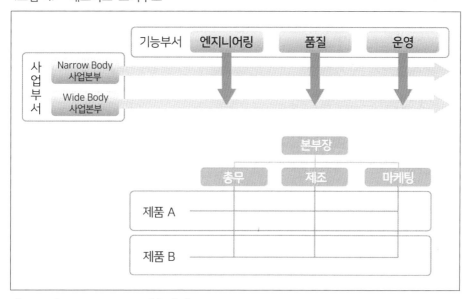

자료: Daft & Noe, 2001: 526을 수정.

　매트릭스 구조 내에서 사업구조와 기능구조에 중복 소속된 조직구성원들은 사업팀장은 물론이고 기능부서장으로부터도 지시와 조언을 받고 보고하는 등 명령계통이 이원화된다. 기능부서(총무부, 제조부 등)의 통제권한은 수직적이며, 사업부서(생산물1, 생산물2) 간의 조정권한은 수평적이다. 매트릭스 조직은 본사(중앙기관)와 지사(일선기관)의 관계에서 지사나 지점을 설치할 때 활용되는데, 기업의 경우 지사(지점)의 조직구조는 본사 조직의 축소판으로서 본사의 해당 부서로부터 감독과 통제를 받으며, 행정부문의 경우 지방자치단체 즉, 특별시·광역시·도의 각 국(局)들은 중앙행정기관의 업무를 그 지역 범위 안에서 시행하는 것을 들 수 있다(민진, 2014: 164). 외교통상부의 재외공관 역시 매트릭스 조직구조의 한 예라 할 수 있다. 각 재외공관에는 영사, 경제, 정무, 총무, 국방 등의 업무를 해당 국가 범위 안에서 수행한다.

　이와 같은 매트릭스 조직은 조직 내부의 사업역량과 자원을 효율적으로 이용하면서도 자율적이고 독립적으로 일할 수 있는 장점이 있다. 하지만 구성원이 두 명의 상사로부터 통제를 받고, 보고 또한 두 명에게 해야 하는 이중적인 구조이기 때문에 명령계통 간의 권력다툼 등으로 인해 갈등이 나타날 수 있고, 책임과 권한의 소재가 모호하게 될 수도 있다. 또한, 조직구성원들이 정보 등을 공유하지 못하면 제 기능을 발휘하기 어렵다는 단점이 있다.

4) 네트워크 조직

　네트워크 조직(Network Organization)은 조직 본연의 기능을 수행하기 위한 핵심 역량만 보유하고, 여타 기능은 외부 기관들과의 계약 관계를 통해 수행하는 조직 구조이다(Daft, 2004: 122-123). 전통적인 조직이 내부에 모든 기능을 보유하는 것과는 달리, 네트워크 조직은 조직의 경계를 초월하여 특정 업무를 더욱 효율적으로 수행하는 외부 조직들과 수평적인 조정과 협력을 통해 업무를 수행한다.[13] 즉 마케팅, 유통, 홍보 등의 분야에서 본 조직보다 외부 조직이 더 경쟁력이 있다고 판단될 경우, 이러한 기능을 각각 외부 위탁(outsourcing)하여 독립적으로 수행하도록 하고, 이러한 제휴조직들을 중심조직(hub)과 네트워크로 연결한다. 네트워크 조직의 이점으로는 환경변화에의 신속한 적응, 대규모 사업의 시·공간적 제약 해소, 인력관리 부담 완화 등이 있다. 그러나 과정적 통제가 필요한 경우나 구성단위 간 신뢰수준이 낮은 경우에 네트워크 조직이 제대로 작동하지 않을 수 있다. 또한 네트워크의 한 부분이 업무지연을 일으키면 연쇄적으로 업무수행에 지장이 생길 수 있고, 구성원들의 고용불안 및 충성심 약화 등의 문제도 발생할 수 있다(오석홍, 2018: 374-375). 그럼에도 불구하고 네트워크 조직구조 및 원리는 신공공관리론 및 뉴거버넌스론에서 주목하는 정부의 역할모델로 각광받고 있으며, 정보기술의 발달로 사이버공간의 가상조직(virtual organization)으로까지 논의가 확장되고 있다.

---

13) 이와 같은 네트워크 조직의 주요 특성으로는 구성단위들의 활동 상 공동목표 추구, 수평적 구조, 자율적 업무수행, 외부 환경과 활발한 상호작용, 물적 자원 축소, 정보기술 활용 등을 들 수 있다(오석홍, 2018: 373-374).

공공부문에서 보건의료복지연계센터(301 네트워크)는 네트워크 조직의 한 예라고 할 수 있다. 지역거점 병원에서 운영되는 센터는 의료사각 지대에 놓인 환자를 발굴하여 환자의 상태에 따라 의료서비스를 제공하고 관련되는 보건, 복지서비스까지 설계해 주는 역할을 한다. 의료기관에서 제공 가능한 의료서비스 이외의 서비스는 주민센터, 복지관 등과의 연계를 통해 제공한다.

〈그림 5〉 네트워크 조직(보건의료복지연계센터)

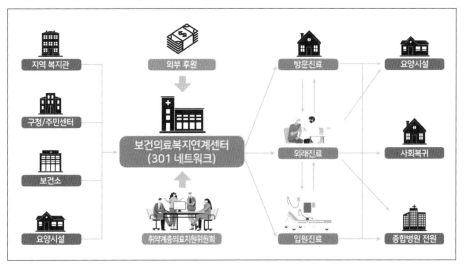

자료: http://health.seoul.go.kr/archives/56662

◈ 참고문헌 ◈

김병섭·강혜진. (2015). 신뢰가 정부역할에 대한 국민태도에 미치는 영향에 관한 연구: 정권 교체 및 신뢰 대상에 따른 방향성 차이를 중심으로. 한국사회와 행정연구, 26(1), 115−137.

김종성. (2007). 한국의 보조, 보좌기관 구분에 대한 비판적 검토. 한국행정학보, 41(3), 167−189.

김태룡. (2007). 행정이론. 대영문화사.

민진. (2014). 조직관리. 서울: 대영문화사.

오석홍. (1999). 인사행정원리의 이해와 오해. 행정논총, 37.

오석홍. (2008). 행정개혁론(제6판). 서울: 박영사.

오석홍. (2011). 조직이론(제7판). 서울 : 박영사.

오석홍. (2014). 행정개혁론(제8판). 박영사.

오석홍. (2018). 조직이론. 서울 : 박영사.

유민봉. (2005). 한국행정학. 서울: 박영사.

유종해. (1985). 현대행정학. 서울: 박영사.

이창원·최창현. (2005). 새조직론. 대영문화사.

조석준·임도빈. (2016). 한국행정조직론. 파주: 법문사.

행정안전부. (2017). 2017년 행정기관위원회 현황.

교육부 홈페이지. (2020년, 2월 7일). 조직도.
URL: https://moe.go.kr/sub/info.do?page＝0604&m＝0604 인출

한국경제신문. "팀제가 만능, 환상 버려라". 2016년 3월 20일 보도.
URL: https://www.hankyung.com/international/article/2016032009821 인출

Barnard, C. I. (1968). The functions of the executive (Vol. 11). Harvard university press.

Daft, R. L. 저, 김광점 외 역. (2014). 조직이론과 설계. 10판. 한정사

Barney, J. (1991). Firm resources and sustained competitive advantage. Journal of management, 17(1), 99−120.

Bennis, W. G. (1969). Post−Bureaucratic Leadership. Transaction, July−August, 45.

Daft, R. L., & Lengel, R. H. (1986). Organizational information requirements, media richness and structural design. Management science, 32(5), 554−571.

Daft, R., & Noe, R. (2001). Organizational Behavior: South. African Journal of Business Management, 4(15).

Daft, R. L. (2004). Organization theory and design. South−Western Pub.

Etzioni, A. (1975). Comparative analysis of complex organizations, rev. Simon and Schuster.

Fayol, H., & STORRS, C. (1949). Administration Industrielle Et Générale. General and Industrial Management ⋯ Translated ⋯ by Constance Storrs, Etc. Sir Isaac Pitman & Sons.

Goodsell, C. T. (1994). The Case for Bureaucracy: A public administration polemic, 3th ed., New Jersey: Chatham House.

Hicks, H. G., & Gullett, C. Ray. (1976). The management of organizations.

Katzenbach, J. R., & Smith, D. K. (1992). Why teams matter. The McKinsey Quarterly, (3), 3−28.

Kimberly, J. R. (1976). Organizational size and the structuralist perspective: A review, critique, and proposal. Administrative science quarterly, 571−597.

March, J. G., & Simon, H. A. (1958). Organizations John Wiley & Sons. New York.

Merton, R. K. (1940). Fact and factitiousness in ethnic opinionnaires. American Sociological Review, 5(1), 13−28.

Organ, D. W, & Bateman, T. S. (1991). Organizational behavior (4th ed.). Homewood, IL: Irwin.

Presthus, R. (1962). The organizational society: An analysis and a theory.

Rainey, H. G. (2009). Understanding and managing public organizations. John Wiley & Sons.

Rosenzweig, J. E. (1979). Organization and Management: A Systems and Contingency Approach. New York; Montreal: McGraw−Hill.

Scott, W. Richard. (2003). Organizations: Rational, Natural, and Open Systems. Englewood Cliffs, New Jersey: Prentice−Hall.

Selznick, P. (1949). TVA and the Grass Roots.

Simon, H. A. (2013). Administrative behavior. Simon and Schuster.

Taylor, F. W. (1911). Principles and methods of scientific management. Journal of Accountancy, 12(2), 117−124.

Urwick, L. F., & Gulick, L. H. (Eds.). (1937). Papers on the Science of Administration. Borchardt Library, La Trobe Univ.

Veblen, T. (1914). The instinct of workmanship: and the state of industrial arts (No. 265). Transaction Publishers.

Weber, M. (1947). The theory of economic and social organization. Trans. AM Henderson and Talcott Parsons. New York: Oxford University Press.

Weick, K. E. (2015). The social psychology of organizing. M@ n@ gement, 18(2), 189.

제5장

행정행태

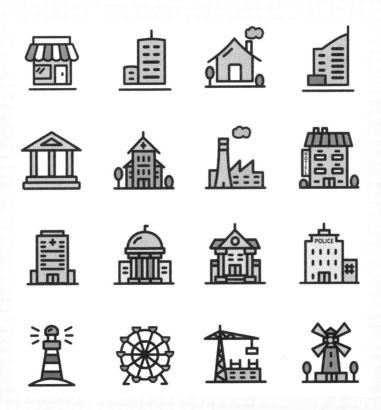

제5장 행정행태

People behave, They love, hate, eat, cry, fight, work, strike, study, shop, go to the movies, play bridge, bring up children, go to church. The psychological energy to behave in all these ways comes from the need systems that exist in our personalities.

Argyris, Personality and Organization(1957: 27)

1절 조직행태론의 등장배경 및 개념

1. 고전적 조직이론에 대한 비판

19세기 후반 산업혁명을 배경으로 탄생한 Taylor(1911)의 과학적 관리론 등 고전적 조직이론은 기계적 조직관을 바탕으로, 조직구조의 과학적이고 합리적인 설계가 조직의 성과를 결정하는데 가장 중요하다는 가정 하에 논의를 전개한다. 고전적 조직이론은 첫째, 합리적 경제인을 가정한다. 즉 인간이 경제적 합리성에 따라 행동하기 때문에 금전적 유인(incentive)에 민감한 것으로 가정한다. 둘째, 합리적인 공식조직 설계에 초점을 둔다. 셋째, 기계적 능률관을 특징으로 한 고전이론은 단일한 가치기준으로서 효율성 제고를 최대의 목표로 삼았다. 넷째, 고전이론은 조직을 폐쇄체제로 인식하였기 때문에 이상적인 조직설계의 원리나 규칙을 발견하는 데에 초점을 두었다. 다섯째, 고전이론은 조직운영 및 관리에 있어 과학성을 추구하였다.

그러나 고전적 조직이론 관점에서의 과학성 추구는 형식적이었다. 고전이론은 과학적 원리에 집착하였으나, 실제 연구방법은 과거의 경험이나 직관에 의한 비과학적인 성격이 강했다. 요컨대 효율성(efficiency) 추구를 중심적인 가치로 삼은 고전적 조직론들은 주로 투입을 산출로 전환시키는 과정에서 비용을 최소화할 수 있는 공식적 구조의 설계에 초점을 맞추었다. 이와 같은 고전적 접근방법의 구조적 처방은 통제지향의 관료제 모형이었다. 즉 조직의 효율성 제고를 위해서는 업무가 어떠한 관리원칙 하에 위임되고 조정되어야 하는지, 근로자들의 행태를 사전에 어떻게 과학적으로 분석할 것인지가 주된 관심사였다.

이와 같은 고전적 조직이론은 다음과 같은 비판에 직면하였다. 첫째, 고전이론의 합리적 경제인 가정은 경제적 욕구만을 지나치게 부각시키고 인간의 사회심리적 욕구 등을 배제하고 있다. 둘째, 가시적·수량적·경제적 가치를 중시하는 이러한 기계적 능률성 기준은 사회 전체의 이익을 반영하지 못할 수 있기 때문에 공익 구현을 사명으로 하는 행정부문에 적용하는 데 한계가 있었다. 셋째, 고전이론은 공식조직의 합리적·기계적인 구조 설계만을 강조하였고, 조직의 비공식적·인간적 측면은 간과하거나 무시하였다. 넷째, 고전이론은 조직을 폐쇄체제로 가정하여 어떠한 상황에나 적용이 가능한 조직구조, 관리의 일반법칙 및 원리 등을 탐구하는 데에 집중하여 조직에 대한 환경의 영향 또는 조직과 환경의 상호의존성을 고려하지 못했다는 한계가 있다.

2. 인간관계론과 행태학파의 대두

1920년대 후반 호손연구(Hawthorne studies: 1927~1932)에서 고전이론이 간과한 조직 내 인간관계의 중요성이 부각되었고, 조직의 업무 및 피고용인을 기계 부속품처럼 표준화시키려는 시도가 오히려 조직목표 달성에 부정적 영향을 끼칠 수 있다는 비판이 제기되었다. 이에 인간관계론(human relation approach)은 인간을 경제적 유인책보다 사회적 관계에 따라 움직이는 존재로 파악한다. 인간관계론은 조직구성원이 관리자의 통제 혹은 경제적 유인보다는 동료집단의 사회적 압력에 더 민감하며, 감독자가 조직구성원의 소속, 수용 및 일체감 등의 욕구를 충족시킬 수 있다고 주장한다(Mayo, 1949; 최천근·이창원, 2012: 117 재인용). 이러한 입장에 따르면 동기부여의 원천이 단순한 물질적 유인에 있지 않고, 조직구성원의 감정 및 사회적 욕구의 충족에 있다. 따라서 집단적 규범과 비공식적 조직 등이 강조된다. 또한 진정한 능률을 위해서는 인간을 기계적·과학적으로 대할 것이 아니라 집단구성원의 감정요소를 중시해야 한다고 주장한다.

그러나 Mayo 등의 인간관계론자들은 여전히 조직의 방침은 이미 주어진 것으로 가정하고 조직구성원의 감정적 과정을 변화시켜야 하는 대상으로 바라보면서, 사회적 통제를 강화하는 방법을 모색하는 데에 초점을 두었다. 이에 반해 인간은 개인의 성장과 자아성취 및 내적 발전을 지향하는 존재라는 가정 하에, 근로자들은 의미있는 목표를 달성하는데 능력을 발휘함으로써 개인적인 만족을 얻는다는 관점이 제시되었는데 이를 소위 행태학파(behavioral school)라 한다.

이상의 논의를 종합하면, 조직 현상을 이해하는데 있어서 초기 연구들은 조직의 하드웨어적인 공식적 구조에 초점을 두었던데 반해, 이후로는 조직연구의 범위가 조직문화, 가치, 조직규범 및 구성원들의 신뢰 및 관습적 행태까지 포함하는 것으로 확대되어 왔음을 알 수 있다. 나아가 현대적 조직이론은 고전이론과 인간관계론의 한계를 보완하고, 환경이나 상황적 요인 등 조직에 영향을 미치는 다양한 요소들을 통합하여, 이를 경험적 연구를 통해 검증함으로써 일반화를 시도하고 있다.

3. 조직행태의 주요 구성요인

조직행태론의 근본 질문은 조직구성원의 행태는 어떠한 요인들에 의해 영향을 받고 어떠한 유인기제를 통해 개선될 수 있는지에 관한 것이다. 이를 다음 <그림 1>과 같이 나타낼 수 있다.

〈그림 1〉 조직행태론의 체계

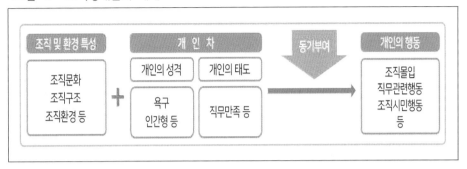

조직행태란 조직 내 구성원들의 행동과 태도에 대한 체계적인 연구이다 (Robbins, 2003: 2; 박순애, 2006: 206에서 재인용). <그림 1>에 제시된 조직 행태 발현의 메커니즘을 설명하면, 우선 조직구성원 개인행동의 유형은 조직에서 부여한 직무 관련 행동과 기타 조직시민행동 등이 있다. 이러한 행동에 영향을 미치는 것이 개인의 태도(attitude)이며, 이는 직무만족, 조직공정성에 대한 태도 등으로 측정될 수 있다. 이러한 개인의 심리적 상태와 함께 개인의 성격인 욕구나 인간형 등도 조직구성원의 행태를 좌우할 수 있다. 또한 조직구조, 조직문화, 조직환경 등과 같은 외재적 요인들 역시 개인의 행태에 영향을 줄 수 있음은 물론이다. 아래에서는 이와 같은 조직행태의 구성변수들을 구체적으로 살펴본다.

첫째, 조직시민행동(organizational citizenship behavior)이란 조직구성원들의 자발적이고 자유재량적인 조직 내 "역할 이외의 행동"으로서, 조직에 의해 공식적으로 보상되지 않은 행동을 일컫는다(Walumbwa, Hartnell, & Oke, 2010: 519).[1] 조직이 장기적으로 존속·성장하기 위해서는 조직구성원에게 맡겨진 직무에 관련된 역할 내 행동뿐만 아니라 자발적이고 혁신적인 역할 외 행동이 요구되며, 이는 궁극적으로 직무수행과 관련하여 더욱 효과적인 방법의 개발을 가능하게 하여 조직의 효과성 및 효율성을 향상시키고 환경변화에 대한 조직적응성을 제고시킬 수 있다(Katz,

---

1) 구체적으로 조직시민행동은 이타주의, 시민의식, 양심 등을 포함하는 개념이다(Williams & Anderson, 1991: 605). 여기서 이타주의는 어려움에 처해있는 동료를 돕는 행위이고, 시민의식은 조직의 현안이나 문제를 해결하기 위해 적극적으로 참여하는 행위(예: 조직의 발전을 위해 혁신적인 아이디어를 제공하는 행위 등)이며, 양심이란 조직의 규칙이나 절차에 순응하는 행위(예: 지나친 휴식 취하지 않기, 제때에 업무관련 사항을 보고하는 행위 등)를 말한다(김호균, 2007: 73).

1964; Vigoda & Golembiewski, 2001: 273; Podsakoff et al., 2009: 131-132).

둘째, "직무만족(job satisfaction)이란 필요, 흥미, 기대의 충족을 통해 자신의 직무로부터 얻는 정신적 즐거움을 말한다"[2](Wright et al., 2003: 70; 박순애·오현주, 2006: 227에서 재인용). 개인의 정신적·육체적 건강뿐만 아니라 조직의 생산성 제고에도 긍정적 영향을 미치는 직무만족은 자신의 직무 및 직무활동 자체로부터 발생되는 내재적(intrinsic) 만족과 직무수행에 따라 수반되는 급여, 직위, 그 외 각종 혜택 등을 통해 유발되는 외재적(extrinsic) 만족으로 나눌 수 있다(Porter & Lawler, 1968).

셋째, 조직몰입(organizational commitment)은 조직의 가치와 목적에 대한 강한 믿음을 바탕으로 조직을 위해서 기꺼이 노력하고, 지속적으로 조직의 구성원이 되고자 하는 강한 열망으로서, 개인과 소속 조직의 동일시 정도 및 조직에의 관여 정도로 정의될 수 있다[3](Steers, 1977: 46; 박순애·오현주, 2006: 228 재인용). 조직몰입은 조직을 조직구성원과 이어 주는 연결고리(linkage)로서 구성원의 이직을 막고 혁신적인 업무행동을 유발하며, 궁극적으로는 조직의 성과에 긍정적인 영향을 미칠 수 있다.

넷째, 조직문화(organizational culture)란 "조직구성원들 간에 공유된 가치로 구성되는 인지적 틀(cognitive framework)"이다[4](Newstrom & Davis, 2002; 박순애, 2006: 205 재인용). 조직문화는 조직구성원들이 조직을 이해하고 행동하는 기반이 된다는

---

2) 직무만족의 개념에 대해 Hoppock(1935: 47)는 '나는 직무에 만족한다'라고 말하게 하는 원천인 심리적·생리적·환경적 상황의 조화", Porter & Lawler(1968: 31)는 "정당하다고 인정되는 보상의 수준을 초과한 정도", McCormick & Tiffin(1974: 298−299)은 "자신이 수행하는 업무를 통해서 경험하거나 얻게 되는 욕구충족의 정도", 그리고 Locke(1976: 1300)는 "개인이 직무나 직무경험에 대한 평가의 결과로 얻게 되는 즐겁고 긍정적인 감정상태"로 정의하였다.

3) 조직구성원이 조직에 대하여 갖는 정서적인 애착심 및 충성심 또는 자신의 역할이나 업무에 몰두하는 것을 의미한다(Buchanan, 1974: 537; Mowday et al., 1979: 3−5). 어떤 조직에 몰입한 개인은 그 곳에서 계속 근무할 의도를 갖고, 조직을 위해 상당한 노력을 투자하여, 조직에서 맡은 직무를 원활히 수행하게 된다는 것이다(Mowday, Porter & Steers, 1982).

4) 조직문화는 학자들마다 다양하게 정의해 왔다. 예를 들면, Deal & Kennedy(1983: 501)는 "다양한 조직 상황에서 구성원들이 어떻게 행동해야 할지 명시해 주는 비공식적인 지침"으로, Hofstede(1984)는 "특정한 조직에서 구성원들이 공유하고 있는 가치관, 신념, 이념, 관습, 지식, 기술 그리고 상징물을 포함하는 종합적인 개념"이라고 정의하였으며(Hofstede, 1984; 이홍재·차용진, 2007: 108), Schein(1985)은 조직 외부 환경에의 적응과 조직 내부 통합을 위하여 조직구성원들 사이에 공유되는 가치관과 사고방식 및 행동을 지배하는 근본요소를 조직문화라고 규정하였다(Schein, 1985: 1−22; 황창연, 2003: 286 재인용).

측면에서 조직연구에서 중요한 변수로 받아들여지고 있으며, 조직관리 차원에서는 구성원들을 통합하고 조직이 외부 환경에 적응하는 데 도움을 준다(Hofstede, 1991: 18; Daft, 2004: 386; Daft, 2014: 342-343). 또한 조직의 고용관계에도 반영되어 구성원이 조직에 무엇을 기여하고 조직은 그에 상응하여 구성원에게 어떤 보상을 제공해야 하는지와 관련된 암묵적인 교환관계에 대한 규범을 포함한다(Thomas & Au, 2002: 310). 현실적으로 조직은 여러 가지 문화유형5)의 특징적 요소들을 동시에 가지는 경우가 많으므로, 때로는 갈등관계에 놓이기도 한다. 따라서 다양한 조직문화를 균형적으로 관리하여 조직효과성을 제고시킬 수 있는 전략이 요구된다.

2절 조직과 개인행동

동기(motive)란 인간이 어떠한 행동을 하도록 하는 원천으로서, 동기부여(motivation)란 특정 목적을 달성하기 위해 방향을 설정하고 이를 지속하게 하는 일련의 과정을 의미한다(박순애, 2006: 209). 조직관리 측면에서 동기부여는 직무수행동기(work motivation)의 유지와 활성화에 관여하는 심리나 행동의 변화과정 혹은 배경에 주목하고 있다. 동기부여와 관련한 다수의 연구에서는 일반적으로 동기가 부여된 사람이 그렇지 않은 사람보다 더욱 열심히 그리고 의욕을 가지고 직무를 수행한다고 본다. 즉 업무성과는 개인의 능력 외에도 직무수행동기에 의해 좌우될 수 있다는 것이다. 이하에서는 인간의 욕구에 관한 이론, 인간유형 분류에 따른 이론, 그리고 동기부여과정에 관한 이론으로 나누어 조직행태를 살펴보고자 한다.

---

5) 예컨대 Quinn & Kimberly(1984)는 조직문화를 위계문화(hierarchical culture), 합리문화(rational culture), 집단문화(group culture), 발전문화(developmental culture)로 유형화하였다(김호정, 2002: 88 재인용).

1. 인간 욕구에 관한 이론

1) 매슬로우(A. H. Maslow)의 욕구단계론

Maslow(1943; 1981)는 인간의 기본 욕구를 생리적 욕구, 안전 욕구, 사회적 욕구, 존경 욕구, 그리고 자아실현 욕구의 다섯 가지 계층으로 구분하고, 이러한 욕구는 하위의 욕구로부터 상위의 욕구로 순차적으로 나타난다고 주장하는 욕구단계론(Maslow's needs hierarchy theory)을 제시하였다. 1단계 생리적 욕구(Physiological Needs)는 의식주, 휴식, 성적 욕구 등 인간의 생존을 위한 가장 기초적인 욕구이다. 2단계 안전욕구(Safety Needs)는 신체적인 위험에 대한 공포로부터 벗어나 자신을 보호하고자 하는 욕구이다. 3단계 사회적 욕구(Belongingness and Love Needs)는 사람들과 사이좋은 관계를 맺고자 하며 집단에 대한 소속감을 원하는 욕구이다. 4단계 존중의 욕구(Esteem Needs)는 남들로부터 존경을 받고 스스로에게 자긍심을 갖고자 하는 욕구이다. 마지막으로 5단계 자아실현의 욕구(Self−actualization Needs)는 재능과 잠재력을 최대한으로 발휘하여 성취감을 이루려는 욕구이다.

Maslow는 다섯 가지 욕구들은 서로 유기적으로 연관되어 있으며 순위에 따라 계층을 이루고 있다고 본다. 생리적 욕구가 충족되어야 안전 욕구를 추구하고, 또 안전 욕구가 충족되어야 사회적 욕구가 나타나는 것과 같이 순차적으로 상위 욕구가 나타나 최종적으로는 자아실현의 욕구가 등장한다는 것이다. 하지만 순차적 욕구 발현은 실제로 존재하기 어려우며 한 가지 욕구가 어느 정도 충족되고 나면 상위 단계의 욕구가 중복적으로 추구된다. 충족된 욕구는 동기요인으로서 역할을 하지 못하고, 대신 충족되지 못한 욕구가 강한 동기요인으로 작용하게 된다. 이와 같은 매슬로우의 욕구 5단계를 도식화하면 <그림 2>와 같다.

매슬로우의 욕구계층이론은 직관적이고 이해하기 쉽기 때문에 폭넓게 인정받고 있으며, 특히 인간이 단순히 경제적 유인만이 아니라 자아실현 등 다양한 욕구의 충족을 원하는 존재라는 시각은 이후 다른 동기이론들의 이론적 기반을 제공하였다. 그러나 욕구단계론은 다음과 같은 점에서 비판을 받는다(오석홍, 2016: 649-650). 인간의 욕구가 계층적으로 존재한다는 전제 자체가 잘못되었다는 점, 욕구는

〈그림 2〉 매슬로우의 욕구 5단계

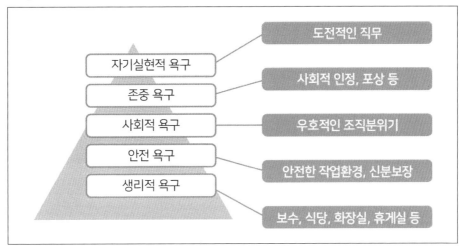

변하기 마련인데 정태적인 것으로 보고 있다는 점, 두 가지 이상의 욕구가 동시에 작용하여 하나의 행동으로 나타날 수 있다는 것을 간과했다는 점, 한번 충족된 요구는 없어지거나 동기유발에 무관한 것으로 규정하고 있다는 점, 욕구발로 단계의 전진성만 강조하고 후진적 역행은 인정하지 않았다는 점 등이다.

2) 앨더퍼(C. Alderfer)의 ERG이론

Alderfer(1972; 이종수·윤영진 외, 2012: 325 재인용)는 경험적인 연구를 통해 매슬로우의 욕구5단계론을 수정하여 세 가지 욕구단계를 제시하였다. 구체적으로 살펴보면, 생리적 욕구와 안전 욕구가 합쳐진 생존 욕구(Existence needs), 사회적 욕구와 존경 욕구 일부가 포함된 인간관계 욕구(Relatedness needs), 존경 욕구 일부와 자아실현 욕구를 포함한 성장 욕구(Growth needs)이다. Alderfer는 인간 욕구의 단계를 나눠 계층화하고 이에 따라 욕구의 발로가 이뤄진다고 규정한 점에서는 매슬로우와 공통된 견해를 제시하고 있다.

그러나 매슬로우의 욕구계층이론과는 다음과 같은 차이점이 있다. 첫째, ERG이론은 위와 같이 5단계 욕구를 통합하여 세 가지로 분류하여 제시하면서 인간의 행동을 유발하는 데 두 가지 이상의 욕구가 동시에 복합적으로 작용할 수 있다고 주장한다(이종수·윤영진 외, 2012: 326). 둘째, 앨더퍼는 욕구가 만족되었을 때 욕구 발로가 전진적으로 진행되는 것뿐만 아니라 욕구가 좌절되었을 때 후진적으로 진행될 수 있다는 것을 제시하고 있다.

3) 허즈버그(F. Herzberg)의 동기·위생 요인론

Herzberg(1966)에 의해 제시된 동기위생요인론(motivation-hygiene theory)은 직무상 어떤 종류의 일들에 만족 혹은 불만족했는지가 동기부여에 영향을 미치는 주요 요인이라고 본다. 즉 사람들은 두 가지 범주의 욕구, 즉 동기요인과 위생요인을 가지고 있으며, 이것은 서로 독립적이며 각각 상이한 형태로 작업자의 행태에 영향을 미친다.[6]

구체적으로 동기요인은 조직구성원으로 하여금 만족을 느끼게 하여 직무수행 동기를 유발시키는 요인을 말하며, 만족요인(satisfier)이라고도 한다. Herzberg는 작업자들의 동기를 부여하여 더 높은 업무수행을 하도록 하는 만족요인은 직무 그 자체에 내재해 있으며, 인간의 자기실현 욕구와 관련이 있다고 보았다. 구체적으로 업무에 대한 흥미, 자율성, 책임감, 도전정신, 성장을 위한 잠재력 등을 포함한다고 보았다. 이에 비해 위생요인은 해당 욕구가 충족되지 않았을 때 불만족이 초래되지만 그러한 욕구가 충족된다 하더라도 적극적으로 동기를 유발시키지 않는 요인을 말하며, 이는 불만요인(dissatisfier)이라고도 한다. 불만요인은 구성원들이 수행하는 업무와 직접적으로는 관련이 없고 주로 관리자의 지휘·통제(supervision), 구성원들 간의 개인적 관계, 임금, 작업환경, 개인생활 등 외부 환경요인과 관련이 있다. Herzberg에 따르면 이러한 위생요인들은 직무불만을 예방하거나 업무수행에서의 손실을 방지하는 역할을 한다. 한편, 만족요인이 있다고 해서 불만족하지 않는 것은 아니며, 불만요인이 없다고 해서 만족하는 것은 아니다. 다시 말해, 이 두 가지 요인들은 상호 독립적이며, 각자 만족과 불만 여부에만 영향을 미친다.[7]

---

6) 여기서 Herzberg의 동기요인은 Maslow의 이론 중 자아실현, 존경의 욕구 및 사회적 욕구와 관련되며, 위생요인의 경우 생리적 욕구, 안전 욕구와 유사함을 알 수 있다.

7) 불만족과 불만족이지 않은 상태를 결정짓는 것은 일 자체가 아닌 다른 요소들인데, 이러한 요인들을 Herzberg(1968)는 KITA(Kick in the Ass)라고 불렀다. 상대방에게 어떤 행동을 이끌어내기 위해 인센티브를 제공하거나 혹은 처벌의 위협을 가하는 물리적·심리적·

〈그림 3〉 매슬로우와 앨더퍼, 허즈버그 이론 비교 그림

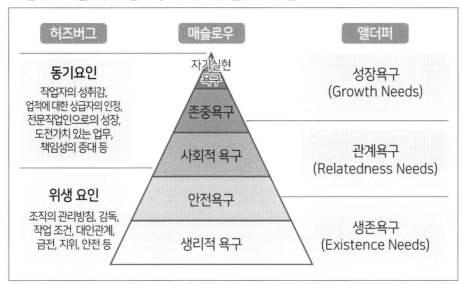

4) 잉글하트(R. F. Inglehart)의 탈물질주의 이론

Inglehart(1997)는 제2차 세계대전 이후 경제적으로 풍요로운 시대적 환경 속에서, 선진국들을 중심으로 경제성장, 물가안정, 국가안보 등 삶의 목표로 추구해 왔던 대중들의 물질주의적 가치관이 점차 사라지고 문화, 여가, 자아실현, 삶의 질, 환경 등을 강조하는 '탈물질주의' 가치(postmaterialism)가 형성되는 현상에 주목하였다. 잉글하트는 인간의 가치 선호는 사회경제적 환경을 반영한다는 전제 하에, 자신에게 결핍되거나 부족한 상태에 있다고 느끼는 대상에 우선적으로 가치를 부여한다는 '결핍 가설(scarcity hypothesis)'을 제시하였다.

이러한 가설은 매슬로우(A. H. Maslow)의 욕구 5단계설에 의존하고 있다. 즉 잉글하트는 매슬로우의 낮은 수준 대 높은 수준의 욕구를 '생존 가치' 대 '자기표현 가치'로 구분하였다. 여기에서 '생존 가치'란 빈곤이나 전쟁 등으로 생존 자체를 위협

긍정적 기제의 활용을 의미한다. 부정적·물리적 KITA는 비도덕적이며 구성원의 반발을 일으킬 수 있어 최근에는 사용되지 않는다. 부정적·심리적 KITA는 비폭력적이며 수위조절이 가능하다. 긍정적 KITA는 직원들의 마음 속에 동기부여를 심어주기 위한 방법으로 근무시간 축소, 임금 인상, 복리후생, 면담, 의사소통 등이 이에 해당한다.

받는 상황에서 경제적 성장, 치안 유지, 기본적인 의식주 등의 가치를 의미하며, '자기표현 가치'란 의식주 등 생존문제가 어느 정도 해소된 상태에서 중요시하게 되는 정치 참여, 인권, 다양성, 환경보호, 삶의 질 등의 가치를 뜻한다. 잉글하트는 경제 발전이 물질주의 가치에서 탈물질주의 가치로의 점진적 변화를 야기한다는 가설을 검증하기 위하여, 세계 여러 나라들의 가치관 조사자료를 분석하였다. 이를 바탕으로 젊은 시절에 궁핍 등 생존에 있어 어려움을 경험한 중·장년 세대는 물질적 가치인 생존 가치를 중시하는 반면, 풍요와 안정을 경험한 젊은 세대는 탈물질주의적 가치인 자기표현 가치를 중시하는 경향이 있다고 주장하였다.

2. 인간유형에 관한 이론

1) 아지리스(C. Argyris)의 미성숙–성숙이론

Argyris(1957)는 개인이 미성숙한 어린이 상태에서 성숙한 어른의 상태로 성장하는 과정에서 일곱 가지 측면의 연속적인 성격 변화가 일어난다고 주장하였다. 첫째, 수동적인 아이의 상태에서 활동량이 증가하는 성인으로, 둘째, 타인에게 의존하는 상태에서 상대적으로 독립적인 어른으로, 셋째, 제한된 소수의 방식 사용에서 다양한 행동양식으로, 넷째, 우발적이고 피상적 관심사에서 심도 있는 다양한 관심사로, 다섯째 현재에 기반한 단기적 시각에서 과거와 미래를 포괄하는 장기적 시계로, 여섯째, 모든 이에게 종속된 상태에서 타인과 대등하거나 우월한 지위로, 일곱째, 자아의식의 결여에서 자기절제가 가능한 성인으로 진화해 간다. 아지리스는 고전적인 관료제 조직은 조직구성원에게 어린아이와 같이 미성숙한 역할을 맡기기 때문에 인간의 수동적·종속적인 상태를 고정시키거나 조장하며, 이러한 공식조직에서의 관리방식과 성숙한 인간이 갖는 욕구 사이에는 부조화가 생기는 것으로 보았다. 따라서 조직구성원 스스로 욕구를 충족시키고 성장할 수 있는 기회 및 분위기 조성전략이 필요하다고 주장한다.

2) 맥그리거(D. McGregor)의 Y이론

McGregor(1960)는 인간 본성에 대한 서로 상반된 가정을 토대로 인간관을 X이론과 Y이론의 두 가지로 구분하였다. X이론은 전통적 조직이론과 마찬가지로 대부분의 사람들이 노동과 노동에 대한 책임을 회피하고, 지시받기를 선호한다는 가정에서 출발한다. 따라서 조직에 있어서도 목표를 달성하기 위해서는 조직구성원에 대한 지시와 통제가 중요한 요소가 된다. X형 인간은 자발적으로 책임지기보다는 지시받는 것을 선호하며, 안전을 가장 중시하므로, 조직목표는 명령·통제·처벌의 위협을 통해 달성 가능하다.

그러나 맥그리거는 이와 같은 X형 인간을 가정하는 전통적 조직이론의 관리방식에 대해 의문을 제기하였다. 맥그리거는 전통적 관리체계가 계속될 경우 상위 욕구에 대한 충족이 이루어지지 않아 좌절할 수 있고 수동적 자세, 변화에 대한 저항, 책임 회피적 행동이 발생할 것이라고 보았다. 이러한 논점에서 맥그리거는 인간은 일을 즐기고 스스로의 의지에 따라 자율적인 자기통제가 가능하다고 가정하는 Y이론을 제시하였다. 즉 외적 통제와 처벌만이 조직목표달성을 위한 수단이 아니며, 관리자는 조직목표를 달성하는 데 있어서 조직구성원의 개인목표를 최대한 성취할 수 있도록 조직을 관리해야 한다는 것이다.

맥그리거의 Y형 인간관은 당시 지배적이던 강제·통제·명령·처벌 등의 외재적 통제를 강조하는 시각에서 벗어나, 조직구성원들의 자율성, 능동성, 책임지향성, 창의성에 대한 믿음을 바탕으로 개인의 목표와 조직의 목표가 통합될 수 있다는 조직관리 철학의 확립에 크게 기여하였다. 맥그리거(McGregor)의 이론은 매슬로우(Maslow), 허즈버그(Herzberg), 아지리스(Argyris) 등의 연구에서 영향을 받았으나, 기존 연구를 통합하여 당시 경영현실에 대비시킴으로써 기존 관리 체계의 개선 가능성과 방향을 제시하였다. 그러나 X−Y이론은 과학적 방법에 의한 실증 연구로부터 도출된 것이 아니고, 직관적 추론에 의한 것으로 실제 현실에 적용하기에는 지나치게 이상적이라는 비판을 받기도 한다.

3) 오우치(William Ouchi)의 Z이론

Ouchi(1981)는 McGregor의 X－Y이론이 지나치게 2분법적 사고에 입각하여 인간관을 유형화시키고 있다고 비판하면서, X이론과 Y이론에 부합되지 않는 인간형을 "Z이론"으로 설명하였다. 오우치는 1970년대 후반 미국 경제의 불황 속에서도 당시 경이적인 경제성장을 일구어낸 일본기업들의 성공요인을 일본 특유의 조직문화에서 태동한 조직관리방식에 있다고 보았다.

그가 A형이라고 부르는 전형적인 미국식 기업조직의 경우 대체로 단기적이고 불안정한 고용관계를 바탕으로 하여 종업원과 조직과의 관계는 단편적이고 (segmented) 단순한 계약관계에 있기에 종업원의 충성도(loyalty)는 미약하다. 또한 업적평가가 빨리 이루어지고 승진과 급여가 개인의 능력에 따라 크게 차이가 날수 있기 때문에 조직구성원 간에 협력이 어렵다. 반면 일본식 J형 조직관리는 평생고용을 기반으로 한 비교적 안정적인 고용관계 속에서 고유한 조직문화를 형성하는데, 일단 입사하면 정년퇴임 시까지 함께 근무하기 때문에 조직구성원 간 인간관계가 신중해지며, 구성원들은 동료에 의해 소외되지 않기 위해 이기적이고 부정직한 행위를 자제하게 된다.[8]

Ouchi(1981)는 미국의 초우량기업들 중에서도 일본식 관리방법과 유사한 조직관리방식을 채택한 조직들을 관찰하고, 이를 통해 귀납적으로 Z이론의 조직형을 도출하였다(오석홍, 2008: 674). 그가 제시하는 Z형 조직의 특징은 장기 고용, 완화된 업적평가 및 승진, 합의에 의한 의사결정, 묵시적·비공식적 통제, 전인격적 고려 등이다. 이와 같은 일본기업의 관리방식에서 찾아볼 수 있는 장점을 미국기업들도 분별있게 적용함으로써 생산적인 조직문화를 형성할 수 있다는 주장이다. 결국 Ouchi의 Z이론은 성공적인 조직운영을 위해서는 단순히 효율적 관리기법의 도입뿐만 아니라 조직구성원들 간의 협동심, 동료의식, 평등, 참여, 신뢰, 소속감, 조직

---

8) 업무수행과 관련된 집합적 의사결정을 합의(consensus)에 의존하는 방식은 서구의 기준으로 볼 때 의사결정을 느리게 할 수 있으나, 대부분의 종업원들이 의사결정에 참여하므로 주인의식(ownership)을 갖게 되며, 실행시에는 저항이 최소화되고 신속하게 이루어져 생산성을 높이는 장점을 갖는다. 일본기업은 급여나 승진에 있어서도 근무연수를 중시하는 연공서열형이며, 업적평가나 승진심사가 미국에 비해 느리고 자주 이루어지지 않는데, 이것은 조직문화에 적응하고 사회화(socialization)된 종업원을 선별하기 위함인 것이다 (Ouchi, 1981).

의 경영철학, 조직문화 등의 변화가 필요함을 시사하고 있다.9)

이와 같은 Ouchi(1981)의 Z이론은 기존의 X-Y이론이 범한 지나친 단순화의 위험성을 경계하고 조직환경이나 상황의 변화에 따른 다양한 접근방법을 제시하였다는 장점이 있으나, 바람직한 이상으로서의 추상적 모형만 제시하였을 뿐 단순히 선언적 차원을 넘어 구체적인 실천전략으로 조직관리에 적용되기 위해서는 보다 경험적인 후속 연구들이 보완될 필요가 있는 것으로 보인다.

4) 샤인(Schein)의 복잡한 인간관 이론

인간을 단순화하게 획일화·보편화하는 기존의 동기이론에서 벗어나 상황론적 요소를 적용한 동기이론이 등장하였다. 대표적으로 Schein(1970)의 이론은 조직 내 인간의 본질에 대한 시각을 조직이론의 발달과정에 따라 네 가지로 분류한다. 과학적 관리론과 관련된 합리적·경제적 인간관, 인간관계론과 관련된 사회적 인간관, 조직행태론과 관련된 자아실현적 인간관, 상황이론과 관련된 복잡한 인간관이다.

첫째, 합리적·경제적 인간관은 인간은 경제적 유인에 의해 동기화된다고 보는 시각이다. 경제적 유인은 조직에 의해 결정되기 때문에 조직구성원은 근본적으로 조직의 통제를 받는 수동적인 존재로 가정한다. 이러한 가정 하에서 조직이 경제적 보상만 충분히 해주면 조직구성원은 높은 근무의욕을 갖게 될 것이라 보고 있으며, 효과적인 관리수단으로 집권화된 권한, 통제 등을 중시한다.

둘째, 사회적 인간관은 경제적 보상보다는 인간의 사회성 내지 집단성을 강조하는 시각이다. 인간은 사회적인 존재로서 집단에 대한 소속감이나 일체감을 중시하는 사회적 욕구를 지닌다고 가정하며, 이러한 사회적 욕구가 근무의욕, 생산성, 생산품의 품질 등에 실질적인 영향을 미친다고 본다. 따라서 경제적 유인이나 통제보다는 동료집단 사이에서의 관계가 근무의욕 고취에 큰 영향을 미치며, 조직구성

9) 일본의 대표적인 기업 도요타의 4P 모델 경영원리는 장기적인 철학(Philosophy), 올바른 절차(Process), 인간 중심(People & Partners), 문제해결(Problem solving) 등 네 가지 P를 중심으로 한다. 이는 Ouchi의 Z이론에서 표방하는 장기 고용, 합의에 의한 의사결정, 전인격적 고려 등의 특징과 부합한다.

원들은 사회적 욕구가 충족되는 범위 내에서 조직의 요구에 반응하게 된다.

셋째, 자아실현적 인간관은 인간을 자아실현 내지 성취욕구를 지니고 스스로를 자율적으로 규제할 수 있다고 보는 시각이다. 인간의 기본적인 욕구에는 단계가 있으며, 개인의 자기완성욕구와 조직의 목표달성은 상충되는 것이 아니기 때문에 관리자는 조직구성원을 통제하거나 조직구성원에게 동기를 부여하기보다는 조직구성원이 일에 대한 자부심과 긍지를 지닐 수 있도록 해야 한다.

마지막으로, 복잡한 인간관은 네 가지 인간관 중 가장 현실적인 인간관으로, 인간은 복잡할 뿐만 아니라 상황에 따라 변화할 수 있다는 시각이다. 인간의 동기는 조직의 성격, 조직 내 위치 등에 따라 달라지며, 인간은 조직생활을 통한 새로운 동기 습득이 가능하다. 따라서 조직 및 구성원의 특성에 따라 다양한 관리전략 사용이 가능하며 인간은 여러 종류의 관리전략에 적절히 대응할 수 있다.

현대의 조직행태론은 대체로 인간의 동기, 욕구, 능력, 태도, 사고방식 및 가치관 등은 생애를 통해 변화하고 발전한다는 복잡한 인간관이 전제되어 있다. 즉 인간관의 차이에 따라 조직관리전략이 달라진다고 주장하는 Schein(1970)은 인간은 다양한 욕구와 잠재적 가능성을 가지며 욕구의 계층, 유형도 연령이나 발달단계, 대인관계 및 역할 변동 등 개인의 상황과 시기별로 달라질 수 있다는 함의를 주고 있다.

3. 동기부여기제이론

1) 브룸(V. Vroom)의 기대이론

Vroom(1964)은 동기유발요인으로서의 보상에 주목하고, 개인의 노력을 유발하는 동기부여 과정이 보상에 대한 개인의 지각에 따라 달라질 수 있음을 설명하고자 하였다. 기대이론은 욕구충족과 만족이 동기유발요인이라는 기존의 이론과 달리 욕구충족과 만족이 동기유발로 나타나는 과정에 '기대'라는 인식론적 개념을 활용한다. 브룸은 일반적으로 사람들이 어떤 행동을 할 때는 기대되는 결과에 대해 가치를 부여한다고 전제한다. 그리고 사람들이 달성하기를 희망하는 결과뿐만 아니라 그러한 결과를 가져오는 데 있어 자신의 행동이 주요한 수단이 될 것이라고 믿는 것도 동기유발에 영향을 미친다고 가정하고 있다.

여기서 동기란 개인의 자발적인 통제 하에 여러 대안들 중에서 하나를 선택하는 과정을 의미한다. 이것을 공식으로 나타내면 M(동기부여) = f(V, I, E)와 같다. 개인의 노력 정도는 그러한 노력이 조직의 목표달성이나 업무성과 향상을 가져올 수 있을 것이라는 개인의 기대(Expectancy: E)의 정도와 그러한 목표달성 시 약속된 보상이나 혜택이 실현될 수 있을 것인지에 대한 믿음인 수단치(Instrumentality: I)의 정도, 그리고 주어질 보상이 개인에게 얼마나 매력적인지에 관한 가치부여의 유의수준(Valence: V)에 따라 결정되는 것으로 볼 수 있다.

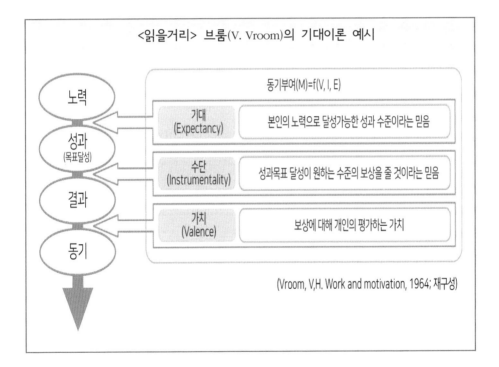

<읽을거리> 브룸(V. Vroom)의 기대이론 예시

동기부여(M)=f(V, I, E)

기대 (Expectancy)	본인의 노력으로 달성가능한 성과 수준이라는 믿음
수단 (Instrumentality)	성과목표 달성이 원하는 수준의 보상을 줄 것이라는 믿음
가치 (Valence)	보상에 대해 개인의 평가하는 가치

(Vroom, V,H. Work and motivation, 1964; 재구성)

2) 아담스(J. Adams)의 공정성 이론

Adams(1965)의 공정성(equity) 이론은 처우의 상대적 공정성에 대한 사람들의 지각과 신념이 직무행태에 영향을 미친다는 이론이다. 공정성 이론에 따르면 직원들은 직무 상황에서 자신의 투입(input) 대 산출(outcomes)의 비율(ratio)을 자신과 비슷한 상황에 놓인 준거집단(reference others)과 비교하며, 불공정하다고 느끼는 경우에는 공정성을 회복하고자 하는 행동을 취하게 된다(Adams, 1963).

개인은 자신의 노력투입 대 산출의 비율이 다른 사람의 노력투입 대 산출의 비율과 대등하다고 인식하면 공정하다고 느끼고 자신의 노력투입을 지속적으로 유지한다는 것이다. 반면 이 비율이 대등하지 못하다고 인식하면 불공정성을 느끼고 불만족과 긴장, 분노, 불안 등의 감정이 나타나게 된다. 이를 해소시키려는 과정에서 동기유발이 되어, 특정 행동을 취하게 되는 것이다. 예컨대 과소보상을 받은 경우라면, 자신의 노력을 감소시키거나 자신의 노력 수준에 맞는 보상을 받고자 하는 유인이 생기게 된다. 만일 스스로의 투입 대비 산출 비율을 바꾸지 못하는 경우에는 준거집단의 투입 대비 산출 비율을 바꾸고자 할 것이다. 준거집단의 투입을 변경하여 불공정한 상태를 해소되게끔 하는 것이다.

요컨대 공정성 이론에 따르면 개인의 동기유발은 단순히 투입과 산출의 절대적인 수준에 따라 결정되는 것이 아니라, 다른 사람들과 상대적인 비율을 비교한 결과와 관련이 있다는 것이다. 즉, 개인의 행동을 유발하는 동기는 개인이 지각하는 산출과 투입의 상대적 비율, 다른 사람과의 상대적인 비교에서 그 강도가 결정된다는 점을 강조하고 있다.[10]

---

10) 이와 같은 Adams의 공정성 이론은 후속 연구자들에 의해 조직공정성(organizational justice)이라는 개념으로 확장되었다. 조직공정성은 사람들이 다른 대상과의 비교에서 불이익을 느꼈을 경우 불공정(injustice)하다는 감정을 느끼며, 이러한 공정성 인식에 착안하여 구체화한 개념이다(Fortin, 2008: 93; 박순애·정선경, 2011: 3 재인용). 즉 조직구성원들은 기대에 비해 보상의 총량이 얼마나 적절한지에 대한 최종적인 자원배분 결과의 공정성(distributive justice)뿐만 아니라, 그러한 결과에 이르게 된 과정에 대한 절차공정성(procedural justice) 역시 중요시한다. 여기서 절차공정성이란 보상의 총량을 결정하는 데 사용되는 수단 혹은 절차가 얼마나 공정한지에 대해 인식하는 정도를 의미한다(Folger & Konovsky, 1989: 115; Leventhal, 1980; Thibaut & Walker, 1975; 임준철·윤정구, 1998: 94-97 재인용). 한편, 절차공정성은 공식적 절차 측면만을 주로 다루고 있지만 실제로 절차가 진행되는 과정에서 이루어지는 상관과 부하 간 상호작용의 질에 따라 공정성 인식이 다르게 나타날 수 있다. 이를 상호작용 공정성(interactional justice)이라 한다(Bies & Moag, 1986; Tyler & Bies, 1990; 한광현, 2006: 683 재인용).

3) 공직봉사동기 이론(Public Service Motivation Theory)

Perry & Wise(1990: 368)는 공직봉사동기(public service motivation)를 "공공기관에 우선적으로 동기(motive)부여가 되는 개인의 성향"이라고 정의하였다. 공직봉사동기 이론은 민간에서 더 많은 보수를 받을 수 있는 사람들이 공공부문의 경력을 추구하는 동기를 공익과 연계한다.

예를 들어 공직봉사동기는 "지역공동체, 국가 혹은 인류를 위해 봉사하고자 하는 보편적 이타적 동기"(Rainy & Steinbauer, 1999: 23), "사적 이익과 조직 이익을 넘어서는 신념, 가치, 태도로서 정치적 공동체의 이익과 관련되며 개인이 그에 부합하게 행동하고자 하는 동기"(Vandenabeele, 2007: 547)라 정의되어 왔다. 다시 말해 타인에 대한 선행이나 사회의 안녕에 기여 의도를 갖는 공적 동기와 행동을 의미한다고 할 수 있다.

Perry & Wise(1990)는 공직봉사동기를 합리적(rational) 차원, 규범적(norm-based) 차원, 정서적(affective) 차원의 3가지 차원으로 구분하고 있다(Perry & Wise, 1990; 박순애·정선경, 2011: 9 재인용). 합리적 동기는 개인의 효용극대화에 기반한 것이며, 규범적 동기는 공공의 이익을 위해서 규범을 따르려는 노력에 기반하며, 정서적 동기는 인간의 감정 중 타인을 돕고자 하는 마음과 의지에 기초한다.

이후 Perry(1996)는 위에서 언급한 세 가지 차원을 바탕으로 공공정책에 대한 호감도, 공익에 대한 몰입, 사회정의, 시민의무, 연민, 자기희생의 6가지 구성개념을 제시하였고, 최종적으로 공공정책에 대한 호감도, 공익에 대한 몰입, 연민, 자기희생의 4가지 개념을 공공봉사동기의 주요 구성요인으로 제시하였다. 정책결정에 대한 호감도(attraction to public policy making) 관점에서는 국민을 위해 봉사하는 것이 개인의 효용을 추구하는 것이기 때문에 이를 극대화하기 위해 노력한다는 것은 합리적 행위이다. 공익에 대한 몰입(commitment to public interests)은 규범적 관점으로서 공무원들이 공익에 대한 봉사 욕구를 가지고 있다는 것이다. 연민(compassion)은 정서적 관점에서 모든 사람들에 대한 광범위한 애정, 사회적 약자에 대한 측은지심 등을 의미한다. 그리고 자기희생(self-sacrifice)은 개인적 이익을 추구하기보다는 금전적인 보상과는 무관하게 공익적 관심을 갖고 사회 문제를 해결하려는 노력으로 이해할 수 있다.

공직봉사동기는 공무원이 조직생활 중 개발할 수 있는 것인지, 아니면 개인의 성장과정에서 확립되어 변화하지 않는 고정적인 것인지에 대한 논의가 있다. Perry & Wise(1990)는 공직봉사동기는 기본적인 성향으로서 개인의 성장과정에서 이미 형성된다는 것을 지적하였고, Perry(1997)는 가정에서의 경험, 종교적 성향, 봉사활동 경험 등으로 인한 사회화 과정이 공직봉사동기 형성에 영향을 미친다고 보았다. 그 후 Perry(2000: 479-484)는 공직봉사동기의 과정이론(process theory of public service motivation)을 통해 공직봉사동기 형성에 있어 개인의 선호는 고정된 것이 아니고 사회제도적·환경적 변수와의 상호작용에 의해 변화될 수 있음을 보여주었다. 사회역사적 맥락(Sociohistorical Context: 교육, 사회화, 인생에 있어 주요 사건 등), 동기적 맥락(Motivational Context: 신념, 가치, 직무특성, 보상, 작업환경 등), 개인적 특성 (Individual Characteristics: 능력, 역량, 자아개념 등)이 궁극적으로 행위(Behavior: 합리적 선택, 규범적 행동, 의무 등)에 영향을 미친다는 과정 이론을 제시하고 이와 같은 동기 부여 과정에 따라 개인의 공직봉사동기가 형성된다고 하였다(Perry, 2000).

이와 같은 공직봉사동기 논의를 종합하여 볼 때 공공부문과 민간부문의 종사자들은 각기 다른 동기부여 메커니즘에 의해 행동함을 알 수 있다. 또한 공직봉사동기는 형성 및 작동과정에서 역동성을 지니며 사회제도적, 환경적 변수와의 상호작용에 의해 개발될 수 있다고 보는 것이 타당할 것이다. 이러한 공직봉사동기에 비추어볼 때 공공부문에서는 민간기법의 섣부른 도입보다는 공공이익을 우선시하는 개인의 성향과 공직봉사동기를 계발할 수 있는 기제마련에 중점을 두어야 할 것이다.

[읽을거리] 세종시 공무원을 춤추게 하라

한국행정학회는 지난주 서울에서 '윤리적 정부'라는 주제로 국제학술대회를 열었다. 필자는 미국 행정학 분과에 참여해 최근 미국 정부의 경제적 딜레마와 효율적 정부 운영을 위한 공무원 인사제도 개혁에 대해 의견을 나눴다. 그 중 텍사스대 굿맨 교수가 발표한 '해고자유의 원칙(employment at will)'은 한국의 직업공무원제에서는 다소 생소한 개념이라 관심을 끌었다. 요지는 미국 주정부에서 비효율을 제거하기 위해 채택한 '해고의 자유'가 오히려 정실(情實)인사 우려를 낳고 공직봉사동기도 저해할 수 있다는 것이다.

일반적으로 동기는 목표를 성취하고자 하는 노력과 행동으로 정의되며 조직의 성과를 결정짓는 가장 중요한 요소로 평가받는다. 그러나 이윤 창출이 목적이 아닌 공공조직에서 임금이나 성과급 같은 경제적 유인(誘引)은 그리 큰 역할을 못하며, 그런 외재적 동기부여의 효과와 지속성에 대해서도 학자들은 회의적이다. 민간에 비해 경제적 보상이 떨어지는 공공부문 종사자에게는 공직봉사동기와 같은 내재적 요인이 더 중요한 동인(動因)이 될 수 있다는 것이다. 특히 우리나라처럼 정부에 대한 국민의 기대수준이 높고, 공공부문이 시장에서 차지하는 비중이 큰 경우, 공무원에 대한 동기부여는 국가경쟁력을 좌우하는 핵심 변수라고 할 수 있다. 그러나 최근 우리 공무원들의 사기(士氣)는 과거 경제발전을 주도하던 시기의 관료들과는 사뭇 다른 것 같다.

박근혜 정부는 역대 어느 정부도 경험하지 못했던 '행정부와의 원격소통'이라는 새로운 환경에 직면해 있다. 서울대 정책지식센터에서 발표한 2013년 공무원 인식조사에 따르면, 세종시로 이전한 부처 소속 공무원의 84%가 세종시로 온 뒤 행정 효율성이 전반적으로 낮아졌다고 응답했다. 지난 봄 필자가 직접 참여한 포커스그룹 인터뷰에서도 장거리 출퇴근과 출장으로 인해 신체적 피로가 쌓이고, 유관 기관들의 지리적 위치가 다양해서 효율성이 떨어진다는 것이 문제점으로 지적됐다. 특히 부처 실 국장급은 위기상황에 신속하게 대응하기가 곤란하고, 잦은 출장으로 인해 실무진과 직접 머리를 맞대고 업무를 협의할 수 있는 시간이 줄었다고 토로했다. 공직에 입문했다는 자긍심과 기대로 활력이 넘쳐야 할 새내기 공무원들의 심리적 위축은 안쓰러울 정도였다.

물론 현재 세종시 공무원들이 겪고 있는 고충들은 과거 과천청사와 대전청사가 안착된 것처럼 시간이 지나면 많은 부분이 해결될 여지가 있다. 지난 6개월 동안에도 상당한 인프라가 구축되면서 불편이 점차 개선되고 있다고 한다. 그러나 부처 이전은 2014년 말까지로 아직도 진행 중이며, 박근혜 정부 공무원들은 자칫하면 5년 중 상당한 시간을 환경변화에 대한 심리적·육체적 적응에 소진하지 않을까 우려된다.

행정부의 세종시 이전은 박 대통령이 지켜낸 새로운 역사다. 그러나 이러한 역사가 성공적으로 평가받기 위해서는 세종시가 공무원들이 신명나게 일할 수 있는 직장이자 삶의 터전이 돼야 한다. 특히 박근혜 정부의 국정과제는 국민들과의 접점이 넓은 복지관련 정책 비중이 높다. 복지정책의 성공은 정교한 정책 설계와 정확한 서비스 전달체계가 필요하기 때문에 공무원들의 세심한 손길과 정성이 더욱 요구된다. 모든 국정 운영을 대통령의 리더십에 의존하기에는 정책은 너무나 현장 중심적이다. 개별 국정과제는 소관 부처 장관의 리더십하에, 정책의 집행은 실·국장과 담당 공무원과의 접촉을 통해 수행해야 한다.

정부 재창조를 주창하던 데이비드 오스본과 테드 개블러는 정부의 비효율성과 무능은 정부에서 일하는 사람 때문이 아니라 공무원을 일하게 하는 시스템이 제대로 작동하지 않기 때문이라고 했다. 조직의 생산성은 집단의 팀워크와 협동, 그리고 감독자의 관심에 좌우된다는 1930년대 호손실험 결과를 새삼 언급하지 않더라도 인간의 사회적, 심리적 요인의 중요성을 강조한 '인간관계론(human relations)'이 공공부문에서 시사하는 바는 크다. 국민적 관심과 성원, 그리고 대통령의 신뢰는 공무원도 춤추게 할 수 있다. 눈에서 멀어지면 마음도 멀어진다는 말이 현실이 되지 않도록 공무원들의 자발적 헌신과 직무몰입(職務沒入)을 유도할 수 있는 리더십이 더욱 절실한 때다.

출처: 박순애(동아일보, 2013.10.25)

3절 리더십 이론

1. 리더십의 개념

조직에서 리더의 중요성은 아무리 강조해도 지나치지 않다. 4차 산업혁명과 글로벌 팬데믹 등 예측하기 어려운 변화의 파고가 거세지는 상황에서 조직 리더의 역량이 더욱 중요해지고 있으며 행정학에서도 급변하는 내·외부 환경에 신속히 대처하고, 조직구성원들이 공감하는 비전과 조직목표를 제시함으로써 동기를 부여하고, 조직성과 제고를 도모하는 리더십에 관한 연구가 활발히 이루어지고 있다. 리더십(leadership)은 조직이 무엇을, 어떻게 하는 것이 효과적인지에 대해 조직구성원들이 이해하고 수용하도록 영향력을 행사하는 과정으로서, 집단의 목표나 내부구조의 유지를 위하여 조직구성원의 기본적인 가치와 신념, 행태 등을 변화시키는 능력으로 정의할 수 있다(Yukl, 1981: 2-3). 즉 리더십이란 주어진 상황 속에서 다양한 유인들(incentives)의 제공 등을 통해 조직구성원들에게 동기를 부여하고 과업행동을 유도함으로써, 그들이 자발적으로 집단활동에 참여하여 조직목표의 달성 및 조직문화의 변화에 기여하도록 영향을 미치는 일련의 과정으로 볼 수 있다.[11] 따라서 조직구성원들의 행태 변화를 유발하는 리더십에 대한 심층적 탐구는 성공적인 조직관리를 위한 중요한 전제조건이라 할 수 있다.

2. 리더십 연구의 접근방법

리더십 연구의 접근방법은 크게 세 가지로 구분해 볼 수 있다(Yukl, 1981: 12-13). 첫째, 성공한 리더의 특성 및 자질에 착안한 특성론적(traits) 접근방법, 둘째, 리더의 행동을 통하여 리더십 효과성을 설명하는 심리학에 기반을 둔 행태론적 (behaviors) 접근방법, 셋째, 리더의 행동이 상황에 따라 어떻게 다른가를 분석하고, 효과적인 리더의 특성이나 행동이 상황에 따라 다르다는 점을 강조하는(Bass, 1990; Northouse, 2006) 상황론적(situations) 관점이다. 아래에서는 이와 같은 세 가지 접근 방법들에 대하여 구체적으로 살펴보기로 한다.

1) 특성이론(Trait Theories)

일찍이 Max Weber[12])가 일반인들과 구별되는 리더의 초자연적·초인적 자질을 카리스마(charisma), 즉 은총의 선물(gift of grace)이라 칭한 이래, 초기의 리더십 연구는 '어떤 개성과 능력이 특정인을 리더로 만드는 것인가?'에 초점을 두었다. 즉, 다른 사람들과 구별되는 성공적인 리더의 특성과 자질, 예를 들어 리더의 신체적인 특징, 사회적 배경, 지적 능력, 성격, 관리능력 등을 주로 탐구하였다. 어떤 요소들이 리더의 바람직한 특성인지에 대한 학자들의 견해는 다양하게 나타난다. 예컨대 Stogdill(1974)은 성취욕구, 끈기, 통찰력, 진취성, 책임감, 자신감, 협동심, 인내, 사

---

11) 리더십은 조직 내에서 리더(leader)와 추종자(follower) 간 사회적 상호작용이다. 리더와 추종자 간의 신뢰 및 유대감을 기반으로 관계가 형성되며, 자발적이고 상호작용적인 동기부여가 이루어지는 리더십은 공식적·법적인 지위에 따른 관리 또는 헤드십(headship) 과는 구분되는 특징을 지닌다(Conger & Kanungo, 1987: 638).
12) Weber(1919; 1946)는 권력(power)과 권위(authority)의 개념적 차이에 대하여, 전자는 사람들의 저항 여부에 무관하게 복종하게 만드는 능력임에 반하여, 후자는 명령을 받은 하급자가 상급자의 지시를 정당한 것으로 받아들여서 자발적으로 따르게 되는 것이라고 구별하였다.

교성 등을 리더의 특성으로 보았다. 이러한 리더십 특성연구는 리더가 타고난 재능을 가지고 있다는 것을 보여줌으로써 직관적으로 흥미를 끌 수 있으며, 리더가 되기 위해서 갖추어야 할 특성이 무엇인가를 알 수 있게 해준다(Northouse, 2006: 24). 특성이론은 지금도 계속 연구가 이루어지고 있으며, 최근에는 타고난 리더의 특성보다는 업무와 관련된 기술이 강조되고 있다.

그러나 리더십 특성이론은 리더십 과정의 구성요소인 리더, 부하, 상황 중에서 리더에만 초점을 두고 있고, 리더의 결정적인 특성이 무엇인지를 제시하는 데에도 실패하였으며, 동일한 특성이 다른 결과를 가져오는 등의 상황을 고려하고 있지 않다는 점, 리더십 특성이 조직성과에 어떻게 영향을 미치는가를 밝히지 못한다는 점, 그리고 리더와 조직 환경 사이의 상호작용을 설명해주지는 못한다는 한계를 가지고 있다(Northouse, 2006: 25-26).

2) 행태이론(Behavioral Theories)

리더십 행태이론은 리더의 특성보다는 리더의 실제 행동에 초점을 두고 어떻게 행동하는가에 관심을 가진다. 즉, 리더십 행태의 유형론을 개발하고, 리더와 부하간의 업무성취 등의 상호관계에 있어서 각기 다른 리더들에 의해 사용된 행동양식 및 리더 개인이 수행한 기능에 관한 가설을 검증함으로써, 리더십의 보편적인 행동패턴(behavior pattern)을 규명하고자 한다. 대표적인 리더십 행태연구로는 아이오와대학교의 연구, 오하이오주립대학교의 연구, 미시간대학교의 연구, 관리격자모형(The Managerial Grid) 연구 등이 있다.

아이오와 대학교의 Lewin, Lippitt & White(1939)는 사회적 배경과 지능수준이 유사한 10대 소년들을 대상으로 리더십 스타일 변화에 따른 행동 양상을 실험하였다. 리더십 유형을 권위적 리더십(authoritarian leadership), 민주적 리더십(democratic leadership), 방임적 리더십(laissez-faire leadership)으로 구분하였고, 연구결과 20명 중 19명이 민주적 리더를 선호하였다. 이 연구는 리더십에 관한 행태연구의 계기를 마련하게 되었다는 점에서 의의가 있다.[13]

---

13) 권위적 리더십이란 명령적이고 구성원들의 참여를 허용하지 않으며, 칭찬이나 비판을 개인적으로 행하되 중립적인 태도를 취하는 유형인데 비하여, 민주적 리더십은 구성원들의

한편, 1940년대 오하이오 주립대학교(Ohio State University)의 연구자들은 리더가 조직을 이끌 때 어떻게 행동하는가를 분석하고자 했다. 리더의 행동유형을 구조주도(initiating structure)형 행동과 배려(consideration)형 행동으로 분류하고, 리더가 두 가지 행동유형을 동시에 지닐 수 있다고 하였다. 여기서 구조주도형 행동은 과업과 관련된 행동으로 일의 조직화, 작업상황의 구조화, 역할 및 책임 배분 등의 활동을 포함한다. 그리고 배려형 행동은 관계지향적 행동으로 구성원들 간의 친교관계 형성, 존경 및 신뢰 구축, 리더와 부하 간의 인간관계 등을 포함하고 있다.

이러한 연구를 발전시켜 1950년대 미시간 대학교(University of Michigan)의 연구자들은 리더의 행동이 소집단의 성과에 미치는 영향에 관심을 두고, 리더행동, 집단과정, 집단성과 간의 관계를 파악하기 위해 다양한 조직을 대상으로 연구를 진행하였다. 종업원들이 의사결정에 참여했을 때 생산성이 높아질 것이라는 가설을 세우고 종업원중심 리더(employee-centered leader)와 과업중심 리더(job-centered leader)로 구분하였다. 전자는 종업원에 대한 높은 관심과 좋은 인간관계를 강조하며, 그들의 개성을 가치 있게 여기고 개개인의 욕구에 관심을 보이는 반면 후자는 직무의 기술적인 측면과 생산성을 강조한다. 연구결과, 과업중심 리더십은 단기성과, 종업원중심 리더십은 장기성과와 각각 관련성이 높으며, 구성원 만족도는 종업원중심 리더십에서 더 높게 나타났다.

오하이오 주립대학 연구결과를 확장·발전시킨 Blake와 Mouton(1964; 1978)은 리더에 대한 평가를 토대로 관리격자모형(The Managerial Grid)을 만들었다. 격자모형(grid)의 X축을 생산에 대한 관심(concern for production)으로, Y축은 사람에 대한 관심(concern for people)으로 설정하고, 리더의 행동 경향을 다섯 가지로 구분하였다. 첫째, 무관심형(impoverished) 리더십은 생산과 사람에 대한 관심이 모두 낮은 유형이다. 둘째, 컨츄리 클럽형(country club) 리더십은 사람에 대한 관심은 높은 반면 생산에 대한 관심은 낮은 유형이다. 셋째, 과업형(task) 리더십은 생산에 대한 관심은 높으나 사람에 대한 관심은 낮은 유형이다. 넷째, 중도형(middle of the road) 리

참여를 권장하고, 정신적으로 그 집단의 일원이라는 점을 강조하는 리더십이다. 한편, 구성원들에게 완전한 자유를 부여함으로써 사실상 리더십을 행사하지 않는 유형을 방임적 리더십으로 규정하였다.

더십은 생산과 사람에 대한 관심이 모두 중간 정도인 유형을 말한다. 마지막으로 팀(team)형 리더십은 생산과 사람에 대한 관심이 모두 높은 유형으로 가장 효과적이고 이상적인 리더십을 의미한다(오석홍, 2018).

〈그림 6〉 관리유형도

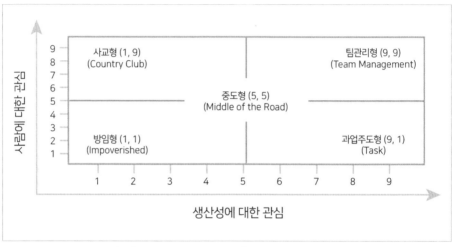

자료: Blake & Mouton(1964: 18, 55, 85, 110, 142)을 바탕으로 작성.

이와 같은 리더십 행태이론은 바람직한 리더십 유형을 발견하기 위해 리더의 행동을 측정할 수 있는 틀을 제공한다. 그러나 리더십 관련 주요 개념 정의가 이론과의 정합성이 떨어지고, 각각의 리더십이 성과와 구체적으로 어떤 인과관계를 가지고 있는지에 대한 설명을 제공하지 못함으로써 모든 상황에 적용 가능한 보편적 리더십 유형 도출에는 실패하였다.

3) 상황이론(Situational Contingency Theories)

앞서 살펴본 리더십 이론들은 리더십 과정에서의 복잡성을 제대로 설명하지 못했다는 비판에 직면하였으며, 행태이론이 특성이론보다 발전된 것처럼 보이나 사실상 자질의 목록 대신에 행위의 목록만을 제시했을 뿐이다. 또한 실증분석 결과가 일관되지 않음을 볼 때, 리더십 과정에서 개인적·상황적 차이를 보다 체계적으로 검토해야 할 필요가 있다.

리더십 상황이론은 기존 이론의 문제점을 인식하여 보편적 리더십은 존재하지 않고, 리더십의 효과성은 상황변수에 따라 달라질 수 있다고 본다. 리더십 상황이론은 모든 상황에 적용 가능한 효과적인 리더십은 없으며, 리더십 유형은 조직규모, 조직구조, 업무의 성격, 조직환경 등의 변수들에 의해 결정된다고 본다. 리더의 행태가 자원활용 방식, 부하와의 관계, 관리 이념, 기술의 복잡성, 시간의 상호작용 등의 영향을 받는다고 보는 다양한 상황이론들의 연구결과는 범위나 강조점에 있어서 다르게 나타나고 있다. 상황이론의 대표적 연구로는 Fiedler(1967)의 "상황적응모형(contingency model of leadership)", Hersey와 Blanchard(1969)의 "상황적 리더십 이론(situational leadership theory)" 등을 들 수 있다.

Fiedler(1967)의 상황적응모형에서는 리더십 유형의 효과성은 개별 리더가 놓인 상황을 고려해야 한다는 이론을 제시하였다. Fiedler는 리더의 행동은 주어진 상황에 따라 달라질 수 있다는 전제 하에서 리더들이 가장 함께 일하고 싶지 않은 동료를 어떻게 평가하는지를 측정하는 LPC(Least Preferred Co-worker) 설문을 통해 리더의 유형을 분류한다.[14)

리더십 상황을 결정하는 요인으로 리더-부하 관계(leader-member relationship, 좋은 관계-나쁜 관계), 과업구조(task structure, 높음-낮음), 리더의 지위권력(position power, 강함-약함)을 제시하였고, Fiedler는 이러한 세 가지 상황적 요소의 배합으로 8가지 리더십 상황을 설정하고, 이에 따라 리더십유형을 구분하였다. 리더-부하 관계가 좋고, 과업구조화 수준이 높으며, 지위권력이 강할수록, 상황적 우호성(favorableness)이 높은, 즉 리더에게 유리한 상황으로 보았다. Fiedler는 상황이 리더에게 우호적이거나 비우호적인 경우에는 과업지향적인 리더가 효과적이라고 주

---

14) LPC 기법은 설문조사를 통해 공동 작업자로서 선호하지 않는 사람과 평소에도 거리를 두고 지내는지 아니면 작업장 밖에서는 친하게 지내는지, 호전적인 사람으로 여기는지 아니면 주변과 잘 조화하는 사람으로 여기는지 등을 1에서 8까지의 등급으로 측정한다. 이러한 LPC 설문조사결과 높은 등급을 받은 사람의 경우, 공동 작업자로서는 싫어하지만 작업장 밖에서는 인간적 측면에서 긍정적으로 평가되는 유형을 나타내므로, 관계지향형의 리더십 스타일로 분류된다. 이에 비해 낮은 등급을 받은 사람의 경우, 공동 작업자로서 싫어할 뿐만아니라 작업장 밖에서도 부정적으로 평가하는 유형을 나타내므로 과업지향형의 리더십 스타일로 분류된다. 관계지향적 리더는 인간관계를 중시하며, 과업지향적 리더는 과업성과를 중시한다.

〈그림 7〉 Fiedler의 상황적합이론

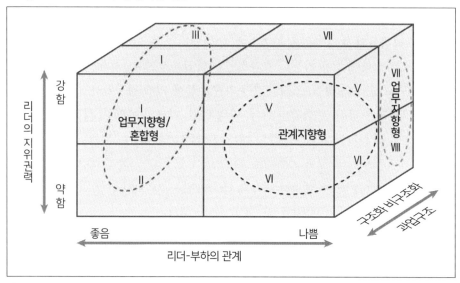

자료: Fiedler(1967: 33).

장하였다. 반면 리더십 상황이 리더에게 우호적이지도 비우호적이지도 않은 중간 정도의(moderate) 상황에서는 관계지향적 리더가 효과적이라고 보았다(김성국, 2008: 340-342). 이와 같은 Fiedler의 상황적응모형은 리더십 행태에 있어 상황적 여건을 고려한 최초의 모델이라는 점에서 의의가 있다. 그러나 이 모델은 세 가지 상황요인만으로는 복잡한 현실 속의 리더십 상황을 설명하는 데 충분하지 않다는 점, 리더십 유형이 양분되지 않고 과업지향적이면서 동시에 관계지향적일 수 있다는 점, 부하의 개인적 특성은 고려가 되지 않았다는 점 등에서 비판을 받았다.

한편, Hersey & Blanchard(1969)는 리더십 행태이론이 리더십 유형과 효과성 사이의 일관된 관계를 밝혀내지 못한 데 착안하여 상황적 리더십이론(situational leadership theory)을 제시하였다. Fiedler와는 달리 이들은 리더의 성격이나 동기구조에 따라 구분하지 않고, 행태론적 관점에서 리더의 행동을 유형화하였다. 그러나 행태이론에서와는 달리 리더는 일관된 행동을 보이지 않으며, 상황에 따라 상이한 행동을 구사할 수 있다고 보았다. Hersey & Blanchard는 리더의 행동에 영향을 미치는 상황조절변수로 부하의 성숙도(maturity or readiness)를 설정하였다. 리더의 행동을 행태이론에서와 유사한 관계지향적 행동(relationship behavior)과 과업지향적 행동(task behavior)으로 구분하고, 이 두 가지 행동을 조합하여 다음의 네 가지 리더십 행태를 제시하였다.

① 지시적(telling) 리더십: 과업지향성은 높지만 관계지향성은 낮은 리더의 행동유형으로 의사소통의 초점이 목표달성에 맞추어져 있다. 리더는 부하에게 기준을 제시하고 지도하는 등 일방적인 커뮤니케이션을 구사하며 리더가 중심이 되어 궁극적인 의사결정을 한다.

② 설득적(selling) 리더십: 과업지향성과 관계지향성이 모두 높은 행동유형으로 쌍방적 커뮤니케이션과 공동의 의사결정을 지향한다. 리더는 부하들의 참여와 의견 제시 기회를 장려함으로써 자신과 부하 모두가 참여하는 팀 정신을 촉구하지만, 여전히 최종결정은 리더가 내린다.

③ 참여적(participating) 리더십: 관계지향성은 높지만 과업지향성이 낮은 리더는 부하들과의 인간관계를 중시하며 의사결정에 부하들의 참여를 장려한다. 참여적 리더는 문제해결을 촉구하는 책임은 보유하지만 일상적 의사결정의 책임은 구성원에게 위임한다.

④ 위임적(delegating) 리더십: 과업지향성과 관계지향성이 모두 낮은 행동유형으로 리더는 계획, 통제, 감독 등의 활동을 줄이고, 의사결정과 과업수행에 대한 책임을 부하들에게 위임하여 스스로 자율적 행동과 자기통제 하에 과업을 수행해 나가도록 한다.

Hersey & Blanchard는 이러한 리더십 행동의 효과는 부하의 성숙도에 따라서 다르게 나타난다고 하였다. 부하의 성숙도란 첫째, 직무관련 성숙도로서 부하가 특정 과업을 수행하기 위한 숙련된 기술이나 역량을 보유하고 있는지 여부, 둘째, 심리적 성숙도로서 부하가 과업수행에 대한 긍정적이고 자발적인 태도를 가지고 있는지 여부를 의미한다. 이들은 직무관련 성숙도와 심리적 성숙도를 결합시켜 부하의 성숙도를 4단계로 나누고 있다[15]. 따라서 리더는 조직 상황과 구성원의 역량을

---

15) M1은 직무 성숙도와 심리적 성숙도가 모두 낮은 상태이며, M2는 직무 성숙도는 낮으나 심리적 성숙도는 높은 상태이다. M3은 직무 성숙도는 높으나 심리적 성숙도가 낮은 상태이며, M4는 두 가지 성숙도가 모두 높은 상태이다. 이 모형에 따르면 미성숙 단계인 M1에서는 지시형 리더십이, M2에서는 설득적 리더십이, M3에서는 참여적 리더십이, M4에서는 위임적 리더십이 가장 효과적이다.

〈그림 8〉 Hersey & Blanchard의 상황모형

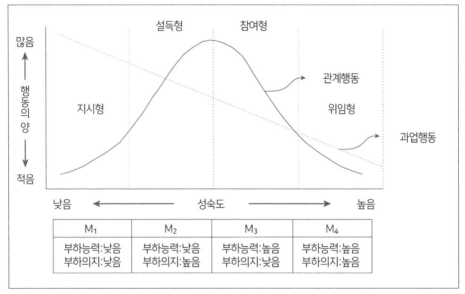

자료: Hersey & Blanchard(1969).

진단하고, 그에 적합한 리더십유형을 선택할 수 있어야 한다. 부하가 기대했던 수준을 넘어서 과업을 잘 처리한다면, 향후 유사한 업무를 수행할 때 부하에게 더 많은 참여 기회와 자율성을 부여하는 리더십 유형을 택해야 한다. 반면에 부하가 업무수행 중 실패하거나 결과가 미흡한 경우에는 참여 정도를 줄이고 보다 강한 통제가 필요할 것이다.

리더십 과정에서 부하의 성숙도 변수를 연구에 포함시켰다는 점이 이들 연구의 강점이다. 그러나 리더의 행동에 있어 과도하게 부하에 초점을 맞추고 있다는 점, 부하와 상관 그리고 조직의 목표들이 서로 다를 수 있음을 고려하지 못했다는 점에서 한계가 존재한다.

3. 최근의 리더십 이론과 통합적 관점의 필요성

지금까지 살펴본 리더십 연구의 다양한 흐름들을 종합해보면 다음과 같다. 리

더십 특성이론과 같은 초기 리더십 연구는 일반인과는 다른 리더의 특출한 자질은 무엇인가에 초점을 두었기 때문에 단순히 소수의 특출한 리더들로부터 교훈을 얻는 수준에 불과하여 연구결과를 일반화하는데 한계가 있다. 또한 특성이론에서 말하는 리더의 바람직한 특성이 선천적인지 후천적인지, 개인에 내재적인 자질을 경험적으로 파악할 수 있는 것인지, 파악한 특성을 일반인들이 후천적인 교육·학습을 통하여 익히면 리더십이 실제로 발휘될 수 있는지 등 여러 가지 의문들을 낳게 된다.

이에 리더의 속성이 무엇인가보다는 리더가 무엇을 하는가로 연구의 초점이 변화하였다. 바람직한 리더들의 관찰 가능한 행동이 어떠한 공통적인 패턴을 갖는지를 유형화하는 작업이 행태이론가들에 의해 시도되었다. 이들의 기본적인 논리는 롤모델이 될 수 있는 리더들의 행동패턴을 발견하고 각각의 공통점을 추출하여 유형화한다면, 일반인들도 이와 같은 유형에 해당하는 행동을 학습함으로써 바람직한 리더가 될 수 있다는 것이다.

하지만 리더는 진공상태에서 활동하는 것이 아니다. 즉 행태이론에 기초한 바람직한 리더의 행동유형에 따라 조직을 이끈다고 해도, 반드시 그 조직에서 성공적인 리더십을 발휘할 수 있는 것은 아니라는 것이다. 따라서 과업의 특성, 조직 내에서 차지하는 리더의 공식적 직위 및 비공식적 영향력, 부하의 기대와 행태, 조직유형, 조직문화, 조직환경 등 다양한 외생적 조건들에 따라 리더의 바람직한 역할은 달라질 수 있다는 상황이론의 관점이 필요한 것이다.

최근에는 기존 리더십 연구의 세 가지 접근방법들의 장점을 통합하여 리더의 특성 및 행태와 함께 상황적 요인들을 동시에 고려하는 다양한 이론적 시도들이 이루어지고 있다. 이 중 대표적인 연구들을 살펴보면 다음과 같다(Burns, 1978; Bass, 1985; 김성국, 2008: 366-469 재인용).

첫째, 거래적 리더십(transactional leadership)은 리더십 과정을 거래가 이루어지는 과정으로 보고 부하의 성과에 대해 리더가 보상을 제공함으로써 영향력을 행사하는 리더십이다. 거래적 리더는 조직의 목적달성을 위한 부하의 역할과 임무를 명확히 제시하며 목적달성에 따라 부하가 어떤 보상을 받게 되는지를 명확히 한다. 이러한 과정을 통해 부하가 리더 자신이 기대하는 성과를 달성하도록 만드는 것이다. 합리적·타산적 교환을 통한 거래적 리더십은 보수적이고 현상 유지적인 특성을 지닌다. 거래적 리더십은 업무수행 과정이 반복적이고 성과수준의 측정이 가능할 때 효과적이다.

둘째, 거래적 리더십은 정태적이거나 안정적인 조직환경에서는 효과적일 수 있지만 역동적으로 변화하는 조직환경 하에서 부하들의 행동 변화를 유도하는 데에는 한계가 있다는 비판 하에서 변혁적(transformational) 리더십이 등장하였다. 교환을 리더십의 중심개념으로 보는 거래적 리더십과는 달리 변혁적 리더십은 변화를 중심개념으로 보며 기대 이상의 성과를 이끌어내는 과정으로 볼 수 있다. 거래적 리더십이 합리적인 상호 교환과정에 초점을 두는데 비해, 변혁적 리더십은 부하에게 존중심을 바탕으로 창조적 사고의 여건을 마련함으로써 개인적 욕구를 뛰어넘어 조직을 위해 일할 수 있게끔 영감을 제공하는 것을 강조한다. 이러한 변혁적 리더십의 기능으로는 비전제시, 동기유발, 단합·창의성 촉진, 신뢰구축, 다양성 존중 등이 제기될 수 있다.

셋째, 카리스마적(Charismatic) 리더십은 일찍이 Max Weber가 제시한 이래 현대에도 여전히 중요한 의의를 지니고 있다. 카리스마적 리더십이란 리더의 특출한 성격과 능력에 의해 추종자들의 강한 헌신과 리더와의 일체화를 이끌어내는 리더십을 의미한다. 카리스마적 리더십의 행동요건으로는 보다 나은 미래에 대한 비전 제시, 성취에 대한 자신감, 열정과 자기희생, 추종자들의 무의식적 동기 촉발, 추종자들의 능력 신뢰 및 긍정적 평가, 비전에 내제된 가치를 강조하는 상징적 행동 등을 들 수 있다.

넷째, 영감적 리더십(Inspirational leadership)이란 리더가 향상적 목표(uplifting goals)를 설정하고, 추종자들이 그것을 성취할 능력이 있다고 자신감을 갖도록 만드는 리더십을 의미한다. 이러한 영감적 리더십의 핵심요소는 미래에 대한 구상(envisioning)으로서, 조직의 바람직한 미래상을 창출하는 것을 의미한다. 이러한 미래상은 조직의 행동을 인도하는 기준이 된다. 리더는 미래에 대해 비전을 제시하고 예측할 뿐만 아니라 추종자들이 자원을 획득할 수 있게 하고 제약조건들을 제거해주고 목표성취 방법을 알려주는 등의 역할을 해야 한다. 요컨대, 리더의 개인적 특성이 아닌 리더의 목표가 추종자를 형성하게 된다.

마지막으로 1970년대 이후 발전한 서번트 리더십(servant leadership) 혹은 섬김의 리더십이란 부하(servant)와 리더, 서로 반대되는 개념이 합쳐진 역설적 개념이라 할 수 있다. 위대한 리더가 되려면 스스로가 먼저 남을 돕는 일을 해야 한다는 뜻으로 받아들일 수 있다. 즉, 섬김 리더십은 리더가 구성원을 위해 봉사하는 데 초점을 맞춘 리더십으로서 사람에 대한 존중을 기반으로 구성원들의 잠재력이 발휘될 수 있도록 이끌어주는 리더십이라 할 수 있다.

성공적인 리더십에 대한 연구가 지속될수록 수많은 상황요인들의 복잡성을 고려해야 한다는 점이 확실해졌다. 이에 따라 리더십 이론의 일반화 가능성은 매우 낮다는 점만이 더욱 분명해지고 있다. 다시 말해 특정한 리더십 연구의 결과가 제시하는 바람직한 리더십이란, 실제로는 특정한 상황적 조건이 갖추어질 경우에만 타당한 것으로 볼 수 있는 것이다. 하지만 이와 같은 리더십 연구의 보편적 이론화의 어려움이 리더의 현실적 중요성을 퇴색시키는 것은 아니다. 민간기업의 CEO는 물론 정부조직에서 '장'의 역할은 아무리 강조해도 지나치지 않다. 특히 상명하복이라는 관료조직의 특성상 명령에 복종해야 하는 관료들의 상관이 어떠한 리더인지에 따라 조직의 성공 또는 실패가 좌우된다는 것은 주지의 사실이다. 따라서 리더십 연구는 행정학의 중요한 연구분야로서 향후에도 더 많은 실증연구를 통해 이론 정립의 노력을 계속하여야 할 것이다.

4. 추종자 정신(followership)

기존 리더십 연구들은 주로 리더가 행사하는 리더십의 효과성에 초점을 맞추어 왔다. 하지만 리더만 있고 부하가 없다면 리더십 자체가 성립하지 않는다. 리더십 상황이론에서도 살펴보았듯이 리더십 행동에 있어 부하의 역할이 영향을 미칠 수 있다는 것을 인지하기 시작하였고 리더와 부하 사이의 상호작용에 관심을 가지면서 구성원 자질론에 대한 연구도 비교적 활발해졌다.

Wortman(1982: 373)은 추종자 정신을 "주어진 상황에서 조직의 목표를 달성하기 위해 부하가 집단적 노력에 참여함으로써 개인적 목표를 획득하는 과정"이라 정의하고 있으며, Kelley(1988: 3-4)는 "조직의 목표를 달성하는 데 기여하는 구성원(follower)들의 효과적인 자질이나 역할"이라고 정의하였다. 리더십과 마찬가지로 추종자 정신(followership)에 대해서도 유형분류를 시도하고 있는데, 이하에서는

Kelley의 유형분류를 살펴보고자 한다. 그는 부하의 성향이 '수동적인지, 적극적인지', '독립적·비판적인지, 의존적·무비판적인지'를 기준으로 부하를 다섯 가지 유형으로 나누었다(Riggio, Chaleff & Lipman, 2008: 7-8).

① **수동적 부하**(sheep, passive): 의존적·무비판적이며 문제해결에 있어서도 수동적이다. 솔선수범하여 업무에 임하거나 책임감 있게 업무를 수행하지 않으며, 감독 하에 놓여 있을 때 시키는 일만 수행하는 유형이다.

② **순응적 부하**(yes people, confirmist): 의존적·무비판적이지만 조직의 문제해결에 능동적으로 참여한다. 리더의 판단에 지나치게 의존하여 어떤 지시에든 복종하며, 이 유형의 최대관심사는 갈등회피이다.

③ **소외형 부하**(cynics, alienated follower): 독립적·비판적이고 조직의 문제 해결에는 수동적이다. 조직의 결함과 리더 및 다른 사람의 흠집에만 관심을 가질 뿐 스스로 노력한다거나 문제해결에 참여하는 것은 꺼린다.

④ **실용형 부하**(pragmatic survivor): 그다지 비판적이지 않으며 때로는 리더의 판단에 의문을 갖기도 하지만 적극적으로 맞서지 않고, 주어진 업무는 잘 수행하지만 굳이 모험을 무릅쓰려 하지는 않는다. 위험을 회피하고 자기이익을 극대화하는 데 필요한 행동에는 적극적이다.

⑤ **효과적 부하**(stars, effective follower): 독립적·비판적 사고를 바탕으로 조직활동에 능동적으로 참여하는 이상적인 유형이다. 조직의 이익을 위해서는 모험이나 갈등에 맞서는 것을 두려워하지 않는다. 독립심이 강하고 헌신적이며 건설적인 비판을 내놓으며 때로는 리더와도 맞설 수 있는 용기를 지녔다.

추종자정신 연구에 있어서는 두 가지 관점이 있는데, 첫째는 리더십과 부하의 자질과는 독립된 요소로 보는 관점, 둘째는 리더와 부하는 불가분의 관계로서 양자의 상호관계를 파악하고자 하는 관점이다. Kelley(1992)의 추종자정신은 부하를 리더십의 구성요소 혹은 하위요소가 아닌 독립적인 차원에서 접근한 것으로 볼 수 있다(Kelley, 1992; 양동훈·구관모, 2005: 939 재인용). 하지만 대부분의 조직구성원이 리더이기보다는 부하이고, 한 집단에서의 리더 역시 다른 집단에서는 부하일 수도 있다는 점에서 추종자정신이 중요하다 할지라도 리더와 부하의 관계는 서로 배타적·독립적인 관점에서가 아니라 상호보완적 관점에서 이해되고 연구되어야 할 것이다. 부하 없이는 리더십 자체가 무의미하고 리더가 있기에 부하가 존재하기 때문이다.

◈ 참고문헌 ◈

김성국. (2008). 조직과 인간행동. 서울: 명경사

김호균. (2007). 조직공정성인식, 조직신뢰, 조직시민행동간 영향관계분석. 한국행정학보, 41(2): 69–94.

김호정. (2002). 행정조직문화가 조직몰입과 직무만족에 미치는 영향. 한국행정학보. 36(4): 87–105.

동아일보. [동아광장/박순애] 세종시 공무원을 춤추게 하라. 2013년 10월 25일 보도. (https://www.donga.com/news/more18/article/all/20131025/58448917/1?comm)

박순애. (2006). 공무원의 직무동기와 조직행태: 직무몰입과 탈진에 미치는 영향요인을 중심으로. 한국행정연구, 15(1): 203–236.

박순애·오현주. (2006). 성과지향적 조직문화와 조직효과성. 한국행정학보, 40(4): 225–252.

박순애·정선경. (2011). 조직공정성과 경력정체가 조직효과성에 미치는 영향. 한국사회와 행정연구, 21(4): 1–23.

양동훈·구관모. (2005). 팔로워십 특성이 상사부하간 교환관계 및 직무태도에 미치는 영향. 경영학연구, 34(3): 939–969.

오석홍. (2008). 행정학, 서울: 박영사.

오석홍. (2016). 행정학, 서울: 박영사.

오석홍. (2018). 조직이론, 서울: 박영사.

이종수·윤영진 외. (2012). 새 행정학 6판. 서울: 대영문화사.

이홍채·차용진. (2007). 조직문화가 지식관리에 미치는 영향에 관한 연구. 중앙행정기관 공무원들의 인식을 중심으로. 한국정책과학학회보, 11(1): 105–128.

임준철·윤정구. (1998). 분배공정성과 절차공정성이 직무만족과 조직몰입에 미치는 차별적 영향에 관한 연구. 문화적 맥락이 조직성원의 행위성향에 미치는 영향을 중심으로. 경영학연구, 27(1): 93–111.

최천근·이창원. (2012). Scott의 조직이론 분류와 Morgan의 조직이미지에 대한 통합적 고찰. 한국정책과학학회보, 16(2): 113–138.

한광현. (2006). 조직공정성과 신뢰 및 반생산적 과업행동의 관련성에 대한 연구. 대한경영학회지, 19(2): 679–702.

황창연. (2003). 행정조직문화와 성과관리의 관계. 한국정책학회보, 12(2): 283-320.

Adams, J. S. (1963). Towards an understanding of inequity. The journal of abnormal and social psychology, 67(5), 422.

Adams, J. S. (1965). Inequity in social exchange. In Advances in experimental social psychology (Vol. 2, pp. 267-299). Academic Press.

Argyris, C. (1957). Personality and Organization, Harper & Row Publishers. Inc., New York, New York.

Bass, B. M., & Bass Bernard, M. (1985). Leadership and performance beyond expectations.

Bass, B. M., & Stogdill, R. M. (1990). Bass & Stogdill's handbook of leadership: Theory, research, and managerial applications. Simon and Schuster.

Bies, R. J. (1986). Interactional justice: Communication criteria of fairness. Research on negotiation in organizations, 1, 43-55.

Blake, R., & Mouton, J. (1964). The managerial grid: The key to leadership excellence. Houston: Gulf Publishing Co, 350.

Blake, R. R., & Mouton, J. S. (1978). The new managerial grid: strategic new insights into a proven system for increasing organization productivity and individual effectiveness, plus a revealing examination of how your managerial style can affect your mental and physical health. Houston: Gulf Publishing Company.

Buchanan, B. (1974). Building organizational commitment: The socialization of managers in work organizations. Administrative science quarterly, 533-546.

Conger, J. A., & Kanungo, R. N. (1987). Toward a behavioral theory of charismatic leadership in organizational settings. Academy of management review, 12(4), 637-647.

Daft, R. L. (2004). Organization Theory and Design (8th edn.) Thomson South-western: Mason.

Daft, R. L. 저, 김광점 외 역. (2014). 조직이론과 설계. 10판. 한경사.

Deal, T. E., & Kennedy, A. A. (1983). Culture: A new look through old lenses. The journal of applied behavioral science, 19(4), 498-505.

Fiedler, F. E. (1967). A THEORY OF LEADERSHIP EFFECTIVENESS. MCGRAW-HILL SERIES IN MANAGEMENT.

Folger, R., & Konovsky, M. A. (1989). Effects of procedural and distributive justice on reactions to pay raise decisions. Academy of Management journal, 32(1), 115−130.

Fortin, M. (2008). Perspectives on organizational justice: Concept clarification, social context integration, time and links with morality. International Journal of Management Reviews, 10(2), 93−126.

Hersey, P., & Blanchard, K. H. (1969). Life cycle theory of leadership. Training & Development Journal.

Herzberg, F. I. (1966). Work and the Nature of Man.

Herzberg, F. I. (1968). One more time: How do you motivate employees (Vol. 65). Boston, MA: Harvard Business Review.

Hofstede, G. (1984). Culture's consequences: International differences in work−related values (Vol. 5). sage.

Hoppock, R. (1935). Job satisfaction.

Inglehart, R., & Carballo, M. (1997). Does Latin America Exist?(And is There a Confucian Culture?): A Global Analysis of Cross−Cultural Differences1. PS: Political Science & Politics, 30(1), 34−47.

Katz, D. (1964). The motivational basis of organizational behavior. Behavioral science, 9(2), 131−146.

Kelley, R. E. (1988). In praise of followers (pp. 142−148). Harvard Business Review Case Services.

Kelley, R. (1992). The power of followership. New York, NY: Bantam Doubleday Dell Publishing Group.

Leventhal, G. S. (1980). What should be done with equity theory?. In Social exchange (pp. 27−55). Springer, Boston, MA.

Lewin, K., Lippitt, R., & White, R. K. (1939). Patterns of aggressive behavior in experimentally created "social climates". The Journal of social psychology, 10(2), 269−299.

Locke, E. A. (1976). The nature and causes of job satisfaction. Handbook of industrial and organizational psychology.

Mayo, E. (1949). the social problems of an Industrial civilization, Routledge & Kegan Paul, London.

Maslow, A. H. (1943). A theory of human motivation. Psychological review, 50(4), 370−396.

Maslow, A. H. (1981). Motivation and personality. Prabhat Prakashan.

McCormick, E. J., & Tiffin, J. (1974). Industrial psychology englewood cliffs. NI: Prentice−Hall.

McGregor, D. (1960). The human side of enterprise, New York (McGraw−Hill Book Company) 1960.

Mowday, R. T., Steers, R. M., & Porter, L. W. (1979). The measurement of organizational commitment. Journal of vocational behavior, 14(2), 224−247.

Mowday, R. T., Porter, L. W., & Steers, R. (1982). Organizational linkages: The psychology of commitment, absenteeism, and turnover.

Northouse, P. G. (2006). Leadership: Theory and Practice (Vol. edition).

Ouchi, W. G. (1981). Theory Z New York. NY: Avon Books.

Ouchi, W. G., & Cuchi, W. G. (1981). Theory Z: How American business can meet the Japanese challenge (Vol. 1081). Reading, MA: Addison−Wesley.

Perry, J. L., & Wise, L. R. (1990). The motivational bases of public service. Public administration review, 367−373.

Perry, J. L. (1996). Measuring public service motivation: An assessment of construct reliability and validity. Journal of public administration research and theory, 6(1), 5−22.

Perry, J. L. (1997). Antecedents of public service motivation. Journal of public administration research and theory, 7(2), 181−197.

Perry, J. L. (2000). Bringing society in: Toward a theory of public−service motivation. Journal of public administration research and theory, 10(2), 471−488.

Podsakoff, N. P., Whiting, S. W., Podsakoff, P. M., & Blume, B. D. (2009). Individual−and organizational−level consequences of organizational citizenship behaviors: A meta−analysis. Journal of applied Psychology, 94(1), 122.

Porter, L. W., & Lawler, E. E. (1968). Managerial Attitudes and Performance (Richard D. Irwin, Inc).

Rainey, H. G., & Steinbauer, P. (1999). Galloping elephants: Developing elements of a theory of effective government organizations. Journal of public administration research and theory, 9(1), 1−32.

Riggio, R. E., Chaleff, I., & Lipman−Blumen, J. (Eds.). (2008). The art of followership: How great followers create great leaders and organizations (Vol. 146). John Wiley

& Sons.

Robbins, S. P. (2003). Essentials of organizational behavior. New Jersey: Frentice Hall.

Schein, V. E. (1970). For Organisational Psychologists.

Schein, E. H. (1985). Organizational culture and leadership San Francisco. San Francisco: Jossey－Basss.

Stogdill, R. M. (1974). Handbook of leadership: A survey of theory and research. Free Press.

Taylor, F. W. (1911). The Principles of Scientific. Management, (191), 144.

Tyler, T., & Bies, R. (1990), "Beyond formal procedures: the interpersonal context of procedural justice", In J. S. Carroll (Eds.), Applied Social Psychology and Organizational Settings, Hillsdale, New York: Erlbaum, 77－98.

Thibaut, J. W., & Walker, L. (1975). Procedural justice: A psychological analysis. L. Erlbaum Associates.

Thomas, D. C., & Au, K. (2002). The effect of cultural differences on behavioral responses to low job satisfaction. Journal of international business studies, 33(2), 309－326.

Vandenabeele, W. (2007). Toward a public administration theory of public service motivation: An institutional approach. Public management review, 9(4), 545－556.

Vigoda, E., & Golembiewski, R. T. (2001). Citizenship behavior and the spirit of new managerialism: A theoretical framework and challenge for governance. The American Review of Public Administration, 31(3), 273－295.

Vroom, V. H. (1964). Work and motivation.

Walumbwa, F. O., Hartnell, C. A., & Oke, A. (2010). Servant leadership, procedural justice climate, service climate, employee attitudes, and organizational citizenship behavior: a cross－level investigation. Journal of applied psychology, 95(3), 517.

Williams, L. J., & Anderson, S. E. (1991). Job satisfaction and organizational commitment as predictors of organizational citizenship and in－role behaviors. Journal of management, 17(3), 601－617.

Weber, M. (1919). Frauenfragen und Frauengedanken. Рипол Классик.

Weber, M. (1946). Bureaucracy. From Max Weber: essays in sociology, 196, 232－235.

Wortman Jr, M. S. (1982). Strategic management and changing leader－follower roles. The Journal of applied behavioral science, 18(3), 371－383.

Yukl, G. (1981). Leadership in Organizations, 9/e. Pearson Education India.

제6장

인사행정론

제6장 인사행정론

The old adage 'People are your most important asset' is wrong.
People are not your most important asset. The right people are.

J. Collins(2001: 13)

1절 인사행정의 개념 및 운영원리

1. 인사행정의 개념

인사행정(public personnel administration)은 "정부운영에 필요한 인력을 확보하고 관리하는 기능(오석홍, 2008: 27)"으로서 정부활동 수행에 필요한 인적자원(human resources)을 채용하고 훈련시키며, 근로의욕을 고취시키고 태도 및 행동에 통제를 가하는 일련의 활동 및 절차를 의미한다(Milakovich & Gordon, 2013: 279).[1]

---

[1] 과거에는 인사행정이라는 용어가 보편적으로 사용되어 왔으나, 최근 신공공관리론(NPM) 관점에서는 민간 및 공공부문을 아울러 인적자원관리(human resources management)라는 용어가 선호되는 경향이 있다. 하지만 양자 모두 공무원의 모집, 선발, 배치, 보수, 훈련 및 직무상의 일반적 처우(general treatment) 등을 통해 행정의 효율성 및 효과성을

인사행정은 공공부문의 인적자원을 관리하기 위한 활동으로서 기획(인력기획, 직무분석 등), 채용(모집, 선발), 인력개발(교육훈련, 평가 등), 복무(의무, 규율 등)의 기능을 하며(Kligner, et al., 2015: 4), "조직과 조직구성원의 관계에 영향을 미치는 모든 관리상의 결정을 포괄"한다(Beer et al., 1985: 1). 또한, 인사행정이라는 용어 대신 인적자원관리라는 용어를 쓰기도 하는데 이는 사람을 통해 조직목표를 달성해나가는 과정을 의미한다(Berman, et al., 2007: viii).

인사행정의 목표는 공무원을 적재적소에 효율적으로 배치하여 업무의 능률을 극대화하고, 공무원에게 만족스러운 직장생활을 보장함으로써 능력 발전을 촉진하는 것이다. 정부의 인사행정은 공평성, 기회균등, 정치적 중립성, 신분보장 등이 강조되고, 법적·정치적 제약 하에서 작용하므로, 사기업의 인사관리에 비하여 공공의 감시와 통제가 더 엄격하게 적용되는 경향이 있다. 또한, 국가와 특별권력관계에 있는 공무원은 신분상의 권리 등을 향유하기는 하지만 노동운동과 같은 특정한 활동에 대해서는 일정한 제약을 받는다.

인사행정의 내용은 크게 구조 측면과 과정 측면으로 구분하여 살펴볼 수 있다. 먼저, 구조적 측면에서의 인사행정은 누구에게 무슨 일을 어떠한 기준에 따라 체계적으로 부여할 것인지에 대한 운영원리와 이에 기반하여 실제 공직구조를 설계하는 공직분류체계를 포함한다. 과정적 측면에서의 인사행정은 공무원의 임용에서부터 퇴직에 이르기까지 전 과정에 걸친 인사행정의 관리·운영에 관한 내용을 포괄한다.

2. 인사행정의 운영원리

인사행정 관련 제도를 어떠한 원칙과 가치기준에 따라 설계할 것인지 즉, 인사행정 운영원리에 대한 이론적 배경은 '어떤 사람들로 공직을 구성하는 것이 바람직한가?'에 대한 논의의 산물이다. 앞의 제2장 행정이론의 발달사에서 살펴본 것처럼, 인사행정의 이론적 토대는 실제 미국의 행정부를 어떻게 설계·구성할 것인가를 놓

추구한다는 면에서 공통점을 지닌다(Rosenbloom, 2014: 223).

고 시대별 현실 당면 과제들을 해결하기 위해 논의해 온 결과물이다. 따라서 행정이 정치(민주성)와 경영(효율성)의 가치들 중 어느 것을 상대적으로 우선시하는지에 따라 다양한 유형의 운영원리가 제시되어왔다.

우리나라의 인사행정은 실적주의제와 직업공무원제 원리를 토대로 운영된다. 인사행정의 운영원리는 시대적 상황에 따라 달라졌는데, 현재를 이해하기 위해서는 역사적으로 발달해 온 다양한 제도의 도입배경 및 발전과정을 살펴볼 필요가 있다. 인사행정의 주요 운영원리로는 민주성을 대표하는 엽관주의, 효율성 및 전문성을 표방하는 실적주의 및 직업공무원제, 형평성을 추구하는 대표관료제를 들 수 있다. 이러한 운영원리는 인사행정 모든 활동에 있어 원리와 철학을 제공하는 인사행정의 토대라는 측면에서 중요하다.

1) 엽관주의와 실적주의

엽관주의와 실적주의의 역사적 배경에 대해서는 이미 2장에서 설명하였기에 여기에서는 그 개념만 다시한번 간략하게 정리하고자 한다. 엽관주의체제(spoils system)란, 정당에 대한 충성도와 공헌도를 기준으로 공직 임용을 하는 인사제도를 의미한다(오석홍, 2013: 27).[2] 이는 전시 국제법 가운데 '전쟁의 전리품은 승리자에 속한다'는 규정에 비유되는 것으로, 선거에서 승리한 정당이 공직을 차지할 권한을 보유하는 것을 의미한다. 엽관주의체제 하에서 공직은 선거에서 승리한 정당의 전리품이 되며, 재직자들은 정권이 변경될 경우 물러나게 된다. 이렇게 임용된 공무원들은 관직에 머무르는 동안 정당에 대한 유대감과 충성심을 높게 유지할 것을 기대 받는다.

이는 보통사람들도 누구나 공무원의 직무를 담당할 수 있다는 것을 전제로 하는 인사원칙이었다. 당시에 행정은 주로 질서유지 등 단순한 업무들로 이루어져 있었기 때문에 이러한 전제가 성립할 수 있었다. 엽관체제는 투표자들의 정치적 선택

---

2) 일반적으로 엽관주의와 정실주의(patronage principle)란 용어가 혼용되고 있으나 엄밀하게 정의할 경우 엽관제는 집권당에 대한 관료적 대응성을 보장하기 위한 민주적 장치로서, 정치적 이념이나 정당관계를 임용기준으로 하는 제도를 말하는 반면, 정실주의는 혈연, 지연, 인사권자와의 개인적 신임 및 친소관계 등을 기준으로 하는 임용제도이다.

을 공공행정의 운영에서도 실현함으로써 행정의 민주성을 달성하기 위해서는 공무원들을 당파적으로 통제해야 한다는 논리에 근거하는 것이었다.

한편, 실적주의체제(merit system)란 개인의 능력, 자격, 적성 등에 근거한 실적을 선발의 기준으로 삼으며 개방적이고 경쟁적인 시험을 통해 공직임용이 이루어지는 인사행정제도를 의미한다(Rosenbloom, 2014: 213). 즉 실적주의는 사회 각계각층의 사람들에 대한 균등한 공직 취임의 기회 제공, 상대적인 능력, 지식 및 기술에 바탕을 둔 공정하고 투명한 경쟁을 통한 임용, 교육훈련에 의한 능력 향상 등을 원칙으로 하여, 정실 및 정치적 압력으로부터 공무원의 권익을 보호하고 공평한 처우를 확립함으로써 인적 자원의 효율적 활용을 추구한다[3].

실적주의가 엽관주의의 폐해를 극복하기 위해 등장한 운영원리라고 할 수 있으나, 엄격한 실적주의의 적용은 앞서 살펴본 엽관주의의 장점들을 담보하지 못한다. 하지만 실제로 엽관주의와 실적주의는 대치되는 개념이 아니라 조화를 이루며 적용될 수 있다는 점에 주목할 필요가 있다. 주요 정책결정을 하는 일부 상위직의 경우는 집권자와 정치적 이념을 공유하는 것이 오히려 국민의 뜻을 받드는 것일 수 있기 때문에, 엽관주의가 적용되는 것이 바람직하며, 그 이외의 직위는 행정의 능률성, 안정성, 계속성 확보에 유리한 실적주의를 적용하는 것이 바람직할 것이다. 다만 한국 행정에서는 실적주의제도가 완전히 정착하지 못했다는 점, 연공서열식 또는 정실주의 인사 등 반실적주의적 요소로 인한 문제가 엄격한 실적주의로 인한 문제보다 크다는 점 등을 고려할 때, 실적주의를 주된 운영원리로 하고 엽관주의 요소를 일부 가미하는 것이 타당할 것이다

2) 직업공무원제

직업공무원제(career civil service system)란 유능한 젊은 인재들을 공직에 임용하여 공직 근무를 명예롭게 생각하며 자부심을 가지고 일생 동안 공무원으로 근무

---

3) 실적주의 원리에 대한 미연방법 5장 2301조(5 USC §2301)의 규정은 다음과 같다. "사회 전분야에서 합당한 자격을 갖춘 인재를 채용하기 위해 노력해야 하며, 모든 이에게 동등한 기회가 보장된 상태에서, 공정한 공개경쟁을 통해 상대적인 능력, 지식, 기술을 기준으로 선발과 승진이 결정되어야 한다."

하도록 운영하는 인사제도를 의미한다(오석홍, 2013: 47). 직업공무원제는 공무원의 전문적인 직무수행능력보다는 일반적인 능력과 장기적인 발전 가능성을 중시한다. 유능하고 젊은 인재들을 선발하여 이들이 장기간 공직에 근무하면서 다양한 분야의 경험을 쌓고 폭넓은 식견을 가진 공직자로 양성하기 위해 교육훈련과 경력발전에 많은 관심과 노력을 기울인다.

직업공무원제가 성공적으로 정착되기 위해서는 다음과 같은 요건이 만족되어야 한다(박동서, 2001: 392-393). 첫째, 공직에 대한 높은 사회적 평가가 이루어져야 할 필요가 있다. 즉 공직이 국민에 대한 봉사자로서 명예로운 직업이라는 인식이 정착되어야 한다. 둘째, 유능한 인재를 유치할 수 있도록 능력을 기준으로 하는 선발제도가 뒷받침되어야 하며, 이들이 실적에 따라 상위 직책까지 일생을 근무하면서 승진할 수 있는 제도가 마련되어야 한다. 셋째, 승진과 교육훈련 등 역량개발의 기회가 모두에게 공정하게 주어져야 한다. 넷째, 보수의 적정화 및 연금제도의 보장이 필요하다. 특히 민간부문의 보수와 적절한 균형이 필요하다. 마지막으로, 정원관리의 차원에서 장기적인 인력수급계획이 마련되어야 한다.

일반적으로 논의되고 있는 직업공무원제도의 장점은 다음과 같다(오석홍, 2013: 47-48). 우선 공무원들의 일체감과 단결심, 사기를 증진시킬 수 있고 공직에 대한 소명의식이 강화되어 공공에 대한 봉사정신과 직무규범을 유지하는 데 도움이 된다는 점을 들 수 있다. 또한, 직업공무원제도는 공무원의 장기근무를 유도하므로 공무원들이 공직을 평생직업으로 인식하게 되어 공직을 하나의 전문직업 분야로 확립시킬 수 있고, 행정의 지속성과 안정성을 유지할 수 있다. 마지막으로, 직업공무원제 하에서는 공무원의 능력발전이 폭넓게 이루어질 수 있기 때문에 역량 있는 고위공무원의 양성에 강점이 있다.

이러한 장점에도 직업공무원제는 다음과 같은 점에서 비판에 직면하고 있다. (오석홍, 2009: 48-49) 우선 장기근무를 위한 신분보장의 의도하지 않은 결과로서 공무원집단이 외부 환경의 급격한 변화에 적절히 대응하지 못하게 될 수 있다. 둘째, 중간계층에 외부 전문가가 채용되기 어렵기 때문에 공직사회의 분위기가 침체되고 공무원의 전반적인 질적 수준이 저하될 우려가 있다. 셋째, 계층적 지위가 강조되므로 승진과열 현상과 승진적체의 문제가 나타날 수 있다.

하지만 대응성, 전문성 측면에서 직업공무원제에 대한 비판이 제기되고 있다고 하여 직업공무원제가 불필요하다거나 전면 수정되어야 한다고 주장하는 것은 바람직하지 못하다. 특히 고위공직자의 경우 민간부문에 비해 보수 경쟁력을 갖지 못하는 현실에서는 신분보장을 통한 공직자의 양성이 중요할 뿐만 아니라, 행정에서는 전문적인 지식에 더해 민주성, 형평성 등 민간기업 경영과는 다른 행정가치 기준을 요하기 때문이다. 최근에는 직업공무원제의 근간을 유지하면서 부작용을 최소화할 수 있는 요소를 도입하는 방식으로 변화하고 있다. 폐쇄적 임용에 대한 대응으로 채용과정에 있어 경쟁과 개방적 요소를 가미한 다양한 선발제도를 실시하고 있으며, 계급정년제가 신분보장의 부작용을 어느 정도 해소시킬 수 있을 것으로 본다. 직무분석을 바탕으로 한 전문 직위 확대는 공직의 전문성을 제고시킬 수 있을 것이며, 성과연봉제 및 성과상여금제도의 정착이 승진과열 현상을 어느 정도 완화해줄 수 있을 것이다.

3) 대표관료제

대표관료제(representative bureaucracy)란 국가의 인구 비례에 따라 모든 주요 집단 및 계층으로부터 관료를 충원하여 정부조직 내의 모든 계급에 공평하게 배치하는 인사제도를 말한다(오석홍, 2013: 35; Riccucci et al., 2008: 439). 즉 사회 각 계층과 이해관계의 대립을 조화롭게 조정할 수 있도록 정부관료제의 구성에 처음부터 이러한 계층과 이해관계를 반영함으로써 민주성의 이념을 구현하고자 등장한 제도이다.

이때 민주성의 구현수단이 바로 이익과 계층의 대표성이다. 대표관료제에서의 대표성은 소극적(passive) 대표성과 적극적(active) 대표성으로 구분될 수 있다 (Mosher, 1982: 14-15; 박홍엽, 2006: 5에서 재인용). 소극적 대표성이란 관료제의 인적 구성비율을 인구통계학적 구성비에 맞추는 것이고, 적극적 대표성이란 관직에 진출한 관료가 정책결정과정에서도 출신 집단의 이해관계를 적극적으로 대변하는 것을 의미한다.

대표관료제는 실적주의 한계를 극복하고 공직임용의 공평성 및 국민에 대한 대응성을 제고하기 위한 시도이다(박천오 외, 2004: 59). 능력과 성과를 중시하고 공직자에게 엄밀한 자격기준이 요구되는 실적주의 하에서는 다양한 사회적 계층이나 지역을 대표하는 인재들이 공직에 진출하기 어렵고, 특히 여성과 장애인 등 사회적 취약계층의 공직대표성이 저하될 수 있다. 또한 정부관료의 구성에 있어서 특정 집단 출신이 많으면 그들에 의해 대표되지 않는 다른 집단들의 행정수요에는 둔감해지기 쉽다. 따라서 대표관료제는 단순히 '소극적 대표성'에서 벗어나 적극적으로 출신집단을 옹호하는 '적극적 대표성'에까지 확대되어 비혜택 집단(disadvantaged group)의 정치적인 영향력을 증가시킴으로써 그들의 불만을 감소시키고 사회적 소외감을 해소하는 기능을 할 것으로 기대된다.

한편, 미국에서는 대표관료제를 구현하기 위한 정책 가운데 하나로 적극적 조치(Affirmative Action)를 채택하였다. 적극적 조치(Affirmative Action)란 과거에 부당한 차별로 인해 불이익과 손실을 받아 온 소수집단에 대한 보상적 처우의 일환으로서, 공직에 진출하려는 소수집단 출신에 대해 임용상의 장벽을 제거하는 것에서 더 나아가 실제로 임용결과의 공평성까지도 보장하려는 시책이다. 이는 단지 사회적 소수집단 출신의 공직 진출 기회를 확대해주는 차원에 머무르는 것이 아니고, 공직에의 진출을 실질적으로 보장해주려는 제도이다

관료제 조직의 민주성 제고라는 중요한 의미에도 불구하고 대표관료제는 일부 역차별의 가능성 등에 대한 우려가 제기되고 있다(이종수 외, 2014: 241-242). 예를 들어, 관료의 소극적 대표성을 제고한다고 해서 적극적 대표성까지도 보장되는 것은 아니라는 점, 각 집단이 대표관료를 통해 자신들의 이익극대화를 위해 경쟁할 경우 오히려 소수집단에 불리한 결과를 초래할 수 있다는 점, 특정집단의 할당 임용기준으로 인해 실적주의를 훼손할 수 있다는 점 등이다.

대표관료제에 대해서는 이론적·현실적 타당성에 대해 찬반 논쟁은 지속되고 있지만, 대표관료제가 적극적인 대표 기능까지는 수행하지 않는다고 하더라도 특정 집단에 의해 지배되는 관료제보다는 민주성 및 형평성을 제고시키는 데 기여하고 있다는 연구결과가 존재한다(Meier & O'Toole, 2006; 김태룡, 2007: 148-149). 또한 대표관료제는 전문성·능률성을 추구하고 임용기회의 공정성을 보장하려는 실적주의의 본래 이상과 상충되는 것은 아니다. 다만 임용과정에서 전통적인 실적주의 기법과 대표관료제의 차별 시정 기법이 서로 조화롭게 운영될 수 있도록 해야 할 것이다. 우리나라에서 대표관료제 관점으로 시행되고 있는 균형인사정책으로는 양성평등채용목표제, 장애인 우대제도, 지방인재채용목표제 등이 있다. 이러한 제도들

이 실적주의 제도와 상충되지 않도록 운영되어야 궁극적으로 사회안전망 구축, 실질적 형평성 제고에 기여할 수 있을 것이다.

⟨그림 1⟩ 균형인사정책

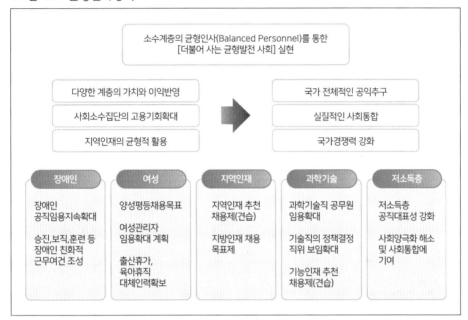

소수계층의 균형인사(Balanced Personnel)를 통한
[더불어 사는 균형발전 사회] 실현

다양한 계층의 가치와 이익반영

사회소수집단의 고용기회확대

지역인재의 균형적 활용

국가 전체적인 공익추구

실질적인 사회통합

국가경쟁력 강화

장애인	여성	지역인재	과학기술	저소득층
장애인 공직임용지속확대	양성평등채용목표	지역인재 추천 채용제(견습)	과학기술직 공무원 임용확대	저소득층 공직대표성 강화
승진,보직,훈련 등 장애인 친화적 근무여건 조성	여성관리자 임용확대 계획	지방인재 채용 목표제	기술직의 정책결정 직위 보임확대	사회양극화 해소 및 사회통합에 기여
	출산휴가, 육아휴직 대체인력확보		기능인재 추천 채용제(견습)	

자료: 인사혁신처 홈페이지(http://www.mpm.go.kr/).

2절 인사행정의 구조

1. 공직분류의 유형

공직분류는 정부조직 내의 직위를 사람이나 직무 등 정해진 기준에 따라 수직적·수평적으로 배열하는 것을 말한다. 이러한 공직분류는 정부조직의 골격을 형성하며 인사행정의 전 과정에 있어 토대가 되는 기본적인 기능이다. 공직분류의 모형은 접근방법에 따라 다양하다. 예컨대 그 구조적 메커니즘 및 운영방식에 따라 계급제와 직위분류제, 개방형과 폐쇄형, 교류형과 비교류형 인사체제로 구분될 수 있다.

수많은 공직을 개별적으로 관리하는 것은 불가능하기 때문에 유사한 성격의 공직을 하나로 묶어 동일하게 취급하는 것이 인사행정의 일관성과 효율성을 확보하는 데 도움을 준다는 점에서 공직분류의 의의가 있다.

1) 계급제와 직위분류제

공직을 구성하는 주요 요소로 직무 그 자체뿐만 아니라 그 직무를 수행하는 사람이 고려되어야 한다. 직무 그 자체만으로는 직무수행의 결과를 예측할 수 없으며 그 직무를 수행하는 주체가 누구냐에 따라 그 결과가 달라지기 때문이다. 따라서 공직을 분류하는 주요 기준으로 사람과 직무 두 가지를 대표적으로 고려할 수 있으며, 각각의 기준으로 공직을 분류하는 방식인 계급제와 직위분류제를 살펴보고자 한다.

(1) 계급제

계급제(rank classification)는 공직을 인적 특성을 기준으로 상대적 지위에 따라 서로 다른 '계급'으로 분류하는 제도이다. 구체적으로 계급제는 자격, 경력, 학력 등을 기준으로 유사한 특성을 가진 사람들을 계급이라는 하나의 집단으로 구분하고 있다(오석홍, 2013: 76). 우선 공직을 복수의 계급(rank)으로 설정하고, 이를 다시 자격과 능력 등 질적으로 유사한 것들로 묶어 계급군(class)으로 분류한다. 따라서 동일한 계급군은 그들이 실제로 수행하는 직무의 성격과 상관없이 능력이 동등한 것으로 간주된다. 계급제에서는 타 계급군으로의 이동이 어려우며, 계급에 따라 학력, 경력 등의 차이가 크고 사회적 평가 및 보수 등에 있어서 격차가 크다. 충원과정 또한 각 계급군마다 상이한 경로로 이루어지고, 일단 특정한 계급군에서 공직을 시작하게 되면 그 안에서만 승진이 이루어지는 것이 보통이다. 계급제는 공직에 들어온 이후 축적한 다양한 경험과 지식을 바탕으로 조직 혹은 국가 전반을 아우르는 시각에서 업무를 이해하고 수행할 수 있는 일반행정가(generalist)를 양성하는 것을 목표로 한다.

일반적으로 논의되는 계급제의 장·단점은 다음과 같다(강성철 외, 2011: 205-213). 장점으로는 첫째, 같은 계급 간 인사이동이 가능하여 동일한 계급과 신분을 갖춘 공무원은 해당 계급에 포함된 다양한 보직을 담당할 기회를 갖기 때문에 공무원의 시각과 업무 이해력이 넓어질 수 있다. 둘째, 계급제는 원칙적으로 신규채용된 공무원을 연공이 축적됨에 따라 승진시키거나 장기관 근무 후 퇴직하도록 하는 제도이기 때문에 직업공무원제의 확립과 비용면에서 효율적인 인사관리가 가능하다. 그러나 계급제는 연공서열에 따른 승진과 인사이동 등으로 인해 전문 행정가 양성이 어렵고, 계급과 직무내용 간의 연계가 모호하기 때문에 직무 적임자를 배치하기가 어렵다는 문제점이 있다. 무엇보다 공무원의 신분보장 원칙으로 자칫 관료들의 무사안일주의가 초래될 수 있으며 특권 집단화될 가능성이 있다.

(2) 직위분류제

직위분류제(position classification)는 관료들이 수행하는 다양한 직무들(tasks)을 경력 및 관리기준에 따라 범주화하여, 직위를 분류하는 제도이다(Rosenbloom, 2014: 224). 즉 일과 책임의 기본단위인 직위를 기초로 하여, 수평적으로는 개별 직위의 직무 특성을 기준으로, 수직적으로는 업무의 난이도나 책임성을 기준으로 분류하여 공직구조를 체계적으로 관리하는 제도이다. 우리나라 국가공무원법에서는 직위, 직급, 직렬, 직군, 직류의 용어를 사용하고 있다.[4] 직위분류제 하에서는 각 직위에 해당하는 직무에 대한 분석 및 평가결과를 바탕으로 그에 적합한 지식과 기술을 가진 인력을 채용하기 때문에 외부인사의 임용이 자유롭다.

직위분류제는 '직무의 특성과 차이'를 기준으로 하여 공직을 분류하는 직무 지향적(job-oriented) 성격을 가진 제도라는 점에서 '사람의 특성'을 중심으로 공직분류 체계를 형성하는 계급제와는 다르다. 직위분류제는 해당 직무를 수행할 수 있는

---

[4] 국가공무원법 제5조에 따르면 "직위(職位)"란 1명의 공무원에게 부여할 수 있는 직무와 책임을 의미하며, "직급(職級)"이란 직무의 종류·곤란성과 책임도가 상당히 유사한 직위의 군을 말한다. "직군(職群)"이란 직무의 성질이 유사한 직렬의 군, "직렬(職列)"이란 직무의 종류가 유사하고 그 책임과 곤란성의 정도가 서로 다른 직급의 군, "직류(職類)"란 같은 직렬 내에서 담당 분야가 같은 직무의 군을 이른다. "직무등급"이란 직무의 곤란성과 책임도가 상당히 유사한 직위의 군을 말한다.

능력과 지식, 기술을 중시하기 때문에 직무수행의 적격자를 모든 계층에서 선발한다. 따라서 직위분류제는 외부 인사의 임용이 자유로운 개방형 인사제도의 특성을 가진다고 할 수 있다. 이는 엽관제의 개방형적인 요소와 직무수행에 필요한 지식과 기술을 기준으로 임용하는 실적제의 요소가 결합된 것으로 이해할 수 있다.

일반적으로 논의되는 직위분류제의 장·단점은 다음과 같다(이종수 외, 2014: 249-250; 강성철 외, 2011: 171-200). 장점으로는 우선, 동일 직무에 대한 동일 보수라는 직무급 체계가 확립 가능하다는 점이다. 즉 직무의 내용, 성격, 자격요건에 따른 직위의 분류가 채용시험, 교육훈련, 전보·승진 등의 인사행정에 합리적 기준을 제시해줄 수 있으며, 개인의 능력, 경험, 자격요건이 직무의 특성과 관련되기 때문에 직무중심의 인사행정을 시행할 수 있다. 또한 동일 직렬에서의 장기근무 원칙이 전문행정가(specialist)의 양성에 도움이 되고, 행정 전문화에 이바지할 수 있다.

반면, 특정 직위의 전문가를 요구함으로써, 일반행정가의 양성이 어렵게 되고, 인사관리의 신축성이 결여될 수 있다. 또한, 조직과 직무의 변화에 신속한 대응이 어렵고, 다른 직렬로의 전직이 어려워 직업공무원제의 확립이 어렵다. 특히 공무원의 신분이 특정 직무와 연관되어 있기 때문에 조직개편으로 직무 자체가 없어지는 경우, 다른 직무나 직렬로의 이동이 제한되어 공무원의 신분보장이 위협받을 수 있다.

대부분의 국가에서 공직분류를 채택함에 있어 계급제와 직위분류제 중 하나의 원리를 기본으로 하되 각각의 단점을 보완할 수 있는 나머지 분류의 장점을 부분적으로 도입하는 방식을 취하고 있다. 직위분류제를 채택해온 미국의 경우는 고위공무원단(Senior Executive Service) 제도를 도입하면서 계급제적 요소를 가미하여 인사관리의 융통성을 제고하고자 하였으며, 계급제를 채택해온 우리나라의 경우 고위공무원단 제도를 도입할 때 해당 직무에 대해 적임자를 개방과 경쟁을 통해 선발하는 직위분류제적 요소를 가미해 계급제의 단점을 보완하고자 하였다. 이렇듯 직위분류제와 계급제는 서로 조화를 이루며 발전할 수 있는 가능성을 지니고 있다.

〈표 1〉 일반직 공무원의 직급표

직군	직렬	직류	계급 및 직급						
			3급	4급	5급	6급	7급	8급	9급
행정	행정	일반 행정	부 이사관	서기관	행정 사무관	행정 주사	행정 주사보	행정 서기	행정 서기보
		재경							
		국제 통상							
	세무	세무				세무 주사	세무 주사보	세무 서기	세무 서기보
	관세	관세				관세 주사	관세 주사보	관세 서기	관세 서기보
	감사	감사		감사관	부감사관	감사 주사	감사 주사보	감사 서기	감사 서기보
기술	공업	일반 기계		기술 서기관	공업 사무관	공업 주사	공업 주사보	공업 서기	공업 서기보
		전기							
	농업 임업	일반 농업			농업 사무관	농업 주사	농업 주사보	농업 서기	농업 서기보
		축산							

각주: 공무원임용령 [별표1]을 재구성.

〈표 2〉 일반직 계급구분 현황

구 분	계급구분 내용	
일반직	행정직군·기술직군·관리운영직군	고위공무원, 3~9급
	우정직군	우정 1~9급
연구직	2개 계급	연구관·연구사
지도직	2개 계급	지도관·지도사

각주: 일반직 중 전문경력관은 계급구분을 적용하지 않고 직위군(가군~다군)으로 구분.
자료: 국가공무원법 제4조, 공무원임용령 제3조, 연구직및지도직규정 제3조.

2) 폐쇄형과 개방형

공직분류에 있어 신규채용의 허용범위를 기준으로 폐쇄형과 개방형으로 구분할 수 있다. 폐쇄형 인사체제(closed career system)란 계층구조의 중간에서는 외부로부터의 신규채용이 이루어지지 않고, 최하위 계층에서만 외부 인력을 신규임용한 후에, 그들이 내부 승진을 통해 상위 계급까지 올라가도록 하는 공직구조를 의미한다(오석홍, 2013: 54). 이러한 폐쇄형 인사체제는 계급제에 바탕을 두고 있으며 전문가(specialist)보다는 일반행정가(generalist) 중심의 구조이다. 폐쇄형 인사체제는 공무원의 사기를 높이고 장기근무를 장려함으로써 행정의 일관성과 안정성에 기여한다는 장점이 있다. 그러나 구조적 폐쇄성, 연공서열에 의한 인사운영 등으로 인해 공무원의 복지부동, 무사안일 등 부정적 행태를 야기하거나 공직사회의 침체로 인해 국민의 요구에 대한 대응성이 저하될 우려가 있다.

한편, 개방형 인사체제(open career system)란 공직의 모든 계급과 직위에 공직 내·외로부터의 신규채용을 허용하는 공직구조를 의미한다(오석홍, 2013: 50). 신규채용자는 각 직급과 직위에 요구되는 자격을 지녀야 하며, 공직 내·외에서의 경쟁을 거쳐 임용된다. 개방형 인사체제는 관련 경력자나 외부 전문가에게 공직 문호를 개방하여 새로운 지식, 기술 및 참신한 아이디어를 적극 수용함으로써 관료제의 침체를 막고 공직문화를 새롭게 변화시켜 행정의 효율성을 높이는 것을 그 목적으로 한다(강성철 외, 2011: 158-159). 그러나 개방형 인사체제는 임용절차의 객관성과 공정성 문제, 업무 연속성 및 행정 책임성 확보의 어려움, 기존 조직 내 경력직 공무원의 사기 저하 등이 단점으로 지적된다.

계급제 및 직위분류제와 마찬가지로 개방형과 폐쇄형 인사제도 역시 양립 불가능한 관계가 아니라 서로 공존할 수 있는 제도이다. 우리나라의 경우 폐쇄형 인사체제를 근간으로 하고 있지만 2000년부터 공직사회를 개방하고 경쟁을 확대하기 위해 개방형 직위제도를 운영하고 있다.5) 폐쇄형과 개방형 모두 각 국가의 시대

---

5) 국가공무원법 제28조의 4에 따르면 임용권자나 임용제청권자는 해당 기관의 직위 중 전문성이 특히 요구되거나 효율적인 정책수립을 위하여 필요하다고 판단되어 공직 내부나 외부에서 적격자를 임용할 필요가 있는 직위에 대하여는 개방형 직위로 지정하여 운영할 수 있다. 개방형 직위의 지정기준으로는 직무의 전문성, 직무의 파급효과 및 중요성, 정책결정 또는 집행에서의 민주성, 환경의 변화로 인한 개혁의 필요성, 부처간 이해관계 조

적·정치적 상황을 고려하여 형성되어왔기 때문에 어느 체계가 더 바람직하다고 할 수는 없다. 오늘날 빠르게 변화하는 환경에 적극 대응할 필요성과 행정에서도 전문 지식이 강화되는 상황에서 폐쇄형의 근간을 유지하면서 개방형 요소를 강화해 나가고 있다.

3) 교류형과 비교류형

폐쇄형과 개방형이 신규채용에서의 입직 허용 범위를 기준으로 한 분류라고 하면 채용 후 내부 임용의 범위를 기준으로 한 분류가 교류형과 비교류형이라 할 수 있다.

공무원의 근무와 경력의 경로가 특정 기관에만 국한되는 제도를 비교류형 인사체제(organization career system)라 하며, 반면 유사한 담당업무의 범위 내에서 기관 간 공무원의 인사이동이 자유로운 공직구조를 교류형 인사체제(program career system)라고 한다(오석홍, 2013: 55). 우리 정부가 부처 간 인사교류를 확대하기 위해 도입한 대표적인 제도인 직위공모제는 정부 내 인력을 효율적으로 활용하기 위하여 결원발생 시 정부 내 공개모집 선발시험을 거쳐 직무수행요건을 갖춘 최적격자를 선발·임용하는 제도이다(행정안전부, 2012)[6]. 정부가 해결해야 할 사회문제가 점점 복잡해짐에 따라 다수의 부처나 기관이 공동으로 문제를 해결해야 할 필요성, 즉 협업의 필요성이 증대되고 있는 현실에서 교류형 인사제도는 부처 할거주의를 극복하고 통합적인 문제해결을 하는 데 기여할 수 있을 것이다.

2. 우리나라의 공직분류체계

우리나라의 인사행정제도는 큰 틀에서 보면, 계급제를 기본으로 직위분류제

정 등을 들 수 있다(행정안전부, 2012: 12–13).
6) "임용권자나 임용제청권자는 해당 기관의 직위 중 효율적인 정책수립 또는 관리를 위하여 해당 기관 내부 또는 외부의 공무원 중에서 적격자를 임용할 필요가 있는 직위에 대하여는 공모 직위로 지정하여 운영할 수 있다(「국가공무원법」 제28조의5 제1항)."

를 가미한 직업공무원제로 운용되고 있다. 구체적으로 국가공무원법상의 국가공무원이란 국가에 의해 임명된 공무원을 의미한다.[7) 국가공무원법에서는 국가공무원을 임용자격, 담당직무의 성격, 신분보장, 보수 등의 기준에 따라 경력직 공무원과 특수경력직 공무원 등으로 구분하고 있다.

1) 경력직 공무원

경력직 공무원이란 "실적과 자격에 따라 임용되고 그 신분이 보장되며 평생 동안 공무원으로 근무할 것이 예정되는 공무원으로서"(국가공무원법 제2조 제2항) 일반직 공무원과 특정직 공무원으로 구분된다.

일반직 공무원은 기술·연구 또는 행정 일반에 대한 업무를 담당하며(국가공무원법 제2조 제2항 제1호) 앞서 설명한 바와 같이 직군 직렬별로 구분되고 9급부터 3급 그리고 고위공무원단까지 포함된다. 행정·기술직, 관리운영직, 우정직, 연구직, 지도직 공무원 등이 그 예이다. 계급구분의 목적은 공무원의 일반적인 자격·능력 및 책임 정도를 기준으로 구축한 계층적 구조를 통해 행정수요에 맞추어 인력을 효율적으로 운영하기 위한 것이다.

특정직 공무원은 "법관, 검사, 외무, 경찰, 소방, 교육 공무원, 군인, 군무원, 헌법재판소 헌법연구관, 국가정보원의 직원과 특수 분야의 업무를 담당하는 공무원으로서 다른 법률에서 특정직 공무원으로 지정하는 공무원"을 말한다(국가공무원법 제2조 제2항 제 2호).

2) 특수경력직 공무원

특수경력직 공무원은 "경력직 공무원 외의 공무원"(국가공무원법 제2조 제3항)을 총칭하며, 그 종류는 정무직 공무원과 별정직 공무원이 포함된다. 첫째, "정무직 공

---

7) 국가공무원에는 행정부에서 사무를 담당하는 행정공무원, 입법부에서 사무를 담당하는 입법공무원, 사법부에서 사무를 담당하는 사법공무원, 헌법재판소에서 사무를 담당하는 헌법재판소 공무원 및 중앙선거관리위원회에서 사무를 담당하는 선관위공무원이 포함된다(법제처, 2013: 61).

무원은 선거로 취임하거나 임명할 때 국회의 동의가 필요한 공무원 또는 고도의 정책결정 업무를 담당하거나 이러한 업무를 보조하는 공무원으로서 법률이나 대통령령에서 정무직으로 지정하는 공무원"(국가공무원법 제2조 제3항 제1호)을 의미한다. 국무총리, 국무위원, 대통령비서실장, 감사원장 등이 이에 해당한다.

별정직 공무원은 "비서관·비서 등 보좌업무 등을 수행하거나 특정한 업무수행을 위하여 법령에서 별정직으로 지정하는 공무원"(국가공무원법 제2조 제3항 제2호)으로 특정 업무수행을 위해 별도의 특별한 자격기준이 요구되는 경우이다. 예를 들어 국회수석전문위원, 특별시·광역시·도 선거관리위원회 상임위원, 감사원 사무차장, 비상계획업무담당관, 노동위원회상임위원, 장관 정책보좌관 등을 들 수 있다.

3) 고위공무원단(Senior Executive Service: SES) 제도

2006년 7월 1일부터 시행된 고위공무원단 제도는 현 공무원 직급체계에서 3급 이상 고위공무원들을 중·하위직 공무원들과 구분하여 별도로 운영하는 인력관리제도이다. 이 제도는 정부의 주요 정책을 결정하고 집행하는 데 있어 핵심적인 역할을 수행하는 실·국장급 공무원을 구분하여 범정부적으로 적재적소 인력관리를 위해 활용하는 한편, 개방과 경쟁을 확대하여 직무성과 중심의 인사제도를 운용함으로써 정부생산성을 높이려는 전략적 인사시스템이다.

고위공무원단이란 직무의 곤란성과 책임도가 높은 직위에 임용되어 관리되는 일반직, 별정직 및 특정직 공무원을 포함한다(국가공무원법 제2조의2 제2항). 고위공무원단의 직위는 중앙행정기관의 실·국장 및 이에 상당하는 보좌기관 및 직위, 그 밖에 다른 법령에서 고위공무원단에 속하는 공무원으로 임용할 수 있도록 정한 직위 등을 말한다(국가공무원법 제2조의2 제2항 제1호~4호). 고위공무원에 대해서는 신분보다 일 중심의 인사관리를 위하여 1~3급의 계급을 폐지하고, 계급과 연공서열보다는 직무의 중요도·난이도 및 업무성과에 따라 보수를 차등 지급하고 있다.

「개방형 직위 및 공모 직위 운영 등에 관한 규정」에서는 고위공무원단 채용에 있어 개방과 경쟁을 통해 우수한 인력을 선발할 수 있는 법적 근거를 제시하고 있다. 개방형 직위에 있어서는 고위공무원단 혹은 과장급 직위의 20% 범위 내에서,

공모직위는 고위공무원단 직위의 30% 범위 내에서 지정한다고 규정되어 있지만, 실제 두 제도가 통합·운영됨에 따라 고위공무원단 직위의 30% 범위 내에서 개방형 직위 또는 공모직위를 지정할 수 있다. 공모직위의 경우 각 부처 장관은 고위공무원 개인의 현 소속부처에 상관없이 전체 고위공무원단 중에서 적임자를 인선할 수 있으며 일단 부처에 배치되면 소속장관이 인사와 복무를 관리한다.

　고위공무원단 제도의 성공적인 운영을 위해서는 직업공무원제의 근간을 유지하면서 동시에 고위직의 책임성을 제고하는 것이 관건이다. 즉 고위공무원 인사에서 실적주의 원칙과 정년 및 신분을 보장하고, 정권 교체기에도 국정의 지속성이 유지될 수 있도록 고위공무원의 정치적 중립을 보장할 필요가 있으며, 범정부적 정책조정 및 통합적 관리능력 구비와 직무수행 역량강화를 추구할 필요가 있다.

3절　인적자원 관리

　인사행정의 운영원리와 공직분류를 토대로 인사행정의 구조가 갖추어졌다면, 그 구조에서 실제로 행정이 이루어질 수 있도록 적합한 사람을 선발하고, 배치하고, 보상, 평가하는 등의 과정이 수반되어야 한다.

　정부에서 필요한 인적자원을 획득하고 관리하는 인사행정의 과정이란 기본적으로 인적자원의 계획, 모집·선발 및 배치, 훈련 및 역량개발, 성과평정, 승진 및 보상, 노사관계, 퇴직 등을 포함하는 일련의 과정을 말한다(Menzel & White, 2011: 127). 이와 같은 인사행정의 과정은 <그림 2>에 제시된 것처럼 공무원 신분으로 활동하는 개인의 공직 생활주기(life cycle)와 밀접히 연관되어 있으므로 체계적인 관리 및 운영이 요구된다.

〈그림 2〉 우리나라 인사행정의 주요 과정

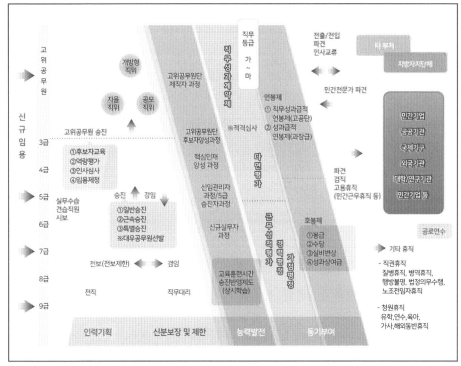

자료: 인사혁신처 나라일터(http://www.gojobs.go.kr).

1. 인력기획

인사행정의 과정, 인적자원의 관리는 인력기획에서부터 시작된다고 할 수 있다. 인력기획(workforce planning)이란 정부운영에 필요할 것으로 예측되는 다양한 유형의 직무기술(skills)들과 그러한 직무들을 공급할 수 있는 인력의 활용도를 일치(match)시키려는 노력을 가리킨다(Rosenbloom, 2014: 238). 즉 인력기획은 정부의 인적자원에 대한 수요를 예측하고 이를 충족시키는 인력공급 방안을 결정하는 전 과정을 의미한다. 이는 조직의 목표달성을 위해 필요한 인력을 적시에 확보하기 위한 중장기 계획으로서 현재의 보유인력 현황 분석과 장래의 인력수요 예측을 토대로 한다. 인력기획은 인력수요와 공급의 차이를 해소하기 위한 중장기적 목표 및 단기적 실행계획을 주요 내용으로 포함한다(인사혁신처, 2018: 77).

우리나라는 인사혁신처에서 국가공무원 인력의 전략적·중장기적 운영을 도모하기 위해 2005년 말 공무원임용령(제8조, 제34조)과 공무원임용시험령(제3조, 제42조) 등 관계 법령에 인력관리계획(Workforce Plan) 근거조항을 마련하여 개별 기관 특성에 맞는 인력관리체계를 구축하고 있다. 이에 따라 2005년부터 중기인력운영계획을 수립하여 5개년 단위로 총 정원 증감 정도를 예측하고 이를 매년 정부인력관리에 참고하고 있다. 즉, 각 기관에서 자체적으로 필요 인력에 대한 체계적인 분석 및 예측을 하고, 이에 기초하여 채용·배치·승진 등을 포함한 인력관리계획을 수립한다. 인사혁신처는 각 기관의 인력관리계획을 제출받아 조정·평가한 후 공채 선발 배정인원 등을 결정하게 된다. 이러한 인력관리계획은 각 기관이 조직의 미션과 주요 사업을 확인하고 향후 5개년의 인력관리 목표를 설정하며, 구체적인 실천계획 수립 시 예측 가능성 등을 고려할 수 있도록 한다.

〈그림 3〉 인력관리계획 수립모델

자료: 인사혁신처, 2018: 78.

우리나라의 인력관리계획은 그 대상이 되는 공무원 스스로의 인지도 및 이해도가 낮다는 점, 현재 보유하고 있는 인적자원의 역량에 대한 체계적 분석기법이 확립되지 못했다는 점, 민간부분 인력계획에 비해 전략적 마인드가 부족하고 탄력적이지 못하다는 점 등이 문제점으로 지적되고 있다(유민봉·박성민, 2014: 228-229). 이를 극복하기 위해 인력관리제도의 정비, 역량분석 기법의 마련, 인력관리계획과 연계된 교육훈련 및 능력개발 프로그램의 고도화 등이 요구된다.

[읽을거리] 공무원 정원 및 직제관리

　일반적으로 정원 배정의 기준은 계급별·직급별 또는 고위공무원단 소속 공무원별로 배정된다. 각 부처의 정원은 행정기관의 업무의 양이나 성질에 따라 배정되며, 직급 또는 직무등급은 해당 업무의 성질·난이도·책임도 및 다른 행정기관과의 균형 등을 고려하여 책정된다. 이때 각 직위마다 1개의 직급 또는 등급을 부여한다. 다만, 업무성격이 특수하거나 1개의 직위에 2개 이상의 이질적인 업무가 포함되어 있는 경우에는 복수직급 설정이 가능하다. 1개의 직위에 일반직과 별정직을 동시에 복수직으로 설정할 수는 없다. 다만 실국장 직위 및 비서 업무의 경우에는 복수직으로 설치할 수 있다.

　특별히 정부 인력의 무분별한 증원을 방지하고 인력관리를 효율적으로 하기 위해 1998년에 국가공무원 총정원령을 제정하여, 국가공무원의 인력 규모 상한을 293,982명으로 규정하여 제한하고 있다. 총정원령상의 정원은 국가공무원 정원 중 국회·법원·헌법재판소·선관위·감사원의 국가공무원, 전직대통령 비서관, 정무직공무원, 검사, 지방자치단체에 두는 국가공무원, 교원을 제외한 숫자이다. 총정원령 제정 이후 현재까지 정부인력은 총정원 한도 내에서 관리되고 있는데, 매년 새로운 행정수요가 발생하는 데에 대처하기 위해 필요성이 적어진 분야의 인력을 감축함으로써 인력이 증가한 부문과의 상계를 통해 총 규모를 유지하도록 하고 있다.

　… 종전까지는 직제에서 규정한 계급별 정원 범위 내에서만 인력을 운용할 수 있었으나, 2007년 총액인건비제도가 실시되면서부터는 총액인건비의 범위 내에서 조직·정원, 보수, 예산 등을 각 기관의 특성에 맞게 자율적으로 운영한 뒤 그 결과에 책임을 지도록 함으로써 성과향상을 위한 효율적 인센티브로서 조직 및 보수제도 등을 활용하여 성과중심의 조직운영을 도모하고 있다. 즉 직제에서는 기존의 계급별 정원을 '총정원'으로 규정하고, 직제시행규칙에서는 각 부처가 총액인건비 범위 내에서 '총정원'의 3% 이내 자율적으로 조정하여 운영할 수 있게 하고 있다.

자료: 행정자치부 정부조직관리정보시스템 "정부조직소개"

---

2. 임용

임용은 인적자원관리의 여러 과정 중 적재적소 원칙에 가장 잘 부합하는 절차라고 할 수 있다. 임용이란 공무원 신분을 부여하여 공직에 근무하게 하는 인사활동 전반을 의미하는 것으로 공직활동의 전 과정을 포함한다. 임용의 의미를 좁게 보면 결원보충 활동으로서 신규채용과 내부 채용만을 의미하지만, 넓은 의미에서는 채용뿐만 아니라 내부 인사 운용과 해직까지를 포괄한다. 관련 규정에서도 "신규채용, 승진임용, 전직, 전보, 겸임, 파견, 강임 휴직, 직위해제, 정직, 강등, 복직, 면직, 해임 및 파면"(공무원임용령 제2조 제1항)을 포함하여 넓은 의미로 규정하고 있다. 대통령은 각 부처 장관에게 3급부터 5급까지의 소속 공무원에 대한 임용권을 일부 위임할 수 있으며, 장관은 대통령의 임용권이 미치지 않는 소속 공무원에 대해 임용권을 가진다(국가공무원법 제32조 제2, 3항).[8]

공무원 임용의 소극적 요건으로는 임용에 있어서의 결격사유에 해당하지 않을 것, 적극적 요건으로는 개별 법령에 따라 요구되는 소정의 자격을 갖추고 난 다음 임용시험에 합격해야 할 것을 들 수 있다. 임용은 인재의 충원방식에 따라 신규채용과 같은 외부 임용과 정부조직 내의 이동인 승진 등의 내부 임용으로 구분할 수 있다.

1) 외부 임용

행정조직 외부에서 사람을 선발하여 쓰는 외부 임용은 신규채용을 의미한다. 신규채용이란 정부조직 외부로부터 역량 있는 공무원을 선발하기 위하여 개인이 공직에 지원하는 것을 장려함으로써 인재를 모집하고, 정부조직 내의 결원을 보충하는 활동이다(오석홍, 2013: 119; Rosenbloom, 2014: 228). 즉 공무원을 실적주의와 공개성의 원리에 따라 시험 등을 통하여 외부로부터 임용(staffing from outside the service)하는 것이다.

공무원 임용시험은 공개경쟁채용시험을 원칙으로 하며 경력경쟁채용시험 등도 보완적으로 활용된다. 공개경쟁채용은 적절한 공고와 지원기회의 제공, 실적·평등의 원칙, 결과공개 원칙을 바탕으로 하여, 모집, 시험, 채용후보자명부 작성, 추

---

8) 행정기관소속 5급 이상 공무원 및 고위공무원단에 속하는 일반직 공무원은 소속 장관의 제청으로 인사혁신처 장관과 협의를 거쳐 국무총리를 거쳐 대통령이 임용한다(국가공무원법 제32조 제1항).

천, 시보임용, 임명과 보직의 과정으로 이루어진다. 우리나라의 공무원 선발시험 중 대표적인 공개경쟁채용시험이란 불특정 다수를 대상으로 한 경쟁시험을 통해 공무원을 신규채용하는 제도로서, 학력 및 경력의 제한 없이 대다수 국민에게 균등한 공직의 기회를 보장하고 있다. 일반적으로 공개경쟁채용시험은 공무원의 계급을 크게 3단계, 즉 5급 이상/6·7급/8·9급으로 나누어 각각 5급 시험, 7급 시험, 9급 시험으로 채용방법이 세분화되어 있다.

경력경쟁채용시험은 공개경쟁채용시험에 의하여 충원이 곤란한 분야에서 다수인을 대상으로 경쟁의 방법을 통해 채용하는 제도로서, 동일 직무에 관한 자격증을 소지한 자를 임용하는 등 관련 직위의 우수 전문인력 및 유경력자를 선발한다. 업무의 특성 등과 같은 해당 기관의 특별한 사정이 있을 경우 통상적인 근무기간보다 짧게 근무하는 형태의 공무원 임용도 가능하며, 국가안보 및 보안·기밀 관련 분야를 제외하고는 외국인이나 복수국적자를 공무원으로 임용할 수도 있다.[9]

2) 내부 임용

내부 임용은 조직 내에서 이루어지는 인사이동과 동일시되며, 현 직위에서 다른 직위로 옮겨 가는 모든 유형의 직위 변동을 의미한다. 인사이동은 조직 내에서 강한 통제의 방식으로 이해되어 왔으나, 전략적 인적자원관리 차원에서 적재적소 인사배치를 통해 개인의 능력 향상을 가능하게 하는 수단으로서 발전적 개념으로 이해할 필요가 있을 것이다.

(1) 수직적 이동

① 승진

승진(昇進, promotion)이란 결원보충의 한 방법으로써 하위계급에 재직하고 있

---

[9] 부처별로 소규모 인원을 자체적으로 수시 채용해온 방식을 개선하여 2015년도부터 민간 경력자 일괄채용 제도를 통해 인사혁신처에서는 매년 1회 이상 개별 부처의 수요를 조사하여 일괄 공고를 내고, 필기시험(PSAT)을 도입하여 더욱 투명하고 공정하게 우수 인재를 채용할 수 있게 하였다. 5급 응시 요건으로는 경력요건으로서 일반직원 경력 10년 또는 관리자 경력 3년, 학위요건으로서 박사학위 혹은 석사학위(4년 경력 포함), 공무원임용시험령 상 자격증을 소지한 자로서 일정기간 근무한 자로 구분하고 있다(대한민국공무원되기 홈페이지 http://injae.go.kr/user/job/recruit.do#에서 인용).

는 공무원을 상위계급에 임용하는 것을 말한다(인사혁신처, 2018: 37).[10] 승진임용은
일반승진, 공개경쟁승진, 특별승진으로 구분된다. 일반승진은 <표 3>과 같이 계
급별로 다양한 방식으로 이루어지며, 구체적으로 고위공무원단 직위로의 승진, 3
급 공무원으로의 승진, 5급 이하의 승진 등이 있다. 공개경쟁승진은 승진소요 최저
연수 4년을 초과한 6급 공무원을 대상으로 필요시에, 직렬, 기관 구분 없이 응시 가
능한 5급 승진시험을 실시하는 것이다. 특별승진은 민원봉사대상 수상자, 직무수
행능력우수자, 제안채택시행자, 명예퇴직자, 공무로 사망한 자(추서)의 경우 승진후
보자명부순위에 관계없이 승진이 가능하도록 하는 제도이다.

승진은 개인에게 있어서는 동기유발 및 성취감 달성, 유형적·무형적 보상의
증대 효과가 있으며 조직차원에서는 결원을 보충하는 수단이자 효율적 인적자원
관리 수단으로서 의의가 있다. 그러나 이러한 승진제도가 제대로 운영되기 위해서
는 승진결정과정의 공정성이 확보되어야 하고 승진 적체 문제가 해결되어야 한다.
승진결정의 공정성을 확보하기 위해서는 승진과정에서의 능력을 확인할 수 있는
객관적 절차가 필요하다. 고위공무원단으로 진입하기 위해 역량평가제도를 도입한

〈표 3〉 계급별 일반승진 요약

구 분	승 진 대 상	승 진 방 법
고위공무원	자격과 경력 등을 갖춘 자: 3급 공무원, 4급(5년 이상) 경력자로서 후보자교육 및 역량평가를 통과한 자	보통승진심사위 대상자 선정 → 고위공무원임용심사위원회 승진심사 → 임용제청
3급	바로 하급공무원	보통승진심사위원회 심사
4급	동일직군 또는 직렬의 바로 하급 공무원 중 승진후보자명부의 고순위자 순	
5급		승진시험 또는 보통승진심사위원회 심사(병행 가능)
6급		
7급		보통승진심사위원회심사(필기시험 또는 실기시험 병과 가능)
8급		

자료: 인사혁신처, 2018: 37 – 39.

---

10) 이와 달리 직책의 변동 없이 같은 계습 내에서 연봉산정을 위해 호봉이 높아지는 것은
   승급(昇級)이라 한다.

것은 이런 점에서 의의가 있다. 승진 적체를 해결하기 위해서는 승진할 수 있는 직급의 수를 늘리는 것이 가장 직접적인 해결방법일 것이다. 그러나 직위분류제를 적용한 수평적인 조직관리 체제 하에서는 직급 수가 줄어들게 되어 승진 적체를 수반할 수밖에 없다. 직위분류제적 요소를 가미한 현 공직구조 체제 하에서는 직급에 연연하기보다는 직책 혹은 하는 일에 대한 전문성을 함양하고자 하는 인식으로의 전환이 근본적인 해결방안이라 할 수 있을 것이다.

② 강임

강임(降任, demotion)은 공무원을 동일한 직렬 내의 하위직급에 임명하거나, 하위직급이 없는 경우 다른 직렬의 하위직급으로 임명하는 것, 혹은 고위공무원단의 일반직 공무원을 고위공무원단 직위가 아닌 하위 직위에 임명하는 것을 말한다(국가공무원법 제5조 제4호). "직제나 정원의 변경, 예산의 감소 등으로 특정 직위가 폐직되거나 하위의 직위로 강등되어 과원이 된 때"(국가공무원법 제73조의4 제1항), 당해 공무원을 면직시키는 것이 아니라 강임을 통해 하위계급의 직위에 임용한 후 결원 발생시 우선적으로 승진할 수 있게 한다는 측면에서 강임을 신분보장을 위한 조치라 볼 수 있다(인사혁신처, 2018: 83; 공무원임용령 제58, 59조). 예컨대 조직 개편 등으로 소속기관이 통합이나 폐지되었을 경우 해당 조직에 속해있던 공무원은 일시적으로 강임될 수 있는데, 이것은 비록 지위의 하강이동을 가져오기는 하지만 징계의 한 유형인 강등(降等)과는 다른 것으로 볼 수 있다.

(2) 수평적 이동

공무원의 지위 상승 혹은 하강을 가져오지는 않으나 다양한 목적에 따라 수평적 이동이 이루어지고 있으며, 그 종류에는 전보, 전직, 전입, 겸임, 파견 및 인사교류, 민간근무휴직 등이 있다.

① 전보, 전직 및 전입

전보(轉補)는 수평적 이동이 동일직렬 내에서 이루어지는 것으로서 동일 직급 내 보직 변경 또는 고위공무원단 직위 간 보직 변경을 말한다(국가공무원법 제5조). 이는 공무원이 당초 채용된 분야와는 다른 분야에서 종사하는 경우 직렬을 변경하는 것이다.[11] 이에 비해 전직(轉職)은 직무의 책임수준이 유사한 직위 간 수평적 이동으로서 직렬을 달리하는 임명(국가공무원법 제5조)이며, 이는 공무원의 당초 채용

직렬과는 다른 분야에서 소질과 능력이 발견된 경우 직렬을 변경하여 임용하는 것이다. 전보와 전직은 직무수행의 능률성 및 전문화를 제고하고 조직의 기능 변화에 대응한 신축적 인사운영을 도모하기 위해 이루어진다(인사혁신처, 2018: 79). 예컨대 행정직렬 공무원에서 마약수사직렬 공무원으로 자리를 옮기는 것을 들 수 있다. 한편, 전입(轉入)은 입법부·행정부·사법부 등 인사 관할을 달리하는 기관 간에 소속 공무원을 이동시키는 것을 의미한다.

② 겸임

겸임(兼任)이란 소속 기관의 본래의 직위 이외 추가로 다른 기관의 직위를 부여하여 두 개 이상 직위의 직무를 수행하게 하고 책임지게 하는 것으로서, 특정직위에의 전문인력 확보, 교수요원 임용, 관련 기관 간 긴밀한 협조가 필요한 특수 업무 수행 등을 하기 위한 것이다(인사혁신처, 2018: 84). 겸임은 "직위와 직무 내용이

〈그림 4〉 겸직발령 예시

(경유)

제목　**건강증진과 5급 공무원 겸직발령**

　　　　2016년 하반기 공로연수 계획에 따라 5급 공석직위에 대해 다음과 같이 겸임 발령코자 합니다

연번	성 명	발 령 내 용	현 직	
			소 속(직위)	직 급
1	○ ○ ○	건강증진과 건강환경지원팀장 겸 임 을 명 함 (2016. 7. 1. ~ 별도명령시까지)	건강증진과 (어르신건강증진팀장)	지방간호사무관

〈 발령일자 : 2016. 7. 1.字 〉. 끝.

---

11) 우리나라는 공직의 순환전보 관행이 이루어져 왔는데, 이는 동일직위 장기보직으로 인한 직무침체를 방지하고 이권 관련 직위에서의 부조리와 부패를 방지하며, 지역과 보직의 선호 및 기피 여부, 그리고 한직과 격무 직위 간에 형평성을 제고하고, 재임기간을 짧게 하여 영전기회를 늘리는 차원에서 관례화되어 왔다. 그러나 빈번한 순환보직은 특정직위 결원 발생 시 연쇄적인 보직이동을 초래하여 전문지식의 축적을 어렵게 하며, 단순히 승진을 위한 경력관리로서의 성격을 띠게 되어 업무 연관성이나 전문성 보다 연공서열을 우선시하게 되는 한계가 있다.

유사하고 담당 직무수행에 지장이 없다고 인정"(국가공무원법 제32조의3)되는 경우로서, 임용예정 직위와 관련하여 전문 인력의 확보가 필요하거나 교육훈련기관의 교관요원을 임용하는 경우에 가능하며, 기간은 2년 이내로 하나 필요시 2년 범위 내에서 연장할 수 있다. 예를 들어 보건복지부의 장애인정책국 장애인정책과장이 일정기간 동안 공석이 된 장애인자립기반과장 직위를 겸하는 것을 들 수 있다.

③ 파견근무 및 인사교류

공무원의 파견근무란 국가적 사업의 수행, 업무와 관련된 타 기관의 행정지원이나 연수, 국내외 기관 등에서의 능력개발 등을 목적으로 소속 공무원을 자기 본래의 직무를 떠나 다른 국가기관 등에 일정기간 근무토록 하는 것이다(국가공무원법 제32조의4; 공무원임용령 제41조, 제42조). 다시 말해, 파견이란 기관 간 업무의 공동수행이나 업무량이 과다한 다른 기관의 행정지원 등을 위하여 소속 기관을 유지한 채 다른 기관으로 자리를 옮겨 근무하는 것을 의미한다. 특별히 "국가적 사업의 공동수행 또는 전문성이 요구되는 특수 업무의 효율적 수행 등을 위하여" 민간전문가의 공직파견근무도 가능하며, "국가기관 외의 기관·단체에서 파견된 임직원은 직무상 행위를 하거나 형법, 그 밖의 법률에 따른 벌칙을 적용할 때 공무원으로 본다"(국가공무원법 제32조의4 제1항 및 4항). 예를 들어 산업통상자원부 공무원이 산하 기관인 대한무역투자진흥공사에서 일정 기간 근무하거나 반대로 공사 직원이 산업통상자

〈그림 5〉 파견 및 인사교류 예시

파견	인사교류
기획재정부 서기관 부이사관에 임함 공무원임용령 제41조제1항제3호에 따라 녹색성장지원단 파견근무를 명함 (파견기간 : 2018.3.5. ~ 2018.8.31.) 경제정책국 거시경제전략과 행정사무관 기획재정부 근무를 명함 공무원임용령 제41조제1항제3호에 따라 정책기획위원회 재정개혁특위지원기구 파견근무를 명함 (파견기간 : 2018.3.5. ~ 2019.1.22.)	인사과 행정주사 기획재정부 근무를 명함 국가공무원법 제32조의2 및 공무원임용령 제48조에 따라 특허청 산업재산정책국 인사교류 근무를 명함 (교류기간 : 2018.3.19. ~ 2019.3.18.) 특허청 공업사무관 국가공무원법 제32조의2 및 공무원임용령 제48조에 따라 기획재정부 예산실 경제예산심의관실 연구개발예산과 인사교류 근무를 명함 (교류기간 : 2018.3.19. ~ 2019.3.18.)

자료: 기획재정부 홈페이지 인사발령 참고.

원부에서 일정 기간 근무하는 것을 들 수 있다.

한편, 인사교류란 중앙부처 상호간 교류, 중앙·지방 간 교류, 정부·공공기관 간 교류 등 교류기관 상호 간 우수인력을 선발·파견하는 것을 말한다. "인력의 균형 배치와 효율적 활용, 행정기관 간 협조체제 증진, 국가정책 수립과 집행의 연계성 확보 및 공무원의 능력발전 기회 부여 등을 위하여 필요한 경우"와 "공무원의 고충 해소"를 위한 목적으로 실시된다(국가공무원법 제32조의2; 공무원임용령 제48조 제1항). 예를 들자면 기획재정부 공무원을 특허청 산업재산정책국에서, 특허청 공무원을 기획재정부 연구개발예산과에서 근무하도록 하는 것을 들 수 있는데, 소속기관이 아닌 다른 기관에서 근무한다는 것은 파견과 동일하지만 다른 점은 각각의 기관으로 상호 파견이 이루어진다는 것이다.

④ 민간근무휴직

민간근무휴직이란 공무원이 휴직한 후, 그 기간 동안 민간기업 등에서 근무하는 제도이다. 민간기업의 혁신사례 및 경쟁력을 공직 내 이식·확산하고 정책 현장 경험을 통해 국민과 기업의 눈높이에 맞는 정책을 수립하며, 공적 영역에서 쌓은 정책 전문성을 토대로 기업의 경영활동을 지원하기 위한 목적으로 도입되었다. 휴직대상 공무원은 원칙적으로 3년 이상 근무한 3~8급 공무원이며, 1년의 범위 내에서의 휴직이 원칙이지만 총 3년의 범위 내에서 인사혁신처 장관의 협의를 통해 연장이 가능하다.[12] 하지만 공직자윤리법에 따른 공직유관단체, 현재 맡은 업무와 밀접한 관련성을 지닌 민간기업 등에는 민간근무휴직이 제한된다.

민간근무휴직제도는 기관 간의 상호 협력을 도모하고 공무원의 생산성 및 전문성을 제고하는 효과뿐만 아니라 공직에 승진 적체를 해소하는 방안이 될 수도 있다. 그러나 민관유착 등 부작용이 발생할 수 있다는 점, 업무 유관성을 사실상 배제하기 어렵다는 점이 운영상 문제점이다.

---

12) 인사혁신처 홈페이지, 공무원 인사제도: 승진·보직관리.

3. 능력발전

1) 교육훈련

공무원이 국민에게 좋은 서비스를 제공하고 관련 업무에서 높은 성과를 거두려면 우수인재를 유치해야 할 뿐 아니라 이들이 계속 공직에 근무하면서 능력을 개발할 수 있도록 해주는 체계적인 교육훈련 프로그램이 필요하다. 국가공무원법 제50조 제1항에서는 "모든 공무원은 국민 전체에 대한 봉사자로서 갖추어야 할 공직가치를 확립하고, 담당 직무를 효과적으로 수행할 수 있는 미래지향적 역량과 전문성을 배양하기 위하여 법령으로 정하는 바에 따라 교육훈련을 받고 자기개발 학습을 하여야 한다"고 규정하고 있다.[13]

교육훈련은 인사혁신처와 각 중앙행정기관 및 중앙부처 소속 교육훈련기관에서 분담하여 실시되고 있으며, 크게 직장교육, 교육훈련기관에 의한 교육, 그리고 위탁교육 세 가지로 나눌 수 있다(인사혁신처, 2018: 131). 직장교육(On the Job Training: OJT)은 각 행정기관이 직무를 수행하면서 실시하는 것이고, 교육훈련기관 교육은 교육훈련에 대한 행정명령을 통해 정부의 공식 교육훈련기관에서 이루어지는 교육을 말하며, 위탁교육은 정부가 정부의 공무원 교육훈련기관이 아닌 외부의 기관에 위탁하여 실시하는 교육으로서 국내위탁교육과 국외위탁교육으로 나누어진다.

2007년부터는 국가경쟁력 제고를 위해 상시학습제도를 도입하여 실시하고 있다. 연간 100시간 이상의 교육훈련을 이수하도록 의무화하고 있으며, 4급 이하 공무원의 교육훈련 이수시간을 승진임용에 반영하고 있다. 집합교육뿐만 아니라 직무관련 개인 학습, 기관 내 워크숍 참여, 정책현장 방문 등 다양한 범위의 학습을 교

---

13) 교육훈련의 종류로는 첫째, 신규채용후보자 또는 신규채용자, 승진임용예정자 또는 승진된 자에 대하여 공무원으로서 필요한 공직가치를 확립하고 역량을 제고할 수 있도록 하기 위한 기본교육, 둘째, 담당하고 있거나 담당할 직무분야에 필요한 전문성 강화를 위한 전문교육, 셋째, 기본교육 및 전문교육에 속하지 않는 교육훈련으로 소속기관 장의 명에 따른 기타교육, 넷째, 공무원이 직무를 창의적으로 수행하고 공직의 전문성과 미래지향적 역량을 갖추기 위하여 스스로 하는 학습·연구활동인 자기개발 학습으로 구분된다(인사혁신처, 2018: 130).

〈그림 6〉 교육내용 실시체계

자료: 인사혁신처 홈페이지(http://www.mpm.go.kr/mpm)

육훈련시간으로 인정하여 학습선택권을 보장하고 있다. 또한, 각 부처의 인력구성 특성 및 직무특성 등을 감안하여 교육훈련시간으로 인정할 수 있는 교육훈련내용을 정할 수 있도록 하고 부서장 성과계약 체결시 부서 구성원의 교육훈련시간 달성도에 대한 성과책임을 부여하는 등 교육훈련에 대한 부처의 자율성 및 책임성을 강화하고자 한다.[14)]

2) 경력개발계획

경력개발계획(career development program: CDP)이란 개인이 한 조직 내에서 거치는 보직 경로를 합리적·체계적으로 설정·관리해 주는 제도로서, 조직구성원의 자기발전 욕구를 충족시켜 줌으로써 조직에 필요한 인재를 육성하고 나아가 조직의 목표달성으로까지 이어지도록 하는 인사관리활동을 의미한다(중앙인사위원회, 2006: 15). 즉 개인의 입사에서 퇴직에 이르기까지의 경력 경로를 설계하는 장기적

---

14) 인재개발정보센터 홈페이지, 교육훈련소개(http://www.training.go.kr).

이고 종합적인 관점의 인적자원관리체계를 말한다. 이처럼 정부부문의 경력개발제도는 인력기획, 교육훈련, 성과관리 등과 연계되어 있으며, 이러한 인적자원관리제도들을 합리적으로 연결하고 통합하는 제도라고 할 수 있다(유민봉·박성민, 2014: 372). 경력개발제도는 공무원 개인의 목표와 정부 부처의 필요를 보다 밀접히 결합시킴으로써 공무원의 업무역량을 향상시키고 궁극적으로 조직의 성과목표를 효과적으로 달성하는데 그 목적이 있다. 동 제도의 성공적인 운영을 위해서는 공무원 개개인의 경력경로에 따른 보직관리가 유기적으로 이루어질 필요가 있다.

경력개발제도는 운영에 있어 선호직위로의 쏠림현상, 유능한 인재에 대한 상사의 욕심, 다른 인사관리제도와의 연계 미비로 인한 한계점이 존재한다. 이러한 한계를 극복하기 위해서는 맹목적인 선호직위 추구가 아닌 전공, 적성 등을 고려한 자가진단이 이루어져야 할 것이며, 이러한 분위기가 정착하기 전까지는 기피부서에 대한 인센티브 제공, 선호부서와 기피부서의 업무성격 업무량 조정 등을 통해 소신 있는 경력개발을 할 수 있는 토대를 마련해줄 필요가 있을 것이다. 또한, 경력개발제도와 다른 인사관리제도들이 상호 연계성과 일관성을 갖도록 제도의 정합성을 강화시켜 나가야 할 것이다.

3) 근무성적평정

인적자원을 적재적소에 배치하고 이들을 유지·활용하는 과정 다음에는 인적자원이 수행한 직무의 성과를 평가하고 관리하는 과정이 뒤따라야 한다. 직무성과평가는 보수와 승진을 결정하기 위해서 뿐만 아니라 개인의 발전을 위해서도 중요하다. 인적자원 관리과정 측면에서 평가는 구성원 개인의 근무실적인 근무성적평정(performance appraisal)이 핵심이라 할 수 있다.

정부조직에서의 근무성적평정이란 공무원의 개인적 특성이나 행태, 직무수행실적 등을 판정하여 기록하고 활용함으로써 공무원에 대한 과학적 평가자료를 제공하는 활동이라고 할 수 있다(Shafritz et. al., 2007: 408; 오석홍, 2013: 315). 이는 각급 행정기관의 성과향상과 공무원의 능력발전을 위한 객관적인 성과평가 제도로서, 공무원의 근무실적, 직무수행능력 등에 대한 체계적 평가를 정기적으로 실시하고, 이를 보직관리, 승진임용, 보수 등 인사관리의 기초자료로 활용하여 조직전체의 능률을 향상시키는 데 목적이 있다. 우리나라 근무성적평정은 평가대상 공무원의 계급에 따라 크게 성과계약 등 평가와 근무성적평가로 나뉜다.

먼저, 성과계약 등 평가는 고위공무원을 포함한 4급 이상 및 5급 상당 이하 공무원 중 성과계약 등 평가가 적합하다고 인정하는 공무원을 대상으로 한다.[15) 평가절차는 중앙행정기관의 장이 기관의 전략목표를 달성하기 위해 수립한 전략계획을 바탕으로 성과목표 및 성과지표의 설정과 평가결과의 활용 등에 대하여 평가대상자와 평가자 간 '성과계약'을 연초에 체결하며 계약기간은 1년이다. 체결된 성과계약서를 토대로 연중 최소 1회 이상 각 부처에서 자체적으로 중간점검을 실시하며, 최종평가는 12월 31일을 기준으로 익년도 초에 실시한다. "최종 평가등급의 수는 최상위 및 최하위 등급을 포함하여 3개 이상으로 하여야 하며(공무원 성과평가 등에 관한 규정 제10조)", "업무성과에 대한 객관적 평가등급 또는 점수와 함께 개인의 자질과 태도 등을 종합적으로 고려하여 최종등급을 결정"한 후, 개인별 성과관리카드에 기록되어 승진, 보수 등 각종 인사관리에 반영된다.[16)

또한, 상사에 의한 일방적인 평가를 보완하기 위하여 소속 장관은 "해당 공무원의 상급 또는 상위 공무원, 동료, 하급 또는 하위 공무원 및 민원인 등에 의한 다면평가를 실시할 수 있다"(공무원 성과평가 등에 관한 규정 제28조 제1항). 다면평가는 여러 사람을 평정자로 활용함으로써 평가에 참여하는 소수인의 주관과 편견, 그리고 이들 간의 개인 편차를 줄이고 객관성과 공정성을 제고하는 것을 목적으로 한다.[17)

한편, 5급 이하 일반직 공무원 등에 대해서는 근무성적평가제를 실시한다. 평가대상공무원은 매년 초에 연간 업무목표에 대한 본인의 성과계획을 작성한 후 그것을 토대로 평가자와의 면담을 한다. 이 과정을 통해 성과목표를 합의하고, 평가자는 연초에 평가대상자가 수립한 성과계획의 수행과정 및 달성 정도를 수시로 점

---

15) 「공무원 성과평가 등에 관한 지침」 시행 2017.1.20., 인사혁신처예규 제36호를 참조.
16) 고위공무원단에 속하는 공무원의 경우 "최하위 등급의 평정을 총 2년 이상 받은 경우 및 최하위 등급의 평정을 1년 이상 받고 정당한 사유없이 6개월 이상 직위를 부여받지 못한 경우 적격심사를 실시"한다(공무원 성과평가 등에 관한 지침).
17) 우리나라에서는 노무현 정부 때 다면평가결과를 승진결정, 보직임용, 모범공무원선발, 성과상여금결정 등에 적극 활용하였으나 인기투표논란, 감사·경리 등 특정부서에 불리한 평가, 평가대상자를 잘 모르는 직원에 의한 평가 등의 문제점이 있어 2010년부터는 역량개발 및 교육훈련과 같이 능력발전의 목적으로 활용토록 하고, 승진, 전보, 성과급 지급 등에 사용하는 것을 제한하고 있다('10.1 공무원 성과평가 등에 관한 지침 개정).

〈그림 7〉 성과계약 등 평가

최종평가서

□ 평가대상기간 : 2014년도

	소속	직위	성명	서명
평가대상자	B국 C과	C과장	○○○	●●●
평가자	B국	B국장	□□□	■■■
확인자	A기관	D차관	◇◇◇	◆◆◆

No.	성과 목표	평가지표			주요실적
		지표명 (측정법)	목표점	결과	
1	성과평가제도 정착 지원	성과평가 절차 준수 정도	80%	86%	·성과평가제도 설명회 개최 및 성과관리 교육 매뉴얼 보급 ·운영실태 모니터링 및 우수사례 발굴·배포
		성과관리 필요성 인식도	60%	65%	
2	성과정보종합 관리체계 구축	카드 입력 정도	80%	82%	·성과관리카드매뉴얼 마련 및 설명회 개최 ·관련부처간 협의회를 통해 시스템간 연계체제 구축하여 성과정보관리를 체계화 ·성과관리카드 운영실태 모니터링 및 만족도 조사 실시
		카드 운영 만족도	60%	50%	

□ 근무실적 평가(50점)

연번	성과목표 또는 단위과제	업무 비중(%)	주요 실적	평가결과(예시) 성과산출실적 또는 과제해결정도	소계 점수
1	성과평가제도 정착 지원	60	성과평가제도 매뉴얼 개정	①②③④⑤	
2	성과관리제도 교육·홍보	20	부처별 교육 10회 실시	①②③④⑤	

□ 직무수행능력 평가(50점)

연번	평가요소	요소별 배점	정 의	평가등급	소계 점수
1	기획력	9점	·창의적인 시각을 가지고 문제를 예측하고 실행가능 한 계획을 만든다. ·효과적인 설명이 가능하도록 일목요연한 계획을 만든다.	①②③④⑤	
2	의사전달력	6점	·표현이 간결하면서도 논점이 빠지지 않도록 문서를 만든다. ·논리적이면서 설득력 있는 말로 설명을 한다.	①②③④⑤	

자료: 공무원 성과평가 등에 관한 지침 서식2, 서식4를 재구성.

검하여 기록·관리하고 최종평가에 이를 반영한다. 근무실적, 직무수행능력, 직무수행태도 등을 평가항목으로 하여 절대평가를 실시하고 총점은 총 100점으로 하며, 연 2회 실시가 원칙이다.

평가대상 공무원의 상위 감독자 중 5인 이상으로 구성되는 근무성적평가위원회는 평가대상 공무원 전체를 대상으로 근무성적평가결과를 상대평가하여 순위를 정한 다음 3개 이상의 등급으로 구분하여 평가하고, 평가결과 조정 및 이의 신청 등에 관한 사항을 처리한다.

평정제도와 관련된 문제점으로는 평가의 공정성 객관성이 결여될 수 있다는 점, 평정결과가 통제 중심으로 활용된다는 점, 직무분석이 제대로 이뤄지지 않은 상황에서 평정요소가 결정되는 점 등이 지적될 수 있다. 근무성적평정 제도를 통제적 목적으로 이용하기보다는 공무원의 능력 발전 및 조직의 생산성 제고 등 적극적 목적으로 활용하고, 평가의 공정성 객관성을 확보하기 위해서는 정확한 직무분석을 통해 타당성 있는 평정요소의 선정 및 적절한 평가지표 마련이 요구된다.

4) 보수 및 연금제도

보수는 민간에서의 임금과 유사한 개념으로 공무원이 정부로부터 근로한 노동력의 대가로 이해할 수 있다. 일에 대한 정당한 보상은 동기 유발, 생산성 향상, 우수인력의 채용과 유지 등에 있어 중요한 의미가 있다. 보상은 비금전적 보상과 금전적 보상으로 나눌 수 있는데 금전적 보상 중 직접보상에는 봉급, 수당, 상여금과 같은 보수가 해당된다. 간접보상은 직접적으로 금전지급이 이뤄지는 것은 아니지만 연금, 의료보험, 주택지원 등 공무원에게 복지후생 차원에서 부가적인 편익을 부여하는 것이다. 이하에서는 인적자원의 직접보상 수단으로서의 보수제도와 대표적인 간접보상 수단으로서 연금제도를 살펴보고자 한다.

(1) 보수제도

공무원 보수규정에 따르면 보수의 개념에는 봉급과 그 밖의 각종 수당이 포함된다. "봉급은 직무의 곤란성과 책임의 정도에 따라 직책별로 지급되는 기본급여 또는 직무의 곤란성과 책임의 정도 및 재직기간 등에 따라 계급별, 호봉별로 지급되는 급여를 말하며, 수당이란 직무여건 및 생활여건 등에 따라 지급되는 부가급여를 말한다"(공무원 보수규정 제4조). 공무원 보수는 국민의 세금으로 충당된다는 점에서 민간의 보수보다 엄격하게 관리되고 있다. 공무원의 보수체계는 호봉제와 연봉제로 구분되는데, 연봉제는 다시 고정급적 연봉제, 성과급적 연봉제, 직무성과급적 연봉제로 구분된다.[18]

호봉제는 연공(年功)에 따라 기본급을 지급하는 제도로서, 우리나라의 공무원 보수체계는 매년 정기승급을 통하여 호봉이 올라가는 연공급적 특성을 띠고 있다. 호봉체계에 따른 봉급표는 직종에 따라 다르게 설정되어 있으며, 봉급 외에도 각종 수당이 지급된다. 그 밖에도 공직사회의 경쟁력을 제고하고 성실히 직무에 임하는 자를 우대하기 위한 취지로서 근무성적 및 기타 업무실적 등에 따라 차등적으로 성과상여금을 지급하고 있다.

연공급을 근간으로 한 호봉제는 보상의 공정성보다는 균등성에 치중하였기 때문에 개인의 실적과 능력, 공헌도 및 조직성과 등을 제대로 반영할 수 없어 동기부여라는 인센티브 기능이 미흡하다는 단점이 있었다. 이에 1999년 연봉제를 도입하여 공무원 보수체계를 연공급 보수체계에서 실적주의 보수체계로 전환하였다. 이를 통해 공직사회의 생산성과 경쟁력을 제고시키고, 창의성을 발휘하며 열심히 일하는 공직분위기를 조성하고자 했다. 또한, 탄력적인 보수체계로의 전환을 통해 민간의 우수 전문 인력의 유치에 기여하고, 복잡한 보수체계를 단순화하여 보수제

〈그림 8〉 공무원 봉급체계

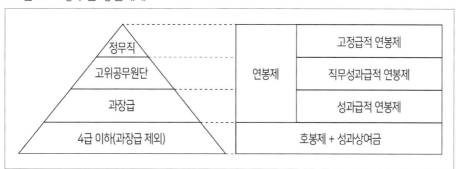

자료: 인사혁신처 홈페이지(http://www.mpm.go.kr/mpm).

---

18) 경찰·소방, 연구·지도직, 교원, 군인, 국가정보원, 경호공무원은 연봉제 미도입.

도의 투명성을 확보하고자 하였다.

우리나라 공무원 보수제도의 문제점은 개인의 능력 및 실적의 따른 보수의 차등 지급이 어렵고, 일의 난이도, 중요도 등 특성을 반영하지 못해 직종 간 보수 차별화에 실패했으며, 기본급보다는 각종 수당이 비대화되는 모순된 보수구조를 취하고 있다(강성철 외, 2011: 460-464; 유민봉·박성민, 2014: 677-680). 공무원 보수제도는 기본적인 생계유지가 가능하도록 설계되어야 공무원의 일탈을 막을 수 있고, 나아가 적절한 동기부여 기제로 작동하기 위해서는 공정한 성과평가를 통해 능력과 실적에 따른 보상이 주어질 때 가능할 것이다.

(2) 공무원 연금제도

공무원 연금이란 장기간에 걸쳐 충실히 근무한 대가를 퇴직 후에 금전적으로 보상받게 되는 보상체계이다. 공무원 연금제도는 우리나라 최초의 공적연금제도이자 직업공무원을 대상으로 하는 특수직역연금제도(特殊職域年金)로서, 공무원이 장기간 성실히 근무하고 퇴직하거나 공무상 부상·질병·장애 등으로 퇴직 또는 사망한 때에 연금 또는 일시금을 지급하여, 공무원과 유족의 노후 소득을 보장하는 한편, 장기재직과 직무충실을 유도하기 위하여 1960년에 도입되었다.[19] 이에 따라 공무원은 「공무원연금법」에 의거하여 퇴직급여 형태의 급여를 지급받을 수 있으며, 연금에도 퇴직금의 일부가 포함되어 있다. 따라서 연금은 후불임금적 성격도 갖는다고 할 수 있다. 적용대상은 국가(지방)공무원법에 의한 공무원과 국가·지방자치단체에 근무하는 기타 직원 등[20]이다(공무원 연금법 시행령 제1조).

일반적으로 연금제도 비용부담 방식으로는 기여제와 비기여제가 있다. 기여제(Contributory System)는 공무원과 국가 또는 지방자치단체가 연금지급에 소요되

---

19) 직업공무원제를 운영하는 국가들은 공무원들이 맡은 바 직무에 충실할 수 있도록 신분의 안정과 적정수준의 생활을 보장하고 있다. 퇴직 후 노후소득보장을 위한 것이 공무원 연금이다. 한국에서는 1960년대 이래 국가주도 경제개발전략을 실시하면서 경제 상황의 열악함으로 인해 단기에 높은 수준의 경제적 보상을 할 수 없었으므로 고급여의 공무원 연금을 약속함으로써 공무원의 조직 몰입을 유인하게 되었다. 한국 사회의 관료제와 공무원은 정치적 변화와 경제적 발전과정에서 역사적 및 사회·경제인인 역할을 수행하였고 그 과정에서 공무원연금제도의 성격이 형성되어 왔다고 할 수 있다(행정안전부, 2011: 23-26).

20) "적용 제외 대상으로는 군인, 선거직 공무원(대통령, 국회의원, 자치단체장, 지방의회의원), 공무원 임용전의 수습기간 및 기간제 교사 등이다"(인사혁신처, 2018: 150-151).

는 비용을 공동으로 부담하는 방식이며, 비기여제(Non Contributory System)는 공무원은 소요비용을 부담하지 않고 국가 또는 지방자치단체가 전액 부담하는 방식이다. 우리나라 공무원 연금제도는 비용을 정부와 공무원이 균등하게 부담하는 기여제를 채택하면서도 재정수지 부족액을 재정으로 보전하고 있어 사회보험원리와 부양원리가 혼합된 제도로 운영되고 있다고 볼 수 있다.21)

일반적으로 연금재정 운용방식에는 향후 급여지급에 필요한 비용 부담액을 가입기간 동안 평준화된 보험료로 적립하는 방식(Funded System)과 일정기간 동안의 급여비용을 동일기간 내에 조달하는 방식(Pay-as-you-go)으로서, 적립금을 보유하지 않거나 보유하더라도 일시적인 과다 급여지출에 대비한 위험준비금 정도만을 보유하는 방식이다. 우리나라의 공무원 연금제도는 초기에는 부분적립 방식을 채택하여 연금비용의 일부만을 적립해 왔으나, 제도가 성숙기에 접어든 이후에는 당시의 재직세대로부터 필요한 연금재원을 조달하는 부과방식을 기반으로 장기 재정전망, 적정 비용 부담률 등 전반적인 연금 재정상태를 5년마다 재계산하여 연금재정을 관리하고 있다. 그러나 이와 같은 세대 간 부양방식으로 인해 재직 중인 공무원들이 납부하는 기여금은 그 시점의 연금수급자들에게 연금을 지급하는 데에 사용되므로 연금기금에 적립되지 않는다. 다시 말해, 공무원 본인이 재직 중에 납부한 기여금은 선배세대에게 연금급여로 이미 지급되었으므로 재정상황에 따라 언제나 기금부족이 발생할 수 있다.

이러한 연금기금의 수입-지출 구조상의 문제 등으로 인해 공무원 연금은 이미 2001년부터 적자로 돌아선 이래, 부족액의 규모가 점점 커져가면서 정부로부터 예산지원을 받고 있는 실정이다. 이에 공무원의 부담액과 수령액 간의 조정, 국민연금 및 기타 직역연금(군인연금, 사학연금)과의 형평성 등 다양한 측면에서 공무원 연금제도 개선을 위한 논의 끝에 2015년과 2018년 두 차례 개정되었다. 공무원연급법 개정 이후에도 남아 있는 연금제도의 가장 큰 문제점은 연금기금 고갈을 들 수 있다. 최근 증가추세를 보이고 있는 공무원 정원은 미래의 기금문제를 더욱 악화시

---

21) 공무원 기여금은 연금급여에 소요되는 비용 중 공무원이 부담하는 비용을 말하며, 공무원으로 임용된 날이 속한 달로부터 퇴직 전날 혹은 사망한 달까지 매월 납부하는 금액(기준소득월액은 9.0%)이며, 정부 부담금은 연금급여 비용 중 국가 또는 지방자치단체의 부담금(보수 예산의 9.0%)이다(인사혁신처 홈페이지).

킬 것으로 예상된다. 더구나 국민의 세금이 그 원천인 기금으로 수익을 추구하는 것은 바람직하지 않을 수 있기 때문에 안정적으로 지속 가능한 연금제도를 운용할 수 있는 방안을 모색해야 할 것이다.

◈ 참고문헌 ◈

강성철 외. (2011). 새인사행정론. 서울: 대영문화사.

김태룡. (2007). 행정이론. 대영문화사.

박동서. (2001). 한국행정론(제 5 전정판). 서울: 법문사.

박천오 외. (2004). 인사행정의 이해. 서울: 법문사.

박홍엽. (2006). 균형인사정책의 실효성 평가와 개선방안. 한국행정연구원.

법제처. (2013). 대한민국 법제 60 년사: 일반행정 법제분야.

오석홍. (2008). 행정학. 서울: 박영사.

오석홍. (2009). 인사행정론. 서울: 박영사.

오석홍. (2013). 인사행정론. 서울: 박영사.

유민봉·박성민. (2014). 한국인사행정론. 서울: 박영사.

이종수 외. (2014). 새행정학 2.0. 서울: 대영문화사.

인사혁신처. (2018). 한눈에 보는 공무원 인사실무.
http://www.mpm.go.kr/mpm/comm/pblcateList/?boardId＝bbs_0000000000000036&m
ode＝view&cntId＝836&category＝&pageIdx＝에서 인출.

중앙인사위원회. (2006). 조직경쟁력 강화와 공무원 역량제고를 위한 경력개발제도 CDP
운영매뉴얼.

행정안전부. (2011). (약속된 미래, 행복한 노후) 공무원연금제도 50년 1960~2010.

행정안전부. (2012). 「개방형 직위 및 공모직위 운영 매뉴얼」.
https://mois.go.kr/frt/bbs/type001/commonSelectBoardArticle.do?bbsId＝BBSMSTR_00
0000000000015&nttId＝39997에서 인출.

Beer, M., Spector, B., Lawrence, P. R., Mills, D. Q., & Walton, R. E. (1985). A conceptual
overview of HRM. Human Resource Management: A General Manager's
Perspective. Text and Cases, The Free Press, New York, NY.

Berman, E. M., Rabin, J., & Bartle, J. R. (2007). Encyclopedia of public administration
and public policy. Marcel Dekker.

Collins, J. C. (2001). Good to great, 167.

Klingner, D., Llorens. J. J., & Nalbandian,, J. (2015). Public personnel management. Routledge.

Meier,K. J., O' Toole, L. J. (2006). Bureaucracy in a democratic state: A governance perspective. Baltimore, MD: Johns Hopkins University Press.

Menzel, D. C., & White, H. L. (Eds.). (2011). The state of public administration: Issues, challenges, and opportunities. ME Sharpe.

Milakovich, M. E., & Gordon, G. J. (2013). Public administration in America. Cengage Learning.

Riccucci, N. M., & Thompson, F. J. (2008). The new public management, homeland security, and the politics of civil service reform. Public Administration Review, 68(5), 877−890.

Rosenbloom, D. (2014). Public administration: Understanding management, politics, and law in the public sector. McGraw−Hill Higher Education.

Shafritz, J. M., Russell, E. W., & Borick, C. (2007). Introducing Public Administration (5th eds.) New York. Pearson Education. Administration Review, 70(3), 361−366.

제7장

행정윤리

제7장 행정윤리

Civil service is··· "expression of the justice and moral tone of a nation's politics"

Dorman B. Eaton(1880: 358); Cooper(2001: 2 재인용)

1절 공무원의 신분보장과 정치적 중립

공무원은 국민전체에 대한 봉사자이자 공익의 수호자이다. 따라서 이들이 향유하는 권리와 이들에게 가해지는 의무는 민간조직 구성원에 대한 것과는 다르다. 신분보장은 공무원이 국민에 대한 봉사의무에 전념할 수 있도록 한 제도적 뒷받침이라 할 수 있으나, 일정 요건 하에서는 제약이 가해진다. 공무원은 정부와의 관계에서는 근로자의 지위를 갖는데, 근로자의 대표적인 기본권인 노동3권이 공무원에게는 제한적으로만 인정되며, 정치활동에 대해서도 제약이 있다. 또한, 윤리규범역시 더욱 엄격하게 적용된다. 이하에서는 공무원의 권리로서 신분보장과 공무원단체, 그리고 정치적 중립에 대해 살펴보고자 한다.

1. 공무원의 신분보장

공무원의 신분보장이란 "법률이 정한 조건에 해당하는 경우를 제외하고는 공무원이 자신의 의사에 반하는 신분상의 불이익처분을 받지 않도록 하는 제도"를 말한다(김중양, 2004: 361). 공무원은 특별권력관계에 있기 때문에 공무원들은 실제로 많은 의무를 부담하고 구속을 받는 것이 사실이나, 그 신분이 법적으로 보장되어 있기 때문에 안정적으로 공직에 전념할 수 있다. 이것은 직업공무원제가 확립되기 위한 중요한 요건이기도 하다.

헌법 제7조 제1항은 "공무원은 국민전체에 대한 봉사자이며, 국민에 대하여 책임을 진다"고 규정하고 있으며, 또한 제7조 제2항은 "공무원의 신분과 정치적 중립성은 법률이 정하는 바에 의하여 보장된다"고 규정하고 있다. 이처럼 공무원의 신분을 법률로 규정하여 보장하는 이유는 이를 통해 궁극적으로 국민에 대한 봉사의 질을 제고시키는 데 있다.

공무원관계를 임의로 변경하거나 소멸시키는 것은 공무원 신분보장과 밀접하게 관련되어 있으므로「헌법」제7조 제2항에 근거하여「국가공무원법」은 신분보장에 관해 규정하면서 공무원 관계의 변경 및 소멸에 제한을 두고 있다. 국가공무원법 제68조는 "공무원은 형의 선고, 징계처분 또는 이 법에서 정하는 사유에 따르지 아니하고는 본인의 의사에 반하여 휴직·강임 또는 면직을 당하지 아니한다"고 규정하여 공무원으로서의 결격 사유가 있는 경우가 아니면 신분상의 불이익을 당하지 않도록 하고, 공무원의 신분을 법적으로 보장하여 국민전체의 봉사자로서 소임을 다하고 정치적 중립을 지킬 수 있도록 한다.[1] 공무원의 신분보장은 실적주의의 수립과 더불어 그 중요성이 부각되었는데 이는 정치적인 상황의 변화가 공무원의 신분에 영향을 미치지 못하도록 하는 것을 목적으로 한다.[2] 그

---

1) "다만, 1급 공무원과 직무등급이 가장 높은 등급의 직위에 임용된 고위공무원단에 속하는 공무원은 그러하지 아니하다"고 하여 신분보장의 예외로 두고 있다(국가공무원법 제68조).

2) 공무원 신분보장의 근거(김중양, 2004: 362)로서 첫째, 행정의 일관성, 능률성, 전문성을 유지·향상시키는 조건이라는 점을 들 수 있다. 둘째, 공무원이 정치적 중립을 지키고 어느 특정세력이 아니라 국가와 국민 전체에 봉사하기 위해서는 신분보장이 필요하다. 셋째, 공무원이 능동적이고 창의적으로 업무를 수행할 수 있는 환경을 제공해 준다. 지나친

러나 이처럼 공무원의 신분보장이 법률에 명시되어 있기는 하지만 실질적으로는 여전히 정치적인 이유로 인해 신분상의 불안정이 발생하는 경우도 많다. 직위해제, 전보 등의 인사조치가 실질적인 불이익을 가져오는 수단으로 이용되는 것이 그 대표적인 예이다.

2. 신분보장의 제한

원칙적으로 공무원의 신분은 헌법과 법률 등에 의해 보장되지만, 공무원 본인의 귀책사유 등 특정한 요건 하에서는 신분보장이 제한될 수 있다. 이에 해당되는 것으로는 징계, 휴직, 직위해제, 복직, 면직, 퇴직 등이 있다.

1) 징계

징계란 공무원의 의무위반 등에 대하여 국가가 그 사용자로서의 지위에서 과하는 행정상 제재로서, 공직기강을 바로 잡아 공무원 관계의 질서를 유지하고 공무원으로서 책임과 의무를 완수하도록 하는 데 그 목적이 있다 징계대상은 경력직(일반직, 특정직) 및 특수경력직 중 별정직(정무직 제외) 공무원이며, 징계사유에는 "국가공무원법 및 동법에 의한 명령위반(대통령령, 총리령, 훈령 등), 직무상의 의무위반(성실의무, 직장이탈금지, 청렴의 의무 등) 및 직무태만, 체면 또는 위신 손상 등"이 있다(국가공무원법 제78조 제1항, 인사혁신처, 2018: 183). 징계의 종류 및 내용은 국가공무원법 제79조와 80조에 규정되어 있다. 그 강도가 높은 순으로 파면, 해임, 강등, 정직, 감봉과 6개월간 승진 및 승급 제한을 의미하는 견책이 있다. 또한, 금품 및 향응수수, 공금 횡령·유용을 한 경우에는 실효성 있는 처벌을 위해 국가공무원법 제78조의2에서는 징계처분에 더해 금전 또는 재산상 이득의 5배 이내의 징계부가금을 병과하

신분보장은 무사안일 행태를 초래할 수 있지만. 반대로 공무원의 직업적 안정성이 갖춰지지 않으면 상관의 눈치만 보고 소극적으로 업무수행할 우려가 있다. 마지막으로, 신분보장은 공무원의 권익보호와 사기앙양의 수단이 될 수 있다. 공무원의 인권도 존중받아야 하며 부당한 강제퇴직과 같은 불이익처분을 받아서는 안 된다.

도록 한다.

2) 휴직, 직위해제 및 복직

휴직은 공무원이 재직 중에 일정한 사유가 발생하여 직무에의 종사가 불가능한 상태가 되었을 때 면직시키지 않고, 일정기간 동안 신분은 유지하되 직무에는 종사하지 않도록 한 조치로서 공무원의 신분을 보장하기 위한 것이다.[3] 휴직의 유형에는 임용권자의 명에 의한 직권휴직과 공무원 본인의 신청에 의한 청원휴직이 있으며 질병치료, 법률상 의무이행, 출산·육아 및 가사, 능력개발을 위한 연수기회 부여 등이 휴직 사유가 될 수 있다(인사혁신처, 2018: 157).

직위해제는 공무원이 일정한 사유에 해당되면 일시적으로 직위를 부여하지 않는 조치로서, "사유에 따라 능력회복 및 재판업무 등에 전념할 기회를 부여하고 직무수행의 공정성을 확보하는 것"을 목적으로 한다(인사혁신처, 2018: 159). 직위해제의 대상은 "직무수행 능력이 부족하거나 근무성적이 극히 나쁜 자, 파면·해임·강등 또는 정직에 해당하는 징계의결이 요구중인 자, 형사사건으로 기소된 자, 고위공무원단에 속하는 일반직 공무원으로서 적격심사를 요구받은 자 등"이다(국가공무원법 제73조의 3 제1항). 직위가 해제된 공무원은 출근의무와 직무수행 의무가 없고, 봉급이 감액 지급되고 승진임용에 제한을 받으며, 해당 기간이 승진소요 최저년수·경력평정기간·승급기간에서 제외되는 등의 불이익을 받는다.

한편, 복직이란 휴직 또는 직위해제 중인 공무원을 특정한 사유가 소멸될 시에 직위에 복귀시키는 것을 말한다.

3) 면직

공무원관계의 소멸이란 공무원으로서의 신분이 박탈되는 것을 의미하는데, 소멸 사유에는 면직과 당연퇴직이 있다. 면직에는 의원면직과 직권면직 및 징계면직이 있다. 의원면직은 본인의 의사표시에 의하여 공무원관계를 소멸시키는 행위

---

3) 중징계 처분 중 하나인 정직은 1개월 이상 3개월 이하의 기간동안 직무수행을 정지시키는 것으로 보수는 전액을 감하게 된다(국가공무원법 제80조 제3항).

를 말하고, 직권면직은 법률에서 정한 일정한 사유에 해당될 때 해당 공무원의 의사와 상관없이 임용권자가 면직처분을 행하는 것으로서 중대한 사유에 있어서는 면직의 절차를 간소화시킴으로써 조직의 효율성을 제고하고자 하는 것이다(인사혁신처, 2018: 163).

직권면직의 사유로는 "직제와 정원의 개폐 또는 예산의 감소 등에 의하여 폐직 또는 과원(過員)이 된 경우, 휴직기간이 끝나거나 휴직 사유가 소멸 된 후에도 직무에 복귀하지 아니하거나 직무를 감당할 수 없을 때, 직위해제되어 대기명령을 받은 자가 그 기간 중 능력 또는 근무성적의 향상을 기대하기 어렵다고 인정된 때, 전직시험에서 3회 이상 불합격한 자로서 직무수행능력이 부족하다고 인정된 때, 고위공무원단에 속하는 공무원이 적격심사 결과 부적격결정을 받은 때 등"이 있다(국가공무원법 제70조 제1항).

징계면직은 공무원의 의무 위반에 대한 중징계 처분인 파면과 해임을 말한다. 공무원이 파면될 경우 5년 동안 공직에 재임용될 수 없으며 퇴직 급여액의 절반이 삭감되는 등의 불이익을 받는다. 해임될 경우에는 3년 동안 공직에 임용될 수 없으며 연금법상의 불이익은 없다.

4) 퇴직

국가공무원법 제33조에는 "공무원 결격사유로 피성년후견인 또는 피한정후견인, 파산선고를 받고 복권되지 아니한 자, 금고 이상의 형을 선고받고 그 집행유예기간이 끝난 날부터 2년이 지나지 아니한 자 등"이 명시되어 있다. 여기에 해당되거나 임기가 만료된 경우, 그리고 정년에 도달한 경우나 사망한 경우는 당연퇴직을 하게 된다. 정년퇴직은 일정한 연령 또는 근무연수에 도달한 공무원을 퇴직시키는 제도이다. "공무원의 정년은 다른 법률에 특별한 규정이 있는 경우를 제외하고는 60세"이다(국가공무원법 제74조). 이와 같은 정년퇴직 그리고 파면과 해임에 의한 징계퇴직은 퇴직하는 공무원의 의사와 무관하게 정부조직이 정한 기준과 의사결정에 따라 발생하는 비자발적인 강제퇴직이다.

이와 반대로 본인의 의사에 따른 퇴직인 임의퇴직의 유형에는 "20년 이상 근속한 자가 정년 전에 스스로 퇴직"하는 명예퇴직(국가공무원법 제74조의2 제1항), 1년 이상 20년 미만 근속 경력직 공무원을 대상으로 한 조기퇴직, 1년 이상 근속한 별정직 및 고용직 공무원이 해당되는 자진퇴직 등이 있다.

　명예퇴직은 이에 대한 충분한 경제적 보상을 함으로써 장기근속 공무원에 대해 명예로운 사회진출 기회를 부여하고 조직 차원에서는 조직의 신진대사를 촉진시키며 조직의 활력을 불어 넣는 기능을 한다. 조기퇴직 및 자진퇴직은 이에 따른 수당지급을 통해 합리적으로 퇴직을 유도함으로써 이 역시 조직의 활성화에 기여하는 측면이 있다.

3. 공무원단체

　헌법 제33조는 "근로자는 근로조건의 향상을 위하여 자주적인 단결권·단체교섭권 및 단체행동권을 가진다"고 규정하고 있지만, 공무원은 고용관계 및 직무의 특성 등으로 인해 민간부문 근로자들에 비하여 노동기본권이 제한적으로 인정되고 있다. 민간부문 근로자와 달리 공무원은 신분에 관련된 사항과 보수를 포함한 근무조건 등이 법령에 정해져 있고, 국민을 최종 사용자로 하여 국가의 이름으로 국민에게 공공 행정서비스를 제공하는 것을 주요 업무로 하고 있다. 민간 부문의 노사관계가 사법적(私法的) 관계 속에 형성되는 것과 달리, 공무원의 고용관계는 국가와 공무원 나아가 국민을 포함한 다자간 공법적 관계 속에서 형성된다.

　그간 공무원은 공무원법에 의해 일부(체신, 국립의료원 등에서의 현업종사 공무원)를 제외하고는 노조 설립과 가입, 활동 등 일체의 노동운동이 금지되어 왔다. 그러나 1998년 2월 노사정 간 사회협약 체결 이후 본격적으로 공무원의 노동기본권이 논의되기 시작하였다. 1998년 2월의 사회협약 이후 「교원의 노동조합 설립 및 운영 등에 관한 법률」 제정을 계기로 교원의 단결권 및 단체교섭권이 보장되었고, 「공무원직장협의회의 설립·운영에 관한 법률」 제정을 계기로 단결권이 허용되지는 않았지만, 6급 이하 공무원들이 직장협의회를 설립하여 근로환경 개선 및 업무능률 제고 등에 관한 사항을 소속 기관 장과의 협의를 통해 조정할 수 있게 되었다. 이후 다년간에 걸친 노사정 간 논의와 국민 의견 수렴, 해외사례 검토를 거쳐 마침내 「공무원의 노동조합 설립 및 운영 등에 관한 법률」이 제정되었고, 2006년 1월부터 본격 시행되면서 단체행동권을 제외한 노동기본권이 인정되기에 이르렀다.

이에 따라 공무원은 국민과의 관계에서 국민에 대한 봉사자로서의 지위뿐만 아니라 정부와의 관계에서 근로자로서의 지위를 법적으로 인정받게 되었다. 근로자로서의 공무원 즉, 사실상 노무에 종사하는 자에 한해서는 교섭하고 단체협약을 체결할 권리를 갖는다. "예를 들어, 미래창조과학부 소속 현업기관의 작업현장에서 노무에 종사하는 기능직 공무원은 노동3권을 가질 수 있다. 다만, 이러한 공무원 중에서 서무·인사 및 기밀 업무에 종사하는 공무원, 경리 및 물품출납 사무에 종사하는 공무원, 노무자 감독 사무에 종사하는 공무원, 「보안업무규정」에 따른 보안목표 시설의 경비업무에 종사하는 공무원, 승용자동차 및 구급차의 운전에 종사하는 공무원은 제외된다"(법제처, 2013: 66).

공무원단체에 대한 찬반 논쟁은 지속되고 있다(강성철 외, 2011: 521-524; 유민봉·박성민, 2014: 548-554). 찬성의 논거로는 첫째, 공무원의 집단적 의사표시의 수단으로 근로조건을 향상시킬 수 있을 뿐 아니라 공무원의 동기부여 효과와 사기 앙양을 기할 수 있다. 둘째, 공무원단체는 하급 공무원과 관리층 간에 의사전달 통로를 제공함으로써 권위주의 풍토를 개선하고 행정의 민주성을 증진시킬 수 있다. 반면에 공무원은 국민에 대한 봉사자로서 공적 업무를 수행하는 특수성 때문에 공무원들의 단체활동이 허용되어서는 안 된다는 우려도 존재한다. 공무원 집단의 이익을 추구함으로써 공익을 해칠 수 있고, 지나친 신분보장으로 공직전체의 역량이 약화될 수 있다는 점이다.

4. 공무원의 정치적 중립

공무원의 정치적 중립이란, 당파적(partisan) 정실이나 정쟁(政爭)에 대한 중립을 의미한다. 당파적 특수이익과 결탁하여 직무수행에 있어서 공평성을 결여하거나 정당 세력 간의 권력투쟁에 개입하지 말아야 한다는 행동규범이다. 구체적으로 공무원을 외부의 정치적 간섭이나 강압으로부터 보호하기 위하여 공무원 인사절차에 정파적 영향을 배제함으로써 공무원의 신분을 보장한다.[4] 또한 공무원의 정치적 중립성을 보장하는데 필요한 범위 내에서 공무원의 정치활동을 제한하기 위하여 국가공무원법 65조에서는 엄격한 정치활동 금지조항을 명시하고 있다[5].

공무원의 정치적 중립은 다음과 같은 이유로 인해 요구된다(오석홍, 2013: 538-539). 첫째, 공익추구의 사명이다. 공무원은 불편부당한 입장을 견지해야 한다는 공무원의 본질적 사명에서 공무원의 정치적 중립이 요구된다. 둘째, 부패와 낭비의 방지를 위해서이다. 정실인사가 인사행정에 개입되어 발생하는 부패와 낭비를 방지하고자 하는 목적 때문이다. 셋째, 전문적·중립적 집단의 필요성 때문이다. 정당정치 제도 하에서 집권세력의 변동에도 불구하고 정부의 업무를 전문적이고 계속적으로 수행할 수 있는 중립적 세력으로써 공무원이 필요하다는 것이다. 마지막으로, 정치체제의 균형발전을 위해서이다. 정치체제 내의 세력균형을 통한 발전을 위해서도 공무원의 중립성은 필요한 것이다.

그러나 공무원의 정치적 중립에 대해서 다음과 같은 비판이 존재한다(강성철 외, 2011: 511-516). 우선, 이것은 공무원의 헌법적 기본권인 참정권을 제한하는 것으로서, 불공평할 뿐만 아니라 민주정치의 원리에도 모순된다. 둘째, 공무원의 정치 참여 제한은 공무원집단의 이익이 경시되는 결과를 초래할 수 있으며, 특히 중하급 공무원들의 정책 형성 참여 기회 및 대내외적 의사 표현의 기회를 제한할 수 있다. 마지막으로, 집권정부의 정책 구현이 국민들의 요구라고 볼 때 오히려 엄격한 정치적 중립 요구로 인해 국민의 요구에 민감하게 대응하지 못할 우려가 있다.

요컨대 집권 정부의 정치철학을 구현하고 정책을 실현시키기 위해 공무원은

---

4) 정치적 중립성 보장은 "공무원이 집권세력의 논공행상의 제물이 되는 엽관제도를 지양하고, 정권교체에 따른 국가작용의 중단과 혼란을 예방하며 일관성 있는 공무수행의 독자성 및 영속성을 유지하기 위하여 헌법과 법률로써 공무원의 신분을 보장하려는 공직구조에 관한 제도 즉 직업공무원제도인 것이다. 그러한 보장이 있음으로 해서 모든 공무원은 어떤 특정정당이나 특정상급자를 위하여 충성하는 것이 아니고 국민전체에 대한 공복으로서(헌법 제7조 제1항) 법에 따라 그 소임을 다할 수 있게 되는 것으로서, 이는 당해 공무원의 권리나 이익의 보호에 그치지 않고 국가통치 차원에서의 정치적 안정의 유지에 기여할 수 있게 되는 것이다"(헌재 1989. 12. 18. 89헌마32등, 판례집 1, 343, 352).

5) "국가공무원법 제65조 (정치운동의 금지) ① 공무원은 정당이나 그 밖의 정치단체의 결성에 관여하거나 이에 가입할 수 없다. ② 공무원은 선거에서 특정 정당 또는 특정인을 지지 또는 반대하기 위한 다음의 행위를 하여서는 아니 된다. 1. 투표를 하거나 하지 아니하도록 권유 운동을 하는 것, 2. 서명 운동을 기도(企圖)·주재(主宰)하거나 권유하는 것, 3. 문서나 도서를 공공시설 등에 게시하거나 게시하게 하는 것, 4. 기부금을 모집 또는 모집하게 하거나, 공공자금을 이용 또는 이용하게 하는 것, 5. 타인에게 정당이나 그 밖의 정치단체에 가입하게 하거나 가입하지 아니하도록 권유 운동을 하는 것"

정무직 상관에게 충성해야 한다는 의미의 정치적 중립 의무(political norms)와, 단순히 정권과 상관에게만 충성할 것이 아니라 직무수행에 있어서 자신의 전문직업적 자율성, 독자적 전문성(independent expertise) 및 비당파적 객관성(nonpartisan objectivity)에 근거해야 한다는 정치적 중립 의무(professional norms) 간의 선택에 있어 딜레마에 빠질 수 있다(Christensen, 1991; West, 2005: 147; 박천오, 2011: 28-29에서 재인용). 예를 들면, 고위직 관료의 정치적 임명은 대통령이 추진하고자 하는 정책을 강력히 실행하는 데 필요하지만, 동시에 행정 관료들은 중립적으로 공무를 처리해야 할 의무도 가지고 있기 때문에 정치적 중립성과 정치적 임명 간에는 상충가능성이 상존한다.

하지만 이러한 정치적 중립의무에 대한 딜레마는 어느 정도 해소될 여지가 있다. 첫째, 정치적 통제와 전문직업적 독립성의 상호균형을 취하여 공존할 수 있다는 입장이다. 상관의 정치적 통제가 지나친 경우 정치권력의 남용 가능성이 커지며, 공무원의 자율성이 지나치게 확장되면 자기중심적 혹은 기관중심적 행태가 만연할 수 있다. 정무직 상관과 일반 공무원들이 서로를 건전한 공동참여자로 인정하려는 의식이 확보될 때 두 가지 의무가 공존할 수 있다(박천오, 2011). 둘째, 두 가지 의무가 상충될 경우, 우리나라 현실을 고려할 때 전문직업적 독립성을 강조하는 것이 바람직하다는 입장이다. 우리나라에서는 정권교체에 따른 정책 변경이 빈발하여 정부에 대한 국민 불신이 특히 문제가 되고 있기 때문이다. 전문직업적 독립성을 강화하기 위해서는 조직개편에 있어 공무원들의 의사가 대폭 반영될 수 있는 체제를 갖추어야 하며, 인사에 있어 공무원집단의 전문가적 판단이 작용할 수 있도록 해야 할 것이다(오성호, 2011: 269-270).

정치적 중립의무는 국민전체의 봉사자라는 공무원의 신분과 공무원이 수행하는 업무의 공공성 차원에서 필수적 요건이다. 국민에 의해 선출된 대통령이 정무직 공무원을 임명한다는 걸 고려할 때 궁극적으로 정무직 상관에 대한 충성과 국민에 대한 봉사자로서 책임을 다하는 전문직업적 독립성은 일치할 것이다. 다만, 민주주의가 성숙되는 과정에서 국민의 뜻과 정부정책이 일치하지 않을 때, 전문직업적 독립성을 우선시하여 판단하는 정치적 중립성이 요구된다고 할 수 있다.

2절 공직윤리

오늘날 행정국가 하에서 행정기능이 확대되고 전문화됨에 따라 관료의 재량이 커지고 있다. 관료가 재량권을 남용하지 않고 공익을 추구하는 최선의 행동을 하게 하려면 공직윤리가 확립되어야 한다. 공직윤리가 담보되면 책임성을 확보하기 위한 외부 통제가 불필요할 수도 있다. 공직윤리는 규정을 통해서도 명시되어 있지만, 본질적으로는 관료의 양심에 따라 국민에 대한 봉사자로서의 책무를 다하도록 요구하기 때문이다.

1. 공직윤리의 개념 및 의의

일반적으로 윤리(ethics)란 선과 악, 행위의 옳고 그름 등으로 정의되며, 사회에서 보편적으로 지켜야 할 도리로서 인정되고 실천되어야 하는 행동기준을 가리킨다. 윤리는 사회 구성원들 간 상호작용을 통해 형성된 가치이며, 인간의 행위를 규율하는 원칙이자 도덕 판단의 기준이 된다.

공직윤리란 공직자가 공적 업무를 수행할 때 마땅히 지켜야 할 원칙 또는 기준으로서, 일부 집단이 아니라 전체 국민에 대한 봉사자로서 행정이 추구하는 공공목적달성을 위해 준수해야 할 행동규범을 의미한다. 공직윤리는 소극적 의미와 적극적 의미로 구분될 수 있는데, 소극적 의미의 공직윤리란 부정부패의 방지 등과 같은 특정 행위를 하지 않는 것을 의미하며, 적극적 의미에서의 공직윤리란 공익과 봉사정신 및 국민에 대한 대응성과 적극적인 책임성을 강조하는 데에 까지 이르는 것을 의미한다.

공직윤리는 행정활동에서 지켜져야 할 윤리라는 의미에서 행정윤리(administrative ethics)라는 용어와 혼용되며, 경우에 따라서는 공무원 윤리라고 지칭되기도 한다. 그러나 엄밀히 말하면 공직자(public servant)란 모든 공무원은 물론 공직유관단체의 임직원을 의미하므로 공무원 윤리보다는 공직윤리가 보다 적절한 용어라 할 수 있다. 따라서 공직 윤리는 "공직자에게 기대되는 바람직한 가치"로 정의될 수 있다(윤태범, 2013: 1).

윤리의 판단기준이 구체적으로 무엇인지에 대해서는 다양한 관점이 존재한다(이종수, 2012: 18-21). 첫째, 목적주의 윤리설은 행위가 인생의 궁극적인 목적달성에 기여하는 정도를 윤리의 기준으로 보는 반면, 법칙주의 윤리설은 행위자체를 보편적으로 판단할 수 있는 선험적 법칙에 주목한다. 둘째, 결과주의 윤리설에서는 행위의 결과가 사회전체에 보다 큰 선을 가져다주는가에 의존한다고 보는 반면에 동기주의 윤리설에서는 행동의 내재적 성질과 행위자의 의도에 달려있다고 본다. 셋째, 절대주의 윤리설은 사회적·시대적 상황에 따라 달라지지 않는 절대적 규범이 윤리라고 보는 반면, 상대주의 윤리설은 시대적 필요나 관습 등에 의해 도덕원칙이 변화할 수 있다고 주장한다.

특별히 공직윤리를 바라보는 두 가지 대조적인 관점으로는 '옳은 것(the right)을 따라야 한다'는 의무론(deontology)과 '좋은 것'(the good)을 판단기준으로 삼는 목적론(teleology)이 있다(정정길, 2011: 575-591). 의무론은 인간 행위가 일정한 도덕규칙들(moral rules)과 일치하면 '옳은' 행위라 하고 이러한 규칙들을 어기면 '그른' 행위라고 보는 반면, 목적론은 인간행위를 단순히 목표달성을 위한 수단으로 보고, 행위가 초래할 결과에 따라 판단하기 때문에 결과주의(Consequentialism)라고도 불린다. 이렇게 윤리를 바라보는 다양한 시각들은 행정의 윤리규범을 개념화하는 도구적 수단으로서 유용한 틀을 제공한다.

공직윤리의 준수 여부는 공직자 자신의 윤리적·도덕적 소양 등 개인의 특성은 물론 소속된 조직이나 환경적 요인에 의해서도 영향을 받을 수 있다(정정길, 2011: 620-626). 기본적으로 공직윤리는 개인적 차원의 문제로서 공직자 개인의 도덕성과 직결된다고 볼 수 있다. 그러나 공직윤리를 개인 차원의 문제로 한정할 경우에는 정직하고, 지적이며, 도덕적으로 문제가 없는 사람들이 종종 윤리에 무감각해져서 그릇된 행동을 하는 것을 설명하기 어렵다. 따라서 개인적 차원 외에도 구조적·제도적 차원의 영향에 대한 고려가 필요하다.

개인적, 구조적·제도적, 환경적 요인을 고려하여 공직윤리를 제고시킬 수 있는 방안을 살펴보면 다음과 같다. 첫째, 전문직업적 정신 함양과 자율규제

(self-control) 수준 향상을 통해 공직자 개개인의 행동과 가치관을 전환시킬 수 있을 것이다. 둘째, 부정부패 방지를 위한 엄격한 통제장치를 마련하고, 행정정보의 공개를 통한 행정 과정의 투명성을 확보하며 규제 완화 및 절차 간소화를 통한 재량의 개입 가능성을 줄여가야 할 것이다. 셋째, 환경적 요인의 개선으로 국민, 국회, 언론, 사법부 등의 행정통제 기능을 활성화하고, 가치관 재정립을 통한 국민의 윤리의식 수준이 제고되어야 할 것이다.

2. 이해충돌

1) 이해충돌의 개념 및 유형

공직자는 공익을 실현하기 위해 청렴하고 공정한 자세로 자신에게 부여된 권한과 임무를 수행하여야 한다. 그러나 공직자들은 공직자로서의 신분과 함께 사회를 구성하는 사인(私人)으로서의 신분도 동시에 지니기 때문에, 직무수행 과정에서 공직자 신분이 아닌 개인 자격으로서의 사적 이해관계를 갖게 될 수도 있다. 공직자에게는 직무수행 시 사적 이익에 우선하여 공적 이익을 충족시켜야 할 책무가 부과되어 있기 때문에 이율배반적인 상황에 자주 처하게 된다.

이처럼 공직자가 자신의 직무와 관련하여 공직자로서가 아닌 개인 자격으로서 사적인 이해관계를 가지며, 그것이 공직자의 직무수행에 부적절한 영향을 미치게 되는 경우로서, 사적 이익과 공적 이익이 충돌하는 것을 '이해충돌(conflict of interest)'이라고 한다(국민권익위원회, 2012: 1).

여기서 공직자의 사적 이해관계는 비단 금전적 이해관계에만 국한되지 않으며, 공직자에게 직접적인 이익을 가져다주는 이해관계에만 한정되는 것도 아니다. 또한 사적인 이해관계가 공무수행에 부적절한 영향을 실제로 끼치지 않았더라도 그러할 가능성이 있는 것으로 간주 될 경우에는 그 공직자의 개인 자격으로 행한 합법적 활동, 가족 친구 등 개인적인 연고의 이해관계도 이러한 공·사익 간의 이해충돌과 관련될 가능성이 상존하게 된다.

이해충돌의 유형은 아래와 같이 세 가지로 유형화할 수 있다(윤태범, 2010). 첫째, '잠재적 이해충돌(potential conflict of interest)'은 공직자가 미래에 공적 책임에 관련되는 직무를 수행할 때 이해충돌이 발생할 수도 있는 사적 이해관계를 가지고 있는 경우를 의미한다. '외견상 이해충돌(apparent conflict of interest)'은 공직자의 사적 이해관계가 공적 의무수행에 부정적인 영향을 미칠 가능성이 있지만, 그 영향이 아직 실현되지 않은 상태이다. 이에 비해 '실질적 이해충돌(actual conflict of interest)'은 현재 이해충돌 상황이 발생한 경우이며, 때로는 과거 어느 시점에서 발생했던 충돌 상황이 현재 발견되는 것일 수도 있다.

〈표 1〉 이해충돌 사례

사례 1	사례 2	사례 3	이해충돌 유형
귀하는 지역의 도시계획 업무를 담당하며, 귀하나 귀하의 감독자가 정기적으로 개발계획을 평가한다.	귀하는 ○○군 공무원이고, 귀하의 근무지역에서 구제역이 발생한다.	귀하는 ○○기관의 기관장이고, 계약직 직원을 특별 채용할 계획이다.	직무 수행에 영향을 미치는 사익(private interest) 없음
귀하는 지역 건축회사 소속 직원과 결혼하였다.	귀하는 긴급 상황으로 구제역 처리 지원 업무를 맡게 된다.	귀하의 친인척이 계약직 직원 채용에 응모할 계획이다.	잠재적 충돌 상황
귀하의 직무는 사익과는 관련이 없지만, 만일 배우자의 회사에서 도시계획안을 제출한다면 미래에는 사익과 관련될 것이다.	귀하의 직무는 사익과는 관련이 없지만, 만일 귀하의 친인척의 농장이 구제역 발생에 따른 보상을 받게 된다면 미래에는 사익과 관련될 수 있다.	귀하의 직무는 사익과는 관련이 없지만, 만일 귀하의 친인척이 채용 지원서를 제출한다면 미래에는 사익과 관련될 수 있다.	
귀하의 배우자가 근무하는 회사에서 도시계획안을 신청했지만, 귀하의 감독자가 신청서를 평가한다.	귀하의 친인척의 농장에 구제역 보상금을 지급해야 하고, 귀하의 동료가 구제역 담당부서로 파견되어 보상금 지급 업무를 담당하고 있다.	귀하의 친인척이 응모하였지만, 지원자가 친인척이란 사실이 인사 담당자 등 기관 내에 알려지지 않았다.	외견상 충돌 상황
비록 귀하는 신청자체를 평가하지 않지만 도시계획평가에 영향을 미칠지도 모른다.	비록 귀하가 보상금 지급 업무를 직접 담당하지는 않지만 보상금 지급 업무에 영향을 미칠 수도 있다.	비록 귀하는 직원 채용 업무를 직접 담당하지 않지만 채용에 영향을 미칠 수도 있다.	

귀하의 감독자가 귀하에게 배우자가 근무하는 회사의 도시계획안에 대한 2차 평가를 맡긴다.	귀하가 구제역 담당부서에 발령받아 보상금 지급 업무를 직접 담당하게 된다.	지원자가 귀하의 친인척이라는 사실이 인사 담당자 등 기관 내에 알려진다.	
귀하의 직무는 바로 사익과 관련 되며 부적절하게 귀하의 평가에 영향을 미칠 수 있다. 즉, 배우자는 귀하의 직무로 인해 이득과 손실을 받을 수 있는 위치에 있다.	귀하의 직무는 바로 사익과 관련 되며 귀하가 수행하는 보상금 지급 업무에 부적절하게 영향을 미칠 수 있다.즉 귀하의 친인척이 귀하의 직무로 인해 이득과 손실을 받을 위치에 있다.	귀하의 직무는 사익과 관련되며 직원 채용에 부적절하게 영향을 미칠 수 있다. 즉, 귀하의 친인척이 귀하의 영향력 행사로 인해 이득과 손실을 받을 수 위치에 있다.	실제 충돌 상황

자료: 국민권익위원회(2012: 9 - 11).

2) 이해충돌 관리

(1) 이해충돌 회피의 의의 및 절차

공익과 사익 간 이해충돌이 발생할 때 공직자는 공익을 우선시해야 하는 기본적 책무를 잊고 자신의 이익을 위하여 부적절하게 직무를 수행할 수 있다. 만약 이해충돌 상황이 적절하게 관리되지 못한다면 공직자가 직무수행 시에 합법성, 공평성 등의 원칙을 지키지 못하게 될 수 있고, 시장기능과 자원배분 등을 왜곡할 수 있을 뿐 아니라 공직자 및 소속기관의 청렴성이나 공공서비스 자체에 대한 불신이 초래될 수 있다. 따라서 국가, 지방자치단체 및 기타 공공기관은 소속 공직자가 수행하는 직무가 공직자 본인의 재산상 이해와 관련되어 직무수행의 공정성을 담보하기 어려운 상황이 발생하지 않도록 유의해야 한다(국민권익위원회, 2012: 6).

공직자가 이해충돌의 상황에 처할 경우 윤리적 문제가 발생할 개연성이 높아지기 때문에, 공직윤리를 확보하기 위해서는 '이해충돌의 회피'가 중요하다. 여기서 '회피'란 충돌되고 있는 이해관계에서 벗어난다는 것을 의미한다. 이해충돌 회피의 기본 원칙은 "누구도 자신의 사건에 대하여 판결할 수 없다(No one may judge his/her own case)"이다(윤태범, 2013: 21). 이 원칙은 공무원 본인뿐만 아니라 해당 공무원의 부적절한 의사결정으로 인해 이익을 받게 되는 가족 구성원 및 그 밖의 사적 관련

<그림 1> 이해충돌 관리 절차

① 이해충돌 직무 발생	○ 공직자가 신규로 업무를 담당하거나 직무수행 중에 이해충돌이 발생할 수 있는 직무 발생
② 이해충돌 확인(공직자) * 체크리스트를 활용한 자가 진단	○ 직무 내용 진단 ○ 개별 직무의 직무 관련자 진단 ○ 개별 직무와 관련된 사적 이해관계 진단 ○ 제3자 또는 객관적 입장에 의한 진단
③ 이해충돌 상담 또는 직무 회피 신청(공직자)	○ 자가 진단 결과 이해 충돌이 발생하는 것으로 의심되는 경우 행동강령책임관 또는 직근 상급자에게 상담 또는 직무회피 신청
④ 상담 및 기록관리 (행동강령책임관 또는 직근 상급자)	○ 면담 등을 통해 이해충돌 상황을 파악
⑤ 상담결과 보고 (행동강령책임관 또는 직근 상급자)	○ 사적 이해관계 내용, 이해충돌 발생 가능성 등 상담 결과를 기관장에게 보고
⑥ 이해충돌 관리 조치 (소속기관의 장)	○ 이해충돌 상황의 정도에 따라 직무수행 허용, 일시적 직무 재배정, 인력 재배치 등 조치

자료: 「공정한 직무수행을 위한 이해충돌관리 매뉴얼」(국민권익위원회, 2012: 14).

자들에게도 적용된다. 이해충돌이 발생한다고 해서 피해자가 뚜렷하게 특정되는 것이 아니므로 모든 공직자[6]는 자신에게 부여된 권한 및 임무를 수행하는 과정에

---

6) 공직자뿐 아니라 공공기관에서 실질적으로 급여를 받지 않더라도 공공정책을 운영하거나 평가, 심의 등의 행위를 하는 각종 위원회의 민간위원 등도 포함될 수 있다(국민권익위원회, 2012: 7).

서 이해충돌 상황이 발생할 가능성을 스스로가 확인하고 이를 적극적으로 관리하려는 노력을 통해 신뢰를 확보해야 한다. 즉 공직자는 직무수행 중에 이해충돌 상황이 발생할 가능성이 포착되면 공정성 확보를 위해 이해충돌 관리를 위한 공식적인 절차에 따라야 한다. 이와 같은 이해충돌 관리 절차는 <그림 1> 에 제시되어 있다.

(2) 이해충돌 회피 방안

공직자에게서 발생 가능한 이해충돌은 통상적으로 재직 중에 가장 명확하게 나타날 수 있지만, 입직 전의 상황 및 퇴직 이후의 상황과도 밀접한 관련이 있기 때문에 공직자의 공직 생애주기 전 과정을 고려한 이해충돌 회피방안이 모색될 필요가 있다(윤태범, 2013: 21). 먼저, 입직 전에는 보유재산과 공직자로 입직 후 담당하게 될 직무내용과의 이해충돌이 문제가 된다. 예를 들어 과학기술정보통신부 장관으로의 임용이 예정되어 있는 민간부문 후보자가 IT기업 관련 주식을 보유한 경우, 공직 임용 후 국가정보통신정책을 공정하게 수행하는 데 있어 이해충돌이 발생할 가능성이 있을 것이다. 이를 방지하기 위해 일반적으로 백지신탁제도(Blind Trust)가 활용되며, 우리나라는 2005년에 공직자윤리법을 개정하여 주식백지신탁제[7]를 도입하였다. 이외에도 보유한 재산과 이해충돌 소지가 있는 직위·직무로의 전보를 제한하고 현재 직무와 이해충돌 소지가 있는 주식의 신규취득을 제한하는 방안이 보강되어야 할 것이며, 부정한 재산증식 의혹이 있을 경우 재산심사 등을 엄격하게 해야 할 것이다.

다음으로, 재직 중에는 보유재산뿐 아니라 사적인 연고관계와 공적 직무가 충돌할 가능성도 높다. 이를 방지하기 위해 공무원 행동강령에서는 이해관계 직무에 대한 회피규정을 두고 있다. 한편, 퇴직 이후에 발생할 우려가 있는 이해충돌은 두 가지로 구분된다. 첫째, 재직 중 확보한 공적인 정보와 권한을 퇴직 이후 사익 추구를 위해 활용하거나 공익에 반하는 목적으로 활용하는 경우이다. 둘째, 퇴직 이후 특정 기업에의 취업을 예상하거나 혹은 약속받은 경우 재직 중에 해당 기

---

7) 고위공직자가 직위를 이용해 직무와 관련된 주식을 취득해 재산상의 이익을 추구하는 행위를 방지하기 위해 일정 직급 이상의 공직자에게 해당 주식을 매각하거나 백지신탁을 하도록 하는 제도이다(정부공직자윤리위원회 홈페이지).

업에 대하여 이권을 부여하고, 퇴직 후에 이 기업에 재취업하는 경우이다. 따라서 퇴직 후의 행위와 관련하여서도 재직 중일 때에 적용되는 것과 유사한 이해충돌 회피 규정을 둘 필요성이 있다. 퇴직자가 부당한 영향력을 행사하기 전 예방을 위한 접촉관리가 필요하고 접촉이 있을 경우 신고 등을 통해 관리하는 방안을 마련해야할 것이다.

3. 공직자의 비윤리적 행위

공직자의 '윤리적' 행위란 행정이 추구하는 윤리규범에 따라 사고하고 행동하는 것이라면, '비윤리적' 행위란 행정규범과 일치하지 않거나 행정규범을 위반하는 행위를 의미한다. 공직자의 비윤리적 행위는 크게 일방적 행위와 쌍방적 행위로 구분되며, 사회에 미치는 부정적 효과의 심각성이 크다고 판단되는 부정행위에 해당하는 경우를 '해서는 안 될 일을 하는 행위'와 '해야 할 일을 하지 않는 행위'의 두 가지로 구분할 수 있다(국민권익위원회, 2012: 16). 여기서 '해서는 안 될 일을 하는 행위'에 해당하는 부정행위는 사적 이익을 추구하기 위한 압력 행사, 공공재산 및 공공정보를 사적으로 이용하는 행위 등을 일컫는다. 또한 '해야 할 일을 하지 않는 행위'란 우리나라 공직 사회의 가장 큰 병폐라 할 수 있는 공직 내부의 소극적 부조리로서 '복지부동'에 해당하는 행위이다. 여기에는 대민관계에서 주로 나타나는 불친절 행위까지도 포함된다. 요컨대 <그림 2>와 같이 공직의 비윤리적 행위에는 불법적인 행위는 물론 복지부동과 같이 능동적 행위의무를 이행하지 않는 합법적인 행위까지도 포함된다. 이상과 같은 공직의 비윤리적 행위는 '부패'와 밀접한 관련이 있는데 이를 다음 절에서 살펴본다.

〈그림 2〉 공직의 비윤리적 행위

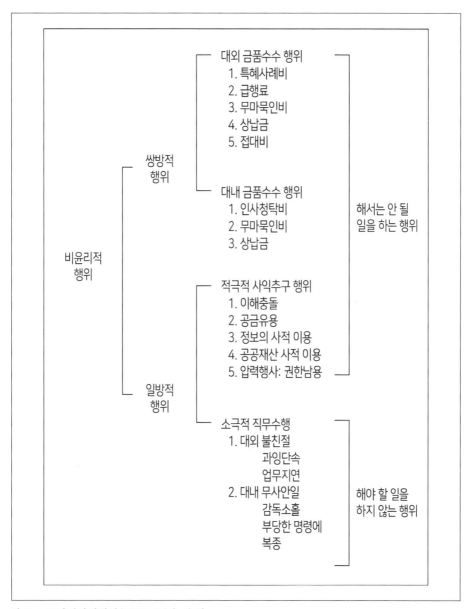

자료 : 국민권익위원회(2012: 17)을 수정.

3절 공직부패

1. 공직부패의 개념

1) 이론적 공직부패 개념

부패문제는 동서고금을 막론하고 지속적으로 논의되고 있는 화두이다. 우리나라에서도 최근의 원전 납품 비리, 4대강 건설업체 담합 등 수많은 사회적 비리의 중심에 고위공직자의 금품수수와 같은 부패가 자리 잡고 있는 것이 공공연한 현상으로 인식되고 있다.

부패는 불법적이거나 부당한 방법으로 지위, 재물, 기회 등 다양한 사회적·경제적 이득을 얻거나 타인이 얻도록 도와주는 일체의 일탈행위를 포괄한다. 공직부패 혹은 행정부패란 공직자들이 직무를 수행하면서 공익을 위배하여 사적이익을 취하는 행위로서, 소극적인 부정(graft) 행위 및 적극적인 공직 권한의 남용으로 사익을 추구하는 행위를 포함하는 개념이다. 여기서 유의할 점은 공무원이라는 특수한 지위를 이용해서 사적 이익을 추구하는 행위뿐 아니라 직무상의 불공정·불성실 이행까지도 부패행위에 해당될 수 있다는 점이다(박순애, 2013: 7). 이와 같은 불공정·불성실한 직무수행에는 부작위나 친분에 의한 업무수행, 합법적인 틀 내에서 이루어지는 공직자들의 비난회피를 위한 정책지연, 소극적·피상적 공무수행 등도 포함될 수 있다.

공직부패의 개념은 부패행위의 내용에 따라 다양한 의미로 구체화될 수 있다. Nye(1967: 419)에 의하면 부패란 사적으로 금전이나 지위 상의 이득을 얻기 위하여 공적 역할을 수행하면서 지켜야 할 규범적 의무들로부터 일탈하는 행위로서 법규를 위반하는 것이다. 세계은행(World Bank)(1997: 8)은 '사적 이익 추구를 위해 공권력을 남용하는 것'으로 정의 내리고 있으며, Shleifer and Vishny(1993: 599)는 '사적 이익을 위해 공권력을 행사하여 공공 재산을 유용(流用)하거나 착복하는 행위'로 규정하고 있다. Rose-Ackerman(1999: 9)은 부패를 '특혜를 얻거나 비용을 회피할 목적으로 공무원에게 불법적으로 주어지는 대가'로 좀더 광범위하게 정의하고 있다.

한편, Gardiner(1970)는 부패에 해당되는 것으로 의무불이행, 불법행위, 부당행위의 세 가지를 들고 있다. 첫째, 의무불이행(nonfeasance)은 공직자가 수행해야 하는 의무를 이행하지 않는 행위로서 직무태만, 업무지연행위, 무사안일주의 등을 포함한다. 둘째, 불법행위(malfeasance)란 명백히 불법적인 행위를 범하는 경우로서 직권남용, 공금유용 및 횡령, 뇌물수수, 기밀누설 및 정보제공 행위, 공문서위조 및 변조 등을 포함한다. 셋째, 부당행위(misfeasance)란 적절히 수행할 수 있는 어떤 행위를 부적절하게 수행하는 경우로서 정실주의나 연고관계 등에 따른 행정부조리 등을 의미한다.

한편, Peters와 Welch(1978)는 관료부패행위를 수혜자, 제공자, 호의, 보상이라는 네 가지 구성요소에 따라서 부패의 정도와 수준이 상대적으로 심각하거나 덜 심각한 것으로 구분하였다.[8] Dobel(1978: 966)도 이와 같은 부패개념의 상대성을 지지하였다. 그는 부패가 본질적으로 공공선에 대한 충성, 도덕성, 강탈에 관련된 특정 문화적 태도의 한 인자라고 보았는데, 여기서 공공선에 대한 충성 혹은 관심은 여러 수준으로 구분될 수 있기 때문에 부패의 개념 역시 여러 수준으로 상대화될 수 있음을 주장한다.

이상에서 살펴본 것처럼 부패의 개념은 매우 다양하고 부패의 범위나 내용 역시 연구의 목적 혹은 연구자의 시각에 따라 다르다. 이와 같은 논의를 종합하여 이 책에서는 '해서는 안 될 일을 하는 행위'를 협의의 부패로 보고, 이에 '해야 할 일을 하지 않는 행위'까지 포함하는 것을 광의의 부패라고 정의한다.

---

8) 예컨대 어떤 부패가 그 정도가 덜한 "제한적"인 부패로서 인식되는 경우는 첫째, 부패행위의 수혜자인 관료들이 공인이 아닌 사인으로 행위할 것, 둘째, 뇌물 제공자의 보상이 관료의 강요 없이 이루어질 것, 셋째, 뇌물수수 대가로서의 호의는 공적 직무수행에 있어 일상적 차원에 속하거나 공익의 측면에서 이로울 것, 넷째, 호의의 대가로서 보상이 구체적이지 않고 미미하거나 금전 이외의 형태를 지닐 것 등이다(Peters and Welch, 1978: 975-977).

[읽을거리] 공공부문의 부패, 트위드의 교훈

부패문제는 동서고금을 막론하고 지속적으로 논의되고 있는 현재진행형 화두이다. 하지만 공공부문이 포함되는 경우 그 범위와 정도는 심각하다. 대표적인 경우로 1800년대 중반 미국 민주당 소속 연방 하원의원과 뉴욕주 상원의원 등을 역임한 트위드(William M. Tweed)를 들 수 있다. 그의 자서전을 집필한 에커만(K. Ackerman)은 "트위드의 부패고리(Tweed Ring)"를 사법부와 의회, 재무부가 동원되고, 투표함 조작까지 가능했던 견고한 권력조직으로 묘사하고 있다. 1873년 204개의 죄목으로 법정에 서기 전까지 트위드는 최소 1억 달러 이상의 부정 축재를 한 것으로 추정되는데 주로 단가 부풀리기, 차명계좌, 부실보증, 최상가 낙찰, 허위 하자보수, 뇌물수수 등의 수법을 이용했다.

19세기 후반 뉴욕은 산업화와 더불어 이민자의 유입으로 인구가 급증하자 도심 정비와 도시기반 시설의 확충이 필요하였다. 트위드는 이러한 시대적 요구를 개인적인 치부에 적극적으로 활용하였다. 브룩클린 다리 건설, 센트럴 파크 개발, 도시 인프라 구축 등 개발사업이 활발하게 진행되는 4년 동안 뉴욕시의 채무는 300% 이상 증가하였는데, 이러한 채무의 대부분은 공사 관련 부실채권 발행과 연관이 있다고 한다. 특히, 트위드의 친위 조직으로 구성된 센트럴 파크 위원회는 공원 내 시설 허가권, 주변지역 개발이익 보상금, 예산 전횡 등을 통해 막대한 이익을 챙겼다.

뉴욕시는 법원 건물 신축에 25만 달러를 배정하였지만 공기(工期)가 10년 이상 지연되면서 완공 시에는 총 1천 3백만 달러 이상이 소요되었고, 약 9백만 달러가 트위드의 사조직으로 흘러들어갔다고 한다. 조달 부문에서도 트위드는 탁월한 능력을 발휘한 것으로 나타났다. 당시 뉴욕법원이 탁자 3개와 의자 40개, 가구와 카펫 등에 지출한 총 비용은 미국 우정서비스 1년 예산보다 많았고, 2년간 미연방 외교에 지출된 비용의 3배에 달하는 막대한 금액이라고 한다. 자선사업으로 위장하여 공금을 유용하거나 횡령하였고, 이렇게 마련된 자금은 인사 청탁과 로비를 위해 사용되었다. 우호적인 기사에 대한 사례금을 지불함으로써 언론사와 돈독한 관계를 유지하였으며, 이를 통해 대중적인 지지기반 구축에도 성공하였다. 역설적이지만 이렇게 승승장구하던 트위드의 발목을 잡은 것은 바로 자신이 추진한 사업들의 비용 상승과 조직원의 배신이었다. 뉴욕시의 채무와 세출 증가에 비리가 연루된 것이 아닌지 의구심이 제기되기 시작하였고, 이는 반(反)트위드 세력의 결집과 세금인상에 보수적인 공화당의 개혁운동에 빌미를 제공하는 계기가 되었다.

트위드의 비리가 세상에 알려진 이후에도 대부분의 빈곤층은 여전히 그를 지지하였다. 자선사업가로서 트위드의 이미지 메이킹은 대중들의 가슴에 따뜻함으로 각인되었지만, 추운 겨울 그가 나눠준 크리스마스 선물이 공짜가 아니었음을 제대로 인식하지 못하였기 때문이다.

    140여 년 전 지구 정 반대편 도시에서 벌어진 일이지만 트위드의 사례는 우리에게도 많은 교훈을 준다. 우리 주변에서 벌어지고 있는 각종 개발사업과 건설 비리가 트위드의 또 다른 버전이 아닌지 곱씹어 볼 일이다. 최근 따가운 눈총을 받고 있는 원전비리와 관련해 정책학자는 새로운 제도를 제안하고, 경제학자는 경쟁이 가능한 시장조성을 주문하며, 원전 내부에서는 일손이 부족해서 발생한 일이라고 항변한다. 그래도 가장 시급한 것 한 가지만 고치라고 한다면 무엇부터 바꿔야 하는지 직원들에게 물어보았다. 조직문화와 인적 쇄신이라고 한다. 아무리 제도가 바뀌어도 사람이 바뀌지 않으면 소용이 없다는 의미이다.

    곰팡이 포자는 항상 공기 중에 떠다니다 습도와 온도, 양분이 충족되면 금방 뿌리를 내리고 왕성하게 번식한다. 부패도 이와 다를 바 없다. 이념과 시대를 초월해 생존해 가는 부패의 역사를 우리는 목도해오지 않았는가. 정부 본연의 업무인 배분정책이나 공무원의 재량권을 권력으로 여기는 순간 선한 정부(good government)는 부패한 정부로 손쉽게 변질된다. 온정주의로 가장한 형님문화와 밀실 정치, 선심 행정은 또 다른 부패의 씨앗이다. 긴 장마에 여기 저기 곰팡내가 심상치 않다. 부패 척결 없는 창조경제는 사상누각이며, 신뢰받는 정부 3.0은 허상일 뿐이라는 점을 명심해야 할 것이다.

출처: 박순애(동아일보, 2013.7.26)

2) 실정법상 공직부패의 개념

    우리나라의 실정법상 공직부패 의미를 넓게 규정하면 국가공무원법(제56~66조)에 규정된 공무원의 의무를 일탈한 모든 행위로 볼 수 있다. 그러나 협의의 부패 개념에서는 공무원이 직무수행 과정에서 특혜의 대가로 금품을 받는 행위, 즉 청렴의무를 위배한 행동으로 한정한다. 이러한 협의의 공직부패 행위는 형법상의 뇌물죄에 해당하는 행위로서 직무와 관련된 위법한 보수 또는 부당한 이익을 취하는 행위를 의미한다.

    한편,「부패방지 및 국민권익위원회의 설치와 운영에 관한 법률」(부패방지법) 제2조 제4호에 규정된 부패행위란 "첫째, 공직자가 직무와 관련하여 그 지위 또는 권한을 남용하거나 법령을 위반하여 자기 또는 제3자의 이익을 도모하는 행위, 둘째, 공공기관의 예산사용, 공공기관 재산의 취득 관리 처분 또는 공공기관을 당사자로 하는 계약의 체결 및 그 이행에 있어서 법령에 위반하여 공공기관에 대하여 재산상 손해를 가하는 행위, 셋째, 앞의 두 가지 형태로 규정한 행위 및 그 은폐를 강요, 권고, 제의, 유인하는 행위"를 의미한다.

2. 공직부패의 유형

공직부패는 다양한 차원으로 분류될 수 있다(정정길, 2011: 567-688; 이종수, 2012: 175-192). 우선, 정치권력을 기준으로 권력형 부패와 관료부패로 나눌 수 있다. 권력형 부패는 뇌물수수(bribery)와 같은 부적절한 고려(improper considerations)로 인해 공직의무를 위반한 경우를 의미한다. 한편, 관료부패란 정책을 입안하고 관리하는 과정에서 관료가 별도의 수입을 얻기 위해 권한을 남용하여 특혜를 거래하는 행위로 볼 수 있다.

〈표 2〉 공직 부패행위 구분 사례

구분	부패행위에 해당하는 사례	부패행위에 해당하지 않는 사례
공직자 해당여부	담당공무원이 자신이 아는 납품업자에게 비싼 가격으로 물품을 구입하고 검수 절차까지 생략, 대금을 지급함	회사의 회장이 법을 위반하여 회사 돈을 개인 돈처럼 사용 * 공직자가 아님
공직자의 직무관련	공무원이 자신이 직무상 알게 된 계약관련 비밀을 업자에게 제공하고 금품 등을 수수한 경우	공무원이 이웃집 지인의 부탁으로 부동산 매수자를 소개해주고 사례비로 금품을 수수한 경우 * 직무관련성 없음
제3자의 이익도모	교통사고 조사 경찰관이 당사자로부터 조사를 잘해 달라는 청탁과 함께 금품 등을 수수하고 그 당사자에게 유리한 쪽으로 조사를 해 준 경우	사건을 조사 수사하는 공무원이 금품수수 등이 없이 증거자료 중 상대방에게 유리한 증거를 채택 재판장이 재판을 진행하면서 금품수수 등이 없이 상대방 측 증인 등의 진술을 채택하여 상대방이 승소한 경우 * 위법행위를 통한 제3자 이익도모가 없음

공공기관 해당여부	공공기관이 불용되는 예산을 소진할 목적으로 법령에 위반하여 필요 없는 기자재를 구매하여 수년간 창고에 방치	공공기관이 아닌 사기업에서 전문경영인이 지인이 경영하는 회사를 도울 목적으로 필요 없는 설비를 발주하여 회사자금을 낭비 * 공공기관에 해당되지 않음
공공기관의 예산사용 등과 관련성	국민건강보험공단의 의료수가를 과다하게 타내기 위해 환자 수, 진료횟수, 진료내역 등을 허위로 조작하여 청구한 행위	보험급여대상 진료내역을 비급여 항목으로 환자에게 알리고 환자에게 비싼 진료비를 청구한 경우 실제로는 주사1대를 처치하고는 2대분을 환자에게 청구한 경우 * 공공기관의 예산사용 등과 관련 없음

자료: 국민권익위원회 홈페이지: http://www.acrc.go.kr

둘째, 부패의 동기에 따라 적은 소득을 보충해 생계를 유지하기 위해 이루어지는 생계형 부패와 사회적으로 희소한 권력을 지닌 자들이 초과적인 막대한 이익을 부당하게 얻기 위해 저지르는 권력형 부패로 나눌 수 있다.

셋째, 거래의 여부에 따라 공직부패를 구분할 수도 있다. 거래형 부패란 금전상 이익을 보는 자와 특혜를 제공받는 자 사이에서 거래가 이루어지는 부패를 의미한다. 비거래형 부패는 공금횡령, 회계부정 등 공무원이 단독으로 저지르는 부패를 의미한다.

마지막으로, 부패가 발생하는 영역에 따라 공직부패를 다음의 세 가지 유형으로 나눌 수 있다(Heidenheimer, 1970: 4-6; 이종수, 2012: 175-176). 첫째, 공직중심적(public duty−centered) 부패는 공직자가 금전상 이득, 신분상 이득, 혹은 영향력 발휘에서의 이득 등의 사적이익을 추구하기 위하여 법적인 공공의무로부터 일탈하는 것을 의미한다. 공직자의 직무상 권한남용, 즉 관료들이 사적 이익(돈, 지위, 영향력)을 위해 그 직책과 소속 직원들을 규율하는 공적 규범으로부터 일탈하는 것을 의미한다.

둘째, 공익중심적(public interest−centered) 공직부패는 공직자가 업무수행과정에서 공동체의 이익에 반하는 특수 이익을 추구하는 행위를 가리킨다. 즉 공직중심의 정의보다 부패를 더 넓은 의미로 이해하여, 공무원이 공익에 반해 특정 개인에게 특별한 혜택이나 편익을 제공하는 행위를 부패로 규정한다.

셋째, 시장중심적(economic market-centered) 관점에서 부패는 거래되어서는 안 되는 특수이익을 추구하는 시장교환관계라고 정의된다. 즉, 일반 경제주체들이 경제정책을 입안하고 집행하는 책임을 맡은 행정부의 공직자들로부터 특혜를 구매하고 특혜의 판매자로서의 관료는 시장기구의 수요공급원리에 따라 그 판매대가로 금전적 이득을 극대화한다는 것이다. 이러한 시장중심적 정의에 따르면 합법적인 시장기구가 고객 수요에 적절하게 대응하지 못하게 됨으로써 부패라는 비합법적 제도가 의사결정에 참여하게 된다고 본다.[9]

3. 공직부패의 원인

공직부패의 발생에는 공직자 개인의 윤리의식도 영향을 미치지만, 그가 속한 공동체의 역사적 맥락, 국가나 지역공동체의 역사, 정치체제, 사회구조 및 문화 등도 함께 작용한다.[10] 부패가 발생하는 원인에 관한 연구들은 권력에 대한 감시와 통제 미비, 관료제의 관행, 공무원의 저임금, 법규정과 업무절차의 투명성 정도, 상급자 또는 지도자의 행태, 공직자의 비공식적 권한과 재량권 남용, 정치·사회적 불안정, 경제·사회적 불평등 심화와 빈곤, 제도적 후진성 등 다양하고 복합적인 요인들이 부패를 유발할 수 있음을 보여준다(Elliott, K.A., 1997: 175-233).

Gould & Amaro-Reyes(1983)는 정치적 불안정으로 인해 공직자는 단기적인 기회를 노리게 되는데, 이러한 현상은 의사결정과정과 인사관리제도, 감리제도 등의 수준이 후진적일수록 두드러진다고 보았다. Tanzi(1995: 24-26)는 부패는 공직자와 민간인의 상호작용 속에서 발생하며, 공직자에게 권한이 집중될수록 부패 가능

---

9) 이러한 시장중심의 개념 정의는 부패가 왜 신생국이나 후진국에서 더욱 성행되고 있는가에 대한 설명의 토대를 제공한다. 즉 정부활동에 대한 시민의 기대와 수요는 점차 다양해지고 증가하는 데 반하여 그러한 기대와 수요를 정부가 제대로 충족시키지 못해서 부패가 하나의 대체수단으로서 작용할 수 있다는 것이다(서울시정개발연구원, 2000: 11).

10) 이와 관련하여 Caiden et. al.(2001: 17; 17-26)은 부패의 특성을 다음과 같이 정리하고 있다. 첫째, 부패는 모든 국가의 공공부문에 존재한다. 둘째, 기본적으로 사회문화적 맥락에 따라 부패의 양상은 달라진다. 셋째, 공권력이 행사되는 과정에서 부패는 자행된다. 넷째, 부패의 원인과 유형은 다양하다. 다섯째, 부패는 뿌리가 깊어 피상적 조치로는 치유가 불가능하다. 여섯째, 부패는 불법적인 기업활동, 지하경제, 그리고 조직적인 범죄를 선호한다.

성이 높아지고, 그러한 권력의 벽을 높게 느낄수록 민간의 입장에서는 부패를 강요당하게 된다는 점을 지적하였다. 한편, Lambsdorff(2006: 4-8)는 부패발생 원인이 곧 부패의 결과가 되기 때문에 부패발생 원인을 결과와 분리해내기 어렵다고 보고, 다양한 부패발생 요인들을 제시하였다. 공공부문의 크기, 정부규제의 질적 수준, 정부구조, 분권화, 경제분야에서 경쟁의 부족, 계급제에 대한 신념, 남성 중심의 네트워크, 전통주의와 같은 사회적 가치, 수용성과 같은 문화 요인, 지리적(geography) 특성 및 역사(history) 등이 그 요인들이다.

　이상의 논의를 종합하면 부패의 요인은 개인적 요인, 체계적·제도적 요인 및 환경적 요인의 세 가지로 분류할 수 있다. 먼저 개인적 요인을 중시하는 접근에서는 부패행위의 주요한 원인이 개인의 가치와 동기에 있다고 본다. 공직자 개인의 권위주의적, 가족주의적, 무사안일주의적 성향 등으로 인하여 공직윤리를 도외시함으로써 부패행위가 발생한다는 것이다.

　두 번째, 부패를 유발하는 체계적·제도적 요인에는 구조적인 부패를 조장하는 비합리적인 법과 제도, 행정 내부의 위계적 조직구조와 문화, 견제시스템 부재 등이 있다. 특히 독과점과 인허가 특혜 등 정치·경제시스템의 유착구조와 이를 강화하는 고비용 정치구조가 존재할 때, 또는 비경쟁적이고 폐쇄적인 제도와 시스템 등으로 인해서도 발생할 수 있다. 또한, 부패는 불투명한 행정절차와 과도하면서도 애매한 행정 재량, 불필요하고 복잡한 행정규제 등에 의해서도 발생한다. 마지막으로 공직자의 부패는 환경적 요인에도 기인한다. 즉, 온정주의, 연고주의의 사회문화나 촌지, 접대, 청탁관행 등 각종 부패 유발적 관행들, 뇌물 제공 등을 통해 문제를 해결하고자 하는 불건전한 시민의식, 공사구분의 불명확성, 고발의식 미약, 도덕 불감증, 법을 지키면 오히려 손해를 본다는 그릇된 인식 등이 부패발생 원인으로 지목된다.

4. 공직윤리 및 부패방지 관련 제도

　비리와 부패는 늘 인류의 역사와 공존해 왔다. 부패척결(腐敗剔抉)이란 말처럼 부패는 뿌리가 깊고 끈질겨서 剔抉(뼈를 발라내고 긁어냄)해야 하는 것이다. 끊임없이 반복되는 부패는 근본적으로 개인의 덕성 함양만으로는 해결하기 어려운 조직적 차원의 문제로서 부패의 지속적인 관리 및 부패 척결을 위한 제도화가 요구된다. 나아가 부패행위를 방지하려는 소극적 차원의 대응을 넘어, 투명하고 책임감 있는 공직업무를 처리하는 청렴성[11](integrity) 제고라는 적극적 차원의 공직윤리 관리 정책이 요청된다.

이에 세계 각국은 부패문제를 방치한 채로는 지속 가능한 발전을 달성하기 어렵다는 공감대를 바탕으로 국제투명성기구(Transparency International)와 세계은행(World Bank) 등의 주도 하에 국가 청렴도 시스템(The National Integrity System)을 구축하기 위해 노력해 왔다(Langseth, et. al., 1997: 508-520). 이러한 추세에 발맞추어 우리나라도 부패를 통제하고 정부의 신뢰성을 제고하기 위해 금융실명제 시행, 부패 전담 독립기구의 설치, 시민사회의 참여 확대, 공공기관 청렴도 조사 실시 등 공직윤리 및 부패 관리 방안을 추진해왔으며(Kim, 2007: 322), 이러한 정책들은 상호의존적으로 제도적·개인적인 부패원인을 제거하고 공직사회의 반부패 문화를 확산시키는 데에 기여해왔다(박순애·박재현, 2009: 1).

앞에서 살펴보았듯이 공무원에 대한 윤리적 기대를 규정하는 행동규범의 규정방법은 행위의 '동기'와 '결과' 중 어느 것에 초점을 두는지에 따라 의무론적 관점과 목적론적 관점으로 구분된다. Thompson(1987: 8-9)은 공무원의 행위에 대한 평가는 목적론적이며, 동기에 대한 평가를 하나의 관점으로 판단하는 것은 불완전하기 때문에 균형있는 관점이 필요하다고 주장한다. 행위의 결과보다 동기를 중요시하는 의무론적 관점은 동기가 부도덕한 경우를 사전에 규율하고자 하며, 이러한 관점에 입각한 규범에는 공직윤리법, 행동강령, 윤리강령 등이 있다. 반면, 결과주의적 관점에 따르면, 부도덕한 행위 및 그 결과의 적발과 처벌 중심의 사후통제에 초점을 맞추게 된다. 이러한 관점에 입각한 반부패 제도에는 부패 및 공익신고, 비위 면직자 취업제한 관리 등이 있다.

공직윤리는 대개 윤리법과 행동강령 등 다양한 형태로 입법화되어 있다. 윤리

---

11) 청렴성이란 공직자에 대한 사회적 기대와 법적 의무를 준수하기 위해 공정하고 성실하게 직무를 수행하여 국민에 대한 봉사자의 역할을 충실히 수행하는 것으로서, 협의의 청렴성인 반부패 뿐만 아니라 국민의 요구를 성실히 수행하는 상태로서 투명성, 책임성까지를 포함하는 개념이다(박순애 외 2009: 8).

법은 사회 내의 지배적인 가치에 근거하여 사회 구성원 간 합의된 다양한 규범 중 가장 강제력을 갖는 법의 형태로 제정되기 때문에(Cooper, 1998: 141-142), 규범성과 실천성을 동시에 지향한다. 또한, 공직윤리는 윤리강령이나 행동강령과 같이 규범적 형태로도 규정되는데, 여기서 강령(code)은 특정 조직이나 집단의 가치를 대표하는 지침으로(Pritchard, 1998: 527), 그 형식이나 내용이 다양하다.

　구체적으로 우리나라의 공직윤리 및 부패방지와 관련되는 법규로는 헌법의 관련 조항,「국가공무원법」상의 의무규정,「공직자윤리법」,「부패방지 및 국민권익위원회의 설치와 운영에 관한 법률」,「부정청탁 및 금품등 수수의 금지에 관한 법률」에 의한 공무원 행동강령,「공무원 윤리강령」,「공무원 복무규정」에 있는 공무원 선서 및 공무원헌장 등이 있다. 또한 공직자윤리위원회와 국민권익위원회는 반부패·청렴 관련 정책을 추진하고 있으며, 그 밖에 부패영향평가, 공익신고 및 내부신고자 보호제도, 비위면직자 취업제한제도 등 다양한 종류의 제도들이 공직윤리 제고 및 부패방지의 수단으로 활용되고 있다. 이러한 제도들은 과거 개인에 대한 단속과 처벌에 중점을 둔 부패통제 전략에서 나아가 보다 포괄적이고 다양한 접근 방식을 제시했다는 점에서 의의가 있다(김병섭·백승빈, 2001: 27-52). 부패를 통제하기 위해서는 위와 같은 부패통제 관련 법령 및 제도 마련과 동시에 실질적으로 법과 제도가 작동할 수 있게끔 해야 할 것이다. 법령으로 처벌의 강도를 높이는 것도 중요하지만 부패 사례 발생 시 실제 처벌되는 확률을 증가시키는 것이 중요하다(고길곤·조수연, 2012: 6). 언론, 국회 사법부 등의 행정통제 기능이 제대로 발휘되어야 할 것이며, 시민 사회의 역량 강화를 통한 국민의 감시체제가 갖추어질 때 확고한 부패통제 수단으로서 기능할 것이다.

[읽을거리] 공직윤리 및 부패방지 관련 주요 규정

1) 헌법상의 관련 규정
　우리 헌법 제7조 제1항에서는 "공무원은 국민 전체에 대한 봉사자이며, 국민에 대하여 책임을 진다"고 규정하고 있다. 이와 관련하여 제29조 제1항의 공무원 불법행위 책임과 그에 따른 국가 배상 의무 규정, 제65조 제1항 및 제111조 제1항 제2호의 고위직 공무원의 탄핵 규정이 있다. 공무원은 헌법상 국민 전체에 대한 봉사자로서 그 직무를 헌법과 법률에 따라 수행해야 할 책임을 지며, 특정인 혹은 특정 당파·계급·종교·지역 등과 같은 부분적 이해관계를 대표하면 안 되고 주권자인 국민 전체의 이익을 대표하기 위해 봉사해야 한다.

2) 국가 공무원법상의 관련 규정

국가 공무원법 제7장에서는 공무원의 의무를 규정하고 있다. 윤리 및 부패방지 관련 규정으로는 다음과 같은 조항을 들 수 있다. 제56조 (성실의무)에서는 "모든 공무원은 법령을 준수하며 성실히 직무를 수행하여야 한다"고 규정하고 있다. 제59조 (친절공정의 의무)에서는 "공무원은 국민전체의 봉사자로서 친절 공정히 집무하여야 한다"고 규정하고 있다. 제60조 (비밀엄수의 의무)에서는 "공무원은 재직 중은 물론 퇴직 후에도 직무상 알게 된 비밀을 엄수하여야 한다"고 규정하고 있다. 제61조 (청렴의 의무) 제1항에서는 "공무원은 직무와 관련하여 직접 또는 간접을 불문하고 사례·증여 또는 향응을 수수할 수 없다"고 규정하고 있으며, 제2항에서는 "공무원은 직무상의 관계 여하를 불문하고 그 소속 상관에 증여하거나 소속 공무원으로부터 증여를 받아서는 아니된다"고 규정하고 있다. 제64조 (영리업무 및 겸직금지) 제1항에서는 "공무원은 공무 이외의 영리를 목적으로 하는 업무에 종사하지 못하며 소속기관의 장의 허가없이 다른 직무를 겸할 수 없다"고 규정하고 있다.

3) 공직자윤리법에서의 규정

공직자윤리법 제1조에서는 법의 목적을 다음과 같이 규정하고 있다. "공직자의 부정한 재산 증식을 방지하고, 공무집행의 공정성을 확보하는 등 공익과 사익의 이해충돌을 방지하여 국민에 대한 봉사자로서 가져야 할 공직자의 윤리를 확립함을 목적으로 한다"(법 제1조). 재산등록 및 공개조항(법 제2장)은 4급 이상 공무원 및 공직유관단체 임직원은 재산등록을 해야 하고 1급 이상 고위공직자에 대해서는 재산을 공개하도록 한다. 또한 주식백지신탁조항(법 제2장의 2)에 따라 재산 공개대상자 및 금융위원회 소속 4급 이상 공무원이 보유한 주식가액이 3천만 원을 초과하는 경우, 이를 매각하거나 백지신탁 계약 체결 후 등록기관에 신고해야 하며, 주식백지신탁심사위원회에서 직무 관련성 여부를 심사한다. 선물신고조항(법 제3장)은 공직자가 외국 혹은 직무와 관련된 외국인으로부터 10만원(100달러 이상)의 선물을 받은 경우 이를 소속기관의 장에게 신고하고 인도하도록 하고 있다. 한편, 퇴직공직자 취업제한 및 행위제한 조항(법 제4장)에서는 재산등록의무자였던 공직자는 퇴직일로부터 3년간은 퇴직 전 5년 이내에 소속하였던 부서의 업무와 밀접한 관련이 있는 일정규모 이상의 사기업체 등에 취업을 제한하고 있다.

4) 부정청탁 및 금품 등 수수의 금지에 관한 법률에서의 규정

부정청탁법 제1조에서는 "공직자 등에 대한 부정청탁 및 공직자 등의 금품 등의 수수를 금지함으로써 공직자 등의 공정한 직무수행을 보장하고 공공기관에 대한 국민의 신뢰를 확보하는 것"을 이 법의 목적으로 규정하고 있다. 제4조 공직자 등의 의무에서는 공직자 등은 사적 이해관계에 영향을 받지 않고 직무를 공정하고 청렴하게 수행하여야 할 것과 직무수행과 관련하여 공평무사하게 처신하고 직무관련자를 우대하거나 차별해서는 아니 될 것을 규정하고 있다.

제2장에서는 부정청탁의 금지, 제3장에서는 금품수수 금지에 대한 구체적인 요건을 규정하고 있으며 제4장에서는 위반행위의 신고, 신고자등의 보호·보상, 부당이득의 환수 등 부정청탁과 관련된 업무 사항에 대해 구체적으로 명시하고 있으며 마지막 5장에서는 이 법 위반에 따른 징계와 벌칙에 대해 규정하고 있다.

◈ 참고문헌 ◈

강성철 외. (2011). 새인사행정론. 서울: 대영문화사.

고길곤·조수연. (2012). 관행수용도와 부패: 시민의 관행수용도 영향요인에 대한 분석. 한국행정학보, 46(3), 213 – 239.

국민권익위원회. (2012). 「공정한 직무수행을 위한 이해충돌관리 매뉴얼」.

김병섭·백승빈. (2001). 김대중 정부의 부패통제 정책 평가: 가능성과 지속되는 문제. 행정논총(Korean Journal of Public Administration), 39.

김중양. (2004). 한국인사행정론. 서울: 법문사.

박순애·박재현. (2009). 청렴성 개념과 측정모형에 관한 타당성 연구. 한국부패학회보, 14, 1 – 27.

박순애. (2013). 공공 부문의 부패: 현황과 특성. In 김병섭·박순애 (편), < 한국사회의 부패: 진단과 처방 >. 서울: 박영사.

박천오. (2011). 공무원의 정치적 중립: 의미와 인식. 행정논총(Korean Journal of Public Administration), 49.

법제처. (2013). 대한민국 법제 60년사: 일반행정 법제분야. 국립중앙도서관 연계자료.

서울시정개발연구원. (2000). 시정청렴성 측정을 위한 모형개발(Ⅱ). 서울연구원 도시경영연구부.

오석홍. (2013). 인사행정론. 서울: 박영사.

오성호. (2011). 직업관료를 위한 변론. 현대사회와 행정, 21, 267 – 287.

유민봉·박성민. (2014). 한국인사행정론, 서울: 박영사.

윤태범. (2010). 한국과 미국의 공직윤리 시스템 비교연구. 한국부패학회보, 15, 1 – 30.

윤태범. (2013). [공직자의 이해충돌 방지를 위한 방안] 공직자의 윤리 확보와 이해충돌의 방지. 월간 공공정책, 93, 20 – 22.

이종수. (2012). 새 행정윤리. 서울: 대영문화사.

인사혁신처. (2018). 한눈에 보는 공무원 인사실무.

정정길. (2011). 행정학의 새로운 이해. 서울: 대명출판사.

Caiden, G. E., Dwivedi, O. P., Jabbra, J. G., &... et al. (2001). Where corruption live (p.

19). Bloomfield, CT: Kumarian Press.

Cooper, T. L. (1998). The Responsible Administrator: An Approach to Ethics for the Administrative Role.

Cooper, C. L., Cooper, C. P., Dewe, P. J., Dewe, P. J., O'Driscoll, M. P., & O'Driscoll, M. P. (2001). Organizational stress: A review and critique of theory, research, and applications.

Dobel, J. P. (1978). The corruption of a state. The American Political Science Review, 958−973.

Elliott, K. A. (1997). Corruption and the global economy. Peterson Institute.

Gardiner, J. A. (1970). The politics of corruption: Organized crime in an American city. Russell Sage Foundation.

Gould, D. J., & Amaro−Reyes, J. A. (1983). The effects of corruption on administrative performance: illustrations from development countries. The World Bank.

Heidenheimer, A. J. (1970). Political corruption; readings in comparative analysis. New York, Holt Rinehart and Winston.

Kim, C. K. (2007). A Cross−national Analysis of Global E−government. Public Organization Review, 7(4), 317−329.

Lambsdorff, J. G. (2006). Causes and Consequences of Corruption: What do We Know from a Cross−section of Countries? International Handbook on the Economics of Countries? Rose−Ackerman, Edward Elgar Publishing, 1−51.

Langseth, P., Stapenhurst, R., & Pope, J. (1997). The role of a national integrity system in fighting corruption. Commonwealth Law Bulletin, 23(1−2), 499−528.

Nye, J. S. (1967). Corruption and political development: A cost−benefit analysis. The American political science review, 61(2), 417−427.

Peters, J. G., & Welch, S. (1978). Political corruption in America: a search for definitions and a theory, or if political corruption is in the mainstream of American politics why is it not in the mainstream of American politics research?. The American Political Science Review, 974−984.

Pritchard, J. (1998). Codes of ethics. Encyclopedia of applied ethics (Vol 1, AD).

Rose−Ackerman, S. (1999). Political corruption and democracy. Conn. J. Int'l L., 14, 1−363.

Shleifer, A., & Vishny, R. W. (1993). Corruption. The quarterly journal of economics,

108(3), 599−617.

Tanzi, V. (1995). Corruption, governmental activities, and markets. Finance and Development, 32(4), 1−24.

Thompson, D. F. (1987). Political ethics and public office. Harvard University Press.

World Bank. (1997). Helping countries combat corruption: the role of the World Bank. PREM NOTES, April, 1−4.

제8장

공공정책론

제8장 공공정책론

The basic emphasis of the policy approach ⋯ is upon the fundamental problem of man in society, rather than upon the topical issues of the moment

Lasswell(1951: 8)

1절 정책의 이해

오늘날과 같은 체계적이고 분석적인 정책연구는 Lasswell의 논문(1951) '정책지향(policy orientation)'에서 시작되었다. Lasswell은 정책학이 인간사회의 근본적 문제를 해결함으로써 인간의 존엄성을 실현시켜야 한다고 주장하면서(Lasswell, 1951: 8-15; 정정길 외, 2010: 5), 행정연구에 정치·행정의 양자적 시각을 제시하였다. Lasswell로 시작된 정책연구는 당시 행태주의(Behavioralism)의 유행으로 크게 주목받지 못했으나, 1960년대 미국의 사회적 환경 속에서 현실문제 해결을 위한 처방적 학문으로서 급성장하였다.[1]

---

1) 1960년대 미국 사회는 흑인폭동, 월남전 등의 사건으로 혼란이 가중됨에 따라 연방정부는 사회적 문제해결을 위한 대책을 마련해야 했다. 그러나 당시 유행한 행태주의는 사실판단에 기반한 순수이론을 구축하는데 집중함으로써 사실판단과 가치판단을 종합한 처방

정책연구의 발달은 정부 역할의 증대와 중요성에 기인한다. 현대 사회에서 정부는 국민의 일상생활에서부터 국가발전에 이르는 다양한 영역과 수준의 목표들을 설정하고 이를 달성하기 위해 상당한 자원을 동원하고 배분한다. 정부정책의 성공과 실패는 국민생활과 삶의 질에 영향을 미칠 뿐 아니라 국가운영의 성패를 좌우할 수 있다는 점에서, 정책의 본질을 이해하고 바람직한 정책형성과 집행 그리고 평가에 필요한 지식을 탐구하는 정책연구는 점차 그 중요성이 증대하고 있다.

1. 정책의 개념과 구성요소

정책학의 핵심적 연구대상이 되는 '정책'[2])의 개념은 연구자의 학문적 가치관과 연구목적에 따라 상이하게 정의되어 왔다. Lasswell과 Kaplan(1970: 71)은 정책을 "목표, 가치, 실행방법 등에 대한 계획"으로 정의하고, Dror(1968: 12)는 정부가 공익 달성을 위해 최우선의 수단을 선택하는 미래지향 행동으로 정의한다. Pressman과 Wildavsky(1973: 20)도 유사한 맥락에서 목표 실현을 위한 행동으로 정책을 정의함으로써 포괄적 정책개념을 제시하고 있다(정정길 외, 2003: 53). 정정길은 이상의 개념을 종합하여 정부가 바람직인 사회에 대한 정책목표를 수립하고, 이에 필요한 정책수단을 동원하기 위해 "공식적으로 결정한 기본방침"으로 정의하고 있다(정정길 외, 2010: 35). 반면, Easton은 정책을 가치를 배분하는 결정과 행위의 망으로 구성된다고 제시함으로써 정책의 정치적 역할과 기능을 강조하고 있으며(Easton, 1953: 129), Dye는 정부가 개입을 결정하거나 또는 결정하지 않는 모든 것으로 파악함으로써 무결정(non-decision)도 정책에 포함되어야 함을 주장하였다(Dye, 1981: 1).

앞서 살펴본 정책의 개념들을 고려할 때, 정책(public policy)은 목적론적 관점에서 사회문제해결을 위한 정부의지가 구체화된 것이며, 수단론적 관점에서 이러

적 지식을 제공하는데 한계를 보였다. 이러한 배경에서, 1960년대 후반, 다양한 사회문제 해결을 위한 정책연구가 본격적으로 시작되었고, 1970년대 환경문제, 도시문제, 복지문제 등 문제중심의 정책연구가 급속하게 증가하였다.

2) 기업의 경우에도 정책이라는 용어를 사용하기 때문에 이와 구분하여 정부나 공공부문에 대하여 공공정책이란 용어를 사용하는 경향이 있으나, 일반적으로 정책과 공공정책은 같은 의미로 사용된다.

한 목표달성을 위해 자원과 인력을 동원한 집행계획으로 이해할 수 있다. 앞서 행정을 "공공문제의 해결 및 공익 달성을 위해 부여된 공적 권한을 배경으로 하는 정부의 관리·운영활동"이라고 정의하였다. 따라서 정책도 정부의 활동이라는 점에서 본질상 행정과 연속선상에 있는 것으로 볼 수 있다. 하지만 정책이 주로 국민 혹은 정책대상집단(policy target group)과 정부의 관계에 초점을 두고 있다면, 행정이란 그러한 국민과의 관계를 포함하여 정부조직 내부의 관리·운영 등과 관련된 주제까지 연구의 범위가 확장된다.[3]

이러한 정책의 개념을 살펴보면, 정책은 달성하고자 하는 정책목표와 정책목표 실현을 위한 정책수단, 그리고 정책의 적용을 받는 사람 또는 집단으로 구성되어 있음을 알 수 있다. <그림 1>에 제시되어 있는 정책의 구성요소를 구체적으로 살펴보면 다음과 같다.

첫째, 정책목표는 정책이 달성하고자 하는 바람직한 지향점 혹은 궁극적인 상태를 의미한다. 정책목표는 그 지향점에 따라 소극적 목표와 적극적 목표로 구분할 수 있는 바, 전자는 문제발생 이전의 상태를 지향하는 것으로 치유적 목표(remedial goal)의 성격이 강하고, 후자는 과거에 경험한 적이 없는 새로운 상태를 지향하는 것으로 창조적 목표라 부르기도 한다(정정길 외, 2010: 39). 이러한 정책목표는 정책문제 해결을 통해 달성하고자 하는 미래상을 설정하는 것으로, 바람직한 상태가 무엇인가에 대한 가치판단을 포함한다는 점에서 주관적이고 규범적인 속성을 지닌다. 바람직한 미래상에 대한 결정은 정책집행과 결과에 대한 평가기준을 제시함으로써 정책목표가 설정한 방향으로 사회를 변화시키는 기능을 할 수 있다.

둘째, 정책수단은 정책목표를 실현하기 위한 도구로, 전략과 지식, 자금, 기술, 권위, 제도 등 인적·물적 자원뿐 아니라 유·무형의 조건들을 의미한다. 정책수단은 국민들의 일상생활 또는 이해관계에 직접 영향을 미치고, 사안에 따라 정책대상집단 간 갈등이 발생할 수도 있다.[4] 따라서 정책목표달성을 위해 어떤 정책수단을

---

3) 이와 같은 양자 간의 관계를 전제할 때 행정학과 정책학의 연구영역이 완벽하게 분절되어 있는 것으로 보기는 쉽지 않다. 정책학이 정책 현상 자체에 초점을 두고 이를 설명하기 위하여 정책 관련 조직들의 상호작용을 분석하는 데 비하여, 행정학은 정부조직 운영원리의 연장선상에서 그러한 정부조직의 활동으로서 정책까지 아울러 탐구하는 학문으로 볼 수 있다.

4) 미세먼지 문제가 심각해짐에 따라, 환경부와 지자체들의 미세먼지 저감대책이 발표되고 있다. 환경부는 노후 경유차 운행 단속을 확대하고 있으며(시사저널, 2018.01.11.), 서울시

채택할 것인가는 정책결정과정에서 핵심적 문제가 되며, 이를 통해 정책내용은 보다 구체화되고 정책비용과 정책효과 간의 관계도 명확해질 수 있다.

셋째, 정책의 대상집단(target group)은 정책의 영향을 받는 사람 또는 집단을 의미하며, 수혜집단과 비용부담집단으로 구분된다. 수혜집단은 정책의 혜택(재화나 서비스)을 제공받는 집단을, 비용부담집단은 정책으로 인한 부정적인 효과, 혹은 정책을 실현하기 위해 소요되는 비용을 부담하는 집단을 의미한다. 이들은 특정 정책으로 인한 이익의 극대화 또는 손실의 극소화를 위해 정책에 대한 지지 또는 반대의사를 표시한다. 바람직한 사회상태의 달성을 위한 정부기관의 공식적 결정으로 피해집단과 수혜집단이 발생할 수 있기 때문에 그 대상 집단과 피해와 수혜의 정도가 일반국민들의 정서를 적절하게 반영하고 있는가에 대한 고려가 필요하고 불가피한 희생에 대해서는 국가의 적절한 보상이 뒤따라야 할 것이다.

〈그림 1〉 정책의 구성요소

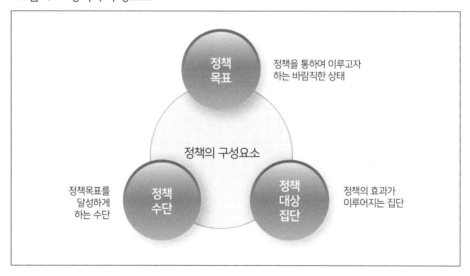

는 미세먼지 저감대책의 하나로 노후 경유차의 수도권 진입을 제한하는 계획을 발표하였다. 연간 60일 이상 서울로 진입하는 2.5톤 화물차 중 저공해조치를 하지 않은 사업용 차량을 규제대상을 정하고, 2018년 4월부터 단속을 시행하겠다고 밝혔다(SBS, 2018.01.11.). 이러한 정책수단을 실시하게 되면 노후 경유차량은 운행제한 또는 폐차되어야 하고 차량 주인은 그만큼 손실을 보게 된다. 하지만 그로 인해 대기질이 좋아진다면 그 혜택은 서울시민 전체에게 돌아가게 된다.

2. 정책의 유형

정책은 매우 광범위한 활동을 포함하고 있기에 공통의 속성에 따라 정책을 구분하고자 하는 노력이 이루어져 왔다. 가장 일반적이고 상식적 분류는 노동, 환경, 안보, 복지 등 정부조직이 담당하는 기능별로 정책을 분류하는 것이다. 그러나 이러한 실질적·기능별 분류는 여러 정책에 공통되는 법칙과 원리를 발견하거나 정책과정에서 나타나는 차이와 특징을 탐구하는 정책학의 연구목적에 적합하지 않다. 학문적 관점에서 정책의 유형화는 정책과정과 내용을 이해하기 위해 연구되어 왔다. 즉 정책유형에 따른 대상집단이 누구인지, 이익집단의 형성과 대응은 어떻게 달라지는지, 정책과정은 어떤 차이를 보이는가 등을 연구하는 것이다. 이러한 관점에서 Lowi(1964, 1972)의 정책유형 분류는 가장 대표적 연구로 평가받고 있으나 이에 대한 반론과 보완론도 제기되고 있다(남궁근, 2014: 100). 여기서는 정책의 유형과 특징을 이해하기 위해 Lowi의 정책분류와 보완론에 대해 구체적으로 살펴본다.

1) Lowi의 정책유형론

정책유형론의 대표학자로 평가받는 Lowi(1972)는 정책유형에 따라 정책의 결정 및 집행과정에 차이가 있음을 밝히고 있다. 그는 정책내용에 따라 정치적 성격이 결정된다는 명제(policies determines politics)를 제기함으로써, 정치체제의 산출이자 종속변수로 여겨졌던 정책을 독립변수로 설정하였다.[5] Lowi는 정부가 행사하는 강제력(coercive power)을 기준으로 정책의 유형을 구분하였는데,[6] 개별 유형에

---

[5] 전통적 정치학에서는 정치가 정책을 결정한다(politics determines policies)고 가정함으로써, 정책이 정치과정의 산출이라는 측면을 강조한다. 예컨대 Easton(1965)의 정치체계모형은 정치적 요인이 정책을 결정하는 독립변수이고, 정책은 정치적 요인에 의해 결정되는 종속변수라고 가정한다.

[6] 분류기준은 강제력의 행사방법(직접 혹은 간접 행사)과 강제력의 적용대상(개인 혹은 집단)이다. 개인을 대상으로 배분정책(distributive policy)은 강제력을 간접적으로 적용하고, 규제정책(regulatory policy)은 직접적으로 적용한다. 또 집단을 기준으로, 재분배정책(redistributive policy)은 집단에게 직접 적용되는 정책을 의미하고 구성정책(constituent policy)은 간접적으로 적용되는 정책을 의미한다(Lowi, 1972: 299-300; 남궁근, 2017: 80-84).

해당하는 범주의 내용들을 하나씩 살펴보면 다음과 같다(Lowi, 1972: 299-301; 남궁 근, 2014: 101-105).

〈그림 2〉 강제 가능성과 정책수단 및 정치유형

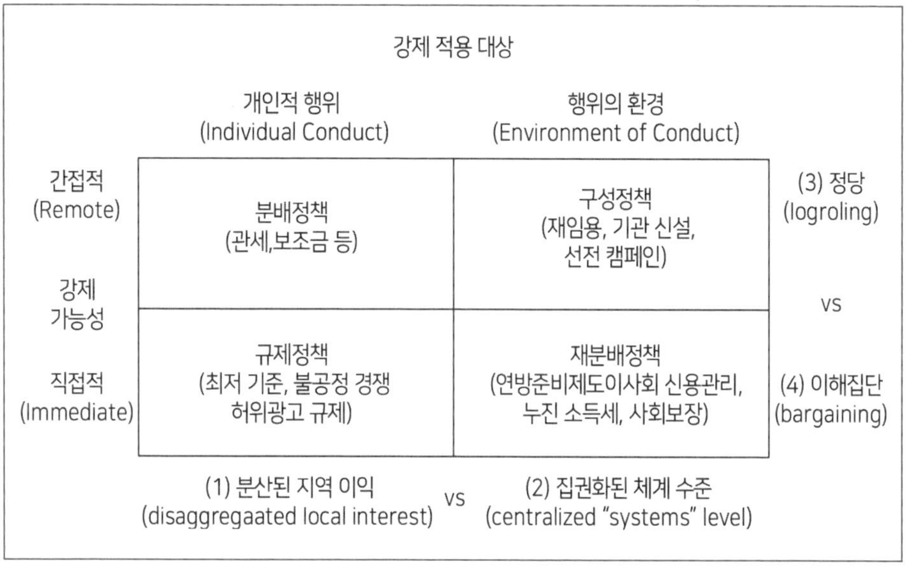

자료: Lowi, 1972: 300.

첫 번째 유형은 분배정책(distribution policy)이다. 분배정책은 정부가 개인이나 집단에게 필요한 공공서비스나 재화 등을 제공하는 정책이다. 예컨대, 국공립 교육 서비스 제공, 공항과 철도 등 사회간접자본(SOC) 확충 등이 이에 해당한다. 이러한 분배정책은 다양한 사업들로 구성되며 세부 사업들의 집합이 전체로서 하나의 정 책을 구성할 때도 있지만, 상호 연계성 없이 독립적으로 집행될 수도 있어 그 전체 를 하나의 정책으로 보기 어려운 경우도 많다. 분배정책은 한정된 자원을 다양한 대상자들에게 배분해야 하기에 그 의사결정과정이 'pork-barrel'과 같이 경쟁양상 을 보이지만, 막상 서비스를 제공하는 단계에서는 다양한 주체들 간에 대략적인 합 의가 이루어져 서로를 존중하는 선에서 최종 결정이 일어나는 것이 보통이다. 때로 는 승자와 패자의 대결없이 '나눠먹기(log-rolling)'식의 정치적 결탁이 일어나기도 한다.[7]

두 번째 유형은 규제정책(regulatory policy)이다. 규제정책은 바람직한 사회질서 구현을 위해 개인이나 일부 집단에 대하여 그들의 행위를 제한함으로써 다수를 보호하고자 하는 정책이다. 규제정책은 현실의 다양한 정부정책 가운데에 가장 많은 비중을 차지하고 있는 정책이기도 하다. 예컨대, 환경오염 규제, 산업 및 공공안전 규제, 식품안전규제, 독과점 규제 등이 이에 해당한다. 규제정책은 정책의도를 관철시키기 위하여 정책 불응자에게 강제력을 행사한다는 점에서 국가 공권력에 의한 제재조항이라고 할 수 있다[8](정정길 외, 2010: 57). 대부분의 정책과 마찬가지로 규제정책에서도 비용과 편익의 차별적 발생에 의한 집단간 갈등이 나타날 수 있는데 우리 사회에서 경험한 도서가격정가제, 택시법, 단말기유통법, 대형할인점영업 제한에 관한 규제 등을 둘러싼 이해갈등과 대립 양상이 바로 그러한 대표적인 사례들이다.

세 번째 유형은 재분배정책(redistributive policy)이다. 재분배정책은 고소득층으로부터 저소득층으로 소득을 이전하기 위한 정책으로, 사회보장제도, 누진소득세, 임대주택 건설 등이 대표적이다. 재분배정책에서의 이해관계는 다양한 사회 계층 간의 대립으로 나타나므로, 집단 간 이해관계가 중요하게 작용한다. 따라서 재분배정책의 결정과정에서는 의회의 관련 상임위원회와 행정부 부처 및 관련 이익집단이 상호 밀접한 관계를 가지면서 정책의 내용을 협상하고 형성해나가는 이른바 "삼자 연합" 혹은 "철의 삼각형(Iron Triangle)" 현상이 나타날 수 있다.

네 번째 유형은 구성정책(constitutional policy)이다. 구성정책이란 정치체제의 구조와 운영에 관한 정책으로서 정당이 그 결정과정에서 중요한 영향을 미친다. 즉 정부 자체의 운영규칙(rule of game)에 관련한 정책으로서 정부기관 신설이나 변경, 선거구 조정, 공직자 보수 및 연금 등 국가의 행정 및 운영구조에 관한 정책들이 대표적이다.

---

7) 경쟁과정 속에서 수혜 집단은 정부를 상대로 강한 지원을 요구하게 되는 반면, 비용부담자인 다수 일반 국민들은 비용부담을 인지하지 못하거나 인지하게 되는 경우에도 인식된 비용의 크기가 미미하기 때문에 비용부담자와 수혜자 간의 갈등이 첨예화되지 않는다.

8) 이와 관련하여 Hood는 규제의 내용을 실현할 수 있는 강제력 확보 수단이 구비되지 못한 규제는 한 장의 종이쪽지와 같다는 점을 강조하고 있다(Hood & Margetts, 2007: 2)

2) Ripley와 Franklin의 정책유형론

Ripley와 Franklin의 정책유형은 Lowi의 유형론에서 특정 유형을 세분화하거나, 포함되지 않는 유형을 추가하고 있다. Ripley와 Franklin은 정책유형의 차이에 따라 정책형성과정뿐 아니라 정책집행과정도 달라질 수 있다는 점에 착안하여, 규제정책을 경쟁적 규제정책과 보호적 규제정책으로 구분하고 있다(Ripley & Franklin, 1982: 69; 정정길 외, 2010: 57).

경쟁적 규제정책이란 다수의 경쟁자들 중에서 특정 개인이나 집단에게 재화나 서비스를 제공할 수 있도록 권한을 부여하면서, 동시에 이들의 권리를 제한하는 정책이다. 경쟁적 규제정책은 규제적 성격과 분배적 성격이 혼합된 정책으로 볼 수 있으며, 공익을 위해 또는 공급업체들의 지나친 경쟁을 억제할 목적으로 특정 조건을 갖춘 경우에 한해 제한적으로 허가를 내준다. 방송국 설립인가, 항공노선 배정, 이동통신사업자 선정과 같이 특정 서비스의 권리를 부여하고 규제하는 정책들이 해당된다.

한편, 보호적 규제정책이란 다수 국민의 이익을 보호하기 위하여 기업활동의 내용을 규제하는 정책을 의미한다. 즉 일반 대중, 소비자, 사회적 약자 등을 보호하기 위해 대상집단의 권리행사를 제약하는 조건을 설정하거나 행동의 자유를 통제하는 정책이다(Ripley & Franklin, 1982: 72-74). 대기 환경오염, 식품 및 의약품의 허가, 근로기준 설정, 공공요금 제한 등 규제정책의 대부분이 여기에 해당한다. 시장경제 하에서 규제정책을 완화해야 한다는 주장이 있으나, 보호적 규제는 일반국민뿐 아니라 사회적 약자의 보호를 목적으로 한다는 점에서 정부규제 완화를 신중히 고려해야 한다.

3) Almond와 Powell의 정책유형론

Almond와 Powell은 Lowi의 유형론에 포함되지 않은 정책들을 포괄하기 위한 추가적인 범주로서 추출정책과 상징정책을 제시하였다. 추출정책은 국가의 정책목표 달성을 위해 일반 국민들에게 인적·물적자원을 부담시키는 정책이다. 예컨대, 조세, 병역, 토지수용, 노동력 동원 등이 이러한 추출정책에 해당한다(Almond &

Powell, 1980: 116-118). 상징정책은 국가에 대한 애국심 고취, 국민통합, 그리고 국민들의 자긍심 향상을 위한 정책이다. 이는 Schneider와 Ingram(1990: 514)이 제시한 정책수단유형 중 하나이기도 하며, 국가 구성원들에게 공동체적 가치 혹은 특정 정치이념과 연관된 이미지를 감성적으로 제공하고 경우에 따라서는 특정 정책목적에 동원할 수 있는 기초를 마련하는 정책들을 지칭한다. 올림픽 등 메가이벤트 유치 및 개최, 남대문 복원, 국경일 지정 등이 이에 해당한다(Almond & Powell, 1980: 122-123; 정정길 외, 2010: 60).

4) 정책유형 분류의 한계 및 시사점

이와 같이 정책유형론은 학자들마다 공공정책의 유형에 대해 다양한 견해를 보이고 있으나, 대체로 Lowi의 정책유형론을 큰 틀로 하여 추가적인 유형을 제시하는 형태를 보인다. 정책유형 분류의 타당성은 유형을 정의하는 범주가 얼마나 상호배타적(mutually exclusive)이고 망라적(exhaustive)인가에 좌우된다(노화준, 2012: 131-132). 즉 정책유형 범주 간에 상호 겹치거나 중복되는 부분이 없어야 하고 또한 연구대상이 되는 정책현상 혹은 개념을 빠짐없이 모두 포함하고 있어야 한다. 실제로 이러한 제반 조건들을 만족하는 정책유형론을 찾기는 쉽지가 않다.

Lowi의 유형론이 갖는 가장 큰 약점은 상호 배타성의 문제로, 예컨대 농업보조금은 농업발전이라는 정책목표를 달성하기 위한 배분적 정책의 성격으로 볼 수 있는 한편, 농민 계층에 대한 보조로서 재분배정책으로도 볼 수 있다. 또 망라성의 문제로는 조세와 병역 등 행정체제의 국내외 환경으로부터 인적·물적자원을 획득하는 추출정책의 경우, 범주 분류가 불명확하다. 이러한 개념적 모호성과 유형화 기준의 불확실성으로 Lowi의 이론은 조작적 정의와 검증에 한계가 존재한다(정정길 외, 2010: 61-62). 구성정책의 경우도 이 영역이 정책의 정의에 부합하는지 검토할 필요가 있다. 정책이 사회문제를 정책문제로 인식하여 이를 해결하기 위해 목표를 설정하고 수단을 탐색하여 권위적으로 결정하는 것이라고 한다면, 구성정책은 정책결정을 담당하는 행정 그 자체의 조직화를 위한 관리작용(management)으로서의 의미가 더 강하기 때문이다.[9] 즉 구성정책이나 추출정책과 같은 범주는 정책학의 연구대상인 정책 그 자체와는 다소 궤를 달리하는, 행정의 영역으로 볼 수 있다.

Almond와 Powell(1980)에 의해 제안된 상징정책 범주에 대해서도 이견이 있을 수 있다. 상징정책의 범주가 과연 정책학의 고유 연구대상으로 볼 수 있는가이다. 상징정책은 사회문제를 해결하기 위해 채택되고 집행되는 공식적인 정부정책이라기보다, 그것을 효과적으로 작동하게 만드는 일종의 홍보나 선전으로 볼 수 있다. 따라서 표면적 정책과 홍보 대상이 되는 정책내용 간에 중복성의 문제가 제기될 수 있다. 표면적 의도에 따르면 특정 분야를 진흥시키기 위한 정책이 그 재원의 부족이나 집행 가능성의 미흡 등으로 인해 사실상 그러한 정책을 통해 정부가 그 분야에 관심을 가지고 있다는 것을 단지 홍보하기 위한 상징성만을 갖는다면 그 정책의 실체가 과연 무엇인지 유형 분류론의 관점에서 애매해질 수 있다. 이러한 점을 감안하면 현실에서 상징정책이라고 볼 수 있는 상당수가 다른 정책유형과 중첩될 수 있게 된다. 정책유형을 분류함에 있어 망라성과 상호 배타성을 충족하는 분류모형을 만드는 것은 쉬운 일이 아니다. 기존의 정책유형론은 각각 나름대로의 장점과 함께 범주 분류에 있어서 한계를 갖고 있다. 따라서 다양한 기준에 따라 각각의 연구주제와 문제의식에 부합하는 복수의 유형론을 개발하는 것도 생각해 봄직하다.

3. 정책과정과 정책단계

정책 현상을 연구대상으로 하는 분과학문이 바로 정책학이다. 근대 정책연구의 창시자 Lasswell은 정책학을 크게 정책수립에 필요한 지식(knowledge in policy)과 정책과정에 대한 지식(knowledge of policy process)으로 구분하였다(Lasswell, 1951: 3; 정정길 외, 2010: 5). 정책수립에 필요한 지식, 즉 정책분석과 평가는 정책의 실질적 내용이나 정책결정과 집행에 필요한 체계적·경험적 지식에 관한 이론을 의미한다. 예컨대 도로, 교량 등 사회기반시설의 건설을 위해 사전에 경제성을 분석하거나 특정 복지프로그램이 수혜자에게 미친 효과를 사후적으로 평가하는 데 사용되는 지식 등을 탐구한다.[10] 정책분석과 정책평가의 연구내용은 경제학에서 경

---

9) 같은 맥락에서 추출정책도 그러한 성격을 갖는 것으로 이해할 수 있다.
10) 이를 위해 비용편익분석(cost benefit analysis), 정책영향분석(impact analysis), 프로그램 평가(program evaluation) 등 다양한 양적 방법론과 수학·통계학 지식이 활용된다.

제정책 분석·평가, 사회복지학에서 복지정책 분석·평가와 같이 각 영역별 분과학문에서 다루는 연구내용과 중첩되기도 한다.

이에 비해 정책과정론이란 경제정책, 복지정책, 환경정책, 과학기술정책 등 개별 정책분야에 공통적으로 적용되는 정책과정(the policy process)의 특성이 무엇인지를 연구한다.11) 즉 '정책' 현상의 공통적인 속성으로 어떻게 정책이 수립되고, 누가 참여하며, 정책집행이 성공하거나 실패하는 이유는 무엇인지 등에 대해 탐구하는 것이다. '정책과정에 대한 지식'은 정책과정의 실태와 특징을 정확히 파악하는 것으로, 정책과정에 필요한 지식이 올바로 이용될 수 있는 여건을 형성하는데 기여한다는 점에서 중요하다. 때문에 정책과정에 대한 연구가 정책학의 핵심 연구대상이라고 볼 수 있다.

1) 정책과정의 주요 참여자

정책과정에는 다수의 행위자들이 참여하여 상호조정을 거쳐 정책을 결정한다. 우리나라의 정책과정에 참여하여 영향력을 미치는 행위주체들은 무수히 많다. 하지만 그 가운데에 공적 권위를 가지고 강력한 영향력을 발휘하는 공식적 참여자는 의회, 대통령, 행정부처, 사법부이다. 이들은 정책과정에서 일정한 역할을 하도록 헌법에 의해 지위와 권한을 부여 받는다. 입법부는 정책의 근거가 되는 법을 만들고 정부의 예산을 결정하는 권한을 갖는다. 대통령은 정책과정 전반에 대해 주도적 역할과 기능을 수행함으로써, 정책의제 발굴과 결정, 집행에 막강한 권한을 행사한다. 행정부처는 의회가 법률의 형태로 결정한 정책 및 대통령이 결정한 정책을 집행하며, 정책의제설정과 결정에 필요한 다양한 정보와 자원을 제공한다. 사법부의 법원과 헌법재판소는 정부의 정책집행으로 인해 국민의 기본권이 침해될 경우 판결의 형태로 국책사업을 중단·변경시킴으로써 정책과정에서 영향력을 행사한다.12)

---

11) 정책분석 및 평가가 주로 경제학적 관점에서 정책결정이 주어진 목표의 달성을 위한 최선의 수단 선택이라는 측면에 주목하여 경제적 합리성을 강조하는 경향이 있음에 비하여, 정책과정론은 정치학적 관점에서 정책의 결정과정이 정치과정이라는 전제하에 권력과 권위의 분배방식에 초점을 맞추어 정치적 민주성을 강조한다(남궁근, 2005: 495−496).

12) 2000년대 이후 정책과정에서 입법부와 사법부의 역할이 급격하게 증가하고 있다. 특히

한편, 비공식적 참여자에는 시민, 이익집단, NGO, 전문가집단, 언론 등이 있다. 이들은 공식적으로 정책을 결정하는 주체는 아니지만, 민주화와 더불어 시민사회의 참여가 확대됨에 따라 정책과정에 상당한 영향을 미치고 있다.

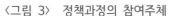 〈그림 3〉 정책과정의 참여주체

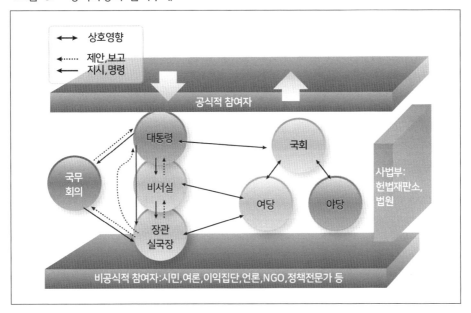

2) 정책과정의 단계

복잡한 정책과정을 단순화하여 이해와 설명이 보다 용이하도록 해주는 분석틀로서 많이 활용되는 모형이 Easton(1965)의 정치체제(political system) 모형이다. Easton(1965)에 의하면 국민의 요구(demand)와 지지(support)는 정치체제에 투입(input)되며 전환과정(conversion process)을 거쳐 정책으로 산출(output)된다(남궁근, 2012: 118-119 재인용)(〈그림 4〉 참조).

헌법재판소의 경우 1988년 창설된 이후 2000년 총선시민연대가 실시한 낙천낙선운동에 대한 합헌결정을 내렸고, 서울행정법원의 경우 2003년 7월 새만금 간척사업에 대한 집행정지결정을 내린 바 있다. 그리고 행정수도이전과 관련해서도 헌법재판소의 결정에 의해 사실상 최종적으로 결론이 내려졌음을 통해 날로 증대되는 사법부의 영향력을 확인할 수 있다.

〈그림 4〉 정책체계 모형

정책환경으로부터의 요구(demand)

사회문제의 해결을 요구하는 형태로 나타남
노동문제 ⇒ 노사정책 : 실업보험
사회보장문제 ⇒ 복지정책 : 의료보험
환경문제 ⇒ 환경정책 : 산업폐기물처리
주택문제 ⇒ 주택정책 : 임대주택공급

정책환경으로부터의 지지(support)

정치 체제가 정책환경의 요구에 부응하는
정책을 제공하기 위해서 이에 필요한 능력을
정책환경이 지지의 형태로 제공함.
정신적 지지, 인적 자원과 물적 자원 제공 등

자료: Easton, 1965: 30 – 32.

여기서 정치체제제란 "한 사회를 위한 가치의 권위적 배분(authoritative allocation of values for a society)과 관련된 상호작용"(Easton, 1965: 21)으로서, 구체적인 배분결과에 따라 반드시 수혜자와 비용부담자를 발생시킨다. 따라서 비용과 혜택을 배분하는 과정에서 관련 행위자들은 자신에게 유리한 결과를 위해 정치활동을 하게 되며, 그 결과가 정책으로 나타나게 된다. 여기서 산출된 정책은 환류(feedback)과정을 거쳐 국민의 요구와 지지에 다시 영향을 줄 수 있다. Easton은 정치체제 속에서 정책이 산출되는 메커니즘을 정책과정으로 보고 있다. 이와 같은 정책과정은 단계별로 구분하여 정책형성(정책의제설정 및 결정), 정책집행, 정책평가 그리고 환류 및 정책변동의 국면을 거치면서 순환하는 것으로 파악할 수 있다(Lasswell, 1951; 1970; 1971). <그림 5>에 나타나 있는 정책단계별로 정책과정을 분석하는 것은 복잡한 정책현상을 간명하게 설명하고 직관적으로 이해하기 쉽다는 장점이 있다.

정책단계 구분은 학자마다 다양하나, 이 책에서는 정책문제가 제기된 시점에서 종료될 때까지 정책과정을 정책형성, 정책집행, 정책평가 및 정책변동의 단계로 구분하고 각 단계의 개념과 행위자, 주요 이론과 쟁점사항 등을 살펴보도록 한다.

〈그림 5〉 정책단계

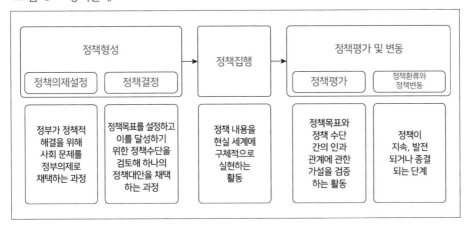

2절 정책형성

정책형성 단계는 정책대안의 개발 및 채택 또는 합법화 단계를 포함하는 것으로, 사회문제가 대두되어 정책의제로 설정되고 문제해결을 위한 주요 행동지침을 결정하는 단계를 의미한다. 2절에서는 정책형성을 정책의제설정과 정책결정으로 구분하여 각 단계의 의미와 특징, 쟁점 등을 살펴봄으로써, 무수히 많은 사회문제들 가운데 일부만이 정책으로 채택되는 현상을 이해한다.

1. 정책의제설정

1) 정책의제설정의 개념과 과정

정책의제는 정책담당자가 어떤 문제를 공식적으로 개입하기로 결정한 사회문제이다. 시민들이 결핍이나 해결의 필요성을 느끼는 문제, 즉 사회문제가 발생한다고 해서 모든 문제에 정부의 정책적 개입이 발생하지는 않는다. 사회문제는 정부가 개입해서 해결해야 한다는 공감대 형성과 문제제기 등 일련의 과정을 거쳐 정부가 이를 해결해야 하는 정책문제로 받아들이게 될 때에 비로소 정책문제로 전환된다. 이를 정책과정에서 정책의제설정이라 한다.

Cobb과 Elder는 정책의제 설정과정을 사회문제가 사회적 쟁점이 되고 다시 공중의제가 되는 과정을 거쳐 정부의제가 되는 것으로 설명하고 있다(Cobb & Elder, 1983: 85-87; 정정길 외, 2010: 285-289). 구체적으로, 첫 번째 단계인 사회문제(Social Problem)는 시민들이 불만을 가지고 해결의 필요성을 느끼게 되는 모든 문제들을 의미한다. 하지만 모두가 해결의 필요성을 공감하더라도 해결 가능성이 전혀 없다면 이는 정책의제화로 되지 않을 것이다.

두 번째는 사회적 쟁점(Social Issue)의 단계이다. 사회적 쟁점은 일반 대중의 관심을 끌기는 하지만 문제해결 절차나 방법 등에 대해 합의가 이루어지기 어려워 논쟁대상이 되는 문제를 의미한다(정정길 외, 2010: 286). 즉 해결해야 할 사회문제에 대한 공감대가 확산되어 가는 과정에서 문제의 성격과 원인 및 해결책 등에 대해 이해관계를 달리하는 집단 간에 의견이 불일치하게 되는 경우를 말한다. 사회문제는 이처럼 다양한 사회 구성원 및 집단 간의 견해대립을 거치면서 사회적 쟁점으로 부각되는 것이다.[13]

세 번째는 공중의제(Public Agenda)의 단계이다. 공중의제란 사회적 논의의 과정을 통하여 대중의 주목을 받을 가치가 있으며 문제해결을 위한 정부개입의 정당

---

13) 사회문제가 이러한 사회적 쟁점으로 전환되려면 자연재해나 정치적 사건, 사회적 사건(대형 참사)과 같이 일반 대중의 관심을 극적으로 불러일으키는 촉발장치(Trigger Device)와 정치가, 시민운동가, 특정 이해관계집단 등과 같이 특정 문제에 대해 관심과 여론을 환기시키는 행위자들로서 주도자(Initiator)가 있어야 한다.

성도 인정되는 경우이다.[14] 마지막은 정부의제(Governmental Agenda)의 단계이다. 정부의제란 정부가 공식적인 의사결정과정을 거쳐 그 해결을 본격적으로 고려하기로 한 문제를 말한다. 공중의제가 정부의제로 변환되려면 이슈 확산 전략이 필요하다. 정부의제는 문제해결의 의지도 없이 단지 사회적 불만을 무마하기 위해 정부가 관심을 갖고 있는 척 위장하는 위장의제와는 근본적으로 다르다.

〈그림 5〉 정책의제설정 과정

자료: Cobb & Elder, 1983: 85－87.

반면 정책의제설정 과정은 복잡하고 유동적이며 통제할 수 없는 상황 하에서 발생하기도 한다. Kingdon(1984)은 "정책흐름 모형"을 제시함으로써 문제가 정부의제로 진입하는 데 있어 다양한 흐름과 주도자가 작용함을 설명한다. 이 모형은 정책문제, 정치 및 정책대안이라는 세 가지 흐름이 서로 독립적이며 각기 다른 동력과 규칙을 가지고 움직이다가 사회·경제적인 사건·사고, 국가 위기, 정권교체 등의 국면에서 우연히 결합되어 사회적 이슈가 정책의제가 되는 기회가 생기게 되는데, 이를 비유하여 '정책의 창(policy windows)'이 열린다고 표현한다(정정길 외, 2010: 301). 정책문제, 정치 및 정책대안의 흐름에서 정책의 창이 열리는 경우는 아래와 같다(Kingdon, 1984: 173; 최성락·박민정, 2012: 121-123 재인용).

첫 번째, 정책문제의 흐름(problem stream)에서 어떠한 상황이 정책결정자의 관심을 끌거나 중요한 사회문제로서 인식될 경우에는 그렇지 않은 경우보다 정책으로 발전될 가능성이 더 높다. 정책문제의 흐름은 위기 또는 사건, 환류 등에 영향을 받는다. 둘째, 정치의 흐름(political stream)에서는 여론 변화, 국회 의석수 변화, 정권교체, 집권당의 이념과 전략, 이익집단의 압력 등에 영향을 받는다. Kingdon은

---

14) 악성댓글로 인한 사이버모욕죄에 대한 찬반논쟁이 촉발된 경우에 정부가 동일한 사건재발 방지에 나서야 한다는 공감대가 형성되었다면 악성댓글에 대한 규제문제가 공중의제화된 것으로 볼 수 있다.

'정치의 흐름'이 정책의 창이 열리고 닫히는 데 가장 큰 영향력을 행사한다고 주장하였다. 셋째, 정책대안의 흐름(policy stream)에서 정책대안은 정책공동체(policy community) 내에서 논의되고 청문회, 발표, 회의 등의 방식으로 제시되는 '역동성'을 갖는다. 정책공동체가 분화되어 있을수록 대안의 흐름은 더욱 다양해질 수 있다. 대안의 흐름은 정책활동가의 활동, 이익집단의 개입, 정책공동체의 존재 및 분화 정도 등에 영향을 받는다. 한편, 정책의 창이 열려있는 기간은 짧기 때문에 정책선도자(policy entrepreneur)가 이러한 기회를 얼마나 잘 활용하느냐가 매우 중요하다. 정책선도자는 자신이 보유한 시간·재력·명성 등을 활용하여 전문지식, 협상기술, 정치적 역량 및 인내력과 끈기를 갖고 세 가지 흐름을 합류(coupling)시키는 역할을 하게 된다.

이처럼 정책의제설정 과정은 언제나 순차적·연쇄적인 단계를 거쳐 일어나는 것만은 아니다. 때로는 사전에 계획한 것과는 전혀 다른 예측할 수 없는 사건이나 매우 우연한 계기로 특정한 이슈가 전국민적 관심의 대상이 되는 경우도 빈번하다. 아래에서는 Cobb 외(1976)의 정책의제설정 과정을 바탕으로, 정책의제설정의 주도자에 따라 정책의제설정 과정과 특성이 상이하게 나타나는 현상을 살펴보도록 한다.

2) 의제설정 과정의 유형

Cobb, Ross & Ross는 정책의제설정이 갖는 특성의 차이에 따라 정책의제설정 유형을 외부주도형, 동원형, 내부접근형으로 분류하고 있다(Cobb, Ross & Ross, 1976: 127-136; 정정길 외, 2010: 291-293).

첫 번째 유형은 외부주도형으로, 정책담당자가 아닌 외부 사람들의 주도로 특정 문제가 정부의제로 받아들여지는 경우를 의미한다(사회문제 → 공중의제 → 정부의제). 즉, 외부주도형 의제설정은 정부 외부에 존재하는 사회집단이 자신들의 이해와 관련이 있거나 해결해야 한다고 믿는 사회문제에 대해 정부개입을 요구하면서 사회쟁점화하고 공중의제로 전환시켜 정부의제로 채택하도록 하는 의제설정 과정이다. 특정 문제와 관련된 개인이나 집단이 대중의 관심을 통해 이를 공중의제로 확산시키게 되는 과정이 핵심인 만큼, 대형사고나 사회 전체에 큰 영향과 충격을 주는 사건의 발생이 하나의 계기로 매우 중요한 의미를 갖는다. 외부주도형 의제설정은 다원화, 민주화된 선진국 정치체제에서 흔히 등장하는 유형으로서, 사회가 평등할수록 정책의제설정 과정이 외부주도형에 의존하게 될 가능성이 크다. 외부주도형 의제설정이 이루어지기 위해서는 이익집단의 활성화, 언론매체의 공정한 정보제공 및 정부기관의 정보공개 등의 전제조건이 구비되는 것이 필수적이다. 외부주도형 의제설정의 사례로는 최근의 세월호 사태 등 각종 대형 안전사고로 인하여 공공안전관련 법규의 정비·강화에 대한 사회적 요구가 비등하게 되면서 실제로 법제화가 이루어지게 된 것을 들 수 있다.

두 번째 유형은 동원형으로, 주로 정치지도자들의 의사결정과 지시로 사회문제가 곧바로 정부의제로 채택되고, 정부는 시민들의 지지를 받기 위해 PR활동과 같은 의도적인 노력을 함으로써 정부의제가 공중의제가 된다(사회문제 → 정부의제 → 공중의제)(정정길 외, 2010: 294). 이 경우, 정책의 기본방침은 정책결정자에 의해 결정되지만 정책내용의 구체화를 위해서는 일반 대중이나 관련 집단의 지원과 순응을 확보하기 위한 방안을 모색하고 여론을 반영하는 노력이 중요하다. 이를 위해 정책형성 시 고려해야 할 요인파악, 정책에 대한 국민들의 체감도 분석, 정책집행 시 예상되는 장애요인 도출, 국민의 지속적 지원과 순응 확보 등이 필요하다. 동원형 정책의제설정은 정부의 권력이 강하고 민간부문 권력이 취약한 후진국에서 주로 발생한다. 우리나라의 경우 과거 권위주의적 정부 하에서는 경부고속도로건설이나 최초의 서울시 지하철 건설 등과 같이 정부가 정책의제도 채택하고 정책의 내용도 거의 정부 의도대로 되는 동원형 정책의제설정 방식이 주로 사용되었다. 그러나 문민정부 등장 이후에는 정부가 주도적으로 의제설정은 하지만 구체적으로 정책내용을 결정할 때에는 일반국민과 연관 이익집단의 의견을 반영하는 경우가 늘어나고 있다.

세 번째 유형은 내부접근형으로, 정책담당자가 자발적으로 정책의제를 설정하는 경우이다(사회문제 → 정부의제). 내부접근형은 부(富)와 권력이 집중된 나라에서 주로 나타나며 일반국민이나 이해관계자를 철저히 배제한 상태에서 정책의제설정이 이루어지는 유형이다. 이 유형은 외부 이해관계자와의 공식적이고 공개적인 접촉 없이, 정부 관료집단 또는 정책결정자에게 접근이 용이한 일부 외부집단에 의해 내부에서 은밀하게 정책의제화 움직임이 나타난다. 국민이 사전에 알면 곤란한 문제일 때, 시간이 급박할 때, 의도적으로 국민을 무시할 때 주로 발생하게 된다. 동원형과 마찬가지로 정책결정자들에 의해 자발적으로 정책의제화가 진행되기는 하지만 일반 국민들의 의사가 아닌, 정부부처 관료 내부에서만 정책의제화를 추진한다는 차이가 있다. 즉, 동원형의 주도세력은 최고 통치자나 고위정책결정자인데 비해 내부접근형의 주도세력은 더 낮은 지위의 관료인 경우가 많으며, 정부의제화 이후 정부의 PR활동을 통해 공중의제화 하고자 하는 동원형과 달리 내부접근형은 정부의제화의 공중의제화를 막으려고 한다(정정길 외, 2010: 299). 정책결정자와의 접촉이 빈번하고 용이한 집단에 의해 주도되며, 부와 권력이 집중된 엘리트 중심의 사회일수록 이러한 방식에 의존할 가능성이 크다. 예로, 방송통신정책, 의약분업과 같은 의료정책 등 전문가집단이 주도하는 정책분야에서 주로 나타난다.

2. 정책결정

1) 정책결정의 개념 및 의의

정책결정이란 정부가 공적 문제의 해결을 위하여 정책목표를 설정하고 이를 달성하기 위한 정책을 만드는 활동이다. 즉 의제로 설정된 정책문제를 토대로 정책목표가 설정되면 이를 달성하기 위한 정책수단을 탐색하여 최종적으로 마련된 복수의 대안 가운데에서 바람직한 대안을 선택하는 것이다. 정책결정의 단계는 일반적으로 ① 정책문제 정의, ② 정책목표 설정, ③ 정책의 대안탐색과 개발, ④ 정책대안에 대한 결과예측, ⑤ 정책대안에 대한 비교분석 및 대안선택 단계를 거친다.[15] 특히 정책결정 단계 중 정책문제 정의단계는 정책문제의 구성요소, 원인과 결과 등의 내용을 파악하여 궁극적으로 "무엇이 문제인지"를 밝히는 것으로, 잘못 정의된 문제에 대한 대안은 근본적으로 효과를 발휘할 수 없게 된다는 점에서 중요하다.

정책결정의 본질이 바로 이러한 의사결정으로서의 성격을 갖기 때문에 정책결정단계에 대한 연구는 자연스럽게 의사결정에 맞추어진다. 따라서 합리모형, 점증모형 등과 같은 의사결정모형은 행정부처 조직수준에서 정책결정을 분석하는데

---

15) 하지만 이러한 단계는 논리적인 것일 뿐이고 정책결정의 실제 현장에서는 이러한 단계의 순서가 역전되거나 일부 단계가 생략되는 경우도 있음에 유의해야 한다.

적용될 수 있다. 그러나 정책결정과정은 민간조직의 의사결정과는 달리 공익 및 공공성의 가치와 같은 규범적 지향성을 가지며, 무엇보다 의회, 정부, 시민단체, 이익집단 등 수많은 정책참여자들 간의 다양한 상호작용을 통해서 이루어지는 정치적 특성을 지닌다는 점을 고려할 필요가 있다. 다시 말해 정책은 정치체계의 산물(Easton, 1965)인 만큼, 정치체계 자체의 변수인 정책참여자(actors)의 이해관계(interests), 정치이념(ideas), 권력구조(power structure), 정치문화(culture) 등의 영향을 불가피하게 받게 된다(Peters, 2002: 553-559). 아래에서는 정책참여자의 권력에 기초한 정치적 상호작용과 관련하여, 정책결정의 본질을 바라보는 관점들을 검토해 보고자 한다.

2) 정책결정의 주도자

정책결정의 주도자 유형은 정책과정에서 나타나는 정치적 권력작용이 누구에 의하여 어떻게 이루어지는가에 따라 크게 네 가지 유형으로 구분될 수 있다(정정길 외, 2010: 229-241). Dahl(1961)의 'Who Governs?' 논의에 대해 엘리트주의(elitism)와 다원주의(pluralism)의 논쟁이 오랫동안 지속되어 왔으며, 이후 각 이론을 비판·보완하는 유형으로 신엘리트론(neo-elitism)과 신다원주의(neo-pluralism) 이론으로 발전하였다.

(1) 엘리트주의 對 다원주의

엘리트론자들(elitists)은 정책결정이 소수 집단에 의해 형성된다고 주장하는 입장이다. 이들은 다수결 원칙 및 평등 원리 등에 따라 모든 시민의 의사가 정책과정에 반영될 수 있다는 고전적 자유민주주의론을 다음과 같이 비판하였다. 사회 내 권력구조는 계층화(stratified)되어 있기 때문에 정보자원과 참여수단 등이 불평등하게 분포되어 있고, 정치권에서 주요하게 논의되는 이슈는 시민들의 선택이라기보다 소수 엘리트집단의 의도에 따른다는 것이다. 따라서 엘리트주의는 정책결정과정에 참여하는 세력들이 특정 소수의 엘리트 집단에 국한되고, 이들에 의해 국가나 지역의 주요 정책이 좌우된다고 보는 관점이다. 이들에 따르면, 한 사회는 지배계급(엘리트계급)과 피지배계급(일반 대중)으로 구분되고 창조적인 능력을 가진 엘리트들이 정책을 결정하면 일반 대중들은 이들 엘리트들의 의사에 따른다.

엘리트들은 사회적 배경·가치관·이해관계 등에 있어서 유사하기 때문에 집단의식과 응집성이 강하고, 사회의 특수계층으로부터 충원되므로 동질적이고 폐쇄적이다. 요컨대 공공정책은 대중의 이익이나 사회전체의 이익과는 상관이 없는 엘리트의 사익을 추구하는 수단이며, 엘리트들의 주된 관심의 하나가 체제유지이므로 정책은 보수적·점진적으로 변화해 간다. 또한 정치권력은 엘리트와 일반 대중 간에 불평등하게 배분되어 있고, 엘리트는 대중에 대하여 책임을 지지 않는다. 반면 일반 대중은 정책에 무관심하고 수동적이라는 점에서 한정된 정보를 가지기 때문에, 정책과정에 실질적으로 참여하여 그들의 이해관계를 반영시킬 수 없고 엘리트의 필요에 의해 제한적 또는 명목적으로만 참여할 뿐이다.

한편, 다원론자들(pluralists)은 사회권력이 다양한 집단에 다면적·다원적으로 분산되어 있기에, 엘리트의 입장이 우선적으로 반영되는 구조는 아니라고 반박한다. 다원주의에 따르면, 권력의 원천은 특정 세력에 집중되지 않고 불균등하게 분산된(dispersed inequality) 형태를 보인다. 때문에 이해관계세력은 비록 영향력에서 차이가 있을 수 있으나, 거시적으로는 균형을 유지하고 정부의 정책과정에 동등한 접근기회를 갖는다.

다원주의자들에게는 이익집단의 활동이 정치과정의 핵심으로, 정책은 다양한 이익집단들 간의 협상과 타협의 산물로 간주된다. 이익집단들은 상호 경쟁적이지만, 기본적으로 게임의 규칙을 준수해야 한다는 데에는 합의하고 있다. 따라서 이들 간의 경쟁은 체제유지에 순기능적이다. 정부는 공정하고 중립적인 입장에서 이익집단 간의 갈등을 중재하는 역할 또는 규칙의 준수를 감독하는 심판의 역할을 수행한다. 따라서 이익집단들의 의견에 따라 정책결정과 집행을 하는 것이 가장 민주적이며, 공공정책은 궁극적으로는 엘리트나 특정 집단의 사익이 아닌 사회전체의 후생을 증대시키는 것을 지향한다.

다원주의는 정책결정이 특별히 두 가지 메커니즘 때문에 특정 집단이나 엘리트의 사익에 좌우되지 않는다고 주장한다. 첫째는 잠재이익집단의 역할로, 이들은 현재 조직화되어 있지는 않지만 특수이익과 관련한 지배집단이 본인들의 사익을 침해할 경우 조직화될 수 있는 상태의 집단을 말한다. 정책결정자들은 이러한 잠재집단을 염두에 두면서 정책결정을 진행하기 때문에 소수 이익집단이 정책을 지나치게 좌우하지 못한다는 것이다. 둘째는 중복회원(overlapping of membership) 현상이다. 이는 이익집단의 구성원들이 다양한 집단에 중복되어 소속될 수 있기 때문에 특정 집단이 자신들의 특수이익만을 추구하기 어렵다는 것이다. 다원주의에 의하면 엘리트 간 경쟁으로 인한 응집력 약화, 대중의 정치적 참여로 인한 엘리트의 교체 가능성 때문에 엘리트 집단은 개방적·유동적이며, 엘리트는 대중의 선호에 민감하게 반응하므로 다양한 대중의 선호가 정책과정에 반영될 수 있다.

(2) 신엘리트론

이상의 다원론적 인식과 방법론에 대해 신엘리트론(neo-elitism)자들은 다음과 같이 재비판한다. Bachrach와 Baratz는 다원주의자들이 정책과 관련된 문제설정과정에서 행사될 수 있는 영향력을 고려하지 못하고 있음을 비판하였다(Bachrach & Baratz, 1962: 947). 다시 말해 관찰할 수 있는 권력행사에만 초점을 맞춤으로써, 부담스러운 의제가 등장조차 하지 못하게 하는 권력작용을 간과하고 있다는 것이다. Bachrach와 Baratz에 따르면 정치권력에는 "권력의 양면성(two faces of power)"이 있는데, 하나는 정책문제 해결을 위해 정책결정과정에서 행사되는 권력(밝은 측면)이고, 다른 하나는 정책의제설정 과정에서 갈등이 정치과정에 진입하는 것을 방지하고 억압하는 데에 행사되는 권력(어두운 측면)이다. Bachrach와 Baratz는 다원론자들이 정책결정과정에 선행하는 정책의제설정 단계에서부터 엘리트에 의해 비밀리에 행사되는 이러한 정치권력의 어두운 측면을 간과했다고 비판하였다(Bachrach & Baratz, 1962: 947-952). 이처럼 엘리트가 정책대안을 검토할 때에는 자신들의 이익이나 가치와 부합하는 대안만을 한정적으로 검토하기 때문에 의제설정단계는 물론 정책과정 전반에 걸쳐 무의사결정(Non-Decision Making)이 이루어진다.

(3) 신다원주의론

신다원주의 이론(neo-pluralism)은 고전적 다원주의의 한계를 비판하고 재모형화를 시도한 이론으로, 자유민주주의 체제를 보완할 수 있는 제도개혁을 강조한다. 고전적 다원주의에 대한 비판은 다음과 같다. 첫째, 고전적 다원주의는 이익집단의 역할을 지나치게 강조하고, 관료와 정부의 이해관계 및 행태를 무시하는 등 정부의 역할을 소극적으로 보았다. 그러나 오늘날 정부는 현대 사회에서 발생하는 다양한 사회문제를 해결하기 위해 그 역할이 확대되고 있으며, 이익집단의 영향력에 구애되지 않고 관료이익 또는 정부의지에 따라 상대적 자율성을 갖고 정책을 결정할 수 있는 능력이 있다. 둘째, 고전적 다원주의에서는 관찰 불가능한 속성이 있다는 이유로 이데올로기의 영향을 간과한다. 그러나 이데올로기는 정책의 본질 그리고 정책과정으로의 접근성을 보장받는 집단을 규정하며, 민간부문에 대한 정부의 개입 정도를 규정하는 등 매우 중요한 역할을 한다. 셋째, 다원주의자들은 정부를 둘러싼 외부 환경 또는 구조적 제약이 정책에 미치는 영향을 고려하고 있지 못하다. 넷째, 다원주의자들은 중복회원, 잠재집단의 존재, 정부 내 부처 간의 견제나 균형으로 특수이익이 지배하지 못할 것이라 주장하나, 현실적으로 상충되는 이해관계를 가진 집단에 중복적으로 구성원이 가입되어 있는 경우는 드물다. 특히 소비자나 노인과 같이 자원과 정보의 부족으로 조직화가 어려운 잠재집단이 많으며, 시간과 전문성 등의 한계로 인하여 부처들 간에 실질적 대안을 제시하지 못하는 경우가 많다(정정길 외, 2010: 238-239)

이러한 비판을 바탕으로 신다원주의 이론은 다음과 같이 주장한다. 첫째, 신다원주의 이론은 국가의 상대적 자율성에 주목한다. 자본주의 국가에서 정부는 중립적 조정자가 아닌, 정책과정에서 기업집단에게 특권적 지위를 부여하는 역할을 수행한다. 불황과 인플레는 정부존립의 기반을 위태롭게 할 수 있기 때문에 정부는 재집권을 위해 사적 영역의 수익성을 보장하려 한다. 이러한 이유로 정부는 기업의 이익에 반응적이며 불평등한 구조를 심화시키게 된다. 둘째, 신다원주의 이론은 전문가에 의한 총체적·합리적 접근의 필요성을 강조한다. 현대 사회의 복잡한 사회문제를 해결하기 위해서 정부는 이익집단의 투입활동에 수동적으로 반응하기보다는, 전문화된 체제를 갖추고 과학적인 방법들을 최대한 활용하여 합리적인 정책결정을 함으로써 능동적으로 활동해야 한다는 것이다. 셋째, 정치체제의 구조적 개혁 및 내부 통제 강화를 주장한다. 현재의 다원주의 국가에서 이루어지는 선거, 이익집단의 압력, 의회의 견제 등 외부 통제에는 한계가 있으므로, 관료들 간의 내적 견제, 정부기구의 분화 등 내부 통제가 강화되어야 하며, 불평등구조가 심화되는 것을 방지하기 위한 구조적 개혁이 필요하다.

(4) 소결

이상의 논의를 종합하면 다원주의적 관점은 규범적 차원에서는 바람직한 정책결정의 방향을 제시하지만, 집단 간 세력이 균형적이라는 가정이 비현실적이고 특정 이익집단에 의해 공익이 침해될 수 있으며 권위주의적 사회에는 적용 가능성이 낮다는 한계를 갖는다. 한편, 엘리트주의적 시각은 집단 간의 세력이 불균등하다는 것을 인정하고 권력의 본질적인 측면을 언급하고 있다는 점에서 긍정적인 평가가 가능하나, 민주정치의 발전 가능성과 일반 대중의 참여 가능성을 부정적으로 판단한다는 점에서 한계가 있다.

앞서 살펴본 Lowi의 정책유형론도 지속적으로 논쟁이 되어 온 다원론과 엘리트론을 통합하고자 하는 의도를 갖는다. 즉 정책의 유형에 따라 다원론과 엘리트론의 현실 적합성이 다르게 나타나며, 엘리트주의나 다원주의 모두 정책을 바라보는 시각의 한 단면일 뿐이며 복잡하고 가변적인 현실을 일면적으로 바라본 것으로서 양자 간의 통합적·균형적 시각이 필요하다.

3절 정책집행

정책집행은 결정된 정책의 내용을 실현시키는 것이다. 바람직한 사회상태를 달성하기 위해 올바른 정책을 결정하는 것도 중요하지만, 결정된 정책이 본래의 의도대로 구체화되는 집행과정도 정책의 성공과 실패를 좌우할 수 있을 만큼 중요하다. 3절에서는 정책집행의 의미와 요인, 접근방법을 고찰함으로써 정책집행이 왜 중요하고 성공적 집행을 결정하는 요인이 무엇인가를 이해한다.

1. 정책집행의 개념 및 의의

1) 정통행정학 관점에서의 정책집행

정책집행(policy implementation)이란 정책결정의 계기가 된 본래의 정책문제를 해결하여 정책에서 설정된 목표가 지향하는 상태를 실현하는 것을 말한다(이종수 외, 2012: 240-241). 즉, 정책목표에서 의도하는 문제를 해결하여 이를 바람직한 상태로 만들기 위해 자원을 투입하고 정보를 제공하며 필요한 경우에는 공권력을 사용하여 명령·강제하거나 설득하고 협의하는 것이다.

정책집행에 관한 연구는 1970년대 이전까지는 본격적으로 이루어지지 않았는데 이는 고전파 행정학이 정책집행을 정책내용의 기계적인 실행과정으로 가정하였기 때문이었다. 정책집행과 관련하여 정통행정학이 갖는 특징은 다음의 세 가지로 나타난다(정정길 외, 2010: 562). 첫째는 Wilson의 정치·행정이원론이다. 정치와 행정의 성격은 근본적으로 다르며 정치는 정책결정을, 행정은 정책집행을 담당해야 하며 행정은 객관적이고 과학적·합리적인 사무처리과정이라고 보았다. 둘째, 20세기 초의 Talyor의 과학적 관리론(scientific management)에 의하면 행정의 기초가 되는 것은 바로 과학적이고 객관적인 합리성의 기준이 되는 효율성(efficiency)이다. 조직의 상층부에서 중요한 결정을 내리면 하층부에서 이를 기계적으로 수행하는 것이 효율적이라는 관점이다. 셋째, 유사한 맥락에서 Weber의 관료제이론에서는 합리적 관료제가 분업에 의한 전문화, 하위조직을 조정하기 위한 상위 직위의 결정권, 개인의 자의성을 배제하기 위한 공식화된 규칙에 의한 지배 등의 특징을 갖는 것으로 묘사하면서 정책의 주된 내용은 조직 상층부에서 결정하고 조직 하층부에서는 결정된 내용을 전문가들을 통해 충실히 집행할 때 조직 전체가 합리적으로 운영될 수 있고 능률성이 확보될 수 있다고 보았다.

이상과 같은 정통행정학의 관점에 의하면 결국 정책은 결정된 대로 충실히 집행되는 것이 바람직하고 또 그렇게 되어야 하기 때문에 실제로 정책내용이 실현되고 구체화되는 집행과정이나 집행현장이 정책과정에서 독자적인 의미를 가질 여지가 없게 된다. 즉, 정책집행은 단순히 정책결정과정에서 결정된 내용을 기계적으로 충실히 실현하는 과정 이상의 의미를 갖지 않는다는 것이다.

그러나 이러한 고전적 집행관은 정책결정과 집행 간의 관계를 지나치게 단순화하여 일방향적으로 이해하고 있다는 점에서 비판을 받는다. 예를 들면, 계층제 상에서 상위직에 있는 정책결정자가 정책집행과정에서도 정책집행자보다 우위에 있을 것이라 예상할 수 있지만, 양자의 관계를 분석해 보면 실제로는 다양한 유형의 관계가 존재한다(정정길 외, 2010: 517). Nakamura & Smallwood는 정책결정자의 역할, 정책집행자의 권한과 요구되는 역량 등을 기준으로 정책결정자와 정책집행자와의 관계를 다섯 가지 유형으로 구분하였다. 또한 각 유형에서 발생할 가능성이 높은 집행실패(implementation breakdowns)의 원인에 대해 설명하고 있다(Nakamura & Smallwood, 1980: 114-115). 정책결정자와 정책집행자 간의 관계에 입각한 정책집행자의 유형은 <표 1>에 제시되어 있다.

〈표 1〉 정책집행자의 유형과 역할

유형	정책결정자의 역할	정책집행자의 역할
고전적 기술자형 (classical technocrats)	구체적인 정책목표, 세부 정책내용까지 결정. 하위 정책집행자들의 활동 엄격히 통제	결정자들에 의해 만들어진 정책 내용, 목표를 받아들이고 실천. 미약한 재량권
지시적 위임형 (instructed delegates)	정책 목표 수립. 대체적인 방침만 정함	구체적인 집행에 필요한 충분한 재량권 부여 받음
협상형 (bargainers)	결정, 집행과정에서 두 집단이 많은 협상 과정을 거침. 집단의 힘과 협상력에 따라 의도가 많이 반영되기도 함	
재량적 실험형 (discretionary experimenters)	정보, 기술 등의 부족으로 구체적인 정책, 목표를 설정하지 못하고 추상적 수준에 머무름	정책목표를 구체화하고, 정책수단의 선택과 정책 시행을 자신의 책임 하에 관장
관료적 기업가형 (bureaucratic entrepreneur)	형식상 결정권을 소유. 집행자들이 만든 정책과 목표를 받아들임	큰 권한을 소유하고 정책과정 전체를 좌지우지함

출처: Nakamura and Smallwood, 1980: 111−142.

2) 정책학적 관점의 정책집행

정통행정학적 관점에서의 집행관과 달리, 실제 정책집행 현장을 경험적으로 고찰하게 되면 단순하고 기계적인 정책집행의 모습을 찾아보기 어렵다. 특히 미국의 경우 정책이 현장에서 집행되는 과정은 무수히 많은 영향요인들이 작용하는 "진흙탕 헤쳐나가기(muddling through)" 같은 모습에 오히려 더 가깝다.16) 이러한 맥락에서 현대적 정책집행론의 전개는 '정부가 애초에 설정한 정책목표와 성과의 차이가 발생하는 원인은 무엇인가?'에 대한 의문에서 비롯되었다. 이는 Pressman과 Wildavsky가 1973년 출판한 『집행론(*Implementation*)』에서 제기된 문제의식에 기초한다(이종수 외, 2012: 241).

Pressman과 Wildavsky는 1960년대 미국 연방정부의 경제개발처(Economic Development Administration: EDA)가 흑인 실업자 취업증진을 위해 Oakland 시에서 펼친 실업자 구제사업이 실패하게 된 원인을 연구하였다. 1966년 Oakland EDA 프로그램은 약 25,000만 달러를 투입하여 3,000여 개의 일자리를 직접적으로 창출할 목표로 시작되었다. 그러나 3년 뒤인 1969년에도 계획된 공공시설 건설사업(항공기 격납고, 부두항만시설)은 진행되지 않았으며, 소수의 일자리가 생기는 데에 불과하였다. Pressman과 Wildavsky는 Oakland 사업의 실패이유를 분석하였고, 정책집행과정의 실패는 어떤 특정 행위자의 고의적인 방해나 잘못에 기인하는 것이 아니라 다양한 요인의 결합을 통해 나타난다고 주장하였다(Pressman & Wildavsky, 1973: 94-102). 이들이 제시한 정책집행의 실패요인들은 다음과 같다(정정길 외, 2010: 564-567).

첫째, 집행과정에서 너무 많은 개인과 기관이 참여하여 문제가 발생하였다. 이

---

16) 미국의 다원주의 정치체제는 새로운 정책의 집행에 걸림돌이 되었다. 앞에서 보았듯이 미국은 민간부문이 자율적으로 움직이고, 지방정부가 강한 자치권을 지니고 있는 연방체제로 삼권분립이 철저하다. 따라서 행정부의 정책집행이 의회나 사법부에 의해 언제나 견제를 받고, 행정조직도 대통령의 명령을 그대로 수용하지는 않는다. 이런 상황에서 대통령에서부터 최하위 지방정부의 일선공무원에 이르기까지의 중간단계에 놓여 있는 모든 의사결정점들은 혁신적 정책을 집행하는데 있어 거부점(veto point)으로 작용하기 쉽다. 더욱이 민간부문에 위탁하여 사업을 집행하는 경우가 많은데, 민간부문도 충실한 정책집행을 위해서 최선의 노력을 하지 않게 된다. 이렇듯이 새로운 정책의 집행이 성공하기는 극히 어려우며, 그야말로 비틀거리며 거부점들을 헤치고 나가야(muddling through) 한다는 점증주의자들의 주장이 설득력이 있다(정정길 외, 2010: 567 – 568).

사업의 경우 연방정부 집행책임자와 담당자, Oakland 시장과 관료들, 흑인대표 등 공사부문의 다양한 주체들이 참여하였는데, 정책내용에 대한 이들의 이해도나 이해관계 및 지지의 정도가 각각 다를 뿐 아니라 정책에 대한 태도가 일관적이지 않고 참여자가 끊임없이 바뀌는 상황이 발생하였다. 때문에 집행과정에서의 협조와 지지를 얻는 데에 많은 단계와 시간이 소요되었으며, 의사결정점(decision point)에서 정책내용이 변경될 가능성이 높아지면서 초기 정책의도와는 다른 집행결과를 초래하였다.

둘째, 지도자의 빈번한 교체로 리더십이 유지되지 못했다. 핵심적인 역할과 지위를 맡은 담당자들이 교체될 경우 집행과정에서 확보한 기존의 지지와 협조를 상실하게 된다는 점에서 집행과정의 핵심 추진집단이나 담당책임자들의 지속성은 중요한 의미를 갖는다.

셋째, 정책내용을 실질적으로 실현할 수 있는 정책수단이 동원되지 못하였다. Oakland EDA 프로그램은 하나의 목적을 추구하기 위해 사업을 실행한 것이 아니라, 두 가지 주요 목적을 성취하기 위해 EDA 프로그램을 시행하였다. 그 중 하나는 공공시설의 확충이었고 다른 하나는 일자리 창출이었다(Pressman & Wildavsky, 1973: 110; 정정길 외, 2010: 565-566). 때문에 취업하는 실업자에게 직접 임금을 보조하는 방법이 아닌, 민간기업의 공공시설 건설을 지원함으로써 일자리를 창출하려 하였다. 그러나 민간기업을 지원하는 조건으로 흑인취업(자금 공여의 조건)과 경영성과(상환능력)의 상충되는 조건을 동시에 요구함으로써 기업체의 사업참여가 저조한 결과를 야기하였다. 즉 정책목표와 정책수단 간에 타당성 있는 인과이론에 근거하여 정책을 설계하지 못했다.

넷째, 부적절한 기관이 정책집행을 담당하였다. 이 사업을 담당했던 EDA는 사회간접자본에의 투자를 통해 경기를 회복시키는 기관이었다. 그러나 Oakland는 경기가 호황인 상태에서 흑인 등 유색인종들이 실업상태에 있었기 때문에, 공공시설 확충이라는 관습적인 EDA 프로그램으로는 흑인의 실업 구제라는 의도한 효과를 거둘 수 없었다. 즉, 목표달성에 적절한지의 여부를 제대로 검토하지도 않은 채 타성에 젖어 관성적으로 정책수단을 선택함으로써 정책집행이 실패한 것이다.

이러한 연구결과에 따라, Pressman과 Wildavsky는 정책집행은 정책결정 이후 실행이 이뤄지는 단일방향의 과정이 아니라, 정책설계와 집행이 밀접한 상호관계에 있다는 점을 밝혔다.

3) 소결

앞서 살펴본 바와 같이, 정책은 집행과정 내에서도 그 내용이 끊임없이 재구성되고 변화되는 재형성의 과정을 겪게 된다. 집행담당자들도 거시적인 관점에서 보면 실질적으로 정책을 결정하는 과정에 부분적으로 참여하는 것이므로, 실제 정책결정 단계와 정책집행 단계를 명확히 구분하는 것은 어렵다. 또 정책집행과정은 기계적이고 기술적인 과정이라기보다 지속적인 문제해결과정으로서의 성격을 지니고, 정책의 성공과 실패 역시 정책결정 단계에서 결정되는 것이 아니고 정책내용이 실질적으로 구체화되는 정책집행 단계에 와서야 비로소 결정된다.

이러한 정책집행의 성격으로, 학자와 실무자들은 정책집행을 성공으로 혹은 실패로 이끄는 요인이 무엇인가에 대해 관심을 갖게 되었다. 이하에서는 정책집행의 영향요인을 살펴본다.

2. 정책집행의 영향요인

정책집행의 실패에 대한 관심이 높아지면서, 실패를 되풀이하지 않고 성공적으로 정책을 집행하기 위한 조건과 전략 연구가 심화되었다. 정책집행의 성공 혹은 실패에 영향을 미치는 요인을 종합하면 크게 정책의 내용과 특성, 집행조직과 담당자로 구분할 수 있다(정정길 외, 2010: 531-561).

첫째, 정책집행에서 정책 자체의 특성은 성공과 실패에 중요한 의미를 갖는다. 정책목표와 정책수단을 명확하게 설정할 수 있고, 정책내용이 바람직하며, 정책집행을 위한 인적·물적자원이 충분히 확보된 경우 성공적인 집행의 가능성은 커진다. 또한, 정책집행자를 감독, 통제하고 있는 정책결정자나 일반 국민, 언론 등의 태도 역시 중요하다. 예컨대 환경정책의 경우 집행에서 매스컴이 중요한 역할을 할 수 있고, 일반시민의 지지가 정책집행에 주요 자원이 될 수 있다. 이러한 정책관련 집단의 지지는 정책유형에 따라 다르게 나타난다. 특정 집단이 배타적으로 혜택을 보는 분배정책의 경우 수혜집단은 강력하게 지지하지만, 불특정 다수인이 혜택을 보는 경우 불특정 다수인의 강력한 지지를 얻기는 힘들다. 국민에게 서비스를 제공하는 정책의 경우 정책집행을 방해하는 사람이 거의 없어 원만하게 집행된다. 그러나 국민의 자유나 재산권을 제한하는 규제정책이나 재분배정책의 경우 피규제자들이 집행에 저항하여 어려워질 수 있다.

둘째, 성공적인 집행을 위해서는 집행조직과 담당자 역시 중요하다. 특히 집행 현장에 있는 일선 공무원의 능력과 의욕이 성공적인 정책집행에서 중요하게 작용한다. 이유는 그들이 정책집행에 필요한 자원을 확보하고, 반대자를 설득하며, 방해를 극복하는 등의 역할을 해야 하기 때문이다.[17] 집행담당 조직의 경우 능력 및 의욕과 더불어, 외부에서 전달되어 들어오는 정보를 빠르게 처리할 수 있는 의사전달체계, 업무협조와 조정이 쉽게 될 수 있는 분업체계가 필요하다. 뿐만 아니라 정책집행에 대한 대상 집단의 순응(compliance)도 중요한 요소이다. 순응이란 정책 혹은 법규가 의도하는 바에 따르는 행위를 의미하며, 반대로 그에 따르지 않는 행위를 불응(noncompliance)이라 한다. 성공적 정책집행을 위해서는 정책대상집단과 정책집행을 담당하는 일선관료의 순응이 중요하다. 순응을 확보하는 방법으로는 경제적 유인(incentives), 보상(rewards), 규범적 설득(normative persuasion), 강압(coercion)이나 처벌(punishment or penalty) 등이 있다(Etzioni, 1968: 364-366). 이처럼 집행조직과 집행담당자 및 집행현장의 특성을 집행성공요인으로 보는 입장은 정책집행의 성공을 위해서는 정책결정단계보다 집행 단계의 여러 가지 특성이 보다 결정적인 영향을 준다는 것이고 이는 정책이 실제로 다양한 변형과정을 거쳐 집행된다는 관점이다.

그런데 앞서 살펴본, 정책집행의 성공요인을 무엇으로 보는가에 대한 관점은 정책의 집행과정을 바라보는 시각에 따라 다양한 접근방법으로 설명되고 있다. 이하에서는 정책집행을 이해하는 상반된 접근방법과 이들을 통합하여 설명한 논의를 살펴본다.

---

17) Lipsky는 일선관료들이 업무환경의 어려움에 대처하기 위하여 어떻게 적응하며, 이러한 적응방식이 일선관료의 집행활동에 어떠한 영향을 미치는지를 경험적으로 분석하였다(Lipsky, 1976: 196－213)

3. 정책집행론의 접근방법

Pressman & Wildavsky의 집행과정 실증연구로 촉발된 정책집행연구는 초기에는 개별 연구자들 간에 합의된 이론적 틀이 없이 사례연구가 주종을 이루었다. 이러한 개별 사례연구의 이론적 문제점에 대응하기 위하여 점차 집행연구의 이론적 틀을 정립하였는데, 대표적으로 하향적 접근방법과 상향적 접근방법이 있다. 하향적 접근방법은 주어진 정책목표달성을 위한 수단으로서 정책집행을 이해하는 반면, 상향적 접근방법은 정책집행을 다수의 참여자들 간에 이루어지는 상호작용으로 파악하고 있다. 두 접근방법은 집행과정을 바라보는 대조적인 관점과 이해의 틀을 제시하고 있으며, 그 결과 집행과정의 특성, 성공적 집행의 조건 등 집행 전반에 대한 문제의식에 있어서도 상반된 견해를 제시하고 있다. 양자의 구체적 내용과 한계 그리고 이들을 통합하여 설명하는 모형을 살펴보면 다음과 같다.

1) 하향적 접근방법(top-down approach)

정책집행에 대한 하향적 접근방법은 정책결정자에게 보다 바람직한 집행이 이루어지기 위한 처방을 제시하고자 하는 의도에서 주창되었다. 즉, 하향적 접근방법의 목적은 정책집행의 판단기준으로 집행관료와 대상집단의 행태변화를 설정하고 정책결정자에게 성공적 집행을 위한 처방을 제시하는 것이다(Sabatier and Mazmanian, 1979: 484; 정정길 외, 2010: 569-573). 하향적 접근에서 정책집행은 기존에 채택된 정책목표를 구체적으로 달성하는 과정으로서의 의미를 지니며, 명확한 정책목표, 엄격한 통제, 계층제적 조직구조가 중요시된다. 따라서 성공적인 정책집행은 정책목표에 내포된 정책의도의 충실한 구현에 불과하며 이러한 성공적 집행의 핵심적 요소를 정책결정자의 리더십이나 능력 등 정책결정과정에서 찾게 된다. 하향적 접근은 상급 기관에서 정책목표를 분명히 하고 합리적인 정책을 만들었는지, 그것이 하위기관 내지 아래 계층으로 제대로 전달되고 역할 분담이 적절하게 이루어졌는지, 상급 기관에서 요구한대로 집행되었는지, 최초의 정책목표가 얼마나 달성되었는지 등에 관심을 갖는다. 따라서 이러한 관점은 정책집행과정에서 중앙정부의 역할이 지방정부보다, 고위직의 역할이 하위직보다 중요하며, 실제로 정책집행도 그들이 주도하게 된다고 본다.

이와 같은 하향적 접근은 다음과 같은 장·단점을 지닌다(Sabatier, 1986: 23-25; 정정길 외, 2010: 571). 먼저 장점으로는 법적으로 명시된 정책목표의 달성을 중시하여 정책평가 기준을 명확하게 제시할 수 있고, 정책결정자의 입장을 강조함으로써 대의민주주의 이념에 충실할 수 있다. 또한, 목표와 수단의 연계를 강조하여 정책과정의 합리성 제고에 기여할 수 있다. 한편, 단점으로는 실제 정책결정과정에서 명확하고 일관된 목표를 설정하는 것이 사실상 불가능한 경우가 많고, 정책결정자의 능력을 과신하는 경향이 있으며, 정책결정자의 입장이 중시된 나머지 실제 집행 현장에서 일어나는 다양하고 복잡한 상황에 대한 인식과 배려가 부족하다는 점을 들 수 있다.

2) 상향적 접근방법(bottom-up approach)

정책집행에서 상향적 접근방법은 정책결정자가 집행과정에 과연 어느 정도 지배적인 영향력을 행사할 수 있는지에 의문을 제기하면서 정책결정과 정책집행의 엄밀한 구분을 부정한다(Elmore, 1979: 612). 특히 상향적 접근은 명확한 정책목표가 일관되게 존재한다는 가능성을 부인하고, 집행문제(implementation problems) 해결에 논의의 초점을 둔다(정정길 외, 2010: 589-591). 또한, 명목적인 통제를 추구하는 정책결정권자보다는 일선집행권자가 정책문제 해결에 필요한 전문성과 지식을 갖고 집행과정에 참여하기 때문에 보다 큰 영향력을 행사한다고 본다. 따라서 정책목표로부터 집행연구를 시작하기보다, 집행과정의 최하위 수준에서 나타나는 현상과 일선 관료의 행태를 분석하는 연구를 시작한다. 나아가 집행과정을 올바르게 이해하기 위해서는 집행과정에 참여하는 행위자의 각기 상이한 목표, 전략, 행동이 무엇인지를 파악하고, 그들 간에 형성된 집행네트워크의 특징을 밝히는 데 역량을 집중한다(Elmore, 1979: 612).

〈그림 6〉 하향적·상향적 접근방식

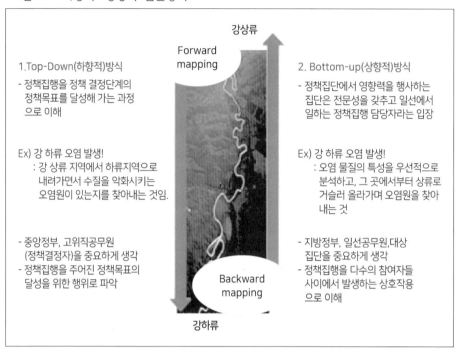

강상류

Forward
mapping

1.Top-Down(하향적)방식
- 정책집행을 정책 결정단계의
  정책목표를 달성해 가는 과정
  으로 이해

Ex) 강 하류 오염 발생!
  : 강 상류 지역에서 하류지역으로
    내려가면서 수질을 악화시키는
    오염원이 있는지를 찾아내는 것임.

- 중앙정부, 고위직공무원
  (정책결정자)을 중요하게 생각
- 정책집행을 주어진 정책목표의
  달성을 위한 행위로 파악

2. Bottom-up(상향적)방식
- 정책집단에서 영향력을 행사하는
  집단은 전문성을 갖추고 일선에서
  일하는 정책집행 담당자라는 입장

Ex) 강 하류 오염 발생!
  : 오염 물질의 특성을 우선적으로
    분석하고, 그 곳에서부터 상류로
    거슬러 올라가며 오염원을 찾아
    내는 것

- 지방정부, 일선공무원,대상
  집단을 중요하게 생각
- 정책집행을 다수의 참여자들
  사이에서 발생하는 상호작용
  으로 이해

Backward
mapping

강하류

출처: 유민봉, 2005: 302 참고

이와 같은 상향적 접근은 다음과 같은 장점과 단점을 지닌다(Sabatier, 1986: 27-30). 먼저, 장점으로는 실제 정책집행현장에 대한 세밀하고 정밀한 분석을 통해 집행문제에 초점을 맞추고, 정책관련 집단들의 행동을 파악할 수 있게 해준다. 구체적으로, 이러한 상향적 접근은 정부, 민간, 이익집단 등 집행 관련자들의 행동을 파악할 수 있게 함으로써, 집행현장 참여자들의 역할과 영향력을 강조한다. 또한, 정부정책이 집행되는 과정에서 나타나는 의도하지 못한 정책효과와 집행과정에 관련된 행위자들의 전략적 상호작용을 파악할 수 있게 해준다. 단점으로는 일선 관료들의 영향력을 지나치게 강조함으로써 정책결정권자의 공식적 권한을 경시할 가능성이 있다는 것이다. 또한, 공식화된 정책의 목표를 중요 변수로 취급하지 않아 의회민주주의 원칙에 부합하지 못하는 문제점이 있다. 그리고 합의된 이론적 틀이 제시되어 있는 하향적 집행이론과 달리 일반적인 이론적 분석틀이 제시되지 못하고 있으며 유연성, 탄력성, 자율성 등의 가치를 강조하게 되므로 객관적 평가가 어렵다.

뿐만 아니라 대리인인 집행자에게 광범위한 권한과 재량을 부여하여 도덕적 해이 (moral hazard)나 주인－대리인(principal－agent) 문제의 우려가 있다.

〈표 2〉 하향적 접근방법과 상향적 접근방법 비교

	하향적 (Sabatier & Mazmanian)	상향적 (Hjern et al.)
초기의 초점	(중앙) 정부 결정 예: 새로운 오염 방지법	정책 부분에 관련된 국지적 이행 구조(네트워크) 예: 오염 방지
(집행) 과정에서 주행위자들의 식별	하향. 정부로부터 민간영역으로 하향 인과이론에 중요성을 두지만, 목표 그룹의 인센티브 구조의 정확한 이해 또한 요구됨. 정치적 결정으로부터 행정적 집행으로	하층(정부, 민간)으로부터 상층 개별 관료에서 행정네트워크로
평가기준	공식 목표의 달성 정도에 초점 선택에 따라 다른 정치적으로 유의미한 기준과 의도하지 않은 결과들을 살펴볼 수 있음.	분명하지 않음. 기본적으로 평가자가 선택한 정책이슈와 문제. 공식적 목표는 중요하지 않음
종합적 초점	정책결정자가 정책목표의 달성을 위해 집행시스템을 어떻게 운영하는가	정책네트워크 내 다수 행위자들 사이의 전략적 상호작용

출처: Sabatier, 1986: 33.

3) 통합적 접근방법

통합적 접근방법은 하향식 접근과 상향식 접근 사이의 취약점을 극복하고자 두 접근방법의 요소들을 종합하여 집행과정을 연구하는 방법이다. 하향식 접근에서는 명확한 정책목표를 설정하고 이를 달성하기 위한 최선의 대안과 수단을 결정하고 집행 단계에서 수행해야 할 권한과 자원을 배분한다. 여기에 상향식 접근방법을 접목하여 일선관료나 정책대상자들에게 필요한 자원과 체계를 점검한다. 이러한 통합적 분석을 통해 초기 설정한 정책내용을 집행상황에서 적절하게 변경함으로써 정책의 효과를 높이고자 한다.

대표적인 통합모형으로 Sabatier의 정책지지연합모형(advocacy coalition

framework: ACF)은 상향적 접근방법에 의거하여 다양한 공공부문과 민간부문 참여자들의 전략적 행위를 분석하고, 하향적 접근방법을 결합하여 행위자의 전략에 영향을 미치는 여러 가지 법적·사회경제적 변수들을 고려하였다(Sabatier, 1986: 38). 또 Winter는 다양한 집행연구 결과들에서 의미있는 이론적 요소들을 종합하여 통합집행모형(Intergrared Implementation Model)을 제시하였다. 그는 하향적 접근에서는 조직 내·조직 간 집행행태 및 정책대상 집단의 행태 변수들을, 그리고 상향적 접근에서는 일선 집행관료의 행태 변수를 각각 취사선택하여 집행결과의 영향요인을 제시하였다(Winter, 1990: 20; 남궁근, 2017: 455-458).

통합론은 하향적 접근방법과 상향적 접근방법 사이의 주장을 실용적으로 절충함으로써 중앙의 조정과 일선 관료의 자율성을 받아들이는 모형을 개발하고자 하였다. 이러한 접근은 양극화된 접근방법이 갖는 약점을 극복했다는 장점이 있다. 또 통합론의 연구자들은 정책집행의 과정뿐 아니라 정책형성과정이나 정책유형과 같이 다른 정책영역이 정책집행방식과 결과에 영향을 미치고 있음에 주목함으로써 정책집행연구를 발전시키고 있다. 그러나 하향적 접근방법과 상향적 접근방법은 각기 상이한 분석대상과 범위, 그리고 성격이 전혀 다른 유형의 합리성 개념에 기반하여 이론화한 것이라는 점에서 양자를 완전하게 통합하기 어렵다는 평가를 받는다.[18] 따라서 정책집행에 대한 접근방법은 각 접근방법이 어떤 상황에 더 적합한 설명과 처방을 제시하는가에 대한 연구와 함께 보다 현실 설명력이 높은 분석모형을 발전시켜 나갈 필요가 있다.

---

18) 하향적 접근방법에서는 정책결정자가 집행과정을 통제할 수 있다고 가정함으로써 집행과정에서 나타날 중요한 문제와 대응방안들을 법령에 자세히 반영시킬 수 있어야 한다. 이러한 접근의 기저에는 인간을 완전한 합리성의 소유자로 본 것이다. 반면 상향적 접근방법은 제한적 합리성(limited rationality)을 받아들인다. 이들은 정책결정자의 예측능력과 통제능력에 의문을 가지며, 제한된 인지적 능력의 집행담당자들이 어떠한 과정을 거쳐 비교적 만족스러운 집행을 하게 되는지를 연구한다(정정길 외, 2010: 606-607).

4절 정책평가 및 환류

체계적이고 과학적인 정책평가는 1960년대 미국의 대규모 사회사업에 대한 평가로 본격화되었다. 미국에서는 Johnson 대통령의 "위대한 사회(The Great Society)"실현을 위해 대규모의 사회복지 프로그램을 시행하였다. 이 과정에서 연방정부의 역할과 규모가 괄목하게 증대됨에 따라, 다양한 사회정책의 효과를 추정해야 할 필요성이 증가하면서[19] 정책평가를 위한 논리, 방법론 및 이론이 개발되었다 (남궁근, 2017: 481). 또 정책의 효과를 객관적으로 측정하기 어려운 경우에는 정치·경제·행정·사회·복지 등 다양한 분야에서 개발되고 발전되어온 응용연구 분야별 성과들을 개별 프로그램의 평가에 활용하기 시작하였다.

넓은 의미에서 정책평가는 정책들이 목표한 성과를 내고 있는지 또한, 목표실현을 위한 수단들의 효과가 있었는지를 발견하는 과정이다. 정책평가와 환류는 정책과정에서 얻은 정보가 향후 정책학습과 정책변동으로 연결됨으로써 정책의 바람직한 결과도출에 기여할 수 있다는 점에서 중요하다. 본 절에서는 정책평가의 유형과 방법 그리고 평가결과의 활용과 정책변동을 학습한다.

1. 정책평가의 개념

정책평가의 개념은 학자들에 따라 다양하게 정의되어 왔다. Scriven은 정책평

---

19) 대표적 사례가 1960년대 미국에서 시행된 무료 유아원프로그램(Head Start Program) 평가이다. 당시 미국에서는 어린 나이(3−4세)에 형성된 인지적·정서적 능력이 미래의 생활수준 차이와 연관된다는 연구가 발표됨에 따라, 연방정부가 예산을 지원하여 빈곤층 자녀에게 무료 유아원프로그램을 시작하였다. 그러나 오하이오 주립대와 웨스팅하우스 연구소는 이 프로그램의 혜택을 받은 유아들이 인지적·정서적 능력개발에 효과가 없었다는 연구결과를 발표하였고, 이 사업을 반대했던 보수주의자들은 유사 사회복지 사업들까지의 폐지를 주장하였다. 이를 계기로 미국에서는 중요 사업의 경우 반드시 평가를 받도록 제도화되었다(Rossi & Freeman, 1982: 31−32; 남궁근, 2017: 482 재인용).

가를 "어떤 것의 장점, 유용성, 가치 등을 결정하는 과정 또는 그러한 과정의 산물"로 보았으며(Scriven, 1996: 151-161), Vedung은 정책평가란 "정부개입의 과정과 결과, 결과의 유용성과 가치 등을 엄밀하게 평가함으로써 향후 활동에 반영하는 회고적 활동"(Vedung, 1997: 3)이라 정의하였다. Stufflebeam & Shinkfield은 정책평가를 "(정책 결과의)가치, 실현 가능성, 장점, 중요성 및 형평성 등에 대한 객관적인 정보를 기술하고 보고하며 적용하는 일련의 체계적 과정"으로 정의하였으며 (Stufflebeam & Shinkfield, 2007: 698), Patton은 "특정 사업(program)을 판단하고 그 효과성을 개선하며, 향후 결정에 참고하기 위하여 그 사업의 내용, 특성 및 결과에 대한 정보를 수집하는 것"(Patton, 2008: 23)으로 규정하였다. 한편, 정책평가는 평가과정에 참여하는 다양한 이해관계자들 간의 조정과 합의 또는 갈등 관계가 동반되는 정치적 과정으로 볼 수도 있다(Cronbach et al., 1980: 5).

이상과 같은 개념정의를 종합하면, 정책평가란 다양하고 체계적인 연구방법들을 응용하여 정책의 내용과 집행의 결과 그리고 그 영향 등을 과학적으로 추정함으로써, 정책의 과정과 결과를 이해하고 그 정책의 가치를 판단하는 사회적인 과정으로 볼 수 있다(Dye, 1976: 58-59; 권기헌, 2014: 345). 다시 말해, 정책평가는 정책이나 사업의 집행결과가 초기에 계획했던 정책목표를 어느 정도 달성하고 정책문제 해결에 얼마나 기여했는가를 체계적으로 조사하고 분석·평가하는 활동이다.

정책평가를 광의의 개념으로 사용할 때에는 정책형성 단계부터 집행과정, 집행결과에까지 이르는 모든 분석과 평가를 일컫는다. 그러나 협의의 개념에서 정책평가는 정책분석과 구분하여 사용되는데, 노화준은 양자를 다음과 같이 구분한다 (노화준, 2006: 16-18). 정책분석은 정책결정을 위해 필요한 다양한 정보를 산출하는 사전적·조망적(prospective) 분석을 의미하고, 정책평가는 정책결정 이후 정책집행과 그 결과를 검토하기 위한 사후적·회고적(retrospective) 분석을 의미한다. 그러나 정책분석을 정부정책의 시행 배경과 목적, 예상 결과 등 정부활동의 인과관계를 설명하는 노력으로 이해할 수 있다는 점에서(Dye, 1981: 95), 정책분석과 정책평가를 명확히 구분하는 데는 현실적으로 한계가 있다.

최근 OECD국가를 중심으로 강조하고 있는 "성과평가"는 신공공관리론적 행정개혁의 일환으로, 정책평가론에서서 논의하는 "정책평가"와 그 성격이 다소 다르다는 점을 유의해야 한다. "성과평가"는 조직(organization)이나 기관(agency) 차원에

서 성과지표를 설정하고 이를 기준으로 각 행정기관의 사명과 목표달성도를 측정함
으로써 행정활동의 성과를 파악하는데 중점을 둔다(박순애 외, 2017: 11-12). 반면 "정
책평가"란 개별 정책이나 사업이 의도한 목표를 어느 정도 달성했는지, 실제 집행과
정에서 당초에 설계된 대로 집행이 이루어졌는지, 그리고 정책의 효과가 나타나는 인
과경로는 어떠한지를 파악하는데 초점이 있다(박순애·유미년, 2008: 229).[20]

2. 정책평가의 유형

1) 평가시기에 따른 정책평가 유형

정책평가는 평가의 시기에 따라 사전평가와 사후평가로 구분할 수 있다
(Scriven, 1967; 정정길 외, 2017: 95 재인용). 사전평가(ex ante evaluation)는 기본적으로
평가대상 정책이나 사업을 확정한 후, 집행이 시작되기 전에 수행하는 평가로 가장
보편적으로 시행된다. 특정 정책이나 사업의 사전타당성 검토가 이에 해당되며, 우
리나라의 대표적인 사전평가제도는 예비타당성 조사, 교통영향평가, 환경영향평가
등이 있다. 사전평가는 특정 정책이나 사업에서 설정한 목표를 달성하기 위하여 필
요한 비용과 추산되는 편익이 어느 정도인가에 대한 정보를 제공한다.[21]

반면 사후평가(ex post evaluation)는 기 집행된 정책이나 사업의 결과를 평가대
상으로 삼는다. 대표적 사후평가인 영향평가(impact evaluation)는 영향분석(impact
analysis)으로도 일컬으며 프로그램의 집행결과를 초래한 원인이 무엇인가 등에 관
한 인과관계를 밝히는 것이다. 영향분석을 위해서는 우선 시계열자료(time-series
data)가 필요하다. 정책개입 이전에는 성과라는 변수가 어떤 모습을 보이다가 정책
개입이 이후에는 성과 변수가 어떻게 변화하였는가를 알아야 하기 때문이다. 그런

---

20) 그런데 이러한 정책평가에서 정책은 집행기관이 정책을 구체화시키기 위해 수행한 사업
(program)인 경우가 대부분이다. 즉 개별 사업을 정책의 하위개념으로 이해할 경우 실제
평가대상은 개별 사업이며, 결국 하나의 정책에 대한 평가는 그 정책을 구성하는 여러
하위 사업들에 대한 개별적 평가를 통해 이루어진다(김명수, 2003: 45−46).
21) 사전타당성 조사는 정책을 최종적으로 확정하기 전에 최선의 대안을 결정하기 위한 정책
분석 활동으로서의 사전분석과는 차이가 있다. 둘 다 정책집행 이전의 분석이라는 점은
공통적이나, 정책내용이 확정되어 있는가에 있어 차이가 있다.

데 이러한 정책개입의 효과를 측정·평가함에 있어서 공공부문은 자기중심적이고 이념적인 경향을 갖기 때문에 영향평가 결과의 해석은 정치적 성격을 띠게 된다. 즉 특정 정책에 찬성하는 자들은 정책시행 후에 나타난 긍정적인 결과들은 모두 효과에 포함하고자 하는 반면, 부정적인 결과들은 무시하거나 다른 요인에 의해 초래된 것으로 적시할 우려가 있다.

2) 평가대상과 목적에 따른 정책평가 유형

정책평가를 평가대상과 목적에 따라 총괄평가와 과정평가로 구분할 수 있다 (정정길 외, 2010: 627). 총괄평가(summative evaluation)는 정책결과를 평가대상으로 한 것으로 정책집행의 결과가 본래 의도된 목적을 달성했는가 그리고 정책이나 사업의 직간접적 영향은 무엇인가를 판단하는 것이다. 이러한 평가는 특정 정책이나 사업의 결과가 일정한 기준에 부합하는지 등을 평가함으로써 총괄적인 판단을 내리는 것이다(이윤식 외, 2006: 57-59). 따라서 특정한 결과가 그 정책이나 사업에 기인한 것인가에 관한 인과관계를 규명하기는 어렵다.

과정평가(process evaluation)는 집행과정을 대상으로 정책집행 및 활동을 분석하여 효율적 집행전략을 수립하거나 정책내용을 변경하며 정책의 계속 여부를 판단하는 데 활용한다. 이를 위해서는 프로그램의 시작과 그 결과 사이에 복잡하게 얽혀 있는 인과적 상호관계를 파악함으로써 정책의 과정과 결과에 미치는 영향요인을 탐색하여야 한다(이윤식, 2006: 57). 과정평가는 평가 요구자와 사용자들이 문헌분석, 심층 면접, 현장 방문 등 정성적·정량적 자료수집과 분석방법을 통하여 긴밀하게 상호작용함으로써 이루어진다. 과정평가 가운데 대표적인 방법인 모니터링(monitoring)은 주로 집행과정에 초점을 두고, 특정 시점에서 평가대상 프로그램이 처해 있는 실제 상황과 달성하고자 하는 목표를 비교하고 이를 통해 현재 시행되고 있는 프로그램의 바람직한 개선방안에 대한 지속적인 컨설팅을 제공할 수 있다.

3. 정책평가의 기법

평가방법은 정책평가의 결과를 좌우할 수 있는 중요한 요소로서, 크게 계량적 평가기법과 질적 평가기법으로 구분할 수 있다.

1) 계량적 평가기법

계량적 평가방법은 양적 자료를 활용한 평가로, 통계분석과 실험적 평가기법을 활용한다. 통계분석은 정책의 투입과 산출 효과를 계량적으로 객관화하여 측정함으로써 그 크기를 비교하여 정책의 효과 등을 평가하는 분석방법이다. 통계방법론은 가능한 많은 수의 관찰 사례를 확보한 후 통계적·계량경제학적 방법론을 이용하여 평균적인 변화의 흐름을 분석하는 경향이 높다. 실험적 평가는 연구자의 관심변수 간 인과관계를 정확하게 분석하기 위한 것으로, 실험이전설계방법, 실험설계에 의한 방법, 준실험설계에 의한 방법이 포함된다(남궁근, 2019: 683-708).

실험이전설계(pre-experimental evaluation)는 정책효과를 경험적으로 측정하는 방법으로, 정책집행 이후 대상집단의 상태를 측정하거나 집행 전·후 상태를 단순비교하는 방법이다(오석홍, 2013: 515). 비교를 위한 통제집단을 사용하지 않는다는 의미에서 비실험설계(nonexperimental evaluation)라고도 하며, 때문에 여러 변수의 효과를 통제하는데 한계가 있다.

실험설계방법(experimental evaluation)은 자연과학의 실증적 연구방법을 공공정책에 적용시킨 것으로, 실험과정에서 실험집단과 통제집단을 비교함으로써 결과가 정책으로 발생한 것인지를 밝히는 방법이다. 그러나 현실적으로는 윤리적·도덕적 또는 정치적 이유 등으로 동일한 조건에서 실험집단과 통제집단을 구성하는 것이 가능하지 않기 때문에 보편적으로 실험설계방법을 활용하기에는 어려운 측면이 있다.[22]

---

22) 예컨대 빈곤층에게 교육비를 지원하는 프로그램의 효과를 평가하려고 할 때, 동일한 성격을 가진 두 빈곤집단을 각각 실험집단과 통제집단으로 정해놓고 실험집단에 선정된 집단에만 보조금을 지급한다면 동일한 빈곤층 가운데에 특정 집단에만 정부가 의도적으로

준실험적 방법(quasi-experimental evaluation)은 실험설계를 적용하기 어려운 경우, 즉 통제집단 또는 실험집단을 무작위로 배정하기 어려운 경우나 통제집단의 구성이 어려운 경우에 활용되는 기법이다. 실험집단 사전·사후 효과를 시계열적으로 측정하거나, 비동질적 통제집단을 설계하여 평가하는 방법 등이 활용된다. 정책평가에서 실험평가를 통한 방법이 이상적이기는 하지만, 현실적 제약으로 준실험적 방법이 많이 사용된다.

2) 질적 평가기법

질적 평가방법은 계량화되기 어려운 자료들을 평가하는 방법으로 정책분야 및 평가 전문가의 판단에 기반하여 정책과정과 성과를 평가하는 방법으로, 참여관찰법, 심층면접법 등이 있다. 질적 평가방법은 선정된 문제의 범위보다는 깊이에 초점을 둔다는 점에서 선정된 자료를 매우 자세하게 평가할 수 있고, 소수의 연구 대상이나 사례에 관한 풍부한 자료를 수집할 수 있다는 장점이 있다.

현실적으로는 정책에 대한 평가모형을 만들고 인과관계를 파악해 평가하는 조사연구 방식보다는 지표(index)를 활용하는 체크리스트 점검방식에 의한 평가방법이 주로 활용된다. 조사연구를 활용한 정책평가의 경우, 자료의 수집과 분석 등에 비용과 시간이 많이 드는 것에 비하여 생산되는 정보의 현실적인 효용은 낮기 때문이다. 이 때문에 주기적이고 통상적인 점검을 할 경우, 지표를 활용하여 평가하는 방법이 상대적으로 많이 활용된다.

4. 정책평가의 활용 및 환류

평가결과의 환류(feedback)란 평가의 결과를 활용하여 향후의 활동 및 업무 계

특혜를 부여하는 셈이 된다. 만약에 이러한 상황이 외부에 널리 알려진다면 어떠한 정치적·사회적 파장이 생길 것인지는 쉽게 짐작할 수 있다. 요컨대 인간 혹은 인간사회의 집단을 대상으로 한 사회실험은 실험실에서 모르모트를 대상으로 하는 자연과학의 실험과는 사뭇 다른 상황과 제약조건에 직면하게 된다는 것을 고려해야 한다(노화준, 2015: 294)

획에 반영하는 것이다. 정책평가의 결과는 정책과정의 다음 단계로 환류되어 정책
학습과 정책변동의 토대가 된다(남궁근, 2017: 499).

OECD는 정책결과의 측정과 활용 용도를 다음과 같이 제시하고 있다. 첫째, 정
책설계 및 추진방법을 합리화하는 것이다(OECD, 1994; 이윤식 외, 2005: 212 재인용).
즉, 평가결과를 활용하여 기존 정책과 사업추진방법의 효율성 및 효과성을 파악하
고 문제점을 개선하거나, 신규 정책과 사업을 입안하고 설계하는 데 참고한다. 둘
째, 예산배분의 효율성 제고이다. 성과와 예산의 연계는 성과와 예산을 일 대 일로
대응시키는 직접적인 연계와, 예산편성과정에서 성과자료를 참고하는 간접적 연계
의 두 가지 방식이 존재한다. 직접적 연계를 위해서는 각 사업 비용과 성과의 정확
한 측정 및 비용과 성과 간 관계 분석 등이 전제될 필요가 있다(제갈돈·제갈욱, 2008:
249). 셋째, 구체적 책무성(accountability)과 도의적 책임성(responsibility)을 확보하는
것이다. 구체적 책무성은 공무원들이 자신에게 주어진 목표를 달성해야 할 법적 의
무를 뜻하며, 도의적 책임성은 공무원들이 공복으로서 법적 국민들에게 지는 도의
적인 의무를 말한다. 따라서 평가를 통해 책임성을 확보한다는 것은 계량적이고 단
기적인 목표뿐 아니라 공익 추구라는 광범위하고 포괄적인 목적까지 염두에 두어
야 한다(이윤식 외, 2006: 30).

이러한 정책평가의 결과활용에 대해서는 긍정적 견해와 부정적 견해가 공존
한다. 전자는 평가대상에 대한 환류정보는 정책담당자가 후속 조치를 취하는데 있
어서 기여하는 바가 크다는 것이다. 반면 정부의 업무수행에 있어 평가결과가 크게
도움이 되지 않는다는 현실적 문제와 정책담당자의 의사결정에 도움을 주지 못함
으로써 평가의 효율성이 떨어진다는 부정적 평가가 존재한다. 따라서 모든 정책평
가의 활용에 대해서는 일률적으로 판단을 내리기보다 평가주체의 객관성·공정성·
평가절차의 투명성과 정책담당자들의 수용 정도 등에 따라 정책평가의 효용성이
상대적으로 다르게 결정된다고 보는 것이 타당하다.

5. 정책변동

정책변동(policy change)이란 정책과정 중에서 획득된 새로운 정보가 다른 단계

로 환류(feedback)되어, 정책내용이나 정책결정과정 상의 변화가 나타나는 것을 의미한다. 정책변동은 정책목표와 수단, 대상집단과 같은 정책내용의 변동뿐만 아니라 정책집행방식의 변동까지도 포함한다. 정책변동은 정책평가 단계에서 밝혀진 정보가 정책결정과정에 환류되어 발생하는 것이 전형적인 모습이지만 정책과정은 단선적이 아닌, 각 단계에서 획득된 정보가 다른 단계로 지속적으로 환류되는 순환적 과정이므로, 정책결정 도중이나 정책집행 도중 또는 평가활동 도중에도 정책변동이 발생할 수 있다.

Hogwood와 Peters는 정책변동에 대해 정책혁신(policy innovation), 정책유지(policy maintenance), 정책승계(policy succession), 정책종결(policy termination) 등 네 가지로 유형화하였다(Hogwood & Peters, 1983: 14; 정정길 외, 2010: 705). 첫째, 정책혁신은 과거에 관여하지 않고 있던 분야에 대해 정부가 개입하려는 경우이다. 금융거래의 투명성 확보를 통해 국민경제의 건전한 발전을 목적으로 도입된 금융실명제(1993년)와 같이, 기존 정책(법률), 담당조직, 예산 등이 없는 상태에서 정책을 새롭게 도입하는 정책변동을 의미한다. 둘째, 정책유지는 현재 정책을 그대로 지속시키는 것으로서 기존 정책의 내용, 담당조직, 예산의 기본골격을 유지하면서 소폭 수정·변경하는 약한 수준의 정책변동을 의미한다. 셋째, 정책승계는 큰 틀 차원의 정책목표는 유지한 채 정책수단을 대폭적으로 수정·변경·대체하는 강한 수준의 정책변동을 의미하는 것으로 전자정부 2.0에서 3.0으로의 변화를 예로 들 수 있다. 마지막으로 정책종결은 기존의 불필요한 정책, 조직, 인력, 예산, 사업, 절차 등을 의도적이고 계획적으로 축소·정비·폐지하고 이를 새로운 정책으로 대체하지 않는 정책변동을 의미하는 것으로, 인구 감소로 인한 산아제한정책 폐지 등이 그 예이다.

이와 같은 정책변동 유형은 상호영향 속에서 복합적으로 발생하며 순환적이고 동태적인 과정 속에서 나타난다. 새로 발생한 문제해결을 위해 혁신적 정책이 만들어진 후에는, 환경변화에 정책내용을 점차적으로 적응시키면서 정책의 골격을 유지하다가, 변화가 더욱 누적되면 정책을 대폭적으로 수정하거나 새로운 정책으로 대체하는 정책승계가 이루어진다. 승계된 정책은 변화에 적응하면서 정책유지의 형태로 지속된다. 환경변화로 불필요해진 정책은 폐지되어 정책종결이 이루어진다.

그러나 정책변동을 설명하는데 있어서 정책단계론(the stages heuristic)은 이론적으로 볼 때 한계가 있다는 비판을 받는다(Sabatier, 2007: 7). 즉, 정책의제설정과 정책결정과정, 정책집행과정 및 정책평가과정과 같은 단계적 접근은 정책이 실제로 어떻게, 그리고 왜 변동하는지에 대한 포괄적인 설명을 제공하지 못한다는 한계를 갖는다. 또한, 정책의제설정에서 정책평가 및 환류까지의 순환과정은 연속선상에서 이루어지는 것으로서 분명하게 구분되기 어려운 경우도 있고, 각 단계가 반드시 순차적으로 일어나는 것은 아니며, 현실 속에서 일어나는 복잡한 순환과정에 대한 지나친 단순화라는 비판이 존재한다.

정책과정의 본질인 정책변동은 각 단계별로 그 과정이 독립적으로 존재한다기보다는 각 단계가 상호 영향을 준다. 즉 정책의제설정과 정책결정을 포함한 정책형성, 정책집행, 정책평가라는 일련의 정책과정은 독립적이기 보다는 상호 유기적인 연계성을 갖고 있다. 선행의 이론연구와 사례연구에서 지적하는 바와 같이, 정책과정에 대한 단절적인 접근이 정책실패를 야기하는 주요 원인이 되고 있음은 다양한 경로로 확인되고 있다. 뿐만 아니라 Ulrich Beck이 지적한 바와 같이 "위험사회(Risk Society)"로 일컬어지는 현대 사회의 정책환경은 그 불확실성이 매우 높으며, 정책을 추진하는 과정에서 발생할 수 있는 문제에 대해 완벽한 예측이 불가능하다. 따라서 일견 직관적으로 이해하기 쉽고 명료한 구조를 가지고 있는 정책단계론이 실제로 복잡한 현실 정책과정의 개별 국면들을 파악하고 정태적으로 이해하는 데에 일반적으로 활용되고 있는 것이 사실이기는 하지만, 정책단계론이 내포하고 있는 이론적·방법론적·현실적 한계점에 대해서도 분명히 인식하고, 보다 동태적인 정책과정의 실제를 포착할 수 있는 이론들이 지속적으로 개발될 필요가 있다.

5절 소결

정책은 바람직한 사회상태 달성을 위한 정부기관의 개입을 의미하는 것으로, 국민의 일상생활에서 국가발전에 이르기까지 정부역할이 증대하면서 '올바른 정책'에 대한 국민적 관심과 중요성이 높아지고 있다. 특히 최근의 정책들은 미세먼지 저감, 최저임금인상, 구도심 재생과 같이 대규모 예산이 투입되면서 시민 삶의 질에 직접적으로 연관된 정책이 추진됨에 따라, 정책과정 속에서 정책의 성공을 담보하기 위한 방안이 무엇인가에 대한 지식과 전략이 필요한 시점이다.

정책은 정부기관의 다양한 내·외부 행위자들을 포함하는 일련의 상호 연관된 과정들이 고도로 분산된 과정이다(Milakovich & Gordon, 2013: 412). 본 장에서는 이러한 일련의 정치과정의 내용과 특성, 사회문제가 정책의제로 설정되는 과정, 정책결정을 누가 하는가에 대한 문제, 성공적 정책집행을 위한 요건, 정책평가를 통해 정책의 개선과 변동과정 등을 살펴봄으로써 공공정책의 본질을 이해하고 궁극적으로는 정책목표달성에 필요한 지식을 함양하고자 하였다.

◈ 참고문헌 ◈

권기헌. (2014). 정책학 강의. 서울: 박영사.

김명수. (2003). 공공정책 평가론. 서울: 박영사.

남궁근. (2005). "공공정책", 김세균·박찬욱·백창재 편, 『정치학의 대상과 방법』. 495-541. 서울: 박영사.

남궁근. (2012). 정책학. 법문사.

남궁근. (2014). 정책학: 이론과 경험적 연구(제2판). 법문사.

남궁근. (2017). 정책학. 경기: 법문사.

남궁근. (2019). 정책학: 이론과 경험적 연구. 법문사.

노화준. (2006). 정책평가론. 제4판. 법문사.

노화준. (2015). 정책평가론. 제5판. 법문사.

노화준. (2012). 정책학원론. 제3전정판. 박영사.

박순애 외. (2017). 공공부문의 성과측정과 관리. 고양: 문우사.

박순애·유미년. (2008). 정부정책에 대한 국민들의지지 요인에 관한 연구: 이념, 가치관, 행정서비스 만족도를 중심으로. 정책분석평가학회보, 18(4). 199-237.

오석홍. (2013). 행정학. 제6판 서울: 박영사.

유민봉. (2005). 한국행정학. 박영사.

이윤식 외. (2006). 정부성과관리와 평가제도. 서울: 대영문화사.

이종수 외. (2012). 새행정학. 서울: 대영문화사.

정정길 외. (2003). 정책학원론. 서울: 대명출판사.

정정길 외. (2010). 정책학원론. 서울: 대명출판사.

정정길 외. (2017). 새로운 패러다임 행정학. 서울: 대명출판사.

최성락·박민정. (2012). Kingdon 정책흐름모형 적용의 적실성에 대한 연구. 한국정책연구, 12(1), 119-137.

Almond, G. A., & Powell, G. B. (1980). Comparative politics todayL a world view. Boston: Little, Brown.

Bachrach, P., & Baratz, M. S. (1962). Two faces of power. The American political science review, 56(4), 947−952.

Cobb, R. W., & Elder, C. D. (1983). Participation in American Politics: The Dynamics of Agenda−building. Johns Hopkins Univ. Press.

Cobb, R., Ross, J. K., & Ross, M. H. (1976). Agenda building as a comparative political process. The American political science review, 70(1): 126−138.

Cronbach, L. J., Ambron, S. R., Dornbusch, S. M., Hess, R. D., Hornik, R. C., Phillips, D. C., ... & Weiner, S. S. (1980). Toward reform of program evaluation(p. 3). San Francisco: Jossey−Bass.

Dahl, R. A. (1961). Who governs?. New Haven: Yale Univ. Press.

Dror, Y. (1968). Public PoHcy−making Reexamined. Scranton, PA: Chandler.

Dye, T. R. (1976). Policy analysis: what governments do, why they do it, and what difference it makes. University: University of Alabama Press.

Dye. T. R. (1981). Understanding Public Policy. Englewood Cliffs: Prentice Hall.

Easton, D. (1953). The Political System: An Inquiry into the State of Political Science (p. 78). New York: Alfred A. Knopf.

Easton, D. (1965). A systems analysis of political life, New York : John Wiley and Sons Inc.

Elmore, R. F. (1979). Backward mapping: Implementation research and policy decision. Political science quarterly, 94(4), 601−616.

Etzioni, A. (1968). The Active Society, New York : The Free Press.

Evert. V. (1997). Public Policy and Program Evaluation. New Brunswick.

Hogwood, B. W., & Peters, G. B. (1983). Policy Dynamics, New York: St. Martin Press.

Hood, C. C., & Margetts, H. Z. (2007). The tools of government in the digital age. Macmillan International Higher Education.

Kingdon, J. W., & Stano, E. (1984). Agendas, alternatives, and public policies(Vol. 45, pp. 165−169). Boston: Little, Brown.

Lasswell, H. D. (1951). The policy orientation. Communication Researchers and Policy−Making.

Lasswell, H. D., & Kaplan, A. (1970). Power and Society, New Haven : Yale University Press.

Lasswell, H. D. (1971). A pre−view of policy sciences. Elsevier publishing company.

Lipsky, M. (1976). Toward a Theory of Street−Level Bureaucracy In W. D. Hawley et al
Theoretical Perspectives on Urban Politics Englewood Cliffs NJ: Prentice Hall.

Lowi, T. J. (1964). American business, public policy, case−studies, and political theory.
World Politics, 16(4), 677−715.

Lowi, T. J. (1972). Four systems of policy, politics, and choice. Public administration
review, 32(4), 298−310.

Milakovich, M. E., & Gordon, G. J. (2013). Public administration in America. Cengage
Learning.

Nakamura, R. T., & Smallwood, F. (1980). The politics of policy implementation(pp.
7−8). New York: St. Martin's Press.

Patton, M. Q. (2008). Utilization−focused evaluation. Sage publications.

Peters, B. G. (2002). The Politics of Tool Choice. In Salamon, L. M. The Tools of
Government: A Guide to the New Governance. New York: Oxford University Press.
552−564.

Pressman, J. L. Wildavsky, (1973). Implementation, Barkley and Los Angeles. University
of California Press.

Ripley, R. B., & Franklin, G. A. (1982). Bureaucracy and Policy Implementation.
Homewood, Ⅲ.: Dorsey Press.

Rossi, P. H., & Freeman, H. E. (1982). Evaluation: A systematic approach (2nd ed.).
Beverly Hills, CA: Sage.

Sabatier, P,. & Mazmanian, D. (1979). The conditions of effective implementation: A
guide to accomplishing policy objectives. Policy analysis, 481−504.

Sabatier, P. A. (1986). Top−down and bottom−up approaches to implementation
research: a critical analysis and suggested synthesis. Journal of public policy,
21−48.

Sabatier, P. A., & Weible, C. M. (2007). The advocacy coalition framework. Theories of
the policy process, 2, 189−220.

Schneider, A., & Ingram, H. (1990). Behavioral assumptions of policy tools. The journal
of politics, 52(2), 510−529.

Scriven, M. (1996). Types of evaluation and types of evaluators. Evaluation practice,
17(2), 151−161.

Scriven, M. (1967). The methodology of evaluation. (AERA Monograph series on curriculum evaluation, No. 1). New York: Rand Mc Nally.

Stufflebeam, D. L. (2007). Stufflebeam, Daniel L., and Anthony J. Shinkfield, Evaluation Theory, Models, and Applications. San Francisco: Jossey−Bass.

Vedung, E. (1997). Public Policy and Program Evaluation. New Brunswick.

Winter, S. (1990). Integrating implementation research, in: D. J. Palumbo and D. J. Calista(Eds) Implementation and the Policy Process: Opening Up the Black Box. New York: Greenwood Press.

제9장

재무행정론

제9장 재무행정론

The objective of the theory of Public Finance, it is argued, is to explain, in terms of rational economic action, the determination of the total volume of public expenditures and allocation of specific expenditure items, as well as the distribution of tax shares among different contributing tax−payers.

Richard A. Musgrave(1980)

1절 재정과 예산

1. 재정의 이해

1) 재정의 개념 및 분류

국민경제를 구성하는 주체는 크게 가계와 기업 그리고 정부로 구분될 수 있다. 여기서 정부는 자국민을 보호하기 위한 국방·치안·외교와 같은 공공재적 성격의 서비스를 공급할 뿐만 아니라 경제성장이나 복지 향상 같은 공공문제 해결을 위한 다양한 활동을 수행한다. 정부가 공공 재화나 용역을 생산하고 분배하는 활동을 효율적으로 수행하는 데 필요한 비용은 가계와 기업에게서 거둔 조세수입 등을 통해 충당된다. 조세 부과에 의한 재원조달 그 자체는 강제적인 성격을 갖는다. 하지만 시민에 의해 선출된 대리인들이 시민의 선호를 반영하여 공공지출의 수준과 배분 방식 그리고 그에 따른 부담을 구체화하며, 조세 법률주의에 따른 집단적 의사결정 과정을 거치기 때문에 큰 틀에서는 민주적인 방식을 따르고 있다고 볼 수 있다. 이처럼 사회에 필요한 재화와 서비스를 공급하기 위한 정부의 수입과 지출활동을 총칭하여 공공재정(Public Finance)이라 부르고(Burkhead, 1956), 이러한 재정을 관리하는 행정을 재무행정이라 한다.

재정은 운용주체를 중심으로 중앙정부 재정과 지방정부 재정으로 구분된다 (국회예산정책처, 2015: 13-14). 여기서 중앙정부 재정은 중앙정부 단위에서 이루어지는 재정활동을 의미하며, 지방정부 재정은 지방자치에 기초한 지방정부의 재정활동과 교육자치에 기초한 지방교육재정을 포괄한다.

〈그림 1〉 우리나라 재정의 운용주체별 분류

자료: 국회예산정책처(2019: 26).

2) 중앙정부 재정의 구조

재정은 크게 예산과 기금으로 구분될 수 있고, 중앙정부의 예산과 기금은 모두 국회의 의결이 필요하다. 우선 예산이란 '한 회계연도의 국가재정 계획'을 의미하며, 일반회계와 특별회계로 구분된다. 일반회계는 정부의 일반적 지출을 위한 회계로, 소득세, 법인세, 부가가치세, 세외수입 등을 재원으로 한다. 일반회계의 세출은 사회복지, 보건, 교육 등의 16개 분야로 나누어진다.

〈표 1〉 일반회계 기능별 세출예산

(단위 : 백만원)

구 분 (Classification)	2019년도 예산 (FY2019 Budget)	
	금액 Amount	구성비(%) Composition
1. 일반·지방행정(General & Local Administration)	72,300,800	21.8
2. 공공질서및안전(Public Order and Safety)	18,828,024	5.7
3. 통일·외교(National Unification & Foreign Affairs)	2,707,062	0.8
4. 국방(National Defense)	46,925,414	14.1
5. 교육(Education)	70,601,436	21.3
6. 문화및관광(Culture & Tourism)	3,269,781	1.0
7. 환경(Environmental Protection)	3,356,639	1.0
8. 사회복지(Social Welfare)	55,903,497	16.8
9. 보건(Health)	8,806,301	2.7
10. 농림수산(Agriculture, Forestry, Maritime Affairs & Fisheries)	8,947,907	2.7
11. 산업·중소기업및에너지(Industry & Small and Medium Enterprise & Energy)	7,799,433	2.4
12. 교통및물류(Traffic and Physical Distribution)	17,247,134	5.2
13. 통신(Communication)	360,274	0.1

14. 국토및지역개발(National Land & Regional Development)	5,262,936	1.6
15. 과학기술(Science & Technology)	6,460,377	1.9
16. 예비비(Reserve Funds)	3,000,000	0.9
합계(Total)	331,777,015	100.0

자료: 기획재정부, 「2019 나라살림예산개요」, pp. 254-255 참고.

특별회계는 일반회계와 분리될 필요가 있는 특정 목적의 사업을 위해 법률에 근거하여 설치하는 회계를 가리킨다(국가재정법 제4조). 특별회계는 설치목적에 따라 국가에서 특정한 목적의 사업을 운영하는 경우나 세출이 특정한 세입에 연결되어 있어 별도의 회계가 필요한 경우에 설치된다. 특별회계는 세입의 목적이 정해져 있어서 안정적인 사업 추진이 가능하고 사업의 성과를 명백히 계상할 수 있다는 장점이 있지만, 특별회계의 확산은 일반회계와 특별회계 간 내부거래를 증가시켜, 투명성과 효율성 약화로 이어질 수 있다. 따라서 일반회계와 특별회계의 세입과 세출 일체를 예산에 계상하도록 하는 총계주의를 따른다.[1]

한편, 기금은 예산과 구분되어 특정 자금을 신축적으로 사용할 필요에 의해 법률로 설치될 수 있다. 기금은 특정 목적 사업을 위해 수입과 지출이 연계된다는 점에서 특별회계와 유사하나, 계획을 변경하는 등의 탄력성 면에서 특별회계보다 자유롭다. 과거 기금은 예산과 달리 국회의 심의와 의결을 거치지 않아도 된다는 특징이 있었다. 그러나 2003년도부터는 기금 역시 기금운용계획안 및 기금결산의 형태로 국회의 심의와 의결을 거치게 되었다. 이에 따라 기금과 예산 간 차이는 본질적으로 사라지고 있다.

---

1) 「국가재정법」에서 예산의 수입과 지출은 세입과 세출이라는 명칭으로 규정하고 있다.

〈표 2〉 예산과 기금의 비교

구분	예산		기금
	일반회계	특별회계	
의미	조세수입 등을 주요재원으로 하여 국가의 일반적인 지출에 충당하기 위해 설치된 회계	국가가 특정 사업을 운영하고자 할 때, 또는 특정한 세입으로 특정한 세출에 충당함으로써 일반회계와 구분하여 계리할 필요가 있을 때 등 법률로써 설치하는 회계	국가가 특정한 목적을 위하여 특정한 자금을 신축적으로 운용할 필요가 있을 때 법률로 설치
설치사유	국가 고유의 일반적 재정활동	특정 사업 운영 특정 자금보유 및 운용 특정 세입으로 특정 세출 충당	특정 목적을 위해 특정 자금을 운용할 필요가 있을 때
수입지출 연계	특정한 세입·세출의 연결 배제 원칙	특정한 세입과 세출의 연계	특정한 수입과 지출의 연계 조성된 자금을 회계연도 내에 운용해 남는 자금을 계속 적립
운용형태	공권력에 의한 조세수입과 무상급부 원칙	일반회계와 기금의 운용 형태 혼재	출연금·부담금 등 다양한 수입원으로 목적사업 수행
운용절차	기획재정부가 예산안 편성권을 가지며, 국회 심의 과정을 거쳐 예산 확정 집행에서도 목적 외 사용 금지 등 합법성에 입각한 엄격 통제 추경예산편성을 통한 이용, 전용, 이체	일반회계와 동일	기금관리주체가 계획을 수립하여 국무회의의 심의와 대통령 승인을 거쳐 확정 집행과정에서는 합목적성 차원에서 자율성 및 탄력성 보장 주요 항목 지출금액의 20% 초과변경시 국회 의결 필요 (금융성기금의 경우 30%)
예시	소득세, 법인세 등 국세수입 및 세외수입으로 재원을 조성하여 국방, 사회복지 등에 지출	농어촌특별세와 수입농수산물 관세수입으로 재원을 조달하여 농어촌구조개선사업 수행 (농어촌구조개선특별회계)	사업성기금: 영화발전기금 금융성기금: 신용보증기금 사회보험성기금: 국민연금기금 계정성기금: 공적자금상환기금

자료: 국회예산정책처(2019: 31)을 수정보완.

예산과 기금의 재정수입은 조세, 세외수입, 기금수입 등으로 구성된다. 재정 지출은 그 성질에 따라 인건비, 물건비, 이전지출, 자산취득, 상환지출, 전출금 등, 예비비 및 기타 일곱 가지 종류로 구분되며, 기획재정부는 이 구분에 따라 세출과 목을 나눈 뒤 이를 다시 하위 세목으로 구분하고 있다(국회예산정책처, 2019: 95).

〈표 3〉 성질별 세출예산

(단위 : 백만원)

구 분 (Classification)	2019년도 예산 (FY2019 Budget)
100 인건비(Personnel Expenses)	36,083,095
110 인건비(Personnel Expenses)	36,083,095
200 물건비(Goods Services)	20,199,425
210 운영비(Office Operation)	15,803,775
220 여비(Travel Expenses)	600,993
230 특수활동비(Special Operation Expenses)	285,460
240 업무추진비(Management Expenses)	172,519
250 직무수행경비(Work Operation Expenses)	972,763
260 연구용역비(Reaearch and Service Expenses)	1,819,354
270 안보비(National Security Expenses)	544,560
300 이전지출(Current Transfers)	198,427,626
310 보전금(Compensation)	14,558,120
320 민간이전(Transfers to Privates)	10,825,411
330 자치단체이전(Transfers to Local Gov't)	147,044,841
340 해외이전(Transfers to Abroad)	1,334,902

350 일반출연금(General Funding)	10,070,776
360 연구개발출연금(Research and Development Funding)	14,593,576
400 자산취득(Asset Acquisition)	21,436,389
410 건설보상비(Compensation Cost for Construction & Facilities Assets)	204,087
420 건설비(Construction & Facilities Assets)	5,804,163
430 유형자산(Tangible Assets)	13,705,648
440 무형자산(Intangible Assets)	110,876
460 출자금(Investment)	1,539,926
490 지분취득비(Share of Assets)	71,688
500 상환지출(Repayment of Loans)	8,586,288
510 상환지출(Repayment of Loans)	8,586,288
600 전출금등(Transfers)	44,041,404
610 전출금등(Intra–Gov't Transactions)	44,041,404
700 예비비 및 기타(Contingency & Others)	3,002,788
710 예비비 및 기타(Contingency & Others)	3,002,788
합계(Total)	331,777,015

자료: 기획재정부, 「2019 나라살림예산개요」, pp. 266－267 참고.

<그림 2>에서와 같이 정부는 보조, 교부, 출연, 융자, 출자, 예탁, 전출 등 다양한 형태로 국가재정을 지출하고 있다.

〈그림 2〉 우리나라 재정지출 종류별 비교

	이전진출			자산취득			전출
	보조	교부	출현	융자	출자	예탁	전출
개념	국가나 지방자치단체가 특정 사업의 추진을 위해 지원하는 사업비	지방재정교부금 및 지방교육재정교부금	법률에 의한 정부출연금	정책목표의 달성을 위해 공공자금을 특정 대상에게 융자	공익사업을 수행하는 법인의 주식 또는 출자 증권을 취득하기 위해 지급하는 자금	각 회계와 기금이 다른 회계와 기금에 유상으로 빌려주는 자금	각 회계와 기금이 다른 회계와 기금에 무상으로 주는 자금
개별법상 근거	불필요	필요	필요	불필요	필요	불필요	불필요
지급대상	사업자·사업자 단체 지방자치단체 등	지방자치단체 및 지방교육자치단체	법률에 따라 설치된 정부출현기관	개인, 법인 등	공익사업 수행 법인	회계, 기금	회계, 기금
구체적 용도 지정여부	지정	미지정	비지정	지정	비지정	비지정	비지정
2015년 예산(억원)	584,240	743,140	332,626	315,809	41,427	807,600	513,473

자료: 국회예산정책처(2015: 52).

2. 조세

1) 조세의 개념 및 분류

조세란 정부가 그 운영 및 활동에 필요한 재원을 조달하기 위하여 개별적 반대급부 없이 민간부문으로부터 강제적으로 징수하는 화폐적 수입을 의미한다.[2]

근대 민주주의 국가에서 국민은 납세의 의무를 가진다. 조세법률주의에 의하여, 조세의 항목과 세율 및 부과와 징수는 국회에서 통과된 법률에 따라 정하게 된

---

2) 따라서 조세는 서비스에 대한 개별적 수혜의 대가인 사용료 또는 수수료와는 다르며, 처벌의 수단인 벌금 및 과태료와도 구분된다. 또한 조세는 대상이 일반국민이라는 점에서 이해관계 대상에게 징수되는 부담금과도 차이가 있다.

다. 조세의 본래 목적은 정부의 재원조달이지만 사회적 또는 경제적 상황에 따라 특정 행위를 유도 혹은 억제할 목적으로 사용되기도 한다. 예를 들어 자동차세의 경우, 배기량이 높은 자동차에 더 많은 세금을 부과하여 소비자들이 배기량이 낮은 자동차를 구매하도록 유도함으로써 배출가스로 인한 환경오염을 줄이는 효과를 볼 수 있다. 또한 개별소비세를 통해 사치품 등에 특별과세를 부과함으로써 소비의 억제를 유도한다. 한편, 정부는 소비를 통한 경기의 활성화 또는 안정화를 위해 일정 기간 동안 세율을 인하·조정하기도 한다.

조세의 분류방법은 다양하다. 우선, 과세 주체 기준으로, 중앙정부의 국세와 지방정부의 지방세로 분류될 수 있다. 중앙정부의 재정수입 가운데 국세는 내국세와 관세로 분류될 수 있다. 내국세는 국내에서 부과되는 국세이고, 관세는 재화가 경제적 국경을 통과하는 절차를 거칠 때 「관세법」이 정하는 바에 의하여 부과하는 조세로서 수출세, 수입세, 통과세 등이 있다.

또한, 과세대상을 기준으로 하면 소득세, 재산세, 소비세로 분류될 수 있다. 소득과세는 개인 소득에 부과하는 조세이다. 재산과세는 재산을 소유한다는 사실에 담세 능력을 인정하여 과세되는 조세로서, 상속세, 증여세, 증권거래세, 인지세, 종합부동산세 등이 있다. 소비과세는 재화 또는 용역의 소비에 대해 부과하는 조세로, 부가가치세, 주세, 개별소비세 등이 있다.

한편, 법률상의 조세의 부담자와 실제 납부자가 일치하느냐의 여부에 따라, 내국세를 직접세와 간접세로 나눌 수 있다. 직접세는 법률상의 조세부담자와 실제 납부자가 일치하는 조세로, 소득세, 재산세 등과 같이 소득 또는 재산에 부과되는 조세이다. 간접세는 부가가치세, 개별소비세 등 거래에 부과되는 조세로, 거래를 통해 세금이 전가되기 쉽다는 특징이 있다.

또한, 조세는 조세수입에 특정된 용도가 존재하는지의 여부에 따라 보통세와 목적세로 분류될 수도 있다. 보통세는 용도가 특정되지 않은 조세로, 대부분의 국세와 지방세가 여기에 포함된다. 목적세는 세수의 용도가 특정되어 그 특정 경비에만 사용되는 조세로, 교육세, 교통·에너지·환경세, 농어촌특별세 등이 이에 해당한다.

다음으로 과세의 초점을 사람으로 두는지 물건이나 행위에 두는지에 따라 인세(personal tax)와 물세(real tax)로 분류될 수 있다. 인세는 납세자의 개인적 담세력

〈그림 3〉 우리나라 국세의 구성체계

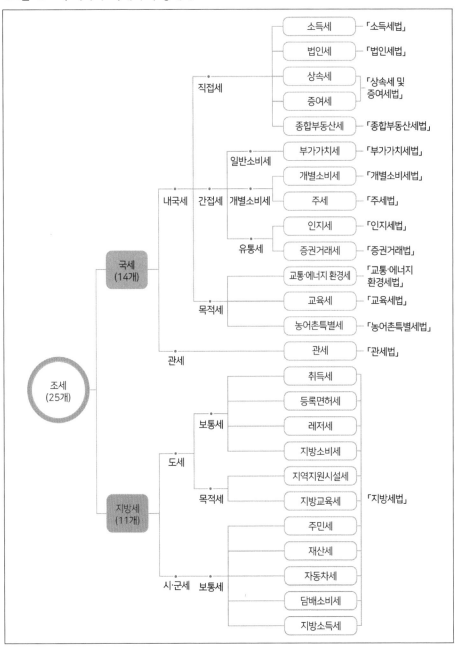

자료: 국회예산정책처(2019: 79).

에 기초하여 부과하는 조세이고, 물세는 과세 객체인 물건, 행위 또는 사업의 외형 표준에 기초하여 부과되는 조세이다. 가계 단위로 부과되는 소득세나 종합재산세, 종합소비세(지출세) 등이 인세에 포함되고, 가계·기업 등 경제 주체의 개별적인 사정과는 무관하게 과세되는 부가가치세나 재산세 등은 물세에 포함된다.

종가세(從價稅, ad valorem)와 종량세(從量稅, unit tax)는 과세표준을 금액으로 표시하느냐 혹은 물량으로 표시하느냐의 기준에 따른 분류이다. 종가세는 과세표준이 화폐 단위로 표시되는 조세로, 대부분의 조세가 여기에 해당한다. 종량세는 과세대상의 가치가 아니라 수량 등의 단위에 부과되는 과세로써, 교통·에너지·환경세, 경마장과 골프장 등의 입장행위에 부과하는 세금 등이 여기에 속한다.

정액세(定額稅, lump-sum tax)는 개인의 경제활동이나 조세부담 능력을 감안하지 않고, 개인을 대상으로 소득에 관계없이 일정액을 부과하는 조세로서 영국의 인두세를 예로 들 수 있으며, 우리나라의 주민세도 유사한 제도로 볼 수 있다. 정률세(定率稅)는 법률에 규정되어 있는 과세표준과 세율에 따라 징수되는 세금으로, 대부분의 조세가 이에 해당한다.

한편, 조세를 독립세와 부가세(surtax)로 구분할 경우 부가세는 독립세액에 일정률을 부가하여 과세하는 조세로서 국세 중에서 교육세, 농어촌특별세가 이에 속한다.

[읽을거리] 조세지출

조세지출이란 납세자에 대한 재정지원을 목적으로 만든 조세특례 제도로서 영구적으로 세금을 감면하는 '직접감면'과 일정기간 과세를 연기하는 '간접감면'으로 구분된다. '직접감면'에는 비과세, 소득공제, 저율과세, 세액공제 등이 있다. 이외에도 근로장려세제나 부가가치세영세율·면제 등 다른 직접감면 유형에 속하지 않는 방법이 있다. '간접감면'에는 준비금, 과세이연, 이월과세 등이 있다.

정부는 세수손실 등 부작용을 방지하기 위해 「국가재정법」 제88조에 따라 국세감면율 한도제를 2007년부터 도입·운영하고 있다. 「국가재정법 시행령」 제41조는 기획재정부 장관으로 하여금 당해 연도 국세감면율이 직전 3년 평균 국세감면율의 0.5%p를 초과하지 않는 범위 내에서 운용되도록 노력할 의무를 부과하고 있다.

출처: 국회예산정책처, 2019: 145-146.

2) 조세부담의 원칙

세금을 누가 얼마나 내야 하는지에 대한 조세부담의 원칙에는 두 가지가 있다. 먼저, 능력원칙(ability-to-pay principle)은 납세자의 능력을 기준으로 조세부담을 분배하여, 담세능력이 큰 납세자는 큰 부담을 져야 한다는 원칙이다. 능력원칙은 담세능력이 클수록 세율도 높아지는 누진세(progressive tax)에 정당성을 부여한다.[3] 누진세 하에서 고소득자는 저소득자보다 소득 대비 더 높은 세금을 납부하게 되어 소득의 재분배 효과가 발생하게 된다.

다음으로 편익원칙(benefit principle)은 경제적 능력과 상관없이 정부 재정지출의 편익에 따라 조세부담을 분배하여, 정부가 제공하는 재화와 서비스로부터 큰 편익을 얻는 납세자는 큰 부담을 져야 한다는 원칙이다. 이는 조세를 공공재와 공공서비스에 대한 요금으로 이해한 것으로, 마치 지하철 요금은 자동차를 이용하는 사람이 아닌 지하철을 이용하고 혜택을 누린 사람으로부터 받는 것과 같은 이치이다. 편익원칙을 적용하려면 모든 납세자가 공공재와 공공서비스로부터 얻은 편익의 크기를 파악해야 하는데, 이는 현실적으로 불가능하다는 문제점이 있다. 또한 조세의 소득재분배 역할을 고려하고 있지 않다는 문제점도 있다. 이런 이유로 편익원칙은 중앙정부의 조세제도에 광범위하게 적용되고 있지는 않다. 그러나 편익원칙은 전통적으로 지방세의 가장 중요한 조세부담 원칙으로 여겨진다.

3) 조세의 효율성과 형평성

어떤 조세가 우리 사회에 바람직한지를 평가하는 기준으로서, 조세의 효율성과 형평성이 자주 거론된다. 먼저, 조세의 효율성은 조세가 시장 자원배분을 얼마나 왜곡시키는지에 대한 문제와 관련이 있다. 무엇을 얼마만큼 생산하고 소비해야 하는지에 대한 자원배분은 시장경제 하에서 최적의 효율성을 달성하게 된다. 조세는 이러한 자원배분에 변형을 가함으로써 경제적 손실을 야기할 수 있다. 조세의

---

[3] 누진세와 대비되는 조세로 비례세와 역진세가 있다. 비례세(proportional tax)는 과세표준 (tax base)의 크기와 관계없이 세율이 일정한 조세를 말하고, 역진세(regressive tax)는 과세표준이 클수록 세율이 작아지는 조세를 말한다.

효율성은 그러한 경제적 손실이 최소화되는 것을 의미한다. 예를 들어, 소득세는 노동자의 세후소득을 감소시키고 결과적으로 노동공급의 감소를 야기할 수 있다. 그 결과 우리 사회에 최적수준보다 적은 노동이 공급되고, 이는 사회에 경제적 손실을 발생시키게 된다. 더군다나 누진적인 소득세는 고소득자의 노동공급을 저소득자의 노동공급보다 더 크게 감소시킨다. 고소득자의 생산성이 저소득자보다 높은 것을 고려할 때, 누진적 소득세는 누진적이지 않은 소득세보다 더 큰 경제적 손실을 발생시킬 수 있다.[4]

다음으로 조세의 형평성은 납세자 간 조세의 공평한 분배에 대한 개념으로 수평적 형평성과 수직적 형평성으로 분류될 수 있다. 조세의 수평적 형평성이란 같은 능력을 가진 납세자는 같은 수준의 조세를 부담해야 한다는 원칙이다. 예를 들어, 연소득이 같은 두 납세자는 직업과 경제활동의 종류와 관계없이 같은 수준의 소득세를 부담하는 것이 수평적 형평성에 부합한다. 조세의 수직적 형평성은 담세능력이 큰 납세자는 더 많은 세금을 내야 한다는 원칙이다. 예를 들어, 고소득자가 저소득자보다 소득대비 더 많은 세금을 내는 것은 수직적 형평성에 부합한다.

조세의 효율성과 형평성은 일반적으로 한쪽을 얻으려면 한쪽을 포기해야 하는 상충관계(trade-off)에 놓여 있다. 예를 들어 소득세의 누진세율 완화는 고소득자의 노동공급을 증가시켜 조세의 효율성을 개선시키지만 고소득자의 조세부담을 상대적으로 감소시켜 조세의 수직적 형평성을 약화시킨다.

3. 예산의 이해

1) 예산의 개념 및 의의

예산은 정부의 수입·지출과 같은 재정활동과 긴밀한 관계가 있기 때문에 재정이라는 용어와 혼용되는 경우가 빈번하다.[5] 그러나 재정은 정부의 재원수준과 배

---

4) 이 개념을 초과부담 또는 사중손실(deadweight loss)이라고 함. 자세한 논의는 Gruber (2009: 597-600)를 참조.

5) 예산(budget)은 원래 국가의 수입과 지출을 담는 용기로서 기능했던 돈가방 또는 공적 지갑을 의미했다. 영국에서는 그 용어가 재무장관이 의회에 갈 때 정부의 재정적 요구사

분에 대한 결정 및 집행 등의 전반적인 경제활동을 총칭하는 용어인 반면, 예산은 재정의 기획, 관리, 운영주체의 행동에 초점을 두고 있는 용어라는 점에서 차이가 있다. 예컨대 Burkhead(1956)와 Eckstein(1979)은 예산을 미래의 정부 수입과 지출에 대한 자세한 내역과 규모를 예측하여 계산한 내역이라고 보았다.[6]

예산은 정책목표의 선정과 목표달성을 위한 수단의 선택을 포함한다. 예산체계는 이런 목적과 수단의 전략적 체계이며 이는 민간과 공공부문 간에 희소자원을 배분하는 정치적 결정뿐만 아니라, 공공부문 내에서 다양한 용도 간 자원을 배분하는 의사결정을 포함한다. 가장 단순한 형태로 예산은 조직의 재정상태를 보여주는 문서이며, 수입, 지출, 활동, 그리고 목표나 목적에 대한 정보를 포함한다[7](Lee & Johnson, 1983).

정부예산의 범위는 정부의 활동 범위와 관련이 있으므로 규모가 상당히 크고, 영향을 미칠 수 있는 범위도 기능별·사업별·집단별로 매우 포괄적이기 때문에 국민 경제 전반에 큰 영향을 미친다. 정부활동의 범위는 정부 역할에 대한 국민들의 이해와 상황에 따라 다르다. 예컨대 정부의 역할이 국방, 치안 등 최소한의 공공재와 서비스의 공급으로 한정되어야 한다고 보는 견해가 있는가 하면, 정부가 경제발전에 주도적인 역할을 담당하기 위하여 경제개발계획의 입안, 유·무형 인프라의 제공과 건설, 특정 산업의 보호와 유치 및 성장의 지원 등도 담당해야 한다는 입장도 존재한다. 나아가 정부의 역할 범위에 소득 재분배, 실업 대책, 사회 보장, 의료 보장 등과 같은 넓은 차원의 복지혜택 제공까지도 포함시킬 경우, 예산의 범위는 보다 확대될 수 있다.

한편, 정부예산에 직접적으로 관여하는 당사자들은 매우 다양하다. 행정부가

항을 전달하기 위해서 사용했던 가죽가방을 묘사하기 위해 사용되었다. 마침내 그 용어는 그 가방에 포함된 문서 즉 의회의 동의를 얻기 위해서 제출된 정부재정 계획을 의미하게 되었다(Burkhead, 1956).

6) 정부지출(government expenditure)을 결정하는 것은 일반적인 정치과정이지만, 구체적인 결정이 이루어지는 것은 예산(budgeting)을 통해서이다. 예산은 정부의 예정된 지출과 수입에 대한 상세한 언명이다(Eckstein, 1979). 대차대조표가 회고적인 것으로, 과거 조건과 현재 상태를 보여주는데 반해, 예산은 장래에 예상되는 미래의 수입, 지출, 그리고 성취를 보여준다(Lee & Johnson, 1983).

7) 예산에 대한 기간을 회계연도(Fiscal Year: FY)라고 하며 국가마다 차이가 있다. 한국, 독일, 프랑스, 러시아는 1월 1일부터 12월 31까지이며 일본과 영국은 4월 1일부터 다음해 3월 31일까지, 미국은 10월 1일부터 다음해 9월 30일까지다.

예산안을 작성하면 입법부는 이를 심사하여 실행 여부를 결정하고, 입법부에 의해 결정된 예산을 행정부는 집행하고 행정부의 예산관리와 운영에 대해서는 감사원이 개입하게 된다. 이들 행정부, 입법부와 감사원은 서로 다른 목적을 지닌 수많은 산하 조직 및 사람들로 구성되어 있기 때문에 활동상 제약이 많으며, 갈등을 조정하고 책임을 명확히 하는 것이 어렵다. 더구나 실제 세금을 부담하는 주체는 국민이지만, 조세제도와 예산지출을 구상하고 계획하는 것은 국민의 대표로 선출된 입법부이며, 이에 대한 구체적인 지출 방법을 결정하고 집행하는 것은 행정부 공무원이기 때문에, 예산집행 상 책임성 및 효율성 확보와 함께 집행과정의 투명성 유지가 중요한 과제가 된다(Rubin, 1997).

예산은 법률의 형식을 갖지 않더라도 입법부의 심의를 거쳐 의결되면 법률과 동일한 효력을 갖는다. 영국, 미국, 독일 등에서는 의회를 통과한 예산안이 법률로서의 성격을 지니지만, 우리나라에서는 법률로서 다루어지지는 않는다.[8] 예산은 법률이나 다른 의회의 결정과 달리 정부의 운영에 필요한 자원을 배분하기 위한 계획의 성격을 갖는 것이지만, 의회의 결정에 의해 산출되는 것이므로 예산안에 나타난 자원배분의 기본 취지는 법률 등 의회의 다른 결정과 동일한 법적 권위와 구속력을 갖는다. 즉, 예산안에 담긴 금액들은 재정계획의 준칙이 되고, 세출입 예산이 법령의 규정에 근거를 가지고 시행되므로 결국은 법령에 따라 예산이 편성되고 집행되는 것으로 볼 수 있다.

예산은 본예산, 수정예산, 추가경정예산, 준예산으로 분류될 수 있다. 본예산은 국회에서 의결된 예산을 말하고, 수정예산은 국회의 심의 전에 수정된 예산을 말한다. 추가경정예산은 예산안이 국회에서 확정된 후 본 예산에 추가되는 예산·준예산은 회계연도 시작인 1월 1일까지 예산안이 국회에서 의결되지 못한 경우 임시로 편성되는 예산을 의미한다.

---

8) 예산부수법안은 예산안과 함께 국회에 제출하여 심의를 받아야 하는 법안으로 세입 및 세출의 법적 근거를 마련하기 위함이다. 일반법안이 해당 상임위원회와 법제사법위원회를 거쳐 본회의에서 의결되는 것과는 달리, 예산부수법안으로 지정된 법안은 예산이 통과되면 자동적으로 입법 처리된다.

2) 예산의 기능

예산은 특정한 목적, 정책, 사업, 활동 등에 관한 결정과 세부적인 내용을 포함하고 있다. 예산의 수립과 결정, 집행 등은 입법부와 행정부 등 다양한 주체와 밀접하게 관련을 맺고 있기 때문에 예산의 기능은 정치적 측면에서의 기능, 행정적 기능, 경제적 기능 등과 같이 다양한 차원에서 접근해볼 수 있다.

첫째, 정치적인 관점에서 예산의 기능을 바라보는 학자들은 정치과정에서 국민들의 이해관계를 조정하여 예산이 만들어진다고 본다. 즉 예산을 의회와 행정부 간의 정치적 투쟁의 산물로 간주하며, 예산운영과 관련된 다양한 이해집단들이 이익을 추구하는 과정에서 발생하는 갈등과 그 해결과정인 정치과정에 주목한다. 일찍이 Buck(1934)은 예산제도에 대한 비교연구를 통해 정치 및 정부활동에 예산이 큰 부분을 차지하고 있으며 내각과 대통령의 평가도 예산에 의해 좌우된다는 것을 발견하고 이러한 의미에서 예산을 정치적 프로그램으로 규정하였다. Downs(1957)는 예산을 '현 정권이 다음의 선거에서 승리하기 위한 수단'으로 정의하였으며, 또한 Wildavsky(1964) 역시 정책결정과정에서 투쟁의 결과를 예산으로 보고, 예산을 정치의 핵심요소로 분석하였다.

둘째, 예산의 행정적 기능은 정부가 정책을 결정하고 수행하는 활동에 있어서 예산의 효과에 주목한다. 즉 예산은 국가의 목표를 달성하기 위하여 정부의 사업계획을 실제 집행함과 동시에 관리적 기능을 수행한다는 것이다. Schick(1966: 244-245)는 예산의 기능을 통제적·관리적·기획적 기능으로 분류하였다. 예산은 공무원이나 기관이 편성·집행·회계감사의 각 단계에서 요구되는 사항을 준수함으로써, 상부의 정책과 계획을 따르도록 한다는 점에서 통제적 기능을 갖는다. 그리고 예산을 통해 공무원이나 기관이 정책목표 달성을 위한 재원배분을 효율적으로 수행하고 이를 평가할 수 있도록 관리적 기능을 갖는다. 나아가 예산을 통해 미래의 사업계획 및 재정을 연계시킬 수 있으므로 기획적 기능도 갖는다. Schultze(1968: 244) 역시 예산이 재정적·관리적 통제기능과 전략적 기획 기능을 가진다고 주장하였다.

셋째, 예산의 주요 기능으로서 경제적 기능이 있다. Musgrave & Musgrave (1980)는 정부의 세입세출 예산이 국민경제 전반에 큰 영향을 준다는 점에 주목하

〈그림 4 〉 예산의 경제적 기능

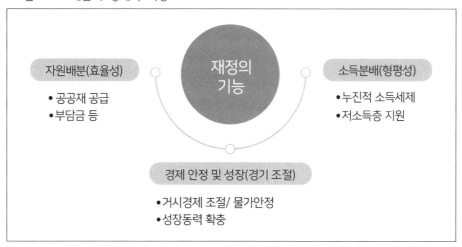

자료: 국회예산정책처(2015: 13).

여, 예산의 주요 기능을 자원배분, 소득분배, 그리고 경제안정 및 성장으로 제시하
였다. 실제 조세제도 및 세출구조는 고용, 물가, 경제성장, 소득재분배 등 국민의 사
회·경제적 요구를 만족시키기 위한 강력한 경제정책의 도구가 된다. 이러한 예산
의 경제적 기능은 크게 경제안정화, 경제성장촉진, 소득재분배, 자원배분 기능으로
분류할 수 있다. 여기서 경제안정화 기능은 예산이 국민경제의 균형을 위한 기제로
서 작용하여 불황기에 정부는 예산을 증액하여 지출을 늘림으로써 고용증대와 경
기활성화를 유도하고, 호황기에는 정부지출을 억제시킴으로써 수요를 감소시켜 인
플레이션을 억제하고 경기변동을 완화하는 역할을 한다는 것이다. 경제성장촉진
기능이란 정부가 경제기반시설에 예산을 투자하여 민간에서 필요한 인프라를 공급
함으로써, 이후 국가경제의 구조적 변화와 성장을 유도할 수 있다는 의미이다. 소
득재분배 기능은 예산과정에서 세율조정이나 사회보장지출 변화 등을 통해 소득재
분배를 실현하는 것을 말하며, 자원배분 기능은 시장경제기구에서는 공급될 수 없
는 재화나 용역이 정부의 예산을 통해 공급된다는 것이다.

3) 예산원칙

예산원칙은 예산과정 가운데 지켜야 하는 준칙으로, 행정부 통제에 중점을 두는 전통적 예산원칙과 예산집행 효율성에 중점을 두는 현대적 예산원칙으로 분류된다. 다음에서는 두 가지의 예산원칙을 살펴보기로 한다.

(1) 전통적인 예산원칙

전통적인 예산원칙은 입법부가 행정부를 통제하는 입법부 우위의 예산원칙이다. 기존에 제시되었던 공통된 원칙들은 다음과 같이 요약될 수 있다(Sundelson, 1935; 윤영진, 2010 재인용).

첫째, 예산 완전성(universality) 또는 예산총계주의의 원칙은 정부의 모든 세입·세출을 전부 예산에 반영함으로써, 국민과 의회가 정부의 예산집행에 대하여 감독과 통제를 용이하도록 해야 한다는 것이다. 그러나 우리나라의 경우에는 기금의 별도 운영으로 인해 예산완전성의 원칙이 전적으로 적용되고 있지는 않다고 볼 수 있다.

둘째, 예산 단일성의 원칙은 국가의 예산은 단일 회계 내에서 정리되어야 한다는 원칙으로서, 단일예산주의라고도 한다. 이러한 단일성의 원칙은 예산 공개 및 예산 명료성의 원칙과 밀접한 관계를 가지며, 예산을 단일화하여 국가의 재정상태를 종합적으로 다루어야 한다는 점을 말하고 있다.

셋째, 예산 명료성의 원칙은 국민들이 예산을 보고 이해할 수 있도록, 예산을 쉽게 편성해야 한다는 것이다.

넷째, 예산 공개의 원칙이란, 예산의 심사, 의결, 결산 모두를 국민에게 공개해야 한다는 원칙이다.

다섯째, 예산 엄밀성의 원칙은 예산과 결산과의 차이를 최소화해야 한다는 원칙이다.

여섯째, 예산 한정성의 원칙은 예산이 각 항목별로 구분되어 지출되어야 한다는 원칙이다. 이는 예산은 일정한 목적 이외의 경비로 사용되거나 이용 또는 유용되어서는 안 되며, 회계연도를 넘겨 사용해서도 안 된다는 의미이다. 그러나 오늘날 대부분의 현대국가의 예산에서는 이용과 전용, 예비비 등의 예외를 보통 인정하고 있다.

일곱째, 예산 배제성의 원칙은 예산과 입법을 분리하여, 예산은 재정수입과 지출만을 다루고 입법은 예산을 의결하지 않아야 한다는 원칙이다. 이는 정부의 수입과 지출을 모두 예산에 반영해야 한다는 완전성의 원칙으로부터 도출된다.

여덟째, 예산 명세성의 원칙이다. 이는 세입과 세출예산이 세분화되어야 한다는 것으로, 품목별 예산제도와 관련이 있다.

아홉째, 예산 사전의결의 원칙은 예산은 국회에서 먼저 심의·의결된 후에야 행정부에서 집행될 수 있다는 것을 의미한다.

열 번째, 예산 통일성의 원칙은 특정한 세입과 세출을 연관시켜서는 안 된다는 것이다.

(2) 현대적 관점의 예산원칙

앞에서 살펴본 전통적인 예산원칙은 입법부의 행정부에 대한 통제를 근간으로 하고 있으나, 행정부의 기능과 규모가 확대된 현대 행정국가에서는 한계를 지닌다. 즉 우리 사회의 문제를 해결하고 국민의 복지향상을 도모하기 위한 행정부의 적극적 역할이 강조됨에 따라, 행정부에 재량권을 부여하여 예산집행의 효율화를 꾀하는 방향으로 예산원칙이 변화되었다. 대표적인 현대적 예산원칙에는 Smith (1945)가 제시한 8가지 예산원칙이 있다(윤영진, 2010 재인용).

첫째, 행정부 사업계획의 원칙은 예산에 행정부의 사업계획이 반영되어야 한다는 것을 의미한다. 둘째, 행정부 책임의 원칙은 행정부는 입법부에 의해 의결된 예산을 효율적으로 집행해야 할 책임이 있다는 것을 의미한다. 셋째, 보고의 원칙이란 예산 편성, 심의, 집행 등은 행정기관의 재무보고와 업무보고에 기초하여 이루어져야 한다는 것이다. 넷째, 적절한 수단 구비의 원칙은 정부가 의회로부터 예산이라는 형식을 통해 부여받은 권한 및 책임을 수행하기 위해서 예산기관 등과 같은 수단을 가져야 한다는 것을 의미한다. 다섯째, 다원적 절차의 원칙은 정부가 현대의 복잡하고 다양한 역할 및 기능을 수행하기 위해서는 그에 상응하는 유연한 예산절차가 마련되어야 한다는 것을 말한다. 여섯째, 행정부 재량의 원칙은 예산의 세부적 항목 수를 줄여 행정부의 예산지출 재량권을 확대해야 한다는 것을 말한다.

일곱째, 시기탄력성의 원칙은 경제사정 등의 변화에 따라 예산의 집행을 탄력적으로 변화시킬 수 있어야 함을 말한다. 여덟째, 상호교류적 예산기구의 원칙이란, 중앙예산기관과 각 부처 예산기관 사이에 효율적인 예산운영을 위하여 상호간 원활한 의사전달을 위한 협력체제가 이루어져야 한다는 것을 의미한다.

지금까지 살펴본 것처럼, 전통적 예산원칙은 입법부의 통제권을 중시하지만 현대적 원칙은 행정부의 재량을 허용해 집행의 효율성을 높이는 원칙임을 알 수 있다. 두 원칙 모두가 소홀이 할 수 없는 중요성을 각각 내포하고 있기 때문에, 개별 국가의 사정에 따라 양 원칙을 적절히 조화시킴으로써 상호 보완적으로 적용되는 것이 필요하다.

(3) 국가재정법의 예산원칙

우리나라 「국가재정법」 제16조에서는 예산원칙으로 재정건전성 확보와 국민부담 최소화, 그리고 재정지출의 성과 제고 및 성인지예산에 관한 사항을 명시하고 있다. 첫째, 정부는 재정건전성의 확보를 위하여 최선을 다하여야 한다. 둘째, 정부는 국민부담의 최소화를 위하여 최선을 다하여야 한다. 셋째, 정부는 재정을 운용함에 있어 재정지출 및 조세지출의 성과를 제고하여야 한다. 넷째, 정부는 예산과정의 투명성과 예산과정에의 국민 참여를 제고하기 위하여 노력하여야 한다. 다섯째, 정부는 예산이 여성과 남성에게 미치는 효과를 평가하고, 그 결과를 정부의 예산편성에 반영하기 위하여 노력하여야 한다. 여섯째, 정부는 예산이 온실가스감축에 미치는 효과를 평가하고, 그 결과를 정부의 예산편성에 반영하기 위하여 노력하여야 한다. 위의 세 번째 원칙에서 조세지출의 성과에 대한 부분은 2010년의 30차 개정에서 추가되었다. 이를 통해 재정지출뿐 아니라 조세지원도 그 성과가 관리되도록 하였다[9)](국회예산정책처, 2014: 155).

---

9) 「조세특례제한법」 제142조의2(조세지출예산서의 작성) 제1항에 따른 조세지출의 성과를 제고하여야 한다. (1) 기획재정부장관은 조세감면·비과세·소득공제·세액공제·우대세율 적용 또는 과세이연 등 조세특례에 따른 재정지원(이하 "조세지출"이라 한다)의 직전 연도 실적과 해당 연도 및 다음 연도의 추정금액을 기능별·세목별로 분석한 보고서(이하 "조세지출예산서"라 한다)를 작성하여야 한다.

[읽을거리] 재정준칙과 재정건전성

주요 선진국들의 경우 재정적자 축소와 국가채무 감축 등 재정운용의 목표를 명시적인 재정준칙을 통해 설정하고 있다. 재정준칙(fiscal rules)은 재정수지, 재정지출, 국가채무 등의 총량적인 재정지표에 대하여 구체적인 목표 수치(numerical numbers of targets)와 재정운용 목표(fiscal objectives)를 법제화한(legally provided) 재정운용정책을 의미한다.

재정준칙의 요건으로는 첫째, 법적 토대(statutory basis)에 기초한 강제력이 있어야 한다. 국가 간에 사회경제적 배경의 차이가 있으므로 법적인 토대는 헌법, 법률, 규제, 그리고 정부의 정책가이드라인, 국제협약 등이 될 수 있다. 두 번째로 총량적 재정목표를 구체적인 수치로 설정하여야 한다는 것이다. 통상적으로 많이 사용되는 총량적 재정목표로는 재정수지 적자의 GDP 비율, 국가채무의 GDP 비율 및 재정 증가율에 대한 한도 설정 등이다. 세 번째 요소는 재정준칙을 준수하지 못했을 경우에 대한 제재조치(sanctions)의 존재 여부이다. 준칙을 위반했을 경우의 제재조치로는 금전적(financial) 제재, 사법적(judicial) 제재, 그리고 신용적(reputational) 제재 등의 세 가지 종류가 있다. 부가적으로, 예산을 집행하는 당국과는 독립적인 기구(independent authority)가 준칙의 집행과 준수 여부를 점검해야 할 필요가 있다. 재정준칙을 집행하고 실행하는 선진국의 경우 중앙은행, 재무부, 그리고 대법원 등이 그 역할을 하고 있다.

재정준칙은 그것이 달성하고자 하는 목표 재정변수에 따라 유형을 나누어 볼 수 있다. 첫째, 재정수지 준칙(deficit rules)은 가장 많이 알려진 재정준칙으로서 정부 재정수입과 지출 사이의 수지를 목표 재정변수로 하고 있다. 여기서 재정수지는 종합수지(overall balance), 경상수지(current balance), 운용수지(operating balance) 등이며 준칙은 매 회계연도에 이들 재정수지들이 특정한 수치목표 혹은 범위 안에 들어 있어야 함을 의미한다. 둘째, 국가채무 준칙(debt rules)은 공공부문의 GDP 대비 비율의 상한선을 정하여 국가채무에 대한 안정적인 관리를 정책목표로 제시한다. 셋째, 지출준칙(spending rules or expenditure rules)이란 재정건전화를 위해 재정수지 그 자체에 초점을 맞추기보다 정부지출의 증가율을 제한하거나 감세규모를 제한하여 수지적자를 조정하는 재정정책운용 준칙을 말한다. 미국의 예산통제법(BEA)에서 사회보장, 이자지출, 예금보험 등의 의무지출에 대해서는 지출증대나 세입 감소를 초래하는 법안이 제안될 경우에 이를 상쇄하는 법안을 동시에 제출하도록 하는 PAYGO(pay−as−you−go) 원칙이 도입된 것이 이에 대한 예이다.

출처: 박형수·류덕현, 2006: 21−45.

4. 우리나라의 예산과정

다음으로 우리나라 예산이 실제 어떠한 과정을 거쳐 결정·집행되고 있는지에 대해 살펴본다. 예산과정은 전년도 결산, 당해연도 예산의 집행, 내년 예산안의 편성·심의로 이루어져 있다. 예를 들어 2019년도 예산은 2018년에 예산안의 편성·심의가 이루어지고, 2019년에 예산의 집행, 2020년에 결산이 진행된다. 우리나라의 경우, 정부의 예산안 제출과 국회의 예산안 심의 및 의결을 예산과정이라 하며, 이후 단계인 정부의 결산보고서 작성, 감사원의 결산검사, 국회의 결산심사를 결산과정이라 한다(국회예산정책처, 2019: 121).

1) 정부의 예산안 편성

2006년 10월 4일 제정된 「국가재정법」에는 정부의 예산안 편성과정이 규정되어 있다. 먼저 기획재정부는 매년 초 사업계획서를 제출받고 이를 바탕으로 국무위원 재정전략회의에서 재정운용계획을 수립한다. 그 후 기획재정부는 각 부처에 예산안 편성지침을 통보하고, 각 부처는 이를 기초로 예산요구서를 기획재정부에 제출한다. 기획재정부는 제출받은 예산요구서를 바탕으로 예산을 편성하여 이를 다음 회계연도 120일 전까지 국회에 제출해야 한다.

국회 등의 우리나라 독립기관은 예산편성권이 없으며, 기획재정부가 국가전체에 대한 예산편성을 맡고 있다[10]. 그러나 「국가재정법」은 독립기관의 예산편성 시 의견존중과 사전협의, 그리고 의견청취를 규정하여 예산편성 자율권을 일부 인정하고 있다.

한편, 2005년부터 부처의 예산편성 자율성을 확대하는 총액배분·자율편성 제도가 도입되었다. 총액배분·자율편성 제도는 예산의 총액을 각 부처별로 설정하고, 각 부처가 지출한도 내에서 예산을 자율적으로 사용하는 방식을 말한다. 제도 도입 이전에는 각 부처의 예산요구를 반영하여 중앙예산기관이 주도적으로 편

---

10) 영국과 미국 등의 경우, 독립기관의 예산편성은 독립적으로 이루어진다.

성하였다. 총액배분·자율편성 제도는 중앙예산기관 주도의 경직적인 예산편성방식을 지양하고 예산에 대한 각 부처의 자율성과 책임성을 강화하려는 목적을 가지고 있다.

2) 국회의 예산안 심의

우리나라 중앙정부 예산은 "국회는 국가의 예산안을 심의·확정한다"는 헌법 제54조에 의거하여 국회의 의결을 통하여 성립된다. 국회에서의 예산심사는 상임위 예비심사와 예결위의 종합심사 후, 본회의 의결 순으로 이루어진다. 구체적인 절차는 다음과 같다. 먼저, 정부는 예산안 제출 후 국회 본회의에서 시정연설을 한다. 그 후, 예산안이 상임위로 회부되어 예비심사를 거치며, 예비심사를 바탕으로 예산결산특별위원회는 종합심사를 통해 종합정책질의와 부별심사를 실시한다. 그 후, 예산안등조정소위원회는 결과를 반영하여 예산안을 수정하고 예산결산특별위원회에 보고한다. 정기국회에서는 예산안과 예산부수법률안 처리에 주력하고, 그 밖의 법률안은 가급적 임시국회에서 처리하도록 하여 법률안을 연중 분산하여 심사하는 것이 원칙이다. 한편, 헌법 제57조는 국회가 정부의 동의 없이 예산의 각 항을 증액할 수 없고 새 비목을 만들지 못하도록 규정한다. 그러나 이러한 제한은 국회의 예산심의권을 저해할 수 있다.[11]

3) 예산의 집행

예산집행은 예산의 배정으로부터 시작된다. 일반적으로 예산배정 절차는 각 부처가 예산배정요구서를 기획재정부장관에게 제출하면 기획재정부장관은 예산배정을 위한 계획을 작성하여 대통령의 승인을 받은 후, 분기별 예산배정계획에 의해 중앙부처에 예산을 배정한다. 이렇게 배정된 예산은 다시 하급기관에 재배정하는 순으로 이루어진다.

예산의 집행과 관련한 주요 개념으로는 이용(移用), 전용(轉用), 이체, 이월을

---

11) 미국은 증액 및 삭감에 제한이 없고, 영국은 삭감만 할 수 있다.

들 수 있다. 이용과 전용은 배분된 예산을 본래 목적과 다르게 사용하는 것을 지칭하는 용어이다.[12] 이체는 법령의 변화로 부처의 업무에 변동이 있을 경우, 그에 상응하여 예산을 변경하는 것을 가리킨다. 이월은 남은 예산을 다음 회계연도로 넘겨서 사용하는 것을 말한다. 회계연도 독립의 원칙에 따라 매 회계연도의 세출예산은 일부 예외를 제외하고 원칙적으로 이월하여 사용할 수 없다.

4) 결산과정

결산은 회계연도의 수입과 지출을 확정하는 작업으로 다음 세 가지 특징을 갖는다. 첫째, 결산은 정부의 예산운용을 사후적으로 확인한다. 둘째, 결산은 예산집행의 정치적 책임을 묻고 다음 예산편성에 이를 반영한다. 셋째, 결산은 예산집행에 대한 정부의 책임을 해제한다. 그러나 예산집행 중의 위법행위에 대해서는 관계 공무원이 법적 책임을 질 수 있다.

결산과정은 정부의 결산과 국회의 결산심의로 구분된다. 정부결산은 각 부처 결산보고서 제출, 기획재정부 국가결산보고서의 국무회의 심의, 감사원의 검사, 국가결산보고서의 국회제출 순서로 이루어진다. 국회의 결산은 상임위의 예비심사, 예산결산특별위의 심사, 본회의 의결 순서로 진행된다. 국회의 결산과정에서 위법행위 발견 시, 해당 기관에 변상을 요구하거나 시정을 요구한 후 조치에 대한 보고를 받게 된다.

결산의 결과인 국가결산보고서에는 세입과 세출은 현금주의·단식부기 방식으로 작성되고 재무제표는 발생주의·복식부기 방식으로 작성된다.

---

12) 예산의 이용은 각 기관·장·관·항 등 입법과목 간에 상호 융통하는 것으로 사업의 주요 내용이나 규모의 변경을 의미한다. 원칙적으로 허용되지 않으나, 예산집행 상 필요에 의하여 미리 국회의 승인을 얻을 경우와 정부조직 등에 관한 법령의 제·개정이나 폐지로 인해 직무와 권한에 변동이 있을 때 기획재정부장관이 당해 중앙관서장의 요구에 의하여 이용토록 할 수 있다. 예산의 전용은 행정과목 간 상호 융통하는 것으로, 예산 집행과정에서 부분적인 계획의 변동이나 여건이 바뀔 시 재량에 따라 융통할 수 있으며 기획재정부 장관의 승인을 얻도록 되어 있다(기획재정부, 「시사경제용어사전」 www.moef.go.kr).

[읽을거리] 정부회계와 발생주의·복식부기

정부예산이 회계연도 개시 전에 이루어지는 계획이라 한다면, 정부회계는 예산의 집행과정에서 이루어지는 기록이다. 일반적으로 회계제도는 인식기준과 기록방식에 의해 구분된다.

우선, 거래의 인식기준으로 볼 때 현금주의와 발생주의로 구분할 수 있다. 현금주의(cash basis)란 현금이 유입되면 수입으로, 현금이 유출되면 지출로 인식하여 현금변동시점을 거래의 인식기준으로 한다. 반면에 발생주의(accrual basis)는 현금수취 및 현금지출거래 그 자체보다는 현금을 발생시키는 경제적 사건이 실제로 발생한 시점에 거래를 인식하는 방식이다. 예를 들어 미수금, 미수수익, 미지급금, 미지급비용, 선수수익, 선급비용, 감가상각비 등과 같은 계정과목이 사용된다.

한편, 거래의 기록방식에 따라 단식부기와 복식부기로 구분된다. 단식부기는 차변과 대변의 구분없이 발생된 거래의 한쪽 면만을 장부에 기재하는 방식이다. 반면에 복식부기는 회계상의 거래를 차변과 대변으로 나누어 이중으로 장부를 기록하고자 하는 부기법이다. 즉, 복식부기에 의해 한 회계거래가 기록되면 기록된 차변금액의 합계와 대변금액의 합계는 항상 일치하게 되어 있다.

출처: 이효 외, 2002: 44-49.

2절 예산이론

예산(결정)이론은 기본적으로 정부의 자원배분에 관한 의사결정이론으로 볼 수 있다. 정부가 사용할 수 있는 자원은 한정되어 있기 때문에 수많은 정책과 사업들을 모두 추진하기는 어렵다. 부처별 예산투입의 차이가 왜 발생하는지 국민의 입장에서 의문이 제기될 수 있다. 어떤 사업은 다른 사업보다 왜 더 많은 예산을 배정받고, 예산규모가 더 빠르게 증가하는지 등에 대한 'Key(1940)의 질문[13]'은 다양한

---

13) Key(1940: 1137-1144)는 1940년 미국정치학회보(American Political Science Review)에 실린 논문에서 예산이론(budget theory)이 없다는 현실을 한탄하면서 다음과 같은 예산결정에 관한 근본적인 질문('Key Question'), 즉 "A사업 대신 B사업에 예산을 배분하는

예산결정이론들이 개발되는 계기가 되었다. 기본적으로 Key(1940)는 예산결정은 희소한 자원을 상호 경합적인 필요들에 대해 배분하는 문제라는 시각에서, 한정된 자원으로 최대의 성과를 창출할 수 있는 예산편성이론에 대한 탐구의 중요성을 제기한 것이다. 이처럼 'Key의 질문'에 대한 답을 찾는 과정에서 제시되어온 예산결정 이론은, 크게 예산배분의 경제적 측면을 강조하는 포괄적·분석적 접근과 정치적 측면에 초점을 맞추는 점증적·정치적 접근이라는 두 가지 흐름으로 구분될 수 있다(윤영진, 2010: 266-267).

'Key의 질문'에 최초로 답변을 시도한 Lewis(1952; 윤영진, 2010: 267 재인용)는 경제학적 관점에서 예산결정에 적용되어야 하는 명제들을 제시하였다. 첫째, 자원은 희소하기 때문에 예산이 다른 곳에 사용되었을 경우와 비교한 상대적 가치(relative merits)를 중심으로 예산분석을 실시해야 한다는 점, 둘째, 효용체감의 현상 때문에 추가적인 예산투입으로부터 발생하는 추가적 가치에 대한 분석이 필요하다는 점, 셋째, 예산분석에 있어서 상대적 가치는 상대적 효과성(relative effectiveness)에 의해서 평가될 수 있다는 점이다. Lewis는 경제학의 희소성과 한계효용 개념을 도입하여 예산결정에 대한 틀을 제공하였으며, 성과예산제도, 계획예산제도, 영기준예산제도 등으로의 개혁에 중요한 영향을 미쳤다.

이에 비해 Burkhead(1956; 윤영진, 2010: 267 재인용)는 예산규모 및 배분의 결정이 개인적 선호를 전체적인 선호로 바꾸는 정치적 상호작용의 결과라고 보았다. 즉 예산결정 과정에서 정부, 의회, 관련 집단 간의 상호작용에 의해 정치적 특성이 나타나며, 예산과정은 정치권력 관계로부터 도출된 책임유형(responsibility pattern)을 보여준다고 주장하였다. Burkhead는 예산결정에 관한 정치적 측면에서 예산결정 참여자들의 관계에 관심을 갖도록 기여했으며, 이후 Wildavsky의 연구에도 많은 영향을 주었다.

근거는 무엇인가?"라는 의문을 제기하였다.

1. 총체주의

총체주의(synoptism)[14]는 인간은 결정에 있어서 모든 대안들의 사회적 비용과 가치를 정확히 분석하고 비교한 후 최적의 대안을 선택한다는 합리모형에 기반하고 있다. 의사결정에 관한 합리모형은 정책목표와 관련된 완벽한 정보를 가지고 모든 편익과 비용을 계량할 수 있다고 전제한다.

앞서 논의한 Lewis(1952)의 세 가지 명제는 전형적인 총체주의 관점이 적용된 예산결정 방식이라고 할 수 있으며, Schick(1969)의 '체제예산운영(system budgeting)' 역시 총체주의 관점이 반영된 개념이라고 할 수 있다. 이와 같은 총체주의 모형에서는 가능한 모든 대안을 고려하여 효과성이 큰 대안을 도출하고자 노력한다. 일반적으로 새로운 대안의 개발은 계량모형 등 과학적인 방법론이 사용되거나, 정책분석가의 개인적 아이디어의 착상과 집단적인 사고, 전문가의 조언 등과 같은 주관적인 판단에 의해 이루어진다.

총체주의를 예산결정에 적용하기 위해서는 다음과 같은 조건들이 필요하다. 첫째, 사회 내의 모든 가치에 대하여 가중치를 부여할 수 있어야 하는데, 이는 예산의 규모와 항목 결정 시 특정 예산배정의 근거가 되기 때문이다. 둘째, 대안의 효과를 예측하는 데 필요한 완전한 정보를 가지고 있어야 한다. 셋째, 모든 대안들에 대한 비용 및 편익의 가치를 계산할 수 있어야 하는데, 이는 대안들의 완전한 비교 및 평가가 가능하기 위해서는 어떠한 상황에서도 명확한 기준을 통한 수치화가 필요하기 때문이다. 마지막으로 예산결정이 합리적으로 이루어지는 의사결정절차가 존재해야 한다. 합리적 모형에서는 예산결정절차에서 목표를 명확히 정할 수 있어야 하며 가능한 모든 대안을 탐색하는 완전한 분석을 요구하기 때문이다.

따라서 총체주의는 결과의 측면에서의 합리성을 추구하며 예산의 분배에 있어서 사회후생의 극대화 즉, 파레토 최적의 실현을 추구한다. 총체주의는 합리적인 분석을 통해 어떤 상황에서든 주어진 예산 총액의 범위 안에서 모든 국민들의 효용을 극대화하도록 최적 수준의 예산배분을 추구한다. 하지만 이처럼 총체주의에 의

---

14) 총체주의라는 용어는 Braybrooke & Lindblom(1963)이 점증주의와 대비하기 위해 처음 사용하였다.

해서 합리적인 분석과정을 거친다고 하여 반드시 최선의 결과가 나온다는 의미는 아니며, 단지 결정과정에서의 합리성을 추구한다는 데 의의가 있다. 즉 예산결정과정에서 비용편익 분석, 경영과학(Operation Research) 등 논리적·계량적·과학적 분석기법의 사용을 통하여 관련된 모든 요소에 대한 체계적이고 종합적인 검토를 중시한다.

결국 총체주의는 불확실성 속에서 최선의 대안선택을 위해서는 합리적·논리적 근거로 뒷받침하거나 계량적·과학적인 기법을 적용하고 그에 따른 결과를 선택해야 한다는 점을 강조했다는 것에 의의가 있다. 여기서 합리적인 최선의 대안이라는 것은 결국 경제적인 편익이 큰 대안을 의미한다. 따라서 총체주의 관점의 의사결정에서는 편익이 적거나 편익을 기대할 수 없을 경우에도 그 필요성이 인정되는, 지역균등 발전정책이나 복지정책 등의 정책이 경시될 수 있는 문제가 있다.

또한 총체주의 모형은 다음과 같은 문제들로 인해 현실적으로도 적용이 어렵다. 먼저 합리적인 선택을 위한 완전한 지식과 정보의 확보를 가정하고 있는데, 실제 예산결정에는 인간의 인지능력의 한계와 효과의 불확실성으로 인해 현실적으로 대안 탐색과 결과 예측이 완벽하지 않다. 또한 총체주의 모형의 가정과는 달리 현실에서는 문제와 목표 등이 명확히 제시되지 않는경우가 많다. 마지막으로 총체주의 모형은 사회적 가치의 우선순위, 즉 사회후생함수를 알 수 있다고 가정하지만 현실에서 공공재에 대한 선호를 파악하기는 어렵고 따라서 사회후생함수를 찾아내는 것은 거의 불가능하다.

2. 점증주의

점증주의(incrementalism or gradualism)는 총체주의와 대비되는 모형으로 Wildavsky(1961; 1964; 1975) 등에 의해 구체화되었으며, 인간의 능력부족과 예측의 불확실성을 허용한다. 점증주의 관점은 인간의 지적능력의 한계와 정책결정수단의 기술적 제약을 인정하고, 실제 현실에서는 현존하는 정책을 개선하고 변화시키는 방법으로 정책을 결정한다고 본다. 즉, 기존의 것을 토대로 보완하고 수정하여 그보다 약간 향상된 정책에 만족하여 최종정책을 결정하게 된다는 것이다. 이러한 관점은 민주주의의 근간이라고 볼 수 있는 정치적 다원주의(pluralism)의 입장으로서, 경제적 합리성보다 정치적 합리성을 중요시하는 것으로 볼 수 있다. 정치적 다원주의의 관점에서는 권력이 분산되어 있으며, 각 이해집단 간 정치적 상호작용에 의해 의사결정이 이루어지기 때문에 다양한 이익집단이나 일반 대중의 의사가 반영될 수 있다(Dahl, 1978; Smith, 1990). 따라서 예산은 전년의 예산에 대한 협상과 조정을 통해 수정과 보완과정을 거치며 결정된다. 즉 점증적인 예산결정과정이 점증적 예산결과를 가져온다는 이론이다.[15]

점증주의 관점에서 예산절차는 대외적으로 정당을 통해 국민의 정치적 의도를 반영하기 위한 수단이며, 대내적으로는 정부기관들 간의 이해관계와 갈등을 조화시키기 위한 수단적 역할을 수행하는 것으로 본다. 즉 점증주의 예산결정이란 한정된 자원을 둘러싼 이해관계 집단들 간 타협 및 협상 과정을 통해서 이루어지는 정치적 결과이다. 여기서 '점증'이라는 말의 의미는 규모 측면에서 소폭의 변화로서, 작은 비율의 증가(incremental)와 감소(decremental)를 모두 포함한다. 따라서 점증주의 관점에서는 예산과정을 점증적이고, 단편적이고, 비계획적이며, 시계열적이라고 간주한다.

예산의 결정에서 점증주의를 지지하는 학자들은 다음과 같은 근거로 점증주의 모형의 타당성을 지지한다. 첫째, 제한된 합리성(bounded rationality)의 문제로서 예산결정자가 기존 정책을 참고하지 않고 새로운 대안을 제시하는 것은 어렵다는 것이다. 현실에서 예산결정자는 지식과 능력의 한계로 한정된 범위에서 대안을 탐색하게 된다. 또한 시간적 차원에서도 예산결정자들이 의사결정 대상의 미래 상태를 분석하기보다는 현재와 가까운 미래만을 고려하게 됨을 의미한다.

둘째, 매몰비용(sunk cost)의 문제로서 정책결정자들은 과거에 집행된 정책 또는 사업을 지속하려는 경향이 있다. 즉, 기존 정책이 경제적으로 합리적이지 않다고 판단되더라도, 투입된 자원의 손실을 피하기 위해 기존 정책은 약간의 수정을 거쳐 지속되는 경향이 있다.

---

15) Wildavsky(1964)는 예산과정을 행정부와 의회의 주도권을 위한 투쟁이며, 예산제도의 초기 형태인 품목별예산은 의회가 행정부의 예산결정과 집행을 통제하기 위한 것이라고 보면서, 예산과정에 실제 참여하는 사람들을 대상으로 한 면접과 설문조사 결과를 기반으로 현실의 예산결정과정에 점증주의가 적용되고 있다고 주장하였다.

셋째, 정치적 실행 가능성과 안정성 때문에 예산결정이 점증적으로 이루어진다. 점증주의는 기존의 정책을 다양한 정치세력들 간의 타협과 조정의 산물로 이해하므로, 새로운 정책의 도입은 기존의 질서에 변화를 초래할 수 있다고 본다. 따라서 기존의 정책에 익숙한 구성원들은 사회적 가치의 근본적인 재분배를 초래할 수 있는 새로운 정책의 도입을 기피하는 경향을 가지게 된다. 따라서 정책결정자들은 현재의 정책을 근본적으로 바꾸는 모험을 피하기 위해 정치적 실현 가능성과 안정성이 높은 점증적 변화를 선택하게 된다는 것이다.

점증주의적 예산결정은 이해관계자들의 의견을 수렴하고 조정·타협하는 정치적 과정을 거칠 수 있기 때문에 민주주의 체제 하에서 정당화될 수 있다는 장점이 있다. 또한 다원주의 사회에서 점증주의적 예산편성이 논쟁이나 사업의 불확실성을 줄이고, 예산편성에 있어서 정치적 부담이나 인식능력의 제약(cognitive limits)에 따른 한계를 보완해줄 수 있어 총체주의 모형보다 더욱 현실적이고 바람직한 예산결정방식이 될 수 있다(Wildavsky, 1964). 하지만 점증주의 모형으로는 혁신적인 개혁을 설명하기 어려우며, 어느 정도까지의 변화를 점증적 변화로 볼 것인지에 대한 기준이 불명확하고, 점증성을 분석할 측정단위가 주관적이라는 한계가 있다. 또한 현실에서의 예산(정책)결정 결과는 급진적인 개혁에 의해 비점증적으로 이루어지는 경우도 적지 않다.

3. 공공선택 모형

공공선택(public choice) 모형은 기본적으로 신고전학파 경제학의 가정에 기초하여 정책결정과정 참여자들의 행태를 분석함으로써 예산결정과정을 설명한다. 공공선택론에서 전제하는 인간 행태에 대한 기본적 가정은 개별 정치행위자가 경제행위자와 마찬가지로 합리적으로 자신의 이익극대화를 추구한다는 것이다. 따라서 공공선택론 관점에서는 관료와 정치인을 비롯한 예산과정의 모든 참여자들을 합리적 선택을 하는 경제적 개인(economic man)으로 가정하고, 이들이 예산결정과정에서도 자신들의 효용극대화를 추구할 것이라고 간주한다.

공공선택 모형은 예산결정과정에서 투표자, 정당, 정치인, 관료 등 다양한 정치행위자가 경쟁적으로 지대추구행태(rent-seeking behavior)를 보인다고 전제한다. 즉, 정치행위자는 비용대비 최대의 이익을 얻고자 노력한다. 예를 들어, 정치인들은 복지정책을 확대하여 유권자의 인기를 얻으려 하고 이것이 선거주기와 연동되어 정치적 경기순환(political business cycle)이 발생한다. 따라서 정부가 선거 직전에 인기 있는 정책을 시행하고 인기 없는 정책은 선거 후로 미루는 일이 발생할 수 있다.[16) 공공선택론자는 이러한 정치적 경기순환과정이 자원배분을 왜곡시켜 사회의 후생을 감소시킨다고 말한다.

정부예산과 관련한 대표적인 공공선택모형으로는 수요자인 국민의 입장에서 예산을 설명한 중위투표자 이론(median voter theorem)과 공급자인 관료들의 지대추구 및 재량권 통제에 대한 이론인 주인-대리인 이론(principal-agent theory)이 있다.

1) 중위투표자 이론

중위투표자(Median Voter) 모형은 예산결정과정을 수요자인 국민을 중심으로 분석한 이론이다. 중위투표자 모형에 의하면 투표에 참여하는 시민들은 기본적으로 유사한 단봉형(單峰型; single-peaked) 선호체계를 가지고 있으며, 정치인의 유일한 이익의 극대화는 재선의 성공이고, 관료들은 정치인의 선호를 예산결정과정에 반영한다고 가정한다. 이러한 상황에서 정치인은 대리인으로서 자신의 지지자들의 입장을 정책에 반영해야 하지만 지지자들의 선호를 만족시키는 선택이 선거의 승리를 의미하지는 않는다. 그렇다면 정치인은 최대한 많은 득표수를 얻을 수 있는 선택을 할 수밖에 없으며, 투표를 통한 의사결정에서 전체 시민들의 예산수요는 결국 중위자의 수요로 수렴되기 때문에 중위투표자(median voter)의 수요에 맞는 공공재를 공급하게 된다는 것이다.

---

16) 정부예산이 불필요하게 낭비되는 지대추구 현상을 지칭하는 대표적인 용어들로는 구유통정치(Pork Barrel)와 로그롤링(log-rolling) 혹은 투표거래(vote trading)가 있다. 구유통정치란 자신의 지역구를 위해 더 많은 이권을 획득하기 위한 의원들의 경쟁적 노력을 말한다. 로그롤링 혹은 투표거래란 의원들 간 서로 보조를 맞춰 통나무를 굴리듯이 이권이 걸린 법안을 합심해서 통과시키는 행태를 의미한다. 포크배럴은 이권을 획득하기 위한 경쟁을 설명하고, 로그롤링은 유리한 법안 통과를 위한 협력을 설명한다. 그러나 포크배럴을 위한 투표의 거래(담합)가 발생할 여지가 많아 현실에서는 로그롤링과 포크배럴은 동시에 발생하는 경우가 다반사이다.

이와 같은 가정에 근거한 Downs(1957)의 중위투표자 모형은 유권자의 선호도 분포를 아는 두 정당이 경쟁하면 서로 유권자의 중간 입장을 취한다는 결론을 도출하였다. Downs는 정당이 선거에서의 승리 자체를 우선적으로 추구한다고 가정하면서, 서로 다른 이념을 가진 정당들이 기존의 지지자를 유지하면서도 득표를 극대화할 수 있는 방향으로 정책을 설정한다고 보았다. 따라서 정당들의 정책이 중위의 방향으로 향하게 되어 결국 정책의 온건화 현상, 즉 정책 설정이 비슷해지는 현상이 발생할 수밖에 없게 되며, 예산의 결정 역시 어느 정도의 중간 지점에서 합의를 이루게 된다.

이러한 중위투표자 모형은 정당 간의 정책의 선호가 유사해지는 현상과 그에 따른 예산의 결정과정을 설명한다. 하지만 중위투표자의 모형에 따르면 정당들의 정책 선호가 결국 비슷하거나 같은 입장으로 수렴될 수밖에 없기 때문에 유권자는 어떤 정당에 투표하든지 효용이 동일할 수밖에 없으며, 이는 현대 민주주의 의사결정시스템은 어떠한 경우에도 전체의 효용을 극대화시킬 수 있는 최적의 예산결정은 불가능하다는 결론에 도달하는 문제가 발생한다. 중위투표자 모형의 또 다른 문제는 현실에서 유권자들의 선호를 단봉형으로 보기에는 무리가 있을 뿐만 아니라, 유권자들의 선호가 투표를 통해 드러난다는 가정 역시 비현실적이라는 점이다. 주인-대리인 이론에서 주인이 정보의 부족으로 어려움을 겪는 것과 마찬가지로 대리인인 정치인들 역시 유권자들의 선호에 대한 충분한 정보를 파악하기 힘들다는 것이다.

2) 주인-대리인 이론

주인-대리인 이론은 원래 시장의 경제주체들 간에 발생하는 문제를 주인과 근로자의 상반된 이해관계를 가진 계약관계로 설명하는 이론이었다. 하지만 Niskanen(1971), Weingast(1984), Brennan and Buchanan(1980) 등의 학자들에 의해 국민과 정부 간, 유권자와 의원 사이의 관계를 설명하는 이론으로 확장되었다. 주인-대리인 이론은 대리인의 행위가 주인의 이익과 부합하도록 통제하는 계약 설정의 최적 방법을 설명한다. 이 이론에 따르면 현대국가에서는 정부가 국민의 대리인 역할을 수행하고, 의회는 정부에 대해서 주인 역할을 수행하며, 정부와 공기업 간에도 이러한 주인과 대리인 관계가 성립한다. 주인-대리인 이론의 요지는 주인과 대리인은 근본적으로 상반된 이해관계를 가지고 있으며, 주인은 대리인에 대한 정보가 부족하여 대리인을 효율적으로 통제하고 감시하지 못하기 때문에 대리손실(agency loss)이 발생할 수밖에 없는 구조라는 것이다. 이러한 대리손실은 주인이 대리인에 대한 정보를 확보하기 어려울수록, 그리고 주인과 대리인과의 계약관계의 책임이 약하거나, 구속력이 없거나 지속적이지 않을 경우 심화된다.

공공선택론 관점은 기본적으로 모든 행위자들을 자신의 이익극대화를 위해 노력하는 존재라고 가정하므로, 만일 부정한 방법을 통한 이익추구과정에 대한 불이익이 그에 따른 이익보다 현저하게 작을 경우 행위자들은 지대추구(rent seeking)의 유인을 가지게 된다. 따라서 정보의 비대칭성(asymmetric information)이 존재할 경우 주인의 정보 부족으로 인해 부적격자를 대리인으로 선임하게 되는 역선택 현상(adverse selection)이 발생하는 한편, 대리인이 주인의 이익보다는 자신의 이익극대화를 추구하는 도덕적 해이 현상이 발생한다.

이와 같은 주인-대리인 이론을 정부와 예산에 적용한 Niskanen(1971)은 일반적으로 관료들은 의회보다 정부예산 관련 정보의 우위를 점하고 있으며 자신들의 이익극대화를 추구하기 때문에, 사회적으로 적정한 규모의 예산범위를 초과하는 지출을 결정하게 된다고 주장하였다. 이에 비해 Weingast(1984)는 의회의 위원회가 주인으로서 대리인인 정부의 관료조직을 다양한 방법으로 통제할 수 있기 때문에 예산의 규모에 의회의 선호가 반영될 수 있다고 보았다. Brennan and Buchanan (1980)은 국민이 주인이라는 데는 동일하지만, 관료와 의회를 협조와 결탁에 의한 하나의 대리인 집단으로 간주하였다. 이들은 관료제와 의회가 하나의 행위자로 공공재의 공급과 정보에 있어서 국민을 상대로 독점적 지위를 차지하고 있기 때문에 항상 적정수준 이상의 예산극대화를 추구한다고 주장하였다. 따라서 주인과 대리인 사이의 불평등한 지위는 별다른 조치가 없다면 대리손실을 발생시킬 수밖에 없으며 이러한 손실이 극대화되면서 결국 정부실패를 초래하게 된다고 보았다.

주인-대리인 이론에 따르면 관료제의 비효율성을 개선하고 정부실패를 막기 위해서는 결국 비대칭적인 정보 상황을 해소하고 효율적인 통제와 감시수단을 도입하여 대리손실을 최소화시켜야 한다. 예컨대 행정정보공개제도, 주민참여, 내부고발자보호제도 등 효율적인 통제수단을 통해 대리인에 대한 감시를 강화한다는 것을 의미한다. 또한 대리손실을 최소화하기 위해서는 대리인들의 경쟁을 유도하는 것이 중요한데, 이러한 방법으로는 성과중심의 보상제도와 인센티브 제공 등이 있다. 이는 결국 공무원이나 정치인에 대한 보상의 현실화를 의미하지만 보상이 전적으로 성과만을 기반으로 이루어진다면 오히려 지나친 경쟁유발로 비효율성이 발생할 우려가 있으므로 이에 대한 고려와 조정은 필요하다.

이상과 같은 주인―대리인 이론은 예산과정에서 발생할 수 있는 합리적 개인의 행태로부터 연역적으로 도출한 가설에 바탕을 둠으로써 이론적 완결성, 일관성, 단순성(parsimony) 등 측면에서 장점이 있으나, 관료제와 입법부, 사법부 등 주요 행위자의 행태에 대한 가정이 연구자들마다 자의적으로 설정되어 상이한 분석을 하는 경우가 많다는 비판이 있다.

4. 단절균형 모형

단절균형이론(Punctuated equilibrium theory)이 가정하는 것은 급진적인 환경변화 기간에 생존하는 기업들은 계속적이고 점증적인 변화를 추진하는 것이 아니라 심도있는 조직차원의 변화를 추진한다는 것이다(Mudambi and Swift, 2011).[17] 단절균형이론이 정책학 분야에 확산된 것은 Baumgartner and Jones(1993)에 의해서이며, 이후 예산연구로 확대되었다(김인자·박형준, 2016). 점증주의 예산결정이론에서는 큰 폭으로 이루어지는 예산변화가 간혹 있다는 것을 인정하지만, 예산변화는 대부분 점증적으로 이루어진다고 보는 반면 단절균형이론은 점증적 대폭적 예산변화를 동시에 다룬다. 단절균형 모형에 따르면 예산의 결정과정에 관련된 행위자들은 제한된 합리성을 가지고 있어 점증적인 예산결정 행태를 보이다가, 특정한 사건이나 상황 또는 조건이 발생하면 예산결정 패턴이 급격히 변화된다고 한다(유금록, 2007: 96).

---

17) 단절균형 모형(Punctuated Equilibrium Model)은 종(種)의 진화가 점증적인 과정이 아닌 '짧은 종 분화'를 통해 일어난다고 보는 진화생물학에서 기원한 이론으로서, 정책이나 예산에서 균형상태가 지속되다가 어떤 특정한 환경적 상황으로 인해 급격한 변화가 발생하는 단절 현상이 일어난 후 다시 균형상태가 지속되는 현상을 설명한다.

단절균형이론은 정책의 변화를 정책결정과정 내부의 정책독점과 독점을 붕괴시키는 메커니즘으로 설명한다.[18] 이러한 메커니즘은 정책독점을 붕괴시키고, 예산의 변화를 유도하는 데 시사점을 제공할 뿐만 아니라 새로운 정책을 지지하는 사람들은 미디어 등을 동원하여 자신들이 옹호하는 정책의 이미지를 형성하고 지지자를 모으게 됨으로써 다시금 안정단계로 들어가게 된다. 이러한 단절균형이론의 적용은 예산이 일정한 시간 동안 안정적으로 유지되는 현상뿐만 아니라 급격한 변화에 대한 메커니즘을 설명한다는 장점이 있다. 하지만 이러한 이론은 단절이 언제 발생하는지 알 수 없으며, 단지 단절이 존재하는지를 넘어 단절균형을 일으키는 요인들과의 관계를 실증적으로 검증하기가 어렵다는 한계가 존재한다.

정부예산에 대한 단절균형 모형의 설명력을 분석한 국내연구들은 다양한 단절균형 사례를 소개하고 있다. 김철회(2005)는 1958년부터 2003년까지 정부 일반회계예산을 분석한 결과 사회복지비와 주택 및 지역사회개발비, 경제사업비, 기타지출의 경우 불안정적 변화를 나타낸다는 것을 발견했다. 한편, 유금록(2007)은 시계열분석을 통해 우리나라 정부지출에 단절적 균형을 야기한 시점을 3개로 파악하였다. 1974년의 1차 석유파동은 정부의 예산 삭감을 초래하였고, 중화학공업정책은 1975년~1977년 사이의 예산을 대폭 증가시켰으나 경제성장에서 물가안정으로 정책기조의 변화에 따라 다시 1978년부터 단절적 균형이 발생하였다. 반면, 윤성채(2014)는 정부예산의 총규모뿐만 아니라 기능별 지출과 흑자 및 적자예산을 각각 분석한 결과, 채무상환 및 기타지출 항목에서 단절적 균형현상을 발견하였다.

---

18) 미국의 장기적인 정책변동을 연구하는 과정에서 단절균형 모형을 제시한 Baumgartner and Jones(1993)에 따르면 정책의 결정에는 대개 소수의 행위자들만이 참여할 수 있으며, 이들은 자신들의 이해를 정책에 반영하고 다른 사람들의 참여를 배제하는 정책독점 (policy monopoly)이 이루어진다고 보았다. 따라서 정책이 논의되는 공식적인 의제목록에 소수의 의견만 반영되며 이들 역시 제한된 합리성을 가지므로 정책과 예산의 패턴이 오랜 기간 동안 유지된다고 주장한다. 하지만 특정 상황의 발생에 의해 대중들에게 비판적인 시각이 부각되면 정책의 독점은 사라지며 공식적인 의제목록이 개방된다. 즉 어떠한 사회문제를 대중매체가 집중적으로 부각하고 대중이 관심을 보이면 정책의 독점화는 붕괴되고, 정책의 변화가 이루어지게 된다.

5. 다중합리성 모형

다중합리성(multiple rationalities) 모형은 예산결정의 각 단계별로 영향을 미치는 '합리성'이 경제적 기준만 있는 것이 아니라 정치, 사회, 법적 측면에서 다양한 형태로 존재하면서 모두 예산에 의미 있게 영향을 미친다고 본다. 따라서 다중합리성 모형에서는 일반적으로 예산 재원의 배분은 예산결정과정의 것으로 각 단계별 특성들이 복합적으로 작용한 결과에 따라 사업별 예산이 배정된 결과로 간주된다. 다중합리성 모형의 중요한 이론적 가정은 바로 합리성에 있는데 이는 예산결정과정에는 경제적, 사회적, 법적, 정치적, 실제적, 이론적, 효율적, 기술적 복잡성, 규모 등의 다양한 합리성이 동시적으로 존재하고 이들에 근거한 목적들을 추구하여 예산이 결정된다는 것을 가정한다.

Thurmaier and Willoughby(2001)은 거시수준에서 성과를 설명하는데 사용된 이론적 모델들 예를 들면 점증주의와 쓰레기통 모델[19] 등은 미시 수준에서 예산결정이 어떻게 이루어졌는가를 설명하기에는 부적절하다고 본다. 11개 주에서 182명의 예산담당자들과 면접을 통해 Thurmaier and Willoughby는 예산실(budget office)의 성향이 예산담당자의 의사결정에 영향을 미친다는 것을 제시하고 있다. 통제지향적 예산실은 전통적인 지갑의 수호자 특성을 지니며 주로 초과 지출을 통제하거나 기관에 대한 책임성을 유지하는 데 관심을 두는 반면, 정책지향적 사무실은 대조적으로 주지사에 대한 예산조언의 정책적 함의에 관심을 갖는다. 즉 예산실은 반대자(adversary), 지지자(advocate), 전달자(conduit), 촉진자(facilitator), 정책분석가(policy analyst)로서 역할을 수행한다. 또한 정치적, 법적, 사회적 합리성과 함께 효율성의 측면에서 경제적, 기술적 합리성을 동시에 추구하고, 예산결정과정은 이러한 복잡한 다중 역할들과 합리성이 함께 반영되면서 이루어진다.[20]

---

19) Cohen, March & Olsen(1972)은 '조직화된 무정부(organized anarchy)' 상태에서의 의사결정을 쓰레기통 모형이라고 불렀으며, 의사결정자의 모호하고 모순된 선호, 과거 경험에 기반한 불명확한 기술, 유동적 참여를 그 특징으로 들었다. 이 세가지 특성을 가진 조직으로 대학에서의 의사결정을 대표적인 사례로 들고 있다(오영민, 정경호, 2008: 59 재인용).
20) 예산기구가 강한 정책지향을 가지는 경우에는 전달자, 촉진자, 정책분석가, 지지자의 역할을 하며 예산의 결정에 있어서 다양한 의사결정방식을 활용한다. 이러한 경우 중앙예산기구는 예산의 집행과 통제보다는 예산의 형성과 정책의 개발을 중요시하게 되며, 다

　　다중합리성 모형을 지지하는 연구의 공통적인 주장은 경제적 합리성뿐 아니라 다양한 합리성 근거들을 조직 내에 수용하여 추구할 수 있다는 것이다. 이러한 다중합리성 모형이 예산이론에 기여한 점은 예산결정과정이 가진 복잡성에 대한 이론적 근거를 제공하였다는 것이다. 기존의 총체주의 예산결정 모형은 화폐적으로 측정될 수 있는 경제적 효용 이외에 예산결정에 영향을 주는 다양한 요인들을 반영하지 못하는 측면이 있었지만, 다중합리성 모형은 이러한 한계를 보완하여 다양한 요소들이 예산결정과정에서 변수로 작용할 수 있다는 점을 제시하였다. 하지만 다중합리성 모형의 한계는 관련 연구자들의 관점에 따라 각각 서로 다른 합리성을 제시하고 있으며, 이로 인해 다양한 합리성 요인들과 유형의 공통된 패턴을 도출하기 어렵다는 점을 들 수 있다.

3절　예산제도

　　예산제도란 예산배분과 사업선정에 관한 결정, 예산통제 및 관리, 예산 관련 정보활용 등을 체계적으로 할 수 있도록 고안된 분석기법 및 관련 제도를 의미한다(신무섭, 2009: 427). 현대적 의미의 예산제도는 미국에서 1921년 예산회계법을 제정하면서 시작되었으며, 이후 미국 연방정부의 예산결정 합리화를 위해 다양한 예산제도가 개발·적용되어 왔다. 미국의 예산제도는 품목별 예산, 성과주의예산, 계획예산, 영기준 예산 그리고 최근의 결과지향적 예산의 순서로 변화해 왔다. 이러한 역사적 변천과정을 통해 당대의 예산제도가 어떠한 가치지향에 영향을 받았는지 엿볼 수 있다(신무섭, 2009: 429-431).

　　우선, 미국에서 예산의 규모가 크지 않았던 1930년대까지는, 공무원의 부정부패를 방지하고 능률을 제고하기 위하여 예산편성이나 집행에 있어 예산항목을 명확히 하고 지출한도를 엄수하는 등 '통제' 위주의 품목별 예산제도가 발전하였다.

른 기관들과 관계와 소통이 원활한 경우 적극적인 정책 형성의 역할을 담당하게 된다.

그러나 점차 정부의 예산규모가 증대되면서 정부는 사업의 수행방식과 실적을 점검함으로써 '관리'에 능률을 기하게 되었는데, 이러한 맥락에서 1949년 후버위원회의 권고에 따라 1950년 예산회계절차법에 의해서 성과주의예산제도가 탄생하였다. 한편, 제2차 세계대전의 종결 이후부터 미국은 비약적인 발전을 이루게 됨과 동시에 냉전기의 군비경쟁 속에서 대규모의 국방 관련 사업이 추진되었고, 중장기적 국가전략 수립을 위해 예산운영 상의 '기획'을 강조하는 계획예산제도가 1960년대에 구체화되었다. 하지만 1970년대에는 두 차례의 원유파동(Oil Shock) 등 성장의 한계에 대한 인식과 세계적 불황·긴축 국면에 접어들면서, 비대해진 정부재정 감축과 재정적자 축소를 위한 영기준예산제도가 도입되었다. 이러한 감축지향 및 효율성 향상이라는 가치는 1990년대 이후 현재까지 이어지면서, 선진국 정부들을 중심으로 '결과'지향적 예산제도 개혁이 이루어져 오고 있다.

1. 품목별 예산제도: 투입 및 통제중심의 예산

품목별 예산제도는 구체적인 지출 품목에 따라 예산계정을 나누는 제도로서, 예산의 계정별 책임소재를 파악하고 예산액을 품목별로 명시하며 결산을 통해 집행을 확인하고자 하는 제도이다. 우리나라에서는 예산과목이 장, 관, 항, 세항, 목으로 구분되는데, 이중 목을 기준으로 예산을 분류하는 제도가 품목별 예산제도이다. 품목으로는 인건비, 물건비, 경상이전, 시설 및 부대비, 융자 및 출자, 보전재원, 내부거래, 예비비 및 기타가 있으며, 또 그 이하 세부 품목이 존재한다. 품목별 예산제도는 우리나라를 포함한 많은 나라에서 실시되고 있다.

품목별 예산제도는 다음과 같은 장점이 있다. 첫째, 지출을 품목별로 구분하여 금액을 엄격히 규정하기 때문에 행정부의 예산집행에 있어서 유용이나 부정을 방지할 수 있다. 둘째, 국회와 기획재정부의 예산통제를 용이하게 한다. 셋째, 급여와 구매에 대한 통제 및 사용정보 파악에 효과적이며, 인건비, 여비 등 인사행정상의 여러 정보를 제공한다. 넷째, 품목별 예산은 품목별 지출 금액이 명확히 제시되기 때문에, 회계책임을 분명히 하는 한편 종합적·개별적인 통제가 가능하다. 다섯째, 행정부에 의한 예산낭비를 방지하고, 입법부의 통제나 지출의 합법성을 평가하는 회계검사를 용이하게 한다. 여섯째, 중앙예산기관이 통제기회를 확보할 수 있어 다음 해 예산안의 삭감기준을 마련할 수 있다.

이와 같이 품목별 예산제도는 공무원의 예산초과지출 및 비정상적인 지출을 억제함으로써 입법부와 중앙예산기관의 통제수단을 제공한다. 그러나 품목별 예산제도를 통해 세부적 지출을 파악하기는 쉽지만, 정부가 구체적으로 무슨 사업을 하는지는 알기 어렵다. 또한 예산의 적극적 이용이 어렵고 지나치게 세분화되어 있어 행정활동의 자유가 제약되고 예산의 신축성을 저해할 우려가 있으며, 각 부처가 사업과 정책 자체보다 예산 항목에만 관심을 갖게 되는 단점이 있다.

2. 성과주의예산제도: 관리지향적 예산

성과주의예산제도(Performance Budgeting System: PBS)란 기능, 사업, 활동별로 예산을 편성하고, 성과를 측정하여 차년도 예산편성 시에 그 결과를 반영하고자 하는 예산제도이다. 성과주의예산제도는 예산운영 상황에 대한 투명성을 강화하고, 사업활동의 결과에 대한 책임을 강조하기 위한 예산제도이다. 이러한 성과관리예산은 성과목표 달성을 측정·평가함으로써, 개인 및 조직을 효율적으로 운용하고자 하는 일련의 과정을 의미하며, 예산운영 결과를 강조하는 제도이다.

성과주의예산제도의 도입 목적은 다음과 같다. 첫째, 정부가 예산을 투입한 정책의 성과가 어떠한지를 투명하게 공개하여 행정의 신뢰성을 제고한다. 둘째, 정부조직이나 공공조직의 내부적인 관리역량을 지속적으로 개선한다. 셋째, 재정지출이 방대해지려는 경향을 억제한다. 마지막으로 경직적인 예산운용에서 벗어나 하위관리자에게 예산운영의 자율권을 부여함으로써 효율성을 개선한다.

품목별 예산제도는 품목별로 예산을 책정하는 투입중심의 예산제도로, 예산운영의 효과성에 대해 평가하기는 어렵다는 단점이 있다. 반면, 성과주의예산제도는 사업과 활동별로 예산을 편성하여 재정운영의 성과를 파악하는 데 용이한 제도로서, 예산운용의 효과성과 효율성 증대를 기대할 수 있다. 또한 의회의 예산심의를 효율적으로 하고 행정부의 정책결정을 합리화할 수 있는 장점이 있다. 예산집행상에는 신축성이 있지만, 실제 위임에 있어서는 권한과 책임의 측면을 강화시킬 수 있다. 그러나 기능적인 측면에서는 행정부의 자율권이 강화되고 의회의 통제는 약화되어, 회계책임의 한계가 불명확하여 관리가 어렵게 될 가능성이 있으며, 행정기관의 사업계획, 활동의 비교·분석을 위한 가치판단기준을 제시할 수 없다는 단점이 존재한다.

3. 계획예산제도: 기획과 예산의 연계

계획예산제도(Planning-Programming-Budgeting System: PPBS)는 정책결정자가 장기적인 정책목표를 세우고 이에 대한 세부적인 사업계획을 단기적 예산편성과 유기적으로 연계시키는 예산제도를 말한다. 정해진 예산을 가지고 사업을 결정하는 다른 예산제도와 달리, 계획예산제도는 먼저 사업에 대한 장기적인 목표가 명확하게 설정된 후 이를 달성하기 위해 예산을 확보하기 위한 노력이 요구된다.

계획예산제도는 케네디 행정부의 국방장관이던 맥나마라(McNamara)가 당시 랜드연구소의 선임 경제연구위원 찰스 히치(C. Hitch)를 국방성의 예산 차관보로 임용하면서 1961년 국방예산에 처음 도입되었으며, 연방정부에는 1965년 존슨 대통령에 의해 도입되었다. 이후 PPBS는 주정부와 지방정부에도 도입되었고, 영국과 캐나다에서도 도입하였다. 그러나 계획예산제도는 이들 대부분의 국가에서 사용되지 않았는데, 이는 PPBS가 각 기관들로 하여금 개별 예산서를 개발해야 하는 부담을 주어 새로운 시스템으로의 전환에 소극적이게 만들었기 때문이다.[21]

계획예산제도의 장점은 중장기계획을 추진하는데 적합하고, 사업계획과 예산에 대한 의사결정의 일원화가 가능하며, 사업의 우선순위에 대한 분석을 통해 자원의 합리적 배분이 가능하다는 것이다. 하지만 계량화할 수 없는 계획과 성과는 반영할 수 없다는 점과 이를 수행하는 데 있어서 많은 비용과 시간이 소요되고, 세부사업들 간의 우선순위결정이 어려우며, 예산에 대한 집권화의 우려가 있다는 단점이 존재한다.

---

21) 우리나라에서도 국방부에서 1971년부터 PPBS 도입 준비작업을 시작하였으며, 1979년부터 적용할 계획이었으나, 실행되지 못했다.

4. 영기준예산제도: 감축지향 예산

영기준예산제도(Zero−Base Budgeting: ZBB)란 예산안을 편성할 때 이전 회계 년도 예산을 기준으로 하지 않고, 조직의 모든 사업활동을 제로베이스에서 객관적으로 다시 분석하고, 우선적인 사업을 정한 뒤 이를 바탕으로 예산을 편성하는 제도를 가리킨다. 즉, 영기준예산제도의 근본 철학은 기본적으로 예산의 불요불급한 증가를 방지하기 위하여 관리자가 기존 및 신규사업의 예산 요구에 대하여 왜 돈을 지출해야 하는가를 정당화해야 한다는 것이다(Pyhrr, 1973). 여기에서 '영기준(zero−base)'이란, 예산을 편성할 때 이전 회계연도 예산을 기준으로 금액을 가감하는 점증주의적인 방식을 지양하고, 모든 사업활동에 대해서 근본적으로 재평가해야 함을 의미한다. 즉, 계속사업이라 할지라도 신규사업과 마찬가지로 영의 수준에서 분석, 평가하여 사업의 우선순위를 정하고, 이에 따라 예산을 편성해야 한다는 것이다.

영기준예산은 1969년 Pyrr에 의해 미국 사기업 Texas Instruments에 처음으로 도입되었다. 1970년 Harvard Business Review에 그 효과가 발표된 것을 계기로 공공부분으로 확산되었다(윤영진, 2010: 390 재인용).[22] 영기준예산제도의 철학과 사고방식은 당시 미국의 공공기관과 레이건 정부에서도 일부 채택되었다.[23] 정부부처와 사기업에 영기준예산제도를 채택하였던 미국의 경험에 비추어 보면, 영기준예산제도는 예산의 팽창을 억제하는 기능과 관리 능률성, 그리고 관리자들의 예산결정과정 참여 등에 있어서 긍정적인 평가를 받았다. 그러나 과도한 노력과 시간 투입, 성과측정의 어려움, 장기적 정책목표 설정 경시 등이 한계로 널리 확산되지 못하였다.

---

22) 당시 조지아 주지사였던 카터가 Pyrr의 논문을 읽고 그를 조지아 주 예산국 고문에 추대하여 1973회계연도부터 ZBB를 조지아 주에 도입하였고, 그 후 카터가 미국 대통령이 된 후 1977년부터 연방정부에 도입하여, 1981년 레이건 행정부가 공식적으로 폐기할 때까지 유지되었다(윤영진, 2010: 390).

23) 우리나라 정부에서도 1981년 국무총리를 위원장으로 하는 "예산개혁추진위원회"를 구성하여 1982년도 예산집행 시부터 ZBB 도입을 부분적으로 시도하였다. 이에 1983년 예산 편성 시부터 영기준예산제를 도입하여 1984년 예산편성까지 적용하였으나 영기준예산제라는 이름만 빌려 사용하였을 뿐 사실상 그 원리를 본격적으로 적용하지는 못하였다.

5. 결과지향적 예산제도: 새로운 성과주의예산제도

1990년대 이후 주요 국가들은 투입 측면에서 예산서의 형식에 치중하거나 통제지향적인 기존의 예산제도를 넘어, 재정사업의 운영'과정'이나 '기능'을 강조하고, 자율성 및 융통성을 부여하되 동시에 책임성을 확보할 수 있는 '새로운' 성과주의예산제도(Mikesell, 1995: 186)를 설계하였다. '새로운' 성과주의예산제도는 1950년대를 풍미한 성과주의예산제도(PBS)에 비하여 다음과 같은 점에서 '새로운' 것으로 볼 수 있다. 과거의 PBS는 재정사업의 직접적 산출(output)에 대한 '관리'에 방점이 있었다면, 1990년대 이후 '새로운' 성과주의예산제도는 재정사업이 창출하는 구체적인 '결과(outcome)'를 중시한다는 점에서, 양자 간에는 가치지향과 실천방식에 있어 차이가 있다(Mikesell, 1995: 189; 윤영진, 2010: 399; 이종수 외, 2014: 347).

국가별로 예산제도의 형식은 다양하지만 주요 국가들의 예산개혁에서 확인할 수 있는 공통점은 투입보다도 산출과 성과에 중점을 둔다는 점이다. 즉 재정사업이 수행된 후에 어떠한 산출물이 생산되었는지를 측정하고, 이를 토대로 책임을 묻거나 보상을 하는 결과지향적(result-oriented) 예산제도인 것이다. 과거의 예산제도는 합법성, 효율성을 추구했지만, 결과지향적 예산제도는 동기부여와 결과에 대한 책임을 강조하면서, 사업의 목표, 결과, 재원을 모두 연계해 '성과에 대한 계약'으로 활용한다고 할 수 있다.

1990년대 미국 연방정부의 결과지향적 예산개혁운동은 '정부성과 및 결과에 관한 법(Government Performance and Results Act: GPRA)'의 제정과 함께 이루어졌다. GPRA는 과거 성과주의예산제도의 진일보한 형태로서, 연방정부 프로그램의 목표 달성을 측정하고 효율성과 효과성을 개선하고자 하였다. 결과지향적 예산제도의 특징은 재정투입 사업의 구체적인 산출물을 강조하고, 예산서의 재무정보와 정책의 성과정보를 일치시킴으로써 예산개혁을 정부혁신의 핵심요소로 활용하였다. 조세수입에 대한 관행적 지출이라는 전통적 예산운영체제에 성과와 결과를 핵심요소로 전환한 개혁적 제도라고 볼 수 있다.

6. 소결: 예산이론 및 제도의 현재적 의의

지금까지 예산이 무엇이며 어떠한 과정을 거쳐 예산배분에 대한 의사결정이 이루어지는지, 그리고 역사 속에서 어떠한 제도적 원리들이 개발되어 실제 예산의 운영에 반영되어 왔는지 살펴보았다. 우선, 예산이론들이 시사하는 공통적인 결론은 예산배분을 위한 의사결정은 경제적 합리성과 정치적 합리성의 양 극단 사이의 연속선에서 볼 수 있다는 점이다. 다시 말해, 현실에서는 불완전한 정보 등 여러 제약조건으로 인하여 경제적·기술적 합리성에 의한 의사결정이 이루어지지 못하는 경우가 많은데, 그렇기 때문에 예산결정에 있어 정치적인 과정, 정치적 합리성의 추구, 즉 참여자들 간의 합의에 도달하는 과정 자체가 중요하게 되는 것이다(강신택, 1993: 361). 특별히 예산제도의 변천과정에서 유의해야 할 점은 새로운 예산제도가 등장할 때마다 기존의 예산제도가 완전히 대체된 것이 아니라 기존 제도에 새 제도가 보완적으로 누적되는 방식으로 발달되어 왔기에, 오늘날의 예산제도는 여러 제도들의 주된 특성들이 축적된 결과라는 점이다. 예컨대 우리나라의 경우 품목별 분류에 사업별 분류를 혼용하면서, 중장기 재정계획 안에서 예산이 계획과 유기적 관련성을 갖도록 하고 있으며, 예산결정에서 개별 사업들에 대한 비용편익분석 기법 등도 가능한 범위 내에서 활용되고 있다.

4절 우리나라의 재정개혁

국가의 경제발전은 재정규모의 팽창으로 이어지며, 사회의 발전은 재정에 대한 관점의 변화를 초래하기 때문에 재정의 역할은 시대적 변화에 따라 끊임없이 수정되고 변화될 수밖에 없다. 2006년 제정된 국가재정법은 이러한 환경변화를 반영한 일종의 개혁적 조치로 볼 수 있다. 아래에서는 우리나라의 대표적인 재정개혁 사례로 볼 수 있는 국가재정운용계획, 총액배분자율편성제도, 재정성과관리제도,

디지털예산회계시스템을 살펴본다.[24]

1. 국가재정운용계획

국가재정운용계획은 매년 5년 이상의 기간에 대한 중장기 재정운용계획을 수립하는 제도를 의미한다. 우리 법은 국가재정법 제7조에서 국가재정운용계획의 내용과 수립 의무를 규정하고 있으며, 제28조에서 각 중앙관서의 중기사업계획서 제출 의무를 규정하고 있다.[25] 국가재정운용계획은 2003년 참여정부의 국정과제로 채택되어 처음 수립되었다. 2004년에 차기 연도 예산안과 함께 국회에 제출하고 대외적으로 공표함으로써 공식적인 의미를 지니게 되었고(이종수, 2013: 480-481), 2007년 1월 국가재정법의 시행을 통해 구체적인 내용과 의무가 규정되어 재정개혁의 초석으로 작동하게 되었다.

국가재정운용계획은 재정환경에 대한 전망과 근거를 법이 정한 바에 따라 상세히 기술하고, 5년 단위의 중기계획으로서 해당 기간 동안의 재정운용 방향과 국가적 재원배분의 우선순위, 분야별·부처별 재원배분 등의 틀을 제시함으로써, 이 틀에 기초하여 단년도 예산안을 편성하도록 한다. 이를 위해 국가재정법은 국가재정운용계획에 재정운용의 기본방향과 목표 및 분야별 재원배분계획 외에도 재정규모증가율 및 그 근거, 의무지출의 증가율 및 산출내역, 재정수입의 증가율 및 그 근거 등을 제시하게 함으로써 재정운용의 책임성을 강화하고 있다.

국가재정운용계획의 도입에 따라 국가재정을 중기적 관점에서 단년도 예산 및 기금운용계획과 연계할 수 있게 되었으며, 개별 사업 검토 중심의 상향적(bottom top) 방식이 놓치기 쉬운 거시적·전략적 재원배분을 강화할 수 있게 되었다. 또한 환경 변화를 반영하여 계획을 수정·보완해 나가는 연동계획(rolling-over plan)을

---

24) 우리나라는 2004년 4대 재정개혁을 추진하여 국가재정운용계획을 비롯한 총액배분자율편성제도(Top-Down), 성과관리제도, 디지털예산회계 시스템(dBrain) 등을 도입하면서 제도적 측면에서 선진 재정운용시스템을 구비하게 되었다(대한민국정부, 2019: 19).

25) (국가재정법) 제28조 (중기사업계획서의 제출) 각 중앙관서의 장은 매년 1월 31일까지 당해 회계연도부터 5회계연도 이상의 기간 동안의 신규사업 및 기획재정부장관이 정하는 주요 계속사업에 대한 중기사업계획서를 기획재정부장관에게 제출하여야 한다

구축하게 되어 재정개혁의 제도화가 이루어졌다(김성태, 2008: 276).

〈표 4〉 2019~2023 중기 재정수입 전망

	'19		'20	'21	'22	'23	연평균 증가율
	본예산	추경					
재정수입 (증가율)	476.1 (6.5)	476.4 (6.5)	482.0 (1.2)	505.6 (4.9)	529.2 (4.7)	554.5 (4.8)	3.9
국세수입 세외수입 기금수입	294.8 26.6 154.7	294.8 27.0 154.7	292.0 27.8 162.1	304.9 28.9 171.7	320.5 30.1 178.5	336.5 30.5 187.6	3.4 3.4 4.9

각주: '19년은 국회 확정예산을 기준으로 한다.
자료: 대한민국정부(2019: 21).

국가재정환경은 다양한 변수에 의해 정부나 실무자의 예측과 차이를 보이게
된다. 국가재정운용계획을 통해서 재정개혁을 이루려는 시도의 한계점도 여기에
있다. 낙관적인 전망을 토대로 계획을 수립하였으나 경제성장률이 예상보다 낮아
세수가 감소하거나, 코로나19와 같이 예측불가능한 변수로 인해 재정수요가 증가
하여 재정건전성이 악화될 수도 있고, 비관적 전망을 토대로 계획을 수립하여 비효
율적인 재원배분이 일어날 수도 있다. 따라서 중기계획인 국가재정운용계획을 단
년도 예산 및 기금 운용계획의 기본 틀로 활용하되, 매년 연동계획을 수립함으로써
예측과 현실의 괴리를 줄이는 노력이 중요하다.

2. 총액배분자율편성예산제도

총액배분자율편성예산제도는 국가재정운용계획에서 정한 지출한도 내에서
각 부처가 자율적으로 예산을 편성하는 제도를 의미한다.[26] 한강의 기적에서 외환

---

[26] 총액배분자율편성예산제도는 일괄총액예산(lump‒sum approprations)과 하향식 총액예산
(top‒down budgets)의 결합이라고 볼 수 있다. 일괄총액예산은 총액의 범위 내에서 자
유롭게 예산우선순위를 결정하고 집행하는 것이며, 하향식 총액예산제도는 예산총액의
상한선을 상위 기관에서 결정하여 하향식으로 통보하는 것을 뜻한다(윤성식, 2006: 29‒30).

위기까지 급속한 경제부침을 겪은 우리 재정은 예산사업의 다각화와 재정규모의 비대화로 인해 단년도 예산과 개별 사업 검토중심 예산을 통한 재정운용이 더 이상 제기능을 하기 어려운 상황에 처했다. 이에 우리 정부는 2005년 총액배분자율편성 예산제도를 도입함으로써 중기적 재정운용 및 거시적 재원배분, 재정지출의 사후적 성과관리를 도모하고자 하였다(이종수, 2013: 481).

총액배분자율편성예산제도는 한정된 재원 하에 모든 부처의 과업을 수행해야 하므로, 시행초기에 부처 예산의 구조조정을 유도할 수 있다. 각 부처가 자율적으로 예산을 편성함에 따라 재원배분의 효율성과 투명성이 제고될 수 있으며, 예산편성 시 부처의 전문성을 활용함에 따라 권한과 책임이 증대되고, 칸막이식 재원확보 유인이 감소할 것으로 기대되었다. 무엇보다 과다한 예산을 요구한 후, 이를 대폭 삭감하여 수정하던 과거의 비효율적 관행을 제거하기에 적합한 제도로 볼 수 있다.

그러나 부처의 예산요구액의 축소와 관행 변화라는 기대효과에도 불구하고 부처 간 예산과정의 갈등이 심화되거나 미래예측의 실패로 인한 정책 파행이 발생할 수 있으며, 개별 사업에 대한 재원배분이 부처의 자율에 맡겨져 예산통제의 어려움이 가중될 수 있다는 문제점이 존재하였다.

3. 재정성과관리제도

재정성과관리제도는 성과와 책임중심의 재정운용을 시행하기 위한 제도이다. 과거 투입위주의 재정운용 방식은 예산의 집행 여부에 중점을 두어 정책의 효과에 대한 사후평가와 환류노력이 부족하였고 이를 극복하기 위한 방안으로 성과관리가 제시된 것이다. 1997년 외환위기를 경험한 국민의 정부는 성과와 경쟁, 고객지향에 입각해 기관평가제도, 목표관리제, 성과급제, 성과주의예산제도 등을 도입하였고, 2003년 참여정부에 의해 재정성과관리제도가 탄생하게 되었다(박노욱 외, 2015: 20).

재정성과관리제도는 다음과 같이 재정성과목표관리, 재정사업자율평가, 재정사업심층평가의 3단계로 구성된다.[27]

---

27) 성과관리제도 소개는 재정성과평가센터 홈페이지 내용 참조
   https://www.kipf.re.kr/cpem/cpem_info01.do

〈그림 4〉 재정성과관리제도의 개요

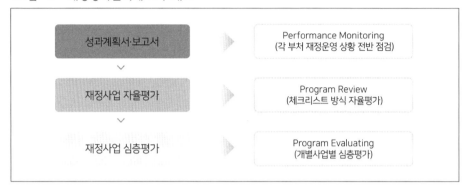

자료: 재정성과평가센터(https://www.kipf.re.kr/cpem/cpem_info01.do, 2020.06.11).

1) 재정성과목표관리

재정성과목표관리제도는 성과계획의 수립과 운용, 성과보고 및 환류의 단계로 이해할 수 있다. 먼저 임무, 비전, 전략목표, 프로그램목표, 단위사업의 5단계 목표체계를 설정하여 성과지표를 개발한다. 이에 근거하여 예산편성년도에 연도별 성과지표 목표치 등의 구체적 계획을 담은 성과계획서를 작성하고, 예산집행을 완료한 다음해에 운용결과에 대한 성과보고서를 작성하여 차년도 편성에 반영하게 된다. 즉, 실제 예산이 집행되는 연도를 Y년도라 할 때, 예산편성년도인 Y−1년도에 성과계획서를 작성하고 예산집행 다음해인 Y+1년도에 성과보고서를 작성하는 것이다.

2) 재정사업자율평가

재정사업자율평가제도는 성과지표를 바탕으로 사업을 평가하고 평가결과를 재정운용과정에 환류하는 제도이다. 이는 국가재정법 시행령 3조[28])에 근거하여 시

---

28) (국가재정법 시행령) 제3조(재정사업의 성과평가 등) ① 기획재정부장관은 법 제8조 제6항에 따라 각 중앙관서의 장과 법 제8조 제1항에 따른 기금관리주체(이하 "기금관리주체"라 한다)에게 기획재정부장관이 정하는 바에 따라 주요 재정사업을 스스로 평가(이하 "재정사업자율평가"라 한다)하도록 요구할 수 있으며… 다만, 「과학기술기본법」 제9조 제2항 제5호에 따른 국가연구개발사업에 대한 평가는 「국가연구개발사업 등의 성과평가 및

행되며, 사업성과에 관한 기존 정보를 취합하여 다른 재정개혁 제도의 한계를 보완하고자 도입되었다. 재정사업자율평가제도는 원칙적으로 예산, 기금이 투입되는 모든 재정사업이 평가대상이며 초기에는 부처가 자율적으로 소관사업을 자체평가하고 기획재정부가 평가절차와 기준의 준수 여부를 확인·점검하는 메타평가의 형식을 취하였다. 2016년 일반재정, R&D, 지역사업 등 분야별로 운영되던 재정사업평가를 단일평가로 통합(하연섭, 2018: 278)하고, 2018년도부터는 부처 자체평가로 전환되었다.

3) 재정사업심층평가

재정사업심층평가제도는 "국가재정법 시행령 제3조에 따라 기획재정부장관이 주요 재정사업에 대한 운용성과를 점검하는 사후적인 성과평가"로 정의된다.[29] 데이터 분석을 통해 재정사업의 효과성을 좀더 과학적으로 측정하기 위한 사업평가 방식이며, 재정운용과정에서 문제가 제기된 개별 사업들의 운영성과를 깊이 있게 분석, 평가하는 제도이다. 심층평가는 평가대상선정, 평가진행, 평가결과 확정, 사후조치 순으로 이루어지며 대상 재정사업의 적절성, 효과성, 효율성, 효용성, 지속 가능성을 기재부와 각 부처, 연구진이 함께하는 TF를 통해 평가한다.

4. 디지털예산회계시스템

디지털예산회계시스템(dBrain System)은 예산의 편성, 집행과 회계결산, 성과관리 등 재정활동 전 과정의 수행결과가 통합적으로 관리되는 재정정보시스템이다. 디지털예산회계시스템은 과거의 재정정보시스템이 중앙과 지방, 예산과 결산

성과관리에 관한 법률」에 따른 평가로 이를 대체할 수 있다.
29) 다음 각 호의 어느 하나에 해당하는 사업에 대해서는 심층평가를 실시할 수 있다. 1. 재정사업자율평가 결과 추가적인 평가가 필요하다고 판단되는 사업, 2. 부처간 유사·중복 사업 또는 비효율적인 사업추진으로 예산낭비의 소지가 있는 사업, 3. 향후 지속적 재정지출 급증이 예상되어 객관적 검증을 통해 지출효율화가 필요한 사업, 4. 그 밖에 심층적인 분석·평가를 통해 사업추진 성과를 점검할 필요가 있는 사업.

<그림 5> 2019년 디지털예산회계 시스템

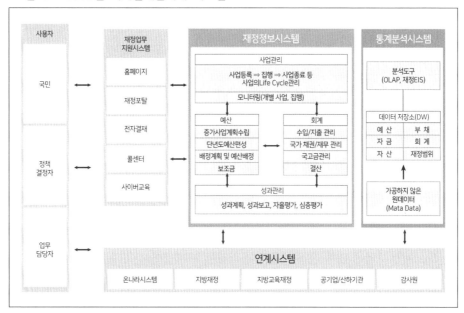

자료: 재정정보공개시스템(http://www.openfiscaldata.go.kr/portal/dbrain/korea, 2020.06.14).

정보가 각각 독립된 시스템에서 관리되어 통합적인 재정정보의 제공이 어려웠던 한계를 극복하고, 재정 전 부문에 대한 정보를 종합적으로 신속하고 정확하게 산출하여 정책적 의사결정을 지원하기 위해 도입(박노욱 외, 2015: 26)되었다.

디지털예산회계시스템은 중앙정부의 예산편성, 집행, 자금관리, 국유재산/물품관리, 채권/채무, 회계결산을 통합하여 처리할 수 있게 하여 재정활동 전반을 지원하며, 앞서 제시되었던 국가재정운용계획, 총액배분자율편성예산제도, 재정성과관리제도 등의 재정개혁을 보조하는 기능을 수행한다. 동일한 목표를 달성하기 위한 단위사업의 묶음(박노욱 외, 2015: 24)을 의미하는 프로그램 예산제도와 함께 디지털예산회계시스템은 재정개혁과 재정위험관리의 정보기술적 기반을 마련한 것이다. 또한 전 국가재정의 실시간 관리가 가능해짐으로써 재정운영현황을 즉각 확인하고 계획을 수립할 수 있으며, 재정통계 분석정보의 산출이 용이해져 낭비요인이 제거되고 재정 투명성 또한 제고될 수 있다.[30]

---

30) 디브레인 내용은 홈페이지 참조. http://www.openfiscaldata.go.kr/portal/dbrain/korea/dBrain SystemInfo.do?code=dBrain&leftCd=25&subCd=16&depCd=#none

[읽을거리] 내년도 나라살림, 국회의 메스가 필요하다

2014년 정부예산안이 국회로 넘어갔다. 법적으로는 회계연도 개시 30일 전인 12월 2일까지 국회를 통과해야 한다. 그러나 올해도 법정 기한은 커녕 연내 처리조차 불투명하다. 기획재정부는 12월 중순까지 예산안이 통과되지 않으면 전년도에 준하는 '준예산'을 짤 계획이라고 한다. '준예산'은 정부의 기능 정지를 막기 위한 필수 예산을 담고 있다.

정부예산은 1년간의 세입, 세출 규모와 그 명세에 대한 계획이다. 재정학자 앨런 시크는 '계획된 목표들을 성취할 수 있도록 자금 지출을 체계적으로 연관시키는 과정'으로 예산을 정의하고 있다. 즉, 정부예산은 단순한 가계부가 아니다. 국가 전체의 생산과 고용에 영향을 미치는 예산규모와 재원조달 방법, 공공 수요와 민간 수요의 배분 비율, 그리고 국민 계층 간 조세부담률에 관한 의사결정이 들어 있다. 숫자로 쓴 국정 철학이다.

국가재정법 제16조는 예산원칙으로 재정건전성 확보와 국민부담 최소화, 그리고 재정지출의 성과 제고를 명시하고 있다. 올해 예산안의 골자는 건전 재정기반 확충과 경제 활력 회복 및 일자리 창출에 중점을 두고 있다. 거시적인 목표 면에서는 예산원칙에 부합한다고 볼 수 있다. 특히 총지출 357조 7,000억 원은 전년 추경 대비 2.5% 늘었으나 재정 지출 증가율로 보면 4년 만에 최저 수준이며, 총지출 증가율을 총수입 증가율보다 낮게 관리함으로써 재정건전성을 확보하기 위한 정부의 의지를 확인할 수 있다. 그러나 분야별 사업예산, 즉 각론으로 내려가면 얘기가 달라진다. 국회예산정책처에서 발간한 '2014년도 예산안 분야별 분석' 보고서는 사업 간 중복 지원과 효과가 모호한 사업 등으로 인해 여전히 예산 낭비가 우려된다고 지적했다. 사업 간 정책효과가 상충되는 예산편성 사례도 있고, 단지 국정과제라는 이유로 구체적인 정책이나 사업계획의 수립도 없이 예산 증액부터 해준 사례도 발견된다. 성과주의예산제도를 도입한 지 10여 년이 지났는데도 부처에서 제출한 성과계획서에는 여전히 건수 위주의 투입지표가 다수를 차지하고 있다.

2014년 예산안은 박근혜 정부 출범 이후 첫 사업계획서이다. 따라서 국민과의 약속인 국정과제를 예산에 적절히 반영하는 것은 당연하지만, 전략적·중장기적 시계(視界)와 성과 관점이 결여된 사업계획은 결국 정책 실패로 귀결될 소지가 크다. 더구나 가시적 성과를 위해 양적 목표에 치중하거나 단기적 부양효과를 위한 대증적 처방과 전시성 사업들로는 더이상 국민의 요구와 기대수준을 충족시키기 어렵다.

우리나라는 수출이 국내총생산(GDP)의 절반을 상회할 만큼 대외의존도가 높다. 세계경제의 위험 요인과 불확실성도 아직 곳곳에 상존한다. 여기에 공공기관을 포함한 국가부채 비율이 GDP의 75%에 육박하고 있으며, 900조 원을 상회하는 가계부채와 사회적 양극화 심화 등 국내 경제상황도 녹록치 않다. 국경을 초월한 기업 활동과 저출산·고령화 시대에 증세 없는 복지의 확충도 우리가 당면한 과제다.

이제 공은 국회로 넘어갔다. 국민의 혈세가 어디서 새고 있는지, 불요불급하거나 경제성 없는 사업이 포함된 것은 아닌지, 보다 효율적인 사업 추진 방법은 없는지 꼼꼼히 살피고 점검하는 일이 국회의 책무다. 국회 상임위원회와 예산결산특별위원회, 계수조정소위원회가 정파적인 이해를 떠나 예산안을 다시 들여다보고 낭비적 요소를 제거해 예산 지출의 효율성을 높여야 한다. 밤을 새워도 시간이 촉박하다. 정쟁으로 시간을 소모하기엔 위기의 징후는 너무 가까이 와 있다. 우방이라 믿었던 미국도, 기회라 생각했던 중국도, 이웃으로 여겼던 일본도 위협을 가중시키는 환경요인으로 다가오고 있다.

국회의 예산심의 과정은 자신의 이익을 극대화하기 위해 경쟁을 벌이는 관료들의 '지대추구(rent seeking)' 행위를 사전에 견제할 수 있는 중요한 제도적 장치이다. 국회가 국민을 담보로 쪽지예산을 주고받고, 관료와 야합하고, 제 지역구에 물대기 식의 편협한 시각으로 국가예산을 방만하게 편성한다면 우리 경제를 위협하고 있는 위기는 현실이 된다. 국회가 국민의 대표로서 국민의 허리를 덜 휘게 하고 국민 행복을 증진해 줄 책무를 충실히 이행할 때 비로소 위기는 기회로 바뀔 수 있다. 예산심의의 중요성은 바로 이러한 점에서 아무리 강조해도 지나치지 않다.

출처: 박순애(동아일보, 2013.11.22.)

◈ 참고문헌 ◈

강신택. (1993). 재무행정론. 박영사.

국회예산정책처. (2014). 국가재정법: 이해와 실제.

국회예산정책처. (2019). 2019년도 대한민국 재정.

국회예산정책처. (2015). 2015년도 대한민국 재정.

기획재정부. (2019). 2019 나라살림예산개요.

김성태. (2008). 우리나라 중기재정계획의 실효성 제고방안. 재정학연구, 1(4): 269－305.

김인자·박형준. (2016). 단절균형모형을 통한 생명공학정책 국가 R&D 예산지출 변동요인
　　연구－줄기세포연구개발 예산 단절과 변동 양태를 중심으로. 한국정책학회보, 25(2),
　　217－245.

김철회. (2005). 정부지출변동의 패턴과 결정요인에 관한 연구. 한국행정학보, 39(3),
　　115－136.

대한민국정부. (2019). 2019－2023년 국가재정운용계획.

동아일보. (2013). 동아광장/박순애 객원논설위원, 서울대 행정대학원 교수

박노욱·오영민·원종학. (2015). 재정성과관리제도 운영의 성과 분석과 정책과제, 한국조
　　세재정연구원.

박형수·류덕현. (2006). 재정준칙의 필요성 및 도입 방안에 관한 연구. 한국조세연구원.

신무섭. (2009). 재무행정학. 개정6판 대영문화사.

오영민·정경호. (2008). 복잡한 조직에서의 의사결정과 학습. 한국시스템다이내믹스연구,
　　9(1)

유금록. (2007). 한국의 중앙정부예산에 있어서 정책단절의 시계열분석. 한국행정학보,
　　41(2), 95－116.

윤성식. (2006). 정부혁신의 이론과 사례: 총액배분자율편성예산제도. 한국행정과 정책연
　　구, 4(2), 29－50.

윤성채. (2014). 정부예산결정이론의 적합성 검증. 한국행정논집, 26(2), 135－162.

윤영진. (2010). 새재무행정학 제5판. 서울: 대영문화사.

이종수 외. (2013). 새 행정학. 서울: 대명문화사.

이종수 외. (2014). 새 행정학. 서울: 대영문화사.

이효·이상용·이삼주. (2002). 복식부기제도의 도입에 따른 지방자치단체 예산과 회계의
연계방안. 한국지방행정연구원 기본연구과제, 1 − 252.

하연섭. (2018). 정부예산과 재무행정. 다산출판사.

Baumgartner, F. R., & Jones, B. D. (1993). Agendas and Instability in American Politics,
Chicago: University.

Brennan, G., & Buchanan, J. M. (1980). The power to tax: Analytic foundations of a
fiscal constitution. Cambridge University Press.

Braybrook, D., & Lindblom, C. E. (1963). A Strategy of decision; policy evaluation as a
social process. New York, NY: Free Press.

Buck, A. E. (1934). budget in governments of today. New York, NY: Macmillan.

Burkhead, J. (1956). Government Budgeting. New York, NY: John Wiley and Sons.

Dahl, R. A. (1978). Pluralism revisited. Comparative Politics, 10(2): 191 − 203.

Downs, A. (1957). An economic theory of democracy. New York, NY: Harper and Row.

Eckstein, O. (1979). Public Finance (4th ed.). Englewood Cliffs, New Jersey:
Prentice − Hall.

Gruber, J. (2009). Public finance and public policy (3rd ed.). New York, NY: Worth
Publishers.

Key, V. O. (1940). The lack of a budgetary theory. The American Political Science
Review, 34(6): 1137 − 1144.

Lee, R. D., & Johnson, R. W. (1983). Public budgeting system (3rd ed.). Baltimore:
University Park Press.

Lewis, V. B. (1952). Toward a theory of budgeting. Public Administration Review, 12(1):
42 − 54.

Niskanen, W. A. (1971). Bureaucracy and representative government. Chicago, Aldine,
Atherton, Inc.

Mikesell, J. L. (1995). Fiscal Administration: Analysis and Applications for the Public
Sector; Fourth Edition, Belmont, CA: Wadsworth Publishing Company.

Mudambi, R., & Swift, T. (2011). Proactive R&D management and firm growth: A
punctuated equilibrium model. Research Policy, 40(3): 429 − 440.

Musgrave, R., & Musgrave, P. (1980). Public Finance in Theory and Practice, (Third
Edition), New York, NY: McGraw − Hill.

Pyhrr, P. A. (1973). Zero base budgeting: A practical management tool for evaluating expenses(Book−Zero−base budgeting: A practical management tool for evaluating expenses.). New York, Wiley−Interscience.

Rubin, I. (1997). The Politics of Public Budgeting (3rd ed.). New Jersey: Chatham House.

Schick, A. (1966). The Road to PPB: The Stages of Budget Reform. Public Administration Review, 26(4): 243−258.

Schick, A. (1969). System Politics and System Budgeting. Public Administration Review, 29(2): 137−151.

Schultze, C. L. (1968). The Politics and Economics of Public Spending. Washington, D.C.: Brooking Institution.

Smith, H. D. (1945). The Management of Your Government. New York, NY: McGraw−Hill.

Smith, M. J. (1990). Pluralism, Reformed Pluralism and Neopluralism: The Role of Pressure Groups in Policy−making. Political Studies, 38(2): 302−322.

Sundelson, J. W. (1935). Budgetary principles. Political science quarterly, 50(2): 236−263.

Thurmaier, K. M., & Willoughby, K. G. (2001). Policy and politics in state budgeting. ME Sharpe.

Weingast, B. R. (1984). The Congressional−bureaucratic system: a principal agent perspective (with applications to the SEC). Public choice, 44(1): 147−191.

Wildavsky, A. (1961). Political implications of budgetary reform. Public administration review, 183−190.

Wildavsky, A. B. (1964). Politics of the budgetary process. Boston, MA: Little Brown and Company.

Wildavsky, A. B. (1975). A comparative theory of budgetary processes. Little, Brown [and] Company.

제10장

공공서비스론

제10장 공공서비스론

… we are seeing an erosion in the public services which results from the decline of trust in government.

Alan K. Campbell(1982)

1절 공공서비스의 개념 및 유형

1. 공공서비스의 개념

공공서비스(public service)란 정부가 시민들의 공적인 수요를 충족시키기 위하여 생산, 공급하는 유무형의 재화와 서비스를 의미한다. 즉, 시민의 삶의 질 제고 혹은 공익을 위하여 정부가 직접 생산하는 각종 재화 및 서비스는 물론, 정부가 공급(provision)을 담당하지만 그 생산(production)은 공기업과 준정부조직 등의 공공기관 또는 영리 및 비영리조직 등 민간부문이 맡아 시민들에게 제공하는 재화 및 서비스를 모두 포함한다[1](Sharp, 1990: 6-7; 이종수 외 2005: 642).

---

1) 재화나 서비스를 누가 제공(provision)하고 생산(production)하는가에 따라 공공서비스 전달방식(service delivery)이 다양하게 나타난다. 그리고 공공서비스는 하나의 재화나 서비

일반적으로 시장에서 재화에 대한 소비자의 선호는 가격으로 나타난다. 즉, 시장에서 거래되는 재화를 소비할 경우 소비자는 책정된 가격만큼의 대가를 지불해야 하므로, 그 가격을 지불하더라도 해당 재화를 구매할 의사가 있는 사람들에게 재화가 공급된다. 하지만 공공서비스는 시장에서 거래되는 재화나 서비스와는 달리 비경합성(non-rivalry) 및 비배제성(non-excludability)을 그 특성으로 하는 경우가 많다. Hardin(1968)은 '공유지의 비극(The Tragedy of the Commons)' 사례를 통해 공공재 및 공공서비스의 비경합성 및 비배제성으로 인해 초래되는 무임승차자의 문제(free-rider problem)를 제시하고 있다.[2] 특히 시장에서 공급되기 어려운 공공서비스의 경우 사회가 요구하는 적정 수준으로 서비스가 공급될 수 있도록 정부가 개입해야 할 필요가 있음을 보여주었다.

2. 공공서비스의 유형

일상생활에서 찾아볼 수 있는 공공서비스에는 상하수도, 도로교통, 쓰레기수거, 교육, 공원, 지하철, 철도, 공항, 통신, 질병관리, 경찰서비스 등 다양한 유형이 존재한다. 이와 같은 공공서비스는 경합성과 배제성의 높고 낮음에 따라 크게 네 가지로 유형화할 수 있다[3](Savas, 1987: 38-41; 이종수 외, 2005: 646-648).

첫째, 사적재 혹은 민간재(private goods)는 경합성과 배제성이 모두 높고 주로 시장에서 제공되기 때문에, 그 공급에 있어서 공공부문의 개입이 최소화된다. 둘째, 공유재(common goods)란 경합성은 있지만 배제는 불가능한 재화이다. 예를 들면, 동식물, 강, 호수 등의 자원, 물고기, 개울가의 수석 등 자연환경, 천연자원, 동ㆍ

스가 아니라, 대상집단 규모, 대상 서비스 유형, 생산요소 등과 같은 여러 특질에 따라 상이하다. 심지어 해당 지역의 정치권력 작용에 밀접하게 반응하는 등 다양한 면모를 가지고 있다(Sharp, 1990: 2-15).
2) 한 마을에 1인당 100마리의 양을 키울 정도의 수용력이 있다고 가정할 경우, 만일 목초지 이용에 아무런 제약이 없다면, 마을의 모든 사람들이 각각 100마리 이상의 양을 기르려고 할 것이다. 결과적으로 목초지는 점차 황무지로 변하게 되어 결국 목축이 불가능하게 되어 공유지의 비극이 발생하게 된다는 것이다.
3) 여기서 배제성과 경합성의 정도는 상대적이며 배제적/비배제적 혹은 경합적/비경합적 여부를 구분하는 절대적 불변의 기준이 있는 것은 아님을 유의할 필요가 있다.

식물자원, 혼잡이 초래될 수 있는 무료 공공시설물이 이에 해당한다. 즉, 자원은 한 정되어 있는데(경합성) 이를 누구나 이용할 수 있기 때문에(비배제성) 비용회피와 과 잉소비로 인한 공유지의 비극이 발생할 수 있다. 따라서 이러한 경우에는 정부가 공급비용을 부담하거나 규칙을 설정할 필요가 있다. 셋째, 요금재(toll goods)는 대 체로 경합성은 없지만 배제가 가능한 공공서비스이다. 예를 들면 전기, 가스, 상하 수도, 유무선 인터넷, 케이블TV 등이 이에 해당한다. 요금재는 자연독점으로 인한 독점이익의 왜곡이 발생할 여지가 있기 때문에, 이를 방지하기 위해 주로 공공기관 이나 공기업에서 공급을 담당하고 있다. 넷째, 공공재(public goods) 혹은 집합재 (collective goods) 성격을 가지는 공공서비스는 비경합성과 비배제성을 동시에 내포 하기에 무임승차의 문제가 발생할 가능성이 있다. 공공재는 원칙적으로 공공부문 에서 공급해야 할 서비스이며, 국방, 외교, 무료로 이용가능한 각종 공공시설물 등 이 이에 해당한다(이종수 외, 2005: 646-648).

〈표 1〉 재화 및 서비스의 유형

		경합성	
		높음	낮음
배제성	높음	[민간재] • 아이스크림 • 옷 • 막히는 유료도로	[요금재] • 소방 서비스 • 케이블TV • 막히지 않는 유료도로
	낮음	[공유재] • 어류자원, 동식물자원 • 자연환경(물, 공기, 햇빛) • 막히는 무료도로	[공공재] • 일기예보, 재난경보 • 국방, 치안, 방범서비스 • 막히지 않는 무료도로

자료: Savas(1982: 34); 이종수 외(2015: 647). 수정보완.

3. 가치재의 개념 및 의의

어떤 재화가 공공재인지 사유재인지 여부는 경합성, 배제성이라는 특성만으로 결정되는 것은 아니다. 경합성과 배제성이 높아서 사유재의 특성을 갖는 서비스일지라도 정부가 공공재로 규정하고 이를 공급하는 경우, 즉 '공적으로 제공되는 사적재(publicly provided private goods)'도 있다.[4] 또한 모든 사적재가 공익과 전혀 무관한 것은 아니다. 사적재 중 소비에 있어서 긍정적인 외부성이 있는 재화는 소비를 권장하는 것이 사회 전체에 이익이 된다. 이 경우, 정부는 소비를 권장하는 정책을 펴기도 하는데 이러한 특성을 갖는 재화를 가치재(Merit Goods, 價値財)라고 한다[5](이준구 외, 2016: 93). 가치재는 소득수준에 관계없이 모든 사람에게 필요한 것으로 간주되거나 혹은 사회적·국가적으로 소비나 생산이 장려될 만한 재화나 서비스로서, 의무교육 실시, 초·중등학교에서 시행하는 무상급식, 국민주택 공급, 예방접종과 같은 의료서비스 제공[6] 등이 이에 해당한다. 가치재는 그 특성상 개인들의 자발적인 선택에 의해서는 사회 전체적으로 바람직한 수준까지 소비되는 경우가 드물기 때문에 정부가 적극적인 소비 진작 정책을 수립하는 경우가 많다.[7] 한편, 이와 반대로 정부가 특정 재화나 서비스의 소비를 억제하거나 혹은 금지하는 경우 이를 비가치재(demerit goods)라고 한다. 마약 금지와 술이나 담배에 대한 중과세 등이

---

4) 정부의 정책목표에 의해 공유재가 사유재로 전환될 수도 있다. 예를 들면 컴퓨터 소프트웨어는 복사가 가능한 매체의 특성상 비경합성과 배제불가능성을 동시에 충족시키기 때문에 공공재의 특성을 지니지만, 지적재산권(저작권) 제도를 통해 잠재적 사용자들을 배제가능한 사용재로 전환시키기도 한다.

5) 미국의 경제학자 Richard A. Musgrave가 The Theory of Public Finance(1959)에서 제시한 '가치재'란 '정부가 민간에 대하여 이용하도록 조장·강제하는 재화 및 서비스'로 정의된다. 그는 자원배분의 관점에서 정부의 기능을 설명하기 위하여 인간의 욕구를 사회적 욕구(social wants)와 가치욕구(merit wants)로 구분하였다. 사회적 욕구를 충족시키기 위하여 정부는 국방, 외교, 치안 등의 공공재를 공급하게 되는데, 그 이유로 공공재의 비경합성과 비배제성을 설명하고 있다.

6) 이 같은 가치재의 전형적 사례로는 독감 예방주사를 들 수 있다. 내가 독감 예방주사를 맞으면 내 주변의 다른 사람들도 독감에 전염될 가능성이 줄어드는 '경제적 외부효과'가 발생한다. 그런데 독감 예방주사를 각자 병원에서 돈을 내고 맞도록 하면 접종률이 현저히 떨어질 가능성이 높다. 이는 정부가 보건소 등을 통해 무료 혹은 저가로 예방주사를 맞도록 '조장'하는 이유가 될 수 있다(https://www.hankyung.com/news/article/2011012089201).

7) 정부가 이용을 조장·강제할 만한 재화·서비스가 되기 위해서는 다음의 두 가지 요건을 갖추어야 한다: 첫째, 재화·서비스가 시장에만 맡겨 두어서는 필요한 양만큼 소비되지 않을 것, 둘째, 그 재화·서비스를 이용함으로써 긍정적 외부효과(positive externalities), 즉 거래에 참여하지 않는 제3자의 편익이 발생할 것. 이처럼 가치재는 일반 시민에게 소비를 널리 권장함으로써 혜택을 누리게 하는 정책목표 하에 생산·공급된다. 따라서 정부가 형평성 차원에서 시장균형 가격보다 낮은 수준으로 가치재를 저렴하게 공급하도록 가격결정에 개입하게 되며, 이것이 "보편적 서비스의 원리"이다.

여기에 해당된다.

2절 공공서비스 전달주체

1. 공공서비스 전달주체의 유형

공공서비스를 전달하는 주체는 크게 공공부문과 민간부문으로 나뉜다. 이를 좀 더 세분하면 ① 공공 공급형, ② 공공·민간 병존형, ③ 공공·민간 협력형, ④ 민간 위탁형(업무 위탁), ⑤ 민간 공급형으로 구분할 수 있다(김동건, 1986: 69-70). 우선, 공공 공급형은 공공부문에서 서비스를 직접 공급하는 것으로, 다시 국가나 도시정부가 직접 공급하는 "직할형"과 정부 현업기관 및 공사 등을 통해 공급하는 "공기업형"으로 분류된다. 둘째, 공공·민간 병존형은 공공부문과 민간부문이 동시에 서비스를 공급하는 방식으로서 대학, 병원, 미술관 및 복지서비스 공급 등이 이에 속한다. 셋째, 공공·민간 협력형은 공·사부문이 함께 협력하여 특정 서비스를 공급하는 경우로서, 협력관계에 따라 다시 "사업분담형", "자금분담형", "유도형" 등으로 구분된다. 사업분담형은 도로, 토지 등 기반시설에 대한 정비는 공공부문이 맡고, 건물 및 시설물의 건설은 민간부문이 담당하는 경우이다. 자금분담형은 민간부문이 사업 자금을 분담하거나, 참가하는 경우이다. 마지막으로 유도형은 사업주체는 민간부문이지만, 공공부문의 재정지원을 통해 공공서비스 공급을 유도하고 장려하는 경우이다. 넷째, 민간 위탁형은 공공부문에서 일상적으로 수행하고 있는 공공서비스 공급업무의 전부 또는 일부를 민간부문에 위탁하여 공급하는 유형이다. 쓰레기 수거, 각종 검사업무 및 공공시설 유지관리업무 등이 이에 속한다. 마지막으로 민간 공급형은 민간부문이 사업주체가 되어 서비스를 공급하는 유형으로, 일반적으로 전력, 가스 등 지역독점형의 공공서비스와 항공, 도로운송 등의 사업인허가형 서비스 등이 여기에 속한다.

〈표 2〉 공공서비스 전달주체별 유형과 서비스 내용

공급유형	서비스 내용
공공 공급형	직 할 형: 국방, 외교, 경찰, 소방 공기업형: 우편, 전화, 고속도로, 상·하수도, 철도
공공·민간 병존형	병원, 학교, 미술관, 숙박시설, 양로원, 주택시설, 주택개발, 택지개발, 주차장, 스포츠 시설, 도시권 교토, 삼림사업
공공·민간 협력형	사업분담형: 항만, 해약 교통, 공항, 대형종합프로젝트 자금분담형: 교통센터, 장애자 복지시설 유도형: 시가지 재개발, 거리질서, 문화재 보존
민간위탁형 (업무위탁형)	쓰레기 수거, 각종 검사업무
민간 공급형	지역독점형: 전기, 가스 사업인허가형: 항공, 도로운송

자료: 김동건(1986: 70).

2. 공공부문의 범위

공공부문은 일반적으로 정부부문과 준정부부문으로 구분된다. 정부부문에는 정부부처 및 정부기업과 책임운영기관이 포함된다. 정부기업은 「정부기업예산법(법률 제9280호)」의 규정(제2조)에 따라 우편사업, 우체국예금사업, 양곡관리사업 및 조달사업을 기업형태로 운영하는 기관을 의미하며 조달청, 우정사업본부[8] 등이 이에 해당한다. 책임운영기관이란 "정부가 수행하는 사무 중 공공성을 유지하면서도 경쟁 원리에 따라 운영하는 것이 바람직하거나 전문성이 있어 성과관리를 강화할 필요가 있는 사무에 대하여 기관의 장에게 행정 및 재정상의 자율성을 부여하고 그

---

[8] 정부가 직접 공공서비스를 공급하는 대표적인 사례로는 우정사업본부(과거의 체신청)에 의한 우편·택배 등의 서비스 제공을 들 수 있다. 1948년 대한민국 정부수립과 동시에 체신부가 설치되고 우정사업이 시작되었다(박정수·박석희, 2011). 보편적 서비스 원리에 따라 공급할 수밖에 없는 우정서비스의 특성상 대체로 국가가 우정사업을 직접 경영하는 체제가 선호되어 왔다. 하지만 기술의 발전 및 경쟁사업자 등장 등 환경변화에 따라 민영화의 압력이 거세지면서 시장개방 및 우정사업 체제개편을 위한 민영화 논의가 부단히 전개되어 왔다.

운영성과에 대하여 책임을 지도록 하는 행정기관"(책임운영기관의 설치·운영에 관한 법률 제2조 1항)으로 정의되며, 특허청, 국립현대미술관, 국립중앙극장, 경찰병원 등이 이에 해당된다.

〈표 3〉 우리나라 공공부문의 범위

정부부문			준정부부문(공공기관)					민간부문
정부부처	정부 기업	책임운 영기관	공기업		준정부기관		기타공공 기관	
			시장형	준 시장형	기금 관리형	위탁 집행형		
기획 재정부 미래 창조 과학부 외교부	조달청 우정 사업 본부	특허청 국립 현대 미술관	한국전력 공사 한국가스 공사	한국도로 공사 한국방송 광고진흥 공사	기술보증 기금 국민연금 공단	한국장학 재단 한국승강 기안전공 단	한국행정 연구원 대한법률 구조공단	사립학교 민간 병원 사설 어린이집

자료: 기획재정부·조세재정연구원(2020: 21)를 재구성.

준정부부문이란 정부조직에는 해당되지 않지만 정부부처 산하에서 다양한 공적기능을 수행하는 기관들로서, 대부분 공법에 의해 설립된 조직들이다. 이와 더불어 민법(사법)에 근거하여 설립된 조직이라고 할지라도 정부와 계약관계를 맺어 지원금을 받으면서 공적기능을 수행하는 조직 역시 준정부부문에 해당된다. 이러한 준공공부문의 영역에서 공익을 추구하는 기관들을 일반적으로 공공기관(public institution)이라 한다.9) 2021년 개정된 「공공기관의 운영에 관한 법률」(이하 공운법)에 따르면, 공공기관은 중앙정부와 지방자치단체가 아닌 법인, 단체, 기관 중에서 정부재정이 투입되거나 공공의 기능을 수행하는 기관을 의미한다(공운법 제4조).10)

---

9) 공공기관의 범위는 국가마다 조금씩 차이가 있으며, 각국의 상황에 따라서 공공기관을 지칭하는 다양한 용어들이 사용되고 있다. 예를 들면, 미국은 Public Institutions/Enterprises, 영국은 Quangos(Quasi-autonomous nongovernmental organizations)나 non-departmental public bodies, 뉴질랜드는 Crown entities, 독일은 indirect public administration, 스웨덴은 agencies 그리고 OECD는 State-owned Enterprises라고 부르고 있다(권오신 외. 2008: 15).

10) 구체적으로는 공운법 제4조 1항의 각호 요건에 해당되는 기관 중에서 기획재정부 장관이

2020년 현재 약 340개의 공공기관이 존재하며, 이들은 크게 공기업, 준정부기관, 기타공공기관으로 구분된다.

〈표 4〉 공공기관 유형 구분

유형 구분		지정요건
① 공기업		직원 정원이 50인 이상이고, 자체수입액이 총수입액의 2분의 1 이상인 공공기관 중에서 기획재정부장관이 지정한 기관
	시장형	자산규모가 2조원 이상이고, 총수입액 중 자체수입액이 85% 이상인 공기업 (한국전력공사, 한국가스공사 등)
	준시장형	시장형 공기업이 아닌 공기업(한국도로공사, 한국방송광고진흥공사 등)
② 준정부기관		직원 정원이 50인 이상이고, 공기업이 아닌 공공기관 중에서 기획재정부장관이 지정한 기관
	기금관리형	「국가재정법」에 따라 기금을 관리하거나, 기금의 관리를 위탁받은 준정부기관 (기술보증기금, 서울올림픽기념국민체육진흥공단 등)
	위탁집행형	기금관리형 준정부기관이 아닌 준정부기관 (한국승강기안전공단, 한국장학재단 등)
③ 기타공공기관		직원 정원 50인 미만인 공공기관과 이외 공기업, 준정부기관이 아닌 공공기관 – 기관의 성격 및 업무특성 등을 고려하여 기타공공기관 중 일부를 연구개발을 목적으로 하는 기관 등으로 세분하여 지정할 수 있음

자료: 기획재정부·조세재정연구원(2020: 21).

우선 공기업은 직원 정원 50인 이상, 자체수입액이 총수입액의 1/2 이상인 기관 중에서 지정된다. 여기서 자체수입이란 기관이 수입 중에서 출연금이나 보조금 등 정부로부터 이전받는 정부지원액을 제외한 자체 수입액을 의미한다. 이들 기관 중 자체 수입 비율이 85% 이상이고, 자산이 2조원 이상이면 시장형 공기업으로 분류된다. 시장형 공기업에는 산업통상자원부 산하의 한국가스공사, 한국석유공사, 한국전력공사 등, 국토교통부 산하의 인천국제공항공사, 한국공항공사, 해양수산

지정하고 있다. 그러나 구성원 상호 간의 상호부조, 복리증진, 권익향상 또는 영업질서 등을 목적으로 설립된 기관(예: 교직원공제회, 재향군인회, 공인회계사회 등), 지방자치단체가 설립하고 운영하는 기관(예: 지방직영기업, 지방공사, 지방공단 등), 한국방송공사, 한국교육방송공사 등은 공공기관이 될 수 없다(공운법 제4조 2항).

부 산하의 부산항만공사, 인천항만공사가 있다. 준시장형 공기업은 시장형 공기업을 제외한 공기업을 말하며, 기획재정부 산하의 한국조폐공사, 문화체육관광부 산하의 그랜드코리아레저(주), 농림축산식품부 산하의 한국마사회 등이 이에 해당된다.

다음으로 준정부기관은 직원 정원이 50인 이상이며, 위의 공기업에 해당되지 않는 기관 중에서 지정된다. 준정부기관은 다시 기금관리형과 위탁집행형으로 구분된다. 기금관리형 준정부기관으로는 교육부 산하의 사립학교교직원연금공단, 인사혁신처 산하의 공무원연금공단, 보건복지부 산하의 국민연금공단 등이 있다. 위탁집행형 준정부기관으로는 교육부 산하의 한국교육학술정보원, 한국장학재단, 산업통상자원부 산하의 한국석유관리원, 한국에너지공단, 한국가스안전공사, 한국전기안전공사 등이 있다. 마지막으로, 기타공공기관은 공공기관 중 공기업과 준정부기관이 아닌 기관이다. 한국개발연구원, 한국행정연구원 등 정부출연 연구기관과 대한법률구조공단 등이 이에 속한다.

3. 공공서비스 전달주체 선택의 기준: 시장성 테스트

공공서비스를 전달하는 다양한 주체 중에서 어떤 기관이 공공서비스를 전달하는 것이 가장 효율적인가? 일반적으로 공공서비스에 대한 소비자들의 선호는 잘 드러나지 않기 때문에, 공공서비스의 생산량 및 생산비용, 공공서비스 이용에 대한 적정 요금을 결정하기는 매우 어렵다. 정부가 공공재의 생산과 공급을 결정할 때 이용자의 수요를 잘못 예측하여 공공재가 과다 또는 과소 생산된 경우, 또는 이용 요금을 지나치게 높거나 낮게 책정한 경우에는 비효율성이 발생하게 되며, 결국 사회 전체적인 후생의 손실을 초래하게 된다.

공공서비스의 제공에서 발생하는 비효율은 근본적으로 정부의 독점성에 의해 발생한다(Tullock, 1965; Downs, 1967). 정부의 독점성은 사용자와 공급자 간의 정보의 비대칭성(asymmetric information)을 초래하게 되어 결국 전반적인 효율성을 저해할 수밖에 없다. 서비스 사용자의 관점에서는 독점 상태에서 제공되는 서비스가 단일하기 때문에 본인들이 지불하는 비용에 적합한 서비스의 질이 어느 정도인지, 혹은 정부가 제공하는 서비스가 얼마나 효율적으로 제공되는지 알 수 없다. 또한 공급자인 정부 측면에서도 사회 변화에 따른 시민들 수요의 적정수준을 파악하기 어렵기 때문에 능동적인 대처가 어렵고, 공급에 있어서도 단순히 기존 방식을 고수하는 경향이 있다.

정부는 독점적인 지위에서 국민들의 세금을 재원으로 하여 사회 구성원들에게 필수적인 재화와 서비스를 공급하기 때문에, 비효율적인 방식으로 공급을 계속하더라도 파산할 가능성은 매우 낮다. 따라서 정부의 비효율성을 완화하기 위해서는 경쟁을 도입하는 것이 하나의 방법이 될 수 있다. 정부의 독점 상황에 경쟁을 도입할 경우 공급자와 이용자의 진입과 퇴출에 제약이 줄어들게 되므로 다수의 행위자들이 존재할 수 있게 된다. 그 결과 공급자들은 스스로의 이익을 극대화하기 위해 서로 경쟁하게 되고, 그 과정에서 가격 상승을 유발하는 요소들이 효율적인 방식으로 대체된다. 또한 좋은 품질의 물건을 생산하기 위한 혁신 및 효율적인 자원 배분이 이루어지게 되어 결과적으로 사용자 전체의 후생은 증가하게 된다. 따라서 모든 공공서비스를 정부가 독점적으로 전달하기보다는 다양한 주체들을 활용할 필요가 있다. 그러나 이 경우 다양한 주체들 중에서 가장 효율적으로 공공서비스를 전달할 수 있는 공공서비스 전달주체 선택의 합리적인 근거가 요구된다.

최근에는 정부에 의한 공공서비스 전달의 비효율성을 해결하고 세금의 투자가치(value for money)를 극대화하기 위하여 신공공관리론(New Public Management)에 기초한 다양한 대안들이 제시되고 있다(Osborne & Gabler, 1992; 오석홍, 2011: 972). 그 가운데 가장 대표적인 것이 공공부문에의 '경쟁' 메커니즘 도입을 위해 1991년 영국에서 시작된 시장성 테스트(market test)이다. 시장성 테스트는 공공서비스 제공자를 선정할 때, 정부 내부조직(in-house bidder)과 외부 민간공급자가 공정하게 경쟁입찰에 참여할 수 있도록 하여 보다 효율적인 공공서비스 생신자 또는 공급자가 선택될 수 있도록 하는 제도이다(Treasury, 1991; Barker, 1993; Cabinet Office, 1996; 이혜훈, 1998: 7-8 재인용). 즉, 시장성 테스트 결과 민간이 더 효율적으로 수행할 수 있는 분야는 민간부문에게 맡기되, 시장실패(market failure)의 가능성이 큰 분야의 경우에는 공공부문이 수행하는 것을 핵심내용으로 한다. 이와 같은 제도하에서 입찰에 참여하려는 민간부문의 조직은 계약을 체결하기 위해 비용 절감, 고객만족도 제고 등 경영혁신에 주력하게 되어 재정지출의 효율성을 높이게 된다. 더불어 공공서비스 제공 권한을 민간 조직에게 **빼앗기지** 않기 위해 기존에 해당 업무를 담당하고 있는 정부조직 역시도 비용을 절감하거나 업무방식을 개선하게 될 것이라 기대할 수 있다.

　일반적으로 정부부문에 민간부문과의 경쟁 요소를 얼마나 도입하는지에 따라 <그림 1>에 나타난 시장성 테스트[11]를 통하여 다양한 공공서비스 공급방식 중에서 적합한 대안을 선택하게 된다. 구체적으로, 정부가 수행하는 기능에 민간의 참여를 어느 정도 허용하는지를 기준으로 하여 정부기능의 폐지, 민영화, 외부위탁, 외부 혹은 내부계약, 자체 효율화 중에서 하나를 택하게 된다.

<그림 1>　영국의 시장성 테스트

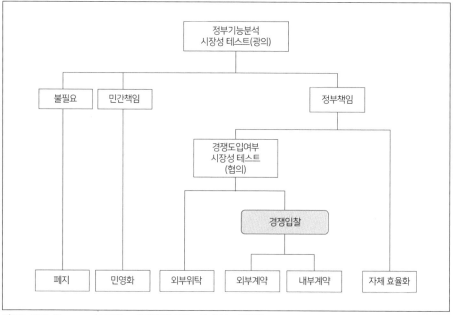

자료: HM Treasury(1991); 이혜훈(1998: 8)에서 재인용.

---

11) 일반적으로 시장성 테스트는 정부가 수행하는 업무에 어느 정도의 경쟁 메커니즘을 도입할 것인지를 점검하는 사전분석(prior opinions analysis)을 말한다(이혜훈, 1998: 7−9). 하지만 보다 넓은 의미로는 정부기능 분석절차 전체라고 할 수 있다. 즉, 광의의 시장성 테스트는 공공서비스 전달 책임이 정부와 민간 중 어느 부문에 있는지와 나아가 기존의 업무 자체가 불필요해서 폐지해야 하는지에 대한 판단까지를 포함하는 개념이다.

첫째, 이전부터 수행하던 정부기능을 계속할 필요가 없는 경우에는 해당 서비스를 더 이상 제공하지 않거나 그 조직을 폐지하는 방안을 선택하게 된다. 둘째, 정부의 책임으로 수행해야 할 필요성이 없는 경우에는 정부기능을 민영화할 수 있다. 셋째, 정부가 책임지고 수행할 필요성이 존재하더라도 정부가 직접 담당하여야 할 필요성이 없으면, 민간업체에 계약으로 위탁하고 정부는 핵심 업무에만 전념하는 외부위탁(contracting-out) 방안을 선택할 수 있다. 넷째, 정부기관과 민간업체 모두 수행 가능하다고 판단되면 양자 상호간 경쟁 입찰(competitive tendering)을 실시하게 된다. 여기서 경쟁 입찰을 통해 정부기능의 수행주체가 정부 내부부서로 결정되면 정부 내 부서와 내부계약을 체결하는 반면, 입찰결과 민간업체가 그 기능을 수행토록 결정되는 경우 외부계약을 체결한다. 마지막으로, 공공서비스를 정부가 직접 담

〈그림 2〉 우리나라 정부기능분석 절차

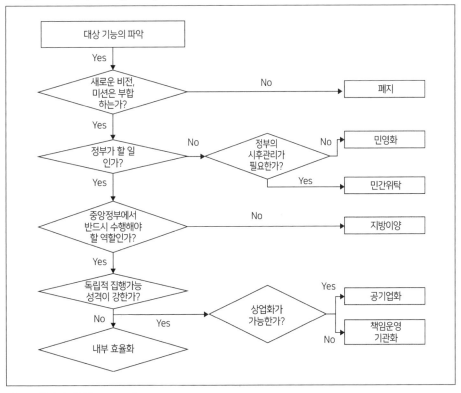

자료: 행정안전부(2011: 59).

당하는 것이 최상의 비용효과성을 얻을 수 있다고 정당화될 수 있는 경우에는 정부가 그 기능을 직접 수행하되 자체적으로 내부조직의 효율화 방안을 모색하게 된다.

이와 같은 시장성 테스트는 현재 우리나라의 정부조직재설계 및 기능조정에 널리 활용되고 있다. 예를 들면, <그림 2>에 나타난 분석절차에 따라 정부조직의 업무프로세스 별로 적정한 기능조정방안을 검토한 후, 조직 외부에서 수행하는 것이 바람직한 경우 법인화, 민간위탁, 지방이양, 책임운영기관화, 타 부처 이관 등 외부화 방안을 마련토록 하고 있다.

3절 공공서비스 전달방식

1. 공공서비스 전달방식의 유형

전통적으로 공공서비스의 전달(delivery)은 전적으로 정부가 담당해야 하는 것으로 인식되었다. 그러나 정부가 공공문제 해결에 대하여 책임이 있다고 해서, 공공서비스의 전달까지 정부가 직접 수행해야만 하는 것은 아니다. 다시 말해 공적으로 공급(public provision)된다는 사실이 반드시 공공부문에서 생산(produced by the public sector)되어야 함을 의미하지는 않는 것이다. 공공서비스의 공급(provision)이란 서비스의 수준과 재원의 조달에 관한 결정, 즉 서비스의 원인행위를 의미한다. 이는 서비스의 생산주체, 서비스의 양과 질에 관한 표준, 서비스의 비용부담 및 재원조달, 서비스 가격 등에 관한 정부의 권위 있는 결정을 포함하는 개념이다. 공공서비스 공급자란 생산자를 지정하거나 소비자에게 생산자를 또는 생산자에게 소비자를 배정하는 주체를 의미한다. 이런 의미에서 공공서비스 공급자를 중개자(arranger)라고 부르기도 한다. 한편, 공공서비스의 생산자란 자신의 조직과 인력을 통해 서비스를 실질적으로 생산하거나 소비자에게 직접 제공하는 주체를 의미한다.

Savas(1987: 62-82)에 의하면, 공공서비스 전달방식은 공공서비스의 공급자 및 생산자가 각각 공공 혹은 민간부문인지에 따라 정부생산(government service), 정부 간 협약, 정부판매(government vending), 민간위탁 계약, 프랜차이즈(franchise), 보조 금, 바우처, 자유시장, 자원봉사(voluntary service) 및 자율조달(self-help) 등으로 구 분할 수 있다.

〈표 5〉 Savas의 공공서비스 전달방식

공급방식		공급자(provider)	
		공공	민간
생산자 (producer)	공공	정부서비스(government service) 정부간 협약	정부판매(government vending)
	민간	민간위탁 계약 프랜차이즈(franchise) 보조금	시장 바우처 자원봉사 및 자율조달

자료: Savas(2000: 66).

      〈표 5〉의 내용을 구체적으로 살펴보면 다음과 같다(Savas, 2000: 66-86) ① 정 부서비스(government service)란 정부기관의 내부생산(internal production)에 의한 방 식 즉, 정부가 소속 기관의 공무원을 통하여 직접 제공하는 방법을 의미한다. ② 정 부간 협약은 정부의 담당기관이 정부산하기관이나 공공기관에게 공공서비스 공급 을 위임하여 공급하는 방법이다. ③ 정부판매(government vending)는 정부가 민간기 업과의 경쟁과정을 거쳐 서비스를 생산하고, 소비자가 이에 대해 비용을 지불하는 정부의 서비스 판매 방식을 말한다. ④ 민간위탁 계약은 정부가 민간에 위탁공급하 게 하는 방식을 말한다. ⑤ 프랜차이즈(franchise) 방식이란 정부가 민간에 서비스 독점권을 부여하는 방법을 말한다. ⑥ 보조금은 정부가 민간 서비스 생산자에게 세 제혜택 등을 통한 지원금을 제공함으로써 민간의 참여를 유도하는 방법이다. ⑦ 바 우처(voucher)란 서비스 수혜자에게 구매권 또는 증서를 지급하여 수혜자가 스스로 선택한 민간업체에서 서비스를 구입토록 하는 방법이다. ⑧ 시장(market)에 의한 공 급방식이란 이용자와 생산자 양자 모두 정부로부터 지원을 받지 않으며 이용자가 시장에서 필요한 서비스를 구입토록 하는 방법이다. ⑨ 자원봉사 및 자율조달 방식

은 비영리 민간조직을 활용하거나 자급(self-delivery)하도록 하는 방법이다.

2. 민관협력

민관협력(Public-Private Partnership: PPP)이란 행정조직과 민간기업 또는 각종 민간조직체들 간의 다양한 방식의 협력을 의미한다(강문수, 2011: 31). 이는 정부의 독점적 공공서비스 전달방식이라는 한 극단과 완전 민영화라는 다른 극단의 대안 들 사이의 중간 정도 선상에 위치하는 것으로서, 민간부분의 자원이나 서비스를 공 공부분으로 이전하거나 촉진하는 광범위한 협력 방식을 포함한다. 이하에서는 민 관협력 방식 가운데 우리나라에서 많이 활용되는 민간위탁과 민간투자에 대해 살 펴본다.

1) 민간위탁

민관협력의 대표적인 방식인 민간위탁(contracting-out)이란 정부가 수행하던 제품조달이나 서비스를, 정부기관과 민간부문 간 계약을 통해 민간부문이 대신 제 공하는 것을 말한다(Kelman, 2002: 282; 박순애 2009: 104 재인용). 즉, 민간기업 혹은 비 영리조직이 정부 대신 특정 서비스를 제공하게 함으로써 민간이 공공서비스의 생 산자가 되며, 정부는 생산자에게 서비스 비용을 지불하고 서비스 제공에 대한 관리· 감독 기능을 수행한다(박종화, 1994: 110; 박순애, 2009: 104 재인용). 정부는 이와 같은 민간위탁을 통해 민간의 인력·자본·기술을 활용하여 공공서비스의 품질 향상 및 효율적인 업무 처리, 조직·인력·예산 감축과 간소화 등을 이루고자 한다.

우리나라 실정법 상 민간위탁이란, "각종 법률에 규정된 행정기관의 사무 중 일부를 정부가 아닌 법인·단체 또는 그 기관이나 개인에게 맡겨 그의 명의와 책임 하에 행사하도록 하는 것"을 의미하며, 민간위탁의 대상은 사회간접자본의 설계, 건설, 관리, 교도소 관리, 공공주차장관리, 쓰레기수거, 노동인력에 대한 관리 및 교 육훈련, 가정 및 육아지원, 기타 다양한 사회복지 서비스 등이 포함된다.[12] 한국에 서 최초로 공공서비스의 민간위탁이 이루어진 것은 1948년 쓰레기 수거사업에서이며, 점차 환경 및 보건, 사회복지, 교통, 건설, 공원 등 시설 관리 및 운영 등으로 범위가 확대되어 왔다(김경혜, 2000: 13; 유미년 외, 2008: 224 재인용).

민간위탁은 아웃소싱(outsourcing)과 경영계약(management contract)을 포괄한다. 아웃소싱은 특정 단위업무(예를 들면 고속도로의 통행료 징수업무)의 위탁을 의미하며, 경영계약은 청소년수련관 등 복지시설의 경우 정부가 자산 혹은 기관의 소유권을 보유하면서 경영에 관한 사항만 민간에 위탁하는 것을 의미한다. 이러한 방식 하에서 정부는 민간기업에 위탁(계약)비용을 지불하고, 서비스 수준 등에 관한 책임은 일차적으로 정부가 지게 된다.

2) 민간투자

민관협력의 한 형태인 민간투자[13]란 전통적으로 정부가 수행하던 공공사업, 예컨대 정부 예산으로 건설·운영하는 도로, 항만, 철도, 학교, 사회기반시설 등을 민간의 재원으로 건설하고 운영 역시 민간이 담당함으로써 공공 및 민간부문의 효율을 도모하려는 사업이다. 즉 정부와 기업이 협력하여 공익성과 기업성을 조화시키면서 공공서비스를 공급하는 방식이다. 도로, 항만 등의 사회간접자본 구축 또는 대규모 개발사업을 할 때 민자유치를 통하여 공공서비스를 제공하는 경우 등이 이에 해당한다. 민간투자는 특정 사업에 민간이 참여할 때 수익을 창출할 수 있을 것으로 기대되는 경우에, 정부를 대신하여 자산, 서비스, 인프라 등을 제공하고 사업수행에 따른 발생 가능한 위험을 분담하는 방식이다. 이를 통해 공공부문의 목적인 공공서비스 제공과 민간부문의 목표인 수익 달성이 동시에 충족될 수 있게 되는 것이다. 이와 같은 민간투자는 크게 수익형 민자사업(BTO) 방식과 임대형 민자사업

---

12) 위탁과 위임은 유사하게 사용되고 있는데 사무의 경우는 위탁이라는 용어를 사용하고, 권한의 경우는 위임 혹은 이양이라는 용어를 사용한다고 볼 때, 민간위탁의 경우에는 공공서비스 생산·공급의 사무를 위탁하는 것이다(강문수, 2011: 40).

13) 민간투자는 민간으로부터 재원조달이라는 측면에서 민자유치(Private Finance Initiative: PFI)라고도 지칭된다. 공공서비스의 생산을 위하여 민간으로부터 재원을 마련하는 방편으로 영국에서 1992년 시작되었으며, 미국에서는 이를 PPP(Public-Ptivate Partnetship)라는 용어로 지칭하기도 한다. 그러나 민간과 정부의 공동협력사업(PPP)의 경우 재원조달뿐만 아니라 법률 및 정책 상 귀속 정도, 자발적 유인전략 등 강조하는 내용이 PFI와는 차이가 있으며, PPP는 PFI보다 광의의 개념으로 볼 수 있다.

(BTL) 방식으로 나뉜다(국회예산정책처, 2013).[14]

〈그림 3〉 BTO, BTL 방식 비교

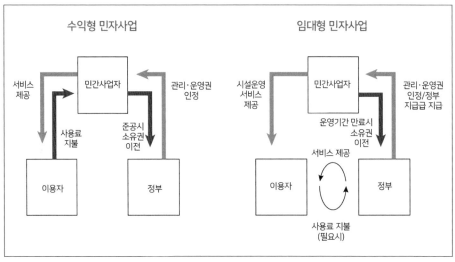

자료: 한국개발연구원 공공투자관리센터 홈페이지(http://pimac.kdi.re.kr/).

첫째, BTO(Build–Transfer–Operate) 방식은 민간이 공공시설을 건설한 후 정부로 소유권을 이전하되, 사업시행자가 관리운영권에 근거하여 자신의 책임 하에 사업시설을 운영하고, 사용료를 징수함으로써 그 수익으로 투자비를 회수하는 방식이다. 사용자는 건설사에 사용료를 지불하게 된다. 즉, 도로, 철도, 항만과 같이 수익(통행료 등) 창출이 용이한 사회기반시설의 준공(Build)과 동시에 해당 시설의 소유권은 정부에 이전(Transfer)되지만 사업시행자에게 일정기간의 관리운영권(Operate)을 인정함으로써, 시설이용자의 사용료로 투자비를 회수할 수 있도록 하는 방식이다.[15]

---

14) 사회기반시설에 대한 민간투자법 제4조(민간투자사업의 추진방식)에서 규정한다.
15) 특별히 BTO 방식은 민간의 위험부담을 줄여주기 위하여 제도로서, 민간자본으로 건설한 시설이 운영단계에 접어들었을 때 실제수입이 추정수입보다 적으면 사업자에게 사전에 약정한 최소수입을 보장(Minimum Revenue Guarantee: MRG)해주는 제도가 시행되었으나 2009년에 폐지되었다(국회예산정책처, 2013).

〈표 6〉   수익형 민자사업과 임대형 민자사업의 비교

	수익형 민자사업	임대형 민자사업
추진방식	Build–Transfer–Operate	Build–Transfer–Lease
대상시설 성격	최종수용자에게 사용료 부과로 투자비 회수가 가능한 시설	최종수요자에게 사용료 부과로 투자비 회수가 어려운 시설
투자비 회수	최종사용자의 사용료	정부의 시설임대료
사업리스크	민간이 수요위험 부담, 상재적으로 높음 (수요에 따라 수익률 변동)	민간의 수요위험 배제, 상대적으로 낮음
수익률	상대적으로 높음	상대적으로 낮음
주요 시설	도로, 철도, 항만 등	학교, 군 관사, 문화·복지시설 등

자료: 한국개발연구원 공공투자관리센터 홈페이지(http://pimac.kdi.re.kr/).

둘째, BTL(Build-Transfer-Lease) 방식은 민간이 공공시설을 건설한 후에 정부가 이를 임대해서 사용하는 형태의 민간투자이다. 이 경우에는 민간자금으로 공공시설이 준공(Build)됨과 동시에 사업시행자는 일정기간의 시설관리운영권을 보장받고, 정부가 그 시설을 임차(Lease)하면서 지급하는 시설임대료 및 운영비 등으로 투자비를 회수하는 방식이다. 주로 학교, 문화·복지시설 등 수요자(학생, 관람객 등)에게 사용료를 부과하여 투자비를 회수하기 어려운 시설건설에 활용된다.

민간투자는 민간의 자본과 경험의 활용, 정부 예산절감 및 효율성 제고를 위해 도입되며 일종의 계약 성격을 갖고 있지만 비용조달을 민간이 부담한다는 점에서 통상적인 정부조달사업과는 차이가 있다. 사업대상, 기간, 사용료 등 민자유치의 핵심내용에 대한 계약은 정부와 사업시행자 간 협상을 통해 체결된다. 민간투자방식 도입 초기에는 사업대상이 도로, 철도, 공항 등 사회기반시설에 국한되었으나 점차 수도, 쓰레기처리 등 환경관리시설, 학교, 병원 등의 생활기반 시설로 그 범위가 확대되는 추세에 있다. 우리나라는 1994년 「사회간접자본시설에 대한 민자유치촉진법」제정을 계기로 사회기반시설의 건설·운영에 민간투자방식이 도입되었다.

이후 1998년 말 동 법이 「사회간접자본시설에 대한 민간투자법」으로 개정되면서 다양한 정부 사업이 민간투자방식으로 추진되었고, 2005년에는 「사회기반시설에 대한 민간투자법(이하 '민간투자법')」으로 재개정되어 그동안 추진해 오던 수익형 (BTO) 민간투자사업 방식뿐만 아니라 임대형(BTL) 민간투자사업 방식도 도입되었다. 이처럼 민간투자사업의 대상 범위 및 민간기업의 참여 기회가 점차 넓어지고 있는 추세이다.[16]

3. 민영화

신공공관리 및 세계화 추세가 강화되면서 정부의 내부생산(internal production) 등과 같은 전통적인 공공서비스 공급방식에 대한 대안으로서 민간부문에 의한 전달방식인 민영화(privatization)가 주목받고 있다. 민영화란 공공부문에서 민간부문으로 소유권의 전환 또는 정부보유 주식의 매각 등을 통한 국가기능·국유재산의 민간 이양을 의미한다(박중훈, 2000: 26).[17] 이는 정부가 독점적으로 생산·공급하던 공공서비스 체제를 민간부문이 생산·공급하는 체제로 전환하여 효율성을 향상하려는 것이다(강인성, 2008: 5-6)

즉, 민영화란 자율화, 경쟁촉진, 규제완화 등 공공영역을 줄이거나 정부 부문으로부터 민간부문으로 전환하는 모든 경향을 말한다(Savas, 1987; 박중훈, 2000: 24-25). 예를 들면, 공공서비스의 생산·제공뿐만 아니라 규제와 책임까지도 민간부문에서 담당하며, 공공서비스와 관련된 경제적 자원과 정치적 권한도 민간에게 이전

---

16) https://pimac.kdi.re.kr/about/private.jsp KDI공공관리투자센터 '민간투자사업' 설명 참조
17) 민영화는 미국 이외의 국가와 미국에서 개념의 차이가 존재하는데, 미국 이외의 국가에서의 민영화는 정부보유 자산을 민간에 매각하는 등 국가 경제에서 정부의 비중을 줄이는 것을 의미하며 민간위탁을 민영화의 한 유형으로 본다. 하지만, 국가 경제에서 정부가 차지하는 비중이 상대적으로 낮은 편에 속하는 미국에서는 정부가 직접 공급하던 재화와 서비스를 민간으로 하여금 공급하도록 하는 것을 민간위탁으로 이해한다. 우리나라에서는 민간위탁을 민영화의 하위개념으로 보아, 소유권은 이전되지 않고 관리나 생산 기능만 이전된 형태의 정부활동의 축소란 의미로 사용된다. 즉, 민간위탁은 정부와 민간이 '계약' 형태로 연결된다는 점에서 민영화 방식 중 하나이지만, 민영화는 정부기능을 민간에 완전히 매각하는 것이므로 소유권이 정부에 있는 민간위탁과는 소유권주체 측면에서 구별된다(박중훈, 2000: 22 – 26).

되는 것을 의미한다(강인성, 2008: 5). 이는 정부 역할의 일부분을 민간부문에 맡기는 것으로서, 정부가 생산 및 제공해오던 재화, 용역 공급을 중단하고 민간부문이 이를 대신하게 한 뒤 정부는 관여하지 않는 것이다. 대표적인 민영화 방식에는 정부 재산 매각과 임대가 해당된다. 매각은 철도, 공공주택 같은 정부재산(공기업 포함)을 민간에 판매하는 것을 말하며, 임대는 정부재산을 민간에 빌려주어 서비스 공급을 대신하게 하는 것을 말한다(Hodge, 2000: 15; 오석홍, 2011: 972).

이상과 같은 민영화 방식의 공공서비스 전달에 대해서는 지지와 비판 의견이 분분한 상황이다(오석홍, 2011: 974-975). 민영화를 지지하는 입장의 견해는 다음과 같다. 우선 민영화를 통해 정부의 재정적, 정치적 부담을 덜고 민간의 자율성을 제고할 수 있다. 또한 서비스 공급주체가 많아져 경쟁이 촉진되며 서비스 질의 개선이 가능하고, 정부부채 감소의 효과가 있으며, 공무원 수 유지나 정부의 연금부담 감소 측면에서 임용관리개선의 효과도 기대할 수 있다(Harrigan & Nice, 2008: 259). 그러나 민영화를 비판하는 측의 의견 또한 팽팽하다. 민간의 지나친 이윤추구로 인해서 공공성이 손상되고 서비스 수준이 오히려 떨어질 수 있다. 그리고 민영화 후에도 경쟁이 제대로 이루어지지 않아 민간독점 체제가 형성될 경우에는 서비스의 가격만 상승할 우려가 존재한다. 민영화의 과정에서 부정부패 등 불공정 거래, 낙하산 인사 등 정치적 오용의 위험도 있다(Sharp, 1990: 101).

결론적으로 민영화 찬반 논쟁에서 중요한 것은 민간생산이냐 공공생산이냐의 문제이기보다는 경쟁이 있는 시장환경이 조성되었는지의 여부이다. 서비스를 생산하는 기업이 속해 있는 산업의 특성을 고려할 때, 시장성이 높은 기업의 경우에는 민영화의 긍정적인 효과가 기대될 수 있다. 반면에, 공공성과 독점성이 높은 기업은 민영화 이후에도 가격 담합 혹은 경쟁질서와 관련된 다양한 측면에서 정부의 규제정책의 적용대상이 될 수 있다. 특히 철도, 전력 등 망(network)산업의 경우 서비스 및 인프라를 다양한 공급자와 수요자가 공동으로 이용하는 공공재의 성격을 가진다. 때문에 망 시설의 소유와 이용과 관련한 규정을 두고 공정성 시비가 발생할 가능성이 있어 면밀한 사전분석이 요구된다. 또한 공공성이 높은 재화나 서비스를 제공하는 기업을 민영화하는 경우, 민영화 이후 공공서비스의 품질 유지 및 개선에 관한 문제, 가격 인상으로 인한 국민부담 가중 문제 등의 우려를 불식시킬 수 있어야만 민영화에 대한 국민적 공감대를 형성할 수 있을 것이다. 더불어 민영화 대상사업을 선정할 때는 시장경쟁상황을 고려하여 민영화를 통해 효율적 생산이 가능할 것인지, 자연독점 등 진입비용이 큰 서비스인 경우 민관협력사업으로서 추진이 가능한지, 민영화에 따른 비용 및 효과 그리고 사회 전반에 미치는 영향을 고려하였는지 등을 사전에 검토할 필요가 있다.

[읽을거리] 공기업 사장 인선, 개혁의 시작일 뿐이다

공기업 사장 인선이 속도를 낼 모양이다. 상당 기간 기관장이 공석이거나 기관장이 있어도 바뀔 것을 예상해 제대로 일을 하지 못하던 공기업 입장에서는 반가운 소식이 아닐 수 없다. 특히 공기업 사장은 낙하산 인사의 문제점을 지적했던 대통령이 임명하는 자리인 데다 앞으로 진행될 공기업 개혁의 방향을 가늠해 볼 수 있다는 점에서 국민의 관심이 크다.

우리나라 경제에서 공기업이 차지하는 비중은 매우 크고 역할도 다양하다. 현재 기획재정부의 경영평가대상기관은 한국전력공사, 도로공사, 수자원공사 등 공기업 30개를 포함해 295개나 되며, 이들의 총예산은 정부 예산의 1.7배에 육박하고 있다. 전기, 수도, 교통 등 국민생활에 필수적인 공공서비스를 담당하고 있는 것도 공기업이다. 공기업은 산업화를 경험한 대부분의 국가에서 빠르게 성장했다. 영국은 대처 총리의 민영화 조치 이전까지 우편, 전력, 철도, 조선 등 국가기간산업에서 공기업의 비중이 높았던 대표적인 국가였다. 최근 부상하는 중국, 러시아, 브라질 등에서도 공기업의 역할은 주목할 만하다. 우리나라 역시 산업화를 구가하던 1963년부터 1972년까지 연 9.5% 고도성장기에 공기업은 그보다 높은 연 15%씩 성장했다. 하지만 탈산업사회의 도래와 함께 공기업의 위상과 역할에도 변화가 필요하다는 공감대가 형성되면서 공기업 개혁은 새로운 정부의 단골 메뉴가 됐다.

올해로 20주년을 맞는 영국의 철도민영화는 공기업 개혁의 대표적인 사례로 언급되지만, 그 평가는 양면적이다. 1950년대 초반 영국철도는 여객수송의 17%, 화물 42%를 담당할 정도로 큰 비중을 차지했으나 민영화 직전인 1993년에는 각각 5%와 6% 수준까지 떨어졌다. 영국 정부는 투자를 확대하고 생산성 위주로 조직개편을 하는 등 효율성 제고에 노력했으나 성과에는 한계가 있었고, 결국 국영철도인 브리티시 레일(British Rail)은 민영화되었다. 하지만 민영화 이후에도 부실경영과 연이은 대형사고로 공적자금을 투입했으며, 서비스 질이 떨어지는데도 철도요금은 계속해서 올랐다. 주목할 점은 정부가 운영하든, 민간이 운영하든 영국철도의 고비용 문제는 현재도 진행 중이며, 그 부담은 여전히 국민의 몫으로 남아 있다는 것이다.

우리나라는 어떤가. 1997년 국제통화기금(IMF) 수혈로 외환위기를 극복하는 과정에서 적극적으로 공기업 민영화를 추진했다. 최근 폭염과 더불어 주목받고 있는 한 국전력의 발전과 배전부문을 단계적인 경쟁체제로 전환하기로 결정한 것도 이때의 일이다. 그러나 2002년 최초 매각 대상으로 선정된 남동발전의 민영화 추진이 노조 의 반대와 매각 입찰 회사들의 인수 포기로 좌절되면서 결국 한전은 전력거래소와 6 개의 발전자회사라는 현재의 기형적 체제로 굳어졌다. 그 결과 당초 의도했던 원가 절감이나 요금 인하 등의 성과는 찾아보기 힘들고, 최근에는 각종 비리에 최고위층까 지 연루된 것으로 밝혀지면서 뭇매를 맞고 있다. 정부의 한 보고서에 따르면 우리나 라의 국내총생산(GDP) 대비 주택용 전력소비량은 경제협력개발기구(OECD) 회원국 중 26위로, 산업용 전력소비량 4위에 비해 상당히 낮은 수준이라고 한다. 그럼에도 주택용 전기요금 누진율은 11.7배로 미국과 일본의 1.5배 수준에 비해 과도하게 높게 설정되어, 5인 이상 빈곤 가구의 전기요금 단가가 1인 고소득 가구보다 훨씬 높은 기 현상마저 나타나고 있다. 특히 전력을 많이 쓰는 산업용의 전기요금은 원가보다 낮 게 책정됨으로써 기술혁신을 통한 기업의 전력사용량 감축을 기대하는 것 역시 어 렵다. 노무현 정부에 이어 이명박(MB) 정부는 전력의 효율성을 높인다는 명분으로 스마트그리드 사업에 막대한 예산을 투입했다. 한국전력도 송배전망 지능화 등에 연간 4조 7,000억 원 수준의 투자를 계속한다고 공언한 바 있다. 하지만 태양광 발전 의 국제 단가가 100분의 1 수준으로 떨어지는 동안 한국의 가정용 전기요금은 1990 년대 이후에만 2배 이상 인상되었고, 국민이 체감할 수 있는 전력서비스 개선은 여전 히 찾아보기 어렵다. 오히려 계속되는 폭염에 정부는 국민에게만 끊임없는 인내를 요 구하고 있다.

영국의 철도민영화 사례에서 보듯 기관의 지배구조 변경이나 경쟁체제의 도입만 으로 공기업 개혁의 성과를 담보하기는 어렵다. 오히려 그 추진과정에서 시장과 국민 의 신뢰를 얻지 못한다면 자원의 비효율적 배분과 서민에 대한 역차별 문제 등 심각 한 부작용을 초래할 수도 있다. 선진화를 지향한 MB정부 5년 동안 공기업이 이룬 가 시적인 성과 중 백미(白眉)는 부채의 증가뿐이라는 비판도 있다. 국민의 부담을 가중 시키는 비효율적인 공공투자 확대와 공기업의 외형적 성장보다는 공공서비스의 원가 개념을 확립하고, 가격구조의 왜곡을 바로잡는 것이 현 시점에서 필요한 공기업 개혁 이자 창조경제의 시작이다. 새로운 공기업 수장(首長)의 임명과 함께 서민경제에도 햇살이 깃들 수 있기를 기대해 본다.

출처: 박순애(동아일보, 2013.8.23.)

◈ 참고문헌 ◈

강문수. (2011). 민관협력 활성화를 위한 법제개선연구. 한국법제연구원.

강인성. (2008). 지방자치단체 민간위탁경영의 효과성 제고방안에 관한 연구: 사회복지분
　　야. 한국지방행정연구원.

국회예산정책처. (2013). 2014년도 BTL 한도액안 평가.

권오신·안혁근·황혜신. (2008). 공공기관 책임성 확보방안. KIPA 연구보고서 2008－17

기획재정부·조세재정연구원. (2020). 2020 공공기관 현황편람.

김동건. (1986). 도시 및 지역개발을 위한 재원조달 및 민간참여방안에 관한 연구. 행정논총
　　24(2). 서울대 행정대학원, pp.67－71.

김경혜. (2000). 복지시설 민간위탁 운영평가 및 개선방안 연구. 서울: 서울시정개발연구원.

동아일보. (2013). [동아광장/박순애] 공기업 사장 인선, 개혁의 시작일 뿐. 2013. 8. 23. 기사.

박중훈. (2000). 정부기능의 민간위탁 제도 및 운영방식 개선방안. 한국행정연구원.

손희준 외. (2011). 지방재정론. 서울: 대영문화사.

오석홍. (2011). 행정학. 박영사.

이종수 외. (2005). 새행정학. 대영문화사.

이준구·조명환. (2016). 재정학, 문우사.

유미년·탁현우·박순애. (2008). 민간위탁에 의한 공공서비스 공급의 효율성 및 효과성 분
　　석: 서울시 생활폐기물 수거·운반 서비스를 중심으로, 한국정책과학학회보, 12(3):
　　219－244.

이혜훈. (1998). 영국의 시장성 테스트와 넥스트스텝 프로그램. 한국개발연구원.

박순애. (2009). 민각위탁 단계별 영향요인에 관한 연구.

박정수·박석희. (2011). 공기업 민영화 성과평가 및 향후과제. 한국조세연구원.

행정안전부. (2011). 과학적 조직관리를 위한 조직진단 매뉴얼.

한국개발연구원 공공투자관리센터 홈페이지. URL: http://pimac.kdi.re.kr 2021. 2. 26.

한국경제. (2011). [한경데스크] 전면 무상급식이 가치재라고? 2011. 1. 20.

Barker, L. (1993). Competing for Quality: A Manager's Guide to Market Testing.
　　Longman.

UK Cabinet Office. (1996). Competing for Quality Policy Review: An Efficiency Unit Scrutiny.

Campbell. A. K. (1982). The Institution and Its Problems, Public Administration Review 42(4): 305−308

Downs, A. (1967). Inside bureaucracy, Boston. MA: Little, Brown and Company.

Hardin, G. (1968). The tragedy of the commons Science 162(3459): 1243−1248.

Harrigan, J. J. & Nice, D. C. (2008). Politics and Policy in States and Communities, 10th edition. Pearson.

Hodge, G. A. (2000). 「Privatization: An international reviews of performance」, Westview.

Kelman, S. (2002). Contracting in Salamon, L. & Elliot, O. The tools of government: Oxford University Press, 282.

Musgrave, R. A. (1959). The thoery of public finance: a study in public economy. Kogakusha Co.

Osborne, D., & Gaebler, T. (1992). Reinveting government: How the entrepreneurial spirit is transforming the public sector, New York: Addison−Wesley, p. 420.

Savas, E. S. (1982). Privatizing the public sector: How to shrink government. Chatham House Publishers.

Savas, E. S. (1987). Privatization: The key to better government. Chatham House Pub.

Savas, E. S. & Savas, E. S. (2000). Privatization and public−private partnerships, New York London: Chatham House.

Sharp, E. B. (1990). Urban politics and administration: From service delivery to economic development. Addison−Wesley Longman Limited.

Treasury, H. M. S. (1991). Competing for quality: Buying better public services. Parliament by the Chancellor of the Exchequer, London, HMSO.

Tullock, G. (1965). The Politics of bureaucracy. Washington, D.C, Public Affairs Press.

제11장

지방자치론

제11장 지방자치론

Fiscal decentralization is in vogue.

Wallace E. Oates

1절 지방자치의 이론적 배경: 분권화

1. 지방자치의 개념 및 필요성

지방자치란 "일정한 지역과 주민을 기초로 하는 공공단체가 지역 내의 공공사무를 지역주민 스스로 또는 대표를 통해 처리하는 과정"이다(정세욱, 1995: 22; 김학노, 2000: 24; 한원택, 2002: 140; 최창호, 1995: 45; 이승종, 2005: 2). 즉 지방자치는 한 국가 내 일정 지역의 주민들이 그 지역 공동 사무를 스스로 결정하고 처리하도록 하는 제도로서, 지역문제에 대해 지역주민이 직접 참여하여 결정하거나, 주민의 투표로 선출된 대표자들로 구성된 자치단체를 통하여 처리하게 하는 것을 의미한다(안용식 외, 2000; 이달곤, 2004). 지방자치의 본질적인 개념은 각 지역의 공공업무를 그 지역의 관할권을 가지는 지방정부[1)가 처리하도록 하는 시스템이라고 할 수 있다. 국가

간의 다소 차이는 존재하지만 일반적으로 지방자치시스템에서 지방정부는 관할 지역의 정치, 정책, 사법기능을 포함하는 광범위한 권한을 행사한다. 또한 지역의 의사결정은 주민의 직접 참여로 이루어지거나 직접투표에 의해 선출된 대표자들을 통해 이루어진다.

지방자치의 필요성은 근본적으로 정부의 비효율성에서 출발하였다. 1970년대 후반부터 '복지국가의 위기'에서 촉발된 정부의 비효율성의 문제는 1990년대 중반 이후 개발도상국들에게까지 그 범위가 확대되었고, 이는 단순히 정부의 비효율성을 개선하는 문제뿐만 아니라, 정부구조의 근원적인 변혁과 외부 행위자들과의 관계 재정립에 대한 논의를 불러일으켰다. 특히 신공공관리론(NPM)은 거대한 규모와 수직적 관료제로 상징되는 정부의 비효율적 운영을 지양하고, 시장주의적인 경쟁 원리 및 관리 방식의 확대를 통해 능률적인 작은 정부를 구현해야 한다고 주장해 왔다. 공공서비스 제공에 있어서 생산자 간의 경쟁이 가능한 경우에는 정부의 관리 하에 민간 위탁이나 민영화 등의 방식을 도입할 수 있다. 그러나 불가피하게 정부가 독점적으로 생산·공급해야 하는 공공서비스의 경우에는 정부들 간, 또는 정부 내부에서 경쟁을 도입하는 것이 효율적이다.

지방자치의 목적은 권한의 분산과 사무의 분담을 통해 비대한 정부기구의 기능을 축소하고, 정부의 불필요한 규제와 간섭을 억제함으로써 정부의 효율성·민주성을 증진시키는데 있다. 일반적으로 정부 규모의 축소는 정부의 조직과 인력, 재원 등의 물리적인 투입요소의 감축을 뜻하기도 하지만, 근본적으로 정부개입의 범위와 정당성, 시민들의 수요 등 다양한 요소를 고려한 영향력의 축소를 의미하기 때문에 정부 규모를 축소하기 위해선 다차원적인 정부구조의 변화를 필요로 한다. 이러한 측면에서 지방자치시스템의 도입은 정부의 규모와 권한을 축소하기 위한 개혁의 중요한 수단으로 사용되어 왔다.

지방자치제도는 그 형태와 목적이 다양하나 기본적으로 권력의 분산을 통해

---

1) '지방정부(local government)'라는 용어는 지방의회 및 집행부를 중심으로 행정과 정책이 수행되는 일련의 과정에 초점을 맞추는 용어인 반면, '지방자치단체(local autonomous entity)'는 지역에 일정한 자치권을 보유하고 주민이 거주하는 법인격이 있는 단체로서 지역사회, 지방정치 등을 포함하는 포괄적인 의미이다(Gurr and King, 1987; 이종수, 2002: 11-12 재인용). 우리나라에서는 지방정부의 공식 명칭을 지방자치단체로 사용하고 있다. 이에 이 책에서는 지방자치단체와 지방정부를 동일한 의미로 사용한다.

제한된 공간의 관할권을 가지는 여러 개의 작은 정부들이 그 지역의 공공재와 공공
서비스의 제공을 담당하게 하는 것이다. 이러한 경우 지방정부들은 각각 제한된 관
할 지역의 수요에 적합한 공공재와 공공서비스를 제공할 수 있게 됨으로써 중앙정
부의 독점성을 완화시키게 된다. 즉 지역수준의 의사결정에서는 특정 공공재에 대
한 주민 수요의 많고 적음에 따라 지역별로 차별적으로 공급을 할 수 있고, 이에 따
른 시민의 부담을 책정할 수 있기 때문에 국민의 후생이 전반적으로 증가할 수 있다
(Balaguer−Coll et. al., 2010). 이처럼 공공서비스에 대한 주민의 수요를 반영함으로
써 궁극적으로는 지방자치의 목적인 민주주의에 입각한 주민복리의 증진이 실현될
수 있다(행정자치부 국가기록원, 2015: 9-10).

〈표 1〉 지방자치의 목적

기본가치	구분	내용
민주성	정치적 측면	• 민주주의 훈련장으로서 역할 수행 • 국정 확대와 관료화에 대한 견제기능 담당 • 정국변동에 따른 국정 마비와 혼란 방지
	사회적 측면	• 지역의 고유한 특수성을 반영한 다원적 발전 • 지역간 지역주민을 위한 경쟁 촉발
능률성	행정적 측면	• 지역 실정에 부합한 행정 운영 • 정책실험의 장으로서 전국적 실시로 인한 시행착오 최소 • 중앙정부와 업무분담으로 행정 효율성 향상 • 중앙 각 부처업무를 종합적으로 집행해서 주민편의 도모
	경제적 측면	• 지역 특화 산업정책 촉진 • 지역주민 선호에 적합한 공공서비스 제공

자료: 행정자치부 국가기록원(2015: 9 − 10) 재구성.

또한, 공공서비스 제공 시 민간위탁 방식을 채택하는 경우에도 중앙집권체제
보다는 지방분권체제 하에서 효율성이 제고되는 측면이 있다. 중앙집권 상태에서
의 위탁은 공공서비스의 생산과 공급의 범위가 크고, 한정된 분야에서 이루어지기
때문에 규모가 크고, 높은 수준의 사업 역량을 가진 민간 조직들만 참여할 수밖에
없다. 하지만 분권화 상태에서는 지방정부들이 위탁 권한을 가지고 있고 지역의 수
요는 다양할 수밖에 없기 때문에, 비교적 작은 규모를 가진 지역기반의 민간조직들

도 그 역량에 따라 공급자로서 참여하여 경쟁이 유발될 수 있다.

지방자치제도의 도입은 민주주의 가치에 부합할 뿐만 아니라, 중앙 – 지방정부 간 수직적인 관계에서 발생하는 비효율성 문제를 완화시키는 기능도 할 수 있다. 만일 중앙 – 지방정부 간 관계가 수직적 관료제와 같이 규정된다면, 실제 현장에서 업무를 담당하는 하위 수준의 지방정부조직과 공무원들의 재량권이 상당히 제한될 수밖에 없다. 이러한 경우 공무원들이 공공의 업무를 처리하는 데 있어서 업무의 원래 목표의 효율적 달성에 신경을 쓰기 보다는 수단이라고 볼 수 있는 절차에 집중하게 되는 목표대치(goal substitution) 현상이 발생할 뿐만 아니라, 중앙정부의 의사결정자보다 더 많은 아이디어와 정보를 가지고 있음에도 불구하고 이를 반영할 수 없는 문제가 발생한다(Merton, 1969; Simon, 1947). 또한, 수직적 관료제에서는 기본적으로 공무원들의 신분이 보장될 뿐만 아니라, 승진이 단순히 내부의 규정과 평가에 따라 이루어지므로, 공무원들은 사용자인 시민의 후생 향상 보다는 상부의 정책결정자나 조직의 이익을 위해 노력하게 된다.

그러나 지방자치제도 하에서는 지역주민들이 선출한 대리인들이 일정 임기동안 지역의 공공업무에 대한 의사결정권을 행사하기 때문에 사실상 인사의 권한이 주민들에게 있으며, 따라서 지방정부를 구성하는 선출직 공무원들은 사용자인 주민들에게 좀더 효율적인 공공서비스를 제공하기 위해 노력하게 된다.

2. 분권화와 지방자치제도의 효율성

1) 분권화의 개념

분권화(decentralization)는 공공서비스 제공의 책임과 권한이 중앙정부에서 지방정부로 또는 민간과 지역주민에게 이전되는 것을 말하며, 이는 중앙정부의 권한과 역할의 축소를 의미하는 것으로 볼 수 있다. 하지만 분권화에 대한 개념과 이를 바라보는 시각은 연구자마다 상이하다(Cheema and Rondinelli, 2007). 이는 분권화의 목적과 형태가 다양하고, 각 국가들의 분권화 수준도 각기 다르기 때문이다. 분권화의 수준은 지방정부가 어느 정도의 자치권(autonomy)을 가지고 있는지, 즉 중앙정부의 권한이 지방정부에 어느 정도로 이양되었는가에 따라 다르다. 예를 들면 미국은 전통적으로 헌법에 의해 지방정부들이 정치적·행정적으로 독립되어 있으면서 독립적인 과세권도 갖는 재정적 연방주의(fiscal federalism)를 추구한다. 하지만 우리나라의 지방자치는 일정한 관할구역을 가진 지방정부들에게 지역의 공공서비스를 제공해야 할 책임이 주어져 있으나, 지방정부들의 과세권은 제한되어 있고 대부분의 재원을 중앙정부에 의존하고 있다는 점에서 공간적·정치적·행정적인 분권화가 중심이 된다고 볼 수 있다.

이처럼 국가별로 다양한 형태 및 수준의 분권화가 존재하는 이유는 분권화를 통해 이루고자 하는 정치적·정책적 목표가 다양하기 때문이다(Fleuk et al., 1997). 따라서 분권화의 개념과 그 목표를 이해하기 위해서는 그 유형을 파악하고 구별하는 것이 필요하다.

2) 분권화의 유형

일반적으로 분권화는 크게 정치적(political), 재정적(fiscal), 행정적(administrative) 분권화로 구분된다[2](Neven, 2005: 138; 박순애·이희선·권혜연, 2014: 235 재인용). 먼저 정치적 분권화(Political decentralization)란 국가의 통치권이 지역(area)에 따라 연방정부에서 주정부, 지방정부 등으로 분산되는 형태를 말한다(Neven, 2005: 138; World Bank, 2014). 이는 정치적 다원주의와 민주주의 원리에 의거하여 공공 의사결정의 권한과 책임을 시민들과 이들에 의해 선출된 지방정부 대표자들에게 이전하는 데 목적이 있다. 민주주의의 관점에서 볼 때 가장 이상적인 형태의 의사결정은 모든 시민이 참여하는 직접민주주의라고 할 수 있으나, 현실에서 이는 불가능에 가깝다. 따라서 정책이 사회의 다양한 이익을 대변하기 위해서는 정책의 형성과 의사결정 그리고 집행과정에서 가능한 많은 사람들이 참여할 수 있는 시스템을 구상하고 도입하는 것이 중요하다. 이론적으로 볼 때, 정치적 분권화는 정책의 결정이 지역이

---

2) 언급된 세 가지 유형의 분권화는 서로 배타적인 관계라기보다 상호 작용할 수 있는 관계이다. 한편 이상의 세 가지 유형 외에 Neven(2005)은 시장분권화(market decentralization)를 또 다른 유형으로 제시하고, 이를 중앙정부의 권한이 시장으로 이전되는 것으로 정의하였다. 여기서 시장분권화는 공공서비스 전달방식의 한 유형인 민영화(privatization)와 같은 의미로 볼 수 있다.

라는 제한된 공간을 기반으로 한 수많은 지방정부에서 이루어지게끔 함으로써 의사결정에 있어서 시민의 참여를 증진시킬 수 있다(Triesman, 2007). 지역의 주민들은 자신들의 이익을 대변할 자치단체장을 직접 선출하고, 자치단체장은 오직 그 지역의 주민들과 연관된 정책의 형성과 집행을 담당하게 됨으로써 시민들의 정치적 참여와 정부의 책임성이 제고될 수 있는 것이다.

다음으로 행정적 분권화(Administrative decentralization)는 특정 공공기능들에 대한 운영, 재정지원, 계획 등의 기능 및 책임을 중앙정부로부터 하위 수준의 공공기관, 지역의 행정기관, 지방정부 등으로 이전하는 것을 의미한다(Neven, 2005; World Bank, 2014). 행정적 분권화는 서로 다른 계층의 정부들 간에 공공서비스를 공급하기 위한 권한, 책임, 그리고 재정적 자원들을 재분배하는 것을 목적으로 하며, 지방정부가 행하기 어려운 업무를 중앙정부가 보완한다는 보완성의 원칙(the principle of subsidiarity)을 기반으로 한다(Holtmann, 2000). 이와 같은 행정적 분권화는 권한의 이양 수준에 따라 분산(deconcentration), 위임(delegation), 이양(devolution)으로 세분된다(Rondinelli, 1981; Rondinelli et al., 1983; Neven, 2005; 이희선, 2013: 33-34 재인용). 먼저 분산(deconcentration)은 대부분의 국가들에서 공통적으로 볼 수 있는 가장 약한 분권화의 형태로서, 단순히 중앙정부의 의사결정 권한과 관리의 책임을 지방정부나 지역 기반의 공공기관으로 이전하거나, 중앙정부의 감독 하에 현장에서 행정업무를 수행하는 지방정부들의 행정 역량을 강화시키는 것을 의미한다. 따라서 지방정부는 중앙정부의 대리인으로써, 지방에서 중앙정부의 지시를 수행한다. 위임(delegation)은 좀더 확장된 개념의 분권화로서, 중앙정부의 의사결정 권한 및 관리의 책임이 이전되는 것은 분산의 경우와 같지만, 중앙정부는 궁극적인 책임만 지고 업무의 수행과 운영의 책임은 하위 수준의 기관에게 위임된다. 따라서 지방정부는 중앙정부로부터 독립된 개체로서 정책의 결정과 운영에 대한 재량권을 가지며, 중앙정부로부터 간접적인 통제를 받게 된다. 마지막으로 이양(devolution)은 가장 고도화된 분권화로서 중앙정부가 행사해 왔던 지방업무에 대한 책임과 권한이 지방정부와 지방공공기관으로 완전히 이관되는 것이라고 할 수 있다. 이러한 제도 하에서, 지방정부는 상당 부분 과세권과 공공서비스의 공급 책임을 갖게 된다. 위임의 경우에는 중앙정부가 공공서비의 공급의 최종적 책임을 지는 반면, 이양의 경우 책임이 지방정부에 전면적으로 귀속된다(안종석·원윤희, 2008: 6). 이양이 되면, 주민들에 의해 선출된 자치단체장과 지방의회가 해당 지역의 공공서비스의 제공과 세금 그리고 투자에 대한 권한을 가지게 되고, 지방정부들은 지리적인 영역을 기반으로 지방의 공공서비스에 대한 독립적인 권한을 행사하게 된다.

한편, 재정적 분권화(Fiscal decentralization)란 지방정부와 기관들이 효율적으로 분권화의 기능을 수행하기 위해서 적정한 수준의 재원을 확보하는 것을 의미한다[3] (Neven, 2005; World Bank, 2014). 재정적 분권화는 두 가지 차원에서 논의되는데, 하나는 지출의 책임과 권한을 정부 간에 배분하는 문제이고, 다른 하나는 재원조달에 대해 지방정부가 어느 정도의 자율적인 권한을 가지고 있는지에 관한 문제이다 (Davey, 2003; 안종석·원윤희, 2008: 6 재인용). 선진국과는 달리 많은 개발도상국들에서는 지방정부에 세금을 부과할 수 있는 권한이 있음에도 불구하고 세원이 약하여 주로 중앙정부의 지원에 의존하고 있어 재정분권화에 의한 효과가 크지 않으며, 그 결과 공공재의 공급과 자원배분 측면에서의 효율성이 저하되고 있다(Bahl and Linn, 1994).

〈표 1〉 지방분권의 유형

구 분		의 의
정치적 분권화		정책결정과정에서 시민이나 시민의 대표에게 권한을 이전
행정적 분권화	분산	중앙정부가 특정 공공서비스의 책임을 지역 하부조직(regional branch offices)에 분산. 내부적 측면의 행정기능의 재분배
	위임	중앙정부가 의사결정 및 행정기능에 대한 책임을 하위 또는 지방정부에 분산시키는 것으로 중앙정부의 통제를 받는 것은 아니지만 궁극적인 책임은 중앙정부에 있는 형태의 분권화
	이양	중앙정부가 의사결정. 재정 그리고 행정에 대한 책임 등을 지방정부에게 전면적으로 이전
재정적 분권화		적정한 예산과 사용권한을 넘겨 지방정부와 이에 준하는 정부가 그 기능을 수행

자료: Rondinelli(1981); Rondinelli et al.(1983); Neven(2005); 이희선(2013: 33) 재인용.

---

3) 재정분권화는 행정분권화의 유형 가운데 '이양'과 동의어로 사용되기도 하는데, 이때의 의미는 재정 측면에서의 행정권 이양을 지칭하는 것으로 볼 수 있다.

요컨대 정치적 분권화는 주민 또는 그 대표가 더 많은 권한을 가지고 정책결정에 더 많이 참여하도록 하는데 목적이 있으며, 행정적 분권화는 더 나은 공공서비스 제공을 위하여 다른 수준의 정부에게 의사결정 권한 및 책임 등을 이전하는 것을 의미한다. 이에 비해 재정적 분권화는 지방정부가 적정한 예산사용 권한을 갖고 자율적으로 관할 지역에 대한 자원배분 기능을 수행하는 것을 말한다.

3) 분권화의 효과

공공의 자원배분에 있어 중앙집권체제가 가지는 한계는 국가 전체를 대상으로 한 자원배분에 대한 의사결정이 중앙정부 혹은 의회에서 획일적으로 이루어진다는데에서 발생한다. 공공서비스의 공급수준에 대한 결정이 다수결 투표로 이루어진다고 가정한다면, 투표자들의 선호함수가 단일정점의 형태를 이루고 투표 대상이 1차원적일 경우 중위투표자의 정리에 의해 어떠한 경우에서든 공급수준의 결정은 중위의 선호를 반영하게 된다(Downs, 1957). 이 경우 공공서비스나 재화의 공급이 중위의 선호를 지닌 사람들을 기준으로 이루어지므로 선호가 이보다 높은 사람들이나 낮은 사람들의 경우에는 과소공급이 발생하게 될 수밖에 없다. 이와 같은 과소공급과 과다공급에 의한 비효율성은 다수결 의사결정 참여자들 간에 선호의 차이가 클수록 증가할 수밖에 없으므로 이를 개선하기 위해서는 최대한 선호가 비슷한 사람들끼리 그룹을 나누어 차등적으로 분배하는 방법밖에는 없다. 이처럼 중앙집권시스템에서는 의사결정이 정당의 영향이 크게 작용하는 의회에서 이루어지기 때문에 최소승리연합(minimal winning coalition)[4]에 유리한 쪽으로 자원이 배분되어 비효율성이 초래될 수 있다(Buchanan and Tullock, 1962). 즉, 행정부 수반 후보자들은 선거 승리를 위해 중위투표자가 선호하는 안을 공약으로 제시하며, 당선자는 중위투표자의 선호에 따라 전국적으로 동일한 수준의 공공재를 공급하게 된다(안종석·원윤희, 2008: 15).

만약 중앙정부가 각 지역의 공공재 수요에 따라 공공재 공급수준을 다르게 할 수 있다면, 분권화의 필요성이 약화된다. 그러나 Oates(1999)는 정보비대칭으로 인해 중앙정부가 공공재의 공급을 지역에 따라 다르게 할 수 없다고 주장한다. 즉, 지

---

[4] 과반수를 획득한 정당이 없는 경우, 산술적으로 의석수가 과반수가 조금 넘도록 연립정부를 구성하는 형태.

방정부는 지역 주민들과 근거리에서 서비스를 제공하기 때문에 주민들의 수요를 정확하게 파악하여 공공재를 적절히 공급할 수 있는 반면, 중앙정부는 지리적으로 넓은 범위를 관할하기 때문에 각 지역 주민들의 선호와 공공서비스 수요를 정확하게 파악하기는 매우 어렵다. 따라서 중앙정부가 각 지역별로 차별화된 공공재를 공급하는 경우는 전국적으로 동일한 수준의 공공재를 공급하는 경우보다 오히려 더 비효율적일 수 있다(Oates, 1999). 또한 중앙정부가 각 지역의 공공재 선호와 수요에 대한 정보를 파악할 수 있다 할지라도, 지역 간 상호견제로 인하여 특정 지역에만 공공재를 공급하기가 어려울 수도 있다. 헌법에서 지역에 따라 차별적으로 공급하는 것을 금지하는 경우도 있다. 따라서 지방자치시스템에서 다수의 지방정부들의 자율적 의사결정에 의해 자원을 분배하는 것이 이론적으로 중앙집권시스템의 경우보다 효율적이게 된다.

이와 같은 분권화의 효과는 경제학자인 Tiebout(1956)와 Oates(1972) 등에 의해 정립되었다. 이들의 논의는 기본적으로 중앙정부가 가지고 있던 권한과 책임을 지역적 관할권을 가진 여러 개의 지방정부들에게 분산시킴으로써, 중앙정부의 권한과 규모는 국가적인 차원의 이슈들로 제약되고, 지방정부의 정책결정자들은 지역 주민들에 의해 선출된 대리인으로서 지역의 이익에 더 충실하게 반응하여 중앙정부와는 대등 또는 대립적인 관계를 가지게 되며, 이를 통해 정부의 권력을 담당하고 있는 기관들 사이에서 상호 견제와 균형을 이루는 것이 가능하다는 것이다. 또한 지방자치제가 도입되면 지역의 의사결정이 그 지역을 기반으로 이루어지기 때문에 각 지역의 수요에 적합한 공공서비스의 공급이 가능할 뿐만 아니라, 정부와 시민사회가 긴밀한 관계를 유지함으로써 정부의 대응성과 주민들의 정치참여를 촉진시킬 수 있다.

2절 행정적 분권화: 중앙-지방정부 간 관계

1. 중앙-지방정부 간 관계

중앙정부와 지방정부 사이의 권한배분 및 통제 관계를 의미하는 정부 간 관계(Inter-Governmental Relationship: IGR)의 개념은 미국의 지방정부(County and Township)에 관한 Snider(1937)의 연구에서 처음 등장하였다. 정부 간 관계에 대하여 Anderson(1960: 3)은 "(미국 연방체제 내에서) 모든 계층 및 형태의 정부단위들 간에 일어나는 주요 상호작용 및 활동의 총체"로 보았고, Shafritz(2008: 278-280)는 "상급정부가 하급정부들과 재정(revenues) 및 여러 가지 자원들을 나누어 쓰는 행정적·재정적 과정"이라 정의하였다. 즉 정부 간 관계란 한 국가 내에서 중앙정부 및 일정 수준의 자율성을 갖는 여러 수준의 지방정부들 간에 형성된 관계를 의미한다.

정부 간 관계의 이론적 모형은 중앙정부와 지방정부, 지방정부 간의 상호 권력관계를 설명한다. 대표적인 예로서 연방주의(Federalism) 국가인 미국의 정부 간 관계에 대한 Wright(1978)의 '정부 간 관계 모형'은 연방정부의 형태를 가지고 있는 다른 나라들에도 시사점을 주고 있다. Wright(1978: 16-29)는 미국의 연방정부(federal government)와 주정부(state government), 지방정부(local government) 간의 상호관계를 조정적 권위 모형, 포괄적 권위 모형, 중첩적 권위 모형의 세 가지로 유형화하였다(안용식·김천영, 1995: 23-31 재인용)

첫째, 조정적 권위 모형(coordinate-authority model)은 연방정부와 주정부는 대등한 관계를, 주정부와 지방정부는 포함관계, 즉 종속적인 관계를 유지한다고 보는 이론이다. 주정부의 자치권은 고유의 권리로서 중앙정부의 의지에 의해 함부로 축소·침해될 수 없으며, 기능적으로도 중앙정부와 주정부는 상호 독립적이다(Deil Wright, 2007: 72-76). 둘째, 포괄적 권위 모형(inclusive-authority model)은 연방정부, 주정부, 지방정부가 수직적 종속관계에 있다고 간주하는 모형이다. 이 모형은 미국

〈그림 1〉 Wright(1978)의 정부 간 관계 모형

모형명	포괄적 권위 모형	중첩적 권위 모형	조정적 권위 모형
관계	종속적 관계	상호의존적 관계	독립적 관계
도형	 연방정부 / 주정부 / 지방정부	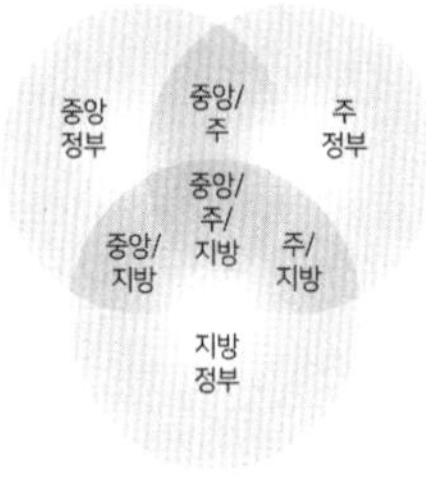 중앙정부 / 중앙/주 / 주정부 / 중앙/주/지방 / 중앙/지방 / 주/지방 / 지방정부	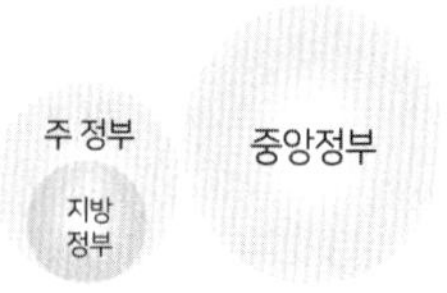 주 정부 / 지방정부 / 중앙정부

자료: Wright(1978).

이 국가의 형태를 가진 독립된 주들이 모여 연방을 이루지만, 단일한 국가로서 통합된 체제 구축 및 유지를 위해 연방, 주, 지방정부들 간의 관계를 수직적 계층을 이루는 포함관계라고 본다. 이 모형 하에서 지방정부는 그 기능을 수행함에 있어 중앙정부의 지시와 감독 등 강한 통제를 받는다.

셋째, 중첩적 권위 모형(overlapping-authority model)은 연방정부, 주정부, 지방정부가 모두 제한된 권한을 보유하면서 상호 독립적인 성격을 갖는 기능적 상호의존 관계로 본다. 흔히 상호작용 모형이라고도 불리는 이 모형에서는 각 정부들이 독립적이고 제한된 권한과 간섭받을 수 없는 자율권을 가지고 있으며, 서로 협력과 동시에 경쟁관계를 이룬다고 간주한다. 중첩적 권위 모형 하에서, 지방정부는 독자적인 권한을 가지고, 중앙정부는 재정력과 정보력을 바탕으로 지방정부를 견제한다. 따라서 각 정부 간에는 협력과 견제가 공존하게 된다.

한편, Elcock(1982)는 영국 정치체계에서 중앙-지방관계의 모형을 세 가지로 분류하였다. 첫째는 대리인 모형으로, 지방정부는 중앙정부의 대리인(agent)이라는 가정에서 출발한다. 즉, 지방정부가 존재하는 이유는 중앙정부의 지시를 충실히 수행하기 위함이라는 것이다. 두 번째는 동반자 모형(partnership model)으로, 주민들에게 공공서비스를 제공함에 있어서 중앙 및 지방정부를 동반자적 관계로 보는 모형이다. 세 번째, 지배인 모형(stewards model)은 동반자 모형을 약간 수정한

것으로서, 지방정부는 어느 정도의 자율권을 바탕으로 관할지역을 관리한다고 보는 것이다.

Elcock(1982)의 논의와 유사한 맥락에서 Wilson과 Game(1998)은 정부 간 관계를 대리인 모형(agent model), 권력의존 모형 또는 상호관계 모형(power-dependence model or interaction model), 지배인 모형(stewardship model)의 세 가지 형태로 구분하고 있다. 첫째, 대리인 모형은 지방정부가 중앙정부에 종속된 것으로 평가한다. 즉, 지방정부는 중앙의 대리인(agent) 또는 하나의 부서(arm) 정도의 지위에 위치하는 것으로 간주하기 때문에 지방정부의 자율성을 거의 인정하지 않는다. 둘째, 권력의존 모형(power-dependence model)은 Elcock(1982)의 동반관계 모형과 유사한 것으로서 중앙정부와 지방정부 간을 평등한(co-equal) 동반자적 관계로 본다. 이는 상호간의 협상(bargaining)을 중시한다는 점에서 상호관계 모형(interaction model)이라고 부르기도 한다. 셋째, 지배인 모형(stewardship model)은 지방정부가 중앙정부의 통제 하에 놓여 있기는 하지만 특정 사무에 대해서는 자율성을 인정하는 모형이다. 중앙과 지방과의 관계를 지배인 혹은 재산관리인과 주인의 관계로 보는데, 지배인이나 재산관리인은 주인으로부터 임무수행을 위한 권한을 위임받아 그 권한 내에서 자율권을 행사할 수 있다는 점에서 상대적 자율 모형(relative autonomous model)이라고 부르기도 한다(Bahl and Linn, 1994; Elcock, 1982; Wilson and Game, 1998: 115-124; 홍근석·김봉균, 2019: 17 재인용).

중앙정부와 지방정부 간 관계의 유형 가운데 어떠한 형태가 바람직한지는 한 국가가 처한 상황적 요인들에 따라 달라질 수 있다. 따라서 특정한 상황적 조건 하에서 중앙정부와 지방정부 간에 행정활동 수행에 보다 적절한 정부형태가 무엇인지에 대한 이론적 고민과 현실적 처방이 요청된다. 이는 결국 중앙정부의 집권적 효율성과 지방정부의 분권적 자율성을 각각 어느 정도까지 인정해야 할지와 양자 간 상호관계를 어떠한 형태로 설정해야 하는가의 문제로 귀결된다. 예컨대 외부효과가 전국적으로 미치는 국가안보, 거시경제 정책 등은 중앙정부에서 담당하고, 국지적인 지역의 주민에게만 영향을 주는 공공재는 지방정부에서 공급하는 것이 효율적이라고 볼 수 있다.

2. 우리나라의 지방행정체제

1) 우리나라 지방자치제도의 변천

우리나라 지방자치제도의 최초 도입 근거는 1948년 대한민국 정부의 건국과 함께 제헌 헌법에 명시된 지방자치에 관련된 규정과 1949년 제정된 지방자치법(법률 제32호)에서 찾아볼 수 있다. 1952년 헌법 개정에 의하여 첫 지방선거가 실시된 이래 9년간 3대에 걸친 지방자치가 실시된 바 있으나, 1961년 5·16 군사쿠데타로 인해 지방자치제 시행이 연기되었다. 이후 지방자치제의 순차적 실시 원칙 규정(1980년 제8차 헌법 개정), 지방의회 구성의 유보조항 삭제(1987년 제9차 개정 헌법), 두 차례에 걸친 지방자치법 개정(1988년 4월 6일 법률 제4004호, 1990년 12월 31일 지방자치법 제9차 개정 법률 제4310호)으로 마침내 1991년 6월 지방선거를 통해 지방의회를 구성함으로써 실질적인 지방자치제도가 도입되었다. 1994년 3월 16일 최초의 통합선거인 "공직선거 및 선거 부정방지법"이 법률 제4739호로 제정 공포되었고 이 법 부칙 제7조의 규정에 의하여 1995년 6월 27일 도지사, 시장, 군수, 도의원, 시, 군, 구의원 등 제1회 전국 동시 지방선거가 실시됨으로써 비로소 실질적인 지방자치제의 형식을 갖추게 되었다[5](임승빈, 2008: 49-50).

현재 지방의회를 구성하는 의원과 자치단체장은 직접·보통·평등·비밀 선거 원칙 하의 지방선거에서 18세 이상의 지역 주민들에 의해 선출된다. 후보자의 자격도 동일하게 18세 이상으로 대한민국 국민이어야 하며, 정당의 추천을 받거나 일정 수의 선거권자의 추천을 받아야 한다. 임기는 1995년 선출된 민선 1회 단체장을 제외하고는 의원과 단체장 모두 4년이며, 단체장의 연임은 3기에 한하는 반면 지방의원의 연임은 제한이 없다. 2006년 지방교육자치에 관한 법률의 개정 이후 시·도의 교육감 역시 선거를 통해 선출되어 왔으며, 교육감 선거는 2010년 이후 지방선거와 동시에 이루어지고 있다.

---

5) 1991년 지방의회가 구성된 후 지방자치단체장 선거는 1992년 6월 30일에 시행하는 것으로 법문화 되어 있었으나, 정부가 선거를 연기함으로써 실질적인 이양 수준의 분권화는 첫 번째 민선 자치단체장 선거가 이루어진 1995년부터 도입되었다.

우리나라 지방행정체제의 역사적 변천

- 1914년: 자치단체 도입, 府에 법인격 부여
- 1917년: 도부읍면 자치 도입, 면에 사무처리권 부여
- 1931년: 도의회 설치, 읍면에 법인격 부여
- 1949년: 시도－시읍면 자치 실시, 자치2층제 채택
- 1956년: 시읍면장 임명방식으로 전환
- 1959－1960년: 시도－시읍면자치 실시, 자치2층제 채택
- 1961년: 지방자치제 실시 연기, 시도－시군 2층제
- 1963년: 부산직할시 승격
- 1973년 서울특별시에 구 설치
- 1980－1981년: 대구 및 인천직할시 승격, 읍면의 시승격
- 1986년: 광주직할시 승격, 읍면의 시승격
- 1988년: 특별시·광역시의 자치구 설치
- 1989년: 대전직할시 승격, 12개 시 설치
- 1992년: 지방의회 구성, 자치2층제
- 1995년: 시－군통합(40개 통합시 출범), 자치단체장 직선
- 1996년 이후: 도농복합형태의 시 설치, 읍면의 시승격 지양
- 1997－1998년: 울산광역시 승격, 3여 통합(여수시, 여천시, 여천군)
- 2002년: 경제자유구역청(협력기구) 설치
- 2006년: 제주특별자치도(단층제) 설치
- 2009년: 광역경제권 추진기구(협력기구) 설치
- 2010년: 창원－마산－진해 통합

자료: 하혜수·이달곤(2011: 309).

---

2) 우리나라의 행정구역

행정구역은 기본적으로 지방정부의 자치권과 통치권이 미치는 지리적 영역으로서, 지방정부간 관계나 지방정부와 주민 간의 관계에서 권리 및 의무, 선거권, 경비부담 등의 범위를 규정한다(김병준, 2009: 198). 지방자치는 일반적으로 일정한 지리적 범위 내의 주민들이 공동의 사무를 스스로 처리하는 것으로 정의되는데, 여기서 일정한 지리적 범위를 의미하는 지방행정구역은 주민들의 삶의 터전으로서 지방자치의 중요 구성요소 중 하나이다.

행정구역은 분류기준에 따라 몇 가지 유형으로 구분된다. 첫째, 법적 기준에 따라 자치구역은 지방자치단체의 자치권이 미치는 범위를 의미하며, 행정구역은

국가 또는 지방자치단체가 행정의 편의를 위하여 그 내부에 설정하여 놓은 지역적 단위를 말한다. 둘째, 기능적 기준에 따라 일반목적구역은 보통지방자치단체의 행정구역을 의미하며, 특별목적구역은 특별지방자치단체의 행정구역을 말한다. 셋째, 범위 기준에 따라 광역구역은 광역자치단체의 구역을, 기초구역은 기초자치단체의 구역을 의미한다.

현재 우리나라의 지방자치단체는 2019년을 기준으로 지방자치법 2조 지방자치단체의 종류에 따라 광역자치단체와 기초자치단체로 구분된다. 여기서 광역자치단체는 1개의 특별시와 1개의 특별자치시, 6개의 광역시, 8개의 도와 1개의 특별자치도로 이루어져 총 17개[6]이며, 기초자치단체는 226개의 시·군·구로 구성된다.[7] 광역자치단체는 세종시와 제주도를 제외하고는 관할 구역 안에 기초자치단체(시, 군, 자치구)를 두고 있다(행정안전부, 2020).

〈그림 2〉 우리나라 지방행정체계 현황

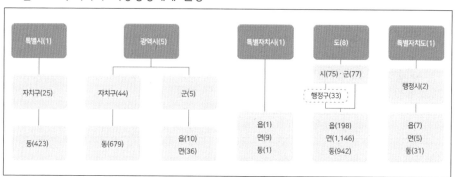

자료: 대한민국 국가지도집 Ⅰ 2019. URL: http://nationalatlas.ngii.go.kr/pages/page_1806.php 에서 2021.03.06. 인출.

---

6) 특별시: 서울특별시, 특별자치시: 세종특별자치시(2012년 7월 1일 출범), 광역시: 인천광역시, 대전광역시, 광주광역시, 대구광역시, 부산광역시, 울산광역시, 도: 경기도, 강원도, 충청남도, 충청북도, 전라남도, 전라북도, 경상남도, 경상북도, 특별자치도: 제주특별자치도.
7) 기초자치단체는 광역지방자치단체의 하부 수준의 정부로 기초자치단체를 두지 않는 세종특별자치시와 제주특별자치도를 제외한 대한민국 전체를 구성한다.

3) 지방자치단체의 권한 및 사무

지방자치단체는 관할 지역주민의 복리에 관한 사무를 처리하고 재산을 관리하는 것 외에도 국가와 상위 지방자치단체의 업무를 처리한다. 관할지역에 대한 지방자치단체의 권한을 지방자치권이라 하며 이는 자치입법권, 자치조직권, 자치재정권으로 구분된다. 첫째, 자치입법권은 사무처리에 필요한 법규를 자율적으로 제정할 권한을 말한다. 하지만 주민의 권리제한이나 의무부과에 관한 사항에 대해서는 법령의 위임이 있어야만 자치입법을 제정할 수 있으며, 지방자치단체의 사무 중에서도 사회복지법 등 다른 개별 법령에 규정이 있을 경우 개별법 우선적용의 원칙에 따라 자치입법권이 제약된다. 둘째, 자치조직권은 사무처리에 필요한 조직 또는 인사를 자율적으로 구성할 권한을 의미한다. 중앙정부는 지방자치단체의 행정기구 설치에 대해 대통령령이 정하는 범위 안에서 지방자치단체의 조례로서 정하도록 하고, 자치단체장을 제외한 부단체장 이하의 기구 설치에 대한 기준이나 지침을 제시하고 있다. 셋째, 자치재정권은 사무처리에 필요한 재원을 자율적으로 조달하고 지출할 권한을 말한다. 지방자치단체는 재원을 확보할 수 있도록 지방세 탄력세율, 과세의 과표 및 수수료 탄력 결정 등과 같은 자치재정권은 허용된다. 그러나 조례나 규칙제정을 통해 독립적으로 지방 세목을 설치할 수는 없다. 또한 일정 규모 이상의 재정투자사업에는 중앙정부의 투자심사를 받아 타당성이 입증되어야 예산을 배분할 수 있다.

한편, 지방자치단체의 사무는 자치사무와 위임사무로 구분된다. 자치사무란 자치단체의 존립을 위한 사무(자치조직 및 자치재정과 관련된 업무) 및 주민복리 증진 사무(상·하수도, 청소, 도로·교통, 주택, 소방, 사회복지 등)를 의미한다. 즉 국가의 간섭을 받지 않고 자율적으로 처리할 수 있는 지방자치단체 본래의 고유사무를 말한다.[8] 한편, 위임사무는 단체위임사무와 기관위임사무로 나눠진다. 단체위임사무란

[8) 지방자치법 제9조에 의하면 본래의 고유사무란 다음과 같다. 1) 지방자치단체의 구역, 조직, 행정관리 등에 관한 사무: 관할 구역 안 행정구역의 명칭·위치 및 구역의 조정, 조례·규칙의 제정·개정·폐지 및 그 운영·관리, 산하(傘下) 행정기관의 조직관리 등, 2) 주민의 복지증진에 관한 사무: 주민복지에 관한 사업, 사회복지시설의 설치·운영 및 관리, 생활이 곤궁(困窮)한 자의 보호 및 지원, 노인·아동·심신장애인·청소년 및 여성의 보호와 복지증진 등, 3) 농림·상공업 등 산업 진흥에 관한 사무: 농산물·임산물·축산물·수산물의 생산 및 유통지원, 농업자재의 관리 등, 4) 지역개발과 주민의 생활환경시설의 설치·

지방자치단체에 사무처리 의무를 부담시키는 것으로서 지방의회에서 의결을 거쳐 지자체장이 집행하며, 지방의회의 자기책임 아래 자주적 사무처리가 가능하다. 예를 들면, 조세 등 공과금 징수, 의무교육을 위한 초등학교 설치 및 운영, 하천의 점용료 및 사용료 징수, 지방도로의 통행료징수 사무 등이 해당된다. 기관위임사무란 국가나 다른 공공단체로부터 자치단체장에게 위임된 사무로서, 국가하위기관으로서의 지위에서 행하는 행위이며 지방의회의 관여가 원칙적으로 불가능하다. 예컨대 선거·주민등록·경찰·지적·통계·경제정책, 각종 인허가·인구조사 사무 등을 들 수 있다.

[읽을거리] 특별지방행정기관

행정기관의 조직과 정원에 관한 통칙에 따르면, 특별지방행정기관은 국가의 특정한 중앙행정기관에 소속되어 당해 관할구역 내에서 시행되는 중앙행정기관의 행정사무를 관장하는 지방행정기관을 말한다. 예를 들면, 지방국세청·지방관세청, 지방경찰청·지방검찰청, 우체국, 출입국관리사무소, 교도소 등이 이에 해당된다.

특별지방행정기관은 국가의 지휘·감독에 따라 국가를 위해 행정을 수행하며 국가사무를 해당 지역에서 처리한다는 측면에서, 지방자치 사무를 수행하는 지방자치단체와는 구별된다. 즉 특별지방행정기관은 국가의 행정계층의 한 부분으로서 독립적 법인격은 갖지 않으며, 중앙에서 확정된 국가사무의 집행권만 갖는다. 이와 같은 특별지방행정기관의 설치기준은 중앙행정기관의 업무를 지역적으로 분담하여 수행할 필요가 있고, 당해 업무의 전문성과 특수성으로 인하여 지방자치단체 또는 그 기관에 위임하여 처리하는 것이 적합하지 아니한 경우이며, 지역적인 특수성, 행정수요, 다른 기관과의 관계 및 적정한 관할구역 여부를 판단하여 대통령령(각 부처 직제)으로 설치할 수 있다(「행정기관의 조직과 정원에 관한 통칙」 제18조(특별지방행정기관과 그 하부조직의 설치). 이에 따라 국가적 통합성이 중시되는 업무, 지방정부의 영역을 넘어서는 업무의 수행, 전국적 통일성을 요하는 업무 등을 담당하면서 지역주민의 반응을 중앙에 전달하는 통로가 될 수 있다. 하지만 특별지방행정기관이 난립할 경우 발생하게 되는 문제점은 중앙부처와 지방자치단체 간 행정업무의 중복성이 발생할 수 있으며, 그 결과 종합성이 요구되는 현장 위주의 일선 지방행정활동이 여러 곳으로 흩어짐으로 인해 주민의 불편이 제기될 수 있다는 것이다. 또한 특별지방행정기관

관리에 관한 사무: 지역개발사업, 지방 토목·건설사업의 시행, 도시계획사업의 시행 등,
5) 교육·체육·문화·예술의 진흥에 관한 사무, 6) 지역민방위 및 지방소방에 관한 사무.

은 중앙정부의 하위기관이므로 중앙정부의 지시명령을 더 우선시하게 되고, 중앙정부의 입장에서는 전국적 업무의 통일성에 우선순위를 둠으로 인해, 지역의 특성과 주민의 요구가 반영되기 어려울 수 있다. 나아가 중앙정부가 소속 특별지방행정기관을 통하여 지방자치단체의 업무를 수행함으로써 해당 분야에 대한 지방자치단체의 자치역량을 축적할 기회를 제한할 수 있다.

출처: 행정안전부 정부조직관리정보시스템. URL: https://www.org.go.kr/에서 2021.03.06 인출.

3절 재정적 분권화: 지방재정

1. 정부 간 역할 분담과 지방재정

지방자치제도 도입을 통한 재정적 분권화의 궁극적인 목적은 자원배분의 효율성 달성이다. 공공서비스를 중앙집권 방식으로 공급할 것인지 아니면 분권화를 통해 지방정부와 중앙정부가 역할을 분담하여 함께 공급할 것인지는, 전반적인 국민의 선호를 고려하여 어떠한 시스템이 더 적합한지를 기준으로 결정해야 한다. 공공선택론적 관점에서 보면 단일 정부가 모든 공공서비스의 제공을 담당하는 것은 비효율적이다. 이러한 비효율성은 이원적인 구조의 정부 및 재정시스템의 구성을 통해 개선될 수 있다. 예를 들어, 지방자치시스템 하에서 지방정부들은 지역의 선호를 좀더 자세히 파악할 수 있으며, 정책결정과정에 있어서도 주민에 의한 자치적 의사결정이 가능하다. 따라서 지역의 공공서비스 공급은 각각의 지방정부들의 자율적인 의사결정 하에서 이루어질 때 보다 효율적일 수 있다(Oates, 1972).

하지만 막대한 비용과 책임이 발생하는 국방, 외교, 치안 등의 전 국가적인 수요가 있는 공공재를 공급하는데 있어서는 중앙정부가 효율적이다. 또한 조세를 통한 소득재분배도 기본적으로 소득과 재산에 대한 세금은 저항이 크고, 지방자치단체간의 상황에 따라 세율을 정하는 데에 대한 차이가 크게 나타날 수 있어 중앙정부의 역할이 중요하다. 만일 지방정부가 이러한 기능을 전담한다면 높은 수준의 소득재분배와 복지를 지향하는 지역에는 결국 저소득층만이 거주하게 될 것이고, 반면 고소득층은 조세부담이 낮은 지방정부로 모이게 되어 지방정부 간 격차가 크게 벌어질 뿐만 아니라 필요한 수준의 소득재분배와 복지도 달성할 수 없게 되므로 중앙정부가 담당하는 것이 효율적이다. 대규모 공공투자의 경우나 경제안정화 또는 개발정책 역시 중앙정부가 담당하는 것이 효율적이다. 지방채에 의한 공공투자는 그 한도와 신용이 제한적이기 때문에 국채에 의한 경우보다 효과가 미미하며, 과도한 지방채의 발행은 지역뿐 아니라 전반적인 재정 건전성에 악영향을 미칠 수 있다. 특히 지역에 심각한 자연재해나 불황과 같은 사태가 닥칠 경우에는 자치단체는 스스로 해결할 능력도 없을 뿐 아니라 해결을 시도한다 해도 매우 비효율적일 것이다.

결국 정부재정의 기능을 크게 자원의 효율적 배분과, 소득재분배, 경제의 안정 및 성장이라고 한다면 중앙과 지방의 재정은 효율성을 기준으로 하여 각각의 역량에 부합하도록 배분되어야 한다(Musgrave, 1959). 만일 지방정부가 적절한 재원을 가지지 못하고, 중앙정부에 지나치게 의존하게 되거나 의사결정과정에서의 중앙정부의 통제가 지나칠 경우 지방정부는 지역의 선호를 적절하게 반영하지 못하는 문제가 발생하고, 지방정부가 지역의 세수를 기반으로 지역의 모든 공공서비스를 책임지게 된다면 공공서비스의 과소공급이 발생할 수 있으며 나아가 지역 간 경제발전의 격차가 심해질 수 있다.

재정분권은 세출분권과 세입분권으로 구분될 수 있다. 세출분권은 지방정부의 공공재 공급권한과 관련이 깊다. 지역 공공재는 지방정부의 세출에 의해 공급될 수도 있고 중앙정부의 세출에 의해 공급될 수도 있다. 지방정부의 세출에 의한 지방 공공재 공급이 클수록 세출분권도 커지게 된다. 세입분권은 지방정부가 자체적으로 재원을 조달할 수 있는 권한의 정도를 가리킨다. 지방정부의 세입 중 중앙정부로부터의 이전세입 비중이 작고 자체세입 비중이 클수록, 세입분권이 커지게 된다.

2. 우리나라의 지방재정

1) 지방재정의 개념과 구조

지방자치는 제한된 관할 구역을 가진 지방정부들을 중심으로 지역 내의 공공문제를 지역주민 또는 주민이 선출한 대표자들을 통해 처리하기 위한 것이다. 따라서 공공문제 해결 및 다양한 행정서비스 제공을 위해 그에 소요되는 재원확보가 필수적이다. 지역의 도로, 폐기물 처리, 가로등, 상수도, 도서관 등 공공서비스 공급을 위한 다양한 시설이나 각종 복지시설은 지방자치단체가 주체가 되어 공급하고 있다. 즉, 지방자치단체는 지역의 공공서비스를 공급하기 위해 공공조직 혹은 공기업과 같은 준공공조직을 만들고, 인력을 채용하거나 민간기업과 계약을 하고 있으며 이를 위한 재원조달은 지방자치단체 운영의 가장 중요한 부분이라 할 수 있다. 이와 같은 지방정부의 공공서비스 제공과 지방행정운영에 필요한 재원을 어떠한 방식으로 확보하는지, 그리고 이를 어떻게 배분하고 집행하는지 등의 문제는 지방재정의 주요 관심사이다.

재정적 분권화에 있어서 지방재정의 구조는 효율적인 자원배분뿐만 아니라 중앙과 지방정부의 관계와 역할을 결정한다. 특히 1990년대부터 분권화가 도입된 우리나라의 경우는 한정된 범위 안에서 독립된 의사결정과 재정을 책임지는 주체인 지방자치단체들이 존재하며, 지방재정은 결국 이러한 지방자치단체들이 행하는 예산, 결산, 회계, 기금 및 기타 재화에 관한 활동을 의미한다. 지방재정은 자치단체의 일반재정과 교육자치단체의 교육재정으로 구분된다. 일반재정은 중앙정부의 재정과 마찬가지로 일반회계, 특별회계, 기금으로 구성되어 있다. 교육재정은 학교예산에 대한 회계를 일반재정과 분리하여 17개 광역자치단체에서 운영된다(지방교육자치에 관한 법률). 지방정부의 예산은 일반적으로 일정 기간 동안(주로 1년 단위) 지방정부의 세입과 세출에 대한 예정적인 계산이라고 할 수 있다. 예산은 집행되기 이전에 예상되는 수입과 지출에 관한 계획이며, 기본적으로 지방정부들의 규모와 앞으로의 정치적 또는 정책적 의도가 담겨있다고 할 수 있다. 또한 예산은 한정된 자원의 배분을 통해 정책목표를 달성하기 위한 정치과정의 결과물로서 상위의 정부나 의회 등의 이해관계자들의 협의에 의해 결정된다. 반면에 결산은 실제 사후 수입과 지출을 표시한 것이기 때문에 예산과는 차이가 나며, 차기 예산을 작성하는 기준으로 사용되는 경우가 많다.

지방자치단체의 회계는 지방재정법 제 9조에 따라 일반회계와 특별회계로 분류된다. 일반회계는 조세와 깊은 관계가 있으며, 지방정부의 직접적인 세원인 지방세를 중심으로 지방자치단체의 일반적인 세출을 충당하기 위한 것이다. 하지만 지방정부가 지방공기업이나 특정 사업을 운영할 때 또는 특정 자금이나 특정 세입·세출로써 일반회계와 구분할 필요가 있을 경우에는 법률과 조례에 근거를 둔 특별회계를 만들 수 있다. 그 밖에 특정 정책목적을 달성하기 위해 자금을 신축적으로 운영해야 할 경우에는 기금을 조성할 수 있는데, 이는 예산사용 시 가해지는 제약을 완화함으로써 보다 유동적인 재정운용이 가능하도록 한다.

2) 지방정부의 세원과 지방세의 종류

지방정부의 세원은 지방세 수입, 세외수입, 정부 간 이전재원, 지방채로 이루어져 있다. 이 중 지방세와 정부 간 이전재원이 지방정부 수입의 대부분을 차지한다. 지방세란 세금을 징수한 지역을 관할하는 지방정부에 귀속되는 것으로서 지방정부가 세율, 과세표준, 감면 등의 결정을 통해 세부담에 영향을 줄 수 있는 세목을 의미한다(Blöchliger and King, 2006; 원윤희, 2008: 7 재인용). 지방자치단체는 「지방세기본법」이 정하는 바에 의하여 지방세를 부과·징수할 수 있으며 징수주체에 따라 특별시세, 광역시세, 도세, 구세, 시·군세로 구분된다. 이러한 징수주체뿐만 아니라 조세이론적 입장에서 지방세는 다음과 같이 분류될 수 있다.

첫째, 조세수입의 용도 지정 여부를 기준으로 보통세(ordinary tax)와 목적세(earmarked tax)로 구분하는데 보통세는 취득세, 등록면허세, 레저세, 지방소비세, 주민세, 재산세, 자동차세, 담배소비세, 지방소득세 9개의 세목으로 구성되며, 목적세는 지역자원시설세, 지방교육세 2개의 세목으로 이루어져 있다(국회예산정책처, 2015: 45). 둘째, 다른 세의 과세 표준에 근거하여 과세되는 부가세와 독립적으로 부과되는 독립세로 구분된다. 지방세는 대부분 독립세로 구성되어 있고, 주행세, 지방교육세, 주민세 등이 부가세이다. 셋째, 세금 부과의 기준이 되는 과세표준에 따

〈그림 3〉 우리나라 지방세체계

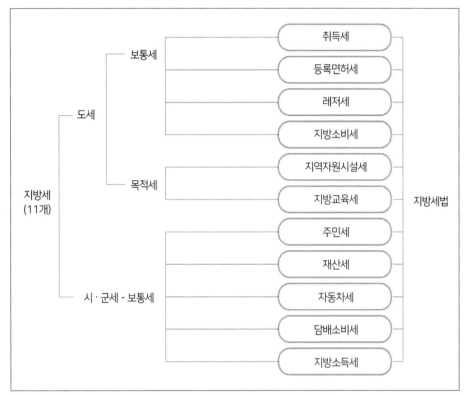

자료: 국회예산정책처(2015), 재정통계(stat.nabo.go.kr).

라 종가세(從價稅: ad valorem tax)와 종량세(從量稅: unit tax)로 구분된다. 과세물건의 가치를 기준으로 부가하는 종가세에는 지방소득세가 해당되며, 과세물건의 수량이나 용적에 부과되는 종량세에는 담배소비세, 자동차세 등이 포함된다. 넷째, 세율이 과세표준과 관계없이 일정한 금액으로 정해져 있으면 정액세(定額稅)라 하고 세율이 과세표준의 일정 비율로 정해져 있으면 정률세(定率稅)라 한다. 지방세 중에서 균등할 주민세는 정액세이고, 취득세와 등록세는 정률세이다.

3) 재정자립도와 의존재원

지방정부의 세입은 크게 상위 정부의 보조금인 의존재원과 관할 지역의 재원인 자주재원으로 나누어진다. 여기서 지방세와 세외수입은 자주재원에 해당하며, 교부세 및 나머지 보조금은 의존재원에 포함된다. 지방재정자립도는 지방정부들의 재원이 중앙정부를 비롯한 상위 정부의 교부금과 보조금에 얼마나 의존하고 있는 가를 측정하는 지표이다. 지방재정자립도는 재정의 건전성과 자체 재정력의 정도를 나타내며, 일반회계 세입총액에서 지방세와 세외수입의 합이 차지하는 비율로 계산된다.

지방교부세는 지출의 용도가 지방자치단체의 의사결정에 따라 자유로운 일반 보조금으로 상·하부의 서로 다른 위상에 존재하는 정부의 재원조달능력과 지출책임의 격차를 완화시키고, 또한 동일한 위상의 지방정부들의 재정여건의 격차 완화를 목적으로 한다. 교부세가 필요한 이유는 정부 간 과세능력과 재정여건 그리고 비용의 격차가 존재함에도 불구하고 지방정부들이 주민들에게 일정한 수준 이상의 공공서비스를 공급할 필요가 있기 때문이다. 지방교부세는 보통교부세와 이를 보완하는 특별교부세로 나뉘며 보통교부세의 총액은 내국세의 19.24%의 97%로, 특별교부세 총액은 3%로 고정되어 있다. 하지만 우리나라에서 교부세가 지방정부들의 재정부족부분을 채워주는 역할을 하지만 총액은 정해진 반면 재정부족액은 항상 이를 초과하는 경향을 보였기 때문에 재정부족액 부분을 일률적으로 감액하여 교부한다. 예를 들면 조정률이 0.812345라면 지방정부들은 재정부족액의 81.2퍼센트 정도만 교부받게 된다.

의존재원인 국고보조금은 사용의 용도나 조건이 정해져 있으며 하위 정부는 보조금을 주는 중앙부처가 지정한 용도와 조건에 맞게 지출해야 한다. 국고보조금은 지방을 대상으로 한 특정 목적의 정책이나 사업에 대해 국가가 필요하다고 판단할 경우 지방정부에 비용을 보조함으로써 부담을 줄여 공급을 촉진하고 주민의 효용수준을 높이는 데 목적이 있다. 국고보조금에는 상위의 정부가 경비의 일정한 비율을 보조하는 정률보조금과 일정한 액수를 지급하는 정액보조금이 있으며, 사용의 용도와 조건을 규정하는 측면에서는 용도나 조건의 범위를 세부적인 비용으로 지정하는 세목보조금과 보다 포괄적으로 지정하는 포괄보조금으로 분류할 수 있다.

4) 의존재원의 문제점

의존재원이 필요한 이유는 정부 간의 재정적 환경의 차이를 줄이고 재정적 문제를 완화하여 지방정부가 주민들이 필요한 최소 수준 이상의 공공서비스 공급을 하도록 하는 데 있다. 하지만 지방정부의 세원과 세율에 대한 자율권이 활성화되지 않는 상태에서 교부세와 보조금에 의존하게 될 경우 공공서비스의 공급에서 지방정부 간의 경쟁이 이루어지지 않거나 재정 여건에 따른 지출이 이루어지지 않을 수 있기 때문에 결과적으로는 지방과 중앙의 재정적 악화와 자원배분의 비효율성을 가져오게 된다.

구체적으로는 다음과 같은 문제점이 있다. 먼저, 우리나라의 지방자치단체는 아직까지도 재원의 많은 부분을 교부세와 보조금에 의존하고 있는데 이 경우 지역 주민들은 본인의 지불비용 대비 지방정부가 얼마나 효율적인지를 알기 어렵다. 둘째, 지방정부들의 자치단체장이 세수가 아닌 교부금에 의한 예산을 책정하게 된다면 재정상황을 고려한 지출보다는 선거에서 이기기 위한 인기 위주의 지출을 증가시켜 예산사용의 전반적인 효율성을 저해할 수 있다. 셋째, 국고보조금의 경우 매년 예산 상황에 따라 결정되고, 자치단체장 역시 보조금이 지급되는 사업에 우선적으로 예산을 편성해야 할 뿐만 아니라, 재정운영에 있어서 중앙정부의 통제가 심해질 수 있어 지방정부의 자율성이 저하되는 문제가 발생할 수 있다. 마지막으로 사업비용을 부담할 능력이 안 되는 지방자치단체들은 보조금사업을 시행할 수 없어 지역 간의 격차를 유발시킬 수 있다(박정수, 1997: 21).

<표 3>에서 볼 수 있듯이 2008년 이후 우리나라 지방정부의 재정규모는 증가하고 있으나 국가재정대비 지방재정의 비중은 여전히 낮은 상태이다. 더구나 효율성 측면에서 살펴본다면 전반적으로 지방정부의 재정자립도가 감소하고 있으며, 특히 시와 구에 비해 군의 재정자립도가 현저히 낮은 점은 중요한 문제점으로 제시될 수 있다. 이러한 현상은 아직까지도 충분한 세원 없이 의존재원의 비중이 상당한 현재의 우리나라 지방자치시스템이 효율적인지에 대한 근본적인 의문을 초래할 수 있다. 지역균형발전 측면에서 의존재원인 지방교부세와 정부보조금은 필요한 측면이 있지만, 동시에 지방정부들의 독자적인 세원을 확보하여 중앙에 대한 의존도를 줄여나가지 않는다면 지방자치제에 의한 효율성을 달성하기 어렵다.

〈표 3〉 지방정부 재정규모 및 재정자립도

지방자치단체 재정규모

(단위: 억원)(2020.01.01. 기준, 일반회계)

연도	국가재정	신장률(%)	지방재정	신장률(%)
2010	2,052,235	647%	1,350,250	772%
2011	2,148,604	683%	1,407,068	808%
2012	2,237,034	715%	1,512,643	876%
2013	2,323,929	746%	1,618,012	944%
2014	2,392,256	771%	1,682,526	986%
2015	2,619,383	854%	1,860,811	1,101%
2016	2,816,746	926%	2,030,263	1,211%
2017	2,929,006	967%	2,214,479	1,330%
2018	3,162,185	1,052%	2,367,058	1,428%
2019	3,346,598	1,119%	2,322,341	1,399%
2020	3,563,028	1,198%	2,153,834	1,290%

각주) 2018년도까지는 결산액, 2019년도는 최종 예산액, 2020년도는 당초예산액, 신장률은 1990년 기준.

지방자치단체 재정자립도

(단위: %, 전국평균: 순계규모, 특·광역시, 도, 시, 군, 자치구: 총계규모)

연도	전국평균	특·광역시	도	시	군	자치구
2010	52.2	68.3	31.6	40	18	35.4
2011	51.9	68.6	33	38	17.1	36.6
2012	52.3	69.1	34.8	37.1	16.4	36
2013	51.1	66.8	34.1	36.8	16.1	33.9
2014	50.3	64.8	33.2	36.5	16.6	31.1
2015	50.6	65.8	34.8	35.9	17	29.2
2016	52.5	66.6	35.9	37.4	18	29.7
2017	53.7	67	38.3	39.2	18.8	30.8
2018	53.4	65.7	39	37.9	18.5	30.3
2019	51.4	62.7	36.9	36.8	18.3	29.8
2020	50.4	60.9	39.4	33.5	17.3	29

자료: 2020 행정안전통계연보, p. 209.

3. 소결: 지방자치의 발전을 위한 재정적 분권화

이상에서 살펴본 것처럼 과거 우리나라의 지방자치는 중앙정부가 지방정부 운영의 주요 원칙들을 정하고, 파견된 중앙정부 공무원에 의해 지방정부를 운영한다는 기본방침 하에 '행정적' 분권화만 제한적으로 추진되어 왔다(안종석·원윤희, 2008: 1). 하지만 지방자치제도 실시 이후에는 민선으로 지방의회 및 지방자치단체장이 구성되는 '정치적' 분권화가 이루어짐으로써 지역주민의 의사가 제도적으로 반영되는 통로가 열리게 되었다. 나아가 최근에는 지자체별 탄력세율 제도의 확산 등 '재정적' 분권화를 통해 행정적·정치적 분권화를 보완하는 제도개편이 이루어져 왔다.

결론적으로 주민에 의해 선출된 지방의회와 지방자치단체장이 제한된 범위[9]에서 지방정부 예산의 책정과 사용, 공공서비스의 공급 그리고 과세에 관한 의사결정에서 책임과 자유 및 재량적인 권한을 가지고 있다는 측면에서, 정치적·행정적 분권화는 어느 정도 이루어진 것으로 볼 수 있다. 재정적인 측면에서도 1989년 이후 중앙정부로부터의 세수 이전을 통해 지방정부의 재원이 꾸준히 확장되어왔다. 그러나 우리나라의 지방자치단체는 지방세기본법 5조에 근거하여 탄력세율의 범위 내에서 자율적으로 지방세율을 정하고 징수할 수 있는 권한이 있음에도 불구하고 아직까지 이를 적용한 사례가 드문 실정이다. 또한 지방세에 의한 세수가 제한적이며 주요 재원이 중앙정부의 교부세와 국고보조금으로 조달되고 있어 사실상 재정적 분권화의 수준은 낮다고 볼 수 있다. 우리나라에서 본격적인 지방자치제 도입은 사실상 1990년대 중반에 이루어져 그 역사가 다른 나라들보다 짧고 아직까지 전반적인 분권화의 수준이 높은 편이라고 할 수는 없다. 하지만 개발도상국 등 아직 지방자치제가 도입되지 못한 여러 국가들과는 달리 지역의 공공서비스 공급과 자원의 배분에 있어서 지방정부의 역할이 점차 강화되고 있다는 측면은 적지 않은 성과라고 할 수 있다.[10]

---

9) 지방자치법 제8조에서는 지방자치단체는 법령이나 상급 지방자치단체의 조례를 위반하여 그 사무를 처리할 수 없다고 규정하고 있다.
10) 예컨대 재정적인 측면에서 볼 때 지방자치제 도입 이후 우리나라 지방정부의 예산과 지

4절 정치적 분권화: 주민참여와 로컬 거버넌스

1. 주민참여의 의의 및 유형

지방자치단체의 구성원인 주민은 이론적으로 국적을 가진 시민보다 넓은 개념으로써, 지방자치단체 안에 거주하는 자를 의미한다. 주민은 지방자치단체의 주체이자 의무부담자이다. 따라서 주민은 선거권, 청원권, 소청권 등의 권리를 가지며 자치단체 비용부담과 법규 준수 등의 의무를 가진다(정성호·정창훈, 2011: 31-33). 지방자치는 상위 정부로부터의 '분권'을 의미하는 단체자치와 시민의 '참여'를 강조하는 주민자치로 구분되는데(이승종, 2003: 2), 주민참여는 일반주민들이 지방자치단체가 수행하는 활동의 특정한 결과에 영향을 미치는 의도적 행위를 의미한다(이희선, 2003: 35). 일반적으로 주민참여의 유형은 직접민주주의의 수단인 주민투표(referendum), 주민소환(recall), 주민발안(initiatives) 외에 감사청구권, 조례개폐청구권, 공청회, 반상회, 주민행동, 정책 의견개진 등이 있으며, 지방정부별로 주민참여조례, 주민참여예산제 등의 다양한 제도를 마련하여 운영하고 있다(안성호, 2004). 우리나라의 대표적인 직접참여제도는 1999년 8월 31일 지방자치법 개정으로 도입된 주민감사청구(제13조의4), 2003년 도입된 주민투표제도, 2007년 시행된 주민소환제도이다.

주민감사청구제란 지방자치단체와 그 장의 권한에 속하는 사무의 처리가 법령에 위반되거나 공익을 현저히 해한다고 인정되는 경우 시·도에 있어서는 주무부처 장관에게, 시·군 및 자치구에 있어서는 시·도지사에게 당해 주민들이 감사를 청구할 수 있게 하는 제도를 말한다(지방자치법 제13조 4항). 주민감사청구제 시행의 목적은 행정의 공개성과 책임성을 제고하고, 주민참여를 확대한다는 민주주의 이념에 기초하여 시정에 대한 주민감시를 보다 활성화하고 위법·부당한 행정처분으

출이 지속적으로 증가하고 있는 반면 중앙정부의 예산과 지출이 줄어들고 있다는 사실은, 제한된 여건에도 불구하고 분권화에 의한 지방자치시스템이 공고화되고 있다는 것과 지방정부의 중요성이 확대되고 있다는 것을 의미한다(Kwon, 2003).

로부터 주민의 권리와 이익을 보호하려는 것이다(허훈, 2003: 7). 주민감사청구제는 집행부를 견제하고 지역의 민주주의를 강화하려는 목적이 있으며, 주민의 참여가 매개기관을 통해 간접적으로 효력을 발휘한다.

주민투표제도는 주민이 직접 투표를 통해 지방자치단체의 정책에 대한 의사결정을 할 수 있게 한 제도로서 2003년 주민투표법에 의해 도입되었다. 주민소환제도는 지방자치단체장이나 지방의회의 의원의 업무수행 성과가 미흡하거나 다른 어떤 이유에서든지 부적격 사유가 있는 경우 주민들의 투표를 통해 해임할 수 있도록 한 제도이다. 주민투표와 주민소환이 서로 다른 점은 주민투표가 지방자치단체의 개별적인 지방정책에 대한 것이라고 한다면, 주민소환은 지방자치단체의 인사에 관한 것이라는 점이다(이기우, 2007: 18).

2. 로컬 거버넌스의 의의 및 중요성

로컬 거버넌스(local governance)란 주민들이 지역의 공공문제를 인식하고, 그것을 구체화하기 위해 노력하는 과정을 의미한다(Svara, 1999; 박희봉, 2006: 4). 즉 지역에서 발생하는 빈곤, 지역개발, 환경문제 등 다양한 공공문제를 해결하고 공공의 이익을 실현하기 위하여 정부와 사회적 주체들 간에 지속적인 교류·협력체계를 구축함으로써, 의사결정 및 집행에 이르는 일련의 과정 속에서 참여자들 간 필요한 정보 및 자원을 공유하고 상호협력을 증진하는 것이 바로 로컬 거버넌스라 할 수 있다(박희봉, 2006; 주재복 외, 2011). 이러한 로컬 거버넌스의 주요 목적은 지역사회를 구성하는 다양한 이해관계자들의 참여를 촉진하고 이들 간의 합의와 협력적인 의사결정을 위한 메커니즘을 수립하고 지역의 자원을 최대한 활용하여 지역발전을 도모하는 것이다.

Stoker(1997a)는 로컬 거버넌스의 개념을 서비스 전달보다는 지방정부의 정치적 역할을 강조하며, 주민들이 지역사회의 문제를 놓고 상호작용하고 서로 협력하여 지방 공공재를 공급하는 것으로 제시하였다. John(2001: 9)은 로컬 거버넌스가 필요한 다섯 가지 이유를 경제 세계화, 주민참여의 증가, 지역만의 공공정책, 새로운 정책적 시도, 정치참여의 변혁으로 제시하였다(정성호·정창훈, 2011: 10).

일반적으로 로컬 거버넌스의 이해관계자는 크게 국가, 시장(market), 그리고 시민사회로 구분될 수 있다(박종민 외, 1999: 127). 여기서 말하는 국가에는 시장 (mayor), 시의원, 관료 등의 공직자와 시 혹은 시의회의 부처, 위원회 등이 포함되며, 시장(market)에는 사업가, 기업가, 업종별 기업조직 혹은 상공회의소 등이 포함된다. 마지막으로 시민사회는 사회단체, 시민단체 및 근린 주민조직 등을 가리킨다. 오재일(2003: 10)은 로컬 거버넌스를 구성하는 각 요소의 역할에 대해 다음과 같이 규정하였다. 첫째, 지방의회는 지역주민을 대표하여 집행부를 통제, 감시하고 분쟁을 조정한다. 둘째, 집행부의 장은 지방정부를 대표하여 정책을 기획하고 집행한다. 셋째, 지역의 언론은 지방정부를 감시하고 이슈를 알리는 역할을 한다. 넷째, 지역의 산업은 고용을 창출하고 재원을 제공한다. 다섯째, 대학은 지식을 생산하고 사회자본을 창출한다. 마지막으로, 주민은 유권자, 납세자, 감시자, 참가자의 역할을 수행한다.

Stoker(1997b: 11-16)는 로컬 거버넌스의 특징으로 다음 세 가지를 제시하였다. 첫째, 개방성(openness)이다. 로컬 거버넌스는 반대의견을 자유롭게 제시할 수 있도록 하고, 참여의 기회를 증대시킴으로써 대의제 민주주의의 효과성을 향상시키는 특징을 가지고 있다. 둘째, 참여(participation)이다. 로컬 거버넌스는 일반시민이 정치과정에 참여하는 것을 독려하고, 정책과정에서 시민의 참여를 통한 공개와 토론을 중시한다는 것이다. 셋째, 개방성과 참여를 바탕으로 한 상호협력을 중시한다. 즉, 정부와 다양한 자율적 비정부조직 간의 상호협력을 통하여 각 주체가 독자적으로 수행한다면 달성하기 어려운 편익을 공동으로는 달성할 수 있게 된다는 것이다.

요컨대 로컬 거버넌스 관련 논의에서 전제를 두고 있는 주민참여는 그 구성 주체인 주민뿐만 아니라 이해관계자까지도 포함되므로 참여범위가 훨씬 넓다. 또한, 주민은 수동적인 입장에서 참여하는 것이 아니라, 이해당사자로서 대등한 입장에서 능동적이고 주체적으로 참여하며, 행위주체 간 서로 협력하여 공동으로 문제를 해결하고 책임을 진다. 즉 로컬 거버넌스가 전제하는 주민은 그저 지방정부가 제공하는 서비스 수혜자가 아니다. 로컬 거버넌스가 추구하는 지향점은 주민들 스스로 적극적이고 능동적인 참여를 통해 자신들의 요구나 선호를 의사결정과정에 관철시키거나 반영함으로써, 실질적인 의미의 지방자치를 이루는 것이다.

◈ 참고문헌 ◈

국회예산정책처. (2015). 대한민국 재정. 1－420.

김병준. (2009). 지방자치론. 서울: 법문사.

박순애·이희선·권혜연. (2014). 환경규제 집행업무에 대한 지방분권화 영향분석: 폐수배출 단속사무를 중심으로. 한국지방자치학회보, 제26권 제2호(통권86호).

박정수. (1997). 우리나라 국고보조금 제도의 평가와 향후 정책과제. 지방재정학보, 2(1): 19－36.

박종민·배병룡·유재원·최승범·최흥석. (1999). "한국 지방정치의 특징." 한국행정학보, 33(2): 123－139.

박희봉. (2006). "시민참여와 로컬 거버넌스." 한국정책과학학회보, 제10권 2호.

안성호. (2004). 주민투표제도 시행의 의의와 전망. 제166회『정책&지식』포럼 (2004.9.13.)

안용식·김천영. (1995). 지방정부간 협력관계론. 대영문화사.

안용식·강동식·원구환. (2000). 지방행정론. 대영문화사.

오재일. (2003). "지방분권과 로컬 거버넌스." 지방행정연구, 18(1): 3－18.

안종석·원윤희. (2008). 지방자치단체의 재정책임성 제고방안 연구. 기획재정부·한국조세연구원.

이기우. (2007). 주민소환제의 도입취지와 주요내용. 한국자치발전연구원, 16－22.

이달곤. (2004). 지방정부론. 서울: 박영사.

이승종. (2003). 지방자치론 －정치와 정책. 서울: 박영사.

이종수. (2002). 지방정부이론: 이론화를 위한 비교론적 분석. 서울: 박영사

이희선. (2013). 지방정부의 환경규제집행 영향요인 연구 : 분권화와 지방정부의 집행구조 선택을 중심으로. 서울대학교 행정대학원 박사학위논문.

임승빈. (2008). 한국의 지방 자치 제도 형성과 동인(動因)분석. 한국행정학보, 제42권 제2호(2008 여름): 49－69.

행정자치부 국가기록원. (2015). 기록으로 보는 지방자치.

행정안전부. (2020). 행정안전부 통계연보.

정성호·정창훈. (2011). 지방재정 위기와 로컬 거버넌스의 역할. 지방행정연구, 제25권 제

2호.

주재복 외. (2011). 지방자치단체의 협력적 거버넌스 재설계 방안. 한국지방행정연구원.

하혜수·이달곤. (2011). 지방행정체제 개편에 관한 경로의존성 연구. 한국비교정부학보, 제15권 제1호(2011. 4): 303 – 324.

허훈. (2003). 주민감사청구제도의 운영실태와 개선방안. 한국지방자치학회보, 제15권 제1호: 5 – 24.

홍근석·김봉균. (2019). 중앙 – 광역 – 기초정부 간 재정관계 재정립. 한국지방행정연구원, 기본연구과제 1 – 249.

Anderson, W. (1960). Intergovernmental Relations in Review. Minneapolis, MN: University of Minnesota Press.

Bahl, R. W., & Linn J. (1994). Fiscal Decentralization and Intergovernmental Transfer in Less Developed Countries. Publius: The Journal of Federalism, 24(1): 1 – 19.

Balaguer – Coll, M. T., Prior, & Tortosa – Ausina, E. (2010). Decentralization and efficiency of local government. The Annals of Regional Science, 45(3): 571 – 601.

Buchanan, J. M., & Tullock, G. (1962). The Calculus of Consent: Logical Foundations of Constitutional Democracy. Ann Arbor, Michigan: University of Michigan Press.

Cheema, G. S., & Rondinelli, D. A. (Eds.). (2007). Decentralizing governance: emerging concepts and practice. Washington, D.C.: Brooking Institution Press.

Deil S. Wright. (2007). Models of National, State, and Local Relationships, in Laurence O'toole Jr. ed., American Intergovernmental Relations: Foundations, Perspectives, and Issues, 4th ed.

Downs, A. (1957). An Economic Theory of Democracy. New York, NY: Harper & Bros.

Elcock, H. (1982). Local Government: Politicians, Professionals, and the Public in Local Authorities. London: Methuen.

Fleurke, F., Hulst, R., & P. J. de Vries. (1997). Decentralization met beleid: een heuristiek. Den Haag: Sdu Uitgevers.

Gurr, Ted Robert. & Desmond S. King. (1987). The State and the City. Macmillan education.

Holtmann, E. (2000). Dezentralisation/Dezentralisierung. Politik – Lexikon, 3. völlig überarbeitete und erweiterte Auflage. München.

John, Peter. (2001). Local Governance in Western Europe. London: Sage Publications.

Kwon, O. (2003). The Effects of Fiscal Decentralization on Public Spending: The Korean Case. Public Budgeting & Finance, 23(4). 1－20.

Neven, I. (2005). "Background Paper on Decentralization: National Forest Programmes in the European Context". Institute Alterra－green World Research: 136－145.

Merton, R. K. (1969). Social Theory and Social Structure. New York, NY: Free Press.

Musgrave, Richard, A. (1959). The Theory of Public Finance: A Study in Public Economy, New York: McGraw－Hill.

Oates, W. E. (1972). Fiscal Federalism. New York: Harcourt, Brace and Jovanovich.

Oates, W. E. (1999). "An Essay on Fiscal Federalism," Journal of Economic Literature, Vol. 38, pp. 1120－1149.

Shafritz, J. M. (2008). The Dictionary of Public Policy And Administration, Routledge.

Simon, H. A. (1947). Administrative Behavior: A Study of Decision Making Processes in Administrative Organization. New York: The Macmillan Company.

Snider, C. F. (1937). County and township government in 1935－1936. American Political Science Review, 31(5): 884－913.

Stoker, Gerry. (1997a). "Local Government in Britain After Thatcher," in Jan Erik Land ed., Public Sector Reform (London: Sage, 1997), pp. 10－11.

Stoker, Gerry. (1997b). "Redefinding Local Democracy," in L. Pratchett and D. Wilson, Local Democracy and Local Government. Basingstoke, Macmillan.

Svara, J. H. (1999). Politics－Administraton/Officials－Citizens: Exploring Linkages in Community Governance. Administrative Theory & Praxis, 21(3): 309－324.

Tiebout, C. (1956). A Pure Theory of Local Expenditures. Journal of Political Economy, 64(5): 416－424.

Triesman. (2007). What Have We Learned About the Causes of Corruption from Ten Years of Cross－National Empirical Research?

Wilson, D. and Game, C. (1998). Local Government in the United Kingdom, 2nd edition, Basingstoke: Macmillan.

World Bank. (2014). Political Decentralization. Decentralization & Subnational Regional Economic Topics. World Bank website. accessed December 11. 2014.

World Bank. (2014). Fiscal Decentralization. Decentralization & Subnational Regional Economic Topics. World Bank website. accessed December 11. 2014.

World Bank. (2014). Administrative Decentralization. Decentralization & Subnational

Regional Economic Topics. World Bank website. accessed December 11. 2014.

Wright, D. S. (1978). Understanding Intergovernmental Relations, North Scituate, Mass: Duxbury Press.

제12장

갈등관리론

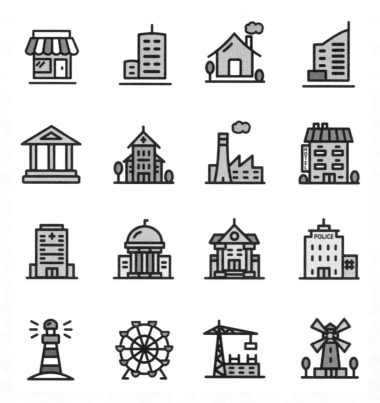

제12장 갈등관리론

Getting to Yes,

Separate Problems from People. Focus on Interest.

Develop Options. Use Objective Criteria.

Fisher & Ury(1983)

1절 공공갈등과 갈등관리 의의

1. 공공갈등의 개념 및 유형

공공갈등이란 공공영역에서 발생하는 갈등(Conflicts)을 의미한다. Lan(1997)은 "공공부문에서 논의되는 사회문제로 인한 갈등"을, 정용덕(2011: 4-5)은 물리적이거나 제도적인 영역을 넘어 공공성(publicness)으로 인하여 만들어진 갈등을 공공갈등이라고 보았다. 공공갈등의 가장 큰 특징은 공공성과 관련되어 있다는 것이다. 정책의제설정, 집행에서의 갈등 등 정책갈등은 공공갈등으로 보아도 무방하며, 이와 유사한 입장에서 「공공기관의 갈등예방과 해결에 관한 규정」은 공공정책 수립 및 추진 과정에서 발생하는 이해관계의 충돌을 공공갈등으로 보고 있다. 최근에는 이해관계 외에도 다양한 가치와 이념으로 인해 공공갈등의 범위가 넓어지고 양태가 다양해지고 있다.

공공갈등은 갈등의 원인, 갈등발생의 단계, 갈등 당사자, 갈등의 성격 및 표출 여부에 따라 구분할 수 있다. 공공갈등은 발생원인에 따라 이해관계 갈등(interest conflict)과 가치 갈등(value conflict)으로 구분한다(나태준·박재희, 2004: 21-22). 이해 관계 갈등은 자원의 희소성(scarcity)으로 인해 발생하는 갈등이다. 정보, 재산과 같 은 물질적 자원이나 권력, 지위 등의 비물질적 자원은 희소한데 반하여, 이에 대한 수요는 크기 때문에 갈등이 발생한다. 가치 갈등은 주로 개인 및 집단의 성장배경 과 환경에 따라 가치관이나 이념이 다르기 때문에 갈등이 유발된다.

공공갈등은 이해관계 갈등과 가치 갈등으로 명확히 구분되기보다는 복합적인 성격을 띤다. 상호충돌하는 이해관계와 가치들이 얽혀 있으며, 정보의 불충분성, 절차의 비공정성 등 다양한 요인에 의해 발생되고 있다.

공공갈등의 발생원인을 공공정책의 수립 또는 추진 단계에 따라 투입, 전환과 정, 산출 및 피드백 단계로 세분화하여 살펴볼 수도 있다(윤종설, 2007). 투입(input) 단계에서는 정부가 추진하는 사업의 정당성에 대한 의문 및 사업에 대한 정보공개 나 홍보의 부족으로 인한 불신으로 갈등이 초래될 수 있다. 합리적인 근거가 결여 된 잠재적 위협이나 막연한 두려움, 지역 간 경쟁의식 등이 복합적으로 작용한 심 리적 요인으로 인하여 발생하기도 한다. 전환과정(conversion) 단계에서는 의사결 정과정에서 주민참여가 봉쇄되거나 정책집행 시 실제 갈등이 발생하였으나 이를 효과적으로 관리할 갈등조정기구가 부재한 경우를 갈등의 원인으로 들 수 있다. 산 출 및 피드백(output and feedback) 단계에서는 특정 정책으로 인해 피해를 보는 정 책대상자에게 상응하는 보상이 적절하게 이루어지지 않거나(비용·편익 배분의 불공 평성), 여론수렴 절차의 부재, 주민의견 피드백 절차의 미비 등으로 인해 갈등이 발 생한다.

공공갈등은 갈등당사자에 따라 정부 간 갈등과 정부와 시민 간 갈등으로 나눌 수 있다. 정부 간 갈등은 정부 간 이해관계가 다른 상황에서 권한과 책임의 차이로 주로 발생한다. 이는 중앙정부와 지방정부처럼 차원이 다른 정부 간 갈등인 수직적 갈등과 동일한 차원의 정부 간 갈등인 수평적 갈등으로 구분할 수 있다. 수직적 갈 등은 중앙정부와 지방정부 또는 광역자치단체와 기초자치단체 간의 갈등을, 수평적 갈등은 중앙정부 간, 광역자치단체 간 또는 기초자치단체 간의 갈등을 말한다.
정부 간 갈등은 행정협의조정위원회, 지방자치단체 중앙분쟁조정위원회 등과 같은

〈표 1〉 공공갈등의 유형

분류기준		구분		
갈등의 원인		이해관계 갈등	가치 갈등	
		자원의 희소성으로 인해 발생하는 갈등	갈등당사자들 간 이념과 가치관의 차이로부터 발생하는 갈등	
공공정책 수립·추진 단계		투입	전환	산출 및 피드백
		정부사업에 대한 불신, 위협·두려움·경쟁의식과 같은 심리적 요인으로 인한 갈등	의사결정에서의 주민참여 봉쇄 또는 갈등조정 기구 부재로 인한 갈등	보상의 부재 또는 불균형, 여론 수렴절차가 없거나 피드백 미흡으로 인한 갈등
갈등 당사자	정부 간	수직적 갈등	수평적 갈등	
		중앙정부와 지방자치단체 간 갈등 또는 광역자치단체와 기초자치단체 간 갈등	중앙행정기관 간, 광역자치단체 간, 기초자치단체 간 갈등	
	정부– 시민 간	시민과의 갈등	시민단체와의 갈등	
		중앙정부와 시민, 지방정부와 주민 간 갈등	중앙정부 및 지방정부와 NGO와의 갈등	
갈등의 성격		이익 갈등	권한 갈등	
		갈등당사자들이 사회경제적 이익을 지키거나 추구하기 위해 대립함으로써 발생하는 갈등으로 토지의 이용이나 시설입지와 관련된 것이 많으며, 시설의 유치를 위한 행동(PIMFY)이나 기피 행동(NIMBY)이 나타남	중앙정부와 지방정부 또는 지방정부 간 권한 및 책임 귀속 여부를 둘러싼 분쟁으로 인·허가나 재산관리 등에서 주로 발생함	
갈등표출 여부		잠재적 갈등	현재적 갈등	
		갈등이 발생할 개연성이 상당하며 이해관계자들이 이를 인지하고 있으나, 외부로 표출되지 않은 갈등	외부로 드러난 갈등	

자료: 나태준·박재희(2004: 19); 윤종설(2007: 27 – 28) 재구성.

공식적 조정기구를 통해 해결할 수 있다. 정부와 시민 간 갈등은 시민 또는 시민단체와의 갈등으로 구분할 수 있다. 시민단체는 시민 일반을 반드시 대표하지 않으며 조직적인 갈등행동을 보일 수 있어 시민과 구분한다. 정부와 시민 간 갈등이 발생한 경우에는 일반적으로 참여적 또는 대안적 조정을 통해 해결하게 된다.

갈등은 성격에 따라 이익 갈등과 권한 갈등으로도 구분된다. 이익 갈등은 갈등 당사자들이 사회경제적 이익을 지키거나 추구하기 위해 대립함으로써 발생하는 갈등이다. 정책은 의도하였든 의도하지 않았든 수혜를 받는 집단과 비용을 부담하는 집단 간에 기존의 자원배분 상황을 변화시킨다. 예컨대 규제정책의 경우 규제의 대상이 되는 집단과 수혜를 입는 집단이, 재분배정책의 경우 고소득층과 저소득층 사이에 자원배분이 바뀐다. 토지의 이용이나 시설입지처럼 이익과 불이익이 명확한 경우에 이익 갈등이 발생하기 쉽고, 시설의 유치를 위한 행동(PIMFY)이나 기피행동(NIMBY)이 나타난다. 권한 갈등은 중앙정부와 지방정부 또는 지방정부 간 권한 및 책임의 귀속 여부를 둘러싼 갈등을 말한다. 인·허가나 재산의 관리 등과 관련한 갈등이 많다.

갈등표출 여부에 따라서도 공공갈등을 구분할 수 있다. 갈등발생의 개연성은 있으나 명시화되지 않았다면 잠재적 갈등, 표면화된 경우에는 현재적 갈등으로 구분한다.

2. 공공갈등관리의 중요성

공공갈등관리(public conflict management)란 공공갈등의 전 과정에서 발생 가능한 갈등에 대하여 적절하게 대응하는 것을 말한다. 갈등관리란 갈등의 역기능 및 비용을 최소화하고 그 순기능 및 편익을 극대화함으로써, 갈등이 유발하는 후생의 감소와 불만은 최소화하고, 갈등과 관련한 이해관계자들의 순편익은 최대화하는 활동을 의미한다. 공공갈등관리는 민간과 달리 공공성이 중시되므로, 각축하는 이해관계나 가치를 잘 통합하는 것이 무엇보다 중요하다.

일반적으로 갈등관리는 갈등을 보는 시각에 따라 강조점이 다르다. 갈등이 개인이나 사회에 해로운 것이라는 역기능 측면에 초점을 둘 경우 갈등의 회피

(avoidance)나 억압(suppression) 등이 갈등해결 방안으로 제시될 수 있다. 발전을 위한 갈등은 단순히 갈등을 소극적·부정적으로 회피하거나 억압해야 하는 것으로 인식하기보다 갈등의 긍정적 기능을 활용할 수 있도록 적극적으로 대응한다.

공공갈등은 다양한 이해관계와 가치가 공존하는 복잡한 양상을 보인다. 공공갈등의 복잡성과 예측불가능성으로 인하여 때로는 돌발적인 상황에서 갈등이 해결 국면을 맞는가 하면, 갈등이 해소되는 것이 아니라 오히려 증폭되거나 잠복되는 등 미해결 상태로 남아 이후 재발되는 경우가 허다하다. 따라서 갈등의 종료 단계에서 나타날 결과에 초점을 두는 갈등해결(conflict resolution)보다는 공공갈등의 전 과정에서 발생 가능한 상황에 대한 적절한 대응을 강조하는 공공갈등관리(public conflict management)에 주목할 필요가 있다.

기존의 갈등관리 및 해결방법에 대한 접근방법은 협력적 거버넌스 체제 확립을 목표로 다양한 갈등관리 방법들의 적용례가 어떠하였는가에 초점을 맞추고 있다. 즉, 갈등의 구조적·체제적 속성에 대부분의 연구가 집중되어 있고, 대개 당위적·선언적 차원에서 바람직한 거버넌스 차원의 해결방안을 모색하고 있다. 그러나 갈등의 근원은 본질적으로 다차원적이라는 속성을 고려할 때 갈등관리에 관한 접근방법 역시 다차원적이어야 한다.

특별히 공공갈등관리에서 중요한 것은 공공정책과정에서 필연적으로 발생하는 갈등을 단순히 부정적 병폐로 보고 억압하는 것이 아니라, 표출된 갈등을 이해관계자들의 선호가 정책에 반영되는 기회로 활용할 수 있어야 한다. 즉, 갈등당사자들 간 합의를 통해 해결점으로 수렴시켜 나가는 과정을 제도화함으로써 효과적인 공공갈등의 관리 기제(mechanism)를 구축하는 데 있다. 이러한 측면에서 갈등당사자 간의 합의를 위한 협력적 거버넌스(Collaborative Governance)가 강조된다.

3. 공공갈등의 관리기제로서 협력적 거버넌스

협력적 거버넌스(Collaborative Governance)란 정책문제를 공동으로 해결하기 위한 정부와 민간의 연합체를 말한다. 조직적 측면에서는 정책과 관련한 공식적이고 합의지향적이며 숙의적 집단 의사결정과정에 공공기관과 민간 행위자가 함께 참여하는 조직체계(Ansell and Gash, 2008)를, 과정적 측면에서는 자율적인 행위자들이 규칙과 구조, 정책의 쟁점을 결정하기 위한 공식적·비공식적 협상을 통해 상호작용하는 과정(Thomson & Perry, 2006: 23)을 의미한다.

협력적 거버넌스는 다양한 관련자들이 의사결정에 참여하여 갈등을 예방하거나, 담론과 토의를 통해 공공갈등을 해결하는 기제이다. 계층적 관료제의 한계로 논의되어 왔던 공공서비스 제공 및 전달의 비효율성과 다양한 가치 및 이해관계 대립 시 조정능력의 한계를 극복하기 위한 하나의 대안이 된다. 다수의 이해관계가 얽힌 공공문제를 정부 단독으로 해결하기 보다 관료조직 외부의 다양한 이해관계자들의 상호작용과 참여 및 협력을 통하여 해결하는 것을 의미한다(Agranoff, Robert & McGuire, 1998). 협력적 거버넌스를 통해 참여자 간의 의사소통과 조정이 활성화되며 신뢰할 만한 정보가 제공될 수 있으므로, 거버넌스를 구성하기 위한 다양한 집단의 자발적 참여와 협력 및 수평적인 네트워크가 중요하다(Putnam 외, 1993: 37).

공공갈등 관리와 관련하여 협력적 거버넌스의 등장은 기존에 독점적 위상을 누리던 정부 권위의 축소를 의미한다. 전통적인 정부중심 패러다임 하에서는 정부의 명령과 통제 하에서 통치의 주체와 객체가 명확히 구분되어, 정부가 일방적으로 의제를 설정하고 정책을 결정하며, 하향적으로 정책을 집행하고, 정책평가 시 충분한 환류가 이루어지지 않았다. 반면, 협력적 거버넌스의 두드러진 특징은 전통적인 정부에 비하여 공식적이고 합의지향적이며 상호적인 정책결정과정에 있다. 전통적 정부와 달리 적극적인 시민의 참여를 강조하는 등 민주성을 추구하는 것이다. 효율성을 추구하는 전통적 정부는 갈등을 부정적으로 인식하여 이를 무시하고 회피하였다. 정책과정에서 정부가 주도하여 정책을 결정하므로 갈등은 억압되고 극대화되었다. 반면, 협력적 거버넌스에서 시민은 정책의 전 과정에 참여하며, 정부는 갈등을 수용하고 해결하기 위해 시민과 함께 노력한다. 공론조사, 시민배심원 등을 통해 잠재적 갈등을 예방하고, 표면화된 갈등을 해결하기 위해 협상, 조정, 중재 등의 방식을 활용하는 것이다.

〈표 2〉 정부중심 패러다임과 협력적 거버넌스 관점의 비교

구분	정부중심 패러다임	협력적 거버넌스 관점
정책문제 해결기제	• 효율성 추구, 행정편의주의, 재량, 법규만능주의	• 민주성, 참여, 네트워크, 신뢰, 투명성
정책과정	• 정부주도 결정–발표–집행과정에 시민, NGO 참여 배제	• 정책의 전반적인 과정에 시민참여
갈등의 발생단계	• 정책집행 단계	• 정책형성 및 정책집행 단계
갈등표출	• 억압형, 잠재형	• 표출형, 확산형
갈등에 대한 정부태도	• 무시와 회피	• 수용, 관리(예방, 해결)
갈등관리시스템의 특성	• 갈등당사자만의 제한적 참여 • 정책당국이 지지하는 의견제시에 편중 • 갈등의 억제를 위한 정보의 비공개	• 모든 갈등당사자의 참여 보장 • 공정한 찬·반 토론의 보장 • 원만한 갈등해소를 위한 정보의 공개
갈등관리방법	• 주로 사법재판	• 공론조사, 협상, 조정, 중재 등

출처: 윤종설(2007: 25, 46−47) 재구성.

전통적인 정부중심 시각에서는 갈등이 일단 초래되고 심각하게 악화된 상태에서 비로소 이를 어떻게 해결할지를 모색하는 수동적·사후적 대응에 그치거나, 소송과 같은 공식적인 재판절차를 통해 사법부의 법적 판단이 최종 해결책으로 귀결되어 왔다. 이에 비해 협력적 거버넌스 관점은 정책과 관련한 이해관계자들과 일반시민을 정책과정에 적극적으로 참여시킴으로써 사회적 합의를 형성하고, 이를 통해 갈등을 관리하고자 한다. 또한 갈등발생 시 어느 한편의 갈등당사자가 반대자들에게 일방적으로 승리하는 것이 목표가 아니라, 공동상생을 위하여 갈등당사자들 간 자발적 합의로서 상호 수용 가능한 갈등해결 방안의 도출을 추구한다. 협력적 거버넌스 관점의 갈등관리의 방법은 크게 두 가지 방법, 갈등의 사전적 예방을 위한 '참여적 의사결정 방법'과 갈등발생 시 사후적으로 갈등당사자의 자발적 합의를 도출하는 '대안적 갈등해결 방법'으로 구분된다.

2절 참여적 공공갈등관리

참여적 공공갈등관리 방법은 참여적 의사결정을 통한 사전적 갈등관리를 말한다. 참여적 의사결정은 "정부의 정책결정과정에 있어서 이해관계자들뿐만 아니라, 전문가 및 일반시민을 포함시켜 이들과의 협의를 통해 의사결정을 이루어내는 일련의 과정"을 의미한다(지속가능발전위원회, 2005: 140). 여론조사나 공청회, 웹사이트를 통한 정보제공 등과 같이 정보제공 및 의견수렴 목적의 시민참여 방식들이 일방적인 의사소통 구조를 가지고 있는데 반하여, 참여적 의사결정 방법들은 모든 참여자들 간의 대면적인 상호 의사소통을 보장한다. 참여적 의사결정은 충분한 정보를 바탕으로 시민들과 정부, 이해관계자의 숙의과정을 포함하며, 공공의사결정에 실질적으로 영향을 미친다. 대표적인 방법으로 포커스 그룹, 공론조사, 시나리오 워크숍, 시민배심원제, 합의회의가 있다.

1. 포커스 그룹

포커스 그룹(focus group)이란 소규모 집단을 중심으로 훈련된 조정자가 회의를 구조화시키거나 특정 주제에 대하여 개방적인 토의를 수행하는 방식을 말한다(이승종 외, 2011: 372). 1920년대부터 사회과학분야의 집단면접 방법으로 개발되었던 포커스그룹은 마케팅 분야에서 주로 사용되어 왔으며, 1970년대 이후에는 공공부문에서 환경분야, 보건분야, 에너지 정책 및 지역계획분야 등 다양하게 적용되고 있다.

포커스 그룹은 주로 4단계로 이루어진다(Morgan et al., 1998; cited in O.Nyumba et al., 2017: 21). 1단계는 연구설계 단계이다. 포커스 그룹의 목적을 정하고 중요한 질문과 일정표 등을 작성한 후 참가자(4~15명)를 구성한다. 2단계는 자료수집과정이다. 포커스 그룹 참여자들의 상호소개, 논의규칙 설명, 토론의 방향 등을 설정한다. 3단계는 포커스 그룹에서 논의된 주요 아이디어, 내용 등을 분석한다. 마지막으로 분석결과에 대해 보고서를 작성한다.

　　포커스 그룹은 집단 인터뷰과정에서 집단 내의 소통과 상호작용을 통해 설문조사 등 여타 방법으로는 파악하기 어려운 자료와 상황에 대한 정보를 얻을 수 있다 (Morgan, D. L., 2007: 2). 정책의 목적에 적합한 대상자를 선별하여 이들에게 자료를 제공함으로써 정책수립 시에 특정한 정책의제에 대해 국민들이 가지고 있는 정보나 심층적 의견을 수집하려는 목적으로 널리 활용되고 있다. 또한 정책의 구체적 내용을 형성하는 데 있어서 포커스 그룹의 의견을 참고할 수 있다. 이를 통해 정책의 결정과 집행에 있어 갈등을 사전에 예방하고 관리하는 기능을 한다.

[읽을거리] 포커스 그룹: 네덜란드의 제방 강화공사

　　네덜란드 정부는 홍수로 인한 강의 범람으로부터 육지를 보호하기 위하여 대규모의 강화된 제방체계를 구축하고자 하였다. 네덜란드 교통 및 수로국(Dutch Ministry of Traffic and Waterways)은 육지를 보호하는 제방의 높이를 얼마로 할 것인지를 결정하여야 했다. 높고 튼튼한 제방이 필요하지만, 이것이 반드시 좋은 것만은 아니다. 설계·건축·유지 비용이 더 많이 들고 환경에 미치는 피해도 커지기 때문이다. 네덜란드 정부는 제방을 구축함으로써 보호되는 재산 및 생명의 이익과 환경상의 피해를 고려하여 제방의 적절한 높이를 결정하여야 했다.

　　환경보호론자들이 제방 강화공사를 반대하면서 제방 강화공사는 정치적 쟁점이 되었다. 정치적 논쟁이 매우 심화되어, 네덜란드 총리는 기존의 제방 강화공사의 설계가 너무 보수적인지를 판단하기 위한 연구를 수행하겠다고 발표하였다. 제방 강화공사가 정치적으로 민감한 이슈였기 때문에, 국회에 보고서를 제출할 수 있도록 6개월 내에 연구를 마치도록 하였다.

　　랜드(Rand) 연구소 및 델프트 수문학(Delft Hydrological) 연구소는 안전성을 확보하기 위한 제방의 크기와 강도를 결정하는 정책분석을 수행하였다. 이들은 객관적인 분석을 위해 5개의 이해관계자 포커스 그룹을 활용하여 의견을 들었다. 홍수에 대한 생태학적 관점 및 제방공사 결정에 대한 적절한 절차가 어떠해야 하는지를 조사한 것이다. 각 포커스 그룹은 10명에서 16명의 참가자들로 구성되었으며, 다음의 그룹에서 선발되었다.

　　- 환경활동가 그룹 : 강에 대한 영향을 최소화할 것을 요구

- 환경옹호 그룹 : 환경보호를 요구
- 물 위원회(water boards) 또는 홍수로부터의 보호 업무를 맡은 정부 기관 : 네덜란드 정부 입장을 대변
- 홍수 및 제방건설로부터의 영향을 직접 받는 인근 주민들
- 제방 건축비용을 세금으로 지출하지만, 제방의 영향을 간접적으로 받는 시민들

정치적 논쟁이 첨예한 이슈였지만, 포커스 그룹은 매우 놀랍도록 비슷한 의견을 보였다. 5개의 포커스 그룹은 모두 생태계를 보호하는 것을 가장 중시하였다. 환경적 영향은 집, 나무, 초목 등과 같은 개별적 요소에 근거하여 평가될 수 없다는 것이다. 자연적 유산을 보존하기 위한 관점에서 문화적 가치도 중요하게 여겨졌다. 네덜란드의 주요 문화유산인 17세기 화가들의 그림에는 강의 풍경이 표현되어 있기 때문이다. 또한 네덜란드의 휴식을 위한 용도로서의 강의 기능도 중요하게 여겨졌다.

포커스 그룹 연구를 통해 각 그룹이 가진 가치에 대한 세부적 의견을 알게 된 것은 중요한 정치적 효용이다. 포커스 그룹 참여자들은 어떤 형태의 제방을 언제 어떻게 건축할 것인지에 대해 모든 의견이 청취되어야 한다고 믿었다. 포커스 그룹은 참여의 공간으로 기능하였고, 여러 그룹이 의견을 표출할 수 있도록 하였다. 이는 연구의 결과가 수용되도록 하는데 큰 도움을 주었다.

출처: Kahan, J. P. (2001). Focus groups as a tool for policy analysis. pp. 132-134

2. 공론조사

공론조사(deliberative poll)는 시민들이 정보나 동료 시민들의 견해를 참고해 최종 결정을 내리기 이전과 이후에 실시되는 시민들의 여론조사를 말한다(Fishkin & Farrar, 2005: 68). 대표성을 가지는 시민들에게 논의사안에 대한 충분한 정보를 제공하고 토론하도록 한 후 이에 대한 의견을 조사하는 방식으로, 미국 스탠포드대학에서 1988년에 개발되었다. 일반적으로 공론조사의 주체는 대부분 중앙정부, 지방정부, 언론사, 교육기관 등의 공공기관이며, 대개 다음 5단계 과정으로 이루어진다(은재호 외, 2008: 17). 1단계는 기준조사로 보통 2~3천명을 대상으로 공론조사 사안에 대한 의견을 조사한다. 2단계는 성별, 연령, 지역 등 대표성을 고려하여 공론조사 참여자 수백명을 선발한다. 3단계는 토론회를 준비하는 것으로, 찬성과 반대 의견

에 대한 전문가를 선정하고 자료를 준비한다. 4단계는 실제 토론회를 개최하는 것이다. 참여자를 소그룹으로 나누고, 그룹별 토의내용을 선정하여 전체토론을 진행한다. 마지막 5단계는 기준조사와 동일한 질문을 다시 묻고 이에 대해 분석하여 발표하는 것이다.

공론조사의 목적은 의견이 엇갈리는 논쟁적인 사안에 대해 숙의(deliberation)를 통해 대표성이 있는 합의된 결론을 도출하는 것이다. 이는 시민들의 피상적인 의견을 조사하는 여론조사의 단점을 보완하고 공공의사결정 및 정책대안 마련에 활용토록 한다. 공론조사가 원래의 목적을 달성하기 위해서는 충분한 정보가 주어진 숙의과정이 있어야 하며, 공론조사 참여자가 시민 일반을 대표할 수 있어야 한다.

[읽을거리] 공론조사: 신고리 5·6호기 공론화위원회

2017년 6월 27일 신고리 5·6호기 건설이 일시중단되었다. 경주 지진 등이 발생하면서 지진 가능성이 있는 울산 울주군에 원전을 건설하는 것이 위험하다는 의견이 높아졌기 때문이다. 이미 1조 6천억원의 예산이 투입되어 30% 가량 공사가 진행되었고 전력수급난 등 사회·경제적 이유로 신고리 5·6호기 건설 재개를 주장하는 측과 안정성을 이유로 반대하는 측의 의견이 첨예하게 대립하였다. 공공갈등이 지속되자 이를 해결하기 위하여 7월 24일 공론화위원회가 정식출범했다. 정부는 에너지 사용자인 시민이 참여하는 공론화위원회의 결과를 전폭적으로 수용하겠다는 견해를 밝혔다(2017년 7월 31일 국무총리 기자 간담회). 그리고 시민참여단을 구성하여 신고리 5·6호기 건설에 대한 입장을 조사하였다.

신고리 5·6호기 공론화를 위한 시민참여형 조사는 4차례에 걸쳐 이루어졌다. 1차 조사(2017년 8월 25일~9월 9일)는 전화조사를 통해 신고리 5·6호기 건설에 대한 국민의 입장을 지역, 성별, 연령 대로 구분하여 파악하는 것이 목적이었다. 전체 국민의 의견을 수렴하기 위해 2만여 명 이상의 표본을 확보하였고, 이 중 차후 조사에 관심이 있는 시민참여단 500명을 선정하는 것을 목표로 하였다. 1차 조사는 신고리 5·6호기 건설 재개 36.6%, 중단 27.6%, 판단유보 35.8%의 결과를 보였다.

2차 조사(2017년 9월 16일)는 1차 조사 응답자 중에서 연령, 성별, 지역별로 대표성을 가진 시민참여단 500명을 구성하여 시행하였다. 시민참여단은 설문문항의 의미와 작성방식에 대한 오리엔테이션에 참여한 후 설문조사를 마쳤다. 오리엔테이션에서는 공론화에 대한 이해, 신고리 5·6호기 공론화 이슈 및 체계, 시민참여단의 역할에 대한 교육이 있었다. 2차 조사의 결과는 1차 조사 결과와 같다. 시민참여단은 1차 응답자들의 의견을 기준으로 층화추출하였기 때문이다.

3차 조사(2017년 10월 13일, 471명) 및 4차 조사(2017년 10월 15일, 471명)는 자료집 및 이러닝 학습으로 수료한 후 2박 3일간의 종합토론회에 참여한 시민참여단을 대상으로 실시하였다. 자료집은 건설 재개 및 중단측과 합의하여 작성되었다. 원자력 현황, 신고리 5·6호기 건설 현황 및 경제성, 안전성, 환경성 등에 대한 정보가 수록되었다. 이러닝(e-learning)은 9월 21일부터 10월 21일까지 한달 간 시민참여단에게 관련 정보를 제공하기 위해 구축되었다. 원전의 안정성, 국가산업에 대한 이해 등에 대한 강연이 업로드 되었다. 시민참여단의 92%가 이러닝으로 제공된 강연을 수강하였다. 종합토론은 숙의를 종합하기 위하여 기획되었다. 원전의 안정성과 환경성, 경제성 등의 쟁점이 세션으로 구성되었으며, 전문가 발표-분임토의-전문가와 질의응답 등이 이어졌다. 시민참여단은 연령, 성, 지역, 찬반의견을 종합적으로 고려한 9~10명의 분임으로 구성되어 토의를 진행했다.

3차 조사에서는 건설 재개 44.7%, 건설 중단 30.7%, 판단 유보 24.6%의 결과를 보였다. 판단 유보는 11.2%p 감소한 반면 건설 재개는 8.1%p, 건설 중단은 3.1%p 증가했다. 한편, 4차 조사에서는 건설 재개 57.2%, 건설 중단 39.4%, 판단유보 3.3%의 입장을 보였다. 판단유보의 입장은 줄어든 반면, 건설 재개 또는 중단의 입장은 꾸준히 상승하는 결과를 보였다.

2017년 10월 20일 공론화위원회는 신고리 5·6호기 공사재개 권고안을 정부에 제출하였다. 공론화에 참여한 시민대표단의 90.4%는 공론화 과정의 공정성을 신뢰하였고 만족감을 표했다. 신고리 원전 공론화는 시민이 배제되고 전문가와 기술관료가 독점해 온 정책결정과정에 시민이 적극적으로 참여하여 민주주의 심화에 기여했다고 볼 수 있다.

출처: 공론화백서(2018) 재구성.

3. 시나리오 워크숍

시나리오 워크숍(scenario workshop)이란 미리 작성된 시나리오를 바탕으로 정책입안자, 전문가, 산업계, 시민사회 등 다양한 참여집단 간 대화와 심의를 통해 의견을 수렴하는 조직화된 작업모임을 말한다(박진, 2009: 64). 구체적으로 정책결정자, 기술 전문가, 산업계, 시민사회 집단의 4~6인이 특정 사안에 대하여, 불확실한 상황에서 일어날 수 있는 문제점과 해결방안을 함께 논의하여 시나리오를 작성하는 것을 말한다. 시나리오 워크숍의 소요기간은 총 3~4개월이며, 다음의 과정을 거친다. 먼저, 시나리오 워크숍을 수행하기 전에 논의할 주제를 설정하고 운영위원회를 구성한다. 이때 시나리오 워크숍 참여자를 선정하고 시나리오를 작성한다. 시나리오 워크숍에서는 그룹별 시나리오를 작성하고, 전체토론회에서 공동의 전망을 수립한다. 마지막으로 수립된 공동전망과 실천계획을 공공기관에 전달한다(은재호 외, 2008: 18).

시나리오 워크숍 방법은 특히 이해당사자들 간의 선택이 전략적인 배타성을 갖게 되는 제로섬(zero-sum)게임의 양상을 보이는 경우 널리 활용되고 있는 기법이다. 시나리오 워크숍에 참여하는 이해당사자들 간의 체계적인 대화를 통해 미래 전망 및 전략과 행동계획을 공동으로 작성하기 때문에, 지역 차원의 개발전망을 수립하는데 효과적이다. 지역적 수준에서 이루어지는 시나리오 워크숍은 주로 입안된 발전계획에 대하여 관련 행위자 간의 의견을 수렴하는 과정이다. 보통 지역주민, 공무원, 기업, 전문가 등이 균등하게 참여한다. 구체적으로 논의 주제를 둘러싸고 미래에 발생 가능한 다수의 시나리오를 작성하여, 각 시나리오별 나타날 수 있는 문제들을 여러 관점에서 파악하고 이와 관련한 대응 방안을 구체화하여 제시한다. 시나리오가 작성되면 이해관계자가 이를 공유하고, 정책결정에 반영한다. 시나리오 워크숍은 일반 지역주민과 이해당사자들이 지역개발계획 수립과정에 있어 상대적으로 평등하게 참여할 수 있다는 장점이 있지만, 각 주체들 간의 합의 도달이 어려울 수 있다는 단점이 있다.

시나리오 워크숍은 정책사안을 둘러싼 이해관계자 및 일반시민이 참여하여 사회적 합의를 도출하고 새로운 아이디어와 제안을 발전시키는 방법이다. 시민을 비롯한 다양한 이해관계자들이 정책과정에 참여하는 점에서 사전에 갈등을 예방하는 제도라 볼 수 있다. 그러나 지역발전을 둘러싸고 이해관계가 첨예하게 대립하는 경우가 많기 때문에, 시나리오 워크숍의 운영에 대한 사전적 조율과 합의를 지향하는 태도가 있어야만 갈등을 해결할 수 있다.

[읽을거리] 시나리오 워크숍: 덴마크의 도시생태개선을 위한 시나리오 워크숍

　　시나리오 워크숍은 환경문제를 다루기 위한 통합된 방식으로 1990년대 초반에 개발되었다. 1991년 덴마크 기술위원회(DBT: Danish Board of Technology)는 '지속 가능한 주거와 미래의 생활'을 신규사업으로 채택하였다. 덴마크 사회 전체에서 지속 가능한 개발과 환경보호에 대한 공식적인 정책을 형성하기 시작한 것이다. 도시생태(Urban Ecology)에 대한 시나리오 워크숍은, 생태적으로 지속가능한 형태의 도시를 개발하는 것에 정치적으로 합의하기 위하여 1992－1993년에 행해졌다. 도시생태는 다양한 기술과 참여자, 기술을 평가하는 여러 기준, 지식, 법과 규칙들이 관련된 것으로 시민들에게는 기술적인 개념으로 인식되었다. 시나리오 워크숍은 다층적 기술문제와 비기술문제를 해결하기 위한, 지역차원의 문제와 해결책을 강조하였다.

　　미래 주거의 형태에 따른 시나리오는 네 가지로서, 각 시나리오는 주거지역과 가정에서의 에너지, 물, 폐기물, 폐수 등을 고려한 도시생태문제를 해결하는 대안으로 구성되었다. 시나리오는 특정한 상황에 대한 예상이나 예측이 아니라 비전을 보여준다. 네 가지의 시나리오는 누가 행동해야 하는가(who)와 어떻게 행동해야 하는가(how)의 두 가지 축으로 나누어지며, 2010년까지 덴마크에서 공식적으로 합의된 비공해와 자원절약 등의 기준을 만족시키기 위한 도시생태적 해결책을 나타낸다.

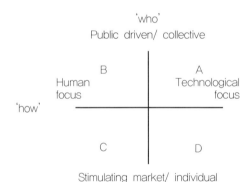

Figure 1. Scenarios to solve urban ecology problems

　　1992년 4개의 지역공동체에서 시나리오 워크숍이 시행되었다. 모든 참가자들은 20－25명으로 구성된 두 개의 워크숍에 참가하였다. 첫째는 '역할집단(role group)' 워크숍이다. 가령, 사업가들은 시나리오를 활용하여 비전을 발전시키는 업무를 부여받는다. 이는 지역적·탈지역적 차원에서의 논의로 참여자나 조직자(organizers)에게 비전 및 장애물에 대한 새로운 아이디어를 제공한다. 지역 워크숍에서 참가자들은 경험이나 관심에 따라 '테마 그룹'으로 나누어 공동의 비전에 합의하고 에너지, 물, 폐기물에 대한 액션플랜을 수립한다. 워크숍의 결과물은 공중 토의, 정치적 토론에 활용될 수 있도록 다듬어졌다. 이것이 1993년 공공 컨퍼런스에서 발표된 도시생태를 위한 국가적 계획과 보고서이다. 이는 1994년 덴마크 환경부(Danish Minister of the Environment)에 부분적으로 적용되었다.

출처 : Jacque Mirenowicz. (2001). The Danish consensus conference model in Switzerland and France: on the importance of framing the issue, PLA Notes 40, 57−60

4. 시민배심원

시민배심원(citizen's jury)은 대표성을 지닌 시민들이 법정의 분위기와 같은 회의장소에서 전문가들에게 정책 질의를 하며 심사숙고의 과정을 거쳐 정책을 제안하는 방식이다(OECD, 2001: 47). 무작위로 소수(18~24인)의 시민을 선발하여 보수를 지급하고, 전문가가 제공한 정보를 토대로 4~5일 동안 숙의해 정책권고안을 작성하고, 이를 정책결정자에게 제출하는 방식으로 이루어진다. 중범죄 사건에 한해 일반 국민이 재판에 참여하는 배심원을 넓은 의미의 시민배심원으로 보기도 한다(이승종, 2011: 374). 시민배심원은 다른 참여적 의사결정방식과 마찬가지로 시민의 의견을 청취할 수 있고 사회적으로 중요한 공공문제에 대한 여론을 형성한다는 장점이 있으나, 시민배심원단이 소수에 불과하므로 대표성이 취약하다는 단점도 존재한다. 또한 법적 구속력이 없기 때문에 배심원들의 책임의식이 약할 우려가 있다(주성수, 2006: 106-108).

시민배심원단이 구성되어 운영되는 일반적인 방식은 다음과 같다. 먼저 특정 의제가 설정되면 4−5명으로 구성된 운영위원회를 구성한다. 이러한 시민배심원단은 일반적으로 시민배심원단 풀(pool)에서의 표본수집을 통해 선정된다. 시민배심원단 풀(200~300인)은 무작위 전화설문 등을 통해 특정 의제에 대한 정보를 추가로 받는 것에 동의한 응답자들이다. 시민배심원단이 구성되면 숙박 워크숍을 진행하며 특정 사안에 대해 심의하고, 보수를 지급받는다. 이 과정에서 전문가는 정보와 지식을 제공한다. 심의결과로 작성된 정책권고안은 정책결정자 외 일반시민에게도 공개한다. 2004년 울산 북구청 음식물 자원화시설 건립과정에서 시민배심원

단이 운영된 사례가 있다(은재호 외, 2008: 78-111)

5. 합의회의

합의회의(consensus conference)란 전문가가 아닌 일반시민이 특정한 이슈에 대하여 전문가와 공직자의 의견을 듣고 숙의를 통해 일치된 의견을 수렴하는 제도로(Blume, 2001: 107), 덴마크에서 새로운 의료기술을 평가하기 위해 처음 도입되었다. 합의회의는 다음의 절차로 이루어진다. 먼저 합의회의에 참여할 시민을 선발한다. 선별된 일단의 보통 시민들은 전문가들에게 논쟁이 유발되는 사회·환경·과학기술 주제에 대해 질의하여 대답을 듣는다. 이후 시민들은 해당 주제에 대하여 합의를 진행하고 이를 기자회견으로 발표한다. 구체적으로 합의회의는 다음의 단계를 거쳐 총 6개월 정도 진행된다. ① 전문가 명부 작성, ② 대표성을 고려한 시민 패널 10~16인 선정, ③ 전문가 정보를 제공하는 시민패널 예비 모임(1~2회), ④ 주제에 대한 질문 및 전문가 패널을 확정하는 본회의 준비, ⑤ 시민패널의 최종 보고서 작성, ⑥ 기자회견을 통한 권고안 발표 순이다(은재호 외, 2008: 24).

합의회의 과정에서 비전문가인 시민들은 갈등이슈에 대한 지식을 습득할 수 있고, 갈등이 발생할 수 있는 정책결정에 참여함으로써 갈등을 예방하는 효과를 가진다. 또한, 합의회의는 전문가들이 정보를 충분히 제공하고 이에 관해 토론하도록 함으로써 시민들의 합리적 의견을 도출할 수 있다. 그러나 시민패널이 지원자 중심으로 구성되므로 대표성이 취약하다는 단점을 가진다. 시민패널의 대표성을 보완하기 위해서는 무작위 추출로 패널을 선정하고, 특정한 이해집단과 관련되지 않아야 한다. 전문가는 다양한 관점과 견해를 포괄할 수 있도록 공평하게 구성하며, 시민패널에게 주어지는 자료도 논의 내용을 중립적으로 고려할 수 있도록 구성되어야 한다. 합의회의 사례로는 정부주도로 이루어진 원자력 중심의 전력정책 미래에 대한 합의회의를 들 수 있다(윤순진, 2005). 이 사례는 정책결정과정에서 전문적 지식이 없다는 이유로 배제되어 온 시민들에게도 참여의 기회와 충분한 정보 및 토론 과정이 보장될 때 민주적 논의를 통해 합리적 결론에 도달할 수 있음을 보여준다.

〈표 3〉 참여적 공공갈등관리 방법의 개관

기법	포커스 그룹	공론조사	시나리오 워크숍	시민배심원제	합의회의
의의	•소규모 집단이 특정주제에 대해 개방적 토의를 진행	•시민들이 정보에 기초해서 동료시민들의 견해를 참고해 진지한 판단 도출. 숙의 이전과 이후에 실시하는 여론조사	•미리 작성된 시나리오를 바탕으로 정책 입안자. 전문가, 산업계. 시민사회의 대화와 심의를 통해 의견수렴	•대표성을 지닌 소규모 집단의 시민을 4~5일간 토의에 참여시켜 지방정부나 정책적 이슈에 대한 결론 도출	•과학기술적 지식이 필요한 사안에 대한 일반 시민(10-20인)이 학습 후 일치된 의견수렴
목적	•주제에 대한 참여자의 의견 확인	•찬반 양론에 대한 숙의를 거쳐 균형된 의견을 수렴	•다양한 집단 간의 의견 수렴	•숙의를 통한 결론 도출	•과학적 이슈와 관련한 의사결정에 시민의 견해와 가치를 포함
적용 갈등	•모든 유형의 갈등에 적용 가능	•전국, 지역적 범위 •가치 갈등, 이익 갈등 •대안이 선택 가능한 복잡한 문제	•지역적 갈등 •제로섬 게임 성격의 가치 갈등, 이익 갈등 •미래 예측이 어렵고 복잡한 문제	•전국적, 지역적 갈등 •가치 갈등 •복잡하고 논쟁적 문제에 대한 구체적 선택 필요시	•전국적, 지역적 갈등 •가치 갈등 •복잡, 기술적인 논쟁적 사안
참여 자	•다양성. 균형성을 고려한 공공기관에 의한 의도적 선발 •5-12명의 시민대표	• 대표성 있는 일반시민	•이해관계자 대표 (공공기관, 기술 전문가, 업계, 일반 시민의 대표자, 환경 단체 등 공익단체)	•12~24명의 지역 전문성을 가진 시민 •충분한 정보를 학습한 일반시민 대표자가 정책결정	•지원 후 선발된 일반시민
절차	•토론→의견확인→보고서 작성	•기준조사→토론회→의견조사→발표	•시나리오작성→공동 전망 수립→공동 실행 계획수립→공공기관에 전달	•대표성을 지닌 시민 무작위 선출→며칠 간 전문가 집단 의견청취 및 토의→주최기관의 사회자 배정→질의 응답→최종결론(정책권고안으로 일반에 공개)	•전문가 패널의 정보 제공→숙의(질의, 답변)→결론도출 및 정책권고안발표
장점	•특정사안에 대한 심층적 의견수집 가능	•여론 조사와 숙의 과정의 결합 •지식과 정보가 제공된 시민에 의한 질적 의견조사 •참여자들의 토의를 논의과정에 도입	•이해관계자 집단이 의사결정과정에 상대적으로 평등하게 참여 가능	•일반 시민에 의한 정책결정 •문제에 대한 면밀한 검토 •사회적 목표로서의 공공선 추구	•시민패널이 전문가와 토의하는 과정에서 이슈에 대한 교육효과 •시민과 전문가, 정치인 사이의 상호학습을 통해 지식과 인식의 간격을 좁힘
단점	•소수가 참여하므로 대표성이 부족 •시민들이 포커스 그룹의 결론에 대한 수용도가 낮음	•다수의 참여자로 낮은 심사숙고 •비용 대비 효율성 낮음	•합의의 어려움 •비용대비 효율성 낮음	•소수 참여로 인한 낮은 대표성 •결과에 대한 시민 전체의 수용성 확보 어려움 •법적 구속력 미흡하여 참여의 책임의식 취약	•지원자 위주의 참여로 대표성 낮음

자료: 지속위(2005); 은재호 외(2008: 25-26)에서 수정·재인용
　　　이승종·김혜정(2011: 372-373); 주성수(2006: 90-91, 109-118 참조).

3절 대안적 공공갈등관리

대안적 갈등관리(Alternative Dispute Resolution: ADR)란 공식적·전통적인 법원 소송 혹은 판사와 배심원에 의한 재판 등 법률적 절차외의 갈등해결방식 및 기법을 통칭하여 이르는 용어이다(Davis & Netzley, 2001; 임동진, 2012: 22-23). 다시 말해, 이는 제3자의 간여나 직접 당사자 간에 교섭과 타협으로 갈등을 해결하는 방법으로서, 갈등 당사자들이 법원에 소송을 이미 제기하였거나 법적 소송의사를 밝힌 상태에서 소송 결과에 대한 불확실성, 소송비용 등을 고려하였을 때, 더 바람직한 해결책을 찾기 위해 시도하는 소송 이외의 대안적인 절차들을 말한다(국무조정실, 2013: 104). 이때 갈등당사자들의 목표는 어느 한 일방당사자의 승리가 아닌 공동상생을 위해 상호 수용 가능한 갈등해결 방안의 도출로서, 조정 및 중재과정에서 갈등당사자의 이탈을 방지하고 지속적인 의사소통과정을 통하여 서로의 입장을 충분히 교환하며, 결과에 대한 갈등당사자들 간에 만족도를 향상시켜 갈등을 조기에 해결할 수 있다(Bowers, 1980).

ADR은 미국에서 사법시스템의 고비용·저효율 문제의 해결책으로, 1976년 파운드 회의(Pound Conference)에서 제안되었다. ADR이 서구 선진국들에게 급속히 확산된 이유는 복잡한 과정을 수반하는 재판을 거치지 않음으로써 갈등당사자들 간 불필요한 사회·경제적 비용을 절감하고, 차후에 발생할 수 있는 유사형태의 갈등들이 사전에 예방되는 효과가 있기 때문이다[11].

우리나라에서는 다양한 분야에서 ADR이 제도화되어 상사중재, 민사조정, 가사조정, 국제상사중재 외에 행정부의 각 부처별로 시행되고 있다(홍준형, 2008: 160). 우리나라에서 활용되고 있는 ADR은 주관기관에 따라 사법형 ADR, 행정형 ADR,

---

11) ADR이 주목받는 이유를 Carnevale(1993)는 갈등 해결률이 높고, 비용과 시간대비 효과가 좋아 결과에 대해 전반적으로 만족도가 높다는 점, 참여를 통해 갈등당사자 간 의사소통을 강화할 수 있으며 이를 통해 신뢰와 협력적인 분위기를 도출할 수 있다고 한다. 즉 ADR의 장점으로는 비교적 적은 시간과 경제적 거래비용(lower transaction), 문제해결에 대한 학습능력 증가, 갈등당사자 간의 관계성숙과 유지 등을 들 수 있다(Goldberg, 1989).

민간형 ADR로 나눌 수 있다(임동진, 2012: 82-88). 사법형 ADR은 민사상 분쟁을 해결하는 민사조정과 가족 및 친족 간의 분쟁사건 등에 대한 조정인 가사조정이 있다. 재판상 화해(소송상 화해, 제소 전 화해)도 ADR로 볼 수 있다. 행정형 ADR은 행정부가 단독으로 또는 다른 기관과 연계하여 특별법에 의해 설치한 행정기관의 조정위원회 또는 중재위원회를 의미한다. 예컨대 환경분쟁조정위원회, 금융분쟁조정위원회, 행정협의조정위원회, 소비자분쟁조정위원회 등이 있다. 또한 민간형 ADR은 국가기관이 아닌 민간부문 기관으로서 분쟁조정제도를 말한다. 대표적인 기관으로 국내 및 국제 민사상 분쟁을 중재하는 대한상사중재원이 있다.

한편, ADR은 활용기법에 따라 크게 협상, 조정, 중재 등으로 구분할 수 있다(국무조정실, 2013: 104) Davis & Netzley(2001)는 ADR의 과정(process)과 결과(outcome)의 통제권한이 갈등참여자에게 있는지 아니면 제3자에게 있는지에 따라 협상(negotiation), 조정(meditation), 조정·중재(med−arb), 중재(arbitration), 재판(trial)으로 구분하였다. 협상은 갈등당사자가, 재판은 제3자가 조정·통제권한을 가지는 것으로 하나의 연속선 상에서 양 극단에 위치한다. 중간에 조정, 조정−중재,[12] 중재를 둔다.

〈그림 1〉 ADR 개념의 스펙트럼

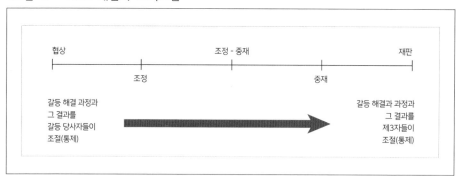

출처: Davis & Netzley(2001); 임동진(2013: 133) 재인용.

---

12) 여기서 조정−중재(med−arb)란 조정으로 갈등해결을 하지 못한 경우, 조정과정의 정보를 통해 중재하는 방법을 말한다(Davis & Netzley, 2001; 임동진, 2012: 33).

1. 협상

협상(negotiation)은 갈등의 당사자들이 서로 이해관계를 증진하기 위해 직접 대화를 통해 합의안을 도출하는 행위로서, 재판 외 모든 갈등해결수단의 기본도구가 된다. 협상은 갈등당사자들의 자발적 행위로 보통 협상권한의 전권을 위임받은 협상 전문가들이 진행한다. 협상은 대부분 소수의 이해당사자가 걸려 있는 경우로서 해결해야 할 문제가 복잡하거나 이해관계의 대립이 첨예하지 않고, 문제해결을 위한 이해당사자들의 자발적 참여 의사가 있을 때 사용된다.

협상을 통해 공공갈등을 해결하기 위해서는 다음의 절차를 거친다. 첫째, 협상 참여자와 협상절차를 정한다. 갈등영향분석을 통해 이해당사자를 파악하고 협상 전문가를 선정하며 협상절차 등을 합의하여 결정한다. 둘째, 협상 상황에 대해 이해하기이다. 갈등 상황을 점검하여 협상 이슈를 파악하고, 적극적인 의사소통을 통해 협상안건을 결정한다. 셋째, 실제 협상이다. 협상당사자 간 상호 질문과 답변을 통해 표면적 주장과 실제로 원하는 것을 분리하고, 호혜적이며 현실 가능한 대안을 선택해 구체적인 실행계획을 세우는 해법을 찾는다. 마지막으로 협상집단의 대표가 협상 합의안을 작성하고 구성원의 동의를 거친 최종합의를 도출한다. 이를 통해 공공갈등을 해결할 수 있다.

Fisher와 Ury(1983)가 개발한 협상의 4대 원칙은 다음과 같다. 첫째, 문제로부터 이해당사자를 분리시키는 것이다. 협상당사자들끼리 다투지 않고 서로가 같은 편에 서서 문제를 직시하는 전략이 필요하다. 둘째, 이해관계에 주목하여 문제를 보아야 한다. 상대방의 입장과 실제 필요성 간에는 괴리가 있을 수 있어 이해관계에 초점을 두고 협상을 진행하여야 한다. 셋째, 서로 간의 이득이 되는 대안을 발굴하여야 한다. 최적의 결론에 도달하기 위해서는 협상당사자의 이해를 증진시킬 수 있는 방안과 대안의 개발이 선행되어야 한다. 마지막으로 협상결과는 객관적인 기준에 따라 도출되어야 한다. 객관적인 기준에 따를 때 감정을 배제하고 서로가 수용할 수 있는 공감대를 넓힐 수 있다. 협상의 분석 단계에서는 정보의 수집과 분류가 중요한 작업이다. 상대방에 대한 이해와 의사소통의 문제 등을 점검하고 합의 원칙들에 대한 검토가 필요하다. 계획 단계에서는 앞서 수집된 정보들을 어떻게 다룰 것인가에 대하여 아이디어를 추출하고 행동방침을 결정해야 하는 때이다. 사람이나 자신의 이해에 관계된 문제 등에 대하여 추가적인 대안과 기준을 작성해야 하는 때이기도 하다. 토의 단계에 이르면 비로소 현 상황에 대하여 지식과 경험을 체득하게 된다. 자신의 제안과 상대의 제안을 서로 교환하면서, 감성의 상호작용뿐만 아니라 협상실제가 합의를 향하여 나아가게 된다. 당사자 모두 대안을 제시하고, 그 중에서 상호이익이 객관적으로 증대되는 특출한 대안들에 대하여 접근을 시도하게 될 것이다.

2. 조정

조정(mediation)은 ADR의 가장 대표적인 수단으로, 협상절차의 연장이자 발전된 형태이다. 조정은 제3자인 조정자(mediator)가 중립적인 위치에서 갈등당사자 간 의사소통과 문제해결을 돕도록 하나 판정을 내리지 않는 형태이다. 조정은 갈등당사자들이 대안을 찾도록 지원하는 역할을 하는 것으로, 조정에서의 합의사항은 법적 구속력을 갖지 않는다. 조정은 이해당사자 간 협상이 지연될 때 협상을 효과적으로 진행하기 위해 활용될 수 있다.

조정의 단계는 다음과 같다. 첫째, 갈등원인에 대한 심층파악이다. 조정자는 갈등당사자의 적극적인 의견수렴을 통해 갈등원인을 정리하고, 각 당사자의 주장을 분석하여 유사점과 상이점을 파악한다. 또한 갈등당사자 스스로 갈등원인에 대해 동의하고, 갈등 간의 우선순위를 정하도록 한다. 둘째, 대안 도출이다. 갈등당사자의 심의를 통해 갈등을 해결할 수 있는 대안을 모색하도록 한다. 마지막으로 조정자와 갈등당사자 간의 확인이다. 갈등당사자 집단의 대표는 합의안을 작성하고 갈등당사자의 동의를 구한 후, 조정자와 갈등당사자가 서명함으로써 갈등조정을 마치게 된다. 조정과 협상은 갈등당사자 간의 합의로 갈등을 해결한다는 측면에서 유사하다. 그러나 조정은 제3자인 조정자가 갈등해결에 참여하나, 협상은 그렇지 않다는 점에서 차이가 있다.

> **[읽을거리] 조정: 군산 새만금 송전선로 입지선정**
>
> 　새만금 산업단지에 동양제철화학(주)(이하 OCI)이 폴리실리콘 공장을 건설하기로 하면서 추가적인 전력공급이 필요해졌다. 이로 인해 군산시는 군산전력소와 새만금변전소를 연결하는 345kV 송전선로와 송전탑, 변전소 건설을 계획하고 2009년 1월 15일 한국전력공사가 군산시에 도시관리계획결정에 대한 입안을 요청해 5월 7일 사전환경검토 협의회를 시행하였다. 지역주민들은 토지가격이 떨어지고 건강권이 침해될 것을 이유로 노선변경을 요청했다. 그러나 주민들이 변경을 요청한 노선은 미군부대 전투기 이착륙에 장애가 된다는 이유로 거부되었다.
>
> 　주민들은 한국전력공사가 송전탑 높이와 전류값을 과다하게 측정하여 제시했다고 의혹을 제기하면서 6년여의 장기간 갈등이 계속되었다. 송전선로의 규모, 전자파의 양과 인체유해수준, 주민들에 대한 보상수준 등 주요 이슈에서 이견이 불일치하여 소송이 진행되었으나, 2013년 1월 주민들은 패소했다. 이후에도 갈등이 지속되자, 2013년 8월 산업부는 민간전문가에게 갈등영향분석을 의뢰하여 문제해결을 위한 조사 및 관리방안을 모색하고자 하였다. 이와 같은 정부의 관심은 국민권익위원회로 이어졌다.
>
> 　국민권익위원회는 주민대책위원회에게 국민권익위원회가 조정을 통해 갈등을 해결할 수 있으니 고충민원을 제기할 것을 제안하였다. 주민들은 2013년 9월 국민권익위원회에 고충민원을 제기하였다. 이후 5차례의 공식적인 대책회의와 15차례의 현장조사 및 협의와 면담을 통해 최종적으로 조정안에 합의하여, 장기간의 갈등이 마무리되었다.
>
> 　　　출처: 국무조정실, 갈등관리 Role Model 확산을 위한 연구(2014: 47−48).

3. 중재

　중재(arbitration)란 갈등당사자들 간 직접적 해결이 아닌 중립적인 제3자가 협상에 개입하여 분쟁당사자들이 해결점을 도출하도록 도와주는 갈등해결 방식이다. 즉, 갈등당사자 간 감정의 대립이 심하고 의견 차이가 극명하게 드러나는 경우, 중립적인 제3자가 당사자 간 의사소통을 도와 협상을 진행함으로써 원활하게 합의에 이를 수 있도록 관여하는 과정이다(김명환 외, 2015). 조정과 같이 제3자의 개입으로 당사자들의 갈등을 해결하기 위한 과정이지만, 중재자가 내리는 결론은 법적 구속력을 가질 수 있다는 점에서 조정과 차이가 있다. 중재는 갈등당사자들이 합의하여 선출한 객관적·중립적 제3자인 중재자의 중재판정에 의하여 갈등을 해결하는 절차이다. 중재자는 조정과 마찬가지로 갈등당사자 주장을 참고하며, 당사자 요구사항 중심으로 갈등을 조정한다. 그러나 조정자는 갈등당사자들이 합의를 도출하도록 조언하거나 자문하는 역할을 수행할 뿐 법적 권한이 없으며 최종 결론은 갈등당사자의 합의로 결정된다. 이와 달리 중재자는 갈등당사자들에게 대안을 제시하고 갈등당사자들이 이를 수용하면 대안의 법적 구속력이 생긴다. 단, 갈등당사자들은 중재자의 대안을 받아들일지에 대한 선택권을 가진다.

중재의 절차는 다음과 같다. 우선, 갈등당사자의 중재요청과 중재자 배정이다. 중재자는 갈등당사자에게 중재에 필요한 자료를 요구하고, 필요한 경우 면담 등을 통해 갈등당사자의 주장을 경청한다. 그 다음은 중재자의 대안 제시이다. 중재자는 수집된 자료와 면담결과 등을 통해 갈등의 원인을 파악하고 해결책을 모색하여, 갈등당사자들에게 구체적인 대안을 제시한다. 대안은 중재자에 의해 단독으로 결정하고 제시하는 것이다. 즉, 중재자는 갈등당사자들과 대화하거나 갈등당사자 간의 심의나 합의를 통하지 않는다. 마지막으로 갈등당사자가 중재자의 제안을 수용하고 갈등당사자와 중재자가 서명하면 갈등해결과정이 종결된다(지속위, 2005). 중재에서 사실확인(fact-finding)이나 조정적 중재(mediated-arbitration) 방식을 혼합하여 사용할 수 있다. 사실확인은 사실확인자가 객관적이고 중립적 입장에서 갈등당사자들이 제출한 자료와 주장 및 스스로 수집한 자료를 분석하여 갈등의 원인을 검토하고 합리적인 대안을 제시하는 것이다. 조정적 중재는 조정과 마찬가지로 갈등당사자가 합의안을 도출하도록 하고, 이에 법적 구속력을 부여하여 중재와 같은 효과를 얻도록 한다.

중재는 중재자가 갈등당사자들의 동의를 통해 협상에 개입하고 중립적인 위치에서 갈등을 조정하는 해결방식이다. 갈등당사자들은 중재자에게 갈등해결의 전권을 위임하고 결과에 승복하는 형태인 것이다. 이러한 측면에서 중재는 소송과 유사하다. 그러나 중재를 통한 최종안은 갈등당사자가 수용할 때에만 법적인 효력을 가진다는 면에서, 언제나 법적인 효력을 가지는 소송과 차이가 있다.

〈표 4〉 대안적 공공갈등관리 방법의 개관

	협상	조정	중재
의의	• 갈등당사자들이 서로 이해관계를 증진하기 위해 직접 대화를 통해 합의안을 도출하는 행위	• 중립적 지위의 제3자인 조정자가 갈등당사자 간 의사소통과 문제해결을 돕고 판정은 내리지 않는 형태	• 중립적인 제3자가 협상에 개입해 분쟁당사자들이 해결점을 도출하도록 도와주는 갈등해결방식
특징	• 갈등당사자들의 자발적 행위로 협상권한의 전권을 위임받은 전문가들이 진행 • 이해 당사자 수가 많지 않고, 이해 대립이 첨예하거나 복잡하지 않은 경우에 적용	• 이해당사자 간 직접 협상이 진전을 이루지 못할 때, 제3자를 활용해 협상의 효율성을 높이기 위하여 활용 • 중재자의 결론은 법적 구속력이 없음	• 제3자가 개입하여 당사자들의 갈등해결을 도모 • 갈등당사자가 수용할 경우, 중재자의 결론은 법적 구속력이 있음
절차	• 협상참여자 및 협상절차의 결정→협상상황에 대한 이해→협상→최종합의의 도출	• 갈등원인에 대한 심층파악→대안 도출→조정자와 당사가 간의 확인 및 서명	• 갈등당사자의 중재요청과 중재자 배정→중재자의 갈등 분석 등→중재자의 대안 제시→갈등당사자의 수용과 중재자의 서명

4절 소결

공공갈등은 장기간에 걸쳐 높은 사회적 비용을 유발한다. 특히, 이해관계가 복잡하고 가치가 다양해진 현대에는 가능한 공공갈등의 발생을 예방하고 이미 발생한 공공갈등을 통합하는 것이 중요하다. 과거 계층제적 정부는 권위주의적 방식으로 갈등을 관리해 왔다. 그러나 민주화된 현대 사회에서 권위에 의존한 공공갈등관리는 또 다른 갈등을 유발하는 요인이 될 수 있으므로, 갈등관리방식은 매우 신중하게 선택되어야 한다.

한국은 공공갈등을 사전에 예방하기 위하여 「공공기관의 갈등예방과 해결에

관한 규정」(대통령령 제 21185호[시행 2009.1.1.(11)]을 두고 갈등관리심의위원회, 갈등
조정협의회, 갈등관리정책협의회 등 민간과 정부의 갈등조정기구를 두고 있다.

현대의 공공갈등은 갈등이 발생원인이 복잡하고 이해관계자가 다양하기 때문
에, 갈등을 본격적으로 해결하기 이전에 갈등을 구성하는 당사자들 간의 거버넌스
구조 및 운영방식(거버넌스 참여자, 회의 진행방식, 결정방식 등)에 대한 합의가 필요하
다. 이는 갈등조정 거버넌스에 대한 신뢰를 높이고 갈등을 해결하는 과정에서의 부
가적인 갈등발생을 방지한다.

시민의 의사를 정책결정이나 집행에 반영함으로써 갈등을 예방하는 참여적
공공갈등관리의 핵심은 시민의 대표성을 확보하는 것이다. 참여적 공공갈등관리는
포커스 그룹, 공론조사, 시나리오 워크숍, 시민배심원, 합의회의 등 시민이 제공된
정보를 바탕으로 숙의하는 방식을 적용한다. 특정 집단이나 계층이 아닌 시민의 일
반적인 의사가 투입되어야 하고, 충분한 숙의를 거쳐야 효과를 나타낼 수 있다. 따
라서 대표성을 가진 시민을 선출하고 이들에게 충분한 정보를 제공하는 것이 중요
하다. 관리의 시점 또한 중요하다. 공공갈등은 시간이 지날수록 복잡해지고 해결이
곤란하기 때문이다. 심각한 갈등으로 발전하기 전에 효과적인 관리방식을 선택하
여 생산적인 합의를 도출할 수 있어야 한다.

대안적 공공관리에서 정부는 중재 또는 조정의 역할을 수행한다. 따라서 갈등
당사자로부터 정부에 대한 신뢰가 필요하고, 정부는 갈등당사자들이 받아들일 수
있는 합리적 대안을 마련할 수 있는 전문성이 요구된다. 정부에 대한 신뢰가 없다
면 조정과 중재에 대한 갈등당사자들의 순응을 확보할 수 없다. 정부가 공정한 제
도운영, 투명한 국정을 통해 불신을 해소하고 신뢰를 축적해야 대안적 갈등관리의
효과가 커질 것이다. 또한 정부는 조정과 중재를 위한 대안을 마련할 정도의 전문
성이 필요하다. 정부는 경제적 보상이나 유인과 같이 시민들에게 선택권을 부여하
고 신속하게 갈등을 봉합할 수 있는 대안을 다양하게 제공할 수 있어야 한다.

그 외 공공갈등관리에서 고려하여야 할 것은 수많은 정책분야에서 발생하는
정책갈등의 대부분은 그 기저에 잘못된 문제정의(problem definition)로 인한 오류13)

---

13) 문제정의의 오류는 메타오류 또는 제3종 오류라고도 불리며, 이는 의사결정의 대상이 되
    는 문제 자체를 잘못 정의하고, 그릇되게 정의된 문제를 풀려고 하는 데에서 발생하는
    오류를 의미한다(Raiffa, 1968). 이처럼 잘못 정의된 문제를 토대로 대안을 탐색할 경우,

가 잠복하고 있을 가능성이 있다는 점이다. 따라서 문제정의 차원에서 근본적인 메타오류의 가능성을 탐색하는 것에서부터 공공갈등관리를 시작할 필요가 있다. 즉, 주요 갈등사례를 분석하고 그 이면에 있는 정책문제를 올바르게 정의내리고 그로 인한 대립양상의 구조와 과정을 포착함으로써, 갈등이 근본적으로 해소될 수 있는 방안을 모색하여야 할 것이다. 갈등문제의 사후적 처리 및 수습에 그치거나 현실의 복잡한 이해관계 및 가치 충돌을 간과한 이상적 대안 제시를 넘어 갈등의 근원을 치유하기 위한 문제의 본질을 꿰뚫는 접근이 필요하다. 나아가 갈등 발생 이후의 상황에 사후적으로 대처하는 것이 아니라, 사전에 갈등이 확대되어 부정적인 결과로 악화되는 것을 막고, 긍정적인 결과를 실현하는 데 도움을 줄 수 있는 다양한 제도를 마련하는 것이 요구된다.

이후의 정책결정과정 전체가 오류에 빠지게 될 위험성이 있다.

◈ 참고문헌 ◈

국무조정실. (2013). 공공기관의 갈등관리 매뉴얼.

국무조정실. (2014). 갈등관리 Role Model 확산을 위한 연구.

김명환·김상묵·이승모·김동현. (2015). 갈등전환적 관점에서의 갈등 대응방안 연구. 미래창조과학부.

나태준·박재희. (2004). 갈등해결의 제도적 접근: 현행 갈등관련 제도분석 및 대안. 서울: 한국행정연구원.

대통령자문지속가능발전위원회. (2005). 공공갈등관리의 이론과 기법 上, 下. 서울: 논형.

박진. (2009). 공공갈등 관리매뉴얼 ― 건설·환경 분야 사례, 국무총리실·KDI 정책대학원. 소통과 갈등의 사례찾기.

윤순진. (2005). 공공참여적 에너지 거버넌스의 모색 : 전력정책에 대한 시민합의회의 사례에 대한 평가를 바탕으로. 한국사회와 행정연구, 제15권 제4호, 121―153.

윤종설. (2007). 「정책과정에서의 갈등관리체제 구축방안: Governance관점의 정책사례분석을 중심으로」. 서울: 한국행정연구원.

은재호·양현모·윤종설·박홍엽. (2008). 참여적 의사결정을 통한 갈등해결방안 연구. 한국행정연구원 연구보고서.

이승종·김혜정. (2011). 시민참여론, 서울: 박영사.

임동진. (2012). 대안적 갈등해결방식(ADR)제도의 운영실태 및 개선방안 연구. 서울: 한국행정연구원 연구보고서.

임동진. (2013). 행정형ADR기구의 운영실태 및 개선방안 연구. 한국행정학보 제47권 제3호, 129―155.

주성수. (2006). 시민참여와 민주주의. 아르케.

정용덕. (2011). 공공갈등과 정책조정 리더십, 법문사.

홍준형. (2008). 공공갈등의 관리. 과제와 해법, 법문사.

Ansell, C. and Gash, A. (2008). "Collaborative Governance in Theory and Practice" Journal of Public Administraion Research and Theory, 18(4):543―71Thomson & Perry, 2006:23

Agranoff, Robert, and Michael McGuire. (1998). Multinetwork Management: Collaboration and the Hollow State in Local Economic Policy. Journal of Public Administration Research and Theory 8(1): 67−91.

Blume, D. (2001). "Engaging Citizens in the Danish Health Care Sector." OECD, Citizens as Partners: Information, Consultation, and Participation, 107−123. Paris.

Bowers, M. H. (1980). Grievance Mediation: Another Route to Resolution. Personnel Journal. 59: 132−139.

Carnevale, D. G. (1993). Root Dynamics of Alternative Dispute Resolution: An Illustrative Case in the U.S. Postal Service. Public Administration Review. 53(5): 455−461.

Davis, B. D., & Netzley. M. (2001). Alternative Dispute Resolution: A Business and Communication Strategy. Business Communication Quarterly. 64(4): 83−89.

Fisher, R. & Ury, W. (1983). Getting to Yes: Negotiating Agreement Without Giving In. New York: Penguin Books.

Fishkin, J. and Farrar, C. (2005). Deliberative Polling: From Experiment to Community Resource. Gastil, J. and Levine, P. eds. The Deliberative Democracy Handbook. 68−79. San Francisco: Jossey−Bass.

Goldberg, S. B. (1989). Grievance Mediation: A Successful Alternative to Labor Arbitration. Negotiation Journal. 5: 9−15.

Kahan, J. P. (2001). Focus Group as a Tool for policy analysis. Analyses of social issues and public policy. 129−146.

Lan, Z. (1997). A Conflict Resolution Approach to Public Administration, Public Administration Review, Vol 57. No 1. 27−35.

Mirenowicz, J. (2001). The Danish consensus conference model in Switzerland and France : on the importance of framing the issue, PLA Notes 40, 57−60.

Morgan, D. L. Krueger, R. A. & King, J. A. (1998). The focus group kit (Vols. 1-6). Thousand Oaks, CA: Sage Publications Inc.

Morgan, D. L. (2007). Focus groups as qualitative research. 질적 연구로서의 포커스 그룹. 대한질적연구간호학회 옮김. 서울: 군자.

OECD. (2001). Citizens as Partners: Information, Consultation, and Participation. Paris.

O.Nyumba. Wilson. K. Derrick, C. J. Mukherjee. (2017). The use of focus group discussion methodology: insights from two decades of application in conservation.

Methods in Ecology and Evolution. 9(1): 20−32.

Putnam, Robert. (1993). Making Democracy Work: Civic Traditions in Modern Italy. Princeton: Princeton University Press.

Raiffa, H. (1968). Decision Analysis: Introductory Lectures on Choices under Uncertainty. Addison−Wesley.

Thomson, A. M. & Perry, J. L. (2006). Collaboration processes: Inside the black box. Public Administration Review, 66(supplement). 20−32.

제13장

성과관리론

제13장 성과관리론[1]

We need a government that measures the results of what an agency does,
and ties incentives to achieving those results.

D. Osborne(1993: 353)

1절 성과와 성과관리

행정이 추구하는 목적은 공공가치의 구현을 통한 국민의 삶의 질 제고이다. 여기서 말하는 공공가치는 3장에서 다룬 공익, 공공성, 자유, 평등 등의 행정 가치라 할 수 있을 것이다. 행정이 추구하는 목적을 얼마나 잘 달성했는지를 나타내는 것이 공공부문에서의 성과라 할 수 있다면 공공부문에서의 성과관리 역시 행정 가치를 고려하여 이루어져야할 것이다. 공공가치 구현 측면에서 볼 때 공공부문에서의 성과는 공공서비스 산출물 자체뿐만 아니라 서비스를 통해 고객에게 미치는 효과와 이보다 더 포괄적인 가치를 포함하는 개념이라는 인식 하에 성과관리에 접근할

---

[1] 본 장은 박순애(2013, 2015) 두 논문의 주요 내용을 바탕으로 작성되었음.

필요가 있다.

1. 성과의 개념

성과(Performance)의 사전적인 의미는 成果(이룰 성, 열매 과), 즉 '이루어낸 결실' 또는 '어떠한 노력에 의해 얻어진 결과'라고 볼 수 있으며, 실적, 성적, 공적, 결과 등과 유사한 의미로 사용된다. 아래와 같이 성과의 개념은 관점에 따라 다양하게 정의될 수 있다.

Porter & Lawler(1968)는 "조직이 객관적으로 측정할 수 있는 결과 즉, 조직의 목표달성을 위한 과정의 실행 정도"로, Campbell & Pritchard(1976)는 "업무와 목표달성을 지향하는 모든 활동으로 구성되는 것"으로 정의하였다. Rogers(1990)는 민간부문과 공공부문을 구분하여 성과의 개념을 정의하였는데, 민간부문에서의 성과는 "기업의 경영성과로 인식되며, 투자에 따른 매출액, 영업이익률, 기업규모와 서비스 품질 등으로 다분히 정략적 목표를 달성하는 것"으로 보았고 공공부문에서의 성과는 "정부가 어느 정도 목표를 달성하였는지에 대한 것"으로 보았다. Osborne 등(1995: 22)은 "경제성(economy), 효율성(efficiency), 효과성(effectiveness) 및 형평성(equity)을 포함하는 개념", Otley(1999: 364)는 "목표달성 및 적절한 전략을 효과적으로 수행하는 것", Hatry(2006)는 "투입이나 과정·활동에 대비되는 산출 및 결과"를 성과라 하였다(윤수재 외, 2009: 10-14 재인용).

성과의 중요성에 대해서는 공공부문보다는 민간부문이 먼저 주목하였다. 기업에서 주목한 성과는 '이윤을 얼마나 창출하는가'와 관련한 문제로서, 주로 기업의 재무제표가 명시되어 있는 회계보고서를 통해 기업의 가치와 당해 연도 성과를 평가하였다.

공공부문에서는 신공공관리론(New Public Management) 논의의 확산과 더불어 작고 효율적인 정부의 실현을 위해 성과관리와 관련한 다양한 개념 및 제도에 대한 논의가 이루어졌다. 민간부문에서 먼저 시작된 성과관리체계를 정부의 경쟁력 및 효율성 제고를 위해서도 활용하자는 것이었다. 하지만 '이윤추구'를 목적으로 하는 민간부문과는 달리 공공부문에 속하는 정부와 지방자치단체, 공기업 및 공공기관들은 조직의 설립목적부터가 매우 다양하고 광범위하다. 따라서 공공부문에서의 성과 개념은 더욱 다양한 가치를 포함할 수밖에 없다.[1] 예컨대 민간부문의 성과는 주로 능률성이라는 가치가 강조되는 반면, 공공영역의 성과는 능률성 외에도 효과성, 공공성, 책임성 등 여러 기준에 의해 평가될 수 있다. 특히 공공부문에서는 공적 가치달성 정도를 의미하는 공공성의 구현이 능률성 추구 못지않게 중요하다(박순애 외, 2017: 49-52). 이처럼 공공부문에서 사용되는 성과라는 용어는 한층 더 다차원적 (multi-dimensional)이고 복합적인(complex) 개념으로서, 이를 구성하는 개념적 요소들에 따라 다양하게 정의되고 있다(Fitzgerald & Moon, 1996; Robins, 2011; 윤수재 외, 2009: 11 재인용). 따라서 공공부문에 있어서 성과를 관리한다는 것은 조직의 여러 구성요인의 다차원적인 결과와 과정을 동시에 관리하는 것으로 볼 수 있다(정무권, 2010).

포괄적인 의미의 성과란 어떤 사람 혹은 기관이 업무를 얼마나 잘 수행했는지에 대한 개념으로서, 행동의 결과 및 산출물뿐만 아니라 업무의 수행과정 및 완료시 주변에 미치는 영향을 모두 포함하는 넓은 의미라고 할 수 있다. 특히 공공부문에서 성과란 서비스를 생산하고 제공하기 위해 조직 및 그 구성원이 수행한 사업과 정책 등의 결과를 의미한다. 기관이 계획하고 추진한 사업 또는 정책의 즉각적 결과물인 1차적 산출물(output), 이러한 산출물이 정책수혜자에게 미치는 직간접적인 효과(outcome), 그 효과가 사회적으로 파급되어 나타나는 영향(impact)을 모두 포함하는 개념이다.

2. 성과관리의 개념

성과관리(performance management)에 대한 개념 정의는 다양하다.[2] 예를 들면,

---

[1] 시민의 안전과 재산보호를 그 목적으로 삼는 경찰은 범죄를 예방하고, 만일 범죄가 발생했을 경우에는 범죄자를 빠른 시간 내에 검거하는 것이 성과가 될 것이다. 그러나 피의자를 체포하거나 신문하기에 앞서 진술거부권, 변호인선임권 등의 권리를 먼저 고지해야 한다는 미란다 원칙을 떠올려보면, 경찰조직은 범죄자의 빠른 검거라는 성과만을 달성해야 하는 것이 아니라, 정당한 공무집행과정을 거쳐야 하는 의무가 있음을 알 수 있다. 이처럼 공공부문에서 업무를 수행할 때에는 정당하고 적절한 과정을 준수하였는지 여부 역시 성과의 중요한 한 부분을 이루고 있는 것이다(박순애, 2015).

Lockett(1992)은 성과관리를 "조직에 헌신하고자 하는 유능한 개인들이 조직의 공통목표를 달성하기 위한 일련의 작업"으로, Armstrong & Baron(1998: 7)은 "조직구성원들의 업무성과를 개선하고 팀과 개인의 역량을 개발하는 전략적이면서도 통합적인 접근"으로 규정하였고, Politt(2001: 10)는 "공공부문의 전략적 우선순위를 설정하는 한편 이를 조직전체와 개개인의 구체적인 성과목표로 변환시키는 과정"으로 정의하였다. Armstrong(2006: 1)은 "개인과 팀의 성과를 진전시킴으로써 조직성과를 개선하기 위한 체계적인 과정"으로 정의하였다(윤수재 외, 2009: 15-18 재인용). 또한 이석환(2008: 25-26)은 "조직의 목표를 설정한 후 이를 달성하기 위해 다양한 인과적 수단들을 설계하고 이들 간의 관계를 정기적으로 측정해 정확한 정보를 생산해 내는 일련의 과정"이라 보았다.

이상과 같은 여러 논의들을 종합하면, 성과관리란 정부기관이 수행하고 있는 사업의 결과, 서비스의 품질, 고객만족도 등 조직의 성과에 대해 정부기관 스스로가 책임지도록 하는 제도로서, 성과목표의 수립과 이에 따른 자원배분, 성과정보를 활용한 사업방향 설정, 정책 및 사업의 목표달성 정도에 대한 결과 보고로 구성된다. 다시 말해 성과관리는 공공조직에 부여된 임무(mission)와 목적(objectives) 달성을 위하여 투입(input)─과정(process)─산출(output)─결과(result)로 이어지는 일련의 과정을 체계적으로 관리하기 위한 노력을 의미한다.

한편, 「정부업무평가기본법 제2조 6호」에서는 성과관리의 정의를 "정부업무를 추진함에 있어서 기관의 임무와 비전, 중·장기 목표, 연도별 목표 및 성과지표를 수립하고, 그 집행과정 및 결과를 경제성·능률성·효과성 등의 관점에서 관리하는 일련의 활동"이라고 규정하고 있다. 이에 따라 각 기관은 목표달성을 위해 전략계획을 수립하고 효율적으로 자원을 활용하여 업무를 수행한 다음, 조직 및 구성원의 성과를 측정하여 그 결과를 업무수행과정의 개선이나 향후 정책수립, 자원배분, 조직 및 개인의 성과 보상에 반영하고자 한다(공동성 외, 2013: 77).

이처럼 성과관리는 조직의 목표달성과 밀접하게 연관된 개념·제도인데, 조직의 성과 목표를 달성하기 위해서는 조직의 업무를 체계적으로 관리할 필요가 있다.

---

2) 성과관리는 성과예산, 성과계약, 성과급여 등과 같은 일련의 개념을 포함하는 것으로, 결과중심의 관리, 성과중심의 관리, 정부혁신, 신공공관리 등 다양한 명칭으로 불리고 있다(Behn, 2002: 5).

따라서 성과관리는 목표수립, 지표설정, 성과측정 및 환류 등의 과정이 체계적으로 조직목적에 맞게 활용될 수 있어야 하며, 목표설정 등의 의사결정을 위한 정보가 담겨져 있어야 한다(윤수재 외, 2009: 18). 성과관리가 중요한 이유는 이를 통하여 단순히 성과를 측정하고 평가하는 데에 그치지 않고, 그 결과를 활용하여 조직과 개인의 성장을 위한 핵심적인 정보를 제공할 수 있기 때문이다. 다시 말하면, 성과를 관리하면서 조직의 미래전략을 위한 정보를 취득하고 조직원들에게는 조직의 비전과 목표를 명확히 전달하여 이에 근거한 효율적인 업무수행과 동기부여가 가능한 것이다(행정자치부, 2005: 321).

공공부문에서는 민간부문에 비해 산출(output)이나 결과(outcome)에 대한 정의를 내리기 어려워 산출과 결과보다는 투입과 과정을 중시하고, 절차와 규칙에 매진하는 업무행태를 보이는 경향이 있다. 이러한 업무행태는 조직구성원들이 궁극적으로 추구해야 할 목표보다는 주어진 절차와 규칙을 준수하는 데에만 신경 쓰게 되었고, 그 결과 공공부문의 성과는 저조하게 나타났다. 이러한 업무행태를 근본적으로 혁신하고 공공부문의 성과를 향상시키기 위한 체계적인 성과관리가 요구되는 이유는 공공부문의 책임성(accountability) 제고에 있다. 다시 말해, 국민의 세금으로 이루어지는 공적인 사업 또는 정책의 성과는 반드시 그에 상응하는 '가치'(value for money)가 있어야 하며, 사업 담당자 및 추진기관의 실적에 국한되지 않고 그 실적이 결과적으로 국민을 위한 성과로 이어져야 하는 것이다.

2절 성과관리기법

1. 성과관리의 접근방법

성과관리의 접근방법은 전통적 성과관리(traditional performance management)와 결과지향적 성과관리(result-oriented performance management) 및 통합적 성과관리(integrated performance management)로 구분될 수 있다.

전통적 성과관리는 투입이나 과정이 적절히 이루어지면 그로 인한 산출 및 결과가 바람직할 것이라는 막연한 기대를 전제로 한 접근방법으로서 투입이나 과정 위주로 관리 및 통제체제를 구축한다. 민간부문에서는 조직의 성과 및 조직목표를 달성하기 위해 수행해야 하는 업무를 특정하기가 용이한 반면 공공부문의 산출(output)이나 결과(outcome)는 불분명하거나 범위를 정확하게 파악하기 어려운 경우가 많기 때문에 성과관리를 하는 데 있어 투입이나 과정에 집중되었던 것으로 판단된다. 전통적 성과관리 하에서는 주어진 규칙에 따라 정당한 절차(due process)를 거쳐 투입이 이루어지는지 점검하는 데 역량을 집중하였기 때문에 공공부문의 효과성은 물론 효율성 달성에도 장애요인으로 작용하였다. 공공부문 구성원은 자신이 속한 조직의 궁극적인 임무가 무엇인지 파악하고 이를 효과적·효율적으로 달성하기 위한 노력보다는 가능한 한 많은 양의 자원을 투입물로 확보하는 한편 주어진 규칙과 절차를 준수하는 데에만 관심을 기울이는 등 위험 회피적인 모습을 보일 가능성이 높다.

결과지향적 성과관리는 기존의 투입과 과정중심의 전통적 통제방식에서 벗어나 공공부문의 조직과 사업을 산출과 결과중심으로 관리하는 접근방법이다. 적절한 투입물의 확보가 곧 성과목표달성으로 이어질 것이라는 전통적 성과관리의 전제는 지나치게 낙관적이라는 비판이 제기되었다. 또한 사업수행에 지출된 사회적 비용의 정당화 및 조직이 존립해야 하는 이유와 근거를 요구하는 사회적 압력이 가중됨에 따라 결과지향적 성과관리의 개념이 등장하게 되었다. 결과지향적 성과관리에서 구성원들에게 요구되는 것은 업무수행과정에서의 절차와 규칙의 준수가 아니라 업무수행 결과물로서의 성과 달성이며, 이를 위해 인사·조직·예산 등 조직관리 측면에서 자율성이 대폭 확대되는 경향이 있다. 하지만 결과로서의 성과를 중시하다보면 규칙이나 절차를 준수하는 과정을 소홀히 할 우려가 있다. 공공부문에서 이해관계자의 의견을 듣고 조정하는 절차는 시간과 비용이 들더라도 꼭 필요한 절차이기 때문에 이에 대한 고려가 필요하다.

한편, 전통적 성과관리나 결과지향적 성과관리가 투입 아니면 결과의 한 가지 측면에 초점을 맞추고 있는 반면, 통합적 성과관리의 관점에서 성과의 개념은 투입, 과정, 산출 및 결과로 이어지는 정책순환 전 과정에 걸친 계획 또는 목표 대비 이행 및 달성 정도를 의미한다. 통합적 성과관리는 정책순환 과정에서 발생할 수 있는 여러 가지 성과개념을 고려하고, 이러한 성과목표들을 궁극적으로 조직의 전략과 연계시키는 것 등을 포함한다(Verweire & Van den Berghe, 2004: 5-9).

2. 성과관리의 기법들

성과관리의 개념 및 접근방법에 대한 이해를 토대로 실제로 어떻게 성과관리를 조직에 적용하여 운용할 수 있을지에 대한 논의가 필요하다. 1970년대 말 신공공관리론, 정부재창조론 등과 같은 정부혁신 담론들이 유행하면서 정부의 성과와 효율성을 높이기 위해 공공관리에 민간의 관리기법을 적용하려는 시도가 활발하게 이루어졌다. 민간에서 개발된 다양한 관리기법을 공공조직에 도입하는 것에 대하여 비판적 논쟁이 있음에도 공공부문에의 민간경영 기법 도입은 지속적으로 확대되고 있는 추세이다. 따라서 민간부문의 경영혁신 흐름에 대해 인지하고 공공부문에 적용가능성이 높은 민간경영 기법들에 대한 고찰이 요구된다. 이하에서는 결과지향적 성과관리 및 통합적 성과관리 관점에서 도입된 민간의 관리기법들을 소개하고자 한다.

1) 전략적 기획

민간부문에서 전략적 기획은 20세기 산업혁명 이후 기획제도가 발달하기 시작한 이래 제2차 세계대전을 겪으면서 전후 경제 상황을 극복하고자 하는 수단으로 채택되었고, 50년대 석유파동을 겪으며 전략적 기획에 대한 관심이 더욱 증대하였다(곽효문, 1996: 6-13; Ansoff, 1975: 21). 공공부문에서는 80년대 신공공관리론이 확대되는 과정에서 전통적 관료제 조직이 지니는 역기능을 비판하면서 효과적인 공공부문 관리를 위해 전략적 기획의 필요성이 주장되었다(박흥윤, 2014: 38-39).

전략적 기획(Strategic Planning)이란 조직목표와 우선순위에 대한 미래적 사고, 객관적 분석, 주관적 평가를 기반으로 장기적인 관점에서 조직의 활력과 효과성을 담보하기 위한 노력이라고 할 수 있다(Poister & Strieb, 1999). 또한 조직의 정체성을 형성하는 근본적인 의사결정 및 행위들을 이끌어내는 데 있어 보다 신중하고 치밀하게 접근하는 방법론으로 조직의 지도자나 관리자들이 조직적 차원에서 무엇을, 어떻게, 왜 해야 하는가를 판단하는 데 도움을 주는 수단이라 할 수 있다. 이러한 전략적 기획은 다음과 같은 특징을 지닌다. 첫째, 전략적 기획은 숙의적 과정(deliberative process)을 거쳐 이루어지는 것으로 그 과정에서 전략적 사고, 행위, 학습 등이 유도될 수 있다. 둘째, '일을 올바르게 처리하는 것(doing things right)'을 강조한다. 조직의 미션, 비전, 목표, 서비스의 본질 등을 구체화하여 조직이 추구해야 할 '옳은 일'을 '올바르게 처리하는 과정'을 중시하여 '옳은 일을 하는 것(doing the right things)'에 중점을 두고 있는 리더십과는 차이가 있다. 셋째, 조직의 의도적 전략과 그 실행을 뜻한다. 전략적 기획의 결과로 의도치 않았던 상황이 발생할 수는 있지만, 과정의 초기단계가 철저히 사전에 계획되어 있다는 점에서 단순 전략수립과는 차이가 있다(Bryson, 2011: 7-8).

전략적 기획이 공공부문에 적용되어 실제 이루어지는 과정은 다음과 같다(Bryson & William, 2007). 1단계는 조직 내부의 합의 절차를 거쳐 정부기관이 해야 할 일을 규명 즉, 조직의 미션과 가치를 확인, 2단계는 외부의 기회와 위험을 파악하고 내부의 역량 및 약점에 대한 분석, 3단계는 전략 문제의 규명 및 해결 방안을 모색하여 전략적 대안을 선택, 마지막 4단계는 조직의 비전을 제시하는 것으로 마무리된다. <그림 1>은 실제로 전략적 기획이 이루어지는 프레임워크를 제시한 것이다.

전략적 기획은 고객 및 이해관계자의 욕구를 충족시키고, 국가나 조직이 나아가야 할 방향을 명확하게 제공할 수 있다. 특히, 선택과 집중에 의하여 조직운영의 효율성을 향상시키며, 기획과정에서 조직구성원들의 참여를 유도하여 의사소통을 원활하게 하는 장점이 있다. 반면에 많은 시간과 비용이 소모되며, 적절한 관리능력이 없으면 형식화될 우려가 존재한다. 전략적 기획 도입만으로 최선의 의사결정을 보장하지는 않으며 기획에만 의존할 경우 조직의 신축성을 감소시킬 수 있다. 공공조직에서 전략적 기획이 성공하기 위해서는 최고관리자의 적극적 지지와 관심, 전사적 관리 과정의 통합, 명확한 목표 및 방향설정과 성과측정 등의 요건이 확립되어야 할 것이다(박홍윤, 2009: 48-58).

〈그림 1〉 전략적 기획의 프레임워크

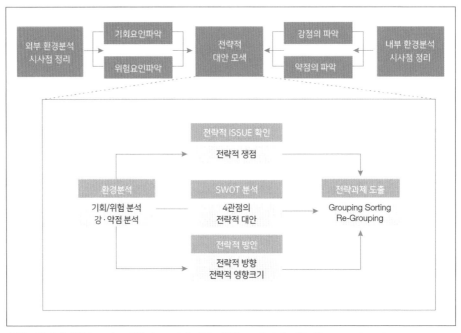

출처: 행정안전부(2011). 과학적 조직관리를 위한 조직진단 매뉴얼. pp. 29–35.

2) 리엔지니어링/ 리스트럭처링

1990년 MIT 교수인 Hammer에 의해 제기된 리엔지니어링(BPR: Business Process Reengineering)은 "비용, 품질, 서비스 속도와 같은 핵심적 성과에서 극적인 향상을 이루기 위하여 업무 프로세스를 근본적으로 다시 생각하고 혁신적으로 재설계하는 것"이다. 극적인 향상을 이룬다는 개념에는 점진적 개선이 아니라 낡은 것은 과감하게 버리고 새로운 것으로 변화해야 한다는 것을 담고 있다. 근본적이라는 개념에는 왜 현재 하고 있는 일을 해야만 하는지, 왜 지금과 같은 방법으로 그 일을 수행해야 하는지와 같은 근본적인 질문에 답을 해야 한다는 것을, 새롭게 설계한다는 개념에는 업무방식을 개선하거나 변경하는 것을 넘어서 새롭게 만들어 내는 것이 포함된다. 분석의 대상은 업무 프로세스로서 투입물을 산출물로 전환하는 부가가치를 창출하는 일련의 활동이라 할 수 있다. 이러한 프로세스에서 불필요하거나 중복되거나 낭비적인 요소는 제거할 필요가 있다(이명호 외, 2015: 255-256).

BPR을 공공부문에서 도입한 사례로 경찰청의 민원처리에 적용한 것을 들 수 있다 (일하는 방식 혁신포럼, 2005: 64-69). BPR 적용 대상 업무는 방문민원의 사건검토 및 사건조사 후 결과를 검찰청에 송치하는 과정이다. 도입결과 사건접수 처리절차가 축소되고 민원인 상담기능이 강화되었으며 추적전담반이 신설되어 직원들이 수사 에만 전념할 수 있는 환경이 조성되었다.

리스트럭처링(Restructuring)이란 1980년대 이후 글로벌 경쟁의 심화로 조직들 이 자신의 조직구조, 전략 등을 새로운 환경에 적응하도록 재구축하는 노력을 말한 다. 즉, 급변하는 환경 속에서 조직이 경쟁력을 갖고 성장하기 위해 사업구조를 급 진적이고 짧은 시간에 조정하는 전략이다. 리스트럭처링의 대표적인 방법은 다음 과 같다. 첫째, 기업의 유휴생산시설을 줄이거나 경쟁력 없는 공장을 폐쇄함으로써 비용절감을 꾀하고, 둘째, 일부 품목과 서비스의 자체 조달을 지양하고 아웃소싱 함으로써 경영상의 효율을 높인다. 셋째, 경쟁우위를 갖지 못하는 사업부문을 매 각·정리하고 가장 경쟁력 있는 본업에 주력하며, 넷째, 조직구조 개편을 통하여 조 직을 단순화 시킨다(박상범·박지연, 2014: 346-347). 공공부문의 경우도 공공기관의

〈그림 2〉 경찰청의 리엔지니어링

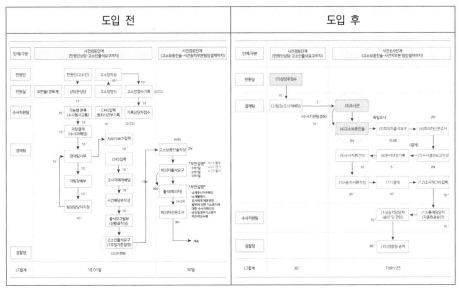

출처: 행정자치부(2005). 간편한 업무 프로세스 재설계(BPR) 매뉴얼.

직접 수행이 불필요한 사업을 폐지하거나 축소시키고, 기관 간 유사·중복 부분을 해소하기 위해 기능조정 추진방안을 마련하고 기관의 재편을 시도한 것이 리스트 럭처링의 예가 될 수 있다(기획재정부, 2015: 1).

민간부문과 여건이 다른 공공부문에서 성공적으로 BPR, 리스트럭처링과 같은 민간기법을 도입하기 위해서는 다음과 같은 사항을 고려해야 한다(유홍림·김행기, 2004: 43-44). 첫째, 새로운 관리기법 적용에는 구조 및 제도 변화가 수반되기 때문에 법적 제약과 인원 재배치 문제 등을 검토해야 한다. 둘째, 새로운 기법을 도입하고 유지하기 위한 조직적, 정치적 환경이 조성되어야 한다. 조직 내에서 정말 변해야 할 이유가 있는지, 변화를 이끌 의지가 얼마나 있는지 등이 확인되어야 하며, 이를 위한 정치적 지지를 동원할 수 있는지를 고려하여야 한다. 셋째, 법적 안정성, 보수·승진의 정형화 등과 같은 폐쇄적인 행정환경은 관리기법의 효과를 저해할 수 있기에 조직구성원들에게 새로운 관리기법의 필요성을 이해시키려는 노력이 필요할 것이다.

3) 총체적 품질관리와 행정서비스헌장제도

총체적 품질관리(Total Quality Management: TQM)란 고객에 대한 서비스 품질을 향상시키기 위해 조직 내 모든 사람이 참여하여 지속적으로 업무수행방식을 개선 하고자 하는 관리기법이라 할 수 있다. 여러 가지 정의가 있으나 대표적으로 Banks 는 "고객의 요구조건에 맞는 산출물을 창출하기 위해 인력훈련과 업무과정을 중시 하는 경영기법", Triplett는 "고객의 요구를 정확히 충족"시키기 위해 올바른 작업방 식을 강조하는 경영철학이라 하였다(박상범·박지연, 2014: 344 재인용).

TQM의 특징은 다음과 같다. 첫째, 품질은 객관적으로 좋은 것이 아니라 고객 기대에 부응하는 것이다. 회사내부의 품질관리 기술자가 요구하는 규격이 아닌 고 객이 요구하는 기대수준에 부합하는 품질을 달성해야 한다. 둘째, 품질은 예방하 는 것이다. 사전에 사소한 결점을 찾아내면 나중에 문제가 발생했을 경우 수정비 용을 절감할 수 있다. 셋째, 품질은 측정 가능해야 한다. 넷째, 제품과 서비스의 무 결점을 추구한다. 막연히 좋은 품질의 제품을 생산하는 것을 목표로 하는 것이 아 니라 불량률 제로에 도전하는 등의 실현 가능한 목표를 근간으로 한다. 다섯째, 품질관리활동에 대한 평가를 통해 피드백이 이루어져야 한다(조동성·신철호, 1996: 316-317).

이러한 TQM은 실천과정에서 한계에 봉착하기도 한다. TQM은 위임을 강조하지만 무결점을 추구하는 과정에서 관리자들이 위임을 기피한다는 것, 품질개선 노력이 기술훈련에 치중될 우려가 있다는 것, 중요 의사결정에 대한 구성원들의 참여가 형식적으로 이뤄질 수 있다는 점을 한계로 들 수 있다(오석홍, 2013: 452). 특히 공공부문에서는 업무의 품질을 측정하기 어렵다는 점, 고객을 특정하기가 어려워 고객의 요구에 부응하는 서비스가 무엇인지 파악하기 어렵거나 여러 이해관계자들의 요구를 동시에 충족시키기 어렵다는 점 등이 한계로 지적될 수 있다.

공공부문에서 서비스 품질 전략의 일환으로 1998년부터 행정서비스헌장제도를 도입하여 실시하고 있다. 이는 영국의 시민헌장(Citizen's Charter), 미국의 고객서비스기준(Customer Service Standard)과 같은 외국 제도를 벤치마킹한 것이다. 행정서비스헌장제도는 행정서비스의 품질제고를 지향함과 동시에 시민만족도 제고, 정부신뢰 증진 등을 목적으로 한다. 행정서비스헌장제도는 행정에 고객만족 개념을 도입하고 서비스 성과중심의 평가 및 환류체계를 마련했다는 점에서 의의가 있다. 핵심은 헌장이 담고 있는 서비스기준과 실제 업무수행 실적을 측정할 수 있는 성과지표를 개발하여 연계시키는 작업을 했다는 데 있다. 하지만 공공부문 서비스 품질의 구체화 혹은 객관화가 어렵다는 점, 지나친 표준화로 인한 자율성과 창의성 저하 우려가 단점으로 지적되기도 한다.

4) 균형성과표(Balanced Scorecard: BSC)

BSC란 1992년 하버드대학의 Robert Kaplan 교수와 경영컨설턴트인 David Norton 박사에 의해 창시되었으며, 이후 전 세계적으로 다양한 조직에 널리 적용되고 있는 통합적 성과관리 기법을 말한다. 민간부문에서 기업의 성과는 순익이나 매출액과 같은 재무적 관점에서 평가하는 것이 일반적이었으나, 이들은 조직이 소유하고 있는 인적자산, 고객 등 비재무적 가치를 경시하고 있음을 지적하면서 기업경영 상황을 여러 관점에서 조망할 수 있는 새로운 성과측정 체계가 필요하다고 주장하였다.

BSC는 재무적 관점 외에 고객관점, 내부프로세스 관점, 학습 및 성장 관점의 비재무적 측정지표로 구성되며, 이러한 비재무적 관점은 미래의 재무성과에 영향을 미치는 성과동인이기도 하다(Kaplan & Norton, 1992). 재무적 관점은 주주에게 보여주어야 할 성과로서 비용을 최소화하면서 최대의 부가가치를 발생시키는 것으로 순익이나 매출액이 대표적이다. 고객관점은 고객이 기업을 어떻게 바라볼지에 대한 관점으로 조직이 대하는 고객이 누구인지 파악하고, 고객을 위한 가치 창출을 어떻게 할 것인지에 초점을 두는 것으로 고객만족도, 고객충성도 등으로 측정 가능하다. 내부프로세스 관점은 내부의 일처리 방식을 어떻게 개선할 것인지에 대한 관점으로 비용을 절감하기 위한 업무과정을 도모하는 것이다. 생산, 판매과정에서의 신속성, 정확성 등을 의미한다. 학습과 성장 관점은 발전 및 가치창출을 어떻게 지속해나갈 것인지에 대한 관점으로 환경이나 업무의 성격 변화 등에 부합하기 위해 인력의 자질과 전문성을 향상시키는 방법에 관한 것이다. 구성원의 능력개발이나 직무만족 등이 이에 해당한다(Niven, 2006: 39-40).

BSC는 조직에서 일어나는 모든 활동을 비전과 전략중심으로 연계시킴으로써 관리자에게는 조직을 거시적인 관점에서 조망할 수 있는 틀을 제공하고 조직구성원에게는 본인의 업무가 궁극적으로 조직의 미션 달성에 어떻게 기여할 수 있는지를 알게 해준다. 또한 BSC는 미래지향적인 정보를 조직에게 제공해 주고, 동시에 장기적 관점에서의 계획수립을 가능하게 한다. 성과관리시스템으로서 BSC는 조직의 성과를 여러 관점에서 균형 있게 측정·분석한 결과를 바탕으로 피드백 제공을 가능하게 하며 성과목표 달성 여부에 대한 확인·수정·보완을 실시간으로 가능케 함으로써 목표의 성공적 수행을 유도할 수 있다.

성과관리에 있어 여러 관점을 고려한다는 점에서 다른 성과관리기법에 비해 공공부문에 적용될 여지가 크지만 BSC 역시 민간부문에서 개발되었고 재무관점을 여전히 가장 중요하게 고려한다는 점에서 공공부문에 적용하기 위해서는 모형의 재설정이 요구된다. 공공부문은 민간부문과 달리 조직의 존립목적과 재무여건, 조직을 둘러싼 상황 및 이해관계자 특성이 다르므로 관점의 수정이 필요하다. 민간부문에서는 재무적 관점이 가장 중요한 목표지만 공공부문에서는 재무적 성과가 궁극적 목표가 아닌 제약요건으로 작용할 수 있다(Kaplan & Norton, 1998: 289; 김용훈 외, 2006: 251 재인용). 공공기관의 업무수행은 공익적 관점에서 이루어지며 이는 조직의 단기 성과목표와 배치되는 경우도 있다. 또한 기관 개별 고객이 아닌 전체 국민의 이익을 위해 비효율적으로 운영되도록 요구받는 경우도 있다. <표 1>은 공공부문과 민간부문의 BSC가 서로 어떻게 다른지 제시하고 있다.

공공부문에서의 BSC 기대효과는 다음과 같다(이석환, 2005: 77). 비용중심의 성과측정기법이 가지고 있던 과거지향적 관점에서 기획의 측면을 강조한 미래지향적 성과측정기법으로 생산성 제고에 기여할 수 있다. 또한 성과는 측정될 뿐만 아니라 관리되어야 한다는 인식이 확산됨으로써 성과관리에 필요한 기초자료를 제공해줄 수 있다. 따라서 BSC에 나타난 성과관리 정보는 개인의 성과평가까지도 연계하여 운영할 수 있기 때문에 보상체계에도 의미 있는 기준과 정보를 제공해줄 수 있다. 무엇보다도 정교하게 구축된 BSC는 기관의 활동을 한눈에 파악할 수 있게 공개함으로써 국민의 대정부 신뢰회복에 기여할 수 있을 것이다.

〈표 1〉 공공부문과 민간부문에서의 BSC 비교

		민간부문	공공부문
BSC 시스템 관점에서의 주요 차이점	고객 또는 이해관계자	• 고객의 욕구 충족 • 주주의 투자를 위한 정보제공 • 상품의 만족도 및 점유율 향상 • 고객 확보	• 국민에 대한 목표설정 • 국민의 공공서비스 만족도 중심 • 국민의 참여와 지지 확보 • 정부기관의 궁극적 목표
	재무	• 높은 수익률, 투자자본 확대 • 전략을 통한 수익창출이 궁극적 목표	• 제한된 예산: 제약사항으로 고려 • 예산의 효율적 집행, 최소비용 • 해당분야 예산관리자로서의 적합한 역량보유
	내부 스트레스	• 생산비용 절감을 위한 업무과정 변화 • 생산공정의 최적화	• 행정업무처리과정 효율적 변화 • 최상의 공공서비스 제공: 효율적 자원할당과 행정과정 향상을 통한 고객서비스 개선
	학습과 성장	• 경제환경변화 적응을 위한 인력의 자질 및 전문성 향상	• 다양한 이해관계자 대응을 위한 인력의 자질 및 전문성 향상

자료: Kaplan & Norton(1992), Niven(2006)에서 재구성.

3절 성과관리의 과정

성과관리는 조직의 임무(mission)와 목표(goal)를 효과적으로 달성하기 위한 체계적 과정(systematic process)이라 할 수 있다. 이를 위해서는 조직의 임무 설정에서부터 전략목표와 성과목표의 설정과 관리, 성과의 측정 및 측정결과가 포함된 성과정보의 공개·활용까지의 과정이 체계적으로 이루어져야 한다. 이와 같은 성과관리체계(performance management system)는 ① 성과계획(performance planning), ② 설계 및 집행·점검(design, execution and monitoring), ③ 성과평가(performance evaluation), ④ 평가결과 환류(feedback)의 네 단계로 구성되는 순환적인 과정이다.

〈그림 3〉 공공부문 성과관리의 틀

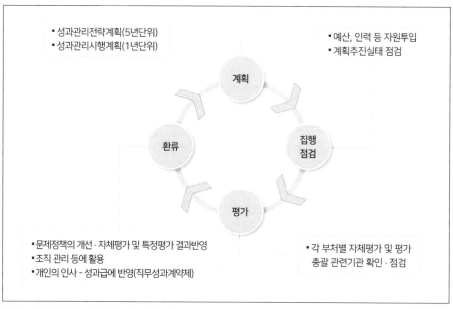

자료: 정부업무평가위원회 홈페이지(http://www.psec.go.kr/).

1. 성과계획 단계

성과계획은 기관의 임무 및 목적달성을 위해 임무-전략목표-성과목표를 체계적으로 연계시키는 활동계획이라 할 수 있다(이윤식 외, 2006: 21). 공공부문 성과관리의 첫 번째 과정인 성과계획 수립단계에서는 사업을 통해 궁극적으로 달성하고자 하는 상태, 즉 사업의 임무(mission)를 구체적이고 명확한 수준에서 정의해야 한다. 다음으로 중장기적 계획으로서의 전략목표(strategic goals)를 설정하고 이보다 단기적이고 구체적인 목표인 성과목표(performance goals)를 설정한다. 이와 함께 성과목표의 달성도를 측정할 수 있는 계량·비계량적 성과지표(performance indicator)를 마련한다.

성과계획 수립은 조직의 임무를 명확하고 쉽게 인식할 수 있게끔 문서 형태로 정리할 필요가 있다. 임무는 기관설치 및 기관에서 수행하는 사업의 본질적인 목적에 대한 진술이다. 이러한 문서는 '임무선언문(mission statement)'이라 명명되는데, 조직이나 사업이 추구하는 궁극적인 목적과 그러한 목적을 달성하기 위한 수단이 무엇인지 그리고 조직이나 사업의 고객이 누구인지가 구체적으로 명시되어 있어야 한다. 전략목표는 "조직의 목표·가치·기능 등을 포함하는 조직의 임무수행을 위해 중장기적으로 추진하는 중점적 정책방향"으로 정의할 수 있는데(이윤식 외, 2006: 21), 조직의 임무를 실현하기 위해 영역별로 분류되어 추진되는 여러 사업들이 공통적으로 추구해야 할 목표를 제시한 것이라 할 수 있다.

성과목표는 전략목표의 하위개념으로 주요 사업을 통해 달성하려는 구체적인 목표를 말한다. 성과목표는 전략목표보다 더 구체적으로 정의되어야 하며 그 달성 여부를 성과지표(performance indicator)를 통해 측정할 수 있어야 한다. 성과목표는 사업의 효과성을 평가하는 기준이 되며 이해관계자와 일반국민들에게 예상되는 성과수준을 알려주는 역할도 한다. 성과지표는 "성과목표의 달성 여부를 판별하기 위한 척도"로 정의할 수 있는데 성과지표에 의해 객관적이고 정확한 성과측정이 불가능한 경우에는 성과관리제도의 목적달성이 불가능하기에 성과지표는 성과관리제도요소 중 가장 중요하다고 할 수 있다(기획예산처, 2003: 21).

<그림 4>는 임무선언문, 전략목표, 성과목표, 성과지표 간의 계층구조를 보

여준다.

〈그림 4〉　성과계획 단계의 개념 간 계층구조

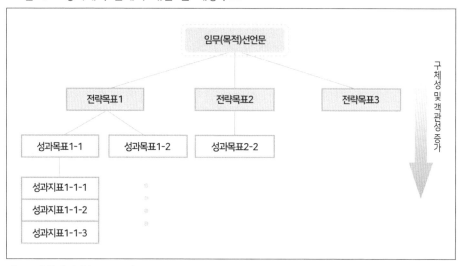

자료: 기획재정부(2013: 22).

2. 설계 및 집행·점검 단계

　　공공부문 성과관리의 두 번째 단계에서는 성과계획 단계에서 설정된 성과목
표달성을 위하여 사업의 내용을 구체적으로 설계하고 이를 집행·점검한다. 우선
사업추진주체 및 사업전달체계를 확정하고 소요인력 및 예산 등 자원투입계획을
수립한다. 계획이 확정된 다음에는 계획에 따라 자원을 투입하여 사업을 집행한
다. 그 다음으로 평가기간, 평가방법, 평가에 필요한 자료수집방법 등 평가계획을
수립한다. 특히 중요한 과제에 대해서는 사업수행과정 중에 정기적으로 성과지표
를 측정하고 추진실태를 점검함으로써 성과평가의 기초가 되는 자료를 확보해야
한다.

3. 성과평가 단계

성과평가 단계에서는 성과지표와 관련 정보를 활용하여 성과를 실제로 평가하는 작업을 수행한다. Poister(1982: 602-603)는 성과평가를 "성과피드백을 정책결정자에게 제공하는 것"으로 사업의 결과와 관련된 측정을 강조하였고, Wholey & Harty(1992: 605)는 "공공부문 사업에서 성취된 결과와 서비스의 질을 측정하는 것"이라 하였다. 성과평가는 사업수립 당시 계획했던 장·단기 목표가 얼마나 달성되었는지 여부를 분석·측정·평정하는 것으로 효율성, 효과성뿐만 아니라 민주성, 형평성 등의 가치들도 성과기준으로 반영한다.

성과평가를 위해서는 성과감독(performance monitoring), 사업평가(program evaluation), 직무평가(job evaluation) 등의 다양한 방법을 활용할 수 있다(한국개발연구원, 2004: 40-42). 성과감독은 성과지표를 주기적으로 측정하여 목표치와 비교하는 방식으로 이루어진다. 성과감독은 일반적으로 사업수행 기관이 주도적으로 실시하고 외부기관이 진실 여부를 점검하기 때문에 비교적 빠른 시간 내에 적은 비용으로 평가결과를 도출하여 수행 중인 사업을 개선하거나 수정하는 데 활용할 수 있다는 장점이 있다. 반면 지표측정결과만을 제시해줄 뿐 사업수행과정이 성과를 달성하는 데 얼마나 기여했는지, 즉 투입과 결과 사이의 인과관계가 어떻게 나타나는지 정확히 보여주지는 못한다는 단점을 지니고 있다.

공공부문이 수행하는 사업의 성과를 보다 심층적으로 파악하기 위해 사업평가를 실시할 수 있다. OECD(1999: 13)에서는 사업평가를 "특정 사업의 중요한 제반 측면과 그 가치를 체계적이고 분석적으로 평가하고 평가결과의 신뢰성과 유용성을 추구하는 일련의 노력"으로 정의한다. 사업평가를 실시하면 사업운영 실적이 당초 예상했던 결과나 파급효과 달성에 얼마나 근접하였는지를 과학적이고 객관적으로 분석할 수 있다. 이를 통해 사업의 존속 여부 혹은 사업운영체계 개선 등 주요 의사결정에 활용할 수 있다. 하지만 사업평가에는 상당한 비용과 시간이 소요된다는 것이 단점으로 작용한다.

한편, 성과평가에서 활용되는 또 다른 평가방법으로 구성원 개인 대상으로 이뤄지는 직무평가가 있다. 직무평가는 직무의 상대적 가치에 대한 평가로, 구체적으로 개별 직무의 책임도, 난이도, 복잡도 등을 비교 평가하여 서열을 정하는 평가방법이다. 직무평가는 조직의 산출 및 결과를 구성원 개인과 연계시키는 것을 가리키며, 실무적으로 직무평가의 결과는 개인의 승진이나 보수 등과 같은 성과보상에 반영되기도 한다.

이상 논의한 세 가지 방법 외에, 최근에는 독립된 외부인에 의한 성과평가인 성과감사(performance audit)가 주목받고 있다. 투입과 과정중심의 전통적 성과관리체제에서 성과감사는 회계감사나 합법성 위주의 감사로 이루어졌으나 결과중심의 성과관리체제 하에서는 공공부문 활동의 효과성 및 효율성에 대한 감사가 강조된다. 한편 사업수행 기관에 소속된 사업수행 주체의 위탁을 통해 이루어지는 성과평가와 달리 성과감사는 사업수행 주체와 완전히 독립된 외부관계자가 수행하는 점에서 차이가 있다. 그러나 평가범위에 있어 성과평가는 성과감사에서 주로 관심을 갖는 합법성, 효율성, 효과성 외에도 사업의 적절성이나 지속 가능성 등 보다 광범위한 측면에 관심을 갖는다는 점에서 차이가 존재한다.

이상과 같이 공공부문 성과관리시스템에서 다양한 성과평가방법이 사용될 수 있으나 성과감독과 사업평가가 효과적인 성과평가 수단으로 취급되고 있으며 (Perrin, 2002: 4), 일부 학자들의 경우 성과관리를 성과감독 및 사업평가와 동일시하기도 한다.

4. 평가결과 활용 및 환류 단계

성과관리 절차의 네 번째 단계에서는 평가결과의 활용 및 환류가 이루어지며, 특히 이 단계는 성과평가의 궁극적인 목적달성을 위한 필수적 과정이라고 할 수 있다. 성과평가의 목적은 평가자체에 있는 것이 아니라 평가결과를 바탕으로 보다 바람직한 방법으로 향후 사업이 수행될 수 있게끔 하는 데 있다. 평가결과를 바탕으로 사업의 수행절차 및 전달체계를 수정하고, 인적·물적자원의 투입을 재조정하여 조직의 궁극적인 목적과 임무를 달성하고 사업수행 주체의 책임성을 담보하는 수단으로 활용할 수 있다. 예를 들면, 성과평가결과는 공무원에게 성과급 등 인센티브를 지급하거나 승진인사 점수로 환산하여 반영할 수도 있고, 해당 부처 성과의

고저(高低)에 따라 다음 해의 예산액을 증액 혹은 삭감하는 근거자료로도 활용될 수
있다. 이와 같은 성과평가결과의 활용·환류를 법령 등을 통해 제도화함으로써 그
실효성을 담보할 수 있다. 우리나라는 1961년 정부업무에 심사분석제도가 도입된
이후 2000년 「정부업무등의평가에관한기본법」 제정과 더불어 범정부차원의 평가
제도로서 정부업무평가가 정착되었다.

4절 성과지표

1. 성과지표의 개념

성과목표가 설정되면 성과목표의 달성 여부를 판단할 수 있는 수단이 필요하
게 된다. 성과지표란 성과목표의 달성 여부를 측정하기 위한 기준으로서, 성과 관
련 정보가 도달하고자 하는 바람직한 상태에 얼마나 근접하였는지 판단할 수 있게
정량화시킨 측정도구이다. 이는 사업이 수행되는 방식과 해당 방식으로 실현된 사
업의 성과에 대해 비교적 정확한 정보를 전달하는 기능을 한다. 일반적으로 성과지

〈표 2〉 바람직한 성과지표의 기준

기 준	설 명
구체성(Specific)	목표달성 여부의 측정기준으로 활용될 수 있을 만큼 구체적이고 명확한가?
측정 가능성(Measurable)	측정이 불가능하거나 측정에 인력 또는 예산 등 비용이 과다하게 소요되지는 않는가?
통제 가능성(Attainable)	목표치의 달성이 조직의 노력으로 통제 가능한가?
결과지향성 (Result-oriented)	정책고객, 대상집단, 국민의 관점에서 의미가 있는 최종 결과 또는 효과를 측정할 수 있는가?
시간계획성(Time-based)	달성기한별로 목표치가 있으며, 측정결과의 시계열 비교 및 개선 여부 판단이 가능한가?

자료: 인사혁신처(2017: 15).

표가 바람직하게 설정되었는지는 <표 2>에 나타난 바와 같이 구체성(Specific), 측정 가능성(Measurable), 통제 가능성(Attainable), 결과지향성(Result−oriented), 시간 계획성(Time−based) 등 "SMART"로 축약되는 다섯 가지의 기준에 비추어 판단해 볼 수 있다(Doran, 1981: 35-36).

2. 성과지표의 유형

성과지표를 분류하는 대표적인 방법은 사업이 수행되어 효과가 발생하는 순서에 따라 "투입(inputs)−과정(process)−산출(outputs)−결과(outcomes)" 기준으로 보는 것이다. 사업수행을 위해 투입된 자원으로 정의되는 투입지표는 과정지표와는 다르며, 산출지표와도 구별된다.

투입지표는 사업수행을 위하여 사용된 자원의 양에 대한 정보를 의미하는데 일반적으로 사업수행에 사용된 자금이나 참가 인력의 규모 등으로 표시된다. 성과관리 목적에 적합한 투입지표는 예산으로 배정된 금액이 아니라 실제로 집행된 금액이다. 예산은 사업수행에 필요할 것으로 예상된 금액일 뿐 실제로 투입된 금액과는 차이가 있기 때문이다. 또한 사업수행 주체가 본인의 업무량을 측정하여 이를

〈표 3〉 성과지표의 유형

지표유형	설명
투입지표	성과달성에 동원된 자원의 양을 나타내는 지표 ex) 직업훈련 프로그램 예산, 인력
과정지표	사업진행과정에서 나타나는 산출물의 양을 나타내는 지표 ex) 직업훈련 프로그램 출석률/진도율, 프로그램별 진행과정과 만족도
산출지표	자원을 투입하여 나타난 1차 산출물을 나타내는 지표 ex) 직업훈련 프로그램 참가자수 대비 수료자 수
결과지표	1차적 산출물을 통해 나타나는 궁극적인 사업의 효과, 정책이 미치는 영향력을 나타내는 지표 ex) 직업훈련 수료 후 취업자 수 및 소득증가율, 프로그램 만족도

자료: 인사혁신처(2017: 13).

투입지표로 제시하기도 하는데 업무량이나 업무부담은 사업수행을 위해 투입된 인적·물적자원과는 분명히 구별된다. 업무량을 노동력의 투입이라 보고 투입지표로 오해할 소지가 있으나, 사업주체를 고용함으로써 발생한 인건비가 투입지표에 해당하며, 업무추진과정에서 발생하는 업무량은 이하에서 살펴볼 과정지표에 해당한다.

과정지표는 활동지표라고도 하는데 사업수행과정에서 발생하는 업무량이 이에 해당한다. 업무량은 사업으로 인해 발생한 편익을 나타내지 못하므로 일반적으로 성과지표로서 적절하지 않은 것으로 간주된다. 하지만 사업담당자가 업무량을 파악하여 구성원들에게 적절하게 배분하기 위한 용도로 활용하고자 할 때는 상당히 유용하다. 또한 일정 기간 경과 후에도 미완료된 채 남아 있는 업무량은 고객서비스 제공의 장애 정도를 나타내는 대리변수(proxy)로 활용되기도 한다. 업무량뿐만 아니라 사업수행과정에서 나타나는 중간 산출물 역시 과정지표가 될 수 있다.

산출지표는 사업수행으로 인해 생산된 1차적 재화나 서비스의 양에 대한 정보를 말한다. 상당수의 사업수행기관은 기관에서 생산하는 재화나 서비스의 양을 주기적으로 측정하여 공개하는데, 이는 성과관리 측면에서 긍정적인 것으로 볼 수 있다. 그렇다고 하더라도 이러한 산출정보가 사업을 통해 궁극적으로 달성하고자 하는 목표인 사업의 결과와 관련하여 핵심적인 정보를 제공하는 것은 아니다. 산출은 사업을 통해 제공된 재화나 서비스 자체일 뿐 사업을 통하여 이룩한 궁극적인 변화를 의미하지는 않기 때문에 결과지향적 성과관리에서 추구하는 성과지표라고 보기는 어려운 측면이 있다.

결과지표는 사업의 임무나 목적을 달성하는 방향으로 사건이나 상태가 진전되는 것을 의미한다. 그러므로 결과(outcome)는 사업의 임무와 직접적으로 관련되어 있으며 사업의 수혜자뿐 아니라 일반 대중에게까지 미친 영향과 관련이 있는 정보이다. 결과는 사업수행으로 인해 제공된 재화나 서비스 자체가 아니라 그러한 재화나 서비스가 제공됨으로써 발생한 변화를 뜻한다.[3] 결과는 다시 중간결과와 최종결과로 구분할 수 있다. 최종결과는 사업수행을 통해 궁극적인 사업목적을 달성

---

3) 예를 들어 지역소재 병원에서 치료를 마친 환자의 수는 산출에 해당한다고 볼 수 있으며, 병원의 서비스 공급으로 인해 지역주민들의 전반적인 건강상태가 호전되었다면 이는 결과에 해당한다고 볼 수 있다.

하였는가와 밀접하게 관련이 있다. 이에 비해 중간결과는 최종결과로 이어지는 중간 지점에서 발생한 사업의 효과를 의미한다. 양자는 항상 명확하게 구분되지는 않으며, 결과의 발생시점 혹은 결과의 중요성 등과 같은 기준에 비추어 판단되어야 한다. 일반적으로 중간결과는 최종결과보다 시간적으로 먼저 발생하고 그 중요성도 덜하다. 공공부문 성과에 있어 산출지표에 초점을 두면 기관 본연의 설립목적이 소홀해질 수 있지만, 반면 결과지표를 지나치게 강조하게 되면 성과가 나타나는 시점 혹은 측정이 가능해지는 시점까지 투입되는 재원과 활동은 간과될 우려가 있다 (박순애 외, 2017: 71)

이상에서 언급한 네 가지 국면의 성과지표에 더하여, 사업 참여자의 만족도, 재화와 서비스의 질, 업무생산성이나 효율성 등도 이해관계자들의 관심을 불러일으킬 수 있는 중요한 정보이다. 공공서비스의 질과 관련하여 관심의 대상이 되는 정보는 정확성, 적시성, 대기시간, 완결성, 편리성, 안전성, 접근성 등과 관련된다. 예컨대 해당 서비스를 제공받은 총 고객 중 10분 이상 대기한 고객의 비율, 소방서의 총 신고건수 중 신고 후 5분 내 현장 출동이 완료된 비율, 민원업무 오류발생 비율 등도 서비스 질을 가늠할 수 있는 정보로 활용될 수 있다.

3. 공공부문의 특수성과 성과지표

공공부문에서는 민간부문과 다른 특수성으로 인해 성과지표를 설정하고 관리하는 데 있어 고려해야 할 사항이 더 많을 수밖에 없다(박순애 외, 2017: 83-91, 141-145). 첫째, 공공부문의 범위를 어디까지로 정하는지 자체에 어려움이 존재한다. Bozeman(1987)이 지적한 것처럼 모든 조직은 국가에 의해 일정한 제재를 받는다는 점에서 어느 정도 공공적일 수밖에 없기 때문이다. 공공부문에서는 다양한 행위 주체들이 정책과 프로그램에 관여하기 때문에 어떤 대상을 측정하고 분석할지 그 경계가 모호해서 지표설정에도 어려움이 있다. 공항의 여객수송량 증가가 기관의 성과가 아니라 한류관련 기관의 노력에 더 큰 영향을 받았을 수 있지만 이들을 포함시키는 것은 불가능하다.

둘째, 성과에 포함되어야 할 개념이 민간부문에 비해 더 복잡하다는 것이다.

성과에 포함되어야 할 것이 무엇이고 제외되어야 할 것이 무엇인가에 관한 문제와 투입, 산출, 결과의 정의에 대한 합의가 어렵다는 점이다. 고속도로 건설이나 포장률 개선은 산출지표에 해당하지만 이를 통해 발생한 지역발전 효과나 교통안전 향상과 같은 중장기적 결과를 파악하기 어렵다. 결과지표가 궁극적인 성과라고 인지하면서도 실제로는 산출지표를 성과로 간주할 수밖에 없는 딜레마에 빠지게 된다.

셋째, 공공부문에서는 민간부문과 달리 목표와 수단 간의 인과관계가 더 복잡하며 외생변수의 개입의 여지가 훨씬 더 많아진다. 지표는 통제 가능해야 하는데, 공공부문에서는 인간이 통제할 수 없는 사건들과 상황이 발생할 가능성이 더 크다는 것이다. 공공부문에서 통제 가능성의 논리에 따라 지표를 설정하다 보면 공공부문이 존재해야 하는 근본 이유를 점검하지 못한 채 업무 위주의 행동지표들에만 집착하게 되고 국민입장에서는 공공부문이 무엇을 하는지 체감할 방법이 없게 된다. 따라서 사업추진과정에서 통제할 수 없었던 요인을 밝혀내고 목표가 옳은 방향으로 설정되었는지에 대한 정보와 결과지표를 달성하기 위한 수단을 설정하는 데 있어 시민이 동의했는지에 대한 정보 등이 고려되어야 할 것이다.

넷째, 공공부문의 정책은 민간부문에서의 상품과는 달리 무형의 서비스이므로 정책의 가치를 시민들이 쉽게 체감하기는 어렵다. 정부가 어떤 노력을 해서 어떤 결과를 내놓았다 할지라도 이를 증명하기가 어렵다는 것이다. 이를 가능하게 하려면 지표를 공개해야 하며, 지표는 시민이 이해할 수 있는 언어로 잘 정의되어야 한다. 지표 공개과정을 통해 시민들은 공공부문이 무슨 일을 하는지 이해하게 되고 궁극적으로 정부에 대한 신뢰가 확보될 수 있다.

◈ 참고문헌 ◈

곽효문. (1996). 행정기획론. 서울: 조명문화사.

공동성 외. (2013). 성과관리 한국제도편. 서울: 대영문화사.

김용훈·오영균. (2006). 정부기관 BSC 전략체계도에 관한 연구. 행정논총. 44(3): 249 – 269.

기획예산처. (2003). 성과관리제도 업무편람.

기획재정부. (2013). 2012 경제발전경험모듈화사업: 한국의 재정사업 성과관리 제도.

기획재정부. (2015). 공공기관 3대 분야 기능조정 추진방안. 1.

박상범·박지연. (2014). 경영학원론. 서울: 탑북스.

박순애 외. (2017). 공공부문의 성과측정과 관리. 고양: 문우사.

박순애. (2015). 성과관리, 이상과 한계의 딜레마, 대한민국 정부를 바꿔라. 올림.

박순애. (2013). "성과평가(performance evaluation)제도의 역사적 분석 및 발전방향에 관한 소고". 서울대학교 행정대학원 60주년 기념 세미나 발표문.

박홍윤. (2009; 2014). 전략적기획론. 대영문화사.

오석홍. (2013). 행정학. 서울: 박영사.

유홍림·김행기. (2004). BPR이 공공조직의 성과에 미치는 영향에 관한 실증연구. 한국행정학보. 38(5): 21 – 47.

윤수재·임동진. (2009). 중앙행정기관 성과관리시스템의 실태분석 및 개선방안 연구. 한국행정연구원.

이명호 외. (2015). 경영학으로의 초대. 서울: 박영사.

이석환. (2005). BSC에 대한 이해와 공공부문의 적용가능성. 한국정책학회 하계학술발표논문집, 2005(0): 67 – 77.

이석환. (2008). UOFO: 신뢰받는 정부와 기업을 위한 전략적 성과관리. 파주: 법문사.

이윤식 외. (2005). "통합성과관리를 위한 평가결과활용방안에 관한 연구". 정책분석평가학회보, 15(4): 199 – 226.

이윤식 외. (2006). 정부성과관리와 평가제도: 주요 선진국 사례를 중심으로. 서울: 대영문화사.

인사혁신처. (2017). 공무원성과평가등에 관한 지침.

일하는방식혁신포럼. (2005). 간편한 업무 프로세스 재설계(BPR) 매뉴얼. 서울: 아람.
　　64－69.

정무권. (2010). "공공조직의 다차원적 성과분석을 위한 '공공성과'의 개념화". 정부학연구,
　　16(1): 333－376.

정부업무평가위원회 http://www.psec.go.kr

제갈돈·제갈욱. (2008). "공공부문 성과측정의 유용성 제고를 위한 방안에 관한 연구". 정
　　책분석평가학회보, 18(4): 239－266.

조동성·신철호. (1996). 14가지 경영혁신 기법의 통합모델. 아이비에스 컨설팅그룹.

한국개발연구원. (2004). 공공부문의 성과관리. 40－42.

한인근. (2006). "공공부문 성과중심관리와 그 한계". 사회과학논집, 25(2): 17－36.

행정안전부. (2011). 과학적 조직관리를 위한 조직진단 매뉴얼. 29－35.

행정자치부. (2005). 2005년 진단·혁신관리 매뉴얼.

Ansoff, H. I. (1975). "Managing Strategic Surprise by Response to Weak signals".
　　California Management Review 18(2): 21－33.

Armstrong, M., & Baron. A. (1998). Performance management: the new realities.
　　London : Institute of Personnel and Development.

Armstrong, M. (2006). Performance Management: Key Strategies and Practical
　　Guidelines. Kogan Page; 3ed.

Behn, R. D. (2002). The Psychological Barriers to Performance Management: Or Why
　　Isn't. Public Performance & Management Review, 26(1): 5－25.

Behn, R. D. (2003). "Why Measure Performance? Different Purposed Require Different
　　Measures". PAR. 63(5): 586－606.

Bryson, J. M. (2011). Strategic Planning for Public and Nonprofit Organizations: A Guide
　　to Strengthening and Sustaining Organizational Achievement, 4th ed. San
　　Francisco: John Wiley & Sons. 7－8.

Bryson, J. M. & William, D. R. (2007). "Applying private－sector strategic planning in
　　the public sector." Journal of the American Planning Associateion, 53(1): 9－22.

Campbell, J. P. & Pritchard, R. D. (1976). Motivation Theory in Industrial and
　　Organizational Psychology. M. D. Dunnette(ed).

Doran, G. T. (1981). "There's a S.M.A.R.T. way to write management's goals and
　　objectives". Management Review(AMA FORUM). 70(11): 35－36.

Hammer, M. (1990). Re−engineering work: Don't automate, obliterate. Harvard Business Review. Vol. 68 No. 4, July/August: 104−112.

Hatry, H. P. (2006). Performance Measurement: Getting Results. 2nd ed. Washington University Press.

Kaplan, R. S. and D. P. Norton. (1992). "The Balanced Scorecard - Mesures that Drive Performance". Harvard Business Review. (January−February): 71−79.

Lockett, J. (1992). Effective Performance Management: A Strategic Guide to Getting the Best from People. London: Kogan Page.

Niven. Paul. (2006). 「정부와 공공부문 BSC : 성과관리체계 구축 방법론」. 삼일pwc컨설팅 역. 서울: Sigma insight.

Osborne, D. (1993). Reinventing Government. Public Productivity & Management Review, 16(4): 349−356.

Osborne, S. P., Bovaird, T., Martin, St., Tricker, M., & Waterston, P. (1995). Performance Management and Accountability in Complex Public Programs. Financial Accountability & Management, 11(1): 19−37.

OECD. (1999). "Improving Evaluation Practices: Best Practice Guidelines for Evaluation and Background Paper", PUMA/PAC(99)1.

Otley, D. T. (1999). Performance Management: A Framework for Management Control Systems Research. Management Accounting Research, 10(4): 363−382.

Perrin, B. (2002). "Implementing the Vision: Addressing Challenges to Results− Focused Management and budgeting", OECD.

Poister, T. H., & Streib, G. D. (1999). "Strategic Management in the Public Sector: Concepts, Models, and Processes." Public Productivity & Management Review, 22(3): 308−325.

Poister, T. H. (1982). Performance Monitoring in the Evaluation Process. Evaluation Review, 6(5): 601−623.

Politt, C. (2001). Integrating Financial Management and Performance Management. OECD Journal on Budgeting, 1(2): 7−37.

Porter, L. W. & Lawler Ⅲ, E. E. (1968). Managerial Attitudes and Performance. Richard D. Irwin.

Rogers, Steve. (1990). Performance Management in Local Government. London: Longman: vol. 14, 19.

Verweire, K., & Van den Berghe, L. (2004). Integrated Performance Management. CA: SAGE Publications. 5−9.

Wholey, J. S. & Hatry, H. P. (1992). The Case for Performance Monitoring, Public Administration Review, 52: 604−610.

◈ 찾아보기 ◈

저자소개

박순애는 연세대학교 행정학과를 졸업하고 동 대학원에서 박사과정 수료 후, 미국 미시간대학교에서 "환경정책과 폐기물관리에 대한 시민행태"로 박사학위를 취득하였으며, 2004년부터 서울대학교 행정대학원 교수로 재직 중이다. 제56대 한국행정학회 회장, 공기업·준정부기관 경영평가단 단장을 역임하였으며, 2022년 현재 UN 행정전문가위원회 위원, 한국환경정책학회 회장을 맡고 있다.

다시 보는
행정학

초판발행	2022년 2월 28일
지은이	박순애
펴낸이	안종만·안상준
편 집	우석진
기획/마케팅	이영조
표지디자인	BEN STORY
제 작	고철민·조영환
펴낸곳	(주) **박영사**
	서울특별시 금천구 가산디지털2로 53, 210호(가산동, 한라시그마밸리)
	등록 1959. 3. 11. 제300-1959-1호(倫)
전 화	02)733-6771
f a x	02)736-4818
e-mail	pys@pybook.co.kr
homepage	www.pybook.co.kr
ISBN	979-11-303-1285-9 93350

정 가   23,000원